Brunnbauer · Buchenau | Geschichte Südosteuropas

Reclam Sachbuch premium

Ulf Brunnbauer
Klaus Buchenau

Geschichte Südosteuropas

Mit 7 Karten

Reclam

2., aktualisierte und erweiterte Auflage

RECLAMS UNIVERSAL-BIBLIOTHEK Nr. 14403
2018, 2023 Philipp Reclam jun. Verlag GmbH,
Siemensstraße 32, 71254 Ditzingen
Gestaltung: Cornelia Feyll, Friedrich Forssman
Umschlagabbildung: Stadt Mostar © shutterstock / EshanaPhoto
Druck und Bindung: EsserDruck Solutions GmbH,
Untere Sonnenstraße 5, 84030 Ergolding
Printed in Germany 2023
RECLAM, UNIVERSAL-BIBLIOTHEK und
RECLAMS UNIVERSAL-BIBLIOTHEK sind eingetragene Marken
der Philipp Reclam jun. GmbH & Co. KG, Stuttgart
ISBN 978-3-15-014403-9

Auch als E-Book erhältlich

www.reclam.de

Inhalt

Vorwort

Im Oktober 2019, kurz vor einer Sitzung des Europäischen Rates, überraschte die Regierung Bulgariens ihre EU-Partner mit dem Beschluss einer ›Rahmenposition‹ zu den geplanten Beitrittsverhandlungen mit Nordmazedonien und Albanien. Das bulgarische Positionspapier, das einem Veto gegen die Aufnahme von Verhandlungen mit Nordmazedonien gleichkam, bezog sich nicht etwa auf die Erfüllung der formellen Beitrittskriterien durch das kleine Nachbarland im Westen, wie die Qualität seiner demokratischen Institutionen oder des Rechtsstaates. Vielmehr formulierte es eine Reihe von geschichts- und identitätspolitischen Forderungen. Nordmazedonien müsse, so eine Forderung, Aufschriften auf Denkmälern und Gedenktafeln entfernen, in denen »offener Hass gegen Bulgarien« gesät werde, etwa weil sie von der »bulgarischen faschistischen Besetzung« während des Zweiten Weltkriegs sprechen. Nordmazedonien müsse die »gemeinsame Geschichte bis 1944« anerkennen, insbesondere bei der Deutung von Persönlichkeiten und Ereignissen, die aus der Sicht Bulgariens Teil der bulgarischen Geschichte seien. Eine bilaterale Expertenkommission, die 2017 eingerichtet wurde und vor allem Historiker umfasst, solle Empfehlungen für den Geschichts-, Geografie- und Literaturunterricht machen, an denen sich Nordmazedonien orientieren müsse. Eine Prämisse der Deutung formulierte die bulgarische Regierung gleich mit: Die mazedonische Sprache firmiert in dem Dokument nur unter Anführungszeichen und als »sogenannte«, denn gemäß offizieller bulgarischer Lesart ist sie bloß eine Variante des Bulgarischen, künstlich vom jugoslawischen Kommunismus geschaffen, um die Mazedonier von den Bulgaren zu trennen. Bis 1944 jedenfalls wären die Mazedonier eigentlich Bulgaren gewesen und daher auch Teil der bulgarischen Geschichte.

Es dauerte zwei Jahre, bis ein Kompromiss gefunden wurde, damit Bulgarien endlich der Aufnahme der Beitrittsverhandlungen zustimmte – auf die Nordmazedonien seit 2000 gewartet hatte, als es seinen EU-Beitrittsantrag stellte. Zuerst hatte Griechenland jahrelang den Beitrittsprozess blockiert, da es hinter dem Staatsnamen Mazedonien einen Anspruch auf die griechische Provinz desselben Namens vermutete und sich an der Vereinnahmung der antiken Makedonen (vor allem von Alexander dem Großen) durch die Geschichtspolitik Mazedoniens rieb. Die Republik Mazedonien änderte daher 2019 ihren Staatsnamen in Nordmazedonien, und der Flughafen Skopjes verlor seinen Beinamen ›Alexander der Große‹ (unter diesem Namen wurde er selbstverständlich von griechischen Fluglinien nicht angeflogen). Nun kam Bulgarien und forderte nicht weniger als die Übernahme der national-bulgarischen Sichtweise auf Geschichte und Sprache des Landes, dessen Territorium von der bulgarischen Nationalbewegung seit dem 19. Jahrhundert gefordert und während beider Weltkriege von Bulgarien besetzt worden war.

Wir beginnen unsere Geschichte mit dieser Kontroverse zwischen Bulgarien und Nordmazedonien, weil sie aktuelle Problemlagen Südosteuropas sowie die Bürde der Geschichte verdeutlicht. Zum einen sind zwischen einigen Ländern und teilweise innerhalb einzelner Staaten grundlegende Fragen des bilateralen Zusammenlebens und der staatlichen Organisation noch nicht geklärt, weshalb sich Regierungen zu nationalistischen Übersprungshandlungen hinreißen lassen. Nicht alle politischen Akteure in der Region haben die bestehenden Grenzen verinnerlicht. Darunter leidet die Vollendung der europäischen Integration der Region, obwohl gerade diese dazu angetan wäre, Grenzen zu überwinden.

Zum anderen zeigt sich in der Episode die doppelte Bedeutung von Geschichte: Sie dient einerseits den politischen Akteuren als Argument, um konkurrierende Ansprüche auf – buchstäblich – Land und Leute, d. h. Territorium und Bevölkerung zu begründen. Die Ereignisse und Persönlichkeiten eines Gebietes werden in ein einheitliches nationales Narrativ integriert, das alternative Sichtweisen ausblendet und die enorme Vielfalt der Geschichte auf einen einzigen Handlungsstrang verengt. Andererseits markiert die Kontroverse die Bedeutung des historischen Erbes: Die Region hat die Auflösung der einstigen multinationalen Reiche sowie der ebenso multinationalen jugoslawischen Föderation noch nicht verdaut, denn in einer multiethnischen Region ließen sich nicht einfach nationale Grenzen ziehen – und wenn doch, so war das mit physischer oder symbolischer Gewalt gegen jene verbunden, die nicht in die Nation passten und sich daher als Opfer der Geschichte sehen. So wurde aus dem Potential der Geschichte in der Region – dass mehreren Nationen bzw. Gesellschaften dieselben Orte und Personen als Anker einer gemeinsamen Erinnerung dienen könnten – eine Bürde, da diese geteilte Geschichte durch die nationalistische Verengung nicht eint, sondern trennt.

Damit sind wir bei einem weiteren wichtigen Anliegen dieses Buches gelandet: Wir finden zwar die Geschichte

Südosteuropas besonders interessant, aber nicht besonders. Vieles von dem, was wir in Südosteuropa beobachten können, hat sich in ähnlicher Form anderswo in Europa (oder der Welt) abgespielt, wenn auch manchmal zu anderen Zeiten und natürlich immer in unterschiedlichen Ausprägungen und Verlaufsformen. Die mazedonische Nationsbildung etwa mag uns sehr spezifisch vorkommen, aber sie baute nicht weniger auf historische Mythen und klotzige Denkmäler, auf Sprachpolitik und Minderheitenexklusion, auf gemeinsame Institutionen und Infrastrukturen als die deutsche – nur fand sie eben nach 1944 statt, unter gänzlich anderen Rahmenbedingungen. Wir wenden uns also gegen die Vorstellung, dass das südöstliche Europa gewissermaßen aus der europäischen Norm herausfalle – eine Vorstellung, die sich spätestens mit dem Krieg im ehemaligen Jugoslawien in den 1990er Jahren verfestigt hat. Doch im Gegenteil bietet die Beschäftigung mit der Geschichte Südosteuropas die Möglichkeit, sich mit zentralen Themen der Entwicklung Europas auseinanderzusetzen und sich der regionalen Vielfalt dessen, was wir heute als Europa verstehen, bewusst zu werden. Die Geschichte der Region unterscheidet sich nicht stärker vom Rest Europas als die jeder anderen Region innerhalb Europas, denn nicht nur Europa, sondern auch seine Geschichte schöpft ihre Einheit aus der Vielfalt.

Natürlich weist die Geschichte Südosteuropas, wie jene jeder Region, viele Besonderheiten auf, die wir in den nun folgenden Kapiteln erläutern wollen. Aber sie ist nicht exotisch, sondern ein integraler Bestandteil der europäischen Geschichte. Diese muss auch von ihren jeweiligen Rändern her betrachtet werden, denn gerade dort sehen wir, wie wichtig die Beziehungen zu anderen Regionen für die spezifische Entwicklung Europas waren. Ist etwa die Geschichte der britischen Inseln nicht ohne deren koloniales Ausgreifen und die Interaktion mit Nordamerika verstehbar, jene der iberischen Halbinsel nicht ohne ihre südamerikanischen und afrikanischen Dimensionen, oder jene Russlands nicht ohne den eurasischen Kontext, so muss Südosteuropa in seinem Bezug zum Nahen Osten und der weiteren Mittelmeerregion ebenso gedacht werden wie in Hinblick auf seine Verbindungen mit Mittel- und Osteuropa. Südosteuropa kann exemplarisch verdeutlichen, wie stark verflochten europäische Geschichten sind, und zwar schon lange, bevor das Wort Globalisierung in aller Munde war. Die Richtung dieser Verflechtungen ist wesentlich durch die geografische Lage einer Region bestimmt.

Und schließlich werfen die zentralen Probleme der Geschichte Südosteuropas, die wir in diesem Buch diskutieren – wie nachholende wirtschaftliche Entwicklung, der Umgang mit Multikonfessionalität und -ethnizität, Staatsbildung und die Folgen von Nationalismus, das Verhältnis zwischen Eliten und ›einfacher‹ Bevölkerung, die Dynamiken von Konflikt und Krieg –, Fragen auf, über die wir nachdenken müssen, um heutige gesellschaftliche Herausforderungen in Europa meistern zu können. Unsere Darstellung fokussiert dabei vor allem die Zeit seit etwa 1800, aber auch die vormodernen Grundlagen der südosteuropäischen Geschichte werden erörtert, denn diese hinterließen nicht nur bis heute weiterwirkende Erbschaften, sondern spielen auch in den kollektiven Erinnerungen und nationalen Selbstbildern eine große Rolle.

Der vorliegende Band ist das Werk von zwei Autoren, die ihre jeweils spezifischen Expertisen und methodischen

Zugänge zusammengeführt haben. Darin sehen wir einen Vorteil, weil Geschichte immer in einem Diskussionsprozess unterschiedlicher Ansätze geschrieben wird. Wie gut es uns gelungen ist, unsere Ansichten in eine kohärente Erzählung zu überführen, müssen die Leserinnen und Leser dieses Buches entscheiden. Jene, die uns bei der Abfassung und Revision des Manuskriptes zu Hilfe gekommen sind, haben jedenfalls getan, was sie konnten, um das Buch lesbar zu machen. Für Hinweise zu einzelnen Themen sowie die kritische Lektüre des Buches bzw. von Teilen des Manuskripts danken wir ganz herzlich Andreas Becker, Timo Brunnbauer, Marija Đokić, Luminiţa Gatejel, Nicole Immig, Heidrun Hamersky, Heike Karge, Peter Kreuter, Hans-Christian Maner, Stefano Petrungaro, Natali Stegmann, Maria Todorova, Stefan Troebst und Ioannis Zelepos. Ermöglicht wurde dieses Werk auch durch das vorzügliche institutionelle Umfeld in Regensburg, wo die Graduiertenschule für Ost- und Südosteuropastudien sowie das Leibniz-Institut für Ost- und Südosteuropaforschung (IOS) nicht nur eine intellektuell anregende Atmosphäre schaffen, sondern durch die zahlreichen Gäste aus dem Aus- und Inland die Chance bieten, aktuelle Forschungstrends zu debattieren. Schließlich ist dem Verlag für die Betreuung des Bandes und die Möglichkeit einer zweiten, überarbeiteten Auflage zu danken. Unterstützung gab es somit ausreichend für ein Buch, das hoffentlich nicht nur Interesse für die spannende und komplexe Geschichte Südosteuropas erweckt, sondern auch zum Nachdenken darüber einlädt, was Europa zu Europa macht.

Bevor wir zur Darstellung schreiten, noch eine technische Vorbemerkung zur Schreibweise: Die dynamische Geschichte Südosteuropas schlägt sich auch in den Ortsnamen nieder, die vielfach wechselten. Für viele Orte existierten parallele Namensformen, je nach Sprache: So kennen Deutschsprachige die heute rumänische Stadt Cluj-Napoca (bis 1974 einfach nur Cluj) als Klausenburg und Ungarn als Kolozsvár, und Türken reisen nicht nach Bitola, sondern Manastir usw. usf. Im Sinne der Lesefreundlichkeit verwenden wir in diesem Buch zumeist die heute gebräuchlichen Namensformen, auch wenn das für den Zeitraum, für den von einem Ort die Rede sein wird, nicht üblich war. So bezeichnen wir die Stadt Plovdiv in Bulgarien mit diesem Namen auch für die osmanische Periode, obwohl der offizielle Name der Stadt damals Filibe war und sie von der in ihr dominanten griechischen Kaufmannschaft Philippopolis genannt wurde. Nur wo die aktuell gebräuchliche Namensform arg irreführend wäre, verwenden wir die historische (etwa Fiume statt Rijeka, wobei im Italienischen die Stadt natürlich auch heute noch Fiume heißt). In der Transliteration von Namen aus den kyrillischen Alphabeten folgen wir im Übrigen der wissenschaftlichen Norm.

Südosteuropa und seine Geschichte: Einführende Bemerkungen

Was ist die Geschichte Südosteuropas, wo findet sie statt? Diese Frage ist alles andere als banal und wurde in den letzten Jahrzehnten unterschiedlich beantwortet. Das Problem liegt in der Unklarheit des Begriffs ›Südosteuropa‹. Schon ein Blick auf den einschlägigen Wikipedia-Eintrag verdeutlicht die Schwierigkeiten, die Grenzen der Region abzustecken, denn – so Wikipedia – die »Abgrenzung ist je nach Kontext unterschiedlich«. Doch hindert diese Uneindeutigkeit wirklich daran, die Geschichte der Region zu schreiben? Oder ist sie nicht eher ein Vorteil, weil sich Geschichte nie in starren Grenzen abspielt? Nur scheinbar lässt sich die Vergangenheit eines Landes leichter fassen als jene einer Region, die nicht durch eine gemeinsame Staatsgrenze oder durch gemeinsame Institutionen zusammengehalten wird. Wer glaubt, die Geschichte eines bestimmten Staates im Rahmen von dessen Grenzen schreiben zu können, geht einer nationalistischen Schimäre auf den Leim. Vielmehr ist die moderne Welt derart stark von Beziehungsgeflechten geprägt, die über Staatsgrenzen hinweggehen, dass der Historiker immer einen Blick auf das Ganze haben muss, um das Besondere zu verstehen. Südosteuropa ist ebenfalls ein Beziehungsraum, dessen Geschichte geschrieben werden kann, auch wenn die Region politisch niemals eine Einheit gebildet hat und das auch heute nicht tut.

Die Tatsache, dass es eigene Professuren für die Geschichte Südosteuropas ebenso wie den Fachverband der Südosteuropa-Gesellschaft gibt, deutet bereits auf die Existenz von Gemeinsamkeiten hin, welche die Länder und Kulturen der Region verbinden. Der 2015 verstorbene Südosteuropahistoriker Holm Sundhaussen, zeit seines Lebens Doyen des Faches in Deutschland, sprach von Südosteuropa als Geschichtsregion. Was ist damit gemeint? Zum einen gibt es lange zurückreichende historische Prägungen, welche die Geschicke eines großen Teils der Region bestimmten. Weite Teile Südosteuropas gehörten zum oströmischen und dann byzantinischen Reich, weshalb sie eine teilweise andere Entwicklung als das durch Völkerwanderung und germanische Staatsgründungen gekennzeichnete westliche Europa nahmen. Mit dem Ausgreifen der islamischen Dynastie der Osmanen auf den Balkan seit dem 14. Jahrhundert wurde die Region – zeitweise bis nach Ungarn im Norden – in ein Imperium eingegliedert, das neben der Balkanhalbinsel die heutige Türkei, die arabische Halbinsel und Nordafrika umfasste. Die Kerngebiete Südosteuropas befanden sich ein halbes Jahrtausend unter osmanischer Herrschaft, deren Spuren bis heute sichtbar sind, etwa in der Präsenz großer muslimischer Bevölkerungsgruppen und orientalischer Architektur. Wie prägend die osmanische Periode war, lässt sich auch daran bemessen, dass in Ländern wie Griechenland, Serbien und Bulgarien Korruption und bürokratische Ineffizienz heute noch gerne mit Verweis auf die osmanische Herrschaft erklärt (und entschuldigt) werden – obwohl diese nun schon eine geraume Zeit zurückliegt.

Nicht ganz Südosteuropa war Teil des Osmanischen Reiches, Ungarn ›nur‹ für etwas mehr als eineinhalb Jahrhunderte, die Gebiete des heutigen Rumäniens immer lediglich in einer mehr oder wenigen losen Verbindung mit dem Sultan, das Territorium des heutigen Sloweniens und Istriens sogar nie. Aber dennoch sollte eine umfassende Geschichte Südosteuropas auch diese Regionen und Länder inkludieren, weil es immer wieder längere und folgenschwere Perioden gab, in denen diese Gebiete zu Staatsgebilden gehörten, die in den Kern der Balkanhalbinsel hineinreichten. Slowenien und Kroatien etwa waren im 20. Jahrhundert Teil Jugoslawiens, eines Staates, der auch einst osmanische Territorien umfasste. Das Königreich Ungarn – sowohl im Mittelalter als auch als Teil des Habsburgerreiches – bestimmte ganz wesentlich die Geschicke der Region; die südlichen Gebiete der Habsburgermonarchie waren in großem Ausmaß durch ihre Grenzlage zum Osmanischen Reich bestimmt, nicht zuletzt, weil dort auch Bevölkerungsgruppen siedelten, welche die gleiche Sprache sprachen wie die Menschen jenseits der Grenze. Als Beispiel könnten die Serben und Rumänen genannt werden, die in beiden Reichen lebten, im 19. Jahrhundert aber nach und nach ein Gefühl der Zusammengehörigkeit entwickelten. Zudem bezogen sich Habsburgermonarchie und Osmanisches Reich stark aufeinander, bei all den großen Unterschieden, die ihre innere Entwicklung auszeichnete. Beispielsweise stießen angesichts zahlreicher Kriege und Scharmützel ihre Herrscher Reformen an, um gegen das jeweils andere Reich militärisch bestehen zu können. Also haben Südösterreich und der südliche Balkan doch etwas miteinander zu tun: Ohne die osmanische Bedrohung wäre die steirische Landeshauptstadt Graz jedenfalls um eine ihrer größten Attraktionen ärmer, nämlich das mit mehr als 30 000 Waffen gefüllte, in den 1640er Jahren im Zuge der Türkenabwehr erbaute Zeughaus.

Schließlich erlaubt der Blick auf die gesamte Region, die Entwicklung einzelner Staaten zu vergleichen, nachdem die Reiche untergegangen sind. Es zeigt sich dabei, dass etwa die Republik Türkei als ein osmanischer Nachfolgestaat nach 1918 vor ähnlichen Herausforderungen stand wie Griechenland ein knappes Jahrhundert zuvor. Auch die Entwicklung Ungarns nach dem Ende der Habsburgermonarchie ist nur zu verstehen, wenn sie mit jener in anderen ex-habsburgischen Gebieten verglichen und vor dem Hintergrund der Bedeutung der 1918/1919 verlorenen Gebiete dargestellt wird. Daher wird in diesem Buch die Geschichte der Türkei, als eines post-osmanischen Nationalstaats, als integraler Bestandteil der südosteuropäischen Geschichte behandelt, nicht zuletzt aufgrund ihrer weiterhin engen Beziehungen zu den anderen Balkanstaaten. Heute ist die Republik Türkei auf dem Balkan wieder stark präsent – politisch, ökonomisch, kulturell. Griechenland und die Türkei bilden beispielsweise eine echte Schicksalsgemeinschaft, wenn auch meistens, aber nicht immer, im Sinne eines Konfliktes – nicht nur aufgrund der Geografie, sondern auch wegen der gemeinsamen Vergangenheit. Ähnliches ließe sich für Ungarn und Rumänien behaupten.

Wie erwähnt gehörten die Länder und Regionen Südosteuropas in ihrer Geschichte niemals alle zum selben Staatswesen. Dennoch entwarfen regionale ebenso wie externe Akteure wiederholt Projekte der Vereinigung und regionalen Zusammenarbeit. Der griechische Aufklärer Rigas Velestinlis (1757–1798) träumte von einem Bund aller Balkanvölker, nachdem sie sich einmal von osmanischer Herrschaft befreit hätten. Er entwarf sogar eine Flagge für die zukünftige Föderation. Diese Idee tauchte regelmäßig im

19. und 20. Jahrhundert auf, wobei zwar die Vorstellungen variierten, welche Regionen und Völker sich föderieren sollten, die Autoren dieser Programme aber davon ausgingen, dass es ausreichend kulturelle und politische Gemeinsamkeiten gäbe, um einen solchen Verbund zu bilden. Solche Vorhaben zielten letztlich darauf, Südosteuropa im Inneren zu einen, damit die Region nicht mehr als Spielball äußerer Mächte fungieren könne. Einen letzten ernst gemeinten Versuch in diese Richtung machten die Anführer der kommunistischen Parteien Jugoslawiens und Bulgariens, Josip Broz Tito und Georgi Dimitrov, unmittelbar nach dem Zweiten Weltkrieg, als in beiden Ländern die Kommunisten die Macht übernahmen. Tito visierte eine Föderation an, die von den Alpen im Norden bis an die Ägäis im Süden, von der Adria im Westen bis an das Schwarze Meer im Osten reichen sollte, also tatsächlich die gesamte Region des südöstlichen Europa umfasst hätte.

Wie wir wissen, ist es dazu nicht gekommen, aber selbst in jüngster Zeit gab es politische Versuche, die Kooperation innerhalb der Region zu stärken. Bedeutung erlangte dabei vor allem der nach dem Kosovokrieg 1999 von der internationalen Staatengemeinschaft aus der Taufe gehobene Stabilitätspakt für Südosteuropa, der die dauerhafte Befriedung Ex-Jugoslawiens sowie die Stabilisierung der Gesamtregion bezweckte. Darüber hinaus gibt es heute unterschiedliche Anlässe, zu denen sich die Staats- und Regierungschefs der Region regelmäßig treffen. Diese Formen der Zusammenarbeit sind zwar nicht besonderer gegenseitiger Sympathie geschuldet, aber zumindest der Einsicht, dass die Länder der Region vor ähnlichen Herausforderungen stehen, die sie gemeinsam besser bewältigen können als im Alleingang.

Regionale Geschichte als Beziehungsgeschichte

In den letzten Jahren wurde eine intensive Debatte über die Grundlagen sowie den geografischen Rahmen der südosteuropäischen Geschichte geführt, die wir weder ignorieren wollen noch dürfen. Eine wichtige Erkenntnis dieser Diskussionen ist, dass die Region nicht als eine Art Container zu betrachten ist, in dem sich Geschichte unberührt von anderen Geschichten abspielt. Vielmehr ist es wichtig, die Beziehungen zwischen Regionen – von der lokalen bis zur globalen Ebene – und die mannigfaltigen Transfers zu berücksichtigen, welche die jeweils betrachteten historischen Phänomene beeinflussen. Südosteuropa, als Gebiet, das über Jahrhunderte eine Grenzregion von Imperien war und eine natürliche Brücke zwischen Europa und Asien darstellt, kann die Bedeutung von überregionalen Beziehungen, Verflechtungen und Transfers für die Geschichte einzelner Länder, Orte und Bevölkerungsgruppen versinnbildlichen.

Schon der oberflächliche Blick etwa auf die urbane Architektur oder die Dorfformen in Südosteuropa macht deutlich, dass die einzelnen Teile der Region von engen kulturellen Beziehungen mit jeweils anderen Regionen geprägt waren: Die Städte Istriens, Dalmatiens und Montenegros erinnern an Italien, die Altstadt von Skopje könnte auch in Anatolien liegen, die siebenbürgischen Städte wiederum gut und gerne in Mitteleuropa, die moldauischen in der Ukraine. Über weite Strecken seiner Geschichte seit der Antike war Südosteuropa Teil von großen Reichen, die über die Balkanhalbinsel hinausreichten. Natürlich hingen daher die Entwicklungen in Südosteuropa eng mit den anderen

Reichsteilen zusammen. Die für die Region ausschlaggebenden politischen, aber auch kulturellen Zentren lagen bis in das 19., teilweise 20. Jahrhundert hinein außerhalb oder am Rande der Region: Konstantinopel/Istanbul, Wien und Venedig, im 19. Jahrhundert auch Sankt Petersburg und Budapest, in den Zeiten des Kalten Kriegs dann Moskau als Zentrum des Ostblocks. In Südosteuropa amalgamieren sich also unterschiedliche kulturelle Einflüsse, und zwar sowohl synchron als auch diachron: Hier treffen – in jeweils unterschiedlichen Mischungen – mediterrane, zentraleuropäische, osteuropäische und orientalische Muster genauso zusammen wie die Prägungen durch die byzantinische, osmanische, venezianische, habsburgische und sozialistische Epoche, von den seit dem Zweiten Weltkrieg so wichtigen US-amerikanischen Einflüssen einmal ganz zu schweigen.

Seit dem 19. Jahrhundert intensivierten sich zudem die internationalen Verflechtungen: Passenderweise ist eine der jüngsten wissenschaftlichen Darstellungen der Geschichte Südosteuropas (aus der Feder der Münchner Historikerin Marie-Janine Calic) mit *Weltgeschichte einer Region* untertitelt. Im Laufe des 19. Jahrhunderts wurde Südosteuropa in den Weltmarkt für Güter, Kapital und Arbeitskräfte integriert, internationale Verträge sowie Großmachtpolitik schufen engere politische Verbindungen zwischen einzelnen Ländern, der Telegraph, die Eisenbahn und andere moderne Verkehrsmittel sorgten für einen viel dichteren und schnelleren Fluss von Informationen, Ideen und Menschen über Grenzen hinweg als jemals zuvor. Südosteuropa war von diesen Entwicklungen nicht weniger betroffen als andere Regionen Europas, aufgrund seiner politischen und ökonomischen Schwäche vielleicht sogar stärker, da die Region immer wieder in die Abhängigkeit von Großmächten geriet. Man denke etwa an die neuen Eliten der jungen Nationalstaaten, die ihre Ausbildung zum guten Teil in West- und Mitteleuropa oder auch in Russland erfahren hatten, oder an die finanzpolitische Abhängigkeit von den damaligen Finanzzentren Europas, von denen die neuen Staaten Geld borgten.

Schließlich geht es in jeder Geschichte um Menschen, denn diese machen die Geschichte (auch wenn sie sich dessen nicht immer bewusst sind, so das Bonmot von Karl Marx). Je nachdem, wo diese Menschen in Südosteuropa lebten, in welche Familien sie geboren wurden, und womit sie sich beschäftigten, waren sie in unterschiedliche Kommunikationsräume integriert, die für ihr Leben bedeutungsvoll waren. Für die Bewohner eines Dorfes in den Tiefen der Herzegowina, aus dem viele Einwohner nach Amerika ausgewandert waren, waren um 1900 Ereignisse in den USA wahrscheinlich wichtiger als das, was einige Dutzend Kilometer weiter entfernt passierte. Für einen Beamten in der nächstgelegenen Stadt bildeten zur selben Zeit hingegen Sarajevo und Wien – die Orte, aus denen er Anweisungen erhielt – die wichtigsten Bezugspunkte. Da die historischen Akteure, also die Menschen, mobil sind, verändern sich auch die Zusammenhänge, in denen sie ihr Leben gestalten. Heute kann man aufgrund der starken Auswanderung Südosteuropa überall in der Welt finden.

Südosteuropa hat nicht nur Geschichte – Winston Churchill sagte angeblich sogar, mehr als es verdauen kann –, die Region besitzt auch ein Image. Es gibt in und außerhalb der Region bestimmte Vorstellungen von ihrem Wesen, die sich in dem Begriff ›Balkan‹, der häufig synonym mit Südosteuropa verwendet wird, kristallisieren. Diese Bilder beruhen oftmals auf Stereotypen, welche eine verzerrte Sicht der Dinge wiedergeben, aber nichtsdestotrotz (oder gerade deswegen) weitverbreitet sind. So wird der Balkan seit dem 19. Jahrhundert immer wieder mit Gewalt, Chaos und Unkultiviertheit assoziiert. In den Forschungsdebatten über den Charakter Südosteuropas haben Autoren gerade solche klischeehaften Vorstellungen problematisiert, da sich falsche Wahrnehmungen zu irreführenden Ansichten verfestigen können, die wiederum zu uninformierten Entscheidungen führen. Manche gingen so weit zu sagen, es gebe eigentlich nur Bilder vom Balkan, nicht aber die Region selbst. Viel interessanter erscheint uns aber die Tatsache, dass in Beschreibungen des Balkans zwar immer wieder die Vorurteile der Autoren zum Vorschein kommen, gleichzeitig aber vielfach eine echte Neugierde auf eine Welt, die Reisenden, Journalisten, Wissenschaftlern und Diplomaten als fremd und andersartig vorkam. Darin spiegelt sich die fundamentale Tatsache wider, dass die historische Entwicklung der Region sich in vielerlei Hinsicht von jener des Westens – die den Referenzhintergrund dieser Beobachter darstellte – unterscheidet, was sie zum einen so interessant macht und womit zum anderen keinerlei Werturteil verbunden ist.

Bilder über und Wissen von Südosteuropa

Es war mir ein wahres Vergnügen, mich wieder heimisch zu fühlen im Orient, in diesem Gegensatz des milden, ruhigen, gelehrigen Daseins des Hauswesens und der stürmischen Bewegung des Hofes und Feldlagers, in dieser bequemen und zierlichen Tracht, in diesen geschmackvollen Zimmern und behaglichen Divans, in diesem himmlischen Klima und dem in beständiger Gemeinschaft mit der Natur verbrachten Dasein. Welche Erholung überdies von europäischer Langweile, Politik, Theorien, Systemen, Beweisführungen und Gelehrsamkeit! Der Orient verdankt vieles von seinem Reiz den Gegensätzen, die verschwinden, wenn sie nicht mehr neu und ungewohnt sind. Aber er besitzt auch wirkliche Vorzüge, die mit Erfahrung und Gewohnheit immer mehr zunehmen und die in meinen Augen niemals so anziehend zu sein schienen wie gerade in diesem Augenblick. [...] Ich kam geradewegs aus Europa, ich war im Süden Italiens durch Szenen beispiellosen Elends gekommen, ich hatte England unmittelbar nach dem wilden Tumult von Bristol verlassen, ich war auf meiner schnellen Reise der Erste gewesen, der in Lyon eintraf, nach dem mehr systematischen, aber auch blutigen Aufstand in dieser Stadt.[1]

So beschrieb der Schotte David Urquhart seine Gefühle bei seiner zweiten Reise in die europäische Türkei, die er 1831 im Auftrag der britischen Regierung unternahm. Urquhart kam, um die Situation in den Gebieten der aufständischen Griechen zu untersuchen, als es darum ging, die Grenzen des neuen griechischen Staates festzulegen. Er war bereits 1827 in Griechenland gewesen und sollte 1836 Botschaftssekretär in Konstantinopel werden. Im weiteren Verlauf

1 David Urquhart, *Im Wilden Balkan. Vom Berg Olymp bis zur albanischen Adriaküste,* Wiesbaden 2008, S. 257.

seiner Laufbahn entwickelte er sich zum Fürsprecher des Osmanischen Reiches, unter anderem als Parlamentsabgeordneter in Westminster, und zum vehementen Gegner Russlands und dessen Ansprüchen am Balkan.

Einen etwas anderen ersten Eindruck vom ›Orient‹ gewann ein Zeitgenosse Urquharts, der preußische Offizier Helmuth von Moltke, der 1835 von König Friedrich Wilhelm III. als Militärberater zum osmanischen Sultan geschickt wurde. Er betrat osmanisches Territorium auf der Donauinsel Ada-Kaleh an der österreichisch-osmanischen Donaugrenze, östlich von Belgrad (die Insel versank 1972 in der Donau, nachdem die Talsperre am Eisernen Tor fertiggestellt wurde). Dort wurden er und sein Mitreisender von dem auf der Insel residierenden osmanischen Gouverneur empfangen:

> Osman Pascha empfing mit viel Freundlichkeit zwei Fremde, die aus dem fernen Lande ›Trandenburg‹ [so des Paschas Bezeichnung für Brandenburg] kamen: Er ließ uns Kaffee reichen und Pfeifen und gestattete uns, seine Festung zu besehen. Der Pascha ist ein stattlicher Herr mit einem dicken roten Bart, aber so unbeschreiblich schlecht logiert wie bei uns ein Dorfschulze. Sein Palast ist ein Bretterschuppen, der an ein detachiertes Bastion angeklebt ist. Trotz der empfindlichsten Kälte saßen wir in einem halboffenen Gemach ohne Fensterscheiben. Sehr unnötigerweise hatten wir uns in Frack gesetzt, während Se. Excellenz in zwei bis drei Pelzen, einer größer und weiter, ganz à son aise erschienen. In der Stadt überraschte uns die Unreinlichkeit der engen Straßen. Die Anzüge der Menschen waren rot, gelb, blau, kurz

> von den schreiendsten Farben, aber alle zerlumpt. Alle Wohnungen trugen Spuren des Verfalls, und an der Festung ist, glaub' ich, seit der Besitznahme kein Ziegel ausgebessert.[2]

Bei beiden Autoren wird deutlich, dass sie die Einreise in das Osmanische Reich als Verlassen Europas empfinden. Sie beschreiben den Balkan als von Europa gänzlich unterschiedliche Kultur, wobei Motive auftauchen, die in den folgenden Jahrzehnten zu festen Vorstellungen über den Balkan gerannen: Der Balkan war bunt und ursprünglich, gastfreundlich, aber ungeordnet. Moltke betonte den Schmutz und die Armut, die ihm auf der weiteren Reise durch Südosteuropa gen Konstantinopel ins Auge stachen – dies sollte ein festes Motiv in den Südosteuropaschilderungen von europäischen Reisenden im 19. und auch 20. Jahrhundert werden. Der Konservative Urquhart hingegen entdeckte im Orient, zu dem er den Balkan zählte, noch jene Unverdorbenheit und Natürlichkeit sowie Freundlichkeit im Umgang miteinander, die er im vermeintlich zivilisierten, aber von Revolutionen erschütterten und durch enorme Klassengegensätze gekennzeichneten Europa seiner Zeit vermisste.

Im Laufe der Jahre sollte nicht das positive, von Urquhart gezeichnete Bild dominant werden, sondern ein negatives, in dem der Balkan synonym wurde für Gewalt, Rohheit, Verlogenheit, Unvorhersehbarkeit, Fanatismus, Ignoranz, Schmutz und Verfall – mit einem Wort, für den Mangel an Zivilisation. Es ist bezeichnend für diesen Wandel, dass

2 Helmuth von Moltke, *Unter dem Halbmond. Erlebnisse in der alten Türkei*, Wiesbaden 2008, S. 53.

Urquhart noch von der Badekultur der Osmanen begeistert war, die ihm als viel reinlicher erschienen als seine Landsleute, die zu jener Zeit das Wasser scheuten (Urquhart richtete sogar in London ein türkisches Bad ein); bei Karl May hingegen sind die Menschen des Balkans notorisch ungepflegt. In *In den Schluchten des Balkan* schreibt May:

> Mir wurde bereits jetzt übel. Der Orientale schläft in seinen Kleidern, die er also äußerst selten ablegt. Von einem regelmäßigen Wechsel der Leibwäsche hat er gar keine Ahnung; darum ist es kein Wunder, daß seine Nähe nicht nur durch das Auge, sondern auch durch die Nase bemerklich ist. Und nun diese fürchterlich zusammengedrängten Menschen! Der Dichter des Inferno hat eine wunderbare Phantasie entwickelt, aber eine der entsetzlichsten Strafen hat er doch übersehen – eine arme Seele, zwischen Orientalen eingepreßt, um ein chinesisches Schattenspiel zu erwarten, unfähig, die Arme zu rühren und sich die Nase zuzuhalten. Ein Glück, daß ich damals von dem Dasein des Komma-Bazillus und anderer ähnlicher Ungeheuer noch keine Ahnung hatte! Welch ein Weltmeer von Bazillen mußte uns hier umfluten![3]

Für das deutschsprachige Publikum hat wohl kaum ein Autor das Bild vom Balkan so geprägt wie ebendieser Karl May, der die Region zwar nie bereiste, aber sie zum Schauplatz von zwei Büchern seines Orientalischen Zyklus machte (*In den Schluchten des Balkan* und *Durch das Land der Skipetaren*, beide 1892). Die Albaner (›Skipetaren‹ nach

3 Karl May, *In den Schluchten des Balkan*, Freiburg 1892, S. 353.

der albanischen Selbstbezeichnung) sind bei May hinterhältige, rachsüchtige Halunken in einem Land, in dem das Recht nichts gilt:

> Die türkische Rechtspflege hat bekanntlich ihre Eigentümlichkeiten, sagen wir geradezu ihre Schattenseiten, die um so deutlicher hervortreten, je entlegener die Gegend ist, um die es sich handelt. Unter den dortigen Verhältnissen ist es nicht zu verwundern, daß da, wo die verschiedenen zuchtlosen, sich ewig befehdenden Stämme der Arnauten ihre Wohnsitze haben, von einem wirklichen ›Rechte‹ fast gar nicht gesprochen werden kann. Bei Ostromdscha beginnt das Gebiet dieser Skipetaren, welche nur das eine Gesetz kennen, daß der Schwächere dem Stärkeren zu weichen hat.[4]

Das Motiv der Gewaltneigung und Rechtlosigkeit der Völker des Balkans erwies sich als besonders wirkmächtige Vorstellung. Die regelmäßigen Massaker der Osmanen bei der Niederschlagung von christlichen Aufständen im 19. Jahrhundert, die im 19. Jahrhundert noch verbreitete Praxis, abgeschlagene Köpfe von Feinden zur Schau zu stellen, die blutrünstige Ermordung des serbischen Königs und seiner Gattin 1903, die international untersuchten Brutalitäten der Balkankriege von 1912/13, das Attentat auf den österreichisch-ungarischen Thronfolger Erzherzog Franz Ferdinand in Sarajevo im Juni 1914 – alle diese Ereignisse verstärkten das Bild einer unzivilisierten und wilden Region (über die von ›zivilisierten‹ Europäern angestellten Brutali-

4 Ders., *Durch das Land der Skipetaren*, Freiburg 1892, S. 1.

täten, etwa in den Kolonialkriegen, sahen europäische Beobachter zumeist ebenso großzügig hinweg wie über die Tatsache, dass die europäischen Mächte in vielerlei Hinsicht in die Ereignisse und damit auch Gewaltakte am Balkan involviert waren). In der Berichterstattung über die Jugoslawienkriege der 1990er Jahre fanden sich häufig Verweise auf die vermeintlich lange Tradition der besonders grausamen Kriegführung in Südosteuropa. Gleichzeitig verfestigten diese Kriege das Bild des Balkans als Pulverfass erneut, denn selbst in akademischen Publikationen über die Jugoslawienkriege findet sich die falsche Bezeichnung ›Balkankriege‹. Auch der Begriff ›Balkanisierung‹, mit dem die oftmals gewaltsame Auflösung einer größeren politischen Ordnung in kleinere, wenig überlebensfähige Bestandteile bezeichnet wird, enthält eine klar negative Konnotation (die durch das von Wikipedia vorgeschlagene Synonym ›Libanonisierung‹ noch deutlicher wird).

Die Historikerin Maria Todorova hat den Prozess der Ausbildung und Verfestigung solcher stereotyper Sichtweisen auf Südosteuropa als *Erfindung des Balkans* (so die deutsche Übersetzung ihres 1997 auf Englisch erschienenen Buches *Imagining the Balkans*) bezeichnet. Der »Balkanismus« diene als »Europas bequemes Vorurteil«, so der Untertitel ihres Werks: Dem Balkan wurden jene Eigenschaften zugeschrieben, von denen sich die aufgeklärten Europäer abgrenzen wollten, wenn nicht umgekehrt zivilisationsmüde Westeuropäer glaubten, am Balkan noch von der Moderne unverdorbene ›edle Wilde‹ und ein Museum noch lebendiger Traditionen vorfinden zu können. Ein besonders häufiges Motiv in diesen mentalen Landkarten war die Platzierung des Balkans als Übergangszone zwischen

Europa und Asien; der Balkan gehörte in der Ansicht vieler Betrachter weder richtig zum Okzident noch zum Orient, sondern lag irgendwo dazwischen. In Reisebeschreibungen trat diese Ambivalenz häufig zum Vorschein, wenn etwa die als europäisch wahrgenommenen Repräsentationsbauten in den Zentren der südosteuropäischen Hauptstädte mit den im Schlamm versinkenden, von armseligen Häusern gesäumten chaotischen Straßen der Randbezirke kontrastiert wurden.

In diesen Bildern vom Balkan kamen alteingesessene Vorurteile zusammen mit Unwissen und geopolitischen Ambitionen, aber eben auch mit durchaus zutreffenden Beobachtungen – wie so oft enthielten Stereotype ein Körnchen Wahrheit. Zumal kritische Stimmen in der Region selbst oft von einer nur oberflächlichen Modernisierung sprachen, von einer vermeintlich dünnen Schicht europäischer Zivilisation, unter der sich altertümliche Praktiken verbargen, die den erhofften Fortschritt verhinderten. Die großartige Kunstfigur des mindestens ebenso selbstbewussten und kaltschnäuzigen wie ›ungehobelten‹ und geizigen Rosenölhändlers Bai Ganju, die der bulgarische Autor Aleko Konstantinov (1863–1897) schuf, verkörpert wie kein anderes Beispiel die ambivalente Haltung von Intellektuellen der Region zu den Herausforderungen der Moderne, denen sie viele ihrer Landsleute für nicht gewachsen hielten.

Für die reale (und auch imaginierte) Besonderheit des Balkans war im 19. Jahrhundert die noch immer gegebene Präsenz des Osmanischen Reiches zentral: Als islamisch geprägtes Staatswesen wurde es von den europäischen Zeitgenossen als Fremdkörper wahrgenommen, wobei sich die im 16. Jahrhundert noch festzustellende Ehrfurcht vor seiner militärischen Überlegenheit in das Bild des ›kranken Manns am Bosporus‹ umgekehrt hatte. Die Darstellung der Massaker, die osmanische Truppen an christlichen Bevölkerungen im Zuge der nationalrevolutionären Aufstände im 19. Jahrhundert begingen, schloss an die während der Türkenkriege des 16. und 17. Jahrhunderts in Europa weitverbreiteten sogenannten Türkenbilder an. Beschrieb man Gesellschaften des Balkans als unzivilisiert und uneuropäisch, konnte man wiederum im 19. und 20. Jahrhundert europäische Eingriffe rechtfertigen – die Habsburger etwa gaben ihre Okkupation Bosnien-Herzegowinas im Jahr 1878 als Zivilisationsmission aus; Russland verstand sich als Schutzmacht der Orthodoxen im Osmanischen Reich, zu deren Wohle es ein Interventionsrecht beanspruchte; das Osmanische Reich durfte nicht am Tisch der europäischen Großmächte Platz nehmen.

Darüber hinaus bot das bis ins 19. Jahrhundert in Europa ausgesprochen geringe Wissen über den Balkan einen fruchtbaren Boden für Missverständnisse, die – wenn sie sich einmal zu wieder und wieder geäußerten Ansichten verfestigten – auch durch wissenschaftliche Erkenntnisse nur mehr schwer aus der Welt zu schaffen waren. Dieser geringe Kenntnisstand beruhte nicht nur auf Desinteresse, sondern auch den Schwierigkeiten, die Region zu bereisen. Im Osmanischen Reich durften sich bis zu dieser Zeit Fremde nicht frei bewegen, und die Quarantänevorschriften zur Pestprävention machten den Grenzübertritt von Österreich-Ungarn ins Osmanische Reich zu einer zeitraubenden, unangenehmen Angelegenheit. Die Osmanen selbst produzierten wenig Wissen über das von ihnen in Europa beherrschte Gebiet, zumal die weitreichende Anarchie in der Europäischen Türkei im späten 18. und frühen 19. Jahrhundert einer Beforschung und Landvermessung entgegenstand; moderne Wissenschaften konnten sich im Osmanischen Reich erst im späten 19. Jahrhundert etablieren, und dann auch nur sporadisch.

Viel besser Bescheid wusste man über die habsburgischen Gebiete, da dort der Staat für sein Verwaltungshandeln notwendige Informationen systematisch zusammentrug. Der erste regelrechte Zensus der Walachei (im heutigen Rumänien) stammt beispielsweise aus der Zeit der kurzen österreichischen Kontrolle (1718–1739) über die Region, und auch in Albanien wurde die erste Volkszählung durch Österreich-Ungarn durchgeführt (während der Besetzung im Ersten Weltkrieg). Die habsburgischen Herrscher selbst trugen zur Wissensproduktion bei: Der österreichische Kaiser Franz I. (1804–1835) etwa informierte sich bei ausgedehnten Reisen in die Provinzen seines Reiches aus erster Hand und verfasste detaillierte Beschreibungen; Kronprinz Rudolf initiierte 1883 eine umfangreiche Beschreibung der unterschiedlichen Reichsteile (das sogenannte Kronprinzenwerk). In Wien tätige slawische Philologen wie der Slowene Jernej Kopitar und der Serbe Vuk Stefanović Karadžić legten in der ersten Hälfte des 19. Jahrhunderts die Grundsteine für die wissenschaftliche Slawistik, beschäftigten sich aber auch mit der Volkskunde und Geschichte der slawischen Völker Südosteuropas.

Im Zuge des verstärkten politischen Interesses der europäischen Großmächte für die Region und der Öffnung des Osmanischen Reiches intensivierte sich in den 1830er Jahren die Reisetätigkeit in die osmanischen Gebiete. Diplomaten, Geschäftsleute, Journalisten, Wissenschaftler und

Abenteurer beiderlei Geschlechts erkundeten nicht nur die sie fremd anmutende Welt der europäischen Türkei, sondern verfassten teilweise vielgelesene Reisedarstellungen. Diese wiesen zwar viele Defizite und so manche irrige Annahme auf, aber sie enthielten auch nützliche und zutreffende Informationen, etwa über die natürlichen und verkehrsgeografischen Gegebenheiten. Reiseberichte wie jener des französischen Naturkundlers Ami Boué (veröffentlicht in Wien 1840 in vier Bänden) sind heute noch wichtige Quellen für die Rekonstruktion der damaligen Verhältnisse am Balkan.

Im Laufe des 19. Jahrhunderts verwissenschaftlichte sich das Schrifttum über die geografischen, kulturellen und sprachlichen Gegebenheiten sowie die Geschichte der Region mehr und mehr. So verfasste einer der Ahnherren der modernen Geschichtsschreibung, Leopold von Ranke, im Jahr 1829 auch eine Geschichte der serbischen Aufstände. In der Geografie wurde Ende des 19. Jahrhunderts eine Region in Südosteuropa sogar namensgebend für ein geologisches Phänomen: Der Terminus für besonders verwitterte Kalksteinformationen leitet sich von dem Landschaftsnamen für das Hinterland von Triest (slowen. *kras*, it. *carso*, dt. Karst) ab. Die im 19. Jahrhundert entstehenden Nationalstaaten etablierten – allerdings mit einiger Zeitverzögerung – wissenschaftliche Einrichtungen, welche die Kenntnisse über die Länder der Region deutlich mehrten. Die Serbische Akademie der Wissenschaften und Künste wurde beispielsweise 1886 aus der Taufe gehoben. Wichtige Zentren der Erforschung Südosteuropas waren zudem Wien und Sankt Petersburg – in beiden Fällen war die Beschäftigung mit Südosteuropa auch strategisch motiviert. So ist die Genese der Albanologie in Österreich-Ungarn am Ende des 19. Jahrhunderts nicht von den politischen Zielen der Doppelmonarchie zu trennen, welche die Albaner als Vertreter österreichisch-ungarischer Interessen am Balkan sah und als Gegengewicht zu den Serben unterstützte.

Wissen über Südosteuropa und (Geo-)Politik gehören also eng zusammen; Politik bediente sich gerne wissenschaftlicher Argumente zur Untermauerung ihrer Ansprüche, während wiederum Wissenschaftler mit dem Verweis auf die politische Bedeutung ihres Gegenstandes leichter an Geld für ihre Forschung gelangten. Der bekannte serbische Geograf Jovan Cvijić (1865–1927) lieferte beispielsweise bei den Versailler Friedensverhandlungen nach dem Ersten Weltkrieg wissenschaftliche Begründungen für die Grenzansprüche des neuen jugoslawischen Staates, gleichzeitig half ihm seine politische Bedeutung, umfangreiche Forschungsarbeiten finanziert zu bekommen. Mit seinen Arbeiten trug er, wie andere Wissenschaftler jener Zeit, zur Ausformulierung der nationalen Idee und Begründung der nationalen Identität bei – aber gleichzeitig auch zur Herausarbeitung von Gemeinsamkeiten über die nationalen Grenzen hinweg, die Grundlage für die Kooperation zwischen den Balkanländern sein sollten (so erlebte die Balkanforschung in den Ländern Südosteuropas in den 1930er Jahren im Zusammenhang mit der sogenannten Balkanentente, einem militärischen und politischen Bündnis zwischen der Türkei, Rumänien, Jugoslawien und Griechenland, einen Boom). Balkanbilder wurden also nicht nur von außen an die Region herangetragen, sondern auch in ihr produziert – dort aber zum Zwecke der politischen Emanzipation.

Auch außerhalb der Region politisierte sich Forschung

über Südosteuropa, wie am Beispiel der ältesten einschlägigen Forschungseinrichtung in Deutschland gezeigt werden kann: Das 1930 in München gegründete Südost-Institut – Ulf Brunnbauer ist heute Direktor seines Nachfolgeinstituts in Regensburg – entstand im Kontext revisionistischer Bestrebungen Deutschlands. Als »Institut zur Erforschung des deutschen Volkstums im Süden und Südosten« beschäftigte es sich anfangs vor allem mit den deutschen Minderheiten im »Südosten«, wozu man auch die Tschechoslowakei zählte. In der Zeit des Nationalsozialismus verschob sich der Fokus des Instituts auf die Länder Südosteuropas, verbunden mit dem Bekenntnis zu einer »kämpfenden Wissenschaft«, welche die politischen Ziele des Nationalsozialismus befördern sollte. Insgesamt diente die *Südostforschung im Schatten des Dritten Reiches* – so der Titel eines 2004 erschienenen Sammelbandes, der eine kritische Aufarbeitung der Geschichte der deutschen Südosteuropaforschung vornimmt – der Beförderung der Pläne NS-Deutschlands, die Region als »Ergänzungsraum Südosteuropa« zu beherrschen.

Die politische Instrumentalisierung der Forschung zu Südosteuropa (ebenso wie zu Osteuropa) setzte sich nach 1945 unter geänderten Vorzeichen fort: Im Kalten Krieg konnte sich das Südost-Institut als eine jener Einrichtungen etablieren, die Wissen über die Gesellschaften ›jenseits‹ des Eisernen Vorhangs produzierten. Der Kalte Krieg war überhaupt der Rehabilitierung von NS-belasteten Ost- und Südosteuropaexperten sehr förderlich, die sich nun der Verteidigung der ›freien Welt‹ verpflichten konnten. Diesem politisch motivierten Erkenntnisinteresse verdankte die Südosteuropaforschung in Deutschland eine leidlich gute

Ausstattung, etwa mit Professuren für die Geschichte und die Sprachen der Region an einigen Universitäten sowie einem eigenen Fachverband (Südosteuropa-Gesellschaft, gegründet 1952). Gleichzeitig entstand aber auch unbestritten der Forschung dienendes Wissen über die Region, das sich politischer Indienstnahme entzog und heute noch wertvoll ist, zumal fruchtbare akademische Kontakte mit Wissenschaftlerinnen und Wissenschaftlern in der Region über die ideologischen Gräben hinweg gepflegt wurden.

Es war unter anderem die enge Verbindung von Forschung und Politik, welche die massive Kritik an der Südosteuropaforschung in den 1990er Jahren provozierte. Viele warfen die Frage auf, ob es jenseits des politischen Begründungszusammenhanges, der mit dem Ende des Kalten Krieges und der europäischen Integration der Region wegfiel, überhaupt eine fachlich-inhaltliche Rechtfertigung für die Existenz einer eigenen Südosteuropakunde gebe. Wenn man all die Vorannahmen und Stereotypen über Südosteuropa abzieht, bleibt dann überhaupt noch ein Gegenstand, der untersucht werden kann? Diese Debatte führte in den 1990er und 2000er Jahren zu einer intensiven Reflexion über die Grundlagen der Südosteuropaforschung, die in deren Modernisierung und einem neuen Selbstbewusstsein mündete. Nicht zuletzt machten die Entwicklungen der letzten Jahre deutlich, dass auch ein Beitritt zur Europäischen Union nicht bedeutet, dass sich ein Land von seiner Geschichte und damit auch seiner Zugehörigkeit zu einer bestimmten Region völlig befreien kann (bzw. soll). Vielmehr ist Südosteuropa ein großartiges Beispiel für die Diskussion jener Faktoren, die nachhaltig über alle politischen Brüche hinweg als sogenannte Pfadabhängigkeiten wirken.

Noch heute zeigen etwa Studien markante Unterschiede in Werthaltungen dies- und jenseits der einstigen Grenze des Habsburgerreiches, mehr als hundert Jahre nach seinem Untergang.

Terminologie

Ein wichtiges Element der Debatten über die Grundlagen der Südosteuropaforschung war die Frage, wie die Region am besten bezeichnet werden sollte: als ›Balkan‹ oder ›Südosteuropa‹? Der 2022 verstorbene österreichische Südosteuropahistoriker Karl Kaser schlug die Bezeichnung ›südöstliches Europa‹ vor, die die Unschärfe der geografischen Abgrenzung besser zum Ausdruck bringe. Historisch war ›Balkan‹ der lange Zeit dominierende Name für die Halbinsel im Südosten des Kontinents. Das Wort *balkan* stammt aus dem Türkischen, wo es einen bewaldeten Berg bezeichnet. Als Bezeichnung für die Region wurde dieses Wort im Jahr 1808 vom deutschen Geographen August Zeune (1778–1853) in der irrigen Annahme vorgeschlagen, das im heutigen Bulgarien gelegene Balkangebirge (griechisch *Haemus*, bulgarisch *Stara planina*) reiche vom Schwarzen Meer bis an die Adria. Nachdem sich herausgestellt hatte, dass es kein die gesamte Halbinsel durchziehendes Zentralgebirge gab, wurden Namensalternativen wie ›Südosteuropäische Halbinsel‹ (Johann Georg von Hahn, 1811–1869) oder ›Südosteuropa‹ (Theobald Fischer, 1846–1910) formuliert. Am gebräuchlichsten waren bis in die Mitte des 19. Jahrhunderts aber Bezeichnungen wie ›europäische Türkei‹, die auf die Zugehörigkeit des Balkans zum Osmanischen Reich abstellten.

Die Diskussion über die richtige Benennung der Region entzündete sich im 20. Jahrhundert an zwei Faktoren: Zum einen schlugen vor allem im deutschsprachigen Raum Autoren ›Südosteuropa‹ als vermeintlich neutrale Alternative zu dem negativ konnotierten ›Balkan‹ vor. Insbesondere das nach dem Ersten Weltkrieg geläufige Schlagwort der ›Balkanisierung‹ schien das Wort ›Balkan‹ als Bezeichnung für eine geografisch gefasste Region unbrauchbar zu machen. Allerdings wurde während des Nationalsozialismus dann auch der Begriff ›Südosteuropa‹ desavouiert. In der englischsprachigen Forschung führten nach 1945 Überblicksdarstellungen der Geschichte der Region üblicherweise den Plural ›Balkans‹ im Titel, wie Leften Stavrianos' *The Balkans since 1453* (veröffentlicht 1953) oder Barbara Jelavichs zweibändige *History of the Balkans* (1983), die jeweils sowohl die osmanischen als auch habsburgischen Gebiete behandelten. Mit der häufigen Bezeichnung der jugoslawischen Nachfolgekriege als ›Balkan Wars‹ erhielt Balkan jedoch auch im angloamerikanischen Sprachraum einen so schlechten Beiklang, dass neuere Arbeiten ihn durch ›Southeastern Europe‹ ersetzten. So nennt sich eine der aktuellsten englischsprachigen Gesamtdarstellungen der Geschichte der Region im 20. Jahrhundert, geschrieben vom US-amerikanischen Historiker John Lampe, *Balkans into Southeastern Europe*: Damit spielt der Autor auf den Weg der Region nach ›Europa‹, verstanden als die Europäische Union, an.

In Südosteuropa selbst pflegten die politischen Eliten seit dem Ende des Kommunismus ebenfalls eine Rhetorik der ›Rückkehr nach Europa‹, was mitunter mit vehementer Abwehr der Verortung ihrer Länder in ›Südosteuropa‹ oder gar auf dem Balkan einherging, im Bewusstsein des negativen

Beiklangs dieser Begriffe (auf Busbahnhöfen konnte man Fahrkarten »nach Europa« erstehen). Das unabhängige Kroatien weigerte sich etwa eine Zeit lang, sich an Initiativen mit der Bezeichnung ›Südosteuropa‹ zu beteiligen, da es sich nun als Teil des Westens bzw. Mitteleuropas verstand. Insgesamt lässt sich in der Region ein analoger Prozess der ›Balkanisierung‹ beobachten, bei dem die jeweils südlichen Nachbarn, auf die man herabblickt, als Teil des Orients dargestellt werden, während man sich selbst zu Europa zählt. Für viele Kroaten sind die Serben Teil des Balkans, in Rumänien sind es die Bulgaren; in Serbien verläuft diese kulturelle Scheidelinie quer durch das Land, da viele Bewohner der Provinz Vojvodina, die bis 1918 zu Österreich-Ungarn gehört hat, die Serben südlich der Save und Donau (also aus den einst osmanischen Gebieten) als ›balkanisch‹ und damit weniger zivilisiert erachten. Häufig soll die Verunglimpfung als ›balkanisch‹ auch selbstironisch zum Ausdruck bringen, dass man es trotz aller Anstrengungen nicht schafft, europäisch zu werden – und es vielleicht auch gar nicht so recht will.

In der deutschsprachigen Forschung dominiert heute jedenfalls die Bezeichnung ›Südosteuropa‹ für die Gesamtregion, während ›Balkan‹ als ein Teil von ihr angesehen wird. Holm Sundhaussen etwa betonte, dass ›Balkan‹ und ›Südosteuropa‹ nicht deckungsgleich seien. Als Balkan gelten mithin vor allem jene Gebiete, die für rund ein halbes Jahrtausend direkt in das Osmanische Reich eingebunden waren, also eine besonders tiefgehende osmanische Prägung erfuhren, und zuvor zum byzantinischen Herrschafts- und Einflussbereich gehört hatten, mit dem orthodoxen Erbe als sichtbarster Folge. Demzufolge habe der Balkan im Norden eine relativ klare Abgrenzung (entlang der Flüsse Save und Donau). ›Südosteuropa‹ greift im Norden weiter aus und umfasst neben den rumänischen Gebieten auch einst zum Habsburgerreich gehörende Regionen (in manchen Definitionen zählt selbst die Slowakei zu Südosteuropa, aufgrund der langen ungarischen Herrschaft über dieses Gebiet). ›Südosteuropa‹ erweist sich also als die flexiblere und – heute wenigstens – kulturell weniger aufgeladene Bezeichnung. Sie bringt die historische Variabilität der Grenzen der Region besser zum Ausdruck als der Name ›Balkan‹. Länder wie Ungarn können, je nach Betrachtungswinkel, sowohl als Teil Mittel- als auch Südosteuropas betrachtet werden. Aufgrund der langen Zugehörigkeit von südosteuropäischen Gebieten und Ländern wie Kroatien, Siebenbürgen und Nordserbien zu Ungarn würde eine Nichtberücksichtigung Ungarns allerdings eine große Lücke in eine Geschichte Südosteuropas reißen.

Grundlagen der südosteuropäischen Geschichte

Was macht nun die Geschichte dieser heterogenen, aber gleichzeitig in sich eng verwobenen Region aus? Zuallererst ist sie interessant, gerade weil sie sich von anderen Teilen Europas unterscheidet. So ist Südosteuropa die einzige Region Europas (neben den Wolgagebieten Russlands), in der seit Jahrhunderten Muslime in großer Zahl leben. In Südosteuropa begegnen sich auch die katholische und die orthodoxe Christenheit; vom 15. Jahrhundert bis zum Holocaust war die Region zudem die Heimat einer lebendigen jüdisch-sephardischen Kultur. Migrationen, Konversionen, Grenzverschiebungen, aber auch Krieg hinterließen eine intensive kulturelle Durchmischung, die Südosteuropa trotz aller Homogenisierungsbestrebungen der Nationalstaaten seit dem 19. Jahrhundert bis in die jüngste Vergangenheit auszeichnete. Es ist erst die intensive Einwanderung der letzten Jahrzehnte, die westeuropäische Gesellschaften heute als heterogener erscheinen lässt als südosteuropäische, wenigstens in den Großstädten.

Die kulturelle Vielfalt der Region verdankte sich wesentlich ihrer langen imperialen Prägung. Reiche wie das Osmanische, jenes der Habsburger und Venedig betrieben typischerweise keine Politik der Vereinheitlichung (aber die längste Zeit auch keine der Gleichbehandlung). Sie stellten einen großen Raum für intensive kulturelle Austauschprozesse zwischen ihren einzelnen Bestandteilen dar und reichten jeweils über Südosteuropa hinaus. Für die Sprösslinge albanischer Elitenfamilien war es in osmanischer Zeit nichts Besonderes, in ihrer Berufslaufbahn als Amtsträger des Sultans auch einmal in Damaskus oder Ägypten stationiert zu werden; südslawische Intellektuelle befruchteten das kulturelle Leben der Hauptstadt der Habsburgermonarchie.

Die Imperien waren somit für Südosteuropa wichtig, aber umgekehrt auch Südosteuropa für die Imperien. Bis in das 18. Jahrhundert kam der Balkan als Zentralregion des Osmanischen Reiches zum Beispiel für den Großteil von dessen Steuereinnahmen auf. Für die Habsburger war wiederum Südosteuropa im späten 19. Jahrhundert die einzige Region, in der sie glaubhaft als Großmacht auftreten konnten. Das Venezianische Reich brachte die ostadriatischen Küstengebiete und die ionischen Inseln mit Venedig und seinem Hinterland im Handelsimperium des Stato da Mar zusammen. Gerade die Einbindung in geografisch ausgreifende Reiche sorgte dafür, dass unterschiedliche Teile Südosteuropas mit jeweils anderen Regionen eng interagierten. Die Adria stellte weniger eine Abgrenzung denn eine Brücke für Kulturtransfers dar, wie das Stadtbild dalmatinischer Küstenstädte oder die Präsenz albanischer Minderheiten in Süditalien verdeutlicht; für Bosporus und Schwarzes Meer gilt Analoges. Die griechische Welt war bis zur Vertreibung der Griechen aus der Türkei 1923 eine, die Griechenland genauso umfasste wie Kleinasien und Ägypten, und bis zur Hauptstadtwerdung Athens waren Konstantinopel und Smyrna (Izmir) deutlich wichtigere Zentren für die griechische Kultur als diese Provinzstadt am Südzipfel Südosteuropas.

Neben den unterschiedlichen Verbindungen Südosteuropas zu anderen Regionen war die Mannigfaltigkeit des Naturraums ein weiterer Grund für kulturelle Vielfalt, da weder die topografischen noch die klimatischen Bedingungen in der Region einheitlich sind. Zudem sorgte die Natur dafür, dass manche Gebiete kaum für die Außenwelt zugänglich waren und sich somit althergebrachte Muster lange halten konnten. Der Naturraum bildete insgesamt einen wichtigen Faktor in der Geschichte Südosteuropas. Bis in die zweite Hälfte des 20. Jahrhunderts stellte Landwirtschaft den wichtigsten Erwerbszweig in Südosteuropa dar, wobei das Niveau der technischen Ausstattung bescheiden war. Deshalb hatten die Eigenschaften des Terrains und des Klimas bedeutende Folgen für das Wohlergehen der Menschen. Die Landwirte waren bis in die Zeit nach dem Zweiten Weltkrieg sehr stark von den Unbilden der Natur abhängig und entwickelten diverse Strategien, um sich an die lokal jeweils gegebenen Bedingungen anzupassen. Wesentlich durch den Naturraum bestimmt waren auch die

Siedlungsmuster, etwa weil Wasservorkommen oder der Schutz durch Berge Ansiedlungen begünstigten, Sumpfländer wiederum solche verhinderten.

Der Blick auf die Landkarte verrät, dass Südosteuropa stark von Gebirgslandschaften geprägt ist, welche die Region von den Alpen im Nordwesten über das langgezogene Dinarische Gebirge und die Karpaten im Zentrum bis zu den Gebirgszügen nördlich der Ägäis fragmentieren. Die Gebirge nehmen vielerorts hochalpine Formen an und erreichen am zentralen Balkan Höhen von beinahe 3000 Metern (der höchste Berg der Balkanhalbinsel, der Gipfel Musala im bulgarischen Rila-Gebirge, ist 2925 Meter hoch). Die größten zusammenhängenden Ebenen erstrecken sich entlang der Donau, mit der pannonischen Tiefebene im Norden und der walachischen im heutigen Rumänien. Ein weiteres topografisches Charakteristikum sind die stark zergliederten Küstenabschnitte der Adria, des Ionischen Meeres und der Ägäis mit ihren zahlreichen Inseln, wobei die Inseln selbst in der Regel relativ gebirgig sind. Zerklüftete Küstenabschnitte dienten beispielsweise als Rückzugsgebiete für Piraten, wie auf der Halbinsel Mani auf der Peloponnes, deren Bewohner als furchtlose Seeräuber galten; und die Uskoken der Stadt Senj im oberen Dalmatien waren bis ins 17. Jahrhundert hinein der Schrecken der Schifffahrt auf der Adria. Die Küste des Schwarzen Meers ist weniger unregelmäßig; bis in das späte 18. Jahrhundert war das Schwarze Meer ohnehin ein regelrechter Binnensee der Osmanen, deren Monopol erst mit dem Verlust der Krim an Russland und der Schaffung russischer Häfen am Schwarzen Meer (Odessa, 1794) endete.

Die Gebirge erwiesen sich naturgemäß als schwieriger

Untergrund für den Ackerbau: Die Winter sind lang und im Inneren der Region schneereich (bzw. waren sie das bis zum Klimawandel der letzten Jahre), die Abhänge steil, und in den großen Karstgebieten entlang der Adria sowie auf den Inselbergen sind fruchtbare Böden ohnehin besonders knapp. Ebenso ist dort die Wasserversorgung schwierig, da Regenwasser im Kalkstein des Karst schnell unterirdisch abfließt. Weite Teile der küstennahen Gebirgsregionen wurden zudem schon in der Antike entwaldet, was Erosion und damit den Verlust von fruchtbarem Erdreich beförderte. An Gebirgsabhängen hin zum Meer konnten wenigstens Wein, Zitrusfrüchte und Oliven angebaut werden, aus deren Einkünften die Bewohner Getreide und andere Produkte hinzukaufen konnten (und dank derer sie länger als viele Kontinentaleuropäer lebten, wie noch heute festzustellen ist). Die Ebenen wiesen zwar prinzipiell bessere Voraussetzungen für den Ackerbau auf, einige Flachlandregionen waren aber bis in das frühe 20. Jahrhundert sumpfig und derart von Malaria geplagt, dass sie nur dünn besiedelt waren. In einer medizinischen Studie über Malaria in Bulgarien aus den 1930er Jahren heißt es über das Umland der Hafenstadt Burgas am Schwarzen Meer:

> Infolge der schweren Malariadurchseuchung wird nur $^{1}/_{15}$ des Bodens bebaut, obwohl gerade in diesem Gebiet der Boden sehr ergiebig und fruchtbar ist. Die Durchschnittszahl der Bewohner beträgt 28–32 auf 1 qkm, wohingegen sie in ganz Bulgarien 50–55 beträgt […] So schreibt Manoloff, daß man in Burgas von einem gesunden Bauerntypus nicht sprechen kann, sondern von einem ›Malariatypus‹. Das ganze Gebiet von Burgas ist im

Sommer wegen seiner vielen Sümpfe und der damit verbundenen Mückenplage berüchtigt.[5]

Angesichts dieser ökologischen Bedingungen dominierte bis in das 19. Jahrhundert hinein in vielen Teilen Südosteuropas die Viehzucht. In den Gebirgen wurde typischerweise Kleinvieh (Schafe und Ziegen) gehalten, das im Sommer in den Bergen, im Winter in den schneefreien Tallagen bzw. Tiefebenen weidete (im Winter ruht die Mücke, die Malaria überträgt). Viele Dörfer des Balkans liegen in Gebirgstälern oder an Bergflanken und damit zwischen den Winter- und Sommerweidegebieten. Zudem boten die Berge besseren Schutz vor aufdringlichen Steuereintreibern, ausbeuterischen Feudalherren und marodierenden Soldaten. Es ist bezeichnend, dass sich dort, wo der Getreideanbau eine dominante Rolle spielte (wie in den rumänischen Fürstentümern und in der pannonischen Tiefebene) oder wo Baumwolle und Reis angebaut wurden (Makedonien und Thrakien), feudale Strukturen am stärksten ausbilden konnten. Hier mussten die Menschen das Land von Großgrundbesitzern bearbeiten, während sie selbst nur wenig oder gar kein Land besaßen. Die in der südosteuropäischen Volkskultur gepflegte Vorstellung von den Gebirgen als Ort der Freiheit und Unabhängigkeit ist nicht völlig aus der Luft gegriffen. Auch das verbindet die Region von den Alpen bis an die Ägäis.

Südosteuropa ist also letztlich ein Beziehungs- und Handlungsraum, dessen Grenzen sich je nach historischer Epo-

5 Swetoslaw Beynoff, *Malaria in Bulgarien*, Leipzig 1933, S. 14.

che verschoben, in dem sich aber dennoch über Jahrhunderte hinweg das Geschehen verdichtete. Dementsprechend nimmt unsere Darstellung eine umfassende Perspektive ein, die in unterschiedlicher Intensität auch die Türkei und Ungarn berücksichtigt, da beide Länder eng mit dem Kern der Region interagierten, ja wesentliche Entwicklungen dort bestimmten und zumal aus vergleichender Perspektive interessant sind. Im Mittelpunkt des Interesses steht jenes Gebiet, das heute die Staaten Albanien, Bosnien-Herzegowina, Bulgarien, Griechenland, Kosovo, Kroatien, Nordmazedonien, Montenegro, Rumänien, Serbien und Slowenien umfasst. Chronologisch setzen wir in jener Periode ein, die im europäischen Sprachgebrauch Frühmittelalter heißt und in Südosteuropa durch das byzantinische Reich geprägt wurde, wiewohl der Fokus unserer Darstellung auf den letzten beiden Jahrhunderten liegt, also der Moderne in ihren spezifischen südosteuropäischen Ausprägungen. Thematisch berücksichtigen wir neben der politischen Geschichte auch die sozialen und wirtschaftlichen Entwicklungen, denn nicht zuletzt diese konstituieren die Spezifika der Geschichte Südosteuropas. Eine Gesamtdarstellung kann natürlich den sicherlich wichtigen Eigenheiten der einzelnen Länder nur ungenügend gerecht werden, zumal diese Staaten mehrfach ihre Grenzen verändert haben. Aber sie hilft zu verstehen, wie gemeinsame Erbschaften und Erfahrungen in verschiedenen Entwicklungen mündeten, obwohl sich trotz aller Unterschiede noch immer Gemeinsamkeiten finden lassen – und sei es nur die quer über die Region geteilte Vorliebe für gegrilltes Hackfleisch und selbstgebrannten Schnaps.

Das vormoderne Erbe (bis ca. 1800)

1997 erfuhr eine Touristengruppe im Kloster Studenica vom örtlichen Reisebegleiter, im mittelalterlichen Serbien hätten die Menschen schon mit Gabeln gegessen, als sich Westeuropäer noch ganz unästhetisch mit den Fingern behalfen. Dieses hohe kulturelle Niveau habe ihnen Byzanz gebracht. Der serbische Politiker und Jurist Dejan Mirović entwickelte aus dieser Vorstellung 2004 ein Argument gegen die EU-Integration seines Landes:

> Unser wirklicher Lehrer ist Byzanz, darauf müssen wir stolz sein, denn Byzanz war ein Staat und eine Kultur von Weltrang. Wir aber begeben uns freiwillig noch einmal auf die Schülerbank, obwohl wir den besten Lehrer hatten [...] und werden zu Schülern eines ungebildeten, korrumpierten und böswilligen Lehrers.[6]

Auf der anderen Seite gibt es Intellektuelle in der Region, die von Byzanz nichts hören wollen. In Serbien können Letztere sich auf den berühmten Literaturkritiker Jovan Skerlić berufen, der zu Beginn des 20. Jahrhunderts verkündete, das stark byzantinisch geprägte, zum großen Teil aus Hagiografien bestehende literarische Erbe des mittelalterlichen Serbien sei wertlos. Vormoderne und insbesondere mittelalterliche Themen lösen also in Südosteuropa immer noch erhebliche Emotionen aus.

Für eine Geschichte Südosteuropas ist die Vormoderne in zweierlei Hinsicht wichtig – einerseits als historisches

6 Dejan Mirović, *Zapad ili Rusija*, Belgrad 2004, S. 259.

Erbe, das teils bis heute fortwirkt, andererseits als Erinnerung, die man aufruft, um bestimmte Ansprüche anzumelden. Die Nationalbewegungen seit dem 19. Jahrhundert beriefen sich in aller Regel auf mittelalterliche bzw. antike Vorgänger und betonten die frühe Blüte der eigenen Kultur, die dann von den Osmanen bzw. den Habsburgern unterdrückt worden sei. Dabei ging es in aller Regel nicht um gesellschaftspolitische Modelle der Vormoderne (von denen man entweder wenig hielt oder wenig wusste), sondern um den schieren Nachweis einer uralten eigenen Existenz, Größe und Würde. Aus einer glanzvoll imaginierten Vergangenheit, die nur durch äußere Gewalteinwirkung abgebrochen worden sei, leitete man im 19. und 20. Jahrhundert das Recht auf eine ebenso glanzvolle nationale Gegenwart ab. Dass dabei die historische Wirklichkeit der vergangenen Jahrhunderte zweitrangig war, versteht sich von selbst.

Zwischen der Spätantike und dem 19. Jahrhundert waren in Südosteuropa übernationale Reiche prägend – im östlichen Teil das Oströmische bzw. Byzantinische Reich (4.–15. Jahrhundert), dessen Einflussgebiet später im Wesentlichen an die Osmanen fiel (15.–19. Jahrhundert), im westlichen das Habsburgerreich (16. Jahrhundert bis 1918) sowie in einigen Küstenregionen und der Inselwelt des östlichen Mittelmeers die Republik Venedig (13.–18. Jahrhundert). Hinzu kamen mittelalterliche Königreiche mit lokalen Eliten, als deren Fortsetzung sich einige Staaten Südosteuropas heute sehen – die aber de facto ebenfalls multiethnisch waren, zeitweise imperiale Züge aufwiesen und nicht als Staaten im modernen Sinne verstanden werden sollten. In erster Linie zu nennen sind das Bulgarische Reich, das zweimal existierte (7.–11. Jahrhundert und 12.–14. Jahrhundert), das ungarische Reich (11.–16. Jahrhundert) und das serbische Reich (12.–15. Jahrhundert). Eine weitere Gruppe bilden Staaten wie das mittelalterliche Kroatien (10.–12. Jahrhundert), das bosnische Königreich (14.–15. Jahrhundert) oder die rumänischen Fürstentümer Walachei und Moldau (14.–15. Jahrhundert), die nur über einen relativ kurzen Zeitraum unabhängig blieben und weniger expansiv waren. Die Jahrhundertangaben sind nur von geringer Bedeutung, denn sie verbergen Wichtiges: Das Byzantinische Reich etwa war seit dem Vierten Kreuzzug 1204 nur noch ein Schatten seiner selbst, während Kroatien nach der Personalunion mit Ungarn (1102) zwar kein eigenständiger Staat mehr war, aber als Königreich mit eigenem Landtag weiterbestand – eine für die spätere kroatische Nationalbewegung in ihrer Suche nach historischer Kontinuität wichtige Tatsache. Auch die Donaufürstentümer existierten unter osmanischer Oberherrschaft weiter als tributpflichtige Gebiete mit innerer Autonomie und – für die längste Zeit – Fürsten aus der heimischen Aristokratie (den sogenannten Bojaren).

Südosteuropa in der Vormoderne war selbstverständlich mehr als die Summe seiner Staatswesen – wichtig ist auch die Gesamtkonstellation, die sich aus der Präsenz dieser verschiedenen Imperien ergab. Schon im mittelalterlichen Südosteuropa konkurrierten, ähnlich wie in der Neuzeit, relativ viele Mächte um Einfluss und Territorien – eine Folge waren Kriege und sich immer wieder verschiebende Grenzen, mit denen die Nationalbewegungen des 19. Jahrhunderts einander oft ausschließende Ansprüche auf Land und Leute begründeten. Aus historischer Sicht sind und waren diese Ansprüche wenig überzeugend, weil erstens den meisten Grenzverläufen im Mittelalter die Stabilität fehlte und zweitens die Grenzen keine ethnische Bedeutung hatten. Im Gegenteil – die südosteuropäische Vormoderne war geprägt durch intensive Migrationsbewegungen und Kulturtransfers, die sich in der Regel nicht an staatliche Grenzen hielten. Mehrsprachigkeit und Assimilationsprozesse waren allgegenwärtig. Auch wenn im Folgenden von Staaten und Gruppen die Rede ist, die denselben Namen tragen wie heutige Nationen, bedeuteten diese Namen in der Vormoderne nicht dasselbe – hinter ihnen standen zwar durchaus politische und gesellschaftliche Profile, nicht aber homogene ethnische Gruppen, die man als Nationen im heutigen Sinne verstehen darf. Insbesondere bestand eine tiefe Spaltung zwischen den oberen und unteren gesellschaftlichen Schichten, während das moderne Nationsprinzip auf der Idee der Gemeinschaft über alle sozialen Grenzen hinweg beruht.

Antikes Erbe, mittelalterliche Neuanfänge

Als besonders nachhaltig erwiesen sich drei kontinentale Reiche, welche die Geschichte der Region über lange Zeiträume prägten – das Byzantinische, das Osmanische und das Habsburgische. Byzanz bzw. Ostrom, das den beiden anderen Reichen voranging, hinterließ nicht nur eine spezifische Variante des Christentums (die Orthodoxie), sondern auch bestimmte Sprachkulturen (Griechisch bzw. in kyrillischen Buchstaben geschriebenes Slawisch), und formte das Verhältnis zwischen Staat und Gesellschaft. Die byzantinische Gesellschaft wirkt, im Vergleich zum westlichen Mittelalter, deutlich konfliktärmer, denn sie kannte weniger Reibungen zwischen Kirche und Staat, zwischen gesellschaftlichen Gruppen, zwischen religiösen Autoritäten, Minderheiten und Abweichlern. Dem Reich wie teilweise auch seinen Nachfolgestaaten lagen auch jene spezifischen Lösungen fern, die aus der westlichen Konfliktgeschichte hervorgingen – es entwickelte kein Ständesystem, keine Schiedsrichterfunktion des Rechts und wenig Religionskritik. Damit fehlten ihm manche Grundlagen für repräsentative Demokratie, Rechtsstaat und Säkularisierung. Die osmanische Herrschaft änderte vieles, schrieb allerdings die Differenz fort und ließ wenig Raum für Diskussionen über ›eigene Wege‹.

Schließlich wurde das westliche Modell, das aus einer ganz eigenen Konfliktgeschichte entstanden war, sekundär in den (post-)byzantinischen Raum exportiert. Dies geschah seit dem 18. Jahrhundert im Rahmen der Aufklärung und des Nationalismus. Weil sich die Region zu diesem Zeitpunkt bereits in tiefer Abhängigkeit von Westeuropa befand, blieben ihren Entscheidungsträgern in diesem Prozess weder wirkliche Alternativen noch lange Zeit zum Überlegen. Seitdem wird der Balkanraum an einem Maßstab gemessen, der zu großen Teilen außerhalb der Region entwickelt wurde – und er misst sich auch selbst daran. Der neue Maßstab gilt als konstitutiv für die kulturelle Zuordnung zu Europa, verursacht aber auch Anpassungsstress. Innerhalb Südosteuropas führte diese Lage zu unterschiedlichen intellektuellen Reaktionen: Die einen verneinen jegliche grundlegende Differenz und behaupten, die Region habe sich stets auf einem Weg befunden, der mit dem des

Westens vergleichbar sei (am stärksten vertreten war diese Haltung in der marxistischen Geschichtswissenschaft); andere wiederum bedauern die Unterschiedlichkeit und betonen, man wolle aufholen, beklagen aber auch die Mühen dieses Unterfangens. Eine dritte Position besteht in der positiven Umdeutung von Differenz, der zufolge die Unterschiede zum ›Westen‹ die eigentliche Stärke der Region ausmachen. Dass letztere Position im Rahmen der EU-Integration in den letzten Jahren seltener artikuliert wird, bedeutet nicht automatisch, dass sie in Zukunft keine Rolle mehr spielen wird. Am Anfang dieser historischen Prozesse und ihrer intellektuellen Verarbeitung stand jedenfalls Byzanz.

Das Byzantinische Reich

Die Wurzeln des Byzantinischen Reiches liegen in der Entscheidung des Römischen Imperiums, Herrschaft und Verwaltung in einen westlichen und einen östlichen Teil aufzugliedern. Schon die römischen Feldherren Antonius und Octavian hatten die Zuständigkeiten im ersten Jahrhundert v. Chr. entlang der Drina geteilt, was in etwa dem Verlauf der heutigen Grenze zwischen Bosnien-Herzegowina und Serbien entspricht. Auch Kaiser Diokletian griff bei seiner Verwaltungsreform 293 n. Chr. auf diese Linie zurück, ebenso Kaiser Theodosius 395 n. Chr. bei der endgültigen Teilung des Reiches in einen Ost- und einen Westteil. Der Fall Dalmatiens zeigt aber, dass diese Linie nicht absolut war – es lag westlich davon, wurde allerdings 536 wieder von Byzanz zurückerobert. Bis ins 12. Jahrhundert gab es dort eine byzantinische Präsenz, deren Intensität allerdings zeitlich wie regional stark variierte.

Dass diese Trennlinie historisch so folgenreich wurde, hängt vor allem mit inneren Entwicklungen des Christentums zusammen. Das frühe Christentum war dogmatisch noch nicht konsolidiert, wichtige Fragen im vierten Jahrhundert noch weitgehend offen, vor allem was die Doppelnatur Jesu Christi betraf (Gott oder Mensch, oder beides gleichzeitig?). Zwischen 318 und 325 eskalierte ein bald das ganze Römische Reich beschäftigender Streit zwischen dem Bistum von Alexandria und einem seiner Gemeindeleiter, Arius. Letzterer vertrat die These, dass Vater und Sohn nicht wesensgleich seien, und sah in Jesus ein Geschöpf Gottes – alles andere schien elementarer Logik zu widersprechen. Gegen ihn argumentierte Athanasius, der Diakon des Bischofs von Alexandria: Jesus könne als Retter der Welt nicht selbst ein erlösungsbedürftiges Geschöpf sein. In Ostrom, wo die Strukturen des Imperiums intakt blieben, mischte sich Kaiser Konstantin I. in den Disput ein und drängte beide Seiten zu einer Einigung. Auf dem Konzil von Nikaia verständigte man sich im Jahr 325 darauf, Jesus sei zwar ›gezeugt aus dem Wesen des Vaters‹, aber gleichzeitig ›ungeschaffen‹, ›wesenseins‹ mit dem Vater und nicht Teil der Schöpfung.

Während der Arianismusstreit theologisch in Ost und West ähnlich verlief, waren seine politischen Begleitumstände und Konsequenzen sehr unterschiedlich. In Ostrom leitete er die Etablierung eines kooperativen Kirche-Staat-Modells ein, in dem die Kirche in der Krise die Unterstützung des Staates sucht und im Gegenzug die staatliche Macht legitimiert. Im Westteil des Reiches dagegen bestand diese Option nicht. Im fünften Jahrhundert wurde Westrom von verschiedenen germanischen Stämmen angegriffen, die auf dem Reichsterritorium eigene Herrschaftsbereiche errichteten und das Christentum ganz überwiegend in seiner intellektuell leichter fassbaren arianischen Form annahmen. Das kirchliche Zentrum des Westens, die Bischöfe von Rom, waren zwar wie die gesamte Reichskirche dem anti-arianischen Glaubensbekenntnis von Nikaia verpflichtet, konnten sich aber auf keinen Staat mehr stützen, um dieses Bekenntnis zu verteidigen. Da sich in den neuen Staatsgebilden eine ›rechtgläubige‹ Mehrheit der alteingesessenen romanischen Reichsbevölkerung und eine herrschende germanische Minderheit gegenüberstanden, musste die Kirche ohne staatlichen Schutz selbst dafür sorgen, dass sie ihre Botschaft eindeutig und wirksam an die Menschen brachte. Entsprechend sah sich Papst Leo der Große (im Amt 440–461) als eigenständiger Kirchenlenker, der um der Reinheit des Glaubens willen gegenüber dem gesamten Episkopat weisungsbefugt sei.

Von hier aus entwickelte sich im Westen die Zweigewaltenlehre, im Osten das Ideal der Harmonie von Kirche und Staat. Während erstere darauf ausgerichtet war, eine eigenständige kirchliche Agenda auch in einer feindlich gesonnenen Umwelt verfolgen zu können, setzte zweitere einen wohlgesonnenen Herrscher voraus. Der wahrgenommene Unterschied war dabei allerdings größer als der tatsächliche. Schließlich gingen beide von einer prinzipiellen Trennung zwischen weltlicher und geistlicher Macht sowie der Autonomie einer jeden in ihrem Bereich aus; und selbstverständlich strebten auch Päpste nach Arrangements mit weltlichen Herrschern. Doch Polemiken unterstrichen schon im frühen Mittelalter die Differenz. So schrieben italische Bischöfe 551 über ihre griechischen Amtsbrüder: »Was auch nur die Zeit und der Fürstenwille von ihnen begehren, dem stimmen sie streitlos zu.«[7] Umgekehrt empfanden die Bischöfe des Ostens die römischen Päpste als zunehmend machthungrig und wenig demütig – dieser Vorwurf bezog sich insbesondere auf den im Laufe der Zeit deutlicher zutage tretenden Anspruch Roms, unter den fünf frühchristlichen Patriarchaten (Rom, Konstantinopel, Alexandria, Antiochia und Jerusalem) nicht nur einen Ehrenrang, sondern eine reale Vormachtstellung einzunehmen.

Die Auseinanderentwicklung von Ost- und Westkirche hatte Folgen, die weit über den religiösen Bereich hinausgingen. Der byzantinische Theologe Eusebios von Caesarea nannte Kaiser Konstantin I., der sich erst auf dem Totenbett (und dann auch noch von einem arianischen Bischof) taufen ließ, »gottgeliebt und dreimalselig«; die Weltgeschichte mit Zentrum in Ostrom erschien ihm als Heilsgeschichte. Die Zusammenarbeit von Staat und Kirche sakralisierte die Macht, wodurch sie dem byzantinischen Staat eine erhebliche Stabilität verlieh und zu seiner enormen Lebensdauer beitrug. Byzanz verstand sich als Fortsetzung des Römischen Reiches, was sich auch in der Selbstbezeichnung als ›Römer‹ (*rhomaioi*) widerspiegelte (der Begriff ›Byzanz‹ kam erst im 16. Jahrhundert als westliche Fremdbezeichnung auf). Es tradierte antikes kulturelles Selbstbewusstsein, Institutionen, eine relativ elaborierte Bürokratie und eine intellektuelle Stadtkultur, in der das heidnische Bildungserbe mitunter spannungsreich neben dem Christentum stand. Byzanz übte eine enorme kulturelle Anzie-

7 Siegfried Tornow, *Handbuch der Text- und Sozialgeschichte Osteuropas*, Wiesbaden 2011, S. 20.

hungskraft auf die Umgebung aus, was sowohl für das entstehende Frankenreich im Westen als auch für die seit dem 6. Jahrhundert eindringenden Slawen, für die im 7. Jahrhundert einfallenden Araber und seit dem 13. Jahrhundert für die osmanischen Türken galt.

Tendenziell stand dem starken byzantinischen Kaisertum eine eher schwache Gesellschaft gegenüber. In der Forschung ist man sich nicht einig, ob dieses Kräfteverhältnis nur der kompakten Kirche-Staat-Konstellation oder auch den außenpolitischen Umständen geschuldet war – wahrscheinlich spielte beides eine Rolle. Einen bedeutenden Einfluss hatten die Kriege mit Persien und die arabische Expansion, die sich im 7. Jahrhundert für Byzanz als existenzbedrohlich erwies. Das Reich verlor seine Kornkammer in Ägypten, weiterhin Palästina und Syrien sowie Teile Ostanatoliens. Kaiser Herakleios und seine Nachfolger reagierten auf die Bedrohung mit Reformen, die das Reich weitgehend militärischer Logik unterordneten und weiter zentralisierten. Griechisch wurde alleinige Amtssprache, die Verwaltung richtete man auf Militärdistrikte (die sogenannten Themen) hin aus. In der Geschichtsschreibung gelten diese Reformen als Beginn der ›mittelbyzantinischen‹ Epoche, die sich im Gegensatz zur ›frühbyzantinischen‹ endgültig von der Spätantike gelöst hatte. Die Anpassungen halfen Byzanz zu überleben, und das militärische Verdienstethos erhöhte die soziale Mobilität; gleichzeitig forcierten sie die Spaltung zwischen Ost und West.

Byzanz entwickelte kein Ständesystem, d. h. Menschen wurden nicht in dem Maße nach ihrer Herkunft in separate Rechtsgruppen unterteilt wie im westlichen Mittelalter. Aus heutiger Sicht gelten Stände als Sinnbild einer ungerechten

Ordnung, weil sie das Postulat verletzen, dass alle Menschen gleiche Rechte und Chancen haben sollten. Aus historischer Sicht ermöglichten die Stände aber auch gesellschaftliche Selbstorganisation, auf der unter günstigen Umständen repräsentative Ordnungen aufbauen konnten. Auch diesbezüglich liegt ein Schlüssel zum Verständnis in der Kirchengeschichte. Im Westen musste die Kirche, um in relativ feindlicher Umgebung effektiv tätig sein zu können, entsprechende Instrumente entwickeln. Sie benötigte einen Klerus, der auf Weisungen der Kirchenleitung hörte und weder durch weltliche Herrscher noch durch alltägliche Nöte allzu sehr unter Druck gesetzt werden konnte. Daher strebten die Päpste danach, den Klerus hierarchisch durchzugestalten und ihm die Ehelosigkeit aufzuzwingen. Beide Mechanismen erhöhten die Bindung der Priester an die Kirche, wogegen anderweitige Loyalitäten abnahmen. Zentralisierung und Vereinheitlichung ermöglichten die Etablierung des Klerus als eigenen Stand, was auch auf eine ständige sichtbare Interessenvertretung der Kirche hinauslief. Diese Dynamik unterstützte entsprechende Bestrebungen des Adels, der sich ebenfalls zunehmend als Stand auffasste und auf diese Weise die Rechte, die ihm das Lehenswesen gegenüber dem Herrscher einräumte, kollektiv absicherte und ausweitete. In den stärker fragmentierten westlichen Staatsgebilden, die im frühen Mittelalter letztlich Personenverbände darstellten, gab es mehr Raum, aber auch Notwendigkeit für die Entwicklung relativ autonomer Institutionen jenseits des Monarchen. Das Byzantinische Reich hatte zu jener Zeit deutlich mehr Staatscharakter, weshalb sein Zentrum weniger Spielraum für alternative Strukturen bot.

In Byzanz war die Kirche spätestens seit der Etablierung

des Christentums als Staatsreligion (380) durch eine dezidiert christliche politische Ordnung gerahmt, sodass sich der Klerus für viele Aufgaben nicht mehr zuständig fühlte. Stattdessen verwies man auf den Staat (etwa bei der strafrechtlichen Verfolgung von Häresien) und vermied es, die christliche Ordnung der Gesellschaft allzu konkret auszugestalten. Kirchliche Anstrengungen im Bereich der karitativen Arbeit blieben relativ bescheiden, Ähnliches lässt sich über die Rolle der Kirche im Landesausbau sagen. Während sich im Westen Mönchsorden mit zunehmend spezifischen Agenden herausbildeten, die dann ›ihre‹ jeweiligen Bereiche systematisch beeinflussten (wie die Zisterzienser in der Landwirtschaft, die Franziskaner in der Armenfürsorge, die Jesuiten im Bildungswesen), blieb das orthodoxe Mönchtum im Wesentlichen bei seiner altkirchlichen Grundlage. Gleichwohl gab es einen Gegensatz zwischen Mönchsgemeinschaften, die etwas praktischer ausgelegt waren und dem westlichen Mönchtum näherkamen, und Einsiedlern, die Gebet und Askese in den Mittelpunkt stellten und weniger Interesse an irdischen Fragen zeigten. Im Laufe der Zeit hoben östliche Kirchendenker, auch vor dem Hintergrund der Spannungen zwischen Ost- und Westkirche, jene Aspekte des Mönchtums hervor, die sich von den ›praktisch veranlagten‹ Orden des Westens unterschieden. Im Ergebnis war die Rolle der Klöster im orthodoxen Bereich insgesamt eine andere – aus spiritueller Sicht womöglich eine reinere, aus modernisierungstheoretischer Perspektive aber eine unproduktivere. Während Benediktiner und Zisterzienser mit ihren Klöstern Impulse für das allgemeine rationale Wirtschaften gaben und Überschüsse erwirtschafteten, war dies bei orthodoxen Klöstern eher selten der Fall.

Auch die Städte entwickelten sich in Byzanz anders als weiter westlich. Im mittelalterlichen Westen entstand bekanntlich die Stadt als Gebilde mit eigenem Recht, eigener Verwaltung und vor allem einem eigenen Bürgerstatus, an den bestimmte Rechte und Pflichten zur Gestaltung des Gemeinwesens geknüpft waren. Diese Entwicklung wurde durch naturräumliche Gegebenheiten gefördert. Anders als im Mittelmeerraum erleichterten im nordalpinen Europa Wasserreichtum und potenziell große nutzbare Landflächen den Übergang zu einer rationellen Landwirtschaft. So konnte die Bevölkerung in Nordwesteuropa im Mittelalter relativ schnell wachsen, überschüssige Landbevölkerung kam der Urbanisierung zugute. Förderlich wirkte sich auch der Gegensatz zwischen Staat und Kirche aus, der es den Städten erleichterte, eigene kollektive Interessen zu entwickeln und voranzubringen.

Während sich der westliche Städtetypus überall etablierte, wo auch das abendländische Christentum zu Hause war, und im Rahmen der sogenannten Ostkolonisation in das östliche Mitteleuropa vordrang, konnte er sich in byzantinisch geprägten Räumen nicht oder nur schwach durchsetzen. Die Städte erfüllten dort zwar ganz ähnliche Funktionen als Zentren von Verwaltung, Bildung, Handwerk und Handel – aber sie wurden in die klare Machtpyramide des Reiches eingeordnet. Sie konnten Privilegien schwer verstetigen, entwickelten weder ein eigenes Stadtrecht noch einen korporativen Geist. Die antiken griechischen Stadtstaaten, die ihren Charakter teilweise durch die römische Zeit hindurch hatten retten können, verloren diesen gänzlich in der mittelbyzantinischen Periode. Städte waren aus der Sicht der byzantinischen Kaiser vor allem Knotenpunkte, von denen aus die Herrschaft in den Regionen des Reiches organisiert wurde, sowie Handelsplätze, die Zölle und Steuern einbrachten. Sie waren aber kein Ort sui generis, bildeten keine eigenen Welten und keine Gemeinschaft ihrer Bürger. Byzantinische Städte hatten, sofern sie sich nicht in westlichen Randzonen ›verdünnter Souveränität‹ befanden, weder einflussreiche Stadtparlamente, noch erhoben sie eigene Steuern oder erließen eigenes Recht. Unter ihnen bestand eine Hierarchie, die dem Staatsaufbau folgte. Die Hauptstadt Konstantinopel war ganz unangefochten größte und wichtigste Stadt, in ihr war weitaus mehr Bevölkerung, politische und wirtschaftliche Macht konzentriert als in irgendeiner anderen Stadt. Das monozentrische System führte selbstredend dazu, dass ehrgeizige und begabte junge Leute in die Hauptstadt strebten – der Zentralismus leistete einem Braindrain der Provinzen Vorschub, sodass die sozioökonomische Entwicklung der Städte notgedrungen ungleich verlief.

Zum ›byzantinischen Modell‹ gehörte auch, dem Handel nur eine relativ untergeordnete Bedeutung beizumessen. Die Republik Venedig, die sich im zehnten Jahrhundert aus der byzantinischen Oberherrschaft befreite, stimmte dagegen ihre territorialen Eroberungen wie die gesamte Staatsstruktur auf Handelsinteressen ab. Sie baute eine Kriegsflotte auf, um die eigenen Handelsrouten schützen zu können, und nutzte politische Stärke dazu, bei benachbarten Mächten Privilegien für die eigenen Kaufleute herauszuschlagen. Byzanz hatte durchaus Verständnis für den Handel und verfügte über eine ausgeprägte Händlerschicht, dennoch hatte die Politik Vorrang. Wirtschaft und Handel waren für die byzantinischen Kaiser kein Selbstzweck, stattdessen wies man ihnen eine dienende Rolle zu – in der Versorgung (vor allem der Hauptstadt) mit Gütern, aber auch als Quelle von Steuereinnahmen (unter den Osmanen sollte es ähnlich bleiben). Auch der byzantinischen Bildungsschicht wäre es nicht eingefallen, an dieser Wertehierarchie zu rütteln – für sie stand kulturelle Beflissenheit, die Kenntnis der alten Autoren und vor allem der griechischen Rhetorik weit oben auf der Agenda, ebenso wie der Staatsdienst bzw. die Nähe zum Hof. Den Handel überließ man dagegen gerne Ausländern, insbesondere Venezianern, Genuesen oder Pisanern. Auf lange Sicht stellte sich diese Neigung als problematisch heraus, da die italienischen Seerepubliken stärker als Byzanz vom boomenden Handel im östlichen Mittelmeer profitierten, schließlich auch politisch erstarkten und im 13. Jahrhundert das Reich politisch wie wirtschaftlich unterjochten – womit das Thema der ›Peripherisierung‹ Südosteuropas zum ersten Mal auf die Tagesordnung gelangte.

Mit der Aufklärung wurde es in Westeuropa üblich, Byzanz in den dunkelsten Farben als bigottes, korruptes und unproduktives Gemeinwesen darzustellen – so entstand der Eindruck, dieses Reich sei schon immer mit westlichen Werten inkompatibel und Gegnerschaft daher unvermeidbar gewesen. Doch trotz der offensichtlichen strukturellen Unterschiede wird dieses Bild der historischen Realität kaum gerecht. Abendländische Herrscher blickten noch im Hochmittelalter mit Respekt auf Byzanz, kopierten Elemente seiner höfischen Kultur und schlossen Heiratsallianzen mit byzantinischen Kaiserfamilien, um das eigene Prestige zu erhöhen. Die Venezianer übernahmen aus Byzanz die bereits erwähnte Gabel. Dieser Kultgegenstand der Zivilisation war bereits bei den antiken Oberschichten in Gebrauch gewesen und in Ostrom weiter verwendet worden, geriet aber an den frühmittelalterlichen ›Barbarenhöfen‹ des Westens in Vergessenheit. Byzantinische Frauen galten in Europa als besonders selbstbewusst und kultiviert, auch die Kunst und Architektur hatten eine erhebliche Ausstrahlungskraft, was insbesondere in Italien bis heute sichtbar ist. Byzantinische Intellektuelle, die sich in einer ungebrochenen Verbindung zur antiken Geistestradition sahen und sich weiter in Rhetorik, Logik und Philosophie übten, vermittelten ihr Wissen an das westliche Europa wie auch an die islamische Welt und trugen zu deren kultureller Blüte maßgeblich bei. Ähnliches kann über die Weitergabe des römischen Rechts gesagt werden, das unter den Kaisern Theodosius II. und Justinian I. in frühbyzantinischer Zeit kodifiziert und in ein System dualer (weltlicher bzw. kirchlicher) Rechtsprechung ausgebaut wurde. Es gehört zur Tragik von Byzanz, dass westliche Historiker diese Beiträge lange nicht anerkannten, sodass Westeuropa die Verbindung zur Antike allein für sich reklamierte (womit sich, nebenbei gesagt, vorzüglich dessen Dominanzstreben über Südosteuropa begründen ließ). Aber auch im historischen Bewusstsein des modernen Griechenland spielte die byzantinische Periode lange Zeit nur eine untergeordnete Rolle, da die nationalen Narrative ganz auf die Aneignung des antiken Erbes ausgerichtet waren.

Im religiösen Bereich traten Differenzen zwischen Byzanz und dem westlichen Europa tatsächlich offen zutage – etwa die Frage, ob die römischen Päpste nur einen Ehrenvorrang oder aber reale Jurisdiktionsgewalt über die anderen Patriarchen beanspruchen dürften; ob der Heilige Geist lediglich vom Vater (wie man das im Osten formulierte) oder vom Vater *und* dem Sohn ausgehe; ob menschliche Seelen (wie man im Westen dachte) zur Reinigung ein Fegefeuer durchlaufen müssten, um in den Himmel zu gelangen, oder es nur eine übergangslose Alternative zwischen Himmel und Hölle gebe; oder ob der Leib Christi bei der Eucharistie besser durch gesäuertes (wie im Osten) oder durch ungesäuertes Brot vertreten sei. Diese Differenzen konnten gleichwohl über Jahrhunderte überbrückt werden, d.h. man verstand sich streckenweise trotz theologischer, kultureller und organisatorischer Unterschiede immer noch als eine Kirche und pflegte vielfältige Querverbindungen.

Zu explosiven Gemengelagen kam es, wenn im Ost-West-Kontakt religiöse und politische Fragen miteinander vermengt wurden, oder deutlicher: Wenn Byzanz in Phasen militärischer Schwäche genötigt wurde, Kompromisse auf religiösem Gebiet einzugehen. Eine solche Situation spitzte sich zu, als die Normannen im späten 11. Jahrhundert Süditalien von den Byzantinern eroberten und so den byzantinischen Kaiser zwangen, nach Bündnisgenossen für die Gegenwehr zu suchen. Papst Leo XI. versprach Hilfe, knüpfte diese aber an die Bedingung, dass in dem betreffenden Gebiet der westliche Ritus eingeführt werden solle. Diese Forderung provozierte heftige Reaktionen des lokalen griechischen Klerus, in Konstantinopel setzte der Patriarch die lateinischen Kirchen der Hauptstadt unter Druck, nun ihrerseits den östlichen Ritus anzunehmen. Das Fass lief über, als 1054 ein herrischer Gesandter des Papstes, Humbert von Silva Candida, in Konstantinopel erklärte, der Papst sei gegenüber dem byzantinischen Patriarchen weisungsbefugt – woraufhin der päpstliche Gesandte und der Patriarch sich wechselseitig exkommunizierten. Obwohl eine funktionierende Gemeinschaft nie wiederhergestellt wurde, blieb die Grenze zwischen Ost- und Westkirche auch nach diesem als Großes Schisma bezeichneten Ereignis noch durchlässig, was sich vor allem in Serbien und Bulgarien (siehe unten) zeigte.

Wichtiger für die Entstehung des Ost-West-Gegensatzes war der Vierte Kreuzzug von 1202 bis 1204, der den byzantinischen Lateinerhass erheblich verfestigte. Bereits die vorangegangenen Kreuzzüge, mit denen westliche Freiwillige die heiligen Stätten des östlichen Mittelmeerraums aus muslimischer Herrschaft zurückerobern wollten, hatten zur Entfremdung beigetragen. Die Idee der Kreuzzüge vertrug sich nicht mit den Prinzipien der byzantinischen Außenpolitik, welche in der Regel diplomatische Mittel dem Krieg vorzog. Der Erste Kreuzzug (1096–1099), mit dem Jerusalem nach viereinhalb Jahrhunderten arabischer Herrschaft ›befreit‹ wurde, war von schwerer Gewalt gegen die muslimische Bevölkerung begleitet. Anders als der byzantinische Staat und insbesondere die unter muslimischer Herrschaft verbliebenen Griechen, die eher ein Arrangement mit den Muslimen gesucht hatten, traten die Kreuzfahrer dominant und kompromisslos auf. In den Kreuzfahrerstaaten der Levante sicherte sich eine dünne lateinische Herrenschicht alle Privilegien und legte nur begrenzten Wert auf Zusammenarbeit mit lokalen Gruppen. An eine Rückgabe von Territorien an Byzanz, zu dessen Herrschaftsgebiet die Levante bis zur arabischen Expansion gehört hatte, dachten die Kreuzfahrer ohnehin nicht. Nach dieser ersten zwiespältigen Erfahrung geriet der Vierte Kreuzzug zur direkten Aggression gegen Byzanz, denn 1204 fielen die Kreuzfahrer auf ihrem Weg ins Heilige Land in Konstantinopel ein, plünderten es, schändeten orthodoxe Kirchen und errichteten auf den Trümmern des Reiches ein ›Lateinisches Kaiserreich‹, das 57 Jahre Bestand haben sollte.

Byzanz erholte sich nie wieder von diesem Schlag (weshalb man ab 1204 auch von der spätbyzantinischen Periode spricht), sondern existierte lediglich in verkleinerter Form und zerstückelt in regionale Despotate (von gr. *despótēs* = Herrscher, Hausherr) fort. Religion und Kultur dieser Zeit nahmen die antiwestlichen Ressentiments der byzantinischen Gesellschaft zwar auf, doch gleichzeitig wurde die Haltung zum Abendland uneinheitlicher, polarisierter. So gewann im Mönchtum der Typus des weltabgewandten Beters (des sogenannten Hesychasten, von gr. *hēsychía* = Stille, Ruhe) mehr Zulauf, der sich ostentativ von den byzantinischen humanistischen Intellektuellen sowie von der vermeintlich verweltlichten, pervertierten Westkirche abgrenzte. Umgekehrt stellten sich die humanistischen Intellektuellen zunehmend gegen das Mönchtum.

Dieses Muster lag auch der bekannten Kontroverse zwischen dem Athosmönch Grigorios Palamas und dem eher weltlichen Theologen Barlaam von Kalabrien im 14. Jahrhundert zugrunde. Auf dem Klosterberg Athos waren zu dieser Zeit die Hesychasten auf dem Vormarsch, intensiv propagierten sie die mystische Vereinigung mit Gott als höchstes Ziel christlicher Existenz. Mittels sozialer Absonderung, Fasten sowie besonderen Atem- und Gebetstechniken sollten Menschen das Taborlicht erfahren können, jene göttliche Energie, die Jesus einst auf dem Berg Tabor umflossen haben soll. Barlaam war als orthodoxer, aber in Italien aufgewachsener, humanistisch breit gebildeter Theologieprofessor entsetzt von diesen Vorstellungen, durch die er die göttliche Transzendenz verletzt sah. Grigorios Palamas aber verteidigte die hesychastischen Praktiken und warf Barlaam vor, sich zu viel auf seine humanistische Belesenheit einzubilden. Nach einigen Wirren setzte sich Palamas durch. Zwei Konzile stellten sich eindeutig auf seine Seite, er wurde Erzbischof von Thessaloniki und schließlich 1368, nur neun Jahre nach seinem Tod, heiliggesprochen, während Barlaam nach Kalabrien zurückkehrte und zum Katholizismus übertrat. Trotz der ›Entscheidung‹ wurde deutlich, dass ein tiefer Graben durch die byzantinische Gesellschaft und auch durch den Klerus selbst ging – auf der einen Seite die eher weltlich Gebildeten, aber auch der verheiratete niedere Klerus, der sich von der Dominanz und dem Rigorismus der Mönche abgestoßen fühlte; auf der anderen Seite die Hesychasten, die nicht zuletzt aufgrund der zunehmend antiwestlichen Stimmung gesellschaftlichen und politischen Einfluss gewannen.

Das Erste Bulgarische Reich – byzantinischer Satellitenstaat oder Konkurrent?

Von den byzantinischen Entwicklungen wurden auch die Slawen beeinflusst, die im 6. und 7. Jahrhundert über die byzantinische Nordgrenze eingedrungen waren. Diese Migration hatte insgesamt einen eher friedfertigen Charakter, schließlich kamen die Slawen in kleineren Gruppen als Ackerbauern auf der Suche nach Land, weniger mit politischen Ansprüchen. Unter dem Einfluss der Awaren, eines Zusammenschlusses von berittenen, kriegerischen Viehzüchtern aus Zentralasien, die etwa gleichzeitig mit ihnen auftauchten, lernten sie allerdings bald auch militärisch dazu. In den 580er Jahren nahmen Slawen und Awaren wichtige befestigte Städte wie Singidunum (das heutige Belgrad) an der Donau ein, belagerten im frühen 7. Jahrhundert Thessaloniki und drangen bis auf die Peloponnes vor, sodass diese Gebiete zeitweise kaiserlicher Kontrolle entglitten. Die byzantinischen Kräfte waren in dieser Zeit vor allem im Osten gebunden, da die Perser und nach ihnen die Araber als größere Bedrohung galten, weshalb das Reich die Entstehung kleiner, protostaatlicher slawischer Gebilde, der sogenannten Sklavinien, im Wesentlichen tolerierte. Erst im späten 8. Jahrhundert ging Byzanz in die Offensive und begann, die slawischen Gemeinschaften Thrakiens und Griechenlands aufzulösen, die Bevölkerung zu hellenisieren und zu christianisieren. Die zentralistische Themenverfassung half dabei mit, diese Gebiete erneut zu durchherrschen.

In weiter nördlich und östlich gelegenen Gebieten war es dagegen zu spät für eine Reaktion – dort hatten sich die Slawen konsolidieren und gemeinsam mit anderen Bevölkerungsteilen schließlich eigene Staatswesen bilden können. Vorreiter dieser Entwicklung war Bulgarien, dessen Gründung auf die Zusammenarbeit zweier ethnisch fassbarer Gruppen zurückgeht – einerseits auf die kriegerischen Protobulgaren, ein Turkvolk aus dem Wolgaraum, andererseits auf die Slawen. 678 setzten sich die Protobulgaren unter ihrem Anführer Khan Asparuch südlich der Donau fest und gründeten auf byzantinischem Territorium einen eigenen Staat, den Konstantinopel notgedrungen anerkannte. Während die Protobulgaren die politische und militärische Oberschicht stellten, bestand die bäuerliche Mehrheit aus Slawen, hinzu kam die bereits ansässige thrakische Bevölkerung, die teils hellenisiert, teils romanisiert war. Als gemeinsame Sprache setzte sich im Laufe der Zeit das Slawische durch.

Die militärisch mit den Arabern im Osten beschäftigten Byzantiner hatten dem werdenden Staat im Nordwesten zunächst wenig entgegenzusetzen. In der zweiten Hälfte des 8. Jahrhunderts gelang es ihnen zwar vorübergehend, die bulgarische Ausbreitung in Richtung der Hauptstadt zu stoppen, aber im frühen 9. Jahrhundert expandierte Bulgarien enorm – sowohl nach Norden auf heute rumänisches Territorium als auch bis kurz vor Konstantinopel. In dieser Lage wurde es für Byzanz immer dringlicher, nach einem Modus Vivendi mit dem neuen Nachbarn zu suchen – ein zentrales Werkzeug wurde die Bekehrung zum christlichen Glauben. Auch für die aufstrebenden bulgarischen Khane war es schließlich erstrebenswert, in den Kreis der christlichen Herrscher aufgenommen zu werden, weil ihnen dies im europäischen Kontext Anerkennung, Prestige und Vertrauen versprach. Außerdem konnte der christliche, für Slawen und Protobulgaren gleichermaßen neue Glaube helfen, die inneren Gegensätze zwischen den unterschiedlichen religiösen Vorstellungen beider Gruppen zu überwinden. Allerdings war die Konkurrenz zwischen Rom und Konstantinopel im 9. Jahrhundert bereits so deutlich, dass Khan Boris eine Entscheidung zwischen ihnen treffen musste.

Soweit wir wissen, interessierten ihn vor allem politische Vorteile, es ging ihm also darum, durch den Glaubensübertritt möglichst viel Prestige und innere Handlungsfreiheit zu erhalten. Das byzantinische Modell der Reichskirche war in dieser Hinsicht deutlich attraktiver, ermöglichte es einem Herrscher doch, die Kirche weitgehend ungestört zur Konsolidierung der eigenen Herrschaft einzusetzen. Allerdings war Konstantinopel (ebenso wie die etablierten Patriarchate in der orthodoxen Welt von heute) keineswegs bereit, politischen Aufsteigern eine wirklich eigene Kirche zu erlauben, sondern es wollte Bulgarien als loyalen, untergeordneten Pufferstaat mit einer entsprechend weisungsgebundenen Kirchenhierarchie sehen. Auch Rom war daran gelegen, seine Jurisdiktion auf den byzantinischen Raum auszuweiten, was nicht mehr utopisch war, nachdem Bulgarien 806 das Awarenkhanat an seiner Westgrenze vernichtet hatte und nun über eine gemeinsame Grenze mit dem abendländischen Frankenreich an der mittleren Donau verfügte.

Allerdings konnten die Päpste den Wunsch nach einer unabhängigen Staatskirche noch weniger akzeptieren als Byzanz. Immerhin bot die Konkurrenz zwischen Rom und Konstantinopel Khan Boris die Möglichkeit, beide gegeneinander auszuspielen und so seinem Ziel näher zu kommen. Um 865 ließ er sich nach konstantinopolitanischem Ritus taufen – zuvor hatte ihm Byzanz mit Krieg gedroht, falls er das Christentum in seiner lateinischen Form annehmen sollte. Als Konstantinopel das Verlangen nach Autonomie für die bulgarische Kirche ablehnte, wandte sich Fürst Boris-Michail, wie sich der frischgebackene christliche Herrscher jetzt nannte, mit derselben Bitte an Rom. Derart unter Druck gesetzt, gestattete das Patriarchat von Konstantinopel schließlich im Jahr 870 ein autonomes Erzbistum in Preslav (der damaligen Hauptstadt des Bulgarenstaates) unter der eher nominellen Leitung des Patriarchen.

Auch kulturell konnte Bulgarien von der Konkurrenz zwischen Rom und Konstantinopel profitieren. Im Westen hatte sich im 4. Jahrhundert die Dreisprachendoktrin etabliert, der zufolge es im Christentum nur drei heilige Sprachen gebe, die für Liturgie und Glaubenstexte angemessen seien: Hebräisch, Griechisch und Latein. Die Byzantiner hatten diese Vorstellung zwar nicht so intensiv verinnerlicht, pflegten allerdings einen ausgesprochenen Sprachdünkel. Außer der griechischen Bildungssprache erkannten sie kaum etwas an, und die grammatischen Vertracktheiten dieser Sprache kultivierten sie mit Inbrunst, wohl auch um Ausländer und weniger Gebildete auf diese Weise aus der ›guten Gesellschaft‹ auszuschließen. Diese inneren Regeln hinderten Byzanz allerdings nicht daran, den bulgarischen Nachbarn schon im 9. Jahrhundert eine Mission in der ›barbarischen‹ Muttersprache zu gewähren, dem Slawischen. Auch dieser Widerspruch wurzelt vor allem in der Konkurrenz zwischen Rom und Konstantinopel, die zu Zugeständnissen zwang.

So ermunterte Patriarch Fotios (im Amt von 858–867 und erneut 878–886) zwei gebildete Kleriker aus der byzantinischen Oberschicht Thessalonikis, ihre slawischen Sprachkenntnisse zur Mission einzusetzen. Fotios war in Rom überaus umstritten, denn er galt als führender Kopf der orthodoxen Polemik gegen die Lateiner. Er wird sich daher bewusst gewesen sein, dass er sich mit diesem Schritt auch einen Vorteil gegenüber der Papstkirche verschaffte. Die Brüder Konstantin und Michael, die heute unter ihren später angenommenen Mönchsnamen Kyrill (826/27–869) und Method (ca. 815–885) erinnert werden, entwarfen eine erste slawische Schrift, das sogenannte glagolitische Alphabet, und übersetzten einen großen Teil der Bibel sowie liturgische Texte ins Slawische. Sie missionierten zunächst die Slawen im Großmährischen Reich, dessen lateinischer Klerus sie aber verdrängte; von den Päpsten wurden die Brüder teils unterstützt, teils behindert. Erst ihre Schüler konnten das Missionswerk schließlich in Bulgarien umsetzen – wegen der inzwischen erfolgten Regelung der Jurisdiktion musste das jetzt klar unter orthodoxen Vorzeichen geschehen. Führender Vertreter war der heute in Bulgarien und Nordmazedonien als Nationalheiliger verehrte Kliment von Ohrid (ca. 840–916). Ihm wird die Weiterentwicklung des glagolitischen Alphabets zur kyrillischen Schrift zugeschrieben, die noch heute in modernisierter Form bei den orthodoxen Slawen (und im traditionell russisch dominierten Raum noch für viele weitere Sprachen) in Gebrauch ist. Ab dem 19. Jahrhundert wurden die ›Slawenapostel‹ dann von verschiedenen Nationalhistoriografien für das eigene Volk vereinnahmt – vor allem von der bulgarischen und seit den 1950er Jahren auch von der mazedonischen Seite.

Die Hinwendung Bulgariens zum östlichen Christentum hatte zweifellos weitreichende Folgen – aber zu einer dauerhaften Befriedung der politischen Verhältnisse führte sie nicht. Das Hin und Her zwischen Krieg und Frieden, das auch schon vor der Christianisierung das Verhältnis zwischen Byzanz und Bulgarien bestimmt hatte, setzte sich fort. Unter dem Sohn Boris-Michails, Zar Simeon I., setzte ein massiver Kulturimport aus Byzanz ein; die neue Hauptstadt Preslav wetteiferte mit Konstantinopel. Kirchen und Klöster wurden in großer Zahl errichtet, und die dortige Schule avancierte zum hochkulturellen Zentrum der slawischen Welt, das sich vor allem mit Übersetzungen aus dem Griechischen ins Altbulgarische/Kirchenslawische einen

Namen machte. Parallel zu den kulturellen Leistungen wuchsen auch die politischen Ansprüche – das machte Simeon deutlich, als er im Jahr 913 Thronfolgestreitigkeiten in Byzanz dazu nutzte, das Reich anzugreifen und selbst die Kaiserwürde zu übernehmen. Eine gemeinsame Religion führte also nicht automatisch zu politischer Solidarität. Als Simeon 922 an der Eroberung Konstantinopels zu scheitern drohte, schloss er ein Bündnis mit dem muslimischen Fatimiden-Kalifen Abdallah al-Mahdi. Die bedrängten Byzantiner riefen ihrerseits die staatlich noch wenig entwickelten, ebenfalls im Einflussbereich der Orthodoxie lebenden Serben zu Hilfe – die sich auf diese Weise aus bulgarischer Vorherrschaft befreiten und allmählich zu einem weiteren Konkurrenten erwuchsen.

Mit dem Tod Simeons im Jahr 927 hatte das Erste Bulgarische Reich den Höhepunkt seiner Macht hinter sich, stattdessen erstarkten seine Nachbarn. Bulgarien litt nun unter Angriffen aus dem Norden, etwa durch die Ungarn und Petschenegen; 968 wurde es von der Kiewer Rus attackiert. Byzanz nutzte die Schwäche, nahm Simeons Nachfolger Boris II. gefangen, entzog ihm den Kaisertitel und erklärte das östliche Bulgarien zum byzantinischen Protektorat. Ende des 10. Jahrhunderts erholte sich Bulgarien kurzfristig ein weiteres Mal, ging aber 1018 erneut unter, nachdem es vom Königreich Ungarn im Norden und von Byzanz im Süden gleichzeitig in die Zange genommen worden war.

Wie bereits angedeutet, eiferte das Erste Bulgarische Reich zwar Byzanz nach, geriet aber nicht zu dessen Kopie. Ähnlich wie die germanischen Königreiche weiter nordwestlich konnten die slawischen Gesellschaften nicht direkt an das antike Erbe anknüpfen, da sie wesentlich einfacher strukturiert waren. Sie bestanden im Wesentlichen aus einer bäuerlichen Mehrheit, die von einer Kriegerkaste geführt und beherrscht wurde. Zunächst kannten sie keinen ausgebauten Staatsapparat, keine Bürokratie und keine festen Residenzstädte. Auch wiesen sie stark feudale Tendenzen auf, d. h. der grundbesitzende Adel gewann schnell Macht über die bäuerliche Bevölkerung. Letztere kam mit dem vergleichsweise rudimentären Staat weniger in Berührung als die Bauern in Byzanz, dessen Zentralismus über weite Strecken den Ausbau feudaler Grundherrschaften eindämmte.

Die slawischen Reiche verfügten zunächst kaum über eine eigene Stadtkultur und nur über minimale Bildungsschichten. Die Konkurrenz zwischen einer antiken Bildungskultur und einer rigoristischen Mönchswelt war ihnen unbekannt, auch weil die Schüler der Slawenapostel sich bei ihrer Übersetzungstätigkeit vor allem auf christliche Zentraltexte konzentrierten und die antiken Philosophen nur gefiltert durch die griechischen Kirchenväter zur Kenntnis nahmen. Eine Hochkultur jenseits des Christentums gehörte daher nicht zu ihrem Denkhorizont. Der später in der Renaissance so wichtige sprachliche Schlüssel zur Antike – Latein- oder Griechischkenntnisse – wurde anders als in der gräkophonen Orthodoxie oder in der Westkirche nicht vermittelt. Genuines Interesse an antiken Philosophen, wie es sich in Serbien dann an der Wende vom 14. zum 15. Jahrhundert andeutete, kam infolge der vorrückenden osmanischen Herrschaft zum Erliegen.

Das Erste Bulgarische Reich (wie nach ihm das Königreich Serbien) musste erhebliche Investitionen und militärische Anstrengungen unternehmen, die den Bauern in

Form von Abgaben und Frondiensten aufgebürdet wurden. Der Aufstieg Bulgariens ging daher schnell zulasten des gesellschaftlichen Zusammenhalts. Das lässt sich gerade an der religiösen Sphäre zeigen, welche zwar die wichtigste Klammer zu Byzanz darstellte, gleichzeitig aber über eine deutliche Eigendynamik verfügte. Im Gegensatz zu den Byzantinern hatten die slawischen Herrscher keinen kulturellen Dünkel zu überwinden, wenn es um den Umgang mit Rom ging – man ging an die ›Glaubenswahl‹ vergleichsweise pragmatisch heran, eine Tatsache, die im kollektiven Gedächtnis später im Zuge der osmanischen Herrschaft und eines religiös grundierten Nationalismus allerdings verdrängt wurde. Da die slawisch-orthodoxen Kirchen stark in die Stabilisierung der jeweiligen Herrschaft eingebunden waren, häuften sie in kurzer Zeit großen Landbesitz an und waren eng mit der jeweils herrschenden Dynastie verwoben. Während sich die politische Macht in einer staatstreuen Orthodoxie ein eigenes Symbolsystem schuf, fanden auch die Unzufriedenen Wege, ihre Anliegen in religiöser Sprache auszudrücken. So breitete sich in Bulgarien schon Ende des 9. Jahrhunderts der Hesychasmus aus, d. h. die weltentsagende Strömung der Orthodoxie, welche mit herrscherlichen Schenkungen wenig anfangen konnte und stattdessen nach der Kommunikation mit Gott, aber auch mit gleichgesinnten Mönchen über die Landesgrenzen hinaus strebte.

Protest konnte außerdem, ganz ähnlich wie bei den westlichen Sekten der Katharer und Albigenser, in offene Häresie umschlagen. Im 10. Jahrhundert lehrte der bulgarische Priester Bogomil, der einheitliche gute Kosmos sei zerbrochen, als ein Teil der Engel gegen Gott rebelliert habe. Aus dem Himmel vertrieben, hätten sie in Gestalt des Teufels die Herrschaft über die Materie übernommen. Seine Anhänger, die Bogomilen, lehnten daher die bestehende Gesellschaft ab. Sie verurteilten die feudalen Verhältnisse und den Anteil der Kirche daran, zudem kritisierten sie die Gräkophilie des höheren sowie die moralische Verderbtheit des niederen Klerus. Sie waren gegen Kirchengebäude ebenso wie gegen Ikonen, Bilder oder Kreuze und propagierten das ›reine‹ apostolische Leben in Ehelosigkeit, ohne physische Arbeit, Fleisch- und Weingenuss, aber mit Fasten, Beten und Pilgern. Der Bogomilismus zeigte deutlich, dass ein Teil der Gesellschaft die beschleunigte Transformation des Mittelalters nicht nachvollziehen wollte; im Folgenden verbreitete er sich weit über Bulgarien hinaus.

Die Entstehung der katholischen Slavia – Slowenen und Kroaten

Je weiter westlich slawische Stämme in Südosteuropa siedelten, desto mehr nahmen byzantinische Einflüsse ab und westliche zu. Dies galt am stärksten für den Bereich des heutigen Slowenien (die Selbstbezeichnung *Slovenci* ist erstmals 1551 belegt), in dem im 7. Jahrhundert ein slawisches Fürstentum namens Karantanien entstand. Es war seit 788 Teil des Frankenreichs und wurde von westlichen Kirchenzentren aus (Salzburg, Aquileia, Regensburg und Freising) missioniert. 828 wurde die karolingische Rechtsordnung eingeführt, deutschsprachige Adlige wanderten massiv in die östliche Grenzmark ein. Sie brachten die Dreifelderwirtschaft mit, die im Kern des Karolingerreichs bereits dabei war, die Landwirtschaft zu revolutionieren. Damit begann allerdings auch eine soziale und kulturelle

Marginalisierung – die slawischen Bauern wurden früh von anderssprachigen Grundherren abhängig und bildeten keine eigene Elite aus; wer sozial aufstieg, assimilierte sich sprachlich und kulturell an die Herrenschicht.

Der Zugehörigkeit zum Karolingerreich und dann zum Heiligen Römischen Reich deutscher Nation verdankte der Raum zwischen Ostalpen und Adria typische Züge des westlichen Mittelalters. Mönchsorden erschlossen das Land, rodeten Wälder, bauten produktive Landwirtschaften und Klosterschulen auf; mit den Stadtrechten kam eine bürgerlich geprägte Stadtkultur, durch die nicht zuletzt politische Partizipation gelernt werden konnte. Allerdings waren die Städte im Inland deutsch-, an der Küste italienischsprachig, wogegen das Slawische als Bauernidiom galt, dessen Status zudem durch den Zuzug deutschsprachiger Bauern in Frage gestellt wurde. Mit der Reformation etablierte sich das Slowenische als Schriftsprache zu religiösen Propagandazwecken, versank aber mit der Gegenreformation wieder in der Bedeutungslosigkeit, aus der es patriotische Intellektuelle im frühen 19. Jahrhundert wieder zu befreien versuchten (siehe Kapitel 4). Erst kurz vor dem Zerfall der Habsburgermonarchie 1918 endete der Gleichschritt von Modernisierung und Marginalisierung in Bezug auf die Slowenen endgültig.

Für die Abgrenzung von slowenischem und kroatischem Raum sind nicht ethnische oder sprachliche, sondern politische Faktoren ursächlich – Zentralkroatien und Slawonien wurden ab 1102 in Personalunion mit Ungarn regiert und nahmen damit eine andere Entwicklung. Ähnliches gilt für die dritte historische Region Kroatiens, Dalmatien, in der sich die Ansprüche verschiedener Mächte überschnitten, darunter Byzanz und Venedig. Vor allem in Küstennähe missionierte zunächst Byzanz; mit dem Aufstieg des Frankenreichs, dann Ungarns und Venedigs kamen westkirchliche Einflüsse hinzu, die sich schließlich durchsetzten. Eine slawische politische Herrschaft konnte sich leichter etwas abseits der Küste formieren, weshalb kroatische Fürsten seit dem späten 9. Jahrhundert aktenkundig sind. Ähnlich wie bei den frühen bulgarischen Herrschern lässt sich auch dort ein Schwanken zwischen den religiös-politischen Angeboten beobachten. Der kroatische Fürst Zdeslav (reg. 878–879) betrieb eine pro-byzantinische Politik, sein Nachfolger Fürst Branimir (reg. 879–892) wurde dagegen von Papst Johannes VIII. für seine Treue zur römischen Kirche gelobt und als *dux croatorum* tituliert. Seinen Nachfolger Tomislav (reg. ca. 910–928) sprach Papst Johannes X. dann als *rex croatorum* an. Von einer wirklichen Entscheidung für die Westkirche kann zu diesem Zeitpunkt noch nicht die Rede sein – zeitgleich mit der Annäherung der kroatischen Fürsten an Rom verbreiteten sich das glagolitische Alphabet und die kirchenslawische Sprache an der Adriaküste. Erst als 925 im Beisein von König Tomislav in Split eine von Rom abhängige Kirchenprovinz gegründet wurde, machte man sich in zentralistischer Manier daran, die Verwendung des Slawischen und des glagolitischen Alphabets zurückzudrängen, allerdings ohne durchschlagenden Erfolg. Letztlich blieb die slawische Liturgie auf lokalem Niveau geduldet, sodass man glagolitische Kirchenbücher bis heute im nördlichen Teil der kroatischen Adriaregion antreffen kann.

Erst nach dem Großen Schisma hatte die Zuordnung zu West oder Ost substanziellere Auswirkungen – die katholischen Kirchenreformen des 11. Jahrhunderts wurden ab 1059 in den kroatischen Ländern umgesetzt; vor allem baute der Benediktinerorden ein dichtes Netz von Klöstern auf, welche die Schriftkultur förderten. Bei seiner Krönung legte der kroatische König Zvonimir im Jahr 1075 gegenüber dem Papst den Lehnseid ab und ging damit eine Reihe von Verpflichtungen gegenüber Rom ein – so versprach er unter anderem, den Zölibat der Geistlichkeit durchsetzen sowie ›unkanonische‹ Ehen verhindern zu wollen.

Ungarn und Venedig
Für die weiteren Geschicke der kroatischen Gebiete wurden Ungarn und Venedig bestimmend – zwei Mächte mit jeweils sehr eigenem Profil. Mit den Ungarn waren Ende des 9. Jahrhunderts weitere viehzüchtende Reiternomaden aus den Steppengebieten des Ostens nach Europa gekommen, die das zerfallende Karolingerreich und Byzanz angriffen, in der pannonischen Tiefebene sesshaft wurden und einen eigenen Staat gründeten. Auch sie wurden sowohl von Rom als auch von Byzanz aus missioniert, wobei sich bei ihnen der Katholizismus durchsetzte. Der erste ungarische König Stephan I. herrschte nach seiner Krönung im Jahr 1000 (nach anderen Quellen: 1001) straff und zentralistisch, gestützt auf Reiterkrieger. Die Zweigewaltenlehre des Katholizismus kam kaum zur Geltung, denn der Klerus war weitgehend in die politische Ordnung einbezogen und der Autorität des Herrschers unterworfen. Kleriker dienten in der königlichen Kanzlei, waren Ratgeber und Mitarbeiter des Königs. Die Bedeutung des Monarchen in dem kriegsverwüsteten Land war enorm, Teile der Gesellschaft wurden von oben konstruiert bzw. importiert, und das Lehenswesen, welches Herr und Vasall einander verpflichtete, setzte

sich nicht durch. König Stephan warb auswärtige Kräfte an, die Landwirtschaft, Handwerk, Bergbau und Handel entwickeln sowie den König gegen seine inneren und äußeren Gegner unterstützen sollten. Im Gegenzug stattete der König diese Gruppen mit Privilegien aus – vor allem durch Landschenkungen, Erbpacht, persönliche Freiheit, Selbstverwaltung, Eigengerichtsbarkeit, Steuervergünstigungen, religiöse Toleranz und Schutz vor staatlicher Willkür. Landesausbau und Modernisierung gingen also einher mit ethnischer Pluralisierung, da Menschen unterschiedlicher Zungen in erster Linie aus dem Heiligen Römischen Reich angesiedelt wurden. Diese Politik wirkte sich am stärksten in den Städten aus, die oft überhaupt erst im Zuge dieser Kolonisation aufgebaut wurden und von Beginn an ein deutsches bzw. multiethnisches Gepräge hatten.

Strukturell nahm das mittelalterliche Ungarn eine Mittelstellung zwischen dem Karolingerreich und Byzanz ein. Ähnlich wie der byzantinische Kaiser konnte König Stephan Würdenträger nach Belieben ein- und absetzen sowie die Kirche politisch in die Schranken weisen; auch das Bündnis zwischen Krone und Ausländern erinnert an Byzanz, wo etwa Venezianer streckenweise eine ganz ähnliche Vorzugsbehandlung erfuhren wie die Deutschen in Ungarn. Diesen östlichen Bezügen standen die massiven abendländischen Anleihen in Kultur und Institutionen gegenüber, die allerdings an den ungarischen Rahmen angepasst wurden. Dazu gehörte die Einführung des Lateinischen als Verwaltungssprache – in dieser Funktion hielt es sich in Ungarn bis 1844, fast so lange wie im Vatikan.

Angesichts seiner zentralen Lage spielten äußere Faktoren für die Entwicklung des ungarischen Königreiches eine herausragende Rolle. Im 13. Jahrhundert stürzte es in eine existenzielle Krise, als Kumanen und Tataren weite Teile der pannonischen Tiefebene verwüsteten; König Béla IV. ging aus der Auseinandersetzung geschwächt hervor und musste die Macht mit dem Adel teilen, um das Königreich wieder ordnen zu können. Von nun an spielte der Adel eine zentrale Rolle in der ungarischen Politik, wogegen die königliche Zentralgewalt längerfristig schwach blieb, was der Landesentwicklung nicht gerade förderlich war. Adlige Interessen sorgten dafür, dass sich die Bauern mehr und mehr an die Scholle binden mussten, und auch die Städte gediehen im ungarischen Feudalismus eher mäßig – weiter westlich war es oft das Bündnis mit den Fürsten, das sie groß machte. Das Netz an Städten blieb insgesamt dünner als im Heiligen Römischen Reich, die meisten waren kleine Landstädte ohne Stadtrecht (lat. *oppidum*, ung. *város*). Ein Ständesystem existierte, aber in ethnisierter Form. Am hervorstechendsten war dieses Merkmal in Siebenbürgen, dessen drei als *nationes* bezeichnete Stände die Geschicke des Landes bestimmten – Deutsche (vor allem Städter, als Sachsen bezeichnet), Ungarn (der Adel) sowie Székler (freie Wehrbauern im Osten Siebenbürgens, ungarischer Muttersprache, aber vermutlich turksprachiger Herkunft). Die abhängigen Bauern, die vor allem Rumänisch sprachen, hatten keine ständische Vertretung, blieben in dem System also außen vor.

Da das mittelalterliche Ungarn eine weitaus größere territoriale Ausdehnung hatte als das heutige Ungarn, beeinflusste es auch die Entwicklung von Territorien der heutigen Slowakei, der Ukraine, Rumäniens, Serbiens und insbesondere Kroatiens. Das Königreich Kroatien geriet nach dem Tod König Zvonimirs im Jahr 1089 in eine dynastische Krise, in deren Verlauf der ungarische König Koloman 1102 auch zum König von Kroatien gekrönt wurde. Obwohl Kroatien das Recht auf eine eigene Adelsvertretung (*sabor*, wie sich heute noch das Parlament der Republik Kroatien nennt) behielt, wurde die Zugehörigkeit zu Ungarn, die bis 1918 andauerte, zutiefst prägend.

In den Küstenregionen allerdings setzte sich seit dem frühen 12. Jahrhundert die venezianische Vorherrschaft durch. Venedig regierte wenig in die inneren Angelegenheiten von Städten wie Zadar, Split oder Dubrovnik hinein, noch interessierte es sich besonders für das Hinterland; wichtig war ihm die Absicherung seiner Handelsroute entlang der östlichen Adriaküste. Allerdings entwickelten Venedig und seine Kolonien, die sich auch an albanischen und griechischen Küsten fanden, durchaus ein eigenes Politik- und Gesellschaftsmodell, welches bleibende Spuren hinterließ. Die Adriastädte blickten auf antike Traditionen zurück und verstanden sich als Kommunen, in denen die Einwohner (oder zumindest ein größerer Teil von ihnen) sich um die Verwaltung der Stadt kümmerten bzw. die Mächtigen kontrollierten. Tonangebend waren adlige Patrone, die ihren Wohnsitz in den Städten hatten und Land besaßen, das von sogenannten Kolonen (abhängigen, aber persönlich freien Bauern) bewirtschaftet wurde. Die venezianischen Adriastädte kodifizierten ein eigenes Recht und regelten die Beziehungen untereinander vertraglich. Sie misstrauten Alleinherrschaften und bemühten sich, Macht auf mehrere Instanzen zu verteilen.

Dieses Modell kannte offenere und geschlossenere Varianten, sowohl was den Kreis der politisch Berechtigten als auch was die Bereitschaft zur Einbindung ›fremder‹ Zuwanderer angeht. Vor allem im slawischen Raum entstanden zweisprachige slawisch-italienische Kommunen, aber auch in vorwiegend griechisch- und albanischsprachigen Küstenregionen und auf den Inseln des östlichen Mittelmeers. Allerdings verlief dort die Integration der lokalen Bevölkerung mitunter schleppend, vor allem wenn es sich um Orthodoxe handelte. Diese Küstenstädte unterschieden sich jedenfalls schon im Mittelalter stark von den Bauern- und Hirtengesellschaften im Hinterland, was sich in der osmanischen Epoche noch verschärfen sollte. Zweifellos wirkten die Adriastädte im südosteuropäischen Vergleich besonders ›fortschrittlich‹ – woraus sich aber auch ein von Wirtschafts- und Machtinteressen durchsetztes Überlegenheitsgefühl speisen konnte. Im Vierten Kreuzzug, an dem Venedig maßgeblich beteiligt war, fand diese Tendenz eine finstere Verwirklichung.

Serbien ›zwischen Ost und West‹?

Das Erste Bulgarische Reich teilte, wie geschildert, eine konfliktreiche Geschichte mit Byzanz. Das hing nicht zuletzt mit seiner großen geografischen Nähe zur byzantinischen Hauptstadt Konstantinopel zusammen, welche die Byzantiner in Krisenzeiten durchaus als Bedrohung empfanden. Die serbischen Gebiete lagen weiter (nord)westlich und waren für das Reich von insgesamt geringerer Relevanz, sodass Auseinandersetzungen nicht im selben Maß zu erwarten waren. Außerdem fiel der Aufbau des mittelalterlichen serbischen Staates im Wesentlichen mit der byzantinischen Schwäche seit dem Vierten Kreuzzug zusammen – das Reich war nur noch selten in der Lage, politischen

Konkurrenten wirkliche Schläge beizubringen. Auch hatte Serbien durch seine geografische Lage mehr Freiheit und Anlass zum Taktieren zwischen Byzanz, Rom und Ungarn. All dies schlug sich im Profil des mittelalterlichen serbischen Staates nieder.

Das heutige Serbien wurde teils von Byzanz, teils von Bulgarien aus missioniert, in der Gegend des heutigen Montenegro kamen auch westkirchliche Missionare in den Adriaraum. Erste serbische Fürsten tauchten im 9. Jahrhundert auf, allerdings gerieten sie bald unter bulgarische Oberherrschaft. Im schwer zugänglichen Zetagebiet, das geografisch Teile des heutigen Montenegro und Nordalbaniens umfasst, gestaltete sich die Herrschaftsbildung zunächst freier, sodass sich im 11. Jahrhundert ein slawisches Königreich etablieren konnte. Letzteres verschwand allerdings wieder von der Landkarte, als im späten 12. Jahrhundert dem Groß-Župan[8] des benachbarten Gebiets Raszien/Raška (im Südwesten des heutigen Serbien), Stefan Nemanja, eine eigene Herrschaftsbildung gelang. Zwischen 1183 und 1190 expandierte er zügig, eroberte das heute zentralserbische Morava-Tal, dehnte sein Reich bis an die Adriaküste aus und integrierte die Zeta. Da Stefan Nemanja selbst aus der Zeta stammte, war er getaufter Katholik, der über ein oberflächlich ostkirchlich geprägtes Territorium herrschte.

Diese religiös ambivalente Situation hielt noch eine Zeit lang an – während Nemanja selbst zur Orthodoxie konvertierte und sich 1197 als Mönch auf den Berg Athos zurückzog, ließ sich sein Sohn Stefan Nemanjić 1217 von einem

8 *župan*: bei den mittelalterlichen Süd- und Westslawen verbreiteter Honoratiorentitel unklarer Herkunft.

päpstlichen Legaten krönen und nahm dabei den ausgesprochen westlichen Titel eines Königs (und nicht etwa eines Zaren) an. Dass es bei dieser Orientierung nicht blieb, ist dem Engagement seines Bruders Rastko geschuldet, der noch früher als der Vater (1191/92) auf den Athos gegangen war und sich dort zum orthodoxen Mönch Sava gewandelt hatte. In Ost und West derart vernetzt besaß Serbien gute Voraussetzungen, um sich weiter zu etablieren. 1219 reiste Sava im Auftrag seines Bruders an den Hof des Patriarchen von Konstantinopel, der seit dem Vierten Kreuzzug notgedrungen in Nikaia residierte. In dieser Schwächephase zeigte sich die byzantinische Kirche versöhnlich und gewährte Serbien ein autokephales Erzbistum. Das Land gab von nun an ein Musterbeispiel für eine enge Zusammenarbeit von Staat und Kirche ab, was sich unter anderem darin äußerte, dass praktisch alle Angehörigen der Nemanjiden-Dynastie großzügige Stifter der Kirche waren und dafür meist nur wenige Jahre nach ihrem Ableben heiliggesprochen wurden.

Bei näherem Hinsehen erinnert manches im mittelalterlichen Serbien aber mehr an Ungarn als an Byzanz. So zeigten sich Grundzüge eines Ständesystems – geistliche wie weltliche Grundherren konnten ihre Rechte gegenüber dem König wie auch den Bauern ausbauen, und es gab einen Reichstag (*zbor*), in dem hoher Klerus, Adel und staatliche Amtsträger ihr politisches Mitspracherecht ausübten. Ähnlich wie in Ungarn wurden deutsche Bergleute gerufen, die sich um den Abbau von Bodenschätzen kümmerten und Siedlungen nach deutschem Stadtrecht gründeten. Die Kirchenarchitektur entwickelte eine eigene Linie und verschmolz byzantinische mit romanischen Elementen; beim

Ausbau des eigenen Rechtswesens folgte man allerdings mehr dem byzantinischen Vorbild.

Der Vierte Kreuzzug half nicht nur Serbien, sich zu etablieren – er erleichterte auch eine Rückkehr Bulgariens auf die politische Bühne. 1186 mündeten Aufstände auf dessen Gebiet in der Errichtung eines Zweiten Bulgarischen Reiches, welches zur Zeit des Kreuzzuges große militärische Erfolge erzielen konnte. In der Folge entstand eine Rivalität zwischen Serbien und Bulgarien, die Serbien 1330 mit einem Sieg bei Velbužd in Makedonien für sich entscheiden konnte. Unter Stefan IV. Dušan (reg. 1331–1355) stieg Serbien kurzfristig zum unangefochtenen Hegemon der Balkanhalbinsel auf, eroberte ganz Albanien und weite Teile des heutigen Griechenland. Die gelungene Südostexpansion schlug sich auch im Selbstbewusstsein des Herrschers nieder – 1346 gründete Stefan Dušan in Peć (Peja im heutigen Kosovo) ein eigenes Patriarchat und besetzte es mit seinem Logotheten (Kanzleichef) Ioannikije II., von dem er sich kurz darauf zum ›Zaren der Serben und Griechen‹ krönen ließ. Damit hatte Serbien letztlich doch noch die byzantinische Terminologie angenommen; gleichzeitig macht die Titulatur deutlich, dass sich der Herrscher über den multiethnischen Charakter seines Großreiches im Klaren war. Umstritten bleibt, ob Stefan Dušan Byzanz eher verdrängen oder an ihm teilhaben wollte. Ähnlich wie andere Großreiche der Region erwies sich auch das imperiale Serbien als instabil. Auch wenn sich im 19. Jahrhundert serbische Nationalisten darauf berufen würden, um ihre territorialen Ansprüche Richtung Südosten zu legitimieren, hinterließ das Reich keine eigene Tiefenprägung, sondern überformte die eroberten Regionen nur kurzfristig. Unter Stefan Dušans

Nachfolgern zerfiel es rasch in einzelne Despotate, die im 14. und 15. Jahrhundert nach und nach von den Osmanen erobert wurden.

Zwar scheiterte Byzanz letztlich daran, die Slawen durch Bekehrung zum orthodoxen Glauben zu friedlichen, lenkbaren Nachbarn zu machen. Doch parallel zur Konkurrenz und zu den Kriegen zwischen den orthodoxen Staatswesen entstand eine Gegenwelt der hesychastischen Mönche. Sie wurde gerade im 14. Jahrhundert, als die politische Welt des Balkans ins Chaos abglitt, immer vitaler und hinterließ sogar ein gemeinsames Erbe. Auf dem Berg Athos spielten die Konkurrenzen der mittelalterlichen Staatenwelt schließlich keine so große Rolle. Die hesychastischen Mönche waren eine durch ihren gemeinsamen Lebensstil und ihre Gesinnung, nicht durch Sprache und Abstammung konstituierte Gruppe. Die Vorstellung, dass der Mensch Gott wieder näher kommen, sich ›vergotten‹ könne, und dass dies jenseits weltlicher Hektik zu geschehen habe, vereinte sie – notfalls auch gegen die Interessen eigener Herrscher, geltungssüchtiger Adliger und selbstverständlich gegen Vertreter des lateinischen Christentums. Die Hesychasten reisten viel und bildeten ein eigenes multinationales Netzwerk aus, das vom Berg Athos im heutigen Griechenland über Serbien und Bulgarien bis in die Gebiete jenseits der Donau und nach Russland reichte. Während die strukturellen Gemeinsamkeiten zwischen Byzanz und seinen slawischen Nachbarn dem Analytiker eher nachträglich ins Auge springen und sich dabei als nur teilweise gültig, noch dazu als emotional ›kalt‹ und in eurozentrischer Sicht als ›defizitär‹ darstellen, erwies sich dieses Netzwerk auch im weiteren Verlauf der Geschichte als grenzüberschreitend identitätsprägend. Das gilt nicht nur für das späte Mittelalter, sondern auch für die osmanische Epoche und streckenweise auch für das Zeitalter der Nationalstaaten.

›Alteinwohner‹ und doch Nachzügler – Rumänen und Albaner

Unter Südosteuropas Eliten entwickelte sich seit dem 18. Jahrhundert ein ausgesprochener Wettbewerb, welche Nation auf eine längere und würdigere Geschichte verweisen könne, um daraus Rechte für die Gegenwart abzuleiten. Gerade für Nationen ohne starke staatliche Traditionen wurde es daher wichtig, sich auf alteingesessene sprachliche Vorfahren zu beziehen. Dies gilt insbesondere für Rumänen und Albaner, die politisch im Mittelalter nur schwach (bzw. erst ganz am Ende desselben) in Erscheinung traten. Die Rumänen in Siebenbürgen, die das Zeitalter der Aufklärung und Romantik weitgehend ohne politische Rechte unter ungarischer Dominanz erlebten, vertraten seit Ende des 18. Jahrhunderts die Ansicht, der Grundstein für die eigene Nation sei gelegt worden, als der römische Kaiser Trajan 101 n. Chr. die traditionelle Reichsgrenze an der Donau überschritt und die nördlich davon siedelnden Daker unterwarf. Die Daker gehörten ähnlich wie die Geten, Illyrer und Thraker zur Altbevölkerung Südosteuropas. Sie sprachen verwandte indoeuropäische Sprachen, über die man aber nur wenig weiß; vermutet wird neben einer Verbindung zur prähistorischen Urbevölkerung Südosteuropas auch eine Vermischung mit Reitervölkern aus dem eurasischen Steppenraum. Unter König Burebista entstand ein kurzlebiges Dakerreich, das aber nach seinem Tod (ca. 44 v. Chr.) auf einen Kern im Südwesten der Karpaten zusammenschrumpfte.

Die in Rumänien etablierte ›dako-romanische Kontinuitätstheorie‹ geht davon aus, dass die Daker die Sprache der römischen Legionen annahmen und im Karpatenraum verblieben, als das Reich die Provinz zwischen 271 und 275 n. Chr. wieder räumen ließ. Falls diese Erklärung stimmt, sind die Rumänen tatsächlich weitaus früher in Siebenbürgen gewesen als die Ungarn, deren Landnahme erst in das zehnte Jahrhundert fällt. Allerdings haben sich rumänische Historiker mit dieser Ansicht international nicht durchsetzen können. Nicht nur ungarische Wissenschaftler, sondern auch ihre westlichen Kollegen widersprachen, weil in den Quellen erst ab dem 10. Jahrhundert Vlachen (so die allgemeine Bezeichnung für Balkanromanen) erwähnt werden – und das für den Raum südlich der Donau. Auch bezweifelte man, dass 170 Jahre Besatzung hätten ausreichen können, um die Daker grundlegend zu romanisieren, zumal die Ortsnamen kaum romanischen, sondern vor allem slawischen Ursprungs sind.

Das von dem österreichischen Philologen Robert Roesler (1836–1874) begründete, bis heute einflussreiche Mehrheitslager geht davon aus, dass sich im 3. Jahrhundert gemeinsam mit den römischen Legionen zumindest große Teile der dakischen Bevölkerung in Gebiete südlich der Donau zurückgezogen hatten. Nacheinander fielen jetzt verschiedene kriegerische Völker in die Gegend des heutigen Rumäniens ein (Goten, Hunnen, Gepiden, Awaren). Die südöstlichen Gebiete wurden im 7. Jahrhundert Teil des Ersten Bulgarischen Reichs, parallel dazu wanderten Slawen in den Karpatenraum. Die westlichen Gebiete kamen im 10./11. Jahrhundert unter ungarische Herrschaft, im 13. Jahrhundert drangen Tataren in den Karpatenraum ein. Erst als sich Letztere im 13./14. Jahrhundert wieder zurückzogen, so die Vertreter der ›Diskontinuitätstheorie‹, sei romanischsprachige Bevölkerung über die Donau in diese Gebiete (zurück-?)gewandert. Im 14. Jahrhundert entstanden dort die sogenannten Donaufürstentümer Walachei und Moldau, deren rumänischer Charakter von niemandem ernsthaft bezweifelt wird. Nach Siebenbürgen, über das die Ungarn festere Kontrolle behielten, kamen die Rumänen aber offenbar erst etwas später, auf Einladung der ungarischen Könige.

Die Donaufürstentümer wiesen sowohl mit Byzanz als auch mit Ungarn Ähnlichkeiten auf. In römischer Zeit konnten sie noch nicht umfassend missioniert werden, und zu Byzanz hatten die Gebiete nie gehört. Allerdings war die von südlich der Donau zugewanderte Bevölkerung schon seit Langem orthodox. Erste rumänische Metropolien entstanden im 14. und 15. Jahrhundert und waren dem Patriarchat von Konstantinopel zugeordnet; die Donaufürstentümer waren auch intensiv an der hesychastischen Bewegung beteiligt. Im Spätmittelalter entstanden die berühmten Moldauklöster, die einerseits engen Kontakt zum Berg Athos hielten und andererseits dessen Einflüsse in den ostslawischen Raum weitervermittelten. Die Ähnlichkeit zu Ungarn bezieht sich auf das Feudalsystem. Auch nachdem Ungarn sich als Regionalmacht etabliert hatte, hatten sich die Angriffe von Steppenvölkern fortgesetzt – zunächst waren Kumanen und Petschenegen, dann Mongolen eingedrungen. Sie alle hatten einen Machtvorsprung vor den Ackerbauern. Gemeinsam mit den Dorfältesten und größeren Landbesitzern entwickelten sie sich zu einer Art Militäradel, der von den Einkünften seiner Ländereien lebte und über die lokalen Bauern herrschte. Diese wie im ostslawischen Bereich Bojaren genannte Gruppe wurde in Siebenbürgen vollkommen in das ungarische Feudalsystem eingebunden, magyarisiert und nach westlichem Muster rechtlich definiert. In den Donaufürstentümern war ihr Status weniger verrechtlicht und abgesichert – dennoch ging sie schließlich in einen Geburtsadel über, was sie von den byzantinischen Oberschichten unterschied. Weite Gebiete des heutigen Rumäniens gehörten damit ab dem Spätmittelalter dem Europa der Leibeigenschaft, also der schroffen Hierarchie zwischen Bauer und Grundbesitzer, an – ebenso wie das deutsche Ostelbien, Polen, Ungarn oder Russland.

Auch südlich der Donau spielte die romanisierte Bevölkerung eine bedeutende Rolle. Im 11. und 12. Jahrhundert, als Bulgarien zwischenzeitlich wieder Byzanz einverleibt war, tauchen Vlachen in byzantinischen Quellen als lokale Herrscher auf. Rumänische Historiker behaupteten sogar, dass der erfolgreiche Aufstand von 1186, der zur Wiedererrichtung Bulgariens führte, in erster Linie das Werk von Vlachen gewesen sei – worauf ihnen bulgarische Kollegen antworteten, die byzantinischen Quellen sprächen gerade deswegen von *vlachoi*, um die Rückkehr der Bulgaren auf die politische Bühne herunterzuspielen. Der Assenidendynastie, die im 12. und 13. Jahrhundert das Bulgarische Reich dominierte, wurde ein kumanischer bzw. vlachischer Hintergrund zugeschrieben. 1199 hob der bulgarische Zar Ioannica (1197–1207) in einem Brief an Papst Innozenz III. sogar seine romanische Abstammung hervor, um ihn von seiner Loyalität zu überzeugen. Ob es sich dabei um eine Tatsachenbehauptung handelte oder den rhetorischen Versuch, sich eine dem Papst genehme Herkunft zuzulegen, lässt sich heute nicht mehr sagen.

Die Debatte wird nicht einfacher durch die Zweideutigkeit des Begriffs ›Vlache‹, der sich einerseits auf die Sprache, andererseits auf eine bestimmte Lebensweise bezieht. Tatsächlich finden sich in Südosteuropa bis heute autochthone Sprecher des Balkanromanischen – neben den aussterbenden Sprachminderheiten der Istrorumänen und Meglenorumänen sind es vor allem die Aromunen im Gebiet des geografischen Makedonien, die bis heute an das Vlachentum im sprachlichen Sinne erinnern. Ihre Sprachen sind dem Dakorumänischen, also der Staatssprache des heutigen Rumänien, sehr ähnlich. Allerdings kann die Bezeichnung auch auf eine nomadische Lebensweise verweisen – Vlachen treten historisch als Hirtennomaden in Erscheinung, die jahreszeitlich zwischen Sommer- und Winterweiden wechseln (Transhumanz bzw. Seminomadismus) und aufgrund dieser nicht ungefährlichen Beschäftigung sowohl wehrhafter als auch patriarchaler strukturiert waren als die Ackerbauern. Diese Definition schließt sprachliches Romanentum nicht aus, allerdings haben sich Hirtenvlachen in der Regel sprachlich schnell an ihre Umgebung assimiliert, sodass die südosteuropäische Geschichte auch slawisierte oder gräzisierte Vlachen kennt.

Man muss davon ausgehen, dass in römischer Zeit größere Teile der altbalkanischen Bevölkerung latinisiert wurden, nicht nur die Daker. Dies geschah vor allem nördlich der sogenannten Jireček-Linie, die in etwa die Grenze zwischen griechisch und lateinisch dominierten Gebieten innerhalb des Römischen Reiches markiert (benannt nach dem österreichisch-böhmischen Historiker und Politiker Konstantin Jireček, der von 1907 bis 1918 erster Vorstand des Instituts für Osteuropäische Geschichte der Universität Wien war und maßgebliche Forschungen zur Geschichte des Balkans publizierte). Diese imaginäre Linie führte durch das heutige Albanien, weiter entlang der serbisch-mazedonischen Grenze und längs durch Bulgarien. Latein dominierte auch dort, wo die Bevölkerung Kontakt zu den Institutionen des Römischen Reiches hatte, d. h. in den Städten und entlang wichtiger Verkehrswege. Durch das Eindringen der Slawen assimilierten sich Teile der einheimischen Bevölkerung aufs Neue, dieses Mal an das Slawische. Am wenigsten galt das offenbar für die Bergbevölkerung und Hirten, die nur wenig Kontakt mit den slawischen Ackerbauern hatten und sich deshalb das Romanische länger erhielten. Diese weithin akzeptierte Annahme hilft auch zu erklären, weshalb der Begriff ›Vlache‹ sowohl auf sprachliche als auch auf soziale Charakteristika verweist.

Ähnlich wie bei den Rumänen ist die Diskussion um die Albaner gelagert. Auch deren Kontinuität zur altbalkanischen Bevölkerung ist offenkundig, gleichzeitig sind albanische politische Strukturen im Mittelalter kaum greifbar – weshalb die albanische Geschichtspolitik wiederum die eigene ethnische Autochthonität (vor allem gegenüber den Slawen) besonders betont. Die Albaner stammen von Illyrern oder Thrakern ab, wobei aber offen ist, ob sie von Beginn an in ihren heutigen Siedlungsgebieten oder eher auf dem zentralen Balkan lebten, worauf sprachliche Faktoren hindeuten.

Der schwedische Gelehrte Johann Erich Thunmann wunderte sich 1774 als Erster über die Ähnlichkeiten zwischen dem Albanischen und dem Balkanromanischen, obwohl beide Sprachen nur entfernt über die indoeuropäische Sprachfamilie verwandt sind. Im Laufe des 19. Jahrhunderts entwickelte sich dann die These vom Balkansprachbund, welche die nicht-genetischen Ähnlichkeiten der südosteuropäischen Sprachen stärker präzisierte und insbesondere feststellte, dass drei nicht direkt verwandte Sprachen am meisten gemeinsam hatten – das Rumänische, das Bulgarische und das Albanische. Ob Rumänisch als romanische, Bulgarisch als slawische oder Albanisch als einzelnstehende Sprache – sie alle verwenden zum Beispiel den nachgestellten Artikel (»Mensch der«), ersetzen den Infinitiv des Verbs durch eine Hilfskonstruktion (»ich will, dass ich gehe«), benutzen das Dativpronomen zur Besitzanzeige (»das Haus mir«) oder verdoppeln bei Bedarf das Objekt (»Ich sehe ihn den Mann«). Die meist aus West- und Mitteleuropa stammenden Begründer der Balkanphilologie stellten fest, dass das übrige Südslawische sowie das Griechische weniger an diesen Gemeinsamkeiten beteiligt waren (und noch weniger das von den Osmanen in die Region gebrachte Türkische). Besonders erklärungsbedürftig erschien ihnen, weshalb die (heute) weit voneinander entfernt siedelnden Rumänen und Albaner über derartig viele sprachliche Gemeinsamkeiten verfügen konnten. Die Suche nach den Gründen wurde nie abgeschlossen und führte in ganz verschiedene Richtungen – während einige Forscher eine gemeinsame Vergangenheit von Albanern und Balkanromanen (außerhalb ihrer heutigen Siedlungsgebiete, im bulgarisch-makedonischen Raum) postulierten, betonten andere die für Südosteuropa schon seit dem Mittelalter häufige Mehrsprachigkeit und den Sprachkontakt, der schließlich zur Herausbildung einer typischen, leicht über Sprachgrenzen hinweg zugänglichen ›Sprechsyntax‹ geführt habe.

Ähnlich wie im rumänischen Fall gab es auf albanischem

Boden eine ephemere vorchristliche Herrschaft. Im 2. und 3. Jahrhundert bestand ein illyrisches Königreich, welches 168 v. Chr. von den Römern erobert wurde. Bei der Reichsteilung 395 n. Chr. wurde das Illyricum in einen nördlichen und einen südlichen Teil getrennt, wobei die Grenze durch das nördliche Albanien verlief. Südlich der Linie galt die Jurisdiktion des Patriarchen von Konstantinopel, nördlich die des römischen Papstes. Vor den einwandernden Slawen zogen sich die Illyrer teilweise in schwer zugängliche Berggegenden zurück und nahmen dabei ähnlich wie die Vlachen eine nomadische, patriarchale Lebensweise an. Im 10. Jahrhundert gehörten sie vorübergehend zum Ersten Bulgarischen Reich, welches sich unter Zar Samuel vom Schwarzen Meer bis an die Adria erstreckte; 1018 fielen sie wieder an Byzanz zurück. Durch die Kirchenspaltung 1054 verschärfte sich der religiöse Gegensatz, wobei im Norden Latein das Griechische als Kirchensprache verdrängte. Albaner werden das erste Mal 1078 in einer byzantinischen Quelle erwähnt, in lateinischen Quellen ab dem 13. Jahrhundert.

An der albanischen Adriaküste wechselten die Herrschaften im Hochmittelalter rasch, sodass sich lokale Eliten daran gewöhnten, sich mit unterschiedlichen Machtzentren zu arrangieren. Die Hafenstadt Durrës beispielsweise (lat. Dyrrhachium, gr. Dyrráchion, it. Durazzo, slaw. Drač, türk. Dıraç) war Anfang des 11. Jahrhunderts lange zwischen Byzanz und Bulgarien umkämpft, gegen Ende des 12. Jahrhunderts etablierten sich für einige Jahre die Normannen, nach dem Vierten Kreuzzug wurde die Stadt venezianisch, ab 1220 gehörte sie zum post-byzantinischen Despotat Epirus, seit 1271 zum Königreich Neapel, zwischen 1318 und

1355 zum serbischen Reich und wurde dann von einem albanischen Adligen unter neapolitanischer Vorherrschaft regiert. 1392 kam die Stadt wieder zu Venedig, ab 1501 schließlich zum Osmanischen Reich. Im 14. Jahrhundert drangen albanische Siedler, ähnlich wie vor ihnen die Slawen, tief nach Südosten in byzantinisches Gebiet vor, vor allem nach Epirus, Thessalien und bis auf die Peloponnes, auf der sich noch heute eine albanischsprachige Minderheit findet. Dass die Albaner im Mittelalter keinen Staat bildeten, bedeutete keineswegs, dass sie von fremden Mächten nur unterdrückt wurden – die albanischen Stämme galten aus Sicht der etablierten Mächte als schwer kontrollierbar, mit ihren Oberhäuptern suchte man häufig Kompromisse.

Von den Roma, die wahrscheinlich um das 11. Jahrhundert aus Indien über Persien und Kleinasien einwanderten, lässt sich das nicht sagen. Der Südosten wurde ihre Kernregion auf dem europäischen Kontinent, in der sie bis heute bedeutende, wenn auch nicht genau zu beziffernde Minderheiten bilden. Ein Teil von ihnen wanderte später angesichts der osmanischen Eroberungen weiter nach Mittel- und Westeuropa. Die Geschichte ihrer Ausgrenzung beginnt bereits im Mittelalter, wobei die Ursachen mit dem äußerst spärlich vorhandenen Quellenmaterial nicht ausgeleuchtet werden können. Fest steht, dass die Roma nicht im bestehenden sozialen Gefüge Südosteuropas aufgingen, sondern als eigene Gruppe erkennbar blieben und sich schon früh in einer wenig beneidenswerten Lage befanden. In den Donaufürstentümern, wo ihre Konzentration am größten war, standen sie noch unterhalb der leibeigenen Bauern und galten bis ins 19. Jahrhundert als Sklaven. Während die Sesshaften unter ihnen der Willkür ihres Bojaren auf Gedeih und Verderb ausgesetzt waren, schuldeten die Umherwandernden dem Herrn einen jährlichen Tribut, den sie am Tag des Heiligen Dumitru zu entrichten hatten. Die nomadischen Roma verdienten ihren Lebensunterhalt als Kleinhändler, versorgten die Bauern aber auch mit handwerklichen Dienstleistungen – oft verfolgt vom wachsamen Auge ihres Herrn, der darauf achtete, dass sein ›Eigentum‹ sich nicht davonmachte oder einem anderen Herrn unterstellte.

Ähnlich wie andere mobile Gruppen in Südosteuropa erhielten sie sich einen eigenen, stark patriarchalen sozialen Kodex, der wie eine zusätzliche Barriere gegen die Assimilation wirkte. Die Jahrhunderte andauernde Segregation hinterließ ihre Spuren. Zum einen zerfielen die Roma in unterschiedliche Gruppen, die bis in die jüngste Vergangenheit kein übergeordnetes Minderheitenbewusstsein entwickelten. Zum anderen wuchsen in der Mehrheitsbevölkerung ausgesprochen fest verwurzelte Ressentiments.

Die osmanische Herrschaft in Südosteuropa

Das Vordringen der Osmanen gilt in den Nationalhistoriografien Südosteuropas (mit Ausnahme der bosniakischen) als Katastrophe, die viele Probleme der Region erklären soll. Diese Sicht ist nicht per se falsch, aber sehr einseitig. Schließlich war es die schon vorher überdeutliche staatliche Fragmentierung, die es den Osmanen erst ermöglichte, tief nach Südosteuropa vorzurücken. Die osmanische Herrschaft bedeutete eine scharfe politische Zäsur, machte sich aber auch bereits bestehende Strukturen und Mentalitäten zunutze. Ein Verständnis dieser Geschichte wie auch die Versöhnung der kollektiven Gedächtnisse in der Region miteinander bleibt unmöglich, solange neben den Brüchen nicht auch die Kontinuitäten gesehen werden.

Lange bevor Osman I. an der Wende vom 13. zum 14. Jahrhundert sein Reich begründete, waren islamisierte turksprachige Reiternomaden (sog. Turkmenen) aus den asiatischen Steppengebieten nach Anatolien vorgedrungen. Schon 1071, nach der für Byzanz verlorenen Schlacht bei Manzikert, hatten sie dort das türkische Sultanat der Seldschuken etabliert. Während ein Teil der Turkmenen sesshaft wurde, entwickelten andere in Anatolien einen pastoralen Lebensstil mit Wechsel zwischen Sommer- und Winterweiden. Ähnlich wie die Hirten auf dem Balkan verbanden sie diese Lebensweise mit Raubzügen, die oft auf byzantinisches Gebiet führten. Im islamischen Rahmen des Seldschukenstaates erhielt diese Tradition auch eine religiöse Komponente. Da der Islam nicht nur Religion, sondern auch eine weltumspannende politische Ordnung sein sollte, weiteten die Seldschuken ihre Macht nach Möglichkeit gegenüber ihren andersgläubigen Nachbarn aus. So entstand eine Schicht von Glaubenskriegern (*gazi*), die gleichzeitig vom Raub lebten. Den Gazis ging es nicht so sehr um die gründliche Bekehrung der betroffenen Bevölkerung, sondern um die Errichtung einer islamischen Hegemonie, innerhalb derer die übrigen Monotheisten (vor allem Christen und Juden) einen untergeordneten, aber doch gesicherten Platz hatten.

Im seldschukisch-byzantinischen Grenzgebiet traf diese im Koran (Sure 2, Vers 62) vorgesehene Duldung der ›Buchbesitzer‹ auf die bereits skizzierte Bereitschaft der Byzantiner, mit ihren Nachbarn zu einem Modus Vivendi zu kommen. Zwar lieferten sich die byzantinischen Grenzwächter einen langwierigen Kleinkrieg mit den Turkmenen; aber die Seldschuken erwiesen sich als lernfähig. Ungeachtet ihrer nomadischen Tradition begannen sie, auch den Ackerbau wertzuschätzen, ebenso wie das Handwerk und den städtischen Handel. Christen, die sich unterwarfen, wurden in ihr Netzwerk integriert, wenn sie auch für ein Engagement in Militär und Politik über kurz oder lang den Islam annehmen mussten. Trotz eines heroischen Glaubenskriegerduktus auf beiden Seiten der Grenze wurden Konversionen auch durch die Tatsache vereinfacht, dass die Turkmenen mit dem städtisch geprägten, dogmatisch-rationalistischen ›Hochislam‹ selbst wenig anfangen konnten und stattdessen heterodoxe Praktiken pflegten, die dem volkstümlichen Christentum Anatoliens nicht unähnlich waren. Derwischorden betrieben klosterähnliche Gemeinschaftshäuser (*tekke*), schätzten mystische Transzendenzerfahrungen und pflegten Kulte um ›heilige Männer‹, denen man eine besondere Gottesnähe nachsagte – allesamt Praktiken, die den muslimischen Religionsgelehrten als unislamisch galten.

Im Seldschukenreich galt Land überwiegend als Staatsbesitz – eine ›irdische Übersetzung‹ der islamischen Vorstellung, dass Allah unbedingter Herrscher über die Schöpfung sei. Es konnte zwar bis auf Widerruf an Bedienstete und Krieger als Pfründe vergeben werden, woraus sich aber keine Hoheitsrechte des Landbesitzers gegenüber der Bauernschaft ergaben. Da der schwache spätbyzantinische Staat feudale Strukturen zugelassen hatte, war das für die christlichen Landbesitzer ein negatives Signal, und viele von ih-

Abb. 1: Südosteuropa um das Jahr 1200.

nen flohen. Die Bauern verblieben dagegen auf ihrem Land, sofern die Staatsmacht präsent war und sie gegen die turkmenischen Nomaden verteidigte. Das gelang nicht immer, auch weil der Zustrom von Turkmenen anhielt; im Ergebnis wurde Anatolien schon im 13. Jahrhundert überwiegend turksprachig und islamisch, und die Byzantiner zogen sich an die West- und Nordostküste zurück. Die unter seldschukischer Herrschaft verbliebenen Christen mussten die im Koran für Nichtmuslime vorgeschriebene Kopfsteuer zahlen, feudale Abgaben und Dienste entfielen jedoch bzw. waren vergleichsweise moderat, was für viele eine Erleichterung bedeutete.

Mitte des 13. Jahrhunderts zerschlugen die Mongolen das Seldschukenreich, und eine Reihe kleinerer Fürstentümer entstand. Osman, der Gründer der osmanischen Dynastie, war im späten 13. Jahrhundert ein ehrgeiziger *gazi* und Beutekrieger an der Grenze zu dem verbliebenen byzantinischen Herrschaftsgebiet im Westen Anatoliens. Erfolgreich nutzte er sich bietende Gelegenheiten zur Expansion, indem er militärische Qualitäten mit Flexibilität und einem Sinn für innere Sicherheit verband. Osman lenkte die Beutezüge auf benachbarte, vor allem byzantinische Territorien und verband sie mit militärischen Eroberungen. Sein Sohn Orhan setzte diesen Kurs fort. 1326 eroberte er die erste genuin byzantinische Stadt, Prousa (türk. Bursa) südlich von Konstantinopel. Um sie regieren zu können, beließ er byzantinische Beamte auf ihren Posten. 1346 schaltete er sich in die byzantinische Politik ein – er verbündete sich mit dem Thronanwärter Johannes Kantakouzenos, heiratete dessen Tochter Theodora (die in der Ehe Christin blieb) und verhalf seinem Schwiegervater auf den Thron. Während

Orhan selbst weiter auf Kosten von Byzanz expandierte, unterstützte er Kantakouzenos militärisch gegen die Attacken des serbischen Zaren Stefan Dušan. Dabei rückten osmanische Truppen 1349 erstmals in größerer Zahl tief in südosteuropäisches Gebiet vor. 1354 eroberte Orhan Gallipoli an der Nordseite der Dardanellen und schuf somit den ersten osmanischen Brückenkopf in Europa. Orhans Nachfolger setzten die rapide Expansion fort. Bis Mitte des 15. Jahrhunderts wurden der größte Teil Anatoliens, das heutige Bulgarien und der größte Teil des heutigen Griechenland und Albaniens osmanisch; hinzu kamen Teile Serbiens und die Dobrudscha an der Schwarzmeerküste. Unter Mehmed II. (1451–1481) wurden dem Reich neben weiteren Teilen Anatoliens auch Zentralserbien, Kosovo, Bosnien-Herzegowina sowie Teile der Adria- und der ionischen Küste angegliedert, ferner die Walachei und die Krim, welche allerdings ihre innere Selbstverwaltung beibehielten. Zu diesem Zeitpunkt lag der Schwerpunkt der osmanischen Besitzungen bereits eindeutig in Europa; die meisten Untertanen waren Christen.

In der kollektiven Erinnerung auf dem Balkan werden die osmanischen Eroberungen oft als Folge von Uneinigkeit und Verrat gedeutet. Das bekannteste Beispiel ist wohl die Schlacht auf dem Amselfeld 1389, in der albanische wie auch slawische Verbände auf beiden Seiten gekämpft hatten – sowohl auf der christlichen, serbisch geführten, als auch auf der islamisch-osmanischen Seite. In der Tat erleichterten regionale Rivalitäten das Vordringen der Osmanen, denn sie waren anfänglich den Herrschern der Region als Bündnisgenossen im Konflikt untereinander willkommen. Nicht nur byzantinische Kaiser, sondern auch serbische, bulgarische oder albanische Mächtige gingen mit ihnen Koalitionen ein, um Konkurrenten in der Region aus dem Feld zu schlagen. Schon im Mittelalter hatte es derartige Bündnisse über die Grenzen des Christentums hinweg gegeben. Moralische Bewertungen erscheinen daher ahistorisch und unangebracht.

Neben der militärischen Stärke erleichterten auch kulturelle Faktoren das Vordringen der Osmanen. Seit dem Vierten Kreuzzug waren in der Orthodoxie antiwestliche Stimmungen weit verbreitet. Insbesondere galt das für deren griechischsprachigen Teil, aber die hesychastischen Mönche sorgten dafür, dass sich diese Haltung auch darüber hinaus ausdehnte. Zwar entstanden angesichts der osmanischen Eroberungen christliche Militärkoalitionen zwischen katholischen und orthodoxen Herrschern, an denen auf westchristlicher Seite insbesondere Ungarn beteiligt war. Doch für den ganz großen Schulterschluss mit Mittel- und Westeuropa fehlte den Byzantinern wegen der negativen Erfahrungen mit den ›Lateinern‹ das Vertrauen. Die Päpste nutzten Notlagen byzantinischer Herrscher, um militärisch-religiöse Tauschgeschäfte auf den Weg zu bringen – sie versprachen militärische Unterstützung aus dem Westen, wenn Byzanz den Primat Roms in kirchlichen Fragen anerkenne. Auf diese Weise gerieten die Unionskonzile von Lyon (1274) und Ferrara-Florenz (1438–1445), mit denen das Große Schisma beendet werden sollte, trotz wertvoller theologischer Debatten zu problematischen Veranstaltungen. Aufgrund einer militärischen Zwangslage schlossen kaisertreue orthodoxe Bischöfe Kompromisse, die den meisten Byzantinern nicht vermittelbar waren und daher scheiterten.

Die Osmanen konnten bei ihren Eroberungen daher auf eine Einstellung bauen, die ein griechischer Chronist mit dem Ausspruch »Lieber den Turban des Sultans als die Tiara des Papstes« ausdrückte. Als Sultan Mehmed II. 1453 nach langer Belagerung Konstantinopel eroberte, nutzte er sogleich die Chancen, die ihm diese Haltung bot. Mit Gennadios Scholarios ernannte er einen der Anführer des Konstantinopler antiwestlichen Lagers zum Patriarchen. Fortan wurde das Bündnis zwischen muslimischer Herrschaft und orthodoxen Hierarchen in gewisser Weise konstitutiv für das Osmanische Reich, sodass die Osmanistin Karen Barkey sogar von einem hybriden, muslimisch-orthodoxen Staat spricht.

Diese Formulierung schießt allerdings über das Ziel hinaus, vor allem, weil sie eine in etwa gleichwertige Teilhabe von Christen und Muslimen am osmanischen Staatswesen suggeriert. Stattdessen waren die Christen juristisch und faktisch den Muslimen deutlich untergeordnet. Die Macht des Landes wie auch die Verwaltung der Provinzen lag, wo immer die Osmanen es durchsetzen konnten, in den Händen von Muslimen. Das Gleiche galt für die osmanische Armee, wenngleich es in der Frühzeit osmanischer Herrschaft noch Kavalleristen (osman. *spahi*) christlichen Glaubens gab und Christen sich in der osmanischen Marine sowie als lokale Milizen halten konnten. Nur Muslime waren von der Kopfsteuer befreit und konnten unbegrenzt Moscheen sowie sonstige Gebäude religiösen Charakters errichten, wogegen Kirchenbau und -renovierung eingeschränkt wurden. Vor allem in der städtischen Öffentlichkeit wurde das Machtgefälle symbolisch markiert – Kirchtürme durften nicht höher sein als die Minarette von Moscheen, Christen durften mit Ausnahme des Patriarchen nicht reiten und mussten ihre Identität durch Kleidung kenntlich machen. Während der Übertritt zum Islam viele Vorteile brachte und formal überaus einfach zu bewerkstelligen war, stand auf eine Rückkehr zum Christentum die Todesstrafe.

Da die osmanische Herrschaft vor allem in den Städten präsent war, zogen sich die Christen vielfach aus ihnen zurück bzw. passten sich dort auf verschiedene Weise an, wogegen Dörfer oft ihren christlichen Charakter behielten. Am stärksten galt das für unwegsame Berggegenden, die seit jeher als Zufluchtsorte in unruhigen Zeiten gedient hatten und in denen sich jede Zentralregierung nur schwer durchsetzen konnte. So führte die osmanische Herrschaft in einen symbolisch-religiösen Stadt-Land-Gegensatz: Während die Stadtzentren durch Moscheen, Derwischkonvente und Gebäude religiöser Stiftungen (*vakıf*) wie Bazare, Bäder, Gästehäuser oder Karawansereien umgeprägt wurden, entstand eine islamische Infrastruktur im ländlichen Südosteuropa nur dort, wo muslimische Bevölkerung einwanderte oder christliche Bauern den Islam annahmen. Unter den ländlichen Christen stabilisierten sich patriarchale Verhaltensmuster, beim Rückzug in die Bergregionen auch das Lebensmodell der Hirtennomaden.

Die osmanische Herrschaft förderte insgesamt die Gruppenbildung auf religiöser Grundlage. Von früheren islamischen Reichen übernahm man die Gepflogenheit, Nichtmuslimen über ihre jeweiligen Religionsgemeinschaften ein hohes Ausmaß der Selbstverwaltung zu gewähren. Dadurch wuchs die Macht der griechischsprachigen Kirchenhierarchie mit dem Patriarchen in Konstantinopel an ihrer Spitze ganz beträchtlich – innerhalb des zentralistischen osmanischen Systems hatten sich die slawischsprachigen Kirchen wieder unterzuordnen. Zu den Befugnissen in dogmatischen und kirchlich-administrativen Fragen kamen nun weltliche Funktionen. Die Gerichte des Patriarchats erhielten das Recht, nicht nur Fragen von religiöser Relevanz, sondern auch sämtliche zivilrechtliche Angelegenheiten zwischen orthodoxen Christen zu verhandeln. Allerdings waren die religiösen Oberhäupter auch verantwortlich für das Wohlverhalten ihrer Gemeinschaft. Daher mussten sie vom Staat im Amt bestätigt werden, und bei massiven Verstößen ihrer Schäfchen wurden sie bestraft – im Extremfall auch mit dem Tode.

Zu den besonderen Merkmalen des osmanischen Staates gehörte seine Flexibilität, da er zentralistische Elemente einerseits mit der Gewährung regionaler Autonomien andererseits kombinierte. Diese Art imperialer Herrschaftsausübung war in großen vormodernen Reichen durchaus üblich. Wichtig war unter anderem die Distanz vom Zentrum: Je weiter eine Region von Konstantinopel entfernt lag und je schwieriger sie daher militärisch zu kontrollieren war, desto größer war die Wahrscheinlichkeit, dass sie eher in einem losen Vasallenstatus in das Reich integriert wurde und der Sultan auf die Kooptierung der lokalen Elite setzte; das betraf europäische Reichsteile ebenso wie arabische. Die osmanische Herrschaft gestaltete sich daher von Ort zu Ort recht unterschiedlich.

Die Gebiete zwischen dem Mittelmeer und der Donau wurden, bis auf schwer zugängliche Bergregionen in Montenegro, dem nördlichen Albanien und in Griechenland, einem zentralistischen System unterworfen. Dort griffen die Osmanen auch tief in die Grundherrschaft ein, die sich auf dem spätmittelalterlichen Balkan deutlich in Richtung einer feudalen Adelsherrschaft entwickelt hatte. Das neue System erinnerte an mittelbyzantinische Verhältnisse, denn es stärkte die Rolle des Herrschers und erleichterte das Leben der Bauern, wogegen die Großgrundbesitzer an Macht verloren. Dem seldschukischen Muster folgend wurden die eroberten Ländereien zu Staatsland erklärt und dann vom Sultan als Militärlehen an seine Kavalleristen verteilt – allerdings nur auf Lebenszeit. Diese *timar* genannten Militärlehen dienten dem Lebensunterhalt der Krieger, die von den Bauern nur strikt normierte Abgaben verlangen durften und keine Gerichtsbarkeit über sie hatten. Für die Bauern brachte die Ausbreitung der Osmanen daher deutliche Vorteile mit sich, denn ihre Abgaben sanken. Andererseits bedeutete das neue System einen weitgehenden Elitewechsel. Sofern die christlichen Adligen nicht im Kampf gefallen oder geflüchtet waren, blieb ihnen mittelfristig nur die Konversion zum Islam, wenn sie ihren sozialen Status halten wollten. Auf diese Weise verloren sowohl die Balkanslawen als auch die Albaner ihre Eliten. Zwar entstand in den osmanischen Jahrhunderten auch so etwas wie eine neue Führungsschicht, die sich vor allem aus niederem Klerus, Dorfältesten und Stammesführern zusammensetzte. Im Vergleich zum mittelalterlichen Adel, dessen Lebensstil sich stark an der Hofhaltung des jeweiligen Herrschers und damit auch an gesamteuropäischen Entwicklungen orientiert hatte, waren diese bäuerlich geprägten Honoratioren allerdings viel volksnäher und weniger in der Lage, die kulturelle Entwicklung der Region voranzutreiben.

Sonderentwicklungen gab es im griechischen und rumänischen Raum, wo christliche Eliten sich in weitaus größerem Maße halten konnten. Seit der Antike waren die von Griechen bewohnten Küsten Südosteuropas stärker urbanisiert als der Rest der Region. Viele dieser Städte lebten von Seefahrt und Handel. Die Nützlichkeit solcher Beschäftigungen erkannten die osmanischen Herrscher durchaus, konnten dafür aber aufgrund ihrer kontinental, militärisch und teilweise nomadisch geprägten Gesellschaft nicht allzu viel Personal erübrigen, weshalb sie diese gerne an Einheimische delegierten. So konnten sich griechische Eliten ihre Stellung bewahren, während ihre jahrhundertelangen Konkurrenten aus Venedig als schwer kontrollierbare Ausländer galten und zunächst zurückgedrängt wurden. Auf gräkophone Gebildete griff die Hohe Pforte, wie die osmanische Reichsregierung in Anlehnung an eine alte persische Begrifflichkeit genannt wurde, auch zurück, wenn sie für diplomatische Verhandlungen mit europäischen Mächten Dolmetscher benötigte. Nicht zuletzt stellten griechischsprachige Untertanen über weite Strecken die Hierarchie der orthodoxen Kirche, sodass die griechische Orthodoxie ein gewisses intellektuelles Niveau bewahren konnte. Während die Klöster insgesamt einen Niedergang erlebten, konnte unter osmanischer Herrschaft eine Patriarchatsakademie eingerichtet werden. Bischöfliche Bibliotheken überdauerten die osmanische Zeit, und die griechische Theologie rezipierte mit einigem Interesse die Glaubenskämpfe zwischen Katholiken und Protestanten in West- und Mitteleuropa. Das schillerndste Beispiel ist der orthodoxe Patriarch Kyrillos Lukaris (1572–1638), der sich in seiner Auseinandersetzung mit der Papstkirche tiefgreifend vom Calvinismus beeinflussen ließ, aber von seinen Gegnern beim Sultan denunziert und schließlich hingerichtet wurde.

Noch größere Kontinuität genossen Eliten in den Donaufürstentümern Walachei und Moldau, denn jenseits der Donaugrenze trafen die Osmanen im 15. Jahrhundert auf ausdauernden Widerstand und begnügten sich mit jährlichen Tributzahlungen der einheimischen Prinzen. Abgesehen von der strategisch wichtigen Schwarzmeerküste und der Donaumündung verzichteten sie darauf, eigene staatliche Strukturen aufzubauen, muslimische Amtsträger zu installieren oder Militär zu stationieren. Die Donaufürstentümer durften zwar keine eigene Außenpolitik betreiben und hatten im Kriegsfall der osmanischen Seite mit Truppenkontingenten beizustehen, doch ansonsten blieb die innere Ordnung unangetastet. Die Prinzen mussten sich die Macht (auf wenig normierte Weise) mit den Bojaren teilen, also herrschten sie gemeinsam über die bäuerliche Mehrheit, die ähnlich wie in Ungarn, Polen oder Russland zunehmend in die Leibeigenschaft herabgedrückt wurde. Die fortgesetzte christliche Adelsherrschaft hatte nicht nur soziale, sondern auch politische Folgen. Während südlich der Donau eine relativ stabile Ordnung etabliert wurde, die bis ins 19. Jahrhundert nur durch Kriege mit Nachbarstaaten zu erschüttern war, lebte in den Donaufürstentümern ein latentes Streben nach politischer Souveränität fort. In Zeiten habsburgisch-osmanischer oder russisch-osmanischer Kriege konnte dies bis zum geopolitischen Seitenwechsel der rumänischen Fürsten gehen. Entsprechend unruhig verlief auch die Geschichte der Donaufürstentümer.

Kulturell entwickelten sich die Fürstentümer Moldau und Walachei ebenfalls anders als der Balkan. Bei den Südslawen bedeutete die osmanische Herrschaft einen tiefen Einschnitt in das religiöse Leben – das kirchenslawische

Schrifttum nahm rapide ab, das Mönchtum verkümmerte, gebildete religiöse Experten wurden immer seltener bzw. konnten, weil sie nur griechisch sprachen, ihr Wissen kaum noch an die Gesellschaft vermitteln. Unter diesen Bedingungen stabilisierte sich dort eine Religiosität, die vor allem aus Ahnenkult bestand und nur wenig mit dem Christentum der mittelalterlichen orthodoxen Theologen zu tun hatte. Parallel dazu sank die Bedeutung der Südslawen innerhalb der orthodoxen Welt drastisch. Aus einer kulturellen Geberregion, die Serbien und Bulgarien im Mittelalter gegenüber den Ostslawen gewesen waren, wurde eine Nehmerregion. Die Donaufürstentümer entwickelten sich dagegen in umgekehrter Richtung – die orthodoxe, kirchenslawische wie griechische Gelehrsamkeit verlagerte sich jetzt zum Teil dorthin, gemeinsam mit griechischen und ostslawischen Zentren wurden die Fürstentümer zu Impulsgebern. 1640 wurden in Jassy und Tîrgovişte Akademien gegründet, in denen man vornehmlich auf Griechisch unterrichtete. Aus der Sicht West- und Mitteleuropas, wo sich seit dem 14. Jahrhundert Universitäten etabliert hatten, mochten die Akademien der orthodoxen Welt bescheiden erscheinen. Aber angesichts der dramatischen kulturellen Verluste weiter südlich gaben sie wichtige Impulse. Das galt sowohl für die Bewahrung des orthodoxen Erbes als auch für die Auseinandersetzung mit neuen Ideen, sei es die Reformation oder später die Aufklärung. Vor allem das Fürstentum Moldau avancierte zu einem wichtigen Zentrum des orthodoxen Mönchtums, das sich eng sowohl mit dem ostslawischen Raum als auch dem Balkan vernetzte.

Die Donau bildete auch eine Grenze der Islamisierung – südlich davon fand sie sporadisch statt, nördlich davon blieben die Christen unter sich. Entsprechend den koranischen Vorgaben über die ›Buchbesitzer‹ (siehe oben) war systematische Missionierung eher selten, und anders als in Anatolien hielt sich am Balkan auch die Einwanderung von Muslimen in Grenzen. Auf weiten Teilen des Balkans erhielten sich daher christliche Mehrheiten. Dennoch stieg der Anteil der Muslime auf dem Balkan bis ins 18. Jahrhundert kontinuierlich, wobei er sich regional sehr unterschiedlich entwickelte. Abgesehen von individuellen Beweggründen (über die man wenig weiß) gab es das grundsätzliche Motiv, durch die Konversion Privilegien zu behalten bzw. solche zu erlangen. Wer zum Islam übertrat, konnte Amt und Besitz schützen und wurde von der Kopfsteuer befreit. Häufig fielen Übertritte zum Islam mit sozialem Aufstieg sowie der Aufnahme in die osmanischen Macht- und Verwaltungsstrukturen zusammen. Ein anderes Muster spielte sich bei Konflikten ein – wenn sich Christen oder Juden aus osmanischer Sicht etwas Schwerwiegendes zuschulden hatten kommen lassen (etwa Aufstandsversuche), stellte man sie häufig vor die Wahl, hingerichtet zu werden oder aber den Islam anzunehmen. Der Weg zurück ins Christentum war den Konvertiten prinzipiell verstellt, da der Abfall vom Islam mit der Todesstrafe geahndet wurde.

In strategisch wichtigen Gebieten legten die Osmanen Wert auf die massenhafte Präsenz von Muslimen, auch im ländlichen Raum. Dies galt für Teile Bulgariens, Makedoniens und Thrakiens wegen deren Bedeutung für die Sicherheit und Versorgung der Hauptstadt, traf aber auch für Bosnien-Herzegowina als Grenzregion zum katholischen Europa zu, dessen Einfluss auf die lokalen Christen die Osmanen fürchteten. Seit dem 17. Jahrhundert galt es auch für

Albanien, das durch seine Adriaküste ein Einfallstor für die Venezianer darstellte. In jeder dieser Regionen leben bis heute große muslimische Bevölkerungen, in Albanien sogar eine absolute und in Bosnien-Herzegowina eine relative Mehrheit. Während sich in den zentrumsnahen Regionen (Bulgarien, Makedonien) sowohl anatolische Muslime ansiedelten als auch die lokale Bevölkerung konvertierte, dominierte in den Peripherien (Bosnien-Herzegowina, Albanien) die Konversion von Autochthonen. Über die jeweiligen Hintergründe der Islamisierung und vor allem die Rolle des Zwangs bestehen bis heute Kontroversen, die sich aufgrund spärlicher Quellen wohl nicht mehr auflösen lassen.

Ein besonders interessantes Islamisierungsmuster war die sogenannte Knabenlese (türk. *devşirme*), weil sie auf Grundmerkmale der osmanischen Herrschaftstechnik verweist. Männliche Kinder oder Jugendliche wurden aus ihrem christlichen Umfeld herausgenommen, in anatolischen Familien zu Muslimen umerzogen und schließlich in Istanbul zu zentralen Funktionsträgern des osmanischen Staates ausgebildet. Sie bildeten die sogenannten Janitscharen, das im 14. Jahrhundert aufgebaute stehende Heer, dessen Effizienz und Disziplin maßgeblich für die osmanischen Kriegserfolge des 14.–16. Jahrhunderts verantwortlich war. Die Begabtesten wurden dagegen in den Palastdienst aufgenommen und konnten höchste Regierungsämter erlangen. Wer über die Knabenlese in den Staats- und Militärapparat gekommen war, galt zwar als Sklave, genoss aber dennoch das Prestige eines professionellen Osmanen. Bis heute wird kontrovers diskutiert, ob die betreffenden christlichen Familien (ausgehoben wurde vor allem im ländlichen Westbalkan, weniger dagegen im bulgarischen Raum und in den Städten) ihre Jungen freiwillig hergaben oder aber ein Verlusttrauma erlebten. Mitte des 17. Jahrhunderts wurde die Praxis der Knabenlese eingestellt.

Auch die Vorstellungen über das Profil der *devşirme*-Konvertiten gehen weit auseinander. Einerseits galten sie als besonders loyal gegenüber dem Sultan, weil die Verbindungen zu ihrem Herkunftsmilieu gekappt waren und sie in allem vom Wohlwollen des Herrschers abhingen. Entsprechend herrschte bei den Janitscharen, zumindest bis ins 16. Jahrhundert, mönchische Disziplin; die Truppe lebte kaserniert, ehe- und besitzlos. Andererseits sind Fälle bekannt, in denen die Konvertierten die Bindung zu ihrem Herkunftsmilieu beibehielten bzw. wieder aufnahmen. Das bekannteste Beispiel ist Sokollu Mehmed Paşa (1505–1579), der aus einer serbisch-orthodoxen Familie in Bosnien stammte. Aufgestiegen zum Großwesir, wie die vom Sultan ernannten Regierungschefs hießen, holte er weitere Verwandte in die Hauptstadt. 1557 setzte er die Wiedereinrichtung des serbisch-orthodoxen Patriarchats in Peć durch, welches mit seinem Verwandten Makarije Sokolović besetzt wurde.

Das Verhältnis von Christen und Muslimen war also komplex. Wer auf den ersten Blick einen ›Kampf der Kulturen‹ vermutet, entdeckt beim zweiten erhebliche Verschränkungen. Die Osmanen brachten als Nachfolger der Seldschuken ein bedeutendes islamisch-volksreligiöses Erbe ein, wenngleich dieses von ihren eigenen Religionsgelehrten gegeißelt wurde. Diese ›durchlässige‹ Derwischreligiosität traf auf Konvertiten, die oft eher aus praktischen Gründen Muslime werden wollten. Entsprechend konnten die Balkanmuslime etliche ältere Glaubensvorstellungen und Praktiken mit in ihr muslimisches Leben nehmen. Zum Teil gaben sie sich nur äußerlich als konforme Muslime aus, pflegten aber daheim christliche Bräuche – oder auch vorchristliche, schließlich hatten schon die christlichen Missionare die Verehrung von Naturerscheinungen, Bäumen, Quellen sowie verschiedene Arten von ›Aberglauben‹ nicht ausrotten können. Das religiöse Leben von Christen und Muslimen unterschied sich daher nicht so stark, wie man es angesichts der Unterschiede zwischen christlicher und islamischer Hochtheologie vermuten könnte. Christen wie Muslime ähnelten sich häufig in ihren religiösen Vorstellungen und Praktiken; sie hatten einige gemeinsame Kulte und teilten manche heilige Orte, aber gleichzeitig auch ein klares Bewusstsein der Gruppengrenze (beispielsweise waren religiöse Mischehen äußerst selten). Die Ähnlichkeiten und Übergänge erleichterten zweifellos das Zusammenleben, welches oft gut funktionierte; sie reichten aber nicht aus, um die Gesellschaft gegen religiös-politische Polarisierung in Krisenzeiten zu immunisieren.

Versteckte Kontinuitäten lassen sich nicht nur in der Religionsgeschichte, sondern auch im Verhältnis von Herrschaft und Gesellschaft, der Rechtsgeschichte oder der Wirtschaftsethik entdecken. Byzanz und das Osmanische Reich ähnelten einander im theokratischen Selbstverständnis der Monarchen. Die byzantinischen Kaiser sahen sich als Oberhäupter der Christenheit und ihren Staat als in ihren Grundfesten unantastbare, weil gottgewollte religiös-politische Ordnung. Die osmanischen Sultane hatten seit der Eroberung Ägyptens 1517 ein vergleichbares Gefühl, da sie sich nun als Oberhäupter der sunnitischen Muslime weltweit (Kalifen) verstanden. Ihr Reich titulierten sie als »von Gott beschützte, wohlblühende absolute Domäne des Hauses Osman«.

Sowohl Byzanz als auch das Osmanische Reich fußten auf zeitlosen normativen Grundlagen, daher reagierten sie auf eine sich verändernde Umwelt in der Regel eher selten mit ausdrücklichen Reformen, sondern mit impliziter Flexibilität. Byzantinische Kaiser wie osmanische Sultane gingen davon aus, dass ihre Macht im Prinzip nur durch Gott und dessen Gebote beschränkt war. Viele Herrscher, vor allem die schwächeren, teilten real durchaus ihre Macht mit anderen Personen und Gruppen – aber die Abneigung, die eigenen Machtbefugnisse auch formal beschneiden zu lassen, war groß. Privilegien, die lokale Akteure unter einer schwachen Zentralmacht erworben hatten, konnten von einem starken Herrscher wieder zurückgenommen werden. Sicher wäre es verfehlt, vom normativen Allmachtsanspruch auf eine despotische Realität zu schließen; dennoch wurde die Entwicklung von Zivilgesellschaften durch ein Klima der politischen und rechtlichen Unsicherheit behindert. Wichtige byzantinische Strukturmerkmale wie die ständelose Gesellschaft sowie die Städte ohne Stadtrecht wurden durch die Osmanen weitertradiert. Ebenso behielten sie die staatliche Kontrolle über einen Großteil des Bodens bei, was der Eigentumssicherheit abträglich war. Die Gegebenheiten beider Imperien wirkten auch auf die Bedeutung des Rechts zurück. Anders als das weiter westlich tendenziell der Fall war, rückte es nicht in eine Schiedsrichterrolle zwischen verschiedenen Kräften auf, sondern blieb trotz aller Elaboriertheit ein der Macht nachgeordneter Faktor.

Eine wichtige Quelle der osmanischen Herrschaftsidee war, wie auch schon in Byzanz, die Religion. Da der Islam sich als religiös-politische Ordnung verstand, trennte er kaum zwischen Glauben und Politik, bildete keine Kirchenstrukturen und keinen als Einheit zu verstehenden Klerus aus. Unter dem Strich war der Islam noch stärker und in noch dienenderer Funktion in die politische Ordnung eingespannt, als die Orthodoxie es in Byzanz gewesen war. Ähnlich wie in Byzanz leisteten die Gläubigen Widerstand gegen eine Religion, die durch Verstaatlichung einen Teil ihres spirituellen und sozialen Potenzials eingebüßt hatte – jetzt vor allem in Gestalt der Derwischorden, die aber innerlich zersplittert waren und sich nicht als gesellschaftliche Gegenkraft etablieren konnten.

Parallelen lassen sich auch in der Wirtschaftspolitik erkennen. Wie den Byzantinern war auch den Osmanen nicht primär an wirtschaftlicher Macht gelegen – stattdessen sahen sie die Wirtschaft im Dienste anderer Zwecke. Sie waren interessiert an sicherer Versorgung; die Belieferung der Städte (insbesondere der Hauptstadt) sowie erträgliche Preise standen klar im Mittelpunkt ihres wirtschaftlichen Denkens. Entsprechend förderte der Staat jene ökonomischen Tätigkeiten, die das garantierten. Im Verein mit politischem Frieden und einem großen Binnenmarkt ergaben sich daraus durchaus positive Impulse; allerdings blieben ökonomische Innovationen weitgehend aus. Dies wurde besonders sichtbar, als sich das westliche Europa ab dem 16. Jahrhundert dem Merkantilismus zuwandte und seine absolutistischen Herrscher begannen, systematische Wirtschaftsförderung zu betreiben. Von England bis zum Habsburgerreich strebte man nach einer positiven Handelsbilanz, denn die Herrscher wollten möglichst viel wirtschaftlichen Reichtum im Land erzeugen und halten, möglichst viel produzieren und exportieren, aber nur wenig importieren. Wenngleich der Merkantilismus aus Sicht der liberalen Theorie nicht langfristig tragfähig war, half er doch beim Aufbau eigener Manufakturen und Industrien; aus heutiger Sicht war er ein erster Schritt in die wirtschaftliche Moderne.

Die osmanischen Staatslenker gingen dagegen davon aus, dass die Wirtschaft zwar notwendig und nützlich sei, aber nicht im Zentrum einer islamischen Lebensweise stehen sollte. Sie führten eine moralisch-religiös begründete, strikt regulierte Zunftordnung ein, die wie im westlichen Mittelalter vor allem auf Stabilität und Sicherheit der Mitglieder abzielte. Gegen Veränderungen, die es einzelnen Zunftmitgliedern ermöglicht hätten, auf neue Marktbedingungen zu reagieren, die Produktivität zu steigern und Investitionskapital zu akkumulieren, wehrte man sich lange. Ohne sich darüber im Klaren zu sein, stellten die Osmanen damit eine entscheidende Weiche – und spezialisierten sich nicht auf Manufakturen oder Protoindustrien, sondern auf Agrarproduktion und Handel. Landwirtschaftlich orientierte Ökonomien aber litten seit der ›archaischen Globalisierung‹ des frühen 17. Jahrhunderts unter negativen Terms of Trade, da die Exporteure von Agrargütern im Allgemeinen geringere Gewinne erzielten als Exporteure von Manufakturwaren.

Den im Prinzip durchaus lukrativen Handel wiederum überließen die Osmanen häufig Nichtmuslimen, woraus mittelfristig politische Gefahren für das Reich erwuchsen. Vom Handel profitierten einerseits die eigenen christlichen und jüdischen Untertanen – nichtmuslimische Händler aus Südosteuropa bauten weitumspannende Netzwerke auf, über die sie auch in Kontakt mit westlicher Bildung kamen. Aber auch den Staaten des westlichen Europa kam das zugute. Trotz einiger Konfrontationen konnten venezianische und genuesische Kaufleute schließlich an die Privilegien anknüpfen, die sie schon in Byzanz gehabt hatten. Ab der zweiten Hälfte des 16. Jahrhunderts gewährten die Osmanen dann Frankreich, England und anderen Staaten vertragliche Zugeständnisse (sogenannte Kapitulationen), aus denen im 18. Jahrhundert eine regelrechte ökonomische Dominanz des Westens und eine quasi-koloniale Abhängigkeit des Osmanischen Reiches folgten.

Die kulturelle Produktivität der Osmanen wird heute hingegen positiver beurteilt als noch vor zwei bis drei Jahrzehnten; gerade im Bereich der Sakralarchitektur kam es zu interessanten Synthesen islamischer und byzantinischer Tradition. Ähnliches gilt für das Recht. Anders als die mittelalterlichen arabischen Reiche differenzierten die Osmanen, wenn auch nicht so weitgehend wie das impulsgebende Byzanz, zwischen religiösem (Scharia) und weltlichem Recht (*kanun*), in das auch lokales Gewohnheitsrecht (*örf*) aufgenommen wurde. Die Scharia galt als göttliche Offenbarung und wurde von islamischen Rechtsgelehrten (*ulema*) ausgelegt; *kanun*-Recht setzte der Sultan in den Fällen ein, zu denen die Scharia und die islamischen Rechtsgelehrten nichts zu sagen wussten. Das Bildungswesen allerdings blieb, trotz mancher Tendenz zur Öffnung, bis ins 19. Jahrhundert religiös geprägt. Osmanische Amtsträger durchliefen in der Regel zunächst eine Koranschule (*mektep*) und danach eine islamische Hochschule (*medrese*). In beiden thronte der Islam hegemonial über allen anderen Wissenschaften und behinderte deren Entwicklung.

Da zugleich die orthodoxen Eliten dezimiert wurden, ergab sich daraus eine zumindest im europäischen Vergleich sehr schwache Bildungsbilanz. Einzelne Gebildete konnten sich durchaus über diese Strukturen hinwegsetzen und intensiv am globalen Wissenskreislauf ihrer Zeit partizipieren, darunter der bereits erwähnte Großwesir Sokollu Mehmed Paşa, der sich für die Einrichtung einer Sternwarte in Istanbul einsetzte, oder der neugierige muslimische Reiseschriftsteller Evliya Çelebi (1611 – ca. 1685). Doch es entfaltete sich keine Breitenwirkung. Während weiter westlich Reformation und Aufklärung Impulse für das gesamte Bildungswesen von den Universitäten bis in die Elementarbildung setzten, blieb im osmanischen Europa die überwiegende Mehrheit der (christlichen wie muslimischen) Bevölkerung bis in das 20. Jahrhundert Analphabeten (siehe nächstes Kapitel). Als Hindernis erwies sich dabei auch die Tatsache, dass in den Koranschulen in der Sprache des Korans, also auf Arabisch, unterrichtet wurde, nicht aber in der Muttersprache der Zöglinge. Nur bei den sephardischen Juden, die im 15. Jahrhundert vor der spanischen Reconquista geflohen waren und in einigen Städten des Balkans, wie Thessaloniki und Sarajevo, wohlhabende Kolonien von Kaufleuten und Produzenten bildeten, war das generelle Bildungsniveau höher. Die lange Zeit anhaltende Abneigung der Osmanen gegen den Buchdruck war der Ausbreitung der modernen Wissenschaften sowie der Zirkulation von Ideen ebenso abträglich.

Dem Osmanischen Reich fiel es schwer, mit diesen Strukturen auf neue internationale Konstellationen und

Herausforderungen zu reagieren. Als sich im 16. Jahrhundert infolge der Entdeckung Amerikas die Welthandelsströme von Mittelmeer und Levante auf den atlantischen Raum verlagerten und gleichzeitig die weitere Expansion der Osmanen stockte, führte das in eine Krise. 1526 konnten die Osmanen zwar noch Ungarn erobern, wobei Siebenbürgen tributpflichtig, Zentralungarn dagegen direkt in die Reichsstrukturen einbezogen wurde. An der Eroberung Wiens jedoch scheiterte das Reich – ein erstes Mal 1529, ein zweites 1683. Dazwischen lagen etliche Kriege, in welchen deutlich wurde, dass den Osmanen in Gestalt der Habsburger, Polens, aber auch Venedigs Gegner erwachsen waren, die man mit den gegebenen Mitteln nicht mehr überwinden konnte. Auch scheiterten die Osmanen daran, ihre Hegemonie im östlichen Mittelmeerraum zu sichern – 1571 erlitten sie in der Schlacht von Lepanto eine schwere Niederlage gegen Venedig und andere westliche Seemächte.

Während das bislang stark gewachsene Territorium und die Kriege einen teuren Staatsapparat notwendig machten, sanken die Zolleinnahmen aus dem Levantehandel, dessen Bedeutung wegen der Entdeckung Amerikas zurückfiel. Das Heer wuchs stark, aber weil das Reich nicht weiter expandierte, konnten keine neuen Ländereien als *timar* vergeben werden. So verkleinerten sich die einzelnen Besitztümer, während gleichzeitig (aufgrund globaler Produktivitätssteigerungen) die Agrarpreise unter Druck gerieten. Die Grundherren in Südosteuropa, darunter auch die osmanischen *spahi*, erlagen der Versuchung, von den Bauern immer höhere Abgaben zu verlangen. In bestimmten Regionen, etwa in Bosnien, bildete sich folglich ein ausgesprochenes Feudalsystem heraus. Unter den Staatsdienern, die Einkommenseinbußen erlitten, verbreitete sich die Korruption. In das Janitscharenkorps traten zunehmend Muslime ein, die nicht mehr aus der Knabenlese stammten und über keine solide militärische Ausbildung verfügten, aber eine Familie besaßen und ihre Stellung weitervererben wollten. Darunter litt die militärische Schlagkraft ebenso sehr wie die innere Sicherheit, denn die Janitscharen waren zunehmend bereit, ihre Waffen auch zum Ausbau der eigenen Stellung und nicht mehr allein zum Ruhm des Sultans einzusetzen. Die Zentralregierung konnte ab dem späten 17. Jahrhundert immer weniger die Willkür der Janitscharen und örtlichen Notabeln bremsen, einerseits weil jetzt häufiger schwache, weitgehend auf Hof und Harem fixierte Sultane an der Spitze standen, andererseits weil tiefgreifende konzeptionelle Alternativen fehlten. Zu alldem kam eine Inflation, unter anderem bedingt durch den Zufluss des südamerikanischen Silbers.

Die Osmanen nahmen diese Entwicklung selbst als Niedergang wahr; einige stemmten sich energisch dagegen. Am bekanntesten wurden die Versuche des Großwesirs Köprülü Mehmet Paşa (reg. 1656–1661) sowie seines Sohnes und Amtsnachfolgers Köprülü Fâzıl Ahmet (reg. 1661–1676), die durch Rezentralisierung zum ›goldenen‹ Zeitalter des Reiches zurückkehren wollten, aber den langfristigen Trend nicht stoppen konnten. Dass Mehmet Paşa aus einer christlichen albanischen Familie stammte und über die Knabenlese in sein Amt gekommen war, zeigt die starke Einbindung islamisierter Balkanbewohner in die Machtstrukturen des Reiches; bei keiner Gruppe wirkte dieser Mechanismus so intensiv wie bei den Albanern.

Im Laufe der Zeit entglitt der Zentralmacht also die Kontrolle, wobei diese ›wilde Dezentralisierung‹ im späten 18. Jahrhundert kulminierte. In Teilen Serbiens und Bulgariens brachten die Janitscharen, die sich nun zu Marodeuren entwickelt hatten, unerträgliche Gewalt und Ausbeutung über die orthodoxe Landbevölkerung. Schon im 16. Jahrhundert war es üblich gewesen, Ämter auf allen Ebenen der Verwaltung – von der Stelle eines orthodoxen Dorfpriesters bis hin zum Amt des Großwesirs – zu verkaufen. Diese Praxis ist auch aus dem westlichen Europa bekannt, allerdings war die Entwicklung im Zeitalter von Absolutismus und Aufklärung eher rückläufig und bedurfte dort mehr und mehr einer Rechtfertigung. Im Osmanischen Reich dagegen blieb der Ämterkauf Teil der Grundlogik des Systems. Er bot denjenigen, die über die Besetzung einer Stelle entschieden, Gelegenheit zur Bereicherung, und er half der Zentralregierung, kurzfristige Löcher im Budget zu stopfen. Selbst höchste Würdenträger wie etwa die ökumenischen Patriarchen in Istanbul mussten ihre Ämter erwerben. Die Investition amortisierten die Patriarchen, indem sie sich ihrerseits für Bischofsernennungen bezahlen ließen – und so ging es hinab bis zum Dorfpriester. Die Reputation und Qualität osmanischer Institutionen litt sehr unter diesen Praktiken, denn konkurrierende oligarchische Netzwerke konnten den Staat unterwandern, etwa indem sie Geld für den Ämterkauf vorstreckten und so von ihnen abhängige Personen in Amt und Würden brachten. Außerdem bot der Ämterkauf dem Staat einen Anreiz, Ämter möglichst oft neu zu besetzen – die Häufigkeit, mit der das Patriarchenamt in Konstantinopel neu besetzt wurde, oftmals mit derselben Person, ist beredter Ausdruck dessen. Die Korruption und Instabilität der Verwaltung untergruben nachhaltig das Vertrauen der Untertanen in die Institutionen des Reiches – das mangelnde Institutionenvertrauen blieb über das Ende der osmanischen Herrschaft hinaus bestehen.

Symptomatisch war der Aufstieg mächtiger Steuerpächter in den Provinzen, welche bei Amtsantritt die zu erwartenden Steuereinnahmen vorstreckten, um sie sich dann von den Bewohnern des betreffenden Gebiets zurückzuholen. Oberflächlich betrachtet lagen die Vorteile dieser auch sonst in Europa verbreiteten Institution auf der Hand – der Staat ersparte sich einen teuren Stab von Finanzbeamten und konnte Steuern kassieren, noch bevor die Untertanen sie gezahlt hatten. Die Risiken waren eher versteckter und langfristiger Natur. Da die osmanischen Steuerpächter ihr Amt zunehmend auf Lebenszeit ausübten, sich direkt aus eingezogenen Steuern finanzierten und wie Finanzunternehmer agierten, waren sie schwer zu kontrollieren. Die Steueraushebung fiel daher aus Sicht der Untertanen willkürlich aus, was die Legitimität des Staates untergrub. Außerdem wurden regionale Autoritäten über ihre Pfründe immer unabhängiger von der Zentralgewalt. Sie bauten eigene Klientelsysteme auf und erwarben Grundbesitz, den sie auch vererbten. Diese sogenannten *çiftliks* funktionierten weitaus feudaler als die alten *timare* (Militärgüter) und lieferten Bauern stärker der Willkür des Herrn aus. Man kann diese Phänomene Zeichen der Anpassungsfähigkeit an globale und lokale Gegebenheiten nennen; die Steuerungskraft der Zentralregierung wurde dadurch allerdings nicht gestützt, zumal sie die Lage der bäuerlichen Bevölkerung verschlechterten.

Im 18. Jahrhundert waren die sogenannten Provinznotabeln (*ayane*) so einflussreich geworden, dass die Zentralregierung zunehmend Mühe hatte, reichsweite Veränderungen durchzusetzen. Unter ihnen waren so schillernde Figuren wie Ali Pascha von Janina (1744–1822), der aus einer deklassierten Notabelnfamilie in Südalbanien stammte und sich zunächst als Anführer einer Räuberbande profiliert hatte, bevor er diese verriet und dafür von der Pforte mit einem Gouverneursposten in Thessalien belohnt wurde. Nun baute er seine Machtstellung immer weiter aus, bis er schließlich Südalbanien und große Teile Griechenlands mittels einer Privatarmee beherrschte. Widerstandsnester räumte der Warlord ohne Rücksicht auf zivile Opfer aus dem Weg, und seinen politischen Freiraum sicherte er sich durch geschicktes Taktieren zwischen der Pforte und den christlichen Großmächten. Ali Paschas Hofhaltung spiegelte diese vielfältigen Kontakte, denn er umgab sich – so der Eintrag zu ihm im *Biografischen Lexikon zur Geschichte Südosteuropas* – »mit europäischen Offizieren, griechischen Ärzten, Dichtern und Derwischen«. Als Häscher des Sultans ihn schließlich in Janina ermorden konnten, schickten sie zum Beweis seinen abgetrennten Kopf nach Konstantinopel. Die albanische Nationalbewegung sollte ihn später als Freiheitskämpfer ehren.

Die Habsburger in Südosteuropa

Seit dem 16. Jahrhundert war in Europa die katholische Habsburgermonarchie der zentrale Gegner der Osmanen. Sie führte lange Kriege gegen das islamische Reich und verdrängte es zwischen 1699 und 1718 aus den Ländern der ungarischen Stephanskrone (Zentralungarn, dem Binnenland des heutigen Kroatiens, dem Banat, der Vojvodina und Siebenbürgen). Als Venedig 1797 von Napoleon besetzt wurde und sein Seereich zusammenbrach, übernahmen die Habsburger auch dessen Besitzungen an der östlichen Adriaküste.

Westeuropahistoriker bezeichneten das Habsburgerreich lange als Anomalie, weil es sich bis Mitte des 18. Jahrhunderts gegen den Trend zur Zentralisierung sperrte und stattdessen durch geschickte Heiratspolitik sowie Eroberungen vollkommen unterschiedliche Besitzungen ansammelte. Hierin erinnerte die Habsburgermonarchie an das Heilige Römische Reich, aus dem sie im 13. Jahrhundert hervorgegangen war. Die erworbenen Grafschaften, Fürstentümer, Städte oder Königreiche ließ man formal bestehen, auch erhielten sich eigene Landesregierungen, deren Kompetenzen allerdings beschnitten wurden. Selbst vom westlichen Mittelalter geprägt, setzte Wien auf die Kooptation von Ständen, vor allem auf den Adel. Anders als die osmanische Herrschaft bedeutete die Etablierung der Habsburger daher keine Erleichterung für die bäuerliche Mehrheit im Südosten.

Unter den europäischen Mächten galt die Wiener Regierung als Bündnispartnerin der Päpste, weshalb sie nicht gerade als Modell für eine ›westliche‹ Trennung zwischen weltlicher und geistlicher Gewalt dienen kann. Vielmehr war die katholische Kirche ein Herrschaftsinstrument, mit dem die Habsburger phasenweise versuchten, die Kohäsion unter den herrschenden Eliten zu erhöhen. Allerdings zeigt die Geschichte der Monarchie, dass die katholische Kirche für Wien ein eigenwilliger und schwieriger Bündnispartner war. Während habsburgische Kaiser seit dem späten

17. Jahrhundert dazu neigten, neu angegliederten Ländern ihre religiösen Traditionen zu lassen, und stattdessen eher auf die politische Loyalität der jeweiligen Eliten Wert legten, hielt sich in Teilen des katholischen Klerus bis zum Zusammenbruch der Monarchie die Vorstellung, der wahre Lebenssinn des Reiches bestehe darin, die beherrschten Gesellschaften zu katholisieren.

Besonders folgenreich war die Ausbreitung der Habsburger in die Länder des historischen Ungarn, das fortan als Pufferzone gegenüber der ›osmanischen Gefahr‹ im Südosten galt. Als das ungarische Heer 1526 in der Schlacht von Mohács den Osmanen unterlag, wurde das Land dreigeteilt. Das westliche Ungarn (das heutige Burgenland, die heutige Slowakei, Westkroatien sowie Teile des heutigen Nordwest- und Nordostungarns) übernahm Kaiser Ferdinand I. in Personalunion, doch Zentralungarn (den größten Teil des heutigen Ungarns sowie Slawonien und die Vojvodina) gliederten sich die Osmanen als reguläre Provinz ein. Das (heute rumänische) Siebenbürgen wurde ähnlich wie schon zuvor die Donaufürstentümer gegenüber Istanbul tributpflichtig und regierte sich nach innen selbst.

Diese Gliederung wurde auch religiös-kulturell bedeutsam. Im ungarischen Adel hatte die Reformation viele Anhänger – vor allem unter den verarmten Kleinadligen, die in Ungarn (ähnlich wie in Polen) zahlreich waren und die ihren Gegensatz zu den mächtigen Magnaten jetzt auch religiös markierten. Zwar bremsten in Westungarn die Habsburger diese Entwicklung, Istanbul ließ die Protestanten aber gewähren, sodass sich in Zentralungarn und noch mehr in Siebenbürgen der Calvinismus etablierte. Als diese Gebiete dann im späten 17. und frühen 18. Jahrhundert auch unter habsburgische Herrschaft kamen, war der Konflikt vorprogrammiert. Der ungarische Adel hatte die Vorstellung verinnerlicht, dass das mittelalterliche ungarische Königreich de jure weiterexistiere – hinzu kam jetzt auch noch ein religiöser Gegensatz zu den neuen, habsburgischen Herren. Wien und vor allem die katholische Kirche versuchten, den Katholizismus wieder zu etablieren, waren damit allerdings nur teilweise erfolgreich. In Siebenbürgen setzte sich die Gegenreformation kaum durch. Wie vorher schon die Osmanen ließ auch Österreich hier das ethnisierte Ständesystem unangetastet, wobei zwei von drei *nationes* protestantisch waren: Neben den calvinistischen Ungarn standen die lutherischen Sachsen, nur die Székler waren katholisch geblieben. In der ungarischen Gesellschaft verbanden sich also Widerstand gegen die politische Herrschaft der Habsburger mit antikatholischen Ressentiments und sozialer Not zu einer Stimmung, die im frühen 18. Jahrhundert in die sogenannten Kuruzzen-Aufstände mündete. Obgleich Ungarn zu einem konstitutiven Bestandteil des Habsburgerreiches wurde und die ungarischen Eliten stärker an der Macht beteiligt waren als viele andere Gruppen, zog sich die Unzufriedenheit mit der Monarchie doch wie ein roter Faden durch die weitere Geschichte.

Dabei war Siebenbürgen jene Region, in der der ungarische Adel seinen Vorstellungen von konfessioneller und politischer Freiheit am nächsten kam. Im 19. Jahrhundert rückte Siebenbürgen deswegen trotz seiner peripheren Lage ins Zentrum ungarischer Nationsbestrebungen, was im Konflikt mit der rumänischen Bevölkerungsmehrheit resultierte. Die Rumänen waren als leibeigene Bauern und Orthodoxe doppelt entrechtet. Sie waren persönlich nicht frei, schwer mit Abgaben und Frondiensten belastet und hatten keinerlei politische Mitspracherechte. Bis 1781 war ihre Kirche außerdem lediglich geduldet. Ähnlich wie Polen-Litauen wählte auch die Habsburgermonarchie einen eigenwilligen Weg zur Kooptierung der ›ständelosen‹ Orthodoxen in das Ständesystem – dem rumänischen Klerus wurde die Gleichstellung mit dem katholischen versprochen, wenn er sich dem römischen Papst als kirchlichem Oberhaupt unterordne. 1697 kam auf diese Weise die Siebenbürgische Union zustande, die sich aber nur teilweise durchsetzen konnte. Trotz dieser religiösen Spaltung der Rumänen entstand jetzt eine rumänische unierte Klerikerelite, die im 18. Jahrhundert die Anerkennung der Rumänen als gleichberechtigte *natio* forderte und zur Begründung auf die würdige lateinische Abkunft ihres Volkes verwies.

Aufgrund der häufigen habsburgisch-osmanischen Kriege bildete sich vom 16. bis ins frühe 18. Jahrhundert eine besondere historische Region – die Militärgrenze. Innerhalb der Dreifachgrenze (*triplex confinium*) zwischen Osmanen, Habsburgern und Venedig herrschte vor allem anfänglich große Unsicherheit, da renitente Gewaltakteure wie die Uskoken im dalmatinischen Senj als schwer zu kontrollierende Marodeure auf eigene Rechnung Krieg führten. Um diese inzwischen verwüsteten und weitgehend menschenleeren Grenzgebiete nachhaltig zu sichern, bemühten sich daher Wien und Venedig ebenso wie Istanbul, dort eine loyale, wehrhafte Grenzbevölkerung anzusiedeln. Konkret bedeutete dies, Menschen Privilegien zu verleihen und dafür von ihnen militärische Dienste zu erwarten. Während Venezianer und Osmanen diese Privilegien im frühen

18. Jahrhundert wieder zurücknahmen, wurden sie im Habsburgerreich stark institutionalisiert. Sie blieben bis 1881 bestehen und hinterließen entsprechende Spuren. In den österreichisch-osmanischen Kriegen traten immer wieder christliche Bauern, in erster Linie orthodoxe, auf habsburgisches Gebiet über, weil sie sich dort mehr Sicherheit versprachen. Wien siedelte diese Gruppen entlang der Grenze an und bot ihnen persönliche Freiheit gegen militärische Dienstleistungen – ein Handel, der im zutiefst feudal geprägten Ostteil der Monarchie so attraktiv war, dass die Wehrbauern an ihrem Status auch dann noch festhielten, als die Militärgrenze Mitte des 18. Jahrhunderts militärisch obsolet geworden war. Weil weder katholische Grundherren noch katholische Orden in diese Gebiete gelangten, wurden sie auch religiös nicht bedrängt.

Über die Militärgrenze etablierte sich die Orthodoxie als zunächst regional anerkannte Konfession. 1708 wurde eine orthodoxe Metropolie (zunächst mit Sitz im Kloster Krušedol, seit 1718 in Karlowitz) eingerichtet, die vornehmlich serbisch war, aber auch für die Rumänen im östlichen, siebenbürgischen Teil der Militärgrenze zuständig zeichnete. 1781 garantierte Kaiser Joseph II. in seinem Toleranzpatent schließlich Orthodoxen wie Protestanten die freie Ausübung ihres Glaubens, jetzt unabhängig von ihrer ›Nützlichkeit‹ für das Imperium. Was aus den Freiheiten der Militärgrenze nicht entstand, war eine bürgerliche Gesellschaft – dort waren alle Privilegien an den Wehrdienst gekoppelt und die Verwaltung in den Händen der Armee, sodass sich weder Handel noch Handwerk entwickeln konnten. Die Militärgrenze blieb damit ein ländlicher, soldatisch-patriarchalisch geprägter Raum, der ökonomisch gegenüber den zivil verwalteten Landesteilen immer mehr ins Hintertreffen geriet. Als in Kroatien Anfang der 1990er Jahre eben entlang der alten Militärgrenzlinie die sogenannte Krajina zum Schauplatz eines serbischen Abspaltungsversuches wurde, kam manchem Beobachter dieses Phänomen wieder in Erinnerung.

In einigen Bereichen wirkte sich die habsburgische Herrschaft modernisierend aus. Zum einen konnte sie im Bildungswesen auf den bereits umrissenen mittelalterlich-katholischen Traditionen aufbauen, seit dem 14. Jahrhundert Universitäten einrichten und schließlich den (freilich nicht geplanten) ersten Alphabetisierungsschub durch Buchdruck und die religiöse Propaganda der Reformationszeit erleben. Viele Sprachen des Habsburgerreichs wurden in dieser Zeit als Schriftsprachen verbreitet, in Südosteuropa vor allem Ungarisch und Slowenisch, wogegen sich Varianten des Kroatischen schon vorher im Rahmen der italienischen Renaissance als Schriftsprache an der Adriaküste etabliert hatten. Im Barockzeitalter wurden diese Errungenschaften teilweise wieder zurückgenommen; statt der Muttersprachen dominierte wieder das Lateinische und schließlich, unter dem aufgeklärten Absolutisten Joseph II. (reg. 1780–1790), das Deutsche, das der reformfreudige Kaiser im ganzen Reich als Verwaltungssprache etablieren wollte. Seit den 1770er Jahren engagierten sich die Habsburger in der Elementarbildung und bauten ein Volksschulwesen mit Schulpflicht auf, in dem Kinder mit Fibeln (auch) in ihrer Muttersprache lernten. Dabei spielten kirchliche Schulen die zentrale Rolle – katholische, protestantische wie auch orthodoxe.

Weil die Habsburger ähnlich wie die Osmanen versuchten, ihre andersgläubigen Subjekte über deren Glaubensgemeinschaften zu beherrschen und zu integrieren, wurde die Metropolie Karlowitz zum zentralen Selbstverwaltungs- und Vertretungsorgan der Orthodoxen. Die Bischöfe bezogen ein staatliches Gehalt, genossen ähnliche Privilegien wie vergleichbare katholische Amtsträger und wurden damit in gewisser Weise ›verstaatlicht‹. Das tat zwar dem Ansehen der Kirche auf Dauer nicht gut, doch half ihr dieser Status, eigene Schulen aufzubauen und das Bildungsniveau des Klerus wie auch der Laien zu heben – sodass unter dem Strich ein Teil der Serben, die im Osmanischen Reich weitgehend ohne schriftkundige Eliten gelebt hatten, gewissermaßen verbürgerlichte. Die habsburgisch-osmanische Grenze entwickelte sich damit auch zu einer kulturellen Scheidelinie, die bis in die Gegenwart als ›Phantomgrenze‹ fortexistiert und zumindest in Teilaspekten den ehemals habsburgischen Teil Serbiens, die Vojvodina, vom Rest unterscheidbar macht (und Siebenbürgen sowie das Banat vom Rest Rumäniens).

Spuren hinterließ die habsburgische Epoche auch in Wirtschaft und Verwaltung. Dabei hängt allerdings vieles von der Perspektive ab – im Vergleich zu Staaten wie Frankreich und England, aber auch zu den österreichischen Kernlanden und Böhmen war das habsburgische Südosteuropa nur mäßig entwickelt. Anders als das Osmanische Reich, das im 17. Jahrhundert stagnierte und im 18. Jahrhundert schwer regierbar wurde, schuf die Monarchie allerdings Voraussetzungen für eine kontinuierliche Entwicklung in Richtung Moderne. Herrschergewalt war stärker durch Recht eingehegt, Eigentumsrechte wurden besser gesichert, nicht zuletzt durch einen Kataster, und die Bevölkerung wurde von der Administration erfasst. Es bestanden gewisse, rechtlich fundierte politische Mitwirkungsmöglichkeiten in Form von Ständevertretungen (Landtagen). Der Staat versuchte mit einer merkantilistischen Wirtschaftspolitik (in Österreich ›Kameralismus‹ genannt) habsburgischen Manufakturprodukten den Weg ins Osmanische Reich zu öffnen – freilich standen diese Manufakturen überwiegend in Österreich und Böhmen, wohingegen das historische Ungarn eher Rohstoff- und Nahrungsmittellieferant und damit selbst marginalisiert war. Vor allem aber verfügte das Reich über eine relativ gute Zentralverwaltung, deren Grundlagen Kaiser Ferdinand I. (reg. 1521–1564) gelegt hatte und die (am stärksten im 18. Jahrhundert) planvoll weiterentwickelt wurde. So konnten die Habsburger Reformen einleiten, die tatsächlich Früchte trugen. Dazu gehörten insbesondere die Verwaltungsreformen Josephs II., die eine moderne, rationale Bürokratie hervorbrachten.

Auch wenn im historischen Ungarn nicht alle Reformen voll zum Tragen kamen, hielten sie das Reich insgesamt länger vital und steuerbar, was sich insbesondere im 19. Jahrhundert zeigen sollte. Während der Zerfall des Osmanischen Reiches mit den serbischen und griechischen Unabhängigkeitsbewegungen des frühen 19. Jahrhunderts begann, expandierten die Habsburger noch eine Zeit lang weiter und verloren ihr Reich dann abrupt im Ersten Weltkrieg. Interessant sind daran die Synergien vor allem bei den Serben, deren Nationalbewegung arbeitsteilig über die Imperiengrenze hinweg zusammenarbeitete. Das Osmanische Reich brachte Warlords hervor, die über Waffen, nicht aber über klare politische Vorstellungen verfügten. Das Habsburgerreich hingegen bewahrte (bzw. schuf) sich christliche Eliten, die zunehmend den nationalen Traum träumten, ihn schriftlich artikulieren konnten und ihn schließlich an die Warlords im osmanischen Raum weitergaben. Das Ergebnis ist in gewisser Weise paradox: Diejenigen, die im Osmanischen Reich eher negative Erfahrungen mit Staatlichkeit gemacht hatten, errangen als erste einen eigenen Staat. Die Habsburger Untertanen aber, die Staatlichkeit als relativ berechenbar und vertrauenswürdig erlebt hatten, mussten auf eigene Staaten wesentlich länger warten. Im Zeitalter des Nationalismus wirkten sie trotz ihres kulturellen Prestiges eher wie Juniorpartner der mitunter weniger gebildeten, dafür aber machtpolitisch erfahreneren post-osmanischen Staatsschöpfer.

Südosteuropa bis 1800

293	Kaiser Diokletian teilt die Verwaltung des Römischen Reiches in Ost- und Westteil
380	Etablierung des Christentums als Staatsreligion des Römischen Reiches
395	endgültige Teilung des Römischen Reiches
480	Ermordung des letzten weströmischen Kaisers Julius Nepos
6.–7. Jh.	Landnahme der Südslawen
7. Jh.	Angriffe von Persern und Arabern auf Ostrom; Zentralisierung, Militarisierung und Gräzisierung des Reiches
679	Gründung des Ersten Bulgarischen Reiches
788	Fürstentum Karantanien geht im Frankenreich auf
862/63	Beginn der Mission durch die ›Slawenapostel‹ Kyrill und Method im Großmährischen Reich
ca. 865	Taufe des Bulgarenkhans Boris-Michail
870	Preslav (Residenzstadt des Ersten Bulgarischen Reiches) wird autonomes Erzbistum

9. Jh.	erste kroatische und serbische Fürsten werden aktenkundig
ca. 885	Schüler der ›Slawenapostel‹ beginnen mit der Mission im Bulgarischen Reich
ca. 896	ungarische Reiternomaden dringen in das Karpatenbecken ein
10. Jh.–15. Jh.	Aufbau des venezianischen ›Überseereichs‹ auf der Ostseite der Adria; religiöse und soziale Bewegung der Bogomilen verbreitet sich ausgehend von Bulgarien in Südosteuropa
925	Tomislav erster König Kroatiens; bindet Erzbistum Split eng an Papsttum an
1000	Krönung des ungarischen Königs Stephan I.; Venedig erobert Dalmatien
1018	Untergang des Ersten Bulgarischen Reiches, Einverleibung seiner Territorien durch Byzanz
1054	Großes (morgenländisches) Schisma; Ende der Zusammenarbeit zwischen Byzanz und Papsttum
1071	Schlacht bei Manzikert; byzantinische Niederlage gegen die Seldschuken leitet türkische Besiedelung Anatoliens ein
1102	Personalunion Kroatiens mit dem Königreich Ungarn
1186	Errichtung des Zweiten Bulgarischen Reiches
1204	Eroberung Konstantinopels durch Kreuzfahrer, Entstehung eines ›Lateinischen Kaiserreichs‹ sowie der Despotate von Epirus, Nikaia und Trapezunt
1217	Stefan Nemanjić wird erster König des mittelalterlichen Serbien
1224	Privileg der Siebenbürger Sachsen (sog. Andreanum)
1274	Unionskonzil von Lyon zwischen West- und Ostkirche (gescheitert)
13. Jh.	Kumanen und Tataren dringen in pannonische Tiefebene ein; Anatolien wird durch Zuzug turkmenischer Stämme überwiegend turksprachig und islamisch
1243	Seldschukenreich gerät unter mongolische Oberherrschaft und zerfällt

1299	Osman I. gründet Fürstentum in Nordwestanatolien
1326	Osmanen erobern die byzantinische Stadt Prousa (türk. Bursa) und machen sie zu ihrer Hauptstadt
14. Jh.	Entstehung der Fürstentümer Walachei und Moldau
1338–1351	Palamismusstreit (Kontroverse zwischen humanistischen byzantinischen Intellektuellen und mystisch-asketischen Mönchen) endet mit dem Sieg Letzterer
1346	Stefan Dušan gründet das Patriarchat von Peć und lässt sich zum ›Zaren der Serben und Griechen‹ krönen
1354	osmanischer Sultan Orhan erobert mit Gallipoli wichtigen Brückenkopf auf dem europäischen Ufer der Dardanellen
1371	Schlacht an der Marica, serbische Niederlage gegen die Osmanen
1382	Sofia wird osmanisch
1389	Schlacht auf dem Amselfeld
1417	Fürstentum Walachei wird Vasallenstaat des Osmanischen Reiches
1438/39	Unionskonzil von Ferrara-Florenz zwischen West- und Ostkirche (gescheitert)
1453	Eroberung Konstantinopels durch die Osmanen
1457–1504	Stefan III. der Große herrscht über die Moldau
1458	Athen wird osmanisch
1521	Belgrad wird osmanisch
1526	Schlacht bei Mohács, Niederlage des ungarisch-böhmischen Heeres gegen die Osmanen
1529	Erste Belagerung Wiens durch die Osmanen
ca. 1530	Errichtung der habsburgischen Militärgrenze beginnt
1538	dauerhafter Einschluss des Fürstentums Moldau in das Osmanische Reich
1541	osmanische Besetzung des mittleren Ungarns; Siebenbürgen, Banat und sog. Partium werden autonomes Fürstentum unter osmanischer Oberherrschaft
1569	Frankreich schließt als erstes europäisches Land

	Kapitulation (verbriefte Privilegien für die eigenen Kaufleute) mit Osmanischem Reich ab
1571	Seeschlacht von Lepanto, Niederlage der osmanischen Flotte gegen die christlichen Mittelmeermächte
17. Jh., Mitte	Einstellung der Knabenlese
1656–1676	Köprülü-Wesire versuchen, die Krise des Osmanischen Reiches mit Rezentralisierung in den Griff zu bekommen
1671–1711	Kuruzzenaufstände in Ungarn
1683–1699	Großer Türkenkrieg; zweite Belagerung Wiens durch die Osmanen; Zurückdrängung des Osmanischen Reiches durch die Heilige Liga (Hl. Röm. Reich, Papsttum, Polen-Litauen, Venedig, Russland)
1690	›Große Wanderung‹ der Serben auf habsburgisches Gebiet
1697	Union der Siebenbürgischen Orthodoxie mit Rom
1699	Friede von Karlowitz; Ende der osmanischen Herrschaft in Ungarn (außer Banat), Siebenbürgen, Slawonien, dem Großteil Kroatiens
1708	Gründung der orthodoxen Metropolie Karlowitz (bis 1718 mit Sitz im Kloster Krušedol)
1711	Entmachtung der autochthonen Fürsten der Moldau und Walachei durch die Osmanen wg. Zusammenarbeit mit Russland; Macht wird an loyale Istanbuler Griechen (sog. Phanarioten) übergeben
1714–1718	Krieg zwischen den Osmanen und Venedig sowie Österreich
1718	Friede von Passarowitz beendet österreichisch-venezianisch-osmanischen Krieg; Gebietsverluste des Osmanischen Reiches
1739	Friede von Belgrad zwischen Osmanischem Reich und Österreich, das 1718 gewonnene Gebiete wieder abtreten muss
1746–1749	Aufhebung der Leibeigenschaft in den Donaufürstentümern Walachei und Moldau
1774	Ignaz Felbinger verfasst die *Allgemeine Schulordnung für*

	die deutschen Normal-, Haupt- und Trivialschulen; Beginn systematischer Elementarbildug im Habsburgerreich
1774	Friede von Küçük Kaynarca, Russland verdrängt das Osmanische Reich aus dem nördlichen Schwarzmeerraum und Teilen des Kaukasus; Beginn des russischen Kultusprotektorats über die orthodoxen Christen im Osmanischen Reich
1787–1822	lokale Herrschaft des Ali Pascha von Janina in Teilen Griechenlands und Albaniens
1781	Toleranzpatent Kaiser Josephs II.; Anerkennung der Orthodoxie als Konfession in Siebenbürgen
1797	Napoleon Bonaparte besetzt Venedig

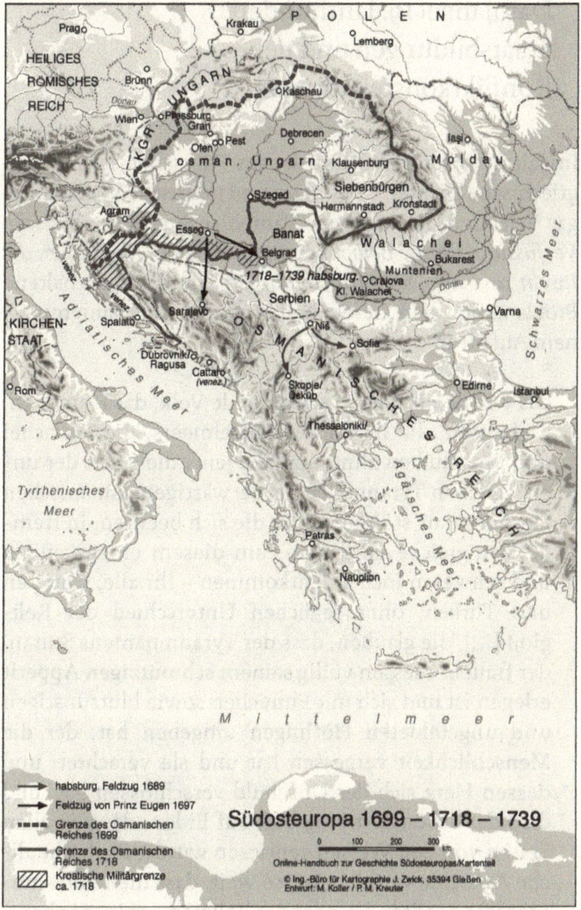

Abb. 2: Südosteuropa während und nach den habsburgischen Feldzügen (1699–1739).

Das ›lange‹ 19. Jahrhundert: Staatsbildungen und neue Konfliktkonstellationen

Im Jahr 1797 veröffentlichte der aus Thessalien stammende griechische Dichter, Übersetzer und politische Visionär Rigas Velestinlis in Wien sein Pamphlet *Eine neue politische Verfassung für die Bewohner von Rumelien, Kleinasien, die Inseln und die Donaufürstentümer*. Die darin enthaltene Proklamation »Für Gesetz und Mutterland« begann mit einem Aufruf an

> das von den Hellenen stammende Volk, das Rumelien, Kleinasien, die Inseln des Mittelmeers, die Walachei und Moldau bewohnt, und alle jene, die unter der unerträglichen Tyrannei des widerwärtigen osmanischen Despotismus stöhnen, oder die sich beeilten, in fremde Königreiche zu fliehen, um diesem erdrückenden und schweren Joch zu entkommen – Ihr alle, Christen und Türken, ohne jeglichen Unterschied der Religion [...], die glauben, dass der Tyrann namens Sultan, der frauenbesessen völlig seinem schmutzigen Appetit erlegen ist und sich mit Eunuchen sowie blutrünstigen und ungebildeten Höflingen umgeben hat, der die Menschlichkeit vergessen hat und sie verachtet, und dessen Herz sich der Unschuld verschlossen hat, und dass das schönste Königreich auf Erden, das von allen Seiten von den Weisen gepriesen wurde, in abscheuliche Anarchie verfallen ist, so weit, dass niemand – ungeachtet des Standes oder der Religion – seines Lebens,

oder seiner Ehre, oder seines Eigentums sicher sein kann.[9]

Mit seinen Traktaten wurde Velestinlis einer der einflussreichsten Vordenker eines durch die Ideen der Aufklärung und der Französischen Revolution inspirierten Freiheitsprojekts für den Balkan, das die Völker des Osmanischen Reiches aus dessen Herrschaft führen sollte. Er selbst erlebte die Verwirklichung dieser Ideen nicht mehr, denn 1798 lieferten die österreichischen Behörden ihn an die osmanische Regierung aus, die ihn in Belgrad exekutieren und seinen Leichnam in die Donau werfen ließ. Velestinlis steht für eine Zeitenwende, deren Folgen die Geschichte Südosteuropas im 19. Jahrhundert prägen sollten. Zum einen handelte es sich um eine allgemein-europäische Entwicklung, die mit Schlagworten wie Aufklärung, Volkssouveränität, Verfassung, Demokratie und Nation beschrieben werden kann. Zum anderen spiegeln sich im Denken von Velestinlis Besonderheiten der politischen und kulturellen Gegebenheiten des südöstlichen Europa wider, welche diese politischen Ideen und ihre konkrete Anwendung maßgeblich beeinflussten. Eine wichtige, gleichwohl schwer zu beantwortende Frage etwa lautete, wer denn überhaupt das Volk sei, das Freiheit und Souveränität beansprucht? Welche Merkmale sollten seine Gemeinsamkeit bestimmen – Religion, Sprache, Herkunft, Territorium? Welche Staats- und Regierungsform sollte die Freiheit gewährleisten? Veles-

9 Englische Fassung in Balázs Trencsényi / Michal Kopeček (Hrsg.), *Discourses of Collective Identity in Central and Southeast Europe (1770–1945)*, Budapest 2006, S. 302.

tinlis und andere Aufklärer seiner Zeit dachten dabei keinesfalls in engen nationalen Kategorien, sondern traten für eine freiwillige Vereinigung der Balkanvölker in Form einer Föderation ein.

Schließlich ist Velestinlis' Pamphlet ein Ausdruck des Widerstandes gegen imperiale Unterdrückung. Ende des 18. Jahrhunderts schienen die Tage der Imperien gezählt: Das Osmanische Reich durchlebte eine Phase der Anarchie, während der sich regionale Potentaten der Herrschaft des Sultans weitgehend entzogen und durch Raubzüge die Bevölkerung drangsalierten. Für die Legitimität der Herrschaft des Sultans, die wesentlich auf dem Versprechen von Ruhe und Sicherheit beruhte, war dies fatal. Im Norden der Region musste das Habsburgerreich herbe Niederlagen gegen Napoleon einstecken, sodass es für einige Jahre die Kontrolle über seine Gebiete an der Adria verlor. Die Republik Venedig als drittes quasi-imperiales Gebilde, das nach Südosteuropa reichte, fand im Jahr 1797 durch die französische Besetzung ihr vollständiges Ende. Doch sowohl das Habsburger als auch das Osmanische Reich überstanden diese Krisen und erfreuten sich im 19. Jahrhundert sogar Phasen der Erholung. Kaiser und Sultan reagierten auf die Herausforderungen der Zeit mit Reformen, die ihre Reiche stärken und überlebensfähig machen sollten. Das 19. Jahrhundert war daher in Südosteuropa sowohl eine Geschichte der Nationalstaatsbildung als auch eine der fortwährenden imperialen Herrschaft. Bis zu den Balkankriegen (1912/13) lebten die meisten Menschen der Region unter der Herrschaft entweder des Kaisers in Wien oder des Sultans in Konstantinopel. Es brauchte die umfassende Niederlage beider Reiche im Ersten Weltkrieg, um der mehr als ein halbes Jahrtausend währenden Herrschaft der Habsburger und der Osmanen ein Ende zu bereiten.

In der Forschung zum 19. Jahrhundert wird häufig der Kontrast zwischen Nationalstaaten und Imperien betont. Tatsächlich gab es grundsätzliche Unterschiede, die etwa mit der Größe des Staatsgebildes und den Formen der Herrschaftsausübung sowie ihrer ideologischen Begründung zu tun hatten. Imperien, so auch die Südosteuropa dominierenden, entstehen über Jahrhunderte, durch die Hinzufügung neuer Gebiete (und den Verlust bestehender). Sie zeichnen sich durch zeitgleiche Präsenz mehrerer Rechtsordnungen, Sprachen und Konfessionen aus, und imperiale Herrschaft verzichtet zumeist auf weiterreichende Vereinheitlichungsbemühungen, die ohnehin die administrativen Kapazitäten in jener Zeit überfordert hätten. Imperien betreiben ein Management der Vielfalt, mit mannigfaltigen Formen der Kontrolle, der Inkorporation, aber auch des Zwanges und der Gewalt. Werden etwa manche Territorien direkt vom Zentrum beherrscht, befinden sich andere nur in einer durch Vasallen vermittelten losen Verbindung mit dem Reich. Der Herrschaftsanspruch des Monarchen begründete sich nicht in der Idee der Volkssouveränität, sondern des Gottesgnadentums und seinen Schutz- und Fürsorgepflichten für die Untertanen.

Im Laufe des 19. Jahrhunderts veränderten sich die kontinentalen Imperien in Europa allerdings fundamental, wodurch sich ihre Unterschiede zum Nationalstaat verringerten. Einerseits kam es zu einer allgemeinen Verdichtung von Staatlichkeit, das heißt, der Staat übernahm immer mehr Aufgaben und erließ mehr Regeln, weitete seinen Beamtenapparat aus, professionalisierte diesen und drang immer tiefer in die Gesellschaft hinein, basierend auf einem wachsenden Wissensbestand über die gesellschaftlichen Verhältnisse. Darüber hinaus erlebten die imperialen Monarchien eine Konstitutionalisierung, im Sinne der Rückbindung der Herrschaft des Monarchen an Gesetze, der Herstellung rechtlicher Gleichheit sowie der Etablierung politischer Repräsentationsorgane. Aus Untertanen wurden Bürger (Frauen genossen viele dieser Rechte noch nicht oder sehr eingeschränkt). Umgekehrt begegneten die neuen Nationalstaaten, die im Laufe des 19. Jahrhunderts in Südosteuropa entstanden, Herausforderungen, vor denen auch die Reiche standen: Sie mussten ebenfalls mit Vielfalt umgehen lernen und neu hinzugewonnene Gebiete integrieren.

Ähnlichkeiten zwischen Imperien und Nationalstaaten ergaben sich auch aus ihrer gegenseitigen Bezugnahme: Die Reformbemühungen des osmanischen Sultans beispielsweise waren eine Reaktion auf die nationalen Bewegungen sowie auf die Gründung von Nationalstaaten auf einst osmanischem Territorium: Es wurde klar, dass nur eine moderne Staatsstruktur den Bestand des Reiches erhalten konnte. Als Vorbild stand vielen osmanischen Reformern der französische Staat mit seinem ausgeprägten Zentralismus vor Augen, denn darin erkannten politische Eliten nicht nur ein Instrument zur Stärkung der Effizienz des Staates, sondern auch eine Garantie zur Abwehr regionaler Abspaltungsversuche. Dies erklärt die Popularität des zentralistischen Modells in der gesamten Region, zumal es den Zugriff auf die Ressourcen des Staates in der Hauptstadt konzentrierte. Nur Österreich legte den Zentralismus 1867 offiziell ad acta, während der zweite Reichsteil der Habsburgermonarchie, Ungarn, ihn sogar auf die Spitze trieb. Schien eine zentralistische Staatsordnung als probates Mittel, anachronistische Herrschaftsformen zu beseitigen, so erwies sie sich als untauglich für die Staaten Südosteuropas, die sich aus Regionen mit unterschiedlichen historischen Traditionen zusammensetzten sowie ethnisch-konfessionell sehr heterogene Bevölkerungen aufwiesen.

Die Genese moderner Staatlichkeit ist daher eines der Hauptthemen des 19. Jahrhunderts in Südosteuropa, weshalb im Folgenden zuerst die Staatsbildung in zwei Ausprägungen dargestellt werden soll: Zum einen die Schaffung neuer Staaten auf dem Gebiet des Osmanischen Reiches, zum anderen die Modernisierung der Imperien. Ein wesentliches Element der Veränderung von Staatlichkeit war das Aufkommen nationaler Identitäten, die im zweiten Schritt erläutert werden: Die Nation, als Kind des späten 18. Jahrhunderts, wurde zuerst mentaler Bezugspunkt der kulturellen Ambitionen und dann zum Rahmen der Politik. Schließlich wird es in diesem Kapitel um die zentralen politischen Konfliktlinien in und zwischen den Ländern der Region und um ihre gesellschaftliche Entwicklung gehen, die ebenfalls eng mit Staats- und Nationsbildung zusammenhingen. Die Reorganisation von Staaten in Südosteuropa im 19. Jahrhundert war zudem eng mit weiterreichenden internationalen Entwicklungen verbunden. Der bedeutendste Kontext war letztlich die sogenannte Orientalische Frage, die vom späten 18. Jahrhundert bis zu den Balkankriegen (1912/13) virulent blieb und die strittige sowie langwierige Neuordnung der osmanischen Gebiete bezeichnete, an der sich die europäischen Großmächte beteiligten. Der räumliche Bezugsrahmen der Orientalischen Frage

Abb. 3: Südosteuropa 1810.

reichte vom Balkan bis nach Zentralasien und Nordafrika, was zu entsprechend vertrackten Problemkonstellationen führte; daraus resultierten unter anderem sich verändernde Interessenskoalitionen der europäischen Großmächte.

Staatswerdung

Südosteuropa war im 19. Jahrhundert – nicht anders als im 20. Jahrhundert – eine Region dynamischer Staatsbildungsprozesse. 1900 befand sich ein Drittel aller unabhängigen Staaten Europas in der Region: Bulgarien (völkerrechtlich noch dem Sultan unterstellt, faktisch bereits unabhängig), Griechenland, Montenegro, Rumänien und Serbien, die sich allesamt durch Abtrennung vom Osmanischen Reich gegründet hatten, sowie Österreich-Ungarn und eben das Osmanische Reich, das noch immer bis an die Adria reichte. Mit Albanien entstand 1913 ein weiterer unabhängiger Staat auf dem Gebiet des Osmanischen Reiches.

Die Bildung neuer Staaten wies einige Gemeinsamkeiten auf: Hervorzuheben ist die Bedeutung bewaffneter Konflikte sowie des Eingreifens der europäischen Großmächte, die den Sultan wiederholt zur Anerkennung der Autonomie bzw. Unabhängigkeit von bislang osmanischen Territorien nötigten. Der Berliner Kongress von 1878 erkannte drei Staaten als unabhängig an (Montenegro, Rumänien, Serbien) und etablierte Bulgarien als autonomes Fürstentum. Er legte nicht nur Grenzen fest, sondern machte den anerkannten Staaten Vorschriften für ihre rechtliche Ordnung und verdeutlichte damit wie kein anderes Ereignis im 19. Jahrhundert das Bestreben der Großmächte, die

Verhältnisse am Balkan selbst zu bestimmen. Insbesondere Russland und Österreich-Ungarn, als Nachbarländer mit weitreichendem Ordnungsanspruch (Russland träumte von der Kontrolle über die Meerengen), griffen wiederholt direkt in balkanische Belange ein, während Großbritannien und Frankreich sich nur im griechischen Gebiet militärisch engagierten.

Gleichzeitig rebellierten in allen Fällen unterschiedlich stark ausgeprägte Unabhängigkeitsbewegungen im Namen von Freiheit und Volkssouveränität gegen die osmanische Herrschaft und baten die europäischen Großmächte um Unterstützung. Die Geografie des nationalen Unabhängigkeitskampfes war bezeichnend: Die ersten, die revoltierten und ein eigenes Staatswesen erlangten, lebten an der Grenze des Osmanischen Reiches (erster serbischer Aufstand 1804) oder waren aufgrund ihrer Lage und Vorgeschichte in engen Kontakt mit Ideen der Französischen Revolution geraten (griechischer Unabhängigkeitskampf ab 1821). Das nahe am Zentrum des Reiches gelegene Bulgarien erlebte erst 1876 eine massive Aufstandsbewegung, und die muslimischen Albaner entwickelten nicht vor dem späten 19. Jahrhundert eine dezidiert nationale Ideologie als defensive Reaktion gegen vordringende christliche Nationalstaaten (Liga von Prizren, 1878). Die Türken folgten als Nachzügler im frühen 20. Jahrhundert. Für die Chronologie der nationalen Bewegungen am Balkan wesentlich ist auch das Faktum, dass sie es mit unterschiedlichen Manifestationen des Osmanischen Reiches zu tun hatten, denn die osmanische Regierung reagierte auf die Abspaltungsversuche mit Reformen (vor allem ab Mitte der 1820er Jahre), die später *Tanzimat* genannt wurden, um den Staat und seine Bande zu den Untertanen zu stärken: Revoltierten die Serben 1804 noch gegen lokale Marodeure (Janitscharen), welche die Zentralregierung nicht unter Kontrolle hatte, so lehnten sich die Albaner Anfang des 20. Jahrhunderts gegen einen ihrer Meinung nach übergriffigen Staat auf, der ihnen Waffen und Autonomie nehmen sowie seine Amtssprache aufzwingen wollte.

Da sich die Auflösung des Osmanischen Reiches in Südosteuropa über mehr als ein Jahrhundert hinzog – mit dem ersten serbischen Aufstand 1804 als Beginn und der Unabhängigkeit Albaniens im Mai 1913 als Endpunkt – und die einzelnen Staatsgründungen unter verschiedenen historischen Konstellationen stattfanden, ist es also nicht verwunderlich, dass jede Staatsbildung ihre Besonderheiten aufwies, zumal die neuen Staaten vor dem Hintergrund ihrer jeweiligen historischen Traditionen und gesellschaftlichen Strukturen entstanden. Je nach Zeitpunkt der Staatsgründung konnte der neue Staat auch bereits auf mehr oder eben weniger systematische Vorarbeit der Nationalbewegung aufbauen: Begannen die Serben Anfang des 19. Jahrhunderts den Institutionenaufbau praktisch bei null, so mussten die Rumänen ›bloß‹ zwei bereits seit langer Zeit bestehende Staatswesen zusammenführen (1859). Die Bulgaren wiederum besaßen 1878 wenigstens ihre eigene Kirche und das Fundament eines Bildungswesens, zudem kannten sie den Verlauf der vorhergehenden Staatsgründungen. Auch die weitere Entwicklung der einzelnen Staaten verlief unterschiedlich. Bei Konflikten um die Ausgestaltung der inneren Ordnung rekurrierten die lokalen Akteure auf je nach Zeit unterschiedliche Vorstellungen: In den 1830er Jahren war eine Verfassung in Europa insgesamt noch keine Selbstverständlichkeit, weshalb es in Serbien und Griechenland langer Auseinandersetzungen bedurfte, um überhaupt zu einer solchen zu kommen. Das 1878 etablierte Bulgarien gab sich hingegen schon 1879 eine Verfassung – zu diesem Zeitpunkt gehörte eine solche bereits zu den allgemeinen Erwartungen an einen Staat.

Als ein Beispiel zur Verdeutlichung sowohl der allgemeinen Muster als auch der lokalen Spezifika mag die Gründung des modernen griechischen Staates in den 1820er Jahren dienen. Der Unabhängigkeitskampf der Griechen erregte die besondere Aufmerksamkeit der europäischen Öffentlichkeit, die sich im Zeichen eines weitverbreiteten Philhellenismus mit den Griechen als Erben der antiken Ideale solidarisierte. Schon im Vorfeld des 1821 ausbrechenden griechischen Aufstandes kamen zwei wesentliche Faktoren zusammen, die ihn zu einer breiten Bewegung machten: Einerseits hatte sich seit dem ausgehenden 18. Jahrhundert die Lage der bäuerlichen Bevölkerung (also der klaren Mehrheit) in den griechischen Provinzen des Osmanischen Reiches deutlich verschlechtert. Wie im vorherigen Kapitel geschildert, fiel es der geschwächten Zentralmacht des Sultans immer schwerer, lokalen Potentaten Einhalt zu gebieten, die der Bevölkerung als Steuerpächter und Großgrundbesitzer hohe Abgaben und Arbeitsleistungen abforderten. Diese lokale Oberschicht bestand oft aus Muslimen, während die meisten bäuerlichen Familien Christen waren, was dem sozialen Konflikt eine religiöse Komponente verlieh.

Gleichzeitig erlebten griechische Händler in der zweiten Hälfte des 18. Jahrhunderts einen Aufschwung; sie waren wichtige Mittler zwischen dem Osmanischen Reich und

Europa, wo sie als Christen und aufgrund ihrer Sprachkenntnisse leichter zurechtkamen als muslimische Händler. In großen europäischen Städten wie Wien oder Venedig gab es schon weiter zurückreichende griechische Händlergemeinden, und im 19. Jahrhundert breiteten sie sich in Russland aus. In der vom russischen Zaren geförderten griechischen Händlerkolonie in der neuen Hafenstadt Odessa (gegründet 1794) entstand schließlich 1814 die Geheimgesellschaft Philiki Etaireia, die Griechenland von den Osmanen befreien wollte. Aufgrund der kulturellen Bedeutung des Griechischen am osmanischen Balkan, der weitverzweigten Händlernetzwerke der Griechen sowie der Berührung mit der Französischen Revolution (die Ionischen Inseln waren 1797 bis 1809 französisch besetzt) waren unter griechischen Intellektuellen Ideen der Aufklärung weiter verbreitet als anderswo am Balkan. 1821, nach einem zuerst gescheiterten Befreiungsversuch des in russischen Diensten stehenden Offiziers Alexandros Ypsilantis, brach Ende März eine Revolte auf der Peloponnes und in Mittelgriechenland aus, die sich schnell zu einer breiten Aufstandsbewegung auswuchs. Eines ihrer ersten prominenten Opfer war der griechische Patriarch von Konstantinopel, Gregor V., der den Aufstand verurteilte, aber vom hauptstädtischen Mob am Ostersonntag aus Rache ermordet wurde. Das von osmanischen Truppen im Frühjahr 1822 verübte Massaker von Chios verstärkte die in der europäischen Öffentlichkeit ohnehin virulente Parteinahme für die Griechen. Die griechischen Aufständischen wiederum töteten zahlreiche osmanische Amtsträger und Angehörige der lokalen muslimischen Gemeinschaften.

Nach anfänglichen Erfolgen der Aufständischen stellte

sich allerdings heraus, dass sie sich über die zukünftige politische Ordnung uneins waren. Die einen zielten auf eine am französischen Modell orientierte zentralistische Republik, die anderen wollten die althergebrachten lokalen Autonomien verteidigen und vor allem den Sultan loswerden, während sie ansonsten konservative Prinzipien vertraten. Regionale und soziale Unterschiede spielten in diesen Disputen eine wichtige Rolle. Die Debatte über die Verfassungsordnung des zu schaffenden Staates mündete 1823 und 1824 in einen regelrechten Bürgerkrieg zwischen den verschiedenen griechischen Fraktionen, die unterschiedliche soziale Gruppeninteressen vertraten und von unterschiedlichen Großmächten unterstützt wurden: Die tiefgehende politische Polarisierung, welche die Geschichte des modernen griechischen Staates durchzieht, war also schon zu Beginn angelegt und hätte es den Osmanen beinahe ermöglicht, die Aufständischen zu besiegen. Erst die militärische Intervention Großbritanniens, Russlands und Frankreichs (die unter anderem 1827 die osmanisch-ägyptische Flotte in der Seeschlacht bei Navarino vernichtend schlugen) nötigte den Sultan dazu, 1829 die Autonomie und im Londoner Protokoll von 1830 die Unabhängigkeit des griechischen Staates zu akzeptieren. Den Griechen erlegten die Großmächte eine konservative, monarchische Staatsordnung auf – zur Enttäuschung der mehrheitlich republikanisch inspirierten Revolutionäre. Als erster König wurde ein Spross der bayerischen Dynastie der Wittelsbacher bestimmt, der als Otto I. 1832 den griechischen Thron bestieg und über ein Land regierte, das lediglich die Peloponnes und das südliche Mittelgriechenland umfasste. Das Staatsgebiet fiel somit viel kleiner als von den griechischen Freiheitskämpfern erhofft aus und beließ viele (ja, die meisten) Griechen außerhalb Griechenlands.

Auch in den anderen Fällen der Staatsbildung in Südosteuropa lässt sich der enge Zusammenhang zwischen Freiheitskampf gegen die osmanische Herrschaft und internationaler Unterstützung beobachten, auch wenn keine andere Befreiungsbewegung derart starke Sympathien in allen Großmächten generierte wie die griechische. So führten zwar die aufgrund lokaler Unzufriedenheit ausgebrochenen serbischen Aufstände (1804 und 1815) bereits zur faktischen Autonomie des Landes, formell akzeptierte sie der Sultan, inklusive des dynastischen Herrschaftsanspruchs des Fürsten Miloš Obrenović, aber erst 1830, nachdem die Osmanen einen der vier russisch-osmanischen Kriege des 19. Jahrhunderts verloren hatten. Die Vereinigung der beiden Donaufürstentümer 1859 war sowohl entsprechenden Bestrebungen in den Fürstentümern als auch der wiederholten Besetzung dieser Länder durch Russland und Österreich geschuldet (Russland hatte sich dabei 1812 Bessarabien, einen Teil des Fürstentums Moldau, einverleibt). Bulgariens Autonomie 1878 verdankte sich nur indirekt dem Aufstand von 1876, denn sie war vor allem Ergebnis der osmanischen Niederlage im russisch-osmanischen Krieg von 1877/78. Infolge dieses Krieges musste das Osmanische Reich zudem die völkerrechtliche Unabhängigkeit von Montenegro, Rumänien und Serbien im Berliner Vertrag akzeptieren.

Die europäischen Großmächte beanspruchten für sich eine Schutzfunktion für die christlichen Bevölkerungen des Osmanischen Reiches, weshalb sie sich zum Eingreifen befugt sahen. Sie erteilten der Regierung des Sultans regelmäßig Auflagen, deren ebenso regelmäßiges Scheitern oder

Nichteinhalten weitere Interventionen rechtfertigten. Zum Beispiel forderten die Großmächte 1875 – nach dem Ausbruch eines blutigen Aufstandes in der Herzegowina – Reformen zugunsten der Christen am osmanischen Balkan. Auf die gewaltsamen Unruhen in Makedonien reagierten Österreich-Ungarn und Russland, die sich besonders stark in die balkanischen Vorgänge einmischten, mit dem Mürzsteger Reformprogramm (1903), das von der Hohen Pforte unter anderem die Reorganisation der Verwaltung in Makedonien, die Aufnahme von Christen in die Gendarmerie sowie die Erneuerung des Steuerwesens verlangte.

Dem Osmanischen Reich gelang es also nicht, von den anderen Großmächten als vollwertiges Mitglied der europäischen Staatenfamilie formell anerkannt zu werden, weshalb Friedenslösungen im Zweifelsfalle immer zulasten des sogenannten ›kranken Mannes am Bosporus‹ gingen, selbst wenn das Osmanische Reich in einem militärischen Konflikt obsiegte (wie in dem kurzen Krieg gegen Griechenland von 1897). Diese internationalen Interventionen zugunsten der Christen in Südosteuropa stimmten die europäischen Staaten dabei keineswegs miteinander ab. Vielmehr verfolgten sie unterschiedliche Interessen am Balkan, weshalb sie mal mehr, mal weniger Sympathie für die Nöte des Sultans aufbrachten und jeweils verschiedene Gruppen protegierten. Bis 1913 gelang es der europäischen Diplomatie, diese Schieflagen so weit auszutarieren, dass die europäischen Großmächte wegen ihrer Ambitionen am Balkan nicht gegeneinander in den Krieg zogen; aber eine immer tiefere Konkurrenz und Verstimmung zwischen Österreich-Ungarn und Russland ließen sich nicht vermeiden, die mit zum Kriegsausbruch 1914 führten.

Die europäischen Staaten unterstützten auch keineswegs bedingungslos die Eigenstaatlichkeit der christlichen Völker des Balkans, da sie fürchteten, die Aufspaltung des Osmanischen Reiches könne die mit dem Wiener Kongress von 1815 wieder erreichte Stabilität in Europa bedrohen, zumal die nationalrevolutionären Bewegungen am Balkan häufig republikanisch orientiert waren. Daher nötigte man das Osmanische Reich nach Aufständen regelmäßig, den faktisch verlorenen Gebieten Autonomie zu gewähren, damit wenigstens der Anschein der Souveränität des Sultans gewahrt werden konnte. In Griechenland dauerte diese Phase der Autonomie nur ein Jahr, in Serbien hingegen fast fünf Jahrzehnte (1830–1878) und in Bulgarien drei Jahrzehnte (1878–1909). Montenegros bis in das 17. Jahrhundert zurückreichende faktische Autonomie wurde von den Osmanen zwar nie schriftlich, spätestens in den 1840er Jahren aber de facto hingenommen. Auch die Unabhängigkeit dieses Kleinstaats erkannten die Großmächte und das Osmanische Reich im Berliner Vertrag von 1878 an, ebenso wie die Rumäniens, das aus den beiden seit dem Mittelalter existierenden, unter osmanischer Herrschaft stets autonomen Donaufürstentümern hervorgegangen war.

Welche Bedeutung die Großmächte für die Staatsbildung am Balkan hatten, zeigte sich ebenso in den international auferlegten Staatsgrenzen, an deren Aushandlung lokale Akteure kaum beteiligt waren. Keiner der neuen Staaten umfasste zum Zeitpunkt seiner Anerkennung jenes Territorium, das von den jeweiligen Nationalbewegungen beansprucht worden war. Entsprechend tief saß die Frustration in den neuen Nationalstaaten. Den Bulgaren etwa zerrann ihre nationale Vision innerhalb weniger Monate: Der

Vorfriede von San Stefano (einem Vorort von Konstantinopel), geschlossen zwischen Russland und dem Osmanischen Reich am 3. März 1878, sah die Schaffung eines großen bulgarischen Fürstentums vor, das bis in das heutige Albanien und an die Ägäis reichen sollte. Doch die anderen europäischen Großmächte wollten diese Ausdehnung nicht hinnehmen, da sie – nicht zu Unrecht – dahinter den Plan Russlands vermuteten, einen großen Klientelstaat am Balkan zu schaffen. Bei dem im Juni 1878 eilig einberufenen Berliner Kongress wurde das autonome Fürstentum Bulgarien auf ein Gebiet nördlich des Balkangebirges im Umfang von circa 38 Prozent des ›San Stefano-Bulgarien‹ zusammengestutzt, was in weiten Teilen der Bevölkerung Unzufriedenheit über die west- und mitteleuropäischen Großmächte hervorrief (und die bis heute wirkenden Phantomschmerzen bezüglich Makedoniens verursachte).

Auch der neue albanische Staat illustriert die Enttäuschung nationalistischer Gebietsansprüche: Die mehrheitlich von Albanern bewohnte Provinz Kosovo, in der die albanische Nationalbewegung 1878 mit der Liga von Prizren eigentlich ihren Ursprung hatte, wurde 1913 nicht Teil Albaniens, sondern verblieb bei Serbien, das 1912 die Provinz erobert hatte. Umstrittene Grenzen wurden zu einem Dauerproblem der balkanischen Diplomatie, das wiederholt in Kriegen mündete, da die jeweiligen Ansprüche auf zum Teil überlappende Gebiete und die vorgebrachten Argumente miteinander nicht vereinbar waren. Paradoxerweise brachten die unerfüllten territorialen Aspirationen die neuen Nationalstaaten in erneute Abhängigkeit von Großmächten, da sie ohne die Unterstützung durch mächtige Verbündete die Erfüllung ihrer nationalen Träume für unmöglich hielten.

Den sich über mehr als ein Jahrhundert hinziehenden Zerfall des Osmanischen Reiches primär als Resultat des Eingreifens der europäischen Großmächte darzustellen, würde allerdings dem Geschehen nicht gerecht werden. Ausgangspunkt für jede Staatsbildung waren Erhebungen gegen die osmanische Herrschaft. Die Motive der Aufständischen unterschieden sich dabei von Fall zu Fall. So richtete sich der erste serbische Aufstand von 1804 unter seinem Anführer Đorđe Petrović, genannt Karađorđe (›Der schwarze Georg‹), vor allem gegen die den Landstrich um Belgrad drangsalierenden Janitscharen, die sich der Kontrolle des Sultans entzogen hatten und die Bevölkerung auspressten (siehe vorhergehendes Kapitel). Der bulgarische Aufstand von 1876 hingegen stand bereits klar im Zeichen des Wunsches nach nationaler Selbstbestimmung. Seine brutale Niederschlagung durch die Osmanen – wobei sich vor allem irreguläre Einheiten durch Übergriffe hervortaten, die wiederum vielfach aus Muslimen bestanden, die das Russische Reich hatten verlassen müssen – ließ den Wunsch nach Unabhängigkeit nur stärker werden. Die Aufstände unter den Albanern des Kosovo Anfang des 20. Jahrhunderts wiederum begannen als Protest gegen Steuereinhebungen und zielten auf möglichst weitgehende Autonomie vom Zentralstaat. Was diese Rebellionen aber verband, war die Unzufriedenheit großer, im 19. Jahrhundert vor allem christlicher, später auch muslimischer Bevölkerungsteile angesichts der mangelnden Bereitschaft des Sultans, ihnen politische Partizipation zu ermöglichen. Es gab im Osmanischen Reich bis 1908 keine Repräsentativorgane oberhalb der Ebene von Dorfräten. Das Verfassungsexperiment von 1876 wurde von Sultan Abdülhamid II. bereits zwei Jahre später wieder gestoppt. Er zerstreute das Parlament und regierte fortan wieder absolutistisch. Dem Osmanischen Reich gelang die Transformation zum Verfassungs- und Rechtsstaat nicht; der Staatsapparat zeichnete sich mehr durch Willkür denn durch regelbestimmtes bürokratisches Handeln aus, und das Niveau der Unsicherheit blieb wegen der schwachen Zentralgewalt recht hoch.

Das Osmanische Reich vermochte auch keine übergeordnete Staatsideologie zu entwickeln, die das Band zwischen Herrscher und Untertanen gestärkt hätte. Der vor allem in den 1870er Jahren propagierte ›Ottomanismus‹ konnte nicht einmal die muslimische Bevölkerung des Reiches mobilisieren und noch weniger die Christen, die in der Europäischen Türkei die Bevölkerungsmehrheit darstellten. Die Loyalität der christlichen Untertanen zum Sultan litt – in einem Zeitalter, in dem die Idee der Gleichheit immer populärer wurde – unter der fortwährenden Diskriminierung durch den Staat. Mit den osmanischen Reformdekreten von 1839 und 1856 wurden Christen zwar den Muslimen – gegen den Widerstand privilegierter muslimischer Schichten – rechtlich weitgehend gleichgestellt, faktisch blieben aber zahlreiche Benachteiligungen bestehen. So war der Beamtenapparat weiterhin muslimisch dominiert, und dort, wo es Großgrundbesitz gab (wie in Bosnien oder Makedonien), befanden sich die Ländereien in der Regel in der Hand von Muslimen. Die erwähnte Hinrichtung des orthodoxen Patriarchen sowie Pogrome gegen orthodoxe Griechen in Konstantinopel nach dem Ausbruch der griechischen Revolution 1821 oder die Auslöschung christlicher Dörfer im Zuge der Niederschlagung des bulgarischen Aufstandes von 1876 verstärkten die Entfremdung der christlichen Untertanen vom Sultan. Die christlichen Nationalbewegungen waren nicht zuletzt aufgrund dieser Erfahrungen dezidiert antimuslimisch, was sich in massiver Gewalt gegen Muslime im griechischen Unabhängigkeitskrieg und im russisch-osmanischen Krieg auf dem Gebiet des späteren Bulgarien sowie im ersten Balkankrieg 1912/13 äußerte. Die übermäßige Gewalt, mit der die osmanische Regierung Rebellionen niederschlagen ließ, verfestigte zudem die anti-osmanischen Haltungen in der europäischen Öffentlichkeit.

Im Unterschied zum Osmanischen Reich konnte die Habsburgermonarchie nach dem Verlust der oberitalienischen Gebiete (1859 und 1866) bis zu ihrem Untergang im Herbst 1918 weitere Gebietsverluste und sezessionistische Abspaltungen verhindern. In Südosteuropa gewann sie sogar Territorien hinzu: Endgültig beanspruchen durfte sie 1815 auf dem Wiener Kongress Dalmatien, und 1878 konnte sie Bosnien und Herzegowina okkupieren (und 1908 schließlich annektieren). Diese Gebietsgewinne machten angesichts der dortigen Bevölkerungsverhältnisse die ›slawische Frage‹ innerhalb der Monarchie noch akuter. Inwieweit konnten die nationalen Bewegungen der Slawen, die in der Romantik aufgekommen und stark von Sprachpatriotismus geprägt waren, in die bestehende Ordnung integriert werden? Die slawischen Intellektuellen selbst gaben sehr unterschiedliche Antworten: Sie reichten von einer panslawischen Sympathie mit allen Slawen der Monarchie und über diese hinaus, wie sie etwa stark von tschechischen Denkern um die Jahrhundertmitte propagiert wurde (Slawenkongress in Prag 1848), über die Idee, dass alle Südslawen eine gemeinsame Nation darstellen würden (sogenannter Jugoslawismus), bis hin zu Plädoyers für enger gefasste nationale Identitäten, in denen es primär um die Emanzipation ›ihrer‹ Nation, wie der Slowenen oder Kroaten, ging.

Im Jahr 1848 sah sich jedoch auch die Habsburgermonarchie einer existenziellen Bedrohung gegenüber, als die Revolution in Ungarn den Charakter einer nationalen Unabhängigkeitsbewegung annahm und die ungarischen Revolutionäre den Kaiser für abgesetzt erklärten. Doch insgesamt wies das Habsburgerreich eine beträchtliche Widerstandsfähigkeit auf, für die es mehrere Gründe gab. Zum einen blieb es militärisch potenter als das Osmanische Reich, trotz schwerer Niederlagen (1859 gegen das Königreich Sardinien und Frankreich sowie 1866 gegen Preußen und Italien; 1848/49 rettete eine russische Intervention Ungarn für die Habsburger). Österreich wurde von den anderen europäischen Großmächten als gleichberechtigte Macht anerkannt, der eine wichtige Rolle bei der Aufrechterhaltung der europäischen Ordnung zukam. Zum anderen gab es in der Habsburgermonarchie Repräsentativorgane, durch die sich lokale Eliten an der Regierung beteiligen konnten (üblicherweise in Form von Landtagen). Das neoabsolutistische Experiment nach der Niederschlagung der 1848er-Revolution scheiterte keine zwei Jahrzehnte später, als Kaiser Franz Joseph I. angesichts der Niederlage gegen Preußen und des oppositionellen Gärens in Ungarn eine weitreichende Umgestaltung seines Reiches in Gang setzte. Die Reichsregierung wies hinlängliche Flexibilität auf, um regionale Eliten, die sich immer stärker als Repräsentanten ihrer Nation positionierten, mit der Existenz des Reiches auszusöhnen. Mit ihnen suchte sie politische Lösungen innerhalb des Gesamtstaates, während radikale Hitzköpfe isoliert wurden.

Zu viele einflussreiche Gruppen innerhalb des Habsburgerreiches verbanden vitale Interessen mit seiner Existenz, als dass es größere Absetzbewegungen gegeben hätte.

Mit dem sogenannten Ausgleich von 1867 wurde das Kaiserreich Österreich in einen Doppelstaat umgewandelt, der aus Österreich (inoffiziell zumeist Cisleithanien genannt; die offizielle Bezeichnung war ›Die im Reichsrat vertretenen Königreiche und Länder‹) und Ungarn (Transleithanien) bestand. Gemeinsam war dem Reich der Herrscher (als österreichischer Kaiser und ungarischer König) sowie die Außen-, Finanz- und Kriegspolitik, während alle anderen Agenden von den beiden Reichsteilen weitgehend autonom gestaltet werden konnten. Alle zehn Jahre mussten die Grundlagen des Ausgleiches und die Finanzierung des gemeinsamen Staatshaushalts zwischen den beiden Reichsteilen neu verhandelt werden, was Mal für Mal schwieriger wurde. Für die ungarische Elite, die vornehmlich aus adeligen Großgrundbesitzern bestand, ging somit der langgehegte Traum nach Autonomie von Wien in Erfüllung. Dass der Revolutionär von 1848, Graf Gyula Andrássy, der sich nur durch Flucht seinem Todesurteil hatte entziehen können, ungarischer Ministerpräsident und 1871 sogar Außenminister Österreich-Ungarns wurde, verdeutlicht die Dimension des Wandels im Habsburgerreich, aber auch das Umdenken der ungarischen Patrioten: Andrássy sagte sich von der Idee der Unabhängigkeit Ungarns los und trat nun für ein weitgehend autonomes Ungarn im Rahmen des Gesamtstaates ein.

War Ungarn ein Staat im Staate, so gab es mit dem Königreich Kroatien und Slawonien einen Staat im Staate im Staate: 1868 gewährte das ungarische Parlament Kroatien, das eine bis in das Mittelalter zurückreichende staatsrechtliche Tradition aufwies, im Rahmen der sogenannten ›Nagodba‹ Autonomie. Das Königreich Kroatien und Slawonien verfügte über einen eigenständigen Landtag (*Sabor*), eine Landesregierung sowie einen Statthalter (*Banus*), der von der Regierung in Budapest ernannt wurde. Wie weit die kroatische Autonomie ging, stellte einen ständigen Konfliktpunkt im Verhältnis zwischen Budapest und Zagreb dar, zumal der langjährige Banus Károly Khuen-Héderváry (1883 bis 1903) eine ausgesprochen ungarnfreundliche Politik betrieb und zu deren Durchsetzung wiederholt in Kroatien und Slawonien die Bürgerrechte aussetzte, was die Opposition der kroatischen Parteien gegen die ungarische Hegemonie intensivierte. Trotz dieser Ein- und Beschränkungen schritt die politisch-kulturelle Integration der kroatischen Nation voran: Die lokale Amtssprache war Kroatisch, es gab ein ausgebautes kroatisches Bildungswesen mit der Universität in Zagreb (gegründet 1874) an seiner Spitze, an der Kroatisch als Unterrichtssprache diente. Trotz eines sehr eingeschränkten Wahlrechts (bis 1910 durften nur rund 2 Prozent der Bevölkerung wählen) waren kroatische Parteien sowie Vertreter der serbischen Bevölkerung im Landtag gut vertreten; in den Jahren vor dem Ersten Weltkrieg stellten sie die Mehrheit der Abgeordneten.

Die weitreichenden Konzessionen des habsburgischen Herrschers an Ungarn waren Resultat sowohl der Stärke der ungarischen Nationalbewegung, die sich auf eine breite Aristokratie, eine lange staatsrechtliche Kontinuität und ein ausgeprägtes Distinktionsbewusstsein stützte, als auch der Einsicht des Kaisers, dass die prekäre äußere Lage des Reiches einen Kompromiss mit Ungarn erforderte. Der 1867 gefundene Modus Vivendi erwies sich als stabil genug, um vier Jahre Weltkrieg zu überstehen. Auf dem osmanischen Balkan war die Situation allerdings eine andere, wie oben gezeigt: Dort entstanden neue Staaten, die sich als Nationalstaaten – also als politischer Ausdruck der Bestrebungen einer Nation – verstanden, während die Eliten der sich in der Habsburgermonarchie herausbildenden Nationen Emanzipation und Autonomie unterhalb der Schirmherrschaft des Wiener Kaisers suchten. Erst während des Ersten Weltkriegs gewannen in Österreich-Ungarn die Anhänger einer extremen Lösung – das heißt der Unabhängigkeit – an Bedeutung.

Nationale Identitäten

Das 19. Jahrhundert war nicht nur in Südosteuropa das Zeitalter des Nationalismus. Dessen Wortführer waren überzeugt, dass es ihre Nation praktisch schon immer gegeben habe und dass ihr ein natürliches Recht auf eigenständige Existenz zukomme. Es sei – so argumentierte man seinerzeit – lediglich der langen Fremdherrschaft (der Osmanen, der Habsburger, der Ungarn, usw.) geschuldet, dass die eigene Nation so lange auf die Realisierung ihres uralten Traumes, nämlich der nationalen Eigenständigkeit, habe warten müssen. Doch dank der im späten 18. Jahrhundert beginnenden ›Wiedererweckung‹ der Nation könne sie nun die schon im Mittelalter (oder gar zuvor) bestehende Tradition der Eigenstaatlichkeit wieder aufleben lassen. Entsprechend sprachen frühe nationale Bewegungen in Südosteuropa von ›Wiedergeburt‹ als Ausdruck der Idee, die schlummernde Nation habe nur wachgeküsst werden müssen. Die Nation selbst definierten die Protagonisten der nationalen Bewegungen üblicherweise als etwas Objektives. Ihrer Ansicht nach wurde die Zugehörigkeit zur Nation vererbt und beruhte auf klaren Kriterien, wie Sprache und Religion, die es ermöglichten, eindeutig zu sagen, wer Mitglied welcher Nation sei. Entlang solcher ›objektiven‹ Merkmale lasse sich ohne Zweifel bestimmen, welches Territorium ›eigentlich‹ wem gehöre.

So einfach und geradlinig verlief der Prozess der Nationsbildung allerdings weder in Südosteuropa noch anderswo. Dass nationale Identitäten nicht vom Himmel fallen, sondern aktiv erzeugt werden müssen, darauf haben schon aufmerksame zeitgenössische Beobachter hingewiesen. So führte 1904 der kroatische Ethnograf und Politiker Antun Radić in einer Rede aus:

> Heute haben Sie leicht reden, meine Herren. Aber wenn Sie noch vor zwanzig Jahren irgendwo im kroatischen Hinterland, zum Beispiel in Vinkovci, gesagt hätten, Sie seien ein Kroate und dass die Bewohner dort auch Kroaten seien – Sie wären glücklich gewesen, wenn Sie nur ausgelacht worden wären und nicht auch noch Prügel eingesteckt hätten. Denn nicht nur unter den Städtern, sondern noch mehr unter den Bauern war es so: Das waren *Rasci* oder *Šokci* – und von Kroaten keine Spur. Und wer ist dafür verantwortlich, dass sich heute sowohl die Stadtbürger als auch die Bauern in ganz Slawonien zum Großteil als Kroaten, als kroatische Bauern bezeichnen? Wer hat das vollbracht? Wer hat sozusagen diese Kroaten gemacht? Das war die Partei des Rechts. Die Lehre

von Ante Starčević ist jene, die aus einer unbewussten Masse Kroaten geformt hat![10]

Mit diesen Sätzen bestätigt Radić eindrucksvoll eine der wichtigsten Einsichten der modernen Nationalismusforschung: Nationen beruhen auf Identitäten, die das Ergebnis politischer und kultureller Handlungen sind; sie werden im Wortsinne ›gemacht‹ (in unserem Beispiel von einer nationalistischen kroatischen Partei und deren Anführern). Die Konstruktion von Nationen liegt dabei nicht weit zurück, sondern ist vornehmlich ein Phänomen des 19. Jahrhunderts – das vermeintlich hohe Alter der Nationen ist lediglich Bestandteil der jeweiligen historischen Mythologie. Die Existenz eines Nationalstaates bedeutet ebenfalls nicht automatisch, dass sich alle seine Mitglieder primär als Angehörige einer Nation identifizieren. Auch abgesehen von ethnischen Minderheiten spielten nach der Staatsgründung für viele Menschen gewohnte regionale, konfessionelle, verwandtschaftliche oder berufliche Identitäten eine größere Rolle als die abstrakte Idee der Nation. Oft war es erst der Nationalstaat, welcher der nationalen Identität eine gesellschaftliche Breitenwirksamkeit verschaffte. Aus Italien überliefert ist das Bonmot eines Vorkämpfers der italienischen Vereinigung von 1861, der gesagt haben soll: »Wir haben Italien geschaffen; es bleibt nun die Italiener zu machen.«

Der Prager Historiker Miroslav Hroch hat in einer 1968 veröffentlichten Studie über die Entstehung der nationalen Bewegungen unter den ›kleinen Völkern‹ Europas ein ein-

10 *Dom*, 10. 11. 1904.

flussreiches Modell konstruiert. Ihm zufolge lassen sich drei Phasen identifizieren: In Phase A ›entdecken‹ Intellektuelle die kulturellen Eigenarten eines Volkes und begeistern sich für diese (etwa einen bisher verachteten Dialekt); das war ein gesamteuropäisches Phänomen des späten 18. Jahrhunderts, wobei in Mitteleuropa insbesondere die romantische Idee des vermeintlichen ›Nationalgeistes‹ von Johann Gottfried Herder (1744–1803) rezipiert wurde. In Phase B versucht eine größere Zahl von Aktivisten die Mitglieder dieser Gruppe von der gemeinsamen Zugehörigkeit zu einem Volk zu überzeugen, vor allem durch kulturelle Aktivitäten. In Phase C schließlich formiert sich eine politische Bewegung, die auf Basis der gemeinsamen Nationszugehörigkeit politische Rechte einfordert; die Begeisterung über die Nation beginnt, auf die Massen überzugehen.

Ergänzt werden müsste das Modell um eine Phase D, in der der Nationalstaat mit den ihm zur Verfügung stehenden Mitteln eine bestimmte nationale Identität in der Gesellschaft verankert. Nationsbildung ist ja mit der Staatsgründung nicht abgeschlossen, sondern ein fortlaufendes Projekt. Andererseits gibt es keinen Automatismus, mit dem sich jede Idee einer Nation politisch Bahn bricht: Wer kennt heute noch die ›Italo-Dalmatiner‹ oder die ›Slavo-Dalmatiner‹ – Identitätsoptionen, die im 19. Jahrhundert in Dalmatien ihre Anhänger hatten? Nationsbildung ist weder alternativlos noch unvermeidlich; ihr (Miss-)Erfolg ist stark kontextabhängig.

Zentral für das Aufkommen der nationalen Bewegungen war die Beschwörung eines neuen Gemeinschaftsgefühls, das die bisherigen Formen der Zugehörigkeit und Identität ablösen sollte. Dieser Prozess war sehr komplex und mit vielen Widersprüchen behaftet, nicht zuletzt aufgrund der besonderen Abgrenzungsprobleme in Südosteuropa. Häufig standen die gemeinsame Sprache sowie die Rückerinnerung an einen mittelalterlichen Staat im Zentrum der neuen Identität. Von besonderer Bedeutung war auch, von wem sich die neue Nation abgrenzen wollte, denn nationale Identität ist eine Antwort sowohl auf die Frage, wer man sei, als auch die umgekehrte Frage, wer man nicht sein wolle. In den meisten Fällen richtete sich die Formulierung einer nationalen Identität gegen die politisch oder kulturell jeweils dominante Gruppe der Region. Einer der ersten, der ein solches, in seinem politischen Gehalt noch vages Programm formulierte, war der bulgarische Athos-Mönch Paisij Chilendarski. In den 1760er Jahren schrieb er die *Slawo-bulgarische Geschichte*, in der er die Bulgaren dazu anhielt, auf ihre Sprache und Geschichte stolz zu sein – was sich gegen die kulturelle Dominanz der Griechen richtete. Paisij war nicht der einzige Kleriker am Beginn einer nationalen Strömung, denn Kirchenleute gehörten zu den wenigen lese- und schreibkundigen Menschen auf dem Balkan, zudem waren die Klöster Knotenpunkte des Austausches und bewahrten die kulturelle Überlieferung der Christen im Osmanischen Reich. Klarer konturierte nationale Programme legten weltliche Intellektuelle im späten 18. und frühen 19. Jahrhundert vor, die direkt in Kontakt mit revolutionärem Gedankengut gekommen waren, wie die Griechen Adamantios Korais und der eingangs erwähnte Rigas Velestinlis, die Philosophen wie Jean-Jacques Rousseau rezipierten.

Eine Gemeinsamkeit dieser Vordenker des Nationskonzepts war ihre hochgradige Mobilität, die ihren Horizont wesentlich erweiterte und gleichzeitig das Bewusstsein kultureller Unterschiede schärfte. Dieses Muster zieht sich durch das gesamte 19. Jahrhundert: Die bulgarische nationale Bewegung beispielsweise nahm ihren Ausgang in den 1830er Jahren unter anderem in bulgarischen Händlergemeinden in Odessa und Umgebung, und in den 1860er und 1870er Jahren war das faktisch bereits unabhängige Rumänien ein wichtiger Schauplatz bulgarischer patriotischer Agitation. Zu den herausragenden Eigenschaften dieser Persönlichkeiten gehörten ihre Sprachkenntnisse – für bulgarische Nationalrevolutionäre wie Georgi Rakovski und Ljuben Karavelov war der souveräne Gebrauch des Französischen, Griechischen und Russischen, fallweise auch des Serbischen und Rumänischen selbstverständlich. Der albanischstämmige Schriftsteller Sami Frashëri/Şemseddin Sami (1850–1904) leistete gleichermaßen wichtige Beiträge zur Entwicklung der modernen albanischen als auch der türkischen Literatur und publizierte zudem auch auf Arabisch. Die eindeutige Verortung dieser Denker in nur einer nationalen Tradition, wie es die nationalen Geschichtsschreibungen vornehmen, wird der Vielfalt ihres Wirkens nicht gerecht, zeigt aber, dass Nationalismus ein starkes Bedürfnis nach vereinfachender Eindeutigkeit aufweist.

Nationale Vorkämpfer hatten es in der Habsburgermonarchie insofern leichter, als es eine breitere Schicht von Alphabetisierten gab und sie mit revolutionärem sowie romantischem Schrifttum leichter in Kontakt gerieten. Philologen wie der Slowene Jernej Kopitar (1780–1844), der zeitweise als Zensor in der Wiener Hofbibliothek arbeitete, der Serbe Vuk Stefanović Karadžić (1787–1864), der 1804 nach Wien kam und sich mit Kopitar befreundete, und der Kroate Ludevit Gaj (1809–1872) machten sich um die Standardisierung ihrer jeweiligen Muttersprachen verdient und riefen deren Sprecher dazu auf, auf sie stolz zu sein und sich als Gemeinschaft zu fühlen. Was diese slawischen Intellektuellen darüber hinaus antrieb, war die Frage, ob es sich bei den Slawen – wenigstens jenen der Habsburgermonarchie – um ein Volk oder mehrere Völker handele. Zumindest für die Südslawen war die Idee des Jugoslawismus wirkmächtig, also die Vorstellung, alle Südslawen bildeten eine Nation. Kultureller Ausdruck dieser Idee war eine Übereinkunft serbischer und kroatischer Sprachgelehrter in Wien im Jahr 1850 über einen gemeinsamen Sprachstandard – der Geburtsmoment des Serbokroatischen. Politisch folgten daraus vor dem Ersten Weltkrieg Koalitionen kroatischer und serbischer Parteien im Kronland Dalmatien und im Königreich Kroatien und Slawonien (ab 1905) sowie schließlich im Dezember 1918 die Gründung des gemeinsamen Königreichs der Serben, Kroaten und Slowenen (Jugoslawien).

Die Frage, ob die Slawen ein gemeinsames Volk darstellten oder in mehrere zerfallen, verweist auf einen grundsätzlichen Aspekt von Nationsbildung: Sie basiert auf einer sowohl für ihre Mitglieder als auch die Außenwelt plausiblen Abgrenzung. Das stellte die patriotischen Aktivisten auf dem Balkan wiederholt vor Schwierigkeiten, da unterschiedliche Eigenschaften, die als konstitutiv für die jeweilige Nation angesehen wurden, zu verschiedenen Grenzziehungen führten. Sprache etwa stand zwar häufig im Mittelpunkt der nationalen Selbstvergewisserung, ist doch Nation ganz wesentlich eine Kommunikationsgemeinschaft, war aber alles andere als ein eindeutiges Abgrenzungsmerkmal. Das südslawische Dialektspektrum reichte schließlich von Kärnten bis ans Schwarze Meer, und im 19. Jahrhundert war die Sprachgrenze zwischen dem Slowenischen und dem Kroatischen genauso unklar wie jene zwischen dem Serbischen und Bulgarischen. Entschieden Linguisten sich für einen bestimmten Dialekt als Basis der Standardsprache, gehorchten sie oftmals mehr politischen als philologischen Gesichtspunkten. Es brauchte schließlich den Staat und seinen Bildungsapparat, um eine administrative Grenze auch zu einer Sprachgrenze zu machen – oder wie es der Jiddist Max Weinreich 1945 formulierte: »Eine Sprache ist ein Dialekt mit einer Armee und einer Marine.« Darüber hinaus konnten Menschen derselben Sprache unterschiedliche Religionen haben (sowohl unter den Serbokroatisch- als auch den Albanischsprachigen gab es Muslime, Katholiken und Orthodoxe), sodass die Betonung der konfessionellen Zugehörigkeit als nationales Merkmal zu anderen Grenzen führen würde als die der sprachlichen.

Sprache war noch aus weiteren Gründen ein schwieriges Abgrenzungsmerkmal, nämlich aufgrund der weitverbreiteten Mehrsprachigkeit sowie der Kluft zwischen Volks- und Gelehrtensprache. So war das Griechische auf dem osmanischen Balkan bis ins 19. Jahrhundert die Umgangssprache für christliche Händler und Kleriker; es genoss höchstes Prestige, und Kaufleute ganz unterschiedlicher ethnischer Herkunft verstanden sich als ›Hellenen‹ – in einem kulturell-sozialen, nicht nationalen Sinne. Insbesondere die bulgarischen Patrioten arbeiteten sich einige Jahrzehnte lang an der ›Gräkomanie‹ ihrer Oberschicht ab. Im Bereich der orthodoxen Christenheit existierte eine markante Differenz zwischen der Liturgiesprache, die von den einfachen Menschen kaum verstanden wurde, und den gesprochenen Dialekten; und für die Muslime des Balkans war Arabisch die

Sprache ihrer Religion, obwohl es die wenigsten von ihnen beherrschten. Die markante Kluft zwischen der Sprache des Kultus und der Volkssprache behinderte die Ausbreitung von Schrifttum unter der Bevölkerung noch stärker. Es waren in Bulgarien bezeichnenderweise protestantische Missionare, die die ersten Übersetzungen der Bibel ins Alltagsbulgarische in den 1820er Jahren organisierten. Unter den Serben leistete der orthodoxe Klerus hartnäckigen Widerstand gegen die Einführung des von Vuk Karadžić propagierten Prinzips »Schreibe, wie Du sprichst«. Erst 1869 wurde seine Orthografie in Serbien offiziell eingeführt. In Griechenland wiederum wurde die Diglossie zwischen altertümlicher Kunstsprache (*Katharevousa*) und gesprochener Volkssprache (*Dimotiki*) erst 1976 offiziell beendet, als Letztere zur alleinigen Amtssprache wurde.

Kirche und Religion spielten somit eine ambivalente Rolle bei der Nationsbildung, was vom Ergebnis her betrachtet überraschend erscheint. Bis auf jene Albaniens gründen sich schließlich die nationalen Identitäten aller anderen Staatsnationen Südosteuropas auf die gemeinsame konfessionelle Zugehörigkeit. Die orthodoxen Kirchen Südosteuropas sind heutzutage klar national organisiert, ja, sie verstehen sich als patriotische Trutzburgen – doch dem war nicht immer so. Bis ins 19. Jahrhundert stellte die gemeinsame Religion unter den Christen und – noch länger – unter den Muslimen ein Band dar, das die Verfechter einer enger gefassten nationalen Identität erst einmal zerschlagen mussten. Der ökumenische Patriarch von Konstantinopel etwa, der sich als sultanstreu und als Oberhaupt aller Orthodoxen verstand, exkommunizierte die griechischen Aufständischen von 1821 (was ihm sein Leben nicht rettete). Noch 1872 verurteilten die orthodoxen Patriarchate von Konstantinopel, Jerusalem, Antiochia und Alexandria den als ›Phyletismus‹ bezeichneten Nationalismus, den sie als Bedrohung der ostkirchlichen Ökumene ansahen. Die Gründung eigenständiger orthodoxer Nationalkirchen (wie der griechischen 1833, der bulgarischen 1870 und der rumänischen 1885) stieß auf den erbitterten Widerstand des Konstantinopler Patriarchen – nicht nur aus kanonischen Gründen, sondern auch aus ganz diesseitigen, denn weniger Schäfchen bedeuteten geringere Einnahmen.

Von vielen nicht-griechischen Christen wurde das Patriarchat von Konstantinopel, das für seine Korruption berüchtigt war, im Laufe des 19. Jahrhunderts jedoch zunehmend als dezidiert griechische Einrichtung wahrgenommen. Der in den 1830er Jahren beginnende Kampf der Bulgaren für eine eigene Kirche gab der nationalen Bewegung der Bulgaren einen wesentlichen Impuls; schließlich bewegte Religion die Menschen, und die Kirche war einer der wenigen Orte, an denen sie regelmäßig zusammenkamen. Zudem waren die von den Kirchen betriebenen Schulen die einzigen Bildungseinrichtungen für die christliche Bevölkerung des Osmanischen Reiches. Im Kirchenstreit in Bulgarien wurde mit harten Bandagen gekämpft, als etwa 1866 bulgarische Kleriker griechische Bischöfe vertrieben; bulgarische Aktivisten hoben 1861 sogar eine mit Rom unierte Kirche aus der Taufe, nur um zu einer eigenen Kirchenorganisation zu kommen. 1870 gestattete schließlich der Sultan – gegen heftigen Protest des Patriarchen – die Schaffung einer eigenständigen bulgarisch-orthodoxen Kirchenorganisation, die als erste nationale Institution der Bulgaren gelten kann. Zwischen der bulgarischen Kirche, deren Sitz bis 1953 ebenfalls in Istanbul lag, und dem Patriarchen entwickelte sich in den Folgejahren ein heftiger Konflikt um die Jurisdiktion über Kirchengemeinden in Makedonien.

Die nationale Instrumentalisierung der Religion brachte Versuche mit sich, auch diesen Bereich zu standardisieren. Die nationalen Erwecker Südosteuropas waren dringend daran interessiert, das Bildungsniveau des Klerus zu heben, damit sich die Priester effektiver an der national-kulturellen Propaganda beteiligen konnten. Die Eliten der jungen Balkanstaaten glaubten nicht mehr an die byzantinische *Symphonia* (von der sie wenig wussten und die ganz im Schatten des importierten westeuropäischen Nationalstaatsmodells stand), legten aber Wert auf eine enge Zusammenarbeit von Kirche und Staat. Sie erklärten die Orthodoxie zur Staatskirche, drängten sie aber in eine dienende Rolle. Sie ließen Priesterseminare bauen, entsandten begabte junge Leute zum Studium an theologische Hochschulen im Ausland und bauten eine moderne Religionsbürokratie auf. So entstand ein neuer, gebildeterer Klerikertypus, der seit Mitte des 19. Jahrhunderts versuchte, den Gläubigen im Land die ›volksreligiösen‹ Praktiken auszutreiben und den Heiligenhimmel so zu bereinigen, dass die zu Nationalheiligen erkorenen Figuren besonders hell erstrahlten. So wuchsen die Differenzen zwischen den Orthodoxen der Region, aber auch zwischen Orthodoxen und Muslimen, deren bisher vielfach praktizierte gemeinsame Glaubenspraktiken den Theologen immer mehr als Verunreinigung des ›wahren Glaubens‹ galten.

Der Islam blieb im Vergleich deutlich heterogener, nicht zuletzt, weil es ihm an einer Klerikerhierarchie im eigentlichen Sinne fehlte. Der sunnitische Islam wirkte besonders lange als übernationale Integrationskraft, zumal er die im Osmanischen Reich dominante Religion darstellte, es für seine Anhänger also kein Motiv gab, gegen Unterdrückung zu rebellieren (Schiiten und Alewiten in Anatolien sowie dem Gebiet des heutigen Irak wurden von den Osmanen sehr wohl drangsaliert, nur war deren Zahl in Südosteuropa sehr gering). Erst in den späten 1870er Jahren kam mit der albanischen Nationalbewegung der erste Nationsbildungsprozess unter Muslimen auf dem Balkan in Gang. Die »einzige Religion der Albaner ist ihre Sprache«, so lautete angeblich das Motto des albanischen Schriftstellers und Politikers Pashko Vasa (1825–1892). Sprache und ethnische Herkunft als einigende Bande sollten die konfessionelle Spaltung der Albaner überwinden – die Frage, mit welchem Alphabet das Albanische geschrieben werden sollte (Lateinisch, Griechisch oder Arabisch), konnte aber erst nach einem mehrjährigen erbitterten Streit Anfang des 20. Jahrhunderts zugunsten des lateinischen Alphabets entschieden werden.

Neben der Betonung der Sprache als gemeinsames Merkmal der Nation erwiesen sich historische Mythen als sehr wirkungsvoll. Die Frage ›Woher kommen wir?‹ ist zentral für jeden Nationsbildungsprozess. Diese Geschichtsbilder hatten eine emanzipatorische Funktion: Sie sollten den Angehörigen des jeweiligen Volkes klarmachen, dass auch sie eine Geschichte hatten, die nicht weniger glorreich sei als jene der herrschenden Schichten oder bereits etablierter Nationen. Dementsprechend arbeiteten sich slowenische Intellektuelle im 19. Jahrhundert an der deutschen Interpretation der Geschichte der slowenischen Siedlungsgebiete ab; der rumänische Bischof der Unierten Kirche in Siebenbürgen, Inochenţie Micu-Klein (1692–1768), verwies bei seiner an den Kaiser in Wien gerichteten Forderung nach Anerkennung der Rumänen als Nation in Siebenbürgen auf ihre römische Herkunft – eine bis heute populäre Vorstellung unter den Rumänen. Besonders wirkungsvoll waren Geschichtsbilder, die in der religiösen Tradition und damit dem kulturellen Repertoire der Menschen verankert waren, aber einer nationalen Deutung offenstanden: Der serbische Kosovo-Mythos ist dafür das beste Beispiel. Werke wie das Epos *Bergkranz* (*Gorski vijenac*, 1847) des montenegrinischen Fürstbischofs Petar II. Petrović-Njegoš, die in der Volksüberlieferung fußten und sprachliche Wucht entwickelten, lieferten eine historische Begründung für den Kampf gegen die Osmanen.

Die Reichweite schriftstellerischer Aktivitäten war freilich begrenzt, da noch kaum jemand in Südosteuropa lesen konnte – in den habsburgischen Gebieten allerdings mehr Menschen als in den osmanischen. Für die intellektuellen Vorkämpfer der nationalen Bewegung war daher der Aufbau von Kultur- und Bildungseinrichtungen ein zentrales Mittel, um ihre Ideen den Massen zu vermitteln. Paradigmatisch für diese Bemühungen steht der serbische Kulturverein Matica srpska, der 1826 in Pest (dem linksufrigen Teil des späteren Budapest) von serbischen Kaufleuten gegründet wurde, um die serbische Kultur im Königreich Ungarn zu fördern. Dass der Vereinssitz außerhalb des entstehenden serbischen Staates lag, verweist auf die große Bedeutung der habsburgischen Serben, die zu diesem Zeitpunkt über mehr kulturelle und wirtschaftliche Ressourcen verfügten als die Serben Serbiens. 1864 wurde der Verein in das damals österreichische Novi Sad (Neusatz) verlegt, wo er sich heute noch befindet, und kam damit Serbien geografisch näher. Auch das kirchliche Zentrum der Serben befand sich in Österreich, nämlich die Metropolie – ab 1848 das Patriarchat – von Sremski Karlovci in der Vojvodina. Das Beispiel der Matica srpska zeigt auch, dass die Propaganda für die Nation einer materiellen Grundlage bedurfte. Für den Aufschwung der bulgarischen nationalen Bewegung seit den 1830er Jahren war etwa die Entstehung einer bulgarischen Mittelschicht aus Händlern und Handwerkern erforderlich, zumal diese Milieus Kirchenneubauten, Schulen, Lesehallen (*čitalište*), Druckereien und Stipendien für Bulgaren an ausländischen Universitäten (im Osmanischen Reich existierte damals keine Universität) finanzierten.

Bis zur jeweiligen Staatsgründung bedeutete die Popularisierung nationaler Ideologien allerdings das Bohren dicker Bretter. Insbesondere die bäuerliche, oft analphabetische, von moderner Infrastruktur kaum berührte und mit existenzielleren Fragen beschäftigte Bevölkerung – also die überwiegende Mehrheit – quittierte die von den Patrioten gepflegte romantische Vision einer Nation mit Unverständnis. Die Großkaufleute im Osmanischen Reich waren ebenfalls radikalen nationalen Projekten üblicherweise abhold, da ihr ökonomischer Gedeih vom osmanischen Markt und von Staatsaufträgen abhing. Bulgarische Nationalrevolutionäre beklagten sich in den 1870er Jahren bitter über die pro-osmanische Haltung vieler wohlhabender bulgarischer Kaufleute. In den mehrsprachigen Milieus der Städte an der Adria, in den Donaufürstentümern, am Schwarzen Meer oder am Balkan passte eine nationale Rhetorik lange Zeit nicht zu den Alltagsrealitäten der dort lebenden Menschen, die gewohnt waren, sich in verschiedenen Sprachen auszudrücken und sich mit ihren Berufen zu identifizieren. Aufstrebende urbane Schichten orientierten sich vielfach eher an einer überregionalen Leitkultur – wie der deutschen, der ungarischen, italienischen, griechischen und islamischen –, anstatt sich für eine bisher als Bauerndialekt wahrgenommene Sprache und eine enge nationale Identität zu begeistern. Dem patriotischen Aktivisten blieben daher Frustrationen nicht erspart, der geduldige Kämpfer für die Befreiung konnte aber auch Glücksmomente erleben. So schreibt der Albaner Ekrem Bey Vlora, Spross einer Familie von Großgrundbesitzern und hohen osmanischen Beamten sowie begeisterter Verfechter der albanischen Sache:

> Ich faselte natürlich oft vom albanischen Patriotismus, von den Ungerechtigkeiten, die sich die Regierung in nationalen Angelegenheiten zuschulden kommen ließ, und sprach und predigte – aber mir schien doch in den Wind.[11]

Einige Jahre später waren aber patriotische Stimmungen unter den Albanern schon so verbreitet, dass Ekrem Bey Vlora trotz zweifelhafter rhetorischer Qualitäten Begeisterung ernten sollte:

> Ich hielt einen Vortrag [im Mai 1912 in Korçë], der meine verschiedenen Reisen in Albanien illustrieren sollte, aber in Wirklichkeit nach einigen Minuten sich in ein solches rhetorisch-poetisch-nationalistisches Gestrüpp verirrte, dass ich, als ich mit einem kräftigen ›Es lebe Albanien‹

11 Ekrem Bey Vlora, *Lebenserinnerungen*, Band 1, München 1968, S. 152.

geendet hatte, nicht mehr wusste, was ich eigentlich gesagt hatte. Aber patriotisch-demagogische Reden brauchen ja weder gelehrt noch logisch zu sein.[12]

Kämpfe um die innere Ordnung

Mit der Staatsgründung – sei es als autonomer Teilstaat oder eigenständiges Völkerrechtssubjekt – erreichten die Nationalbewegungen ihr wesentliches Ziel; gleichzeitig markierte sie aber den Ausgangspunkt für Konflikte um die innere Ausgestaltung des neuen Staates. Mit der nationalen Emanzipation war das Versprechen verbunden, der Bevölkerung ein besseres Leben zu verschaffen. Wie der Nationalstaat aber organisiert werden sollte – das war auch in Südosteuropa äußerst umstritten. Entsprechend konstituierten sich bald nach (oder auch schon vor) der Staatsbildung politische Parteien, deren Programmatik etwas schwammig erscheinen mochte, die aber für unterschiedliche Ideen und Visionen standen. Die Ausdifferenzierung und Dynamisierung des politischen Lebens betraf mithin die Nationalstaaten und Imperien gleichermaßen, denn auch in den Letzteren verbreiterte sich die Einbindung der Bevölkerung in die Politik. Die großen politischen Ideologien des 19. Jahrhunderts – Liberalismus, Sozialismus, Konservativismus, Nationalismus – prägten ebenso in Südosteuropa wie anderswo in Europa die politische Landkarte und das gesellschaftliche Leben. An immer mehr Orten wurde über Politik debattiert, immer mehr Menschen nahmen daran teil. Par-

12 Ebd., S. 245.

lamente und andere Repräsentativorgane, Zeitungen und Magazine, Kaffeehäuser und Clubs, aber auch die Straße erlebten regen Meinungsaustausch, der nicht auf die Hauptstädte beschränkt blieb, sondern auch die Provinz erreichte. Dabei zirkulierten viele Ideen über Staatsgrenzen hinweg.

So unterschiedlich die politischen Rahmenbedingungen in den verschiedenen Staatswesen Südosteuropas im 19. Jahrhundert waren, es stellten sich doch ähnliche Herausforderungen und Probleme, die von den Politikern kontrovers debattiert wurden. Eine beherrschende Frage war jene nach der Verfassung und damit verbunden der Rolle des Monarchen. In Griechenland etwa musste König Otto, der das Land zusammen mit seinen ebenfalls aus Bayern kommenden Beratern im Stile des aufgeklärten Absolutismus regieren wollte, angesichts des Widerstandes der griechischen Politiker 1844 eine Verfassung verabschieden, welche die Monarchie konstitutionalisierte, allerdings dem König wesentliche Vorrechte garantierte. Die politischen Parteien Griechenlands, deren Wurzeln bis in die Zeit des griechischen Befreiungskrieges zurückreichten, differierten nicht nur in ihren außenpolitischen Präferenzen – und wurden daher landläufig als ›englische‹, ›französische‹ und ›russische‹ Partei bezeichnet –, sondern standen auch für unterschiedliche Regierungsmodelle: Vertrat die ›englische‹ Partei ein liberales, säkulares Staatsideal, so befürwortete die ›russische‹ ein am Patriarchat von Konstantinopel ausgerichtetes konservatives; die ›Franzosen‹ wiederum zogen die äußere Expansion der inneren Konsolidierung vor. Mehr oder weniger vereint waren sie aber in ihrer Opposition gegen König Otto, der schließlich 1862 gestürzt und aus dem Land gejagt wurde. Die daraufhin erlassene liberale Verfassung von 1863 wurde zur Grundlage eines – trotz aller Defizite – leidlich gut funktionierenden parlamentarischen Systems. Der neue König, Georg I. aus der dänischen Herrscherdynastie der Glücksburger, akzeptierte diese Verfassung und sicherte sich damit die Loyalität der griechischen politischen Klasse.

Auch in Serbien gelang es dem Parlament, seine Position gegenüber dem Fürsten zu stärken, nicht zuletzt, weil die Macht des Monarchen durch die ständige Thronkonkurrenz zwischen den Familien der Karađorđević und Obrenović samt mehrfachem Wechsel der Herrscherdynastie geschwächt wurde; von den acht serbischen Fürsten bzw. Königen vor 1914 beendeten fünf ihre Herrschaft unfreiwillig, zwei (Mihailo Obrenović 1868, Aleksandar Obrenović 1903) wurden sogar im Amt ermordet. Die Verfassungen (1838, 1869, 1889) wurden von Mal zu Mal liberaler, und mit der 1881 gegründeten Radikalen Volkspartei, die bereits Ende der 1880er Jahre Regierungsämter übernahm, betrat die erste moderne Partei Südosteuropas mit Massenbasis und kohärenter Programmatik die politische Bühne. Spätestens nach dem Königsmord von 1903 wurde das politische Leben Serbiens nicht mehr durch das Königshaus, sondern den Ministerpräsidenten (Nikola Pašić von der Radikalen Volkspartei) dominiert. Ähnlich verhielt es sich in Griechenland, als mit dem Amtsantritt von Eleftherios Venizelos als Ministerpräsident im Jahr 1909 eine auf Jahre hin dominante Führungsgestalt mit weitgehenden Reformabsichten ins Zentrum des politischen Geschehens rückte.

Welche Kluft zwischen liberalem Verfassungstext und harter politischer Realität bestehen kann, verdeutlicht Bulgarien. Seine Verfassung von 1879 galt als eine der demokratischsten ihrer Zeit, allerdings gelang es dem Parlament nicht, sich vom Fürsten zu emanzipieren. Insbesondere ab Mitte der 1890er Jahre konnte Fürst Ferdinand, der dem 1886 mit russischer Hilfe gestürzten ersten Fürsten, Alexander Battenberg, nachgefolgt war, seine persönliche Dominanz ausbauen. Angesichts häufig wechselnder, konturloser Regierungen war ihm das mittels der Manipulation von Wahlen und gestützt auf die Armee ein Leichtes. In Rumänien entsprach zwar die politische Wirklichkeit ebenso wenig den liberalen Prämissen der Verfassung von 1866, aber wenigstens bildeten sich zwei relativ stabile politische Parteien – die an Frankreich orientierten Liberalen, die auf Industrialisierung setzten, und die deutschlandfreundlichen Konservativen, die an der überkommenen Agrarstruktur nichts ändern wollten. Die beiden Parteien wechselten sich an der Regierung ab, sodass keine ihre Herrschaft verfestigen konnte. Dank ihres Antagonismus konnte in Rumänien der König eine stärkere Rolle spielen als in Griechenland und Serbien. Die rechtliche Grundlage dafür bildete sein Vorrecht, Regierungen zu ernennen und zu entlassen – da neuernannte Regierungen Wahlen unter ihrer eigenen Aufsicht durchführten, waren willfährige Parlamentsmehrheiten garantiert.

Die Monarchen beider Imperien sahen sich ebenfalls mit Forderungen nach einer Verfassung konfrontiert. In der Revolution von 1848, die Österreich (und auch die Donaufürstentümer) erschütterte, ging es anfänglich vor allem um die Frage der politischen Teilhabe: Der Ruf nach einer Konstitution ertönte so laut, dass im März 1849 der frisch auf den Thron gekommene Kaiser Franz Joseph eine Verfassung erließ, die allerdings nach der Niederschlagung der Revolution nicht mehr in Kraft trat. Doch selbst in den nun folgenden fast zwei Jahrzehnten neoabsolutistischen Regierens in Österreich existierten der Reichsrat und die Landtage fort, Letztere mit Gesetzgebungskompetenzen. 1860/61 begann die Abkehr vom Neoabsolutismus, die 1867 in dem vom Reichsrat (für Österreich/Cisleithanien) beschlossenen liberalen Staatsgrundgesetz mündete, das einen Kompromiss zwischen Monarchie und Bürgertum repräsentierte. Die sogenannte Dezemberverfassung garantierte die Gewaltenteilung, die Bindung des Herrschers an gesetzliche Vorschriften, die bürgerlichen Freiheiten sowie die Gleichberechtigung der Nationalitäten. Auf Basis der Verfassung von 1867 entwickelte sich in Österreich ein leidlich repräsentativer Parlamentarismus, vor allem nach der Einführung des allgemeinen und gleichen Männerwahlrechts im Jahr 1907. Auf dieser Grundlage konnten 1911 die Sozialdemokraten zur stärksten Fraktion im Reichsrat werden.

Ungarn kehrte mit dem Ausgleich von 1867 weitgehend zu seiner liberalen Verfassung von 1848 zurück, im Unterschied zu Österreich allerdings mit einem extrem eingeschränkten Wahlrecht, das fast nur die aristokratische Elite wählen ließ: Anfang des 20. Jahrhunderts durften weniger als 7 Prozent der Bevölkerung Ungarns wählen, die überwiegende Mehrheit davon waren Magyaren. Zwar herrschte in ganz Europa zu dieser Zeit noch vielfach ein Zensuswahlrecht vor (in Großbritannien waren etwa Ende des 19. Jahrhunderts noch rund 40 Prozent der Männer von der Wahl ausgeschlossen), doch war dies eine außerordentlich starke Beschränkung des Wahlrechts. In dieser Hinsicht bestand die politische ungarische Nation noch bis ins 20. Jahrhundert hinein vor allem aus dem traditionell starken Adel.

Schwach war die Vertretung der Opposition und der nicht-magyarischen Nationalitäten im Parlament – was die ungarische politische Elite, die in ihrer Opposition gegen Wien liberale und demokratische Prinzipien beschwor, ignorierte. Das ungarische Parlament war mithin politisch einflussreich – wie der riesige neogotische, 1904 fertiggestellte Neubau am Donauufer symbolisch zum Ausdruck brachte –, aber nicht inklusiv. Für den Zusammenhalt der ungarischen Reichshälfte, deren Bevölkerung ungefähr zur Hälfte nicht-magyarisch war, verhieß das nichts Gutes.

Im Osmanischen Reich erwies sich die Einführung einer Verfassung als deutlich schwieriger – und noch mehr ihre Erfüllung mit Leben. Nur für einen Moment, nämlich 1876, schien es, als ob die Regierung des Reiches auf ein modernes Fundament gestellt werden könnte: Im Vorfeld einer internationalen Botschafterkonferenz, die angesichts der aktuellen Krisen im Osmanischen Reich die Lage auf dem Balkan erörtern sollte, kündigte Sultan Abdülhamid II. kurz nach seiner Thronbesteigung eine Verfassung an, die ein Parlament sowie Garantien für die bürgerlichen Rechte aller Staatsbürger unabhängig von ihrer Konfession einführte. Die Verfassung war zwar primär einer außenpolitisch schwierigen Situation geschuldet, aber sie stand auch in der Tradition der inneren Reformen im Osmanischen Reich, die durch die Reformedikte des Sultans von 1839 und 1856 eingeleitet worden waren. Damals waren fundamentale Rechte der Untertanen, wie Eigentumssicherheit und persönliche Unversehrtheit, sowie die Gleichberechtigung von Muslimen und Christen gewährt worden. Diese als Tanzimat-Reformen bezeichnete Modernisierung der politischen Strukturen trug wesentlich zur Politisierung der gesellschaftlichen Eliten des Reiches bei, die nun Mitsprache einforderten. Einer der Väter des Verfassungstextes, Großwesir Midhat Pascha, hatte sich in den Jahren zuvor in seiner Position als Gouverneur des Donau-Vilayets (der nördliche Teil des heutigen Bulgarien) als fähiger Erneuerer erwiesen.

Die Niederlage im Krieg gegen Russland sowie die für das Osmanische Reich harschen Friedensbedingungen des Berliner Vertrags 1878 veranlassten Sultan Abdülhamid II. allerdings dazu, das Parlament ebenso wie die bürgerlichen Freiheiten wieder abzuschaffen und zu einer absolutistischen Herrschaftspraxis zurückzukehren. Die ohnehin nicht sehr zahlreichen Oppositionellen wurden inhaftiert oder ins Exil gezwungen, und eine scharfe Zensur wachte über das, was die wenigen des Lesens Kundigen aus Zeitungen und Büchern erfahren konnten. Allerdings setzte der Sultan jene Reformbemühungen fort, welche die Kapazitäten des Staates stärken sollten, weshalb sich die Infrastruktur, das Rechtswesen und das Militär wesentlich verbesserten. Der Widerstand gegen Abdülhamid II. blieb lange Zeit schwach und vereinzelt – mit Ausnahme der nationalen Bewegungen, die sich auch dank seiner repressiven Politik wachsenden Zulaufs erfreuten. Die muslimisch-türkische Bevölkerung vertraten keine nennenswerten politischen Parteien; bezeichnenderweise waren es junge Offiziere der Armee, die der Herrschaft des Sultans am gefährlichsten wurden: Das Militär war die modernste und am engsten mit Europa verwobene Institution des Reiches. 1889 gründeten Studenten der Militärärztlichen Akademie in Konstantinopel – einer der wenigen nichtreligiösen höheren Bildungseinrichtungen im Reich – ein unter dem Namen ›Einheit und Fortschritt‹ bekannt gewordenes Geheimkomitee.

Aus diesen Anfängen entwickelten sich die ›Jungtürken‹, vornehmlich aus auf dem Balkan stationierten Offizieren. Letztere erlebten täglich, wie wenig der Sultan gegen die nationalen Bewegungen sowie die ständigen Interventionen der europäischen Großmächte, aber auch die vielen Banditen am Balkan ausrichten konnte. Die Drohung dieser Offiziere im Juli 1908, nach Konstantinopel vorzurücken, reichte aus, um den Sultan zur Wiedereinsetzung der Verfassung von 1876 zu bewegen. Bereits Ende des Jahres fand die Wahl für das neue Parlament statt, bei der zum ersten Mal in der Geschichte des Reiches politische Gruppierungen um Sitze konkurrieren konnten. Um im April 1909 den Versuch des Sultans zu unterbinden, seine Macht wiederzuerlangen, marschierten die jungtürkischen Truppen aus Saloniki schließlich tatsächlich nach Istanbul ein und zwangen Sultan Abdülhamid II. zur Abdankung (ihm folgte sein jüngerer Bruder als Sultan nach). Fortan lag die Macht im Osmanischen Reich bei einer vom Komitee für Einheit und Fortschritt geführten Regierung, die sich auf die Zustimmung der größten Fraktion im Parlament stützen konnte. Zu einer Demokratisierung des politischen Lebens kam es jedoch nicht: Bereits die zweiten Wahlen 1912 wurden von der Regierung massiv manipuliert, sodass das regierende Komitee für Einheit und Fortschritt 269 von 275 Abgeordnetensitzen erlangte. Die jungtürkische Herrschaft verwandelte sich in eine Militärdiktatur – die Armee stellte die einzige solide soziale Basis für ihre staatszentrierten Reformbemühungen dar.

Im Zuge der jungtürkischen Revolution besonders heftig

debattiert wurde das Verhältnis zwischen den verschiedenen Nationalitäten und dem Staat. Dieses Problem gehörte in beiden Imperien zu den besonders umstrittenen, schließlich wiesen beide Reiche eine ausgesprochen heterogene Bevölkerung auf (siehe zur Illustration die Tabelle mit der Sprachverteilung in Österreich-Ungarn) – und dies in einem Zeitalter, in dem Sprachgebrauch und kulturelle Rechte politisch immer brisanter wurden. Auch in Russland, das mit Bessarabien seit 1812 eine südosteuropäische Provinz umfasste, stellte sich diese Frage, wobei der Zar seit dem späten 19. Jahrhundert auf eine Politik der Russifizierung insbesondere in den europäischen Reichsteilen setzte. In Österreich und Ungarn garantierten die Gesetze von 1867 bzw. 1868 die Gleichberechtigung der Nationalitäten; im Osmanischen Reich, das seine Bevölkerung anhand von Religion und nicht von Sprache unterteilte, galt seit 1856 wenigstens nominell die Gleichbehandlung von Muslimen und Nicht-Muslimen. Die nationale Frage war aufgrund ihres Mobilisierungspotenzials regelrecht schicksalhaft für die Imperien, zumal mit der Öffnung der Politik immer mehr Gruppierungen die politische Bühne betraten, die sich vor allem als Interessenvertreter einer Nation definierten. Hierin lag ein wesentlicher Grund dafür, dass sich Ungarn gegen eine Ausweitung seines Wahlrechts entschied, denn so konnten die Vertreter der von den Magyaren dominierten Nationalitäten vom Parlament ausgeschlossen werden.

Die politische Elite Ungarns sah nach 1867 ungeachtet der demografischen Realitäten ihr Königreich als Nationalstaat und beabsichtigte die Assimilation der nicht-magyarischen Nationalitäten, die sie – mit Ausnahme der Deutschen – als kulturell unterlegen betrachtete. Dem verwal-

Sprache	Absolute Zahl	Prozent der Gesamtbevölkerung
Deutsch	12 006 521	23,36
Ungarisch	10 056 315	19,57
Tschechisch	6 442 133	12,54
Polnisch	4 976 804	9,68
Kroatisch und Serbisch	4 380 891	8,52
Ruthenisch (Ukrainisch)	3 997 831	7,78
Rumänisch	3 224 147	6,27
Slowakisch	1 967 970	3,83
Slowenisch	1 255 620	2,44
Italienisch	768 422	1,50
Sonstige	2 313 569	4,51
Insgesamt	**51 390 223**	**100,00**

Tabelle 1: Umgangssprachen in Österreich-Ungarn nach der Volkszählung 1910
Quelle: Rudolf Rothaug (Bearb.): Geografischer Atlas zur Vaterlandskunde an den österreichischen Mittelschulen, Wien 1911, Tabelle 2.

tungstechnisch als Zentralstaat organisierten Ungarn fehlten – mit Ausnahme des autonomen Königreichs Kroatien und Serbien – auch lokale Repräsentativorgane, in denen die Vertreter der Nationalitäten, die geografisch relativ kompakt in den Randprovinzen des Königreichs lebten und dort die Mehrheitsbevölkerung darstellten, ihren Standpunkt hätten vorbringen können. Siebenbürgen mit seiner rumänischen Mehrheitsbevölkerung wurde 1867 vollständig in das Königreich Ungarn integriert und verlor seinen Landtag. Ein wesentliches Instrument der angestrebten Magyarisierung war das Schulwesen. Seit 1879 war der Unterricht der ungarischen Sprache in den Elementarschulen obligatorisch; Lehrer mussten Ungarischkenntnisse nachweisen, staatliche höhere Schulen mit anderen Unterrichtssprachen gab es nicht. Die Forderungen, die siebenbürgische Autonomie wiederherzustellen sowie das Rumänische in Verwaltung, Schulwesen und vor Gericht zuzulassen, waren somit zentrale Anliegen der defensiv agierenden rumänischen Nationalbewegung. Doch die 1881 gegründete rumänische Nationalpartei konnte sich gegen die ungarische Regierung nicht durchsetzen und wurde Anfang der 1890er Jahre von den Behörden sogar kurzfristig aufgelöst. Ähnlich erging es den politischen Vertretern anderer Nationalitäten in Ungarn, die für ihre Bevölkerung keine Verbesserung der Lage erreichen konnten.

Im Osmanischen Reich wiederum begrüßten Vertreter der Nationalitäten die jungtürkische Revolution von 1908 in der Hoffnung, nun als gleichberechtigte Gruppen im Staat Gehör zu finden. Und in der Tat saßen im neuen Parlament neben türkischen auch zahlreiche arabische, albanische, griechische, armenische und slawische Abgeordnete. Deren Vorstellungen zur Umwandlung des Osmanischen Reiches in eine multinationale Föderation zerschellten aber rasch an der Politik der Jungtürken, die einen ethnischen türkischen Nationalismus und ein ausgesprochen zentralistisches Staatskonzept vertraten. Innerhalb kurzer Zeit stießen die Jungtürken nicht nur die verbliebenen christlichen Bevölkerungsteile, sondern am Balkan auch viele muslimische Albaner vor den Kopf, obwohl Letztere bisher zahlreiche hohe Würdenträger des Reiches gestellt hatten. Es waren die rigide Unterdrückung von Forderungen der Albaner nach kultureller Emanzipation sowie der Angriff auf deren traditionelle lokale Autonomie seitens der jungtürkischen Regierung, die der albanischen Nationalbewegung eine stärkere Verankerung unter der Bevölkerung gaben.

Der Mechanismus war ähnlich wie in Ungarn, nur wurden im Osmanischen Reich die Auseinandersetzungen zwischen Regierung und aufbegehrenden Nationalitäten deutlich gewaltsamer ausgetragen. Voller Argwohn gegen die christlichen Großmächte, die neuen Balkanstaaten und die Untertanen setzten die Jungtürken immer stärker auf türkische Muslime. Was im frühen 19. Jahrhundert als Irredentismus an den Rändern begonnen hatte, erfasste schließlich das Zentrum, die Elite des Reiches selbst, die sich jetzt schrittweise von Vorstellungen imperialer Vielfalt absetzte. Obwohl sie den osmanischen Staat retten wollte, bestärkte sie damit nur die Nichttürken in ihrem Staatsmisstrauen und trieb den staatlichen Zerfallsprozess voran.

Ein regelrechtes Gegenmodell sowohl zu Ungarn als auch zum Osmanischen Reich stellte die Nationalitätenpolitik in den ›im Reichsrat vertretenen Königreichen und Ländern‹, also in Österreich dar. Dessen Regierung strebte einen Ausgleich zwischen den Nationalitäten an und nahm das 1867 festgehaltene Prinzip der Gleichberechtigung ernst (was allerdings nicht mit faktischer Gleichbehandlung zu verwechseln ist). Der Verwaltungsgerichtshof in Wien, der 1876 seine Tätigkeit aufnahm, wachte über die Einhaltung dieser Regeln und bot Bürgern die Möglichkeit, gegen die Diskriminierung durch Behörden erfolgreich zu klagen.

Befördert wurde dieser liberale Zugang durch die dezentrale Struktur Österreichs, in der die historischen Kronländer über eigene Landtage und somit mehr Flexibilität für lokale Lösungen verfügten. In den mehrsprachigen Kronländern und Gemeinden gab es mehrere Amtssprachen sowohl für den inneren Behördenverkehr als auch die Kommunikation der Behörden mit den Bürgern. In einer multikulturellen Region wie Istrien (damals administrativ Küstenland genannt) besaßen beispielsweise vier Sprachen (Italienisch, Deutsch, Kroatisch, Slowenisch) den Status der Amtssprache, was allerdings selbstbewusste, italienisch dominierte Stadtverwaltungen gerne ignorierten. Die Hoffnung der kaiserlichen Regierung, dass die nationalitätenpolitischen Antagonismen durch diese lokalen Ausgleichslösungen auf den unteren Ebenen der Reichspolitik kleingehalten werden könnten, erfüllte sich aber nicht. Vielmehr wurde das Abgeordnetenhaus in Wien mit der Ausweitung des Wahlrechts und dem Einzug von Vertretern der diversen Volksgruppen aus allen Teilen Österreichs zu einer Bühne der nationalen Kontroverse; immer wieder wurde das Parlament durch national motivierte Obstruktion lahmgelegt.

Im Vergleich zur tschechischen Nationalbewegung bereiteten jene in den südöstlichen Kronländern der kaiserlichen Regierung allerdings weniger Kopfzerbrechen, verfügten sie doch über deutlich weniger politische und ökonomische Potenz. Den Südslawen – Slowenen im Herzogtum Krain und dem österreichischen Küstenland, Kroaten ebenfalls in Istrien und in Dalmatien, Serben in Dalmatien – ging es vor allem um die Emanzipation innerhalb der jeweiligen Kronländer. Sie agitierten daher weniger gegen Wien als gegen die lokale italienische bzw. deutsche Dominanz und sahen im Kaiser eher einen Partner als einen Gegner. Mit der Etablierung politischer Parteien sowie der Organisation von patriotischen Massenveranstaltungen (beispielsweise den sogenannten *tabori* unter den Slowenen) gelang es den Nationalbewegungen gegen Ende des 19. Jahrhunderts, die jeweiligen nationalen Identitäten über das enge Milieu der patriotischen Intellektuellen hinaus bekannt zu machen. Bürger und selbst viele Bauern begannen, sich als Slowenen, Kroaten bzw. Serben zu identifizieren – wobei regionale Zuschreibungen vielfach bedeutsam blieben, sodass sich habsburgische Emigranten bei der Einreise in die Vereinigten Staaten als ›Dalmatiner‹ oder ›Herzegowiner‹ deklarierten und entsprechend in amerikanischen Statistiken auftauchen.

Die nationalen Bewegungen in Österreich konnten einige politische Erfolge verzeichnen. So ersetzte 1883 das Serbokroatische Italienisch als Amtssprache in Dalmatien (angesichts der Existenz eines italienischen Nationalstaates war der Hof in Wien besonders über sezessionistische Bestrebungen unter den Italienern der Monarchie besorgt, wohingegen die südslawischen Forderungen staatspolitisch weniger brisant erschienen). Ljubljana mauserte sich im Rahmen seiner dynamischen Stadtentwicklung unter den patriotisch-liberalen Bürgermeistern Ivan Hribar (1896–1910) und Ivan Tavčar (1911–1921) zum politischen und kulturellen Zentrum der Slowenen. Das Slowenische verdrängte im Stadtbild das Deutsche, parallel zur demografischen Entwicklung. Es spricht für die Konsolidierung einer nationalen slowenischen Identität, dass sich ab dem späten 19. Jahrhundert die slowenischen Parteien bereits anhand anderer als nationaler Fragen differenzierten, wobei sich ein weltlich-liberales und ein konservativ-klerikales Lager gegenüberstanden (diese Zweiteilung charakterisiert das politische Leben Sloweniens bis heute). Die Auseinandersetzungen zwischen deutschen und slowenischen Patrioten konnten lokal zwar eskalieren, etwa als es um die Unterrichtssprache im Gymnasium in Celje/Cili in der Untersteiermark ging, aber insgesamt stellten die meisten Parteien der südslawischen Nationalitäten die Habsburgermonarchie nicht infrage. Ihre am weitesten gehende Forderung war jene nach der Einführung eines dritten Reichsteils für die Südslawen – eine Idee, mit der Thronfolger Franz Ferdinand sympathisierte –, doch die Agenda des durchschnittlichen Patrioten war stärker durch örtliche als gesamtimperiale Befindlichkeiten bestimmt.

Die nationale Frage beschäftigte nicht nur die Imperien, sondern war auch zentral in der Politik der neuen Nationalstaaten. Nationsbildung ist kein Prozess, der mit der Staatsgründung zu Ende geht; im Gegenteil, erst der Staat kann die nationale Identität fest in der Bevölkerung verankern. Der Historiker Paschalis Kitromilides etwa beschrieb am Beispiel Griechenlands, wie es der Staat dank seiner Institutionen – vor allem Armee und Schulwesen, aber auch der 1833 geschaffenen griechischen Nationalkirche – vermochte, die Menschen aus ihren lokalen Kontexten herauszulösen und sie dazu zu bringen, sich mit der gesamten Nation und ihrem Staat zu identifizieren. Der starke Anstieg der Zahl der Schulen in Griechenland – von 71 im Jahr 1830 auf 1172 im Jahr 1879 – verdankte sich nicht nur einem abstrakten Bildungsideal, sondern auch dem Wunsch des neuen Staates, die Kinder frühzeitig in die griechische Nation zu sozialisieren und kulturelle Unterschiede zwischen den

Regionen einzuebnen. Die anderen Balkanstaaten bedienten sich ähnlicher Instrumentarien, um die nationale Integration ihrer Gesellschaften zu erreichen. Auch der Wissenschaft kam eine wichtige nationale Funktion zu, weshalb in allen Ländern eigene Akademien der Wissenschaften gegründet wurden (die in Zagreb 1866 von Bischof Josip Jurai Strossmayer gegründete Jugoslawische Akademie der Wissenschaften sollte, wie der Name ausdrückt, die Idee der nationalen Verbundenheit aller Südslawen stärken). In manchen peripheren Regionen, insbesondere dort, wo eine Staatsgrenze Bevölkerungen gleicher Kultur teilte, konnten sich Bewohner einer nationalen Identifikation noch bis in das 20. Jahrhundert hinein verweigern, aber die Tendenz war klar: Die Staaten duldeten keine nationale Indifferenz.

Im Streben nach nationaler Vereinheitlichung lag ein wichtiger Grund für die zentralistische Verwaltungsordnung der neuen Nationalstaaten (und auch Ungarns), denn die hauptstädtischen Eliten sahen in lokalen Selbstverwaltungsorganen potenzielle Gegner ihrer Dominanz. Dorfgemeinden etwa in Bulgarien und Serbien genossen Ende des 19. Jahrhunderts weniger Eigenständigkeit als noch unter osmanischer Herrschaft. Zu betonen ist allerdings auch, dass die Dorfräte oftmals den Aufgaben einer modernen Verwaltung nicht gewachsen waren. Die nationalstaatlichen Eliten benötigten einen starken Zentralstaat nicht nur als Sicherung ihrer Macht, sondern als unerlässliche Voraussetzung für die angestrebte Modernisierung und als Schutz gegen zentrifugale Tendenzen sowie zur Verteidigung umstrittener Territorien. Die Nationsbildung half dem Staat im Laufe des 19. Jahrhunderts, dank moderner Institutionen wie Schulen, Gerichten und der Wehrpflicht immer tiefer in die Gesellschaft einzudringen und immer mehr Lebensbereiche im Namen der Vereinheitlichung zu regulieren. Nach europäischen Vorbildern modellierte bürgerliche Gesetzbücher ersetzten – wenigstens auf dem Papier – das Gewohnheitsrecht, und die zentralstaatliche Bürokratie maßte sich immer mehr Aufgaben an, ohne diese immer erfüllen zu können. In den neuen Nationalstaaten stieg die Zahl der Staatsdiener exponentiell. Bulgarien etwa beschäftigte 1896 rund 25 000 vom Zentralstaat finanzierte Beamte, und fünfzehn Jahre später bereits mehr als doppelt so viele – es wies damit mehr Beamte pro Kopf der Bevölkerung auf als Preußen. Mit dem Ausbau des Staatsapparats wuchs die Steuerbelastung, worunter vor allem die bäuerliche Bevölkerung zu leiden hatte.

Das qualitative Wachstum des Staates hinkte hinter seinem quantitativen hinterher: Die zeitgenössischen Berichte aus dem 19. und frühen 20. Jahrhundert übten heftige Kritik an Korruption und Klientelismus, an Faulheit und Unfähigkeit der Staatsdiener. Auch wenn darin eine große Portion Polemik mitschwang – Korruption war (und ist) ein beliebter Vorwurf zur Diffamierung des politischen Gegners –, ist unbestritten, dass die bürokratischen Apparate in der Region das Ideal einer kompetenten und politisch neutralen Beamtenschaft deutlich verfehlten. Am besten verwaltet war noch die Habsburgermonarchie, wobei in ihren Randgebieten die Verfahrenskonformität oftmals zu wünschen übrigließ. Am schlechtesten funktionierte die Bürokratie des Osmanischen Reiches, das weder die bereits 1856 dekretierte allgemeine Wehrpflicht durchzusetzen noch eine den damaligen Standards entsprechende Volkszählung zu organisieren vermochte.

In den Nationalstaaten beeinträchtigte die (bis heute gepflegte) Praxis, einen großen Teil der Beamtenschaft auf allen Ebenen bei jedem Regierungswechsel – und solche gab es häufig – auszuwechseln, deren Kompetenz und Loyalität gegenüber dem Staat. Die jeweiligen Regierungsparteien ließen aber davon nicht ab, denn so konnten sie ihre Klientel an der Macht teilhaben lassen. Für die Parteigänger der Opposition wiederum war die Aussicht auf einen Staatsjob ein mächtiger Antrieb, auf einen Regierungswechsel hinzuwirken. Das Versprechen des Nationalismus, allen Mitgliedern der Nation Einfluss zu gewähren, weckte in den neu entstehenden Eliten auch ganz persönliche Sehnsüchte, die die nach westlichen Vorbildern eingeführten, traditionslosen und dementsprechend schwachen Institutionen nicht immer wirksam zügeln konnten. Der Militärapparat war zwar auch nicht frei von bürokratischen Aufblähungen, blieb aber von dem regelmäßigen Ämterwechsel verschont – dementsprechend stellte die Armee die professionellste Abteilung des Staates dar, wie sich in den Balkankriegen 1912/13 erweisen sollte. Mit Ausnahme der Offiziere wurde die Klasse der Staatsdiener von der Bevölkerung als ausbeuterischer Fremdkörper wahrgenommen – nicht unähnlich der alten osmanischen Elite, von der man sich gerade erst befreit hatte.

Die Kluft zwischen der staatszentrierten Elite und ihrer Klientel auf der einen Seite sowie den ländlichen Massen auf der anderen markierte die zentrale Bruchlinie der nationalen Integration. Die neue politische Elite behauptete, die Interessen des Volkes zu repräsentieren; Letzteres wurde allerdings von der Politik weitgehend ausgeschlossen, sei es durch ein streng limitiertes Wahlrecht wie in Rumänien und Kroatien (bei der Wahl 1906 waren in Kroatien, mit rund 2,5 Millionen Einwohnern, nur 45 381 Personen wahlberechtigt) oder durch die Manipulation von Wahlen. Die soziale Frage, die sich in Südosteuropa vor allem angesichts einer verarmten Bauernschaft, mancherorts aber auch eines ausgebeuteten Proletariats stellte, verdeutlichte, dass die nationalistische Rhetorik von der organischen Schicksalseinheit der Nation nur eine ideologische Schimäre darstellte. Die Verbesserung der Lage der bäuerlichen Mehrheitsbevölkerung rangierte allerdings weit unten in der Prioritätenliste der Regierungen, was sich in entsprechend geringen Budgets für diesen Zweck ausdrückte. Die außenpolitische Fixierung auf Expansion (siehe nächsten Abschnitt) diente nicht zuletzt dazu, über diese innerstaatliche Kluft hinwegzutäuschen. Immer wieder führte die schwierige Situation der Bauern, die den Großteil des Steueraufkommens aufbrachten, zu Unruhen, insbesondere seit dem letzten Viertel des 19. Jahrhunderts, als Land zunehmend knapp wurde und die Preise für Getreide aufgrund der amerikanischen und russischen Konkurrenz fielen. Standen ländliche Rebellen (Serbien 1804, Griechenland 1821) am Beginn der Staatsbildung, die als gegen die Osmanen kämpfende sogenannte Hajduken oder Klephten eine nationalromantische Verklärung erfuhren, so manifestierten Bauernunruhen am Ende des Jahrhunderts die unzureichende Inklusionskraft der neuen politischen Ordnung. Bauern protestierten sowohl gegen die Vernachlässigung als auch die Bevormundung durch den Staat.

Der große Bauernaufstand in Ostserbien im Jahr 1883 in der Timok-Region wurde durch den Versuch der Regierung, die Bauern zu entwaffnen, ausgelöst und richtete sich gegen einen Staat, der den Bauern als Steuereintreiber, Einzieher von Soldaten und Normengeber viel abverlangte, ihre Lebensverhältnisse im Gegenzug aber kaum verbesserte. Die serbischen Bauern wollten im Grunde von ihrem Staat, wenn sie von ihm schon nichts zu erwarten hatten, in Ruhe gelassen werden – so hatten sie die Ziele des Aufstandes gegen die Osmanen verstanden. In den Jahrzehnten nach dem Aufstand gelang es immerhin der agrarpopulistischen Radikalen Volkspartei, die 1889 zum ersten Mal in Serbien Regierungsverantwortung übernahm, die Bauern besser in den Staat zu integrieren und einige Gesetze zu ihrem Schutz umzusetzen. In Bulgarien wiederum resultierte die Wiedereinführung des Zehnten im Jahr 1899 in einer breiten Protestbewegung der Bauern, aus der Selbsthilfegruppen entstanden. Kroatien wurde 1897 ebenfalls von einer Welle bäuerlicher Revolten erschüttert, in der sich die Unzufriedenheit der ländlichen Bevölkerung über ihre ökonomische und politische Marginalisierung ausdrückte. Die Aufstände entlarvten die Fragilität der bestehenden Ordnung, deren Hüter sich daher oftmals nur mit Repressionen zu helfen wussten.

Den größten Bauernaufstand erlebte Rumänien im Jahr 1907: Die Unruhen brachen Anfang des Jahres in der nördlichen Moldau aus und breiteten sich rasch über das gesamte Land aus. Bauern zerstörten massenhaft das Eigentum der großen Landbesitzer und töteten Vertreter des Staates sowie die verhassten Zwischenpächter, die oftmals Juden waren. Eine neu ernannte Regierung ordnete die Niederschlagung des Aufstandes durch die Armee an und mobilisierte dafür 140 000 Mann. Die Armee agierte brutal; rund 10 000 Bauern wurden getötet. Eine strukturelle Ursache des Aufstandes war die überkommene Grundordnung mit ihrem ausbeuterischen Pachtsystem, das nach der Bauernbefreiung des Jahres 1864 die zuvor existierenden feudalen Beziehungen ersetzt hatte. Die meisten Bauern besaßen selbst nur wenig Land und mussten zusätzliche Flächen von Großgrundbesitzern – häufig über Zwischenpächter – pachten, wobei die Verträge üblicherweise nur ein Jahr lang galten und die Bauern ihre Pacht mangels Geld häufig mit ihrer eigenen Arbeit auf den Latifundien der Großgrundbesitzer ›bezahlten‹. Sie fühlten sich also wie Leibeigene. Aufgrund des raschen Bevölkerungswachstums waren zudem in den Jahren vor 1907 die bäuerlichen Besitztümer im Durchschnitt immer kleiner, die Pachtgebühren dafür immer höher geworden. Anfang des 20. Jahrhunderts besaßen 95 Prozent der Landbesitzer in Rumänien (Kleinbauern mit weniger als zehn Hektar Land) insgesamt nur 40 Prozent alles bebauten Landes, während rund 0,8 Prozent der größten Landbesitzer (mit Gütern über fünfzig Hektar) mehr als die Hälfte des gesamten Ackerlandes ihr Eigen nannten. Lokale Konflikte über Steuerzahlungen setzten schließlich 1907 die schwelende bäuerliche Unzufriedenheit in Brand. Bald nach der Niederschlagung des Aufstandes erließ das rumänische Parlament zwar ein Agrarreformgesetz, das aber keine durchschlagende Verbesserung brachte – die große Landreform erfolgte erst nach dem Ersten Weltkrieg.

Die Bauern drückten ihre Unzufriedenheit nicht nur durch Rebellion aus, sondern schufen Organisationen, um ihren Forderungen Gehör zu verschaffen. Im letzten Drittel des 19. Jahrhunderts gründeten sich am Raiffeisen-Modell orientierte (Kredit-)Genossenschaften. Etwas später traten Bauernparteien auf den Plan (zum Beispiel in Bulgarien

1899, in Kroatien 1904), die von in ärmlichen dörflichen Verhältnissen aufgewachsenen volksnahen Intellektuellen angeführt wurden, wie den Brüdern Antun und Stjepan Radić in Kroatien oder Aleksandăr Stambolijski in Bulgarien. Die Bauernparteien forderten staatliche Förderprogramme für die Landwirtschaft (etwa durch die Schaffung eigener Agrarbanken), die Modernisierung der Dörfer sowie die Demokratisierung des politischen Systems. Der politische Durchbruch, wenn auch nur zeitweise, gelang ihnen erst in der Zwischenkriegszeit, als das allgemeine und gleiche Männerwahlrecht eingeführt wurde. Sie wären wohl die beste politische Option für eine ausgewogene ökonomische sowie eine demokratische politische Entwicklung gewesen, welche die Interessen der Bevölkerungsmehrheit berücksichtigt und die Kluft zwischen Gesellschaft und Staat sowie Stadt und Land überbrückt hätte. Schließlich waren diese Parteien die ersten, die nicht nur rhetorisch den ›kleinen Mann‹ in das Zentrum ihrer Forderungen stellten, sondern ihn auch an der Politik beteiligten.

Zudem gehörten die Agrarparteien ebenso wie die vor dem Ersten Weltkrieg an Bedeutung gewinnenden Sozialisten zu den vehementesten Befürwortern der Idee einer Balkanföderation. Auch lehnten sie Militarismus ab, denn sie wussten, dass ihre Anhänger (als Soldaten und deren Familien) am meisten im Krieg zu verlieren und am wenigsten zu gewinnen hatten; sie vertraten jene, die nicht in der nationalen Expansion, sondern der inneren Entwicklung die wichtigste Aufgabe des Staates sahen. So betonte etwa der bulgarische Sozialist Janko Sakăzov in einer Parlamentsrede gegen den Ersten Balkankrieg im Jahr 1912: »Was wir vorbereiten, ist eine Konföderation, die tatsächlich alle

Nationen des Balkans, einschließlich der Türkei, vereinen soll.« Doch diese Stimmen, die die territoriale Expansion nicht als Hauptziel des Staates ansahen, konnten sich nicht durchsetzen.

Expansion und Irredenta

Die Politik der nationalen Integration richtete sich nicht nur nach innen, sondern auch nach außen, da die Regierungen der neuen Staaten der Ansicht waren, die Grenzen ihres Staatsgebietes entsprächen noch nicht dem Idealzustand. So basierten die beiden im Jahr 1844 formulierten nationalen Programme Griechenlands (die ›Große Idee‹, *megali idea*) sowie Serbiens (das ›Programm‹, *načertanije*) auf der Vorstellung, dass es jenseits der Grenzen des jungen Nationalstaats Angehörige der Nation gebe, die ihrer Befreiung harrten. Diese Ansprüche formulierten die Regierungen unabhängig von der Selbstidentifikation besagter Menschen. Egal wie sich diese selbst nannten, in den Augen der nationalistischen Eliten handelte es sich ›eigentlich‹ um Griechen bzw. Serben (Bulgariens Ansprüche auf osmanisches Territorium nach 1878 folgten derselben Logik). Zur Begründung verwiesen Regierungen, nationale Aktivisten und Intellektuelle gerne auch auf die maximale Ausdehnung der mittelalterlichen Staatswesen, als deren Reinkarnation sie ihren neuen Staat ausgaben. Natürlich waren diese mittelalterlichen Staatengebilde viel größer als die aktuellen Nationalstaaten – entsprechend beliebt und in der Öffentlichkeit präsent waren Bezugnahmen auf die goldene Zeit im Mittelalter. Historische Rechtfertigungen von Gebietsansprüchen hatten außerdem den Vorteil, dass man über gegenwärtige, diesen Ansprüchen abträgliche Realitäten großzügig hinwegsehen konnte. Wenn überall dort Serbien sein konnte, wo Zar Stefan Dušan (1308–1355) geherrscht hatte, dann verblasste die Tatsache, dass dort nun Albaner, Türken, Griechen, Bulgaren usw. lebten, zur Marginalie.

Natürlich war es für die Glaubwürdigkeit territorialer Forderungen gerade auch gegenüber den Großmächten förderlich, wenn sich die angesprochenen Bevölkerungen tatsächlich als Angehörige des jeweiligen Volkes verstanden und die Befreiung durch ihren ›Mutterstaat‹ herbeisehnten. Entsprechend investierten die neuen Staaten in eine umfangreiche kulturelle Propaganda in den von ihnen beanspruchten Gebieten, um das ihrer Ansicht nach korrekte nationale Selbstverständnis zu fördern. Ethnografische Karten kamen zum Einsatz, die die Zugehörigkeit der Bevölkerung der beanspruchten Gebiete durch eindeutige Farbgebung abbildeten und damit ein kompaktes Siedlungsgebiet des jeweiligen Volkes entwarfen, das weit über die Grenzen des jeweiligen Nationalstaates hinausreichte. Die Statistik war ebenfalls ein probates Mittel zur Untermauerung der eigenen Ansprüche, wobei die osmanischen Volkszählungen nationalen Beschönigungen reichlich Raum boten, da sie die Bevölkerung nur nach Religionszugehörigkeit, nicht aber nach Sprache oder Nationalität differenzierten. Die Christen Makedoniens firmierten deshalb – je nach nationalem Standpunkt – als Griechen, Bulgaren oder Serben, und bei den slawischsprachigen Muslimen machten die nationalen Aktivisten gerne eine Ausnahme von der christlichen Fundierung ihres Nationalverständnisses: Serbische Patrioten betrachteten die Muslime Bosniens als Serben, kroatische als Kroaten, und bulgarische erachteten die slawischsprachigen Muslime Makedoniens und Bulgariens als zwangsislamisierte ›echte‹ Bulgaren (eine Ansicht, die im 20. Jahrhundert zu wiederholten Versuchen der Zwangsassimilation führen sollte).

Serbien, Griechenland, Montenegro und Bulgarien betrieben eine aktive irredentistische Politik; nur Rumänien musste sich zurückhalten, denn die von rumänischen Nationalisten beanspruchten Gebiete (Siebenbürgen, Bukowina, Bessarabien), deren Bewohner tatsächlich mehrheitlich rumänischsprachig waren, gehörten zu zwei mächtigen Reichen (Österreich-Ungarn und Russland), die herauszufordern der Regierung in Bukarest doch etwas zu gewagt erschien. Selbst im Königreich Kroatien und Slawonien gab es eine Art Irredenta: Zu den zentralen Forderungen der nationalen Parteien der Kroaten gehörte die Vereinigung der österreichischen Provinz Dalmatien mit dem Königreich Kroatien und Slawonien. Enttäuscht reagierten die kroatischen (und auch serbischen) Parteien nicht nur auf die Zurückweisung dieser Forderung, sondern auch die Entscheidung der Wiener Regierung, die 1878 okkupierte und 1908 annektierte osmanische Provinz Bosnien nicht Kroatien anzugliedern. Nach ihrer Lesart handelte es sich bei den dort lebenden Menschen um Kroaten bzw. Serben, daher wäre in ihren Augen die Vereinigung Bosniens mit Kroatien ein idealer Schritt zur Schaffung einer eigenen Reichseinheit für die Südslawen gewesen.

Die expansionistische Politik nach außen diente auch zur Konsolidierung des Staates im Inneren. Sie gab dem nationalen Projekt die Aura einer historischen Mission, hinter der sich die Bevölkerung im Namen der Solidarität mit ihren noch unter Fremdherrschaft darbenden Brüdern und Schwestern versammeln müsse, und zwar natürlich unter Führung der politischen Elite sowie der Armee, die mit der Notwendigkeit der Befreiung ein schlagkräftiges Argument für ihre Budgetansprüche zur Hand hatte. Holm Sundhaussen sieht in den großen Militärausgaben einen Grund für das Ausbleiben eines Modernisierungsdurchbruches in den jungen Nationalstaaten: In Bildung wären die Kredite, welche die Länder in großem Ausmaß im Ausland aufnahmen, langfristig besser angelegt gewesen, doch stattdessen dienten sie mehrheitlich der Finanzierung der unter anderem aufgrund der hohen Militärausgaben (sowie der aufgeblähten Verwaltungsapparate) notorisch großen Budgetdefizite.

Es blieb nicht bei Propaganda: Die Nationalstaaten griffen wiederholt zur Waffe, um ihr Territorium auf Kosten des Osmanischen Reiches zu erweitern. Serbien und Montenegro gelang im Zuge des russisch-osmanischen Krieges von 1877/78 eine wesentliche Ausdehnung ihres Staatsgebietes, und Rumänien konnte bei dieser Gelegenheit die nördliche Dobrudscha gewinnen. Griechenland eroberte 1881 Thessalien. Die umfangreichsten Gebietserweiterungen erfolgten im Zuge des Ersten Balkankrieges von 1912/13, in dessen Folge das Osmanische Reich aus Europa – mit Ausnahme des europäischen Hinterlandes von Istanbul – hinausgedrängt wurde (und der, siehe unten, aufgrund der sich überschneidenden Gebietsansprüche in einem Krieg zwischen den Balkanstaaten mündete). Die expansionistischen Bestrebungen der neuen Nationalstaaten machten darüber hinaus die Umsetzung der von Intellektuellen und Politikern mehrfach geäußerten Idee einer Föderation aller Balkanvölker unmöglich, zumal die Großmächte diesen

Plänen skeptisch gegenüberstanden. Schon 1885 kam es zu einem ersten Krieg zwischen den neuen Nationalstaaten, als Serbien Bulgarien überfiel, nachdem sich das Fürstentum Bulgarien die noch osmanische Provinz Ostrumelien einverleibt hatte und damit aus serbischer Perspektive zu mächtig zu werden drohte.

Zum besonderen Zankapfel mit einer komplexen Gemengelage von inneren Spannungen und äußeren Interventionen entwickelte sich seit den späten 1870er Jahren die Region Makedonien. Zum einen gab es gleich drei Nationalstaaten – Griechenland, Serbien und Bulgarien –, die mit Verweis auf ihre mittelalterliche Ausdehnung sowie die Bevölkerungszusammensetzung Makedoniens Ansprüche auf dieses noch osmanische Gebiet erhoben. Selbst das ferne Rumänien warf sich für die Aromunen (eine orthodoxe Bevölkerungsgruppe, die eine dem Rumänischen verwandte Sprache spricht und damals primär von nomadischer Viehzucht und Handel lebte) der Region in die Bresche, was zur Gründung einiger Schulen sowie der Anerkennung einer aromunischen Kirche durch den Sultan im Jahr 1905 führte, aber keine maßgeblichen politischen Folgen zeitigte (dafür gab es zu wenige Aromunen; auch war Rumänien zu fern). Zum anderen versuchten die europäischen Großmächte ihre oft divergierenden Ordnungsvorstellungen durchzusetzen, zum Beispiel im Zusammenhang mit geplanten Bahnverbindungen nach Konstantinopel – und die osmanische Regierung wollte weitere Gebietsverluste verhindern.

Die benachbarten Nationalstaaten setzten auf Propaganda, um einerseits die lokale Bevölkerung für ihre Pläne zu mobilisieren und andererseits die Sympathie der internationalen Staatengemeinschaft zu gewinnen. Die Regierungen von Bulgarien, Serbien und Griechenland investierten beträchtliche Mittel, um Schulen, Kirchen und Kulturvereine in Makedonien zu finanzieren, die eine national noch unbestimmte Bevölkerung von der entsprechenden nationalen Identität überzeugen sollten. So gab es in Makedonien um die Jahrhundertwende jeweils mehrere hundert bulgarische, griechische und serbische Schulen, finanziert vom jeweiligen Nationalstaat, deren Aufgabe weniger die Vermittlung von ordentlicher Bildung als von nationaler Identität war. Der englische Journalist Henry N. Brailsford, der 1903 die bereits umkämpfte, aber noch osmanische Region Makedonien bereiste, berichtet, wie sich lokale Bevölkerungen aus ganz pragmatischen Gründen für eine Nation erklärten:

> Ich sprach mit einem wohlhabenden Bauern, der von einem Nachbardorf zum Markt in Monastir (Bitola) kam. Er sprach gut Griechisch, aber nicht wie ein Muttersprachler. ›Ist Dein Dorf griechisch‹, fragte ich ihn, ›oder bulgarisch?‹ ›Nun‹, antwortete er, ›jetzt ist es bulgarisch, aber bis vor vier Jahren war es griechisch.‹ Diese Antwort schien für ihn völlig natürlich und selbstverständlich. ›Wie‹, fragte ich ihn mit einiger Verwunderung, ›kam dieses Wunder zustande?‹ ›Warum nicht‹, sagte er, ›wir sind alle arme Leute, aber wir möchten in unserem Dorf unsere eigene Schule und einen Priester haben, der sich ordentlich um uns kümmert. Wir hatten lange Zeit einen griechischen Lehrer. Wir zahlten ihm fünf Pfund plus Logis, und der griechische Konsul zahlte ihm weitere fünf Pfund. Aber wir hatten nicht unseren eigenen Priester, sondern teilten uns einen mit anderen Dörfern; dieser war aber sehr unpünktlich und nachlässig. Wir be-

schwerten uns beim griechischen Bischof, aber der weigerte sich, irgendwas für uns zu tun. Die Bulgaren hörten von der Sache, kamen und machten uns ein Angebot. Sie sagten, sie würden uns einen Priester schicken, der im Dorf leben würde, und einen Lehrer, den wir nicht bezahlen bräuchten. Sie sehen, mein Herr, wir sind ein armes Dorf, und so wurden wir natürlich zu Bulgaren.‹[13]

Identitäten waren also im Fluss und nicht nur das Ergebnis von Herkunft, Muttersprache oder historischer Erinnerung, sondern auch des Nutzenkalküls einer armen Dorfbevölkerung. Aus der Perspektive der um Makedonien konkurrierenden Nationalstaaten noch wirksamer war aber der Einsatz von Gewaltakteuren, denn diese konnten ganze Dörfer dazu zwingen, sich für eine Seite zu entscheiden. Gewalt schafft Eindeutigkeit; wenn etwa in einem Dorf den Bewohnern Gefahr drohte, weil sie vermeintlich Bulgaren (oder Serben oder Griechen) waren, dann baten sie mit großer Wahrscheinlichkeit nolens volens den jeweiligen ›Mutterstaat‹ um Schutz, zumal die osmanische Regierung einen solchen nicht gewährleisten konnte. Identität war die einzige Währung, die sie einbringen konnten.

Seit den 1880er Jahren breiteten sich die Freischärler in Makedonien aus. Sie agierten oftmals auf Geheiß der Regierungen der involvierten Nachbarländer, konnten aber nicht völlig von diesen kontrolliert werden. Die Grenzen zwischen Banditentum und nationalrevolutionärer Auflehnung waren fließend; zu leiden hatte jedenfalls die Zivilbe-

13 Henry N. Brailsford, *Macedonia, Its Races and Their Future,* London 1903, S. 102.

völkerung. Als Reaktion auf die christlichen Freischärler formierten sich muslimische (vor allem albanische) Milizen, die zusammen mit den osmanischen Regierungstruppen, der Gendarmerie und irregulären osmanischen Einheiten gegen die Freischärler vorgingen. Sie waren für ihre Brutalität, auch gegenüber Zivilisten, berüchtigt und setzten weitere Gewaltspiralen in Gang.

Die stärkste nationalrevolutionäre Gruppe in Makedonien war die ›Innere Makedonische Revolutionäre Organisation‹ (IMRO), die sich 1893 in Saloniki formiert hatte. Sie zerfiel in einen pro-bulgarischen Flügel – selbstredend von der bulgarischen Regierung massiv gefördert –, der den Anschluss Makedoniens an Bulgarien anstrebte, und einen autonomistischen, der für ein autonomes, multikonfessionelles Makedonien innerhalb eines reformierten Osmanischen Reiches eintrat. Die Zuordnung der Protagonisten der IMRO zu den beiden Flügeln ist unter nordmazedonischen wie bulgarischen Historikern bis heute umstritten – ein Indiz dafür, dass die historischen Akteure sich selbst oft nicht im Klaren waren, was sie jenseits der Beseitigung der in der Tat despotischen Herrschaft von Sultan Abdülhamid II. letztlich wollten. Durch spektakuläre Aktionen wie die Entführung der amerikanischen Missionarin Ellen Maria Stone im Jahr 1901 – womit die Bande um den legendären Anführer Jane Sandanski erfolgreich Lösegeld erpresste – oder den Terroranschlag auf die Ottomanische Bank in Saloniki im Jahr 1903 erregte die ›makedonische Frage‹ beträchtliche internationale Aufmerksamkeit. Der von der IMRO organisierte sogenannte Ilinden-Aufstand im August 1903 scheiterte zwar, aber seine brutale Niederschlagung durch osmanische Truppen rief die Großmächte auf den Plan. Das zwischen dem österreichisch-ungarischen und dem russischen Außenminister im Oktober 1903 ausgehandelte Abkommen von Mürzsteg verpflichtete die osmanische Regierung zu weitgehenden Reformen in Makedonien, zu deren Implementierung Beobachter aus Österreich-Ungarn und Russland entsandt wurden.

Zur Umsetzung der Reformen kam es nicht. Vielmehr blieben die noch osmanischen Gebiete am Balkan bis zu den Balkankriegen 1912/13 ein Unruheherd, wobei die anwachsende albanische Nationalbewegung die Lage vor Ort noch unübersichtlicher machte. Das durch die Balkanstaaten selbst mitverursachte Sicherheitsvakuum in diesen Regionen diente ihnen als Rechtfertigung ihrer Ansprüche, führte es doch der internationalen Staatengemeinschaft plastisch das Versagen der osmanischen Regierung vor Augen, für Ruhe und Ordnung in ihrem Herrschaftsgebiet zu sorgen und damit die Aufgaben eines Staates zu erfüllen.

Sosehr die Nationalstaaten also in Makedonien konkurrierten, motivierte sie das gemeinsame Ziel der Eroberung von bislang osmanischem Territorium doch zur Kooperation. Mit russischer Hilfe schmiedeten die Regierungen Montenegros, Serbiens, Griechenlands und Bulgariens 1911/12 eine Militärallianz, die im Oktober 1912 das Osmanische Reich angriff und dank überlegener Armeen innerhalb weniger Wochen alle noch osmanischen Gebiete am Balkan erobern konnte. Die bulgarische Armee stand kurz vor Istanbul, und Serbien sah sich bereits im Besitz eines Adriazugangs. Dass dem militärischen Zweckbündnis keine weiterreichenden gegenseitigen Sympathien zugrunde lagen, sondern die sich überschneidenden Gebietsansprüche eine dauerhafte Verständigung verhinderten, sollte sich bereits im Juni 1913 erweisen: Bulgarien griff seine Bündnispartner vom Vorjahr an, da es sich bei der Aufteilung Makedoniens – dem seit 1878 gehegten Traum der bulgarischen Nationalbewegung – übervorteilt sah. In der Tat hatten die Balkanstaaten auf eine klare Kennzeichnung ihrer jeweiligen Ansprüche vor dem Kriegsausbruch verzichtet. Der Zweite Balkankrieg endete Anfang August mit der totalen Niederlage Bulgariens; das Osmanische Reich – nun auf der Seite seiner Gegner des Ersten Balkankrieges kämpfend – konnte Edirne zurückerobern und Rumänien, das 1912 neutral geblieben war, nahm Bulgarien jetzt die Süddobrudscha ab (in der es zwar kaum Rumänen gab, aber wen störte das schon).

Die europäischen Großmächte zeigten sich über das selbständige Vorgehen der Balkanstaaten wenig begeistert, die innerhalb weniger Monate die seit mehr als einem Jahrhundert schwelende orientalische Frage in Südosteuropa ad acta gelegt hatten. Insbesondere Österreich-Ungarn sah seine Position in jener Region, in der es noch als Großmacht auftreten konnte, unterminiert. Die internationale Lage war zu dieser Zeit ohnehin extrem angespannt, da die Rivalitäten der Großmächte immer aggressiver geworden waren. Einmal allerdings gelang noch eine konzertierte internationale Aktion, um die Situation am Balkan den Vorstellungen der Großmächte halbwegs anzupassen. Denn die Grenzziehungen nach den Balkankriegen wurden nicht den kriegführenden Parteien überlassen, sondern auf der Londoner Botschafterkonferenz von Mai 1913 entschieden. Deren bedeutsamster Beschluss war die Schaffung eines unabhängigen albanischen Staates an der Adria, worauf insbesondere Österreich-Ungarn, aber auch Italien gedrängt hatten. Österreich-Ungarn wollte damit die Ausdehnung

Serbiens bis ans Meer verhindern. Als sich serbische und montenegrinische Truppen weigerten, die dem albanischen Staat zugesprochenen Gebiete im Norden des Landes zu räumen, mobilisierte Österreich-Ungarn seine Truppen. Ein Krieg konnte im Herbst 1913 gerade noch vermieden werden, da sich die Regierungen Serbiens und Montenegros der Übermacht Österreich-Ungarns beugten, aber die Beziehungen zwischen Österreich-Ungarn und Serbien sollten sich nicht mehr erholen.

Bei all diesen Gebietserweiterungen seit 1878 mussten die Regierungen wiederholt die Erfahrung machen, dass entgegen ihrer Propaganda ein großer, wenn nicht sogar der größte Teil der Bevölkerung der neugewonnenen Gebiete ihre vermeintliche ›Befreiung‹ keineswegs begrüßte, zum Beispiel weil sie Muslime waren und daher die Herrschaft des Sultans vorzogen. Serbien löste dieses ›Problem‹, indem es bei der Eroberung des Sandschak von Niš 1878 die muslimisch-albanischen Einwohner vertrieb und nach dem Berliner Kongress deren Rückkehr verhinderte. Rumänien betrieb in der Dobrudscha eine gezielte Ansiedlungspolitik, um diese multiethnische Region zu rumänisieren und die muslimische (vor allem tatarische und türkische) Bevölkerung zur Auswanderung zu drängen. Kreta wurde im Zuge der schrittweise vollzogenen Angliederung an Griechenland vom Großteil seiner Muslime verlassen, zu denen zu Beginn des 19. Jahrhunderts noch rund die Hälfte der Einwohner der Insel gezählt hatte. In den Balkankriegen wiederholte sich dieses Muster – gewaltsame Übergriffe gegen Muslime, um diese zur Flucht zu veranlassen – in noch viel größerer Dimension. Ein Resultat dieser Flucht- und Migrationsbewegungen von Muslimen war, dass das verbliebene Osmanische Reich noch muslimischer wurde.

Dieser Exodus bildete den Erfahrungshintergrund, vor dem die in den noch osmanischen Gebieten lebenden Muslime ihre Erwartungen im Falle einer ›Befreiung‹ durch einen christlichen Nationalstaat formulierten. Die 1878 gegründete Liga von Prizren, die Wurzel der albanischen Nationalbewegung, formierte sich anfänglich als defensives Bündnis von muslimischen Oberschichtangehörigen, die einen Anschluss ihrer Siedlungsgebiete an Serbien befürchteten – die Massaker und Vertreibungshandlungen der serbischen Truppen im Sandschak von Niš lagen erst einige Monate zurück und waren ihnen bestens bekannt.

Die Balkanmuslime waren insgesamt die größte Opfergruppe der christlichen Nationsbildungen. Nach auf den verfügbaren Dokumenten beruhenden Schätzungen des Historikers Justin McCarthy flüchteten allein von 1912 bis 1920 über 400 000 Muslime aus den vom Osmanischen Reich verlorenen Gebieten in die Türkei; 27 Prozent der in den von Griechenland, Bulgarien, Serbien und Montenegro eroberten Gebieten lebenden Muslime kamen durch Kriege und Vertreibungen um. So hatten bis 1912/13 Muslime die Mehrheit der Bevölkerung in Makedonien und Thrakien gestellt, danach waren sie eine Minderheit. Regierungen, Armeen und Freischärler der Nationalstaaten begriffen den Krieg als Möglichkeit der ethnischen ›Flurbereinigung‹. Entsprechend förderte der 1914 veröffentlichte Bericht einer von der Carnegie-Stiftung eingesetzten internationalen Untersuchungskommission zahlreiche Belege für systematische Gräueltaten zutage, die das Bild des ›barbarischen‹ Balkans in Europa festigten (die Öffentlichkeit in Ländern wie Großbritannien und Deutschland sah natürlich über die in den Kolonien begangenen Verbrechen ihrer Länder, wie beispielsweise den 1904–1907 von deutschen Truppen verübten Völkermord an den Herero und Nama, hinweg). Die Friedensverträge nach den Balkankriegen legitimierten nachträglich die ›ethnischen Säuberungen‹, indem sie die Möglichkeit des ›freiwilligen‹ Bevölkerungstransfers vorsahen. Auch unter den Großmächten setzte sich die Ansicht durch, dass die Aussiedelung von Minderheiten, die über einen ›Mutterstaat‹ verfügten, die beste Lösung für vertrackte Nationalitätenkonflikte sei.

Allerdings wurden nicht alle Muslime vertrieben. Serbien, das 1912 Kosovo eroberte, sah sich beispielsweise vor die Aufgabe gestellt, nun zum ersten Mal eine große, kompakt siedelnde nicht-serbische Bevölkerung zu integrieren – und scheiterte daran kläglich. Bis zur Besetzung Serbiens durch Österreich-Ungarn im Ersten Weltkrieg verblieben die ›Südserbien‹ genannten neu eroberten Gebiete unter einer harschen Militärverwaltung, welche den Neubürgern ihre staatsbürgerlichen Rechte vorenthielt. Ein solcher Ausgang war aber nicht unumgänglich, denn die Muslime sowohl Bosniens als auch Bulgariens arrangierten sich – trotz ihres Widerstandes gegen christliche Herrschaft und der Übergriffe der Invasionstruppen im Jahr 1878 – mit den neuen christlichen Herrschern. Nur eine Minderheit wanderte nach dem Ende des Krieges ins Osmanische Reich aus, wobei auch die Tatsache eine Rolle spielte, dass beide Gebiete bis 1908 formell unter der Oberhoheit des Sultans verblieben. Sowohl die österreichisch-ungarische als auch die bulgarische Regierung versuchten nach 1878, die kulturellen, d.h. religiös bestimmten Grundlagen der muslimischen

Gemeinschaften sowie deren Eigentumsordnung nicht anzutasten – weshalb diese in sehr konservativen Mustern verharrten. Die griechische Regierung betrieb eine ähnliche Inklusionspolitik in der 1881 angeschlossenen Provinz Thessalien.

Nach den verlustreichen Balkankriegen (das Osmanische Reich verlor 100 000–120 000, Bulgarien verlor rund 65 000, Serbien 36 000, Griechenland 9500, Montenegro 3000 Soldaten) und angesichts der Notwendigkeit, die neugewonnenen Gebiete zu integrieren, war die Kriegsbereitschaft der Balkanstaaten fürs Erste erschöpft. Die Spannungen reduzierten sich aber keinesfalls, denn einerseits hatten sie ihre Gebietsansprüche noch nicht realisiert und andererseits verstärkten die Balkankriege die internationalen Antagonismen. Besonders brisant erwies sich in dieser Gemengelage der Konflikt zwischen Österreich-Ungarn und Serbien, der aufgrund der Bündnisverbindungen der beiden Länder – wie im Juli 1914 deutlich werden sollte – das Potenzial hatte, einen europaweiten Flächenbrand auszulösen. Den beteiligten Akteuren vor allem aufseiten der Habsburgermonarchie war das nicht immer bewusst. Aufgrund seiner historischen Folgen lohnt es, auf die Genese dieses Konflikts genauer einzugehen, zumal er die Schwierigkeiten der neuen Nationalstaaten illustriert, im Angesicht interventionsfreudiger Großmächte eigenständige Außenpolitik zu betreiben.

Im 19. Jahrhundert noch waren die Beziehungen zwischen Serbien und der Habsburgermonarchie sehr eng gewesen, wenn auch nicht auf Augenhöhe: Ein nach Serbiens Unabhängigkeit 1878 abgeschlossener Handelsvertrag machte nicht nur Serbiens Außenhandel vom österreichisch-ungarischen Markt abhängig, sondern schloss auch politische Geheimbestimmungen mit ein, die Serbiens Außenpolitik den Interessen der Doppelmonarchie unterwarfen. Andererseits bewahrte die diplomatische Unterstützung durch Österreich-Ungarn Serbien nach der Niederlage gegen Bulgarien 1885 vor unangenehmen Friedensbestimmungen. Bedeutsam waren des Weiteren die vielfältigen Transfers zwischen beiden Ländern: Eine beträchtliche Zahl von Serben aus der Habsburgermonarchie wanderte nach Serbien aus und betätigte sich dort als Unternehmer, Verwalter und Kulturschaffende, aber auch als Kolonisten. Umgekehrt kamen viele Serben nach Wien und Budapest, um dort ein Universitätsstudium zu absolvieren.

Die serbische Öffentlichkeit kritisierte die österreichfreundliche Politik von König Aleksandar Obrenović in den 1890er Jahren zunehmend. Zum einen fühlten sich viele Serben kulturell Russland näher, eine Ausrichtung, die etwa von der erfolgreichen Radikalen Volkspartei vertreten wurde. Zum anderen wollten sie sich nicht erneut von einem imperialen Zentrum abhängig machen. Nach dem blutigen Wechsel der Dynastie im Jahr 1903 kam mit König Peter I. Karađorđević jemand auf den Thron, der Russland (und Frankreich) deutlich zugeneigter war als Österreich-Ungarn. Die Habsburgermonarchie verlängerte aufgrund des Lobbyings ungarischer Agrarinteressen den Handelsvertrag mit Serbien im Jahr 1906 nicht mehr. Vielmehr verhängte die Wiener Regierung ein Embargo gegen die Einfuhr von Lebendvieh und Agrarprodukten aus Serbien, was die bilateralen Beziehungen beschädigte, denn Schweine waren das wichtigste serbische Ausfuhrprodukt und Österreich-Ungarn ihr wichtigster Markt. Für die Habsburgermonarchie erwies sich diese als ›Schweinekrieg‹ bekannt gewordene Episode als doppelt kontraproduktiv: Sie stärkte einerseits die habsburgfeindlichen Kräfte in Serbien und befreite Serbien andererseits nachhaltig aus der ökonomischen Abhängigkeit von der Donaumonarchie, da Serbien nun eine eigene fleischverarbeitende Industrie aufbaute und neue Märkte erschloss. Weiter vertieft wurde das Zerwürfnis durch die Entscheidung Österreich-Ungarns 1908, das seit 1878 besetzte Bosnien-Herzegowina formell zu annektieren, obwohl das gegen die Bestimmungen des Berliner Kongresses verstieß.

Für nationalbewegte Serben, die sich auch mit den ungarischen Serben solidarisierten, welche unter der Magyarisierungspolitik Budapests litten, war dies ein harter Schlag, erachteten sie doch Bosnien-Herzegowina als genuin serbisches Territorium. Dabei stützten sie sich nicht nur auf das historische Argument, dass Bosnien Teil des mittelalterlichen serbischen Reiches gewesen sei, sondern vor allem auf die konfessionelle Struktur der Provinz: Orthodoxe stellten in Bosnien-Herzegowina die größte Bevölkerungsgruppe dar, gefolgt von Muslimen und Katholiken. Zu diesem Zeitpunkt war auch klar, dass die vom langjährigen Landesverwalter Bosniens, Benjámin Kállay (der von 1882 bis 1903 in seiner Funktion als österreichisch-ungarischer Finanzminister auch dieses Amt ausübte), verfolgte Strategie gescheitert war, in der Provinz eine ›bosnische‹ Regionalidentität zu formen. Anstelle einer konfessionsübergreifenden, landesbezogenen Identität konsolidierten sich wenigstens unter der urbanen Bevölkerung kroatische und serbische nationale Identitäten beziehungsweise eine dezidiert muslimische Identität. Serbische und kroatische Vereine und Parteien sowie die orthodoxe und die katholische Kirche reklamierten die Orthodoxen Bosniens für die serbische Nation bzw. die Katholiken für die kroatische und lieferten damit den Ansatzpunkt für eine grenzüberschreitende nationale Mobilisierung.

Hinzu kam, dass die nationalrevolutionäre Agitation in Bosnien in der extremen sozialen Ungleichheit einen fruchtbaren Nährboden vorfand: Der Landbesitz war sehr ungleich verteilt; ein großer Teil der Bauernschaft lebte als Teilpächter in Abhängigkeit von Großgrundbesitzern. Dabei waren im Jahr 1910 die Gutsbesitzer, die Land verpachteten, zu 91 Prozent Muslime, während fast drei Viertel aller Pächterfamilien serbisch-orthodox waren. Die habsburgische Verwaltung hatte an dem Zustand, der schon in osmanischer Zeit bestanden hatte, wenig verändert, da sie sich die Loyalität der muslimischen Elite sichern wollte, die 1878 noch gegen die österreichisch-ungarischen Truppen bewaffneten Widerstand geleistet hatte. Insgesamt blieb die von der Wiener Regierung verkündete Förderung Bosniens hinter den Versprechungen zurück: Die Provinz gehörte auch 1914 noch zu den ärmsten und unterentwickeltsten Landesteilen der Doppelmonarchie. Wie eine Semikolonie wurde sie von Beamten, die von außen kamen, verwaltet und lieferte der Wirtschaft des Reiches Rohstoffe wie Holz und Erze. Mithin pflegten die habsburgischen Verwalter einen regelrechten Zivilisierungsdiskurs.

Nationalistische Gruppen in Serbien wiederum nutzten die Unzufriedenheit der orthodoxen Bevölkerung in Bosnien, um antihabsburgische Aktivitäten anzuheizen. Am bekanntesten und folgeträchtigsten waren die Umtriebe der Geheimorganisation Schwarze Hand, die sich aus der Offiziersverschwörung von 1903 herleitete, der König Aleksandar Obrenović und seine Gattin Draga Mašin zum Opfer gefallen waren. Unter dem Motto »Vereinigung oder Tod« schmuggelte die von einem Generalstabsoffizier der serbischen Armee geleitete Organisation Waffen nach Bosnien und trainierte in Serbien junge Verschwörer aus der Provinz, überwiegend Serben, die Attentate auf habsburgische Würdenträger verüben sollten (1910 überlebte der habsburgische Landesverweser Marijan Varešanin einen solchen Anschlag nur knapp). Die Verschwörer von 1914 um Gavrilo Princip erhielten ebenfalls logistische Unterstützung und Waffen von der Schwarzen Hand – so viel man weiß aber ohne Kenntnis der serbischen Regierung und wohl auch gegen deren Willen. In den Jahren zuvor hatte die Regierung in Belgrad allerdings wenig gegen den Geheimbund unternommen.

Die Schüsse Gavrilo Princips auf den österreichisch-ungarischen Thronfolger Franz Ferdinand und dessen Gattin Sophie Chotek von Chotkowa und Wognin am 28. Juni 1914 – dem wichtigsten serbischen Feiertag, an dem der Schlacht gegen die Osmanen auf dem Amselfeld 1389 gedacht wird – erwiesen sich als doppelt fatal: einerseits für die beiden Opfer, andererseits für Europa. Sie setzten jene Ereigniskette in Gang, die innerhalb eines Monats zum Ausbruch des Ersten Weltkriegs führte. Südosteuropa ging aus diesem Ereignis und dessen Auswüchsen mit einem wesentlichen Stigma hervor, als sei die Region und nicht die Führungen der Großmächte an dem Krieg schuld gewesen. Die Regierungen der Länder Südosteuropas versuchten sogar, den Eintritt in den Krieg so lange wie möglich

Abb. 4: Grenzverläufe in Südosteuropa 1878.

hinauszuzögern, sofern er ihnen nicht durch einen Angriff aufgezwungen wurde. Noch weniger Enthusiasmus für den Krieg zeigten die ›einfachen‹ Menschen, weil die traumatischen Erfahrungen der Balkankriege noch frisch waren. Die Vertreter der in Entstehung begriffenen Massenparteien (Agrarier, Sozialisten) sprachen sich gegen den Krieg aus – wie schon 1912. Die Tatsache, dass etwa in Bulgarien pazifistische Parteien unmittelbar vor dem Ersten Weltkrieg an Zulauf gewannen, legt nahe, dass trotz aller nationaler Propaganda einem Großteil der Bevölkerung andere Ziele wichtiger waren als die ›Befreiung‹ vermeintlicher Volksgenossen: Sie sehnten sich nach einer Regierung, die ihre Lebensverhältnisse verbessern würde, denn bisher waren die neuen Nationalstaaten ihrem Entwicklungsversprechen nur ungenügend gerecht geworden.

Gesellschaftliche Entwicklungen: Stagnation, Erosion, Transformation

Das ›lange‹ 19. Jahrhundert brachte Südosteuropa nicht nur massive politische Veränderungen, sondern auch starken gesellschaftlichen Wandel. Letzterer lässt sich nicht unter einem Begriff resümieren, denn abgesehen von den großen regionalen Unterschieden gab es starke Differenzen zwischen Stadt und Dorf. Unterschiedliche Bevölkerungsgruppen waren von den sozial-ökonomischen Transformationskräften unterschiedlich betroffen. Begriffspaare wie ›Ungleichzeitigkeit der Gleichzeitigkeit‹ bzw. ›Gleichzeitigkeit der Ungleichzeitigkeit‹ oder ›zwischen Tradition und Moderne‹ mögen zwar wissenschaftlich unbefriedigend sein, können aber als passende Metaphern für die Natur des Wandels dienen.

Das 19. Jahrhundert war in Europa eine Epoche der Modernisierung – im Sinne von Urbanisierung und Industrialisierung, steigender Arbeitsteilung und funktionaler Ausdifferenzierung, technologischem Wandel und Entwicklung der modernen Wissenschaften, Verrechtlichung und Politisierung –, verbesserte aber auch Lebensstandards und erweiterte Kommunikationsradien. Diese Entwicklungen machten vor Südosteuropa nicht halt, ohne dass die Region am Beginn des 20. Jahrhunderts jedoch als Industriegesellschaft bezeichnet werden könnte. Allerdings stellten auch jene Gesellschaftssegmente und Gebiete Südosteuropas, die als unmodern erschienen, keine vom Wandel ganz unberührten Inseln der Tradition dar. Bis auf wenige Ausnahmen gab es keine völlig isolierten Sozialräume, gleichwohl reagierten einzelne Gruppen unterschiedlich auf den Wandel, manchmal eben mit Rückzug in die Tradition. Die Gesamtregion sollte als Netz von unterschiedlichsten Beziehungen gesehen werden, die im Laufe des 19. Jahrhunderts aufgrund des technologischen Wandels sowohl an Intensität als auch an Reichweite gewannen.

Wie verzögert sie auch eingeführt wurden – Telegraph und Eisenbahn veränderten radikal die Art und Weise, wie innerhalb und über die Region hinaus Informationen, Güter und Menschen zirkulierten. Ein Dorf auf einer kroatischen Adriainsel um 1900 mochte von der Industrialisierung völlig unberührt erscheinen, weil es weit und breit keine Fabrik gab und die Menschen scheinbar vom Ackerbau und der Fischerei allein lebten. Doch in Wirklichkeit konnte es sich um eine Ortschaft handeln, deren junge Männer in der

Industrie in Nordamerika arbeiteten und von dort Geld heimschickten, das es der heimischen Bevölkerung erlaubte, weiterhin ›nur‹ Landwirtschaft zu betreiben oder Fische zu fangen. Südosteuropa wurde im späten 19. Jahrhundert durchaus globalisiert, nur bedeutet Globalisierung eben nicht, dass überall dieselben gesellschaftlichen Muster entstanden. Vielmehr kann Südosteuropa die Vielfalt von Globalisierung und Moderne exemplarisch verdeutlichen.

Vorangetrieben wurde der gesellschaftliche Wandel im ›langen‹ 19. Jahrhundert durch eine Reihe von Entwicklungen, die miteinander eng verbunden waren. Dazu gehörte die Intensivierung von Staatlichkeit sowohl in den Nationalstaaten als auch in den beiden Imperien, die immer mehr Lebensbereiche formalen Regeln unterwarf. Die staatlichen Institutionen gewannen Einfluss auf das alltägliche Leben und die Bevölkerung musste steigende Leistungen für den Staat erbringen, der sich aber auch für mehr Aufgaben zuständig erklärte. Zudem integrierte sich die Region zunehmend in den Weltmarkt, etwa in jenen für Getreide, aber auch für Arbeitskräfte (durch transatlantische und überregionale Migration). Insgesamt nahmen die überregionalen Verflechtungen stark zu, die neue Möglichkeiten ebenso wie Risiken und Abhängigkeiten eröffneten. Eng damit verbunden war der rasche technologische Wandel, bei dem Südosteuropa natürlich kein Vorreiter war, der aber vor der Region nicht haltmachte (wiewohl einer der wichtigsten Erfinder des 20. Jahrhunderts, Nikola Tesla, aus der Region, nämlich der heute kroatischen Krajina stammt, aber erst in den USA reüssierte). Weitreichende Folgen für Gesellschaft und Ökonomie, indirekt auch für die Politik, zeitigten die demografischen Veränderungen: Südosteuropas Bevölkerung wuchs im ausgehenden 19. Jahrhundert – mit großen regionalen Unterschieden – rasch an, was die althergebrachten, vor allem auf der Verfügbarkeit von Land beruhenden sozialen Sicherungssysteme unter Druck setzte. Diese kurze Auflistung der Kräfte des Wandels verdeutlicht, dass sie sich zum großen Teil dem direkten Einfluss der einzelnen Regierungen entzogen: Zwar konnten Letztere versuchen, ihre Länder möglichst gut darauf vorzubereiten – aber sie vom Wandel abzuschotten, überstieg ihre Steuerungskapazitäten.

Das Leben auf dem Land zwischen Kontinuität und Wandel

Angesichts des ländlichen Charakters der südosteuropäischen Gesellschaften sollen zuerst die Veränderungen im Dorf dargestellt werden. Zwei große Entwicklungen sind zu nennen: der Übergang von einem Muster der Landnutzung, in dem die Viehwirtschaft dominierte, hin zu ackerbaubasierten Wirtschaften auf der einen Seite und die gegen Ende des 19. Jahrhunderts steigende Landknappheit auf der anderen. Diese Prozesse waren eng mit der Frage verknüpft, wer über den Boden und dessen Produkte verfügte. Von zentraler Bedeutung war in dem Zusammenhang auch die Familienform, denn die allermeisten Höfe wurden von einzelnen Familien bewirtschaftet. Abgesehen von wenigen Ausnahmen verdingten sich in Südosteuropa historisch keine Knechte und Mägde auf fremden Höfen. Nur auf den Latifundien in Ungarn und Rumänien sowie den Reis- und Baumwollplantagen am osmanischen Balkan gab es eine größere Zahl von Landarbeitern, die als Tagelöhner Land bestellten, das nicht ihnen gehörte. Eine breite landlose

Schicht, wie etwa in England im 18. Jahrhundert, aus der ein Proletariat hätte erwachsen können, gab es am Balkan nicht.

In Bezug auf die Agrarordnung lässt sich das 19. Jahrhundert als Zeit der Individualisierung von Eigentums- und Nutzungsrechten beschreiben, wiewohl die regionalen Unterschiede groß waren. Nicht überall setzten sich schriftlich fixierte Eigentumstitel durch; so blieb in den albanischen und montenegrinischen Gebirgsgegenden Land im kollektiven, aber nicht vertraglich fixierten Besitz von Stämmen. Einen Kataster gab es nur im habsburgischen Gebiet, womit eine größere Eigentumssicherheit einherging (Griechenlands Landverzeichnis befindet sich heute noch im Aufbau). In Österreich-Ungarn beseitigte die Aufhebung der Erbuntertänigkeit im Jahr 1848 die letzten feudalen Eigentumsmerkmale; analoge Folgen hatte die rumänische Agrarreform von 1864. Diese Reformen verbesserten freilich nicht notwendigerweise die Lage der Bauern, da mit der Bauernbefreiung keine umfangreiche Landneuverteilung einherging. Am unzufriedensten waren die Bauern in Rumänien, wo ein großer Teil als armselige Pächter sein Dasein fristen musste – der große Bauernaufstand von 1907 war die Folge (siehe oben).

Im Osmanischen Reich war die Bauernschaft niemals leibeigen gewesen. Die Abhängigkeit von Großgrundbesitzern (auf den sogenannten *çiftliks*), wie sie sich vor allem im 18. Jahrhundert in einigen Gebieten des Balkans (etwa in Teilen Makedoniens und Thrakiens) entwickelte hatte, entsprach nicht der Norm; grundsätzlich war der bäuerliche Eigenbetrieb die übliche Form der Bodenbewirtschaftung. Mit der osmanischen Bodenreform von 1858 wurden auch dort im Gewohnheits- bzw. religiösen Recht fußende Besitzansprüche in privatrechtliche Eigentumstitel überführt. Damit konnte sich in der zweiten Hälfte des 19. Jahrhunderts ein Landmarkt entwickeln, da Grundbesitzer nun Grund und Boden offiziell verkaufen bzw. belehnen konnten.

Diese gemeinsamen Trends resultierten nicht in einer einheitlichen Agrarordnung, vielmehr gab es in Südosteuropa wenigstens drei große regionale Muster, die eng mit der Existenz einer landbesitzenden Elite sowie der Stärke des Staates zusammenhingen. In Bulgarien und Serbien, aber auch in den slowenischen Siedlungsgebieten in Österreich dominierte bäuerlicher Kleinbesitz bei einer vergleichsweisen egalitären Landaufteilung. In Serbien beispielsweise umfassten 1897 rund die Hälfte aller Höfe weniger als fünf Hektar Grundbesitz und weitere 40 Prozent zwischen fünf und zwanzig Hektar; gemeinsam gehörte ihnen 80 Prozent der gesamten Anbaufläche. Griechenland war zweigeteilt mit Kleinstbauern im Süden und Großgrundbesitz im Norden, wobei die Landreform von 1871 ebenfalls den kleinbäuerlichen Besitz stärkte. In Ungarn (inklusive Kroatien) sowie Rumänien vermochten hingegen die ehemaligen Feudalherren eine Landumverteilung im Zuge der Bauernbefreiung zu verhindern: Der Boden blieb extrem ungleich verteilt, entsprechend groß war die Unzufriedenheit in den Dörfern, die sich teils in Massenauswanderung, teils in Rebellion artikulierte. 1890 besaßen in Kroatien die 209 reichsten Grundbesitzer, deren Güter mindestens 578 Hektar groß waren und die lediglich 0,05 Prozent aller Höfe ausmachten, mehr als 22 Prozent des gesamten Ackerlandes. 92 Prozent der Bauernfamilien besaßen hingegen im Durchschnitt weniger als 11,5 Hektar Grund und Boden, wovon eine Familie kaum ihr Auskommen erwirtschaften konnte. Eine ähnliche Struktur mit Großgrundbesitzern einerseits, Pächtern anderseits, die nur wenig oder gar kein eigenes Land besaßen, existierte in einigen osmanischen Gebieten, vor allem in Bosnien, in Teilen Makedoniens sowie im südlichen Albanien. In den Gebirgsregionen im Westen des Balkans (etwa Nordalbanien) wiederum herrschte ein gänzlich anders geartetes Muster vor: Hier befand sich Land im gemeinschaftlichen Besitz einzelner Stämme, die hauptsächlich Viehwirtschaft betrieben.

Je stärker sich private Ansprüche auf Land sowie größere Rechtssicherheit durchsetzten und die Exportmöglichkeiten stiegen, desto mehr verlagerte sich in der zweiten Hälfte des 19. Jahrhunderts in den meisten Teilen Südosteuropas der Bewirtschaftungsschwerpunkt von Viehwirtschaft auf Ackerbau. Galten noch zur Jahrhundertmitte riesige Schafherden, die Tausende Stück Vieh umfassten und im Sommer im Gebirge, im Winter im Flachland weideten, als emblematisch für Südosteuropa, so war die mobile Viehzucht um die Jahrhundertwende nur mehr ein Schatten ihrer selbst. Ein Grund für den Niedergang der Schafzucht (bis in das 20. Jahrhundert hinein das wichtigste Vieh) war die Verdrängung von Wolle durch Baumwolle als Stoff für Kleidung. Auch machten die neuen staatlichen Grenzen die traditionell mobilen Formen der Viehwirtschaft zunehmend impraktikabel. Die steigende Bevölkerungszahl sowie die Privatisierung von Land führten zudem zur Bebauung von Flächen, die bisher als Weide genutzt worden waren. Wo einst Schafe grasten, wurden nun Getreide, Tabak, Sonnenblumen oder andere Kulturen angepflanzt, während die Gebirgswälder zunehmend abgeholzt wurden. Mit der einsetzenden Erosion gingen auch Gebirgsweiden verloren.

Die meisten Bauern Südosteuropas produzierten primär für den eigenen oder höchstens den lokalen Bedarf. Aber es gab auch Regionen mit starker Exportorientierung: Die rumänischen Fürstentümer stiegen, nachdem der Frieden von Adrianopel (Edirne) 1829 das Ausfuhrmonopol nach Konstantinopel aufgehoben hatte, zu einem der weltweit führenden Weizenexporteure auf (1910 rangierte Rumänien diesbezüglich auf Platz vier); in Bulgarien bauten Landwirte ebenfalls Getreide und Tabak für die Ausfuhr an. Für das mit wenig Ackerland gesegnete Griechenland waren Rosinen das wichtigste Exportprodukt, für Serbien bis zum Beginn des 20. Jahrhunderts Lebendvieh (Schweine und Rinder machten rund 40 Prozent des Gesamtwerts der Exporte Serbiens aus); ein weiterer serbischer Exportschlager waren Dörrpflaumen. Trotz dieser Erfolge blieb die Produktivität der Landwirtschaft aber gering: Südosteuropa erlebte vor 1914 keine Agrarrevolution, vielmehr beruhte ein Großteil der Produktion auf extensiver Bodenbewirtschaftung mit vergleichsweise primitiven Anbaumethoden. Es ist sogar fraglich, ob sich zum Beispiel die serbische und bulgarische Landwirtschaft nach der Befreiung von den Osmanen positiv entwickelte. Die durchschnittlichen Hektarerträge etwa bei Weizen lagen Anfang des 20. Jahrhunderts in Serbien, Bulgarien und Rumänien bei rund der Hälfte des deutschen und nur einem Drittel des dänischen Niveaus. Die wichtigste agrarische Innovation war im Grunde die Kartoffel, die mit regionalen Verzögerungen seit dem frühen 19. Jahrhundert angebaut wurde und die Ernährungssituation der Bevölkerung deutlich verbesserte (sie war wohl mitverantwortlich für das Bevölkerungswachstum).

Angesichts der herausragenden Bedeutung der Landwirtschaft nicht nur für das Leben der allermeisten Menschen in Südosteuropa, sondern auch die Volkswirtschaften der Länder der Region erklärt sich die Brisanz der Landfrage. Bis in die zweite Hälfte des 19. Jahrhunderts hinein war Südosteuropa so dünn besiedelt gewesen, dass ohne große Probleme Neuland gewonnen werden konnte. Landwirte im Osmanischen Reich konnten sich etwa lästigen Großgrundbesitzern entziehen, indem sie anderswo neu begannen. Serbien bestand bei der Gründung des modernen serbischen Staates vor allem aus Wald, in dem sich die Schweine an den Eicheln mästeten. 1834 betrug die Bevölkerungsdichte Serbiens 18 Einwohner pro Quadratkilometer – ein im europäischen Vergleich und angesichts des wenig gebirgigen Landes sehr niedriger Wert. Bis 1910 verdreifachte sich allerdings die Bevölkerungsdichte Serbiens aufgrund des raschen Bevölkerungswachstums sowie der Zuwanderung aus dem Ausland. Im europäischen Vergleich war das zwar noch immer wenig – Deutschland hatte eine doppelt so hohe Bevölkerungsdichte –, übte angesichts des geringen Urbanisierungsgrades und der primitiven Anbaumethoden aber einen großen Druck auf die ackerbaulich nutzbare Fläche aus. Rumäniens Bevölkerung wuchs in nur vierzig Jahren (1859–1899) von 3,8 Millionen auf 5,9 Millionen Einwohner, Kroatiens zwischen 1840 und 1914 von 1,6 auf 2,7 Millionen.

Da in den meisten Regionen Südosteuropas das gleichberechtigte Männererbe praktiziert wurde, bedeutete der Bevölkerungsanstieg eine fortschreitende Verkleinerung der Hofflächen. Letztere waren darüber hinaus sehr fragmentiert, da sich die Äcker und Wiesen einer Familie oft über das ganze Gebiet des Dorfes verteilten. Ein Beispiel aus Bulgarien kann dieses für traditionelle Agrargesellschaften typische Muster verdeutlichen. Im Jahr 1911 bestand der Hof von Dečo P. Čistov, eines Bauern aus dem Dorf Sulişta im Rhodopengebirge, aus 23 Ackerparzellen im Ausmaß von je 0,01 bis 0,7 Hektar, drei Wiesenstücken mit 0,03 bis 0,26 Hektar, drei Weiden mit 0,04 bis 0,53 Hektar, vier Waldparzellen mit 0,05 bis 1,1 Hektar und einem circa hundert Quadratmeter großen Garten in der Nähe des Wohnhauses. Diese Zersplitterung hatte ihre Logik – so war ein Totalausfall der Ernte bei Hagel unwahrscheinlicher –, aber sie bremste die Modernisierung der Landwirtschaft beträchtlich, schon allein, weil Landwirte viel Zeit für den Weg von Parzelle zu Parzelle aufbringen mussten.

Die Landknappheit befeuerte die Expansionsbestrebungen der jungen Nationalstaaten, denn in den neuerlangten Gebieten konnte das Land der vertriebenen bzw. ausgewanderten Muslime an die Angehörigen der ›eigenen‹ Nation verteilt werden. Serbien erließ im Jahr 1880 ein Ansiedelungsgesetz, das auch Kolonisten aus dem Ausland – vor allem dem orthodoxen Montenegro – für die Wiederbesiedelung der 1878 annektierten Gebiete gewinnen sollte, aus denen die albanisch-muslimische Bevölkerung vertrieben worden war. Tatsächlich siedelten im Laufe des 19. Jahrhunderts zehntausende orthodoxe Familien aus Montenegro, Bosnien und der Habsburgermonarchie nach Serbien über, wo sie Land erhielten und als Kolonisten Steuervorteile genossen. Der montenegrinische Fürst Nikola verfolgte Ende der 1880er Jahre einen besonders originellen Plan zur Neulandgewinnung: Er wollte den Sultan von der Trockenlegung des zwischen Montenegro und dem Osmanischen

Reich liegenden Shkodra-Sees überzeugen, um Ackerland für die Ernährung von 30 000 bis 40 000 Menschen zu schaffen. Als der Sultan auf das Anliegen nicht einging, überlegte Nikola, den See durch geheim angelegte unterirdische Drainagen zu entwässern, wozu es auch nicht kam.

Da Südosteuropa vor dem Ersten Weltkrieg kaum nennenswert industrialisiert wurde (was in anderen Teilen Europas eine Beschäftigungsmöglichkeit für die landlose Bevölkerung eröffnete), war Auswanderung häufig der einzige Ausweg aus der dörflichen Misere. Ein typisches Beispiel stellt ein gewisser Nikola dar, der 1889 in der armen kroatischen Region Kordun als sechstes Kind einer Bauernfamilie mit fünf Hektar Land geboren wurde. Verwandte waren bereits in den Jahren zuvor nach Amerika ausgewandert, 1906 folgte Nikola. Er ging in die Bergarbeiterstadt Jamestown (Colorado), wo ein Onkel und Cousin von ihm lebten, die ihm rasch Arbeit in einer Mine vermittelten. Nikola war nicht der einzige Kroate, der den Weg nach Amerika suchte: Zwischen 1899 und 1914 zählten die kroatischen Behörden rund 170 000 Auswanderer nach Übersee (d. h. in Wirklichkeit waren es noch mehr). Nicht nur Kroatien, auch andere Regionen Südosteuropas wie Dalmatien, Montenegro, Griechenland, Makedonien und das Herzogtum Krain entsandten Ende des 19. Jahrhunderts zahlreiche Emigranten in die USA. Im ersten Jahrzehnt des 20. Jahrhunderts wanderten 7 Prozent der slowenischen, kroatischen und serbischen Bevölkerung Österreich-Ungarns nach Amerika aus; Griechenland verließen vor dem Ersten Weltkrieg rund 300 000 Menschen. Zumeist handelte es sich bei diesen Emigranten um junge Männer vom Dorf, von denen viele wieder zurückkehrten.

Die Emigration nach Amerika setzte neue Größenordnungen der Migration und wurde zu einem wesentlichen Motor der Globalisierung der Region. Allgemein ist Migration aber altbekannt in der Geschichte Südosteuropas. Siedlungen waren in diesem Teil Europas von oftmals erstaunlich geringem Alter; Verwüstungen durch Krieg und darauffolgende Wiederbesiedelungsmaßnahmen – wie im österreichisch-osmanischen Grenzgebiet im 18. Jahrhundert –, ökonomische Verwerfungen und die bis in das späte 19. Jahrhundert gegebene Möglichkeit der Neulandgewinnung führten dazu, dass regelmäßig viele Menschen ihre Geburtsorte verließen und anderswo ihr Glück versuchten. Hinzu kamen massive saisonale Wanderungen, insbesondere aus den Gebirgsregionen, in denen sich die Bevölkerung nicht allein von Landwirtschaft ernähren konnte. Aus dem 19. Jahrhundert sind Berichte von Dörfern auf dem osmanischen Balkan überliefert, deren Bewohner sich auf verschiedene mobil ausgeübte Handwerke spezialisierten. In der großen Dorfgemeinde Široka lăka in den Rhodopen soll der Gemeindeschreiber in den frühen 1870er Jahren jährlich über 3000 Ausweise für Wanderarbeiter (die meisten von ihnen Maurer) ausgestellt haben. Aus Kroatien gingen Wanderarbeiter als Kastanienbrater nach Wien und Budapest, und aus dem Balkangebirge in Bulgarien gelangten Gärtner dorthin; dalmatinische Arbeiter halfen für einige Jahre beim Bau des Suezkanals; aus Ostserbien stammten saisonale Erntehelfer auf den Gütern makedonischer, ungarischer oder rumänischer Großgrundbesitzer; die Gebirgsregionen Makedoniens waren bekannt für ihre wandernden Maurer; und Südalbanien verzeichnete bis um 1800 eine Abwanderung von Söldnern nach Italien. Nicht zu vergessen sind die vielen Hirten, welche die großen Schafherden durch die ›Schluchten des Balkan‹ geleiteten, und mobile Bevölkerungsgruppen wie die Roma.

Diese saisonalen Migranten profitierten lange Zeit von der imperialen Ordnung, dank derer sie, ohne Grenzen überschreiten zu müssen, über große Distanzen in die ökonomischen Zentren des jeweiligen Reiches gehen konnten, um dort Geld zu verdienen. Ende des 19. Jahrhunderts wiederum waren die Lohnunterschiede zwischen Südosteuropa, aber auch den industrialisierten Regionen der Habsburgermonarchie einerseits und den USA andererseits so groß geworden, dass sich die Überfahrt über den Atlantik für ein paar Jahre Arbeit in einem Stahlwerk oder einer Mine lohnte. Aufgrund der Innovationen in der Schifffahrt und der Anbindung Südosteuropas an das europäische Eisenbahnnetz war die Überfahrt, welche die meisten Emigranten aus Österreich-Ungarn in einem norddeutschen Hafen antraten, weder besonders langwierig noch prohibitiv teuer. Die neu angelegten Bahnen – bereits seit 1854 gab es eine Bahnverbindung zwischen Triest und Wien und 1873 wurde Fiume (Rijeka) an das ungarische Bahnnetz angeschlossen – veränderten die südosteuropäischen Gesellschaften nachdrücklich: Sie transportierten Menschen und Waren aus der bzw. in die Region und beschleunigten deren Integration in den Weltmarkt, was allerdings neben Chancen auch neue Abhängigkeiten nach sich zog. Entsprechend war der Eisenbahnbau auch umstritten – zum Beispiel in Serbien nach 1878, dessen öffentliche Stimmen die geplante internationale Bahnverbindung vor allem als Instrument fremder Interessen präsentierten.

Die Rückwirkungen der Migration ähneln heutigen Mustern. Mit dem von den Migranten heimgeschickten Geld verbesserten die Familien zu Hause ihre Lebensumstände. Die US-amerikanische Ökonomin Emily Green Balch, die für ihre Recherchen zu ihrem Buch über »unsere slawischen Mitbürger« Anfang des 20. Jahrhunderts Kroatien besuchte, berichtete:

> Dieser Zufluss von Geld macht sich natürlich bemerkbar. Ziegel ersetzt Stroh, Steuern und Schulden werden bezahlt, Acker wird an Acker gefügt, besseres Werkzeug und zusätzliches Vieh werden gekauft, reblausverseuchte Weinstöcke werden durch immune ersetzt, Kirchen werden gebaut und geschmückt.[14]

Wanderarbeiter aus bulgarischen und makedonischen Gebirgsdörfern finanzierten mit ihren Einkünften um die Mitte des 19. Jahrhunderts nicht nur den Ausbau ihrer Häuser, sondern auch die Errichtung von Kirchen und Schulen in ihren Heimatdörfern, und trugen somit wesentlich zur Horizonterweiterung ihrer Mitbürger bei. Migration bedeutete – ähnlich wie die Integration der Landwirtschaft in den Weltmarkt – eine neue Offenheit, aus der sich Chancen ebenso ergaben wie Risiken. Die Lebensverhältnisse in abgelegenen Dörfern in Südosteuropa hingen nun mit den Konjunkturen der amerikanischen Industrie zusammen. Als etwa die US-Wirtschaft nach einer Bankenkrise im Herbst 1906 in eine tiefe Krise schlitterte, publizierten kro-

14 Emily Green Balch, *Our Slavic Fellow Citizens*, New York 1910, S. 182.

atische Tageszeitungen dramatische Berichte über das Schicksal arbeitslos gewordener Emigranten. Die Zahl der Auswanderer aus Kroatien nach Nordamerika fiel von einem Jahr auf das andere um 90 Prozent, die Zahl der Rückkehrer verdreifachte sich, bis die amerikanische Konjunktur ein Jahr später wieder ansprang. Die ›einfachen‹ Menschen in Südosteuropa trafen also ihre eigenen Entscheidungen und nutzten Informationen aus den verfügbaren Medien, wie Tageszeitungen.

Die Entscheidung zu migrieren traf man in der Regel in der Familie, auch wenn nur einzelne ihrer Mitglieder in die Ferne gingen. Die Migranten blieben gedanklich Mitglied ihres väterlichen Haushalts, schließlich planten sie in der Regel zurückzukehren. Der Ahnherr der osteuropäischen Geschichte in den Vereinigten Staaten, Wayne Vucinich, dessen Familie aus der Herzegowina stammte, beschrieb in seinen Memoiren diese Dynamik:

> Zwischen 1905 und 1910 emigrierten mein Vater Spiro und die Onkel Djoko und Todor in die Vereinigten Staaten. Die drei Brüder, die nach Amerika gingen, behielten volle Rechte als Mitglieder der Zadruga [der gemeinsamen Großfamilie]. Sie sandten gelegentlich Geld an die zu Hause gebliebenen Brüder, was diese in die Lage versetzte, mehr Land zu erwerben sowie eine Wasserzisterne und einige Nebengebäude zu bauen. Jeder Bruder hoffte, nach Hause zurückzukehren, nachdem er einiges Geld angespart hatte.[15]

15 Wayne S. Vucinich, *Memoirs of my childhood in Yugoslavia,* Palo Alto 2007, S. 3.

Die Familiengeschichte der Vučinić zeigt, wie Migration und gesellschaftlicher Wandel um die Jahrhundertwende traditionelle Familienmuster zwar veränderten, die Familie aber gleichzeitig zentraler Bezugspunkt im Alltagsleben blieb und durch die Einkommen der Migranten sogar gestärkt wurde. Angesichts der bäuerlichen Struktur der Gesellschaft war das nicht weiter verwunderlich. Darüber hinaus blieb der Staat schwach, er bot der Landbevölkerung wenige soziale Sicherheiten, zumal er mit der territorialen Expansion andere Prioritäten hatte als die Wohlfahrt seiner Bürger. In einer solchen Situation erfüllte die Familie zahlreiche Aufgaben, die heutzutage von formalen Institutionen übernommen werden. Vor allem in den staatsfernen, bis in das 20. Jahrhundert durch notorische Unsicherheit geprägten Gebieten des Balkans – ganz grob in etwa die Gebiete der heutigen Staaten Bosnien-Herzegowina, Nordmazedonien, Montenegro, Kosovo und Albanien – konnte ein Familienmuster weiter existieren, das durch sehr große Haushalte, eindeutig patriarchalische Verhältnisse, gemeinschaftliches Eigentum und Stammesstrukturen geprägt war. Auch dafür kann die Vučinić-Familie zur Illustration dienen. Der Ahnherr der Familie, Gaiun, verstarb der Familienüberlieferung nach um 1815. Seine überlebenden Söhne blieben bis etwa 1830 beisammen. Todor, der älteste von ihnen, fungierte als Oberhaupt der Hausgemeinschaft.

Dieses vom Sozialhistoriker Karl Kaser ›Balkanfamilienhaushalt‹ genannte Muster (in der älteren Literatur findet sich der Begriff *Zadruga*) konnte in riesigen Haushalten mit mehr als hundert Mitgliedern resultieren, die gemeinsam wirtschafteten und lebten. Zwar waren so große Haushalte die Ausnahme (die allerdings die Aufmerksamkeit europäischer Beobachter fesselte), doch umfassten in einigen Gegenden des Balkans Haushalte auch im Durchschnitt zehn und mehr Mitglieder, was deutlich über dem gesamteuropäischen Standard lag. Der Hauptgrund dafür war, dass in diesen Haushalten mehrere verheiratete Paare zusammenlebten, da die Söhne nach ihrer Heirat im Haushalt ihres Vaters verblieben und ihre Frau sowie etwaige Kinder hinzukamen. Die verheirateten Töchter hingegen zogen bereits in jungen Jahren in fremde Haushalte. Frauen unterlagen der Dominanz durch die Männer, Junge durch die Alten, und als verwandt galt nur, wer über die männliche Abstammung miteinander verbunden war. Die einzelnen Haushalte waren in stammesähnliche Strukturen mit einem ausgeprägten Zusammengehörigkeitsgefühl eingebunden, wobei in abgelegenen Regionen, wie Montenegro und Nordalbanien, zwischen einzelnen Stämmen mangels einer ordentlichen Gerichtsbarkeit Blutrache praktiziert wurde. In Kosovo und Nordalbanien kann man bis heute die letzten Überbleibsel dieser Gesellschaftsform beobachten.

Südosteuropa wäre allerdings nicht Südosteuropa, wenn nicht auch im Bereich der Familienformen eine große Bandbreite vorgeherrscht hätte. So waren weite Gebiete des späteren Bulgariens, Griechenlands, der rumänischen Fürstentümer und Österreich-Ungarns schon im 19. Jahrhundert durch sogenannte Kernfamilien bestimmt, das heißt durch Haushalte, in denen ›nur‹ die Eltern mit ihren unverheirateten Kindern zusammenlebten und die im Durchschnitt etwa fünf Mitglieder umfassten. Dort entstand durch Heirat in der Regel ein neuer Haushalt, und Frauen waren zwar alles andere als gleichberechtigt, aber nicht so vollständig der männlichen Dominanz unterworfen wie in den zentralen Gebieten des Balkans. Ein wesentliches Merkmal dieses Musters war, dass die Dorfgemeinschaft als regulierende Instanz zwischen den einzelnen Haushalten vermittelte. Das Dorf legte beispielsweise den Flurzwang fest, unterstützte in Not geratene Familien, sorgte aber auch für Sozialdisziplinierung. Sowohl im Habsburgerreich als auch im Osmanischen Reich wurden diese traditionellen Kompetenzen der Dorfgemeinschaft im 19. Jahrhundert formalisiert.

Patriotische Intellektuelle verklärten das Dorf als Hort der nationalen Tradition. Doch diese Vorstellungen gingen an der Realität völlig vorbei und waren eher Ausdruck der tiefen Kluft zwischen urbaner, vor allem hauptstädtischer, Elite und ländlicher Bevölkerung. In Wirklichkeit blieb das Dorf von der Moderne nicht unberührt, vielmehr waren die ländlichen Verhältnisse seit dem ausgehenden 19. Jahrhundert in einem starken Wandel begriffen. Nur selten konnte die Landbevölkerung von diesen Trends dauerhaft profitieren, denn regelmäßig erwiesen sich konjunkturelle Aufschwünge als flüchtig, da sich die Grundlagen des Wirtschaftens nicht verändert hatten. Eine umfassende Modernisierung der Landwirtschaft blieb aus, nicht zuletzt aufgrund des mangelnden Interesses der Regierungen. Konflikte und territoriale Abtrennungen zerrütteten darüber hinaus wiederholt etablierte Handelsbeziehungen. So profitierten bulgarische Schafzüchter Mitte des 19. Jahrhunderts zunächst massiv vom ökonomischen Aufschwung des Osmanischen Reiches sowie von Staatsaufträgen für Tuch und Wolle, verloren aber mit der Gründung Bulgariens 1878 ihren wichtigsten Absatzmarkt (und auch den Zugang zu nun plötzlich im Ausland liegenden Weidegebieten).

Ein ähnliches Schicksal erlebten die protoindustriellen Initiativen, die in einigen ländlichen Regionen des Balkans im 19. Jahrhundert im Bereich der Textilherstellung zu verzeichnen waren. Der Reisende William Leake berichtete zum Beispiel Anfang des 19. Jahrhunderts von florierender Seidenherstellung in den Gebirgen Nordgriechenlands. Im Rhodopen- und im Balkangebirge entwickelte sich in den 1830er Jahren eine großflächige, auf Heimproduktion und der lokalen Schafzucht beruhende Tuchindustrie, die von großen Verlegern wie der Gümüşgerdan-Familie in Plovdiv organisiert wurde. Dort erhielten dörfliche Haushalte vom Verleger Wolle und oftmals auch Webstühle, woraufhin die Frauen der Familien Tuch webten, das vom Verleger zu einem vereinbarten Preis aufgekauft und am überregionalen Markt platziert wurde. Diese Heimindustrie bot ländlichen Familien ein wichtiges Zusatzeinkommen, zumal so im Winter die Arbeitskraft besser genutzt werden konnte. Manche Dörfer, die sich auf das Weben und die Weiterverarbeitung von Tuch spezialisiert hatten, wuchsen zu wohlhabenden Kleinstädten heran, wie Koprivštica oder Gabrovo im heutigen Bulgarien. Allerdings kam es nie zur Fabrikproduktion, u. a. weil die dafür notwendigen industriellen Arbeitskräfte fehlten. Die Protoindustrie konnte langfristig nicht gegen die Konkurrenz deutlich billigerer Industriewaren aus dem Westen bestehen. Auch weil sich in den Städten des Balkans der Geschmack europäisierte, verdrängte Kleidung aus Baumwolle, die in den modernen Fabriken Englands und Westeuropas produziert wurde, die aus lokalem Tuch hergestellten Produkte.

Die ausbleibende industrielle Revolution

Die gesellschaftliche Entwicklung Südosteuropas im 19. Jahrhundert kennzeichnete das Ausbleiben eines Phänomens, das den Westen und zunehmend auch das Zentrum des Kontinents zu dieser Zeit grundlegend veränderte: die industrielle Revolution. Trotz unterschiedlicher Maßnahmen der Regierungen der Region zur Förderung der Industrie, wie Steuerbefreiungen, Schutz durch Zollschranken, subventionierte Transportkosten und kostenloses Bauland, erreichte bis zum Ersten Weltkrieg der Anteil der Industrie in Serbien, Bulgarien und Rumänien nicht einmal ein Zehntel der gesamten Wirtschaftsleistung. In den südöstlichen Randgebieten der Habsburgermonarchie wuchs die Industrie in Kroatien, dem Herzogtum Krain und dem Küstenland dank des ungehinderten Zugangs zum wachsenden Markt der Doppelmonarchie und der Investitionen österreichischer und ungarischer Banken geringfügig stärker, während Dalmatien und Bosnien-Herzegowina auf einem sehr niedrigen Industrialisierungsniveau verharrten. Fabriken und Manufakturen in Südosteuropa, sofern sie entstanden, zeichneten sich in der Regel durch einen geringen Mechanisierungsgrad und kleine Belegschaften aus. Sie waren in den technologisch wenig anspruchsvollen Bereichen der Nahrungsmittel- und Holzindustrie konzentriert und arbeiteten nur in Ausnahmefällen, wie der rumänischen Erdölindustrie, die mithilfe deutschen Kapitals bis 1914 zum wichtigsten Industriezweig des Landes aufsteigen konnte, oder der Banater Montanindustrie, mit moderner Technologie.

Eine Reihe von Faktoren erklärt, weshalb die industrielle Revolution Südosteuropa vor dem Ersten Weltkrieg trotz einiger ›Minispurts‹ (John Lampe) nicht erreichte (erst nach 1945 sollte es dazu kommen). Global gesehen befand sich die Region in bester Gesellschaft, doch gemessen an Westeuropa – und dies war der Referenzrahmen der politischen Eliten in Südosteuropa – wurde der Unterschied immer deutlicher. Grundsätzlich mangelte es in der Region an Kapital, wobei die Eigentumsunsicherheit und die instabile politische Lage im Osmanischen Reich als zusätzliche Investitionshürden wirkten. Wer investiert schon gerne in Gegenden, deren staatliche Zugehörigkeit sich zu ändern droht? Den neuen Nationalstaaten gelang es zwar, auf den europäischen Kapitalmärkten Anleihen zu platzieren, sie nutzten diese Gelder aber primär für den Ausbau ihres Militärs und der Bürokratie, mithin zum Begleichen dadurch entstandener Haushaltslücken. Ein weiterer Hemmschuh war die schlechte Infrastruktur. Die neuen Staaten und die beiden Reiche investierten zwar beträchtliche Mittel in den Eisenbahnbau, sodass etwa Bulgarien sein Streckennetz von etwas über 200 Kilometer im Jahr 1880 auf 2109 Kilometer im Jahr 1913 verzehnfachen konnte. Die Trassen folgten aber häufig eher militärischen als ökonomischen Gesichtspunkten, und die Baukosten belasteten die Staatshaushalte so sehr, dass Geld für die Agrarmodernisierung fehlte. Die Straßen blieben notorisch minderwertig; die Donau wurde zwar seit der Einrichtung der Europäischen Donaukommission im Jahr 1856 als Wasserweg ausgebaut, nur erreichte man über sie kaum das Landesinnere, und wenige andere Flüsse waren überhaupt schiffbar. Dort, wo die Verkehrsanbindung günstiger war, wie in den Hafenstädten (Triest, Fiume, Saloniki), gewann die industrielle Entwicklung eine viel größere Dynamik.

Bereits im 19. Jahrhundert tappten die südosteuropäischen Länder in die Schuldenfalle: Das Osmanische Reich erwies sich 1875 als zahlungsunfähig, woraufhin die Gläubiger 1881 eine internationale Kommission für die osmanischen Staatsschulden einrichteten, die fortan den osmanischen Staatshaushalt streng kontrollierte. In Griechenland erklärte im Dezember 1893 Regierungschef Charilaos Trikoupis »bedauerlicherweise sind wir bankrott«, nachdem der Preisverfall für Rosinen das mit Abstand wichtigste Exportprodukt Griechenlands hart getroffen hatte. Auch Griechenland musste seine Haushaltspolitik unter die Kuratel der europäischen Gläubiger stellen – die von diesen angestoßenen Reformmaßnahmen stärkten aber langfristig die griechische Wirtschaft. Darüber hinaus beteiligten sich ausländische Banken nur in geringem Ausmaß an privaten industriellen Investitionen in Südosteuropa, weshalb die Ökonomien Südosteuropas kaum von ihrer geografischen Nähe zu den Finanzzentren Wien und Budapest profitierten.

Ein weiteres Hindernis für die Entwicklung der Industrie stellte das geringe Arbeitskräfteangebot dar. Die Bauern, die im Laufe des 19. Jahrhunderts Eigentumstitel auf ihr Land erlangt hatten, verließen es nur ungern – und als die Landwirtschaft am Ende des Jahrhunderts in die Krise geriet, zogen es viele ländliche Familien vor, ein Mitglied zum Geldverdienen nach Amerika zu schicken, wo sie ein Vielfaches der Löhne verdienen konnten, die in den Industriebetrieben Ungarns, Böhmens und der österreichischen Kernlande gezahlt wurden. Nur langsam und regional konzentriert entstand auch in Südosteuropa ein urbanes (Semi-)Proletariat. In Serbien und Bulgarien wurden am Vorabend des Ersten Weltkriegs lediglich rund 16 000 industrielle Arbeiter gezählt, von denen viele in kleinen, einfachen Betrieben arbeiteten. Von den nach offizieller Statistik 465 industriellen Betrieben Serbiens im Jahr 1910 waren 229 Mühlen, neun Brauereien und 55 Bergwerke – allesamt Branchen mit geringer technologischer Ausstrahlung und Fertigungsdichte. Rumänien wies mit fast 50 000 Lohnarbeitern – vor allem dank der Erdölindustrie – bereits eine größere Arbeiterschaft auf – aber auch dort dominierten gewerbliche Betriebe mit einer Handvoll Arbeitern. Auf einen ähnlichen Anteil kam die Industrie im Königreich Kroatien und Slawonien, hier konzentriert auf Holzverarbeitung, Mühlen und Bergbau, also ebenfalls Branchen der Rohstoffgewinnung bzw. Nahrungsmittelproduktion. Viele dieser Arbeiter waren die Ersten ihrer Familien, die einer geregelten Lohnarbeit nachgingen, und besaßen entsprechend geringe Berufsqualifikationen. Häufig kehrten sie zur Zeit der Ernte auf den Hof ihrer Eltern zurück, um mitzuhelfen, oder sie zogen aufgrund der Instabilität der Beschäftigungslage in kurzen Abständen von Stadt zu Stadt. In den noch osmanischen Gebieten fanden sich nur an wenigen Orten industrielle Konzentrationen, wie in Saloniki sowie in den makedonischen Bergen um Naoussa. Dominant waren dort Tabak- und Wollverarbeitung, wobei viele Frauen und Kinder unter elendigen Bedingungen schuften mussten.

Die Arbeitsbiografie des im Jahr 1892 geborenen Josip Broz verdeutlicht den unvollkommenen Grad der Industrialisierung und die komplexe Genese des Proletariats im südöstlichen Europa: Aus einer armen Bauernfamilie im kroatisch-slowenischen Grenzgebiet stammend, genoss Josip gerade einmal vier Jahre Schulunterricht, bevor er –

nach einem wegen Geldmangels gescheiterten Versuch, nach Amerika auszuwandern – mit fünfzehn Jahren in der kroatischen Kleinstadt Sisak übergangsweise als Kellner arbeitete. Danach begann er eine dreijährige Lehre bei einem tschechischen Schlosser. Nach kurzen Aufenthalten in Zagreb und Ljubljana war er 1911 bis 1912 in einem kleinen Werk im slowenischen Kamnik angestellt, das Türschlösser produzierte, und als dieses schloss, folgte er der Einladung des Eigentümers, in einem anderen Werk der Firma in der böhmischen Stadt Čenkov zu arbeiten. Es folgten Erfahrungen im Škoda-Werk in Pilsen, in der Benz-Autofabrik in Mannheim und schließlich in einem Daimler-Werk der Wiener Neustadt. Mit 21 Jahren ging Josip Broz zurück nach Zagreb, um seinen Militärdienst abzuleisten. Lebenswege wie dieser waren typisch für eine Zeit, in der sich die traditionellen Verhältnisse auf dem Dorf in Auflösung befanden, aber noch keine stabilen Beschäftigungsalternativen für die Söhne armer Bauern in den Städten existierten. Der weitere Lebensweg von Josip sollte etwas ungewöhnlich geraten: Unter seinem *nom de guerre* Tito führte er die jugoslawischen Partisanen im Kampf gegen die faschistischen Besatzer im Zweiten Weltkrieg zum Sieg und bestimmte bis zu seinem Tod 1980 die politischen Geschicke Jugoslawiens.

Die Lebensgeschichte Josip Broz' verweist noch auf ein anderes Strukturelement, das die Modernisierung behinderte: Die staatliche Schulbildung zog zwar auch in den ländlichen Raum ein, doch waren ihre Erfolge bescheiden, zumal viele Bauernfamilien nach wie vor wenig Sinn darin erkannten, ihre Kinder in die Schule zu schicken. Schließlich lernten sie dort kaum für das Bauernleben Nützliches, mussten aber viel religiöse und patriotische Instruktion erdulden und konnten derweil auf dem Hof nicht voll mitarbeiten. Lese- und Schreibkenntnisse waren in Südosteuropa bis in das späte 19. Jahrhundert wenig verbreitet, in den osmanischen Gebieten noch weniger als in den habsburgischen, wo seit Maria Theresia (reg. 1740–1780) wenigstens auf dem Papier die allgemeine Schulpflicht galt. Die neuen Nationalstaaten führten zwar ebenfalls eine Schulpflicht ein (1834 in Griechenland, 1864 in Rumänien, 1878 in Bulgarien, 1882 – also ein halbes Jahrhundert nach der Staatsgründung – in Serbien) und deklarierten den Aufbau eines modernen Bildungswesens zu einem wichtigen Ziel, widmeten ihm aber weniger Aufmerksamkeit als der Modernisierung ihrer Armeen.

Trotz beachtlicher Fortschritte in den Jahren vor dem Ersten Weltkrieg gehörten die Staaten Südosteuropas um 1910 noch immer zu jenen in Europa mit den geringsten Alphabetisierungsraten. In Bulgarien waren 1910 rund 62 Prozent aller Einwohner, die älter als fünfzehn Jahre alt waren, des Lesens und Schreibens unkundig; das waren zwar 12 Prozentpunkte weniger als 1900, aber im europäischen Vergleich noch immer sehr viele Menschen. In Serbien konnten 1900 sogar 80 Prozent der über sieben Jahre alten Einwohner nicht lesen und schreiben, in Griechenland rund 60 Prozent. Auffällig waren die eklatanten Unterschiede zwischen Frauen und Männern: Unter Frauen war die Rate der Analphabeten 30 bis 40 Prozentpunkte höher als unter ihren männlichen Zeitgenossen. Vor allem auf dem Land weigerten sich Familien, ihre Töchter zur Schule zu schicken, und die staatlichen Behörden ignorierten üblicherweise diese Verletzung der Schulpflicht. In den Ländern Westeuropas lag zu dieser Zeit die Analphabetenquote nur noch bei 10 Prozent oder deutlich darunter. Auch bei letzterem Indikator gab es ein klares Nordwest-Südost-Gefälle in Südosteuropa: Die habsburgischen Gebiete – mit der Ausnahme Bosniens, wo fast 90 Prozent der Menschen weder lesen noch schreiben konnten – verzeichneten einen größeren Fortschritt bei der Alphabetisierung als die einst osmanischen Regionen. Im Gebiet des nachmaligen Slowenien war 1900 der Anteil der Analphabeten unter der Bevölkerung über sieben Jahre auf weniger als 20 Prozent gesunken, mit einem geringen Unterschied zwischen Männern und Frauen – ein Anzeichen für die Qualität und Akzeptanz des Schulsystems.

Die unstete Berufslaufbahn des jungen Tito illustriert schließlich noch ein Merkmal der südosteuropäischen Gesellschaftsentwicklung, die langsame Urbanisierung. Vor dem Ersten Weltkrieg lebten weniger als 20 Prozent der Bevölkerung in Städten, wobei kleinere Städte oft noch recht ländlich wirkten. Die dominanten Metropolen lagen am Rande oder außerhalb Südosteuropas: Wien, Budapest und Istanbul wuchsen bis zum Ersten Weltkrieg zu Millionenstädten an. Die Bevölkerungen der Hauptstädte der neuen Staaten stiegen ebenfalls rasch an, allerdings von sehr bescheidenen Anfängen her: Athen zählte, als es König Otto 1834 zur neuen Hauptstadt Griechenlands erklärte, nur rund 5000 Einwohner – achtzig Jahre später waren es bereits fast eine halbe Million.

Die expandierende staatliche Bürokratie trieb das urbane Wachstum wesentlich voran, von der wiederum zahlreiche ›freie‹ Berufe direkt oder indirekt abhingen. In den Zentren der großen Städte entwickelten sich neue Umgangsformen und materielle Kulturen, die sich an europäischen Vorbildern orientierten. Auch die Infrastruktur änderte sich mit der Einführung von Gas- und dann elektrischem Licht sowie den ersten Straßenbahnen (Timişoara erhielt 1899 eine elektrische Tram, nur zwei Jahre nach Wien). Selbst im islamisch geprägten Istanbul zogen – wie es der Historiker Yavuz Köse in einem Buchtitel formuliert – »Warenhäuser, Nestlé und Co.« ein. Das Stadtbild änderte sich entsprechend: Schon der Mitte des 19. Jahrhunderts als neue Residenz des Sultans errichtete Dolmabahçe-Palast folgte in seiner äußeren Gestalt klassisch-europäischen Mustern monarchischer Repräsentationsarchitektur – in seinem Inneren gehorchte er aber der islamischen Vorgabe, öffentliche Räume und privaten Harem streng voneinander zu trennen. Hinter europäischen Fassaden konnten sich mithin lokale Wertvorstellungen verbergen.

Die Lebensstile der urbanen Bevölkerung unterschieden sich stark von jenen ihres ländlichen Umlandes. In der Stadt entstanden neuartige Gewohnheiten der Geselligkeit und des Vergnügens, ähnlich den europäischen Metropolen dieser Zeit, und die meisten Leser der zahlreich neu entstehenden Zeitungen und Journale lebten in der Stadt. Bukarest etwa erhielt bereits 1812 sein erstes Diorama; in den 1840ern öffneten Ball- und Theatersäle für die Oberschicht, 1852 folgte dann das erste moderne Theater, aus dem 1878 das Nationaltheater erwuchs. Ab 1896 konnten sich die Bukarester im ersten Kino vergnügen. Die rasante Entwicklung von Institutionen der Hochkultur in den letzten Jahrzehnten des 19. Jahrhunderts war dabei nicht nur dem Unterhaltungshunger der städtischen Ober- und Mittelschicht, sondern auch der politischen Kulturarbeit geschuldet: Eine Nation, die etwas auf sich hielt, brauchte und leistete sich ein Nationaltheater, selbst wenn es – wie im Falle der bloß

30 000 Einwohner (1881) zählenden Stadt Zagreb – kein ausreichendes Publikum gab. Nationsbildung durch Theater fand dabei nicht nur im Bereich der sogenannten Hochkultur statt: Die Stücke, die etwa im Belgrader Populärtheater um die Jahrhundertwende aufgeführt wurden, strotzten ebenfalls vor patriotischen Themen und tagespolitischen sowie außenpolitischen Bezugnahmen. Dabei war die Auslastung des Populärtheaters deutlich besser als jene des Nationaltheaters.

Konservativen Kulturkritikern ebenso wie den Anführern der entstehenden Bauernparteien galt die Stadt als kosmopolitischer Sündenpfuhl, dem sie den ›unverdorbenen‹ nationalen Charakter des Bauern entgegenstellten. In Serbien und Kroatien erfuhr die patriarchalische ›Hausgemeinschaft‹ des Dorfes eine regelrechte Mythologisierung als Hort einer ursprünglichen Bauerndemokratie. Nicht zuletzt wurde diese Kluft zwischen Stadt und Land von den Praktiken der bürgerlichen Schichten genährt, die – so wenig umfangreich sie waren – sich durch Kleidung, Geselligkeit und Ernährung von der dörflichen Bevölkerung distinguierten und noch dazu die Ressourcen des Staates beschlagnahmten, von denen die Dorfbevölkerung nur wenig sah. Der Historiker Wolfgang Höpken zitiert in einer Untersuchung über die Genese des südosteuropäischen Bürgertums einen vom Dorf stammenden Beobachter, der in Sofia um 1900 bemerkte, dass »die verschiedenen Klassen Wert auf unterschiedlichen Alkohol legen« (das Tagebuch dieses Bauern wurde auf Bulgarisch unter dem Titel ›Zwischenzeit‹, *Meždeno vreme*, 2005 veröffentlicht). Die Inszenierung von Modernität in den neuen Nationalstaaten richtete sich zum einen an (bzw. gegen) die bäuerliche Mehrheitsbevölkerung, von der die neuen urbanen Eliten oft selbst abstammten. Noch in der Mitte des 19. Jahrhunderts, so der serbische Historiker Slobodan Jovanović, konnte die städtische Führungsschicht in Serbien als ›Bauern im Stadtanzug‹ bezeichnet werden.

Zum anderen symbolisierten die Insignien eines ›europäischen‹ Lebensstils die Überwindung des osmanischen Erbes, wenigstens im äußeren Erscheinungsbild. Die Städte in den autonom bzw. unabhängig gewordenen mehrheitlich christlichen Ländern erlebten eine rasante und gezielte Entosmanisierung, die sich etwa in der Zerstörung eines Großteils der orientalischen Bausubstanz ausdrückte. Als Ergebnis dieses Prozesses, der sich im 20. Jahrhundert fortsetzte und während des Staatssozialismus nochmals intensivierte, lassen sich heute in Großstädten wie Athen, Saloniki, Sofia und Belgrad nur mehr vereinzelte Moscheen finden, obwohl die Skyline dieser Städte zu Beginn des 19. Jahrhunderts noch von Minaretten dominiert war. Eine Ausnahme von diesem Muster war Sarajevo, dessen neue habsburgische Herrscher nach 1878 die islamisch geprägte Altstadt nicht schleiften. Vielmehr ließen sie diese durch ›europäische‹ Straßenzüge ergänzen, wobei einige der neuen Repräsentationsbauten maurisch inspirierte Formen aufwiesen. Entosmanisierung war jedoch nicht gleichbedeutend mit umfassender städtebaulicher Modernisierung, denn außerhalb der Stadtzentren mit ihren europäischen Repräsentativbauten, prunkvollen Häusern der Elite und neuen Geschäften machten selbst die Hauptstädte vielerorts einen armseligen Eindruck – mit ungepflasterten Straßen, fehlender Kanalisation, planlos entstehenden Siedlungen und Vierteln, die in das dörfliche Umland ausfransten.

Die Entosmanisierung der Städte des Balkans betraf nicht nur die Architektur, sondern auch die Bevölkerungszusammensetzung: Muslime verließen in großer Zahl die Städte – oder wurden, wie in Belgrad 1863, gezwungen zu gehen –, während Mitglieder der Mehrheitsnation vom Dorf hineinzogen. Waren viele Städte des Balkans in osmanischer Zeit regelrechte Inseln der Mehrsprachigkeit und Multikonfessionalität, die von slawisch-, griechisch- oder albanischsprachiger Landbevölkerung umgeben waren, so glichen sich diesbezüglich Stadt und Land im Zuge der Nationalstaatsbildung einander an, ohne dass die soziokulturelle Kluft zwischen urbaner Elite und ländlicher Bevölkerung überwunden worden wäre. Die Veränderung der Zusammensetzung der Stadtbewohner bedeutete, dass nun nicht mehr osmanische Verwaltungsbeamte und Religionsgelehrte, transnationale Kaufmannsfamilien und die Zünfte das städtische Leben dominierten, sondern die Emporkömmlinge des neuen Nationalstaates. Die Gliederung der Stadt in von einzelnen Religions- oder Berufsgruppen geprägte Viertel, wie sie in osmanischer Zeit typisch war, wurde von einer stärker funktionalen Differenzierung verdrängt. In besonders stark muslimisch geprägten Städten, die spät in einen Nationalstaat integriert worden waren, zog sich dieser Prozess bis in das 20. Jahrhundert hin, etwa in Skopje und Tetovo in Makedonien, wo erst die massenhafte Auswanderung von Muslimen Anfang der 1950er Jahre die alteingesessenen, osmanisch geprägten urbanen Milieus auflöste.

In den habsburgisch beherrschten Gebieten Südosteuropas (aber auch den beiden Donaufürstentümern mit ihrer traditionellen Bojaren-Elite) entwickelten sich die Städte kontinuierlicher, obwohl auch dort seit der zweiten Hälfte des 19. Jahrhunderts strukturelle Veränderungen zu verzeichnen waren. Einen wesentlichen Unterschied machte die Tatsache, dass die Städte im Habsburgerreich ein Stadtrecht und damit einen höheren Grad an Selbstverwaltung genossen als im Osmanischen Reich. Städte in Istrien und Dalmatien ähnelten dabei in ihrer politisch-sozialen Struktur sowie dem kulturellen und architektonischen Gepräge italienischen Städten; Italienisch war in ihnen auch die dominante Verkehrs- und Amtssprache. Im ungarischen Bereich glichen Städte mit Stadtrecht, so die selbstbewussten Zentren der Siebenbürger Sachsen, Orten anderswo in Mitteleuropa, was heute noch im Stadtbild deutlich hervortritt. Insgesamt prägte viele Städte in den Randgebieten Ungarns die deutsche Kultur. Eine Parallele zwischen Habsburgerreich und Osmanischem Reich bildete die sprachlich-religiöse Vielfalt der urbanen Bevölkerung, die unter anderem in ihrer Vermittlerrolle im überregionalen Handel begründet lag. Viele Städte Südungarns zum Beispiel wiesen armenische Gemeinden auf, da Armenier traditionell eine starke Position im überregionalen Handel behaupteten. In den Städten konzentrierte sich auch die jüdische Bevölkerung Südosteuropas (wobei das bis 1912 osmanische Saloniki sogar eine jüdische Bevölkerungsmehrheit aufwies, nachdem sich dort Ende des 15. Jahrhunderts aus Spanien vertriebene Sepharden angesiedelt hatten).

In industrialisierten Gebieten änderte sich in den Jahrzehnten vor dem Ersten Weltkrieg die Zusammensetzung der Bevölkerung ebenso stark wie das ökonomische Profil der Stadt. Die Stadt Pula in Istrien, in die die österreichische Regierung nach der Revolution in Venedig 1848/49 das Marinearsenal verlegte und in der sie eine neue Schiffswerft für ihre Marine anlegen ließ, kann dies verdeutlichen: Durch den Zuzug von Arbeitssuchenden aus dem Hinterland und anderen Teilen der Monarchie wuchs die Kleinstadt zu einer dynamisch wachsenden multikulturellen Stadt heran, in der 1910 ein Drittel der Bewohner Italienisch und ein Drittel Kroatisch sprachen. Es lebten dort aber auch zahlreiche Deutsche, Slowenen und Tschechen (und 1904/05 als Englischlehrer in der Berlitz-Schule kurz auch der Schriftsteller James Joyce, dem Pula gar nicht gefiel). Von 1842 bis 1910 wuchs die Bevölkerung Pulas von 3628 Einwohnern auf 56 562 (die in der Stadt stationierten Marinesoldaten nicht mitgerechnet). Die Werft in Pula – seit 1945 unter dem Namen ›Uljanik‹ bekannt – bildet mithin einen der wenigen Industriebetriebe Südosteuropas, der alle politisch-staatlichen Umbrüche überlebte, um dann fünf Jahre nach Kroatiens Beitritt zur EU 2013 sein Leben auszuhauchen.

Eine solche betriebliche Langlebigkeit hing in der Regel von der Unterstützung durch den Staat (wie bei der strategisch sensiblen Schiffbauindustrie) oder der stabilen Existenz lokaler Nachfrage ab. Zu den ältesten noch existierenden Industriebetrieben in Südosteuropa gehörten daher Brauereien: Seit Mitte des 19. Jahrhunderts – und teils noch früher: jene in Timişoara wurde 1718 eröffnet –, als mit Wissen und Kapital aus Mitteleuropa Bierbrauereien am Balkan entstanden, stillten sie den Durst der Südosteuropäer über alle politischen Umbrüche hinweg. Der feierlichen Eröffnung der bis heute bestehenden Brauerei von Sarajevo im Jahr 1864 wohnte sogar der osmanische Gouverneur Bosniens, Şerif Osman Paşa, bei. Tabakfabriken, die in einigen Regionen Südosteuropas zu den größten Arbeitgebern gehörten, schafften es im 20. Jahrhundert sogar, neben der treuen heimischen Kundschaft eine internationale zu erreichen – dank der Qualität der in der Region angebauten orientalischen Tabaksorten. Die vielen kleinen Textilbetriebe in und am Rande der größeren Städte des Balkans sowie die holzverarbeitende Industrie, die im 19. Jahrhundert vielerorts den Kern der Industrie gebildet hatten, erwiesen sich hingegen als wenig widerstandsfähig. Insofern konnte die nach dem Zweiten Weltkrieg entstehende industrielle Ökonomie nur sehr partiell auf im 19. Jahrhundert gelegte Fundamente aufbauen. Vielmehr war, wie noch zu zeigen sein wird, das massive Eingreifen des Staates erforderlich.

Das Glas halbvoll, halbleer

Das ›lange‹ 19. Jahrhundert war eine Phase raschen, aber widersprüchlichen politischen und gesellschaftlichen Wandels in Südosteuropa. Damit stand die Region in Europa keinesfalls alleine da: Der Weg zu einer konstitutionellen Ordnung, der Übergang von einer feudalen zu einer kapitalistischen Produktionsweise, die Durchsetzung der Nation als politisches Ordnungsprinzip, die Genese der sozialen Frage, der rapide Ausbau von Kommunikations- und Verkehrsinfrastrukturen und die zunehmende Einbindung in globale Zusammenhänge, um nur einige zentrale Aspekte der Geschichte des 19. Jahrhunderts zu nennen, lösten in ganz Europa schwere Krisen aus, die wiederholt gewaltsam ausgetragen wurden. Für eine Reihe von Schwierigkeiten und Unzulänglichkeiten der politischen und gesellschaftlichen Entwicklung in Südosteuropa lassen sich vergleichbare

Beispiele in anderen Teilen Europas identifizieren, manchmal etwas zeitversetzt, aber von ähnlichem Charakter.

So leisteten nicht nur in Südosteuropa alteingesessene Eliten Widerstand gegen die politische Gleichberechtigung der Massen, zum Beispiel durch ein limitiertes Wahlrecht. Revolutionäre Erhebungen und Gegenbewegungen waren keineswegs ein Spezifikum des Balkans, wie die europäischen Verwerfungen von 1830 und 1848 zeigten. Neue Staaten (Belgien, Italien, Deutschland) entstanden auch in der Mitte des Kontinents. Kriege zwischen Staaten wurden anderswo in Europa gleichermaßen geführt (man denke etwa an die Geburt des Deutschen Kaiserreiches aus dem Krieg gegen Frankreich 1870/71 heraus). In ganz Europa führten Veränderungen in der Agrarstruktur und das rasche Bevölkerungswachstum wiederholt zu sozialen Notlagen, weshalb Menschen aus vielen Regionen Europas in großer Zahl auswanderten. Bevor die Südosteuropäer Ende des 19. Jahrhunderts nach Amerika gingen, waren schon Millionen von Briten, Iren, Deutschen und Skandinaviern dort eingetroffen. Die Industrialisierung, die der Amerikaauswanderung ein Ende setzte, breitete sich erst nach und nach vom Nordwesten des Kontinents gen Osten und Süden aus.

In Südosteuropa lassen sich die Veränderungen des ›langen‹ 19. Jahrhunderts am deutlichsten auf der politischen Landkarte nachvollziehen, da auf dem Territorium des Osmanischen Reiches in einem rund achtzig Jahre andauernden Prozess sechs unabhängige Staaten entstanden, die es heute noch bzw. wieder gibt; das Habsburgerreich wiederum erlebte 1815 und 1878/1908 in Südosteuropa seine letzten territorialen Erweiterungen. Die Herausbildung und Propagierung nationaler Identitäten sowie der Kampf um

Territorien beanspruchten einen guten Teil der politischen wie kreativen Energie der politischen und intellektuellen Eliten. Die nationale Frage und ihre verschiedenen Antworten führten zu erheblichen Umbrüchen und zu Verunsicherung, aber auch zu Aufbruchsstimmung und Aufwärtsmobilität, je nachdem auf welcher Seite des Konflikts und der Grenzziehungen eine Person zu stehen kam. Besonders in von verschiedenen Nationalbewegungen zugleich beanspruchten Gegenden, die sich üblicherweise durch besondere sprachliche und konfessionelle Vielfalt auszeichneten, bestimmte im Laufe der Zeit der Kampf um die nationale Loyalität immer mehr das öffentliche Leben; selbst ökonomische Entwicklungsprojekte waren bisweilen nationalitätenpolitisch motiviert. Schließlich führte eine direkte Linie von Nationalismus zum Krieg – wobei Südosteuropa mit den Balkankriegen die zweifelhafte Ehre zukam, Schauplatz der ersten ›modernen‹ Kriege auf europäischem Boden gewesen zu sein. Und es war ein junger Nationalist in Sarajevo, der am 28. Juni 1914 die tödlichen Schüsse abgab, die den Ersten Weltkrieg nach sich ziehen sollten.

Gleichzeitig erlebten die Menschen in der Region Schübe der Emanzipation; aus Untertanen wurden Bürger, und wie mangelhaft die Rechtsstaatlichkeiten in den neuen Staaten sowie den sich modernisierenden Imperien gewesen sein mögen, die Zeiten völliger Herrscherwillkür waren vorbei. Die Idee der Nation war verbunden mit einem Gleichheits- und Partizipationsversprechen (notabene nur für Männer), an dem sich die politischen Eliten zunehmend messen lassen mussten. Politische Werthaltungen und Orientierungen wandelten sich, denn ihre Verankerung in religiösen, verwandtschaftlichen sowie ständischen Identitäten wurde zunehmend durch die Loyalität zu einer Nation oder einer Klasse überwölbt. Mit diesen Veränderungen erweiterten sich die individuellen und kollektiven Horizonte. Dank neuer Kommunikationstechnologien und Verkehrsmittel integrierte sich die Region immer rasanter in internationale, ja globale Zusammenhänge, etwa durch Handel, Migration und Informationsaustausch. Nicht nur viele Angehörige der Elite, sondern auch Arbeiter und Bauern lernten nun andere Länder kennen und kamen mit neuen Ideen, aber auch Verbindungen und Wünschen nach Hause zurück.

In mancherlei Hinsicht befand sich die Region somit trotz aller strukturellen Probleme in den ersten Jahren des 20. Jahrhunderts auf einem gar nicht so hoffnungslosen Weg. Gemessen an dem ebenfalls lange Zeit agrarisch geprägten Dänemark zum Beispiel mag die Modernisierung in Südosteuropa zwar holprig, langsam und unvollständig erscheinen, wie der rumänische Wirtschaftshistoriker Bogdan Murgescu herausarbeitete – aber anderswo in Europa (Portugal, Süditalien etc.) ging es auch nicht schneller, zumal die Ausgangsbedingungen in Südosteuropa bescheiden waren. So hatte etwa das Osmanische Reich seinen Nachfolgestaaten am Balkan kaum brauchbare staatliche Institutionen hinterlassen. Rumänien, Bulgarien, Serbien und die adriatischen Provinzen Österreichs wiesen in den Jahren um die Jahrhundertwende jedenfalls wirtschaftliche Wachstumsraten auf, die jene Deutschlands und Großbritanniens übertrafen, wenn auch von einem sehr niedrigen Niveau ausgehend. Die Nachteile der Staatsgründungen – etwa aufgrund der Fragmentierung großer Märkte – schienen nun überwunden zu sein, und auch dank der wirtschaftspolitischen Initiativen der neuen Nationalstaaten sprossen mancherorts zarte Pflänzchen der Industrialisierung. In der Habsburgermonarchie griff die Wachstumsdynamik aus den entwickelten Gebieten zunehmend auf die Randgebiete aus, und in vielen armen Regionen Südosteuropas machten sich die positiven Folgen der Emigration in Form von Investitionen der Migranten bemerkbar. Ob all das gereicht hätte, die strukturellen Hemmschuhe einer umfassenden Modernisierung zu überwinden, wissen wir nicht, denn der Erste Weltkrieg unterbrach diese Prozesse. Nach 1918 ließ sich daran wegen der grundlegenden Umgestaltung der politischen Landkarte nicht wieder anknüpfen, denn nun waren die Regierungen erneut veranlasst, sich vor allem der Frage der Nationalstaatsbildung zu widmen. Anstrengungen zur ökonomischen Entwicklung traten wieder in den Hintergrund (siehe nächstes Kapitel).

Andererseits gab es wenigstens ein grundlegendes soziales Entwicklungshindernis: die geringe Akzeptanz formaler Institutionen, insbesondere in den (ex-)osmanischen Gebieten. Dort tat sich der Staat besonders schwer, in der Alltagspraxis das Gewohnheitsrecht, das sich über Jahrhunderte bewährt hatte und von den Osmanen weitgehend toleriert worden war, durch seine Normen zu ersetzen. Die Anforderungen der Behörden empfanden viele Menschen, aufgewachsen in Erinnerung sowohl an die Willkür lokaler Herrscher als auch die Ferne des Staates, als Zumutung, zumal die Gegenleistung für die einbehaltenen Steuern und die Einhaltung der Regeln nicht immer erkenntlich war. Die Abneigung der urbanen Eliten gegen die ländliche Mehrheitsbevölkerung sowie die weitverbreiteten Praktiken der Patronage und des Klientelismus nährten das Misstrauen in den Staat und dessen Repräsentanten.

Angesichts der demografischen Verhältnisse – die ländliche Bevölkerung bildete klar die Mehrheit – manipulierten die urbanen Eliten zum Zwecke ihres Machterhalts den politischen Prozess und pervertierten damit den demokratischen Grundgedanken der Nation, all ihre Mitglieder am politischen Geschehen gleichermaßen partizipieren zu lassen. Jene politischen Kräfte, die aufgrund ihrer populären Basis hätten Abhilfe schaffen können, nämlich die Bauernparteien und die Sozialisten, die sich in den Jahren vor dem Ersten Weltkrieg als Parteien konsolidiert hatten, wurden hingegen von der alteingesessenen Elite mit oftmals unfairen Mitteln von der Macht ausgeschlossen – vor allem während der Zwischenkriegszeit. Offenkundig undemokratische Praktiken der Machthaber waren der Loyalität der Bürger zum politischen System nicht gerade förderlich.

Gleichzeitig sahen die Eliten im Staat und dessen Instrumenten die einzige Möglichkeit, ihre Entwicklungsziele notfalls gegen den Willen einer vermeintlich ignoranten ländlichen Bevölkerung durchzusetzen. Die Balkankriege verstärkten diese Tendenz zur zentralstaatlich gelenkten Mobilisierung. Wiederholt und im Verlaufe des 20. Jahrhunderts noch viel ausgeprägter sollte der Staat als Entwicklungsdiktatur auftreten, die keinen Widerspruch duldete. In der Folge konnten sich die südosteuropäischen Gesellschaften nicht ausreichend vom Staat emanzipieren, der Politik fehlte es aber auch an Integrationskraft. Das sollte langfristig die formalen Institutionen und damit auch die ökonomische Entwicklung beeinträchtigen, da sich das – oftmals begründete – Misstrauen der Menschen dem Staat gegenüber in einer ausgesprochenen Präferenz für informelle, persönliche Beziehungen niederschlug. Südosteuropa kann jedenfalls die von Ökonomen betonte Bedeutung guter Institutionen für die wirtschaftliche Entwicklung kontrafaktisch illustrieren.

Dem Vertrauen in formale Institutionen abträglich war zudem die wiederholte Erfahrung der südosteuropäischen Gesellschaften, dass sich die Großmächte schamlos in die Innenpolitik ihrer Länder einmischten – bis hin zur Ausgestaltung der Verfassungsordnung. Mit der Inthronisierung fremder Dynastien wurden beispielsweise lokale republikanische Ansätze zunichte gemacht, und wiederholt mussten die jungen Nationalstaaten für sie unvorteilhafte Abkommen akzeptieren – das oben erwähnte Handelsabkommen zwischen Österreich-Ungarn und Serbien mag als Beispiel genügen. Die in der Bevölkerung weitverbreitete Abneigung gegen die staatlichen Institutionen ging somit einher mit einem ebenso starken Gefühl, durch die Großmächte fremdbestimmt zu sein. Dies ließ die Sinnhaftigkeit zivilen Engagements zweifelhaft erscheinen. Darin liegt eine der strukturellen Wurzeln des defensiven Nationalismus, aber auch der weitverbreiteten Skepsis gegenüber dem Westen in der Region. Bei aller Bewunderung für den materiellen Wohlstand des Westens (bzw. ›Europas‹) fühlten sich Südosteuropäer schon um 1900 nicht völlig anerkannt und von den europäischen Großmächten unfair behandelt. Auf dieser Einstellung konnten im Laufe des 20. (und des 21.) Jahrhunderts dezidiert anti-westliche politische Programme aufbauen.

Südosteuropa 1800 bis 1914

Internationale Rahmenbedingungen

1797–1809	französische Besetzung der Ionischen Inseln
1807–1813	›Illyrische Provinzen‹ an der nördlichen Adria als Teil des napoleonischen Frankreichs
1815	Wiener Kongress, Österreich erhält (wieder) Dalmatien
1827	Vertrag von London (gemeinsames Vorgehen Frankreichs, Großbritanniens und Russlands zur Unterstützung der aufständischen Griechen)
1853–56	Krimkrieg zwischen England, Frankreich und Osmanischem Reich einerseits, Russland andererseits, Pariser Frieden (1856)
1877	Konferenz von Konstantinopel
1878	Berliner Kongress
1879	Zweibund zwischen Österreich-Ungarn und Deutschland
1882	Großbritannien besetzt Ägypten
1894	Bündnis zwischen Russland und Frankreich
1905	Russisch-japanischer Krieg
1914, Juli	Ausbruch des Ersten Weltkriegs

Osmanisches Reich

1789–1807	Reformversuche von Sultan Selim III.
1804	Erster Serbischer Aufstand gegen die osmanische Herrschaft unter Karađorđe (bis 1813)
1807	Sturz von Sultan Selim III. durch die Janitscharen
1815	Zweiter Serbischer Aufstand unter Miloš Obrenović
1821	Beginn des griechischen Aufstandes (bis 1829)
1822	Ende der Einsetzung von Phanarioten als Fürsten in der Moldau und Walachei
1826	Auflösung der Janitscharen durch Mahmud II., Schaffung einer modernen osmanischen Armee

1829	Friede von Adrianopel
1831	Aufstände in Bosnien und Albanien
1831/32	Organische Statute für die beiden Donaufürstentümer, unter russischer Okkupation
1839	Reformdekret (Hatt-ı Şerif) läutet Tanzimat-Reformen ein; Zusicherung der Gleichbehandlung aller Untertanen egal welcher Religion
1856	Hatt-ı-Hümayun-Dekret des Sultans verspricht Gleichbehandlung aller Staatsbürger; Abschaffung der Kopfsteuer für Nichtmuslime
1864	Vilayet-Gesetz zur Modernisierung der Territorialverwaltung
1869	Gründung der ersten staatlichen Universität (in Konstantinopel, Vorläufer seit 1861)
1870	Anerkennung des bulgarischen Exarchats durch den Sultan
1875	Aufstand in der Herzegowina, 1876 in Bosnien, Bulgarien und Thrakien
1876	Absetzung von Sultan Abdülaziz, Nachfolger Abdülhamid II. (bis 1909) verkündet Verfassung für Osmanisches Reich (1878 suspendiert)
1878	Gründung der (albanischen) Liga von Prizren
1881	Staatsbankrott und Einrichtung einer internationalen Staatsschuldenverwaltung (Administration de la Dette publique)
1889	Gründung des Geheimkomitees ›Einheit und Fortschritt‹ durch Militärstudenten in Konstantinopel
1893	Gründung der Inneren Makedonischen Revolutionären Organisation (IMRO) in Saloniki
1903	sog. Ilinden-Aufstand in Makedonien gegen die osmanische Herrschaft; Mürzsteger Reformprogramm (Österreich-Ungarns und Russlands) für das Osmanische Reich
1908	Jungtürkische Revolution, Wiedereinsetzung der Verfassung von 1876, Wahl eines osmanischen Parlaments

1909	Jungtürken zwingen Sultan Abdülhamid II. zur Abdankung; Nachfolger: Mehmed V. (bis 1918)
1910/11	Aufstände in Kosovo und Albanien

Habsburgerreich

1804	Gründung des Kaisertums Österreich, Kaiser Franz I. (bis 1835)
1812	Allgemeines Bürgerliches Gesetzbuch für Österreich
1826	Gründung des serbischen Kulturvereins *Matica srpska* (Sitz zuerst Pest, dann Novi Sad)
1848/49	Revolution in Österreich und Ungarn, Unabhängigkeitserklärung Ungarns, Abdankung von Kaiser Ferdinand (reg. seit 1835), Thronantritt Kaiser Franz Josephs (Dezember 1848)
1849	Niederschlagung der Revolution, durch Kaiser oktroyierte Verfassung
1849	Vojvodina wird Kronland (1860 wieder aufgelöst)
1850	serbisch-kroatisches Sprachabkommen in Wien
1861	Februarpatent (Verfassung) des Kaisers für Österreich
1864	Schaffung eines Bischofssitzes für die Rumänisch-Orthodoxe Kirche im Kaiserreich Österreich in Hermannstadt/Sibiu
1867	Ausgleich zwischen Österreich und Ungarn, Schaffung der Doppelmonarchie, liberale Verfassung
1868	Ausgleich (*nagodba*) zwischen Ungarn und Königreich Kroatien und Slawonien, Nationalitätengesetz in Ungarn
1872	Weltausstellung in Wien
1873	Börsenkrach in Wien, Wirtschaftskrise
1873	Zusammenlegung der Städte Buda, Óbuda und Pest (Budapest)
1878	Besetzung von Bosnien und Herzegowina und des Sandschak von Novi Pazar (bis 1908)
1881	Gründung der Rumänischen Nationalpartei (in Siebenbürgen)

1881	endgültige Auflösung der Militärgrenze und Eingliederung des Gebiets in das Königreich Kroatien und Slawonien
1882	Finanzminister Benjámin Kállay leitet Verwaltung von Bosnien und Herzegowina (bis 1903)
1883	Serbokroatisch wird Amtssprache in Dalmatien
1889	Selbstmord des Thronfolgers (Kronprinz Rudolf)
1892	Gründung der (slowenischen) Katholischen Volkspartei
1896	Milleniumsausstellung in Budapest
1904	Gründung der Kroatischen Bauernpartei (HSS), Bauernunruhen in Kroatien
1905	Bildung der Kroatisch-Serbischen Koalition in Kroatien und Slawonien sowie in Dalmatien
1907	Einführung des allgemeinen gleichen Männerwahlrechts in Österreich
1908	Annexion Bosnien-Herzegowinas, Annexionskrise (Spannungen mit Serbien)
1910	Erlass von Landesverfassung für Bosnien, Wahlen zum Landtag
1910, Juni	Attentat auf den Statthalter in Sarajevo, Marijan Varešanin (überlebt), durch die Schwarze Hand
1911	letzte Reichsratswahlen in Österreich vor dem Ersten Weltkrieg
1914, Juni	Attentat in Sarajevo auf Thronfolger Franz Ferdinand durch Gavrilo Princip (Schwarze Hand); Ultimatum Österreich-Ungarns und Kriegserklärung an Serbien (Juli)

Nationalstaaten

1828	Unabhängigkeitserklärung Griechenlands, international anerkannt 1830
1830	Anerkennung von Miloš Obrenović als erblicher Fürst Serbiens durch Sultan (gewählt 1817)
1834	Athen wird Hauptstadt Griechenlands

1835	Loslösung der Kirche Griechenlands vom Patriarchat Konstantinopel
1838	Sultan erlässt Verfassung für das autonome Serbien
1839	Fürst Miloš Obrenović von Serbien dankt ab
1842	Sturz des serbischen Fürsten Mihailo Obrenović durch die sog. ›Verfassungsverteidiger‹, Nachfolger wird Aleksandar Karađorđević
1843	Aufstand gegen König Otto von Griechenland; Verfassung (1844)
1844	Formulierung des Programms der nationalen Expansion Griechenlands (*megali idea*) sowie Serbiens (*načertanije*, bis 1906 geheim)
1852	Umwandlung Montenegros in ein weltliches Fürstentum unter Fürst (bis dahin Fürstbischof) Danilo II. Petrović-Njegoš
1858	serbischer Fürst Aleksandar Karađorđević wird zur Abdankung gezwungen, Miloš Obrenović kehrt aus Exil zurück und wird erneut Fürst (bis 1860)
1858	Konvention über die Organisation der Fürstentümer Moldau und Walachei
1859	Vereinigung der Fürstentümer Moldau und Walachei zu Rumänien, unter gewähltem Fürst Alexandru Cuza (internationale Anerkennung der Vereinigung 1861)
1860	Ermordung des montenegrinischen Fürsten Danilo, Nachfolger: Nikola (bis 1918)
1862	Sturz König Ottos von Griechenland, Nachfolger: Georg I. (Dynastie Sonderburg-Glücksburg, bis 1913)
1864	rumänische Verfassung
1864	Vereinigung der Republik der Ionischen Inseln (seit 1815) mit Griechenland
1866	Sturz des Fürsten Cuza in Rumänien, neuer Fürst wird Karl von Hohenzollern-Sigmaringen (bis 1914)
1867	Abzug der letzten osmanischen Garnisonen aus Fürstentum Serbien
1868	Fürst Mihailo Obrenović (reg. seit 1860) wird in Belgrad ermordet; Nachfolger: Milan Obrenović (bis 1889)

1869	neue serbische Verfassung (weitere Verfassungen 1889, 1894 suspendiert, neue Verfassung 1901)
1878	Unabhängigkeit Montenegros, Serbiens und Rumäniens, Autonomie für Fürstentum Bulgarien; Gebietserweiterungen von Serbien und Montenegro
1881	Fürstentum Rumänien proklamiert sich zum Königreich unter König Carol I. (bis 1914)
1881	Anschluss Thessaliens an Griechenland
1882	Reformer Charilaos Trikoupis wird griechischer Ministerpräsident (bis 1885, erneut 1886 bis 1890)
1882	Erhebung des Fürstentums Serbien zum Königreich
1883	Bauernaufstand in Serbien
1885	Vereinigung des Fürstentums Bulgarien mit der (osmanischen) autonomen Provinz Ostrumelien
1886	erzwungene Abdankung des bulgarischen Fürsten Alexander von Battenberg; Nachfolger: Fürst (ab 1908 Zar) Ferdinand (bis 1918)
1889	serbischer König Milan Obrenović dankt nach Konflikt mit Regierung ab, Nachfolger: Aleksandar Obrenović (ermordet 1903)
1891	Nikola Pašić (Radikale Volkspartei, gegr. 1881), wird serbischer Ministerpräsident (mehrfach bis 1918, danach mehrfach Premier Jugoslawiens bis 1926)
1893	griechischer Staatsbankrott
1894	Sturz des bulgarischen Ministerpräsidenten Stefan Stambulov (regierte seit 1887)
1894	Gründung der Nationalen Gesellschaft in Griechenland (*Ethniki Etairia*) zur Förderung der Irredenta
1899	Bauernunruhen in Bulgarien, Gründung der Bulgarischen Bauern-Volksunion (BZNS)
1903	Offiziersverschwörung gegen den serbischen König Aleksandar I. Obrenović, der mit seiner Frau ermordet wird; Thronbesteigung von Petar I. Karađorđević (bis 1918)
1905	montenegrinischer Fürst Nikola erlässt Verfassung

1907	Bauernaufstand in Rumänien
1908	Unabhängigkeitserklärung Bulgariens
1908	Anschluss Kretas an Griechenland
1909	Militärputsch in Griechenland
1910	Fürst Nikola (reg. seit 1860) von Montenegro proklamiert sich zum König
1910	Eleftherios Venizelos wird griechischer Ministerpräsident (Amt bis 1933 wiederholt ausgeübt)
1911	Gründung der Geheimorganisation Ujedinjenje ili Smrt in Belgrad
1912	Unabhängigkeitserklärung Albaniens (November), internationale Anerkennung 1913; Wilhelm Friedrich Heinrich Prinz zu Wied wird als König bestimmt
1913, März	Ermordung des griechischen Königs Georg I., Nachfolger: Konstantin I. (bis 1922)

Außenpolitik und Kriege

1774	Frieden von Küçük Kaynarca zwischen Osmanischem Reich und Russland
1806–1813	russisch-osmanischer Krieg
1812	Annexion Bessarabiens (Fürstentum Moldau) durch Russland
1827	Seeschlacht von Navarino (Niederlage der Osmanen gegen Frankreich, Russland und Großbritannien)
1828/29	russisch-osmanischer Krieg, Frieden von Adrianopel (1829); faktisches russisches Protektorat über die Donaufürstentümer (bis 1849)
1859	Niederlage Österreichs im Krieg gegen Sardinien und Frankreich, Verlust der Lombardei
1866	Niederlage Österreichs im Krieg gegen Preußen und Italien, Abtretung Venetiens an Italien
1876/77	Krieg zwischen Serbien und Osmanischem Reich, 1877 Kriegserklärung Montenegros gegen Osmanisches Reich, Anschluss des Sandschak von Niš an Serbien

1877/78	russisch-osmanischer Krieg, Vorfrieden von San Stefano (März 1878)
1878	Großbritannien okkupiert osmanisches Zypern (Annexion 1914, Kronkolonie ab 1925)
1883	Rumänien unterzeichnet mit Österreich-Ungarn Defensivbündnis
1886	serbisch-bulgarischer Krieg
1897	osmanisch-griechischer Krieg
1906	Handelskrieg zwischen Österreich-Ungarn und Serbien
1911	Tripoliskrieg (Einfall Italiens in osmanisches Gebiet in Nordafrika)
1911/12	Bildung des Balkanbunds (Griechenland, Serbien, Montenegro, Bulgarien)
1912	Abtretung des Dodekanes vom Osmanischen Reich an Italien
1912, Oktober	Ausbruch des Ersten Balkankriegs: Griechenland, Serbien, Montenegro und Bulgarien gegen das Osmanische Reich, Rumänien neutral
1913, Mai	Londoner Vertrag beendet Ersten Balkankrieg; Osmanisches Reich verliert fast alle europäischen Besitzungen; Gründung Albaniens
1913, Juni/Juli	Zweiter Balkankrieg; Bulgarien verliert gegen seine Verbündeten aus dem Ersten Balkankrieg sowie Rumänien, Osmanisches Reich erobert Edirne zurück
1913, August	Vertrag von Bukarest beendet Zweiten Balkankrieg, Gebietsverluste für Bulgarien; Ultimatum Österreich-Ungarns an Serbien und Montenegro führt zum Rückzug ihrer Truppen aus Albanien

Erster Weltkrieg und Zwischenkriegszeit: Der lange Schatten des Krieges

An das Ende des Ersten Weltkrieges wurde in den 1920er und 1930er Jahren, zumindest in den Siegerstaaten, feierlich erinnert – so auch im Königreich Jugoslawien und insbesondere in seinen von Serben bevölkerten Gebieten. 1931 durften die Schüler des orthodoxen Priesterseminars in Prizren (Kosovo) einen Aufsatz zu der Frage verfassen, was sie mit dem Krieg verbänden. Die Reflexionen der angehenden Geistlichen fielen gemischt aus – zwar schrieben sie durchweg, Serbien habe einen gerechten Krieg gegen den österreichischen Unterdrücker und seine Verbündeten geführt und dabei das Prinzip der Gerechtigkeit, Deutschland und Österreich-Ungarn dagegen das Recht des Stärkeren vertreten. Mehrere Seminaristen vermerkten aber, dass der Krieg das überkommene Wertesystem durcheinandergewirbelt und die Gesellschaft verroht habe. Das Leben vor dem Krieg, so der Seminarist Slavko Petković aus Kumanovo, sei »voller moralischer Tugenden« der patriarchalen Ordnung gewesen; hätte es den Waffenstillstand nicht gegeben, wäre noch mehr davon zerstört worden. Sein Klassenkamerad Miodrag Mitić aus Zaječar betonte, die Serben hätten den Sieg der Gerechtigkeit teuer erkauft – materieller und moralischer Niedergang sei der Preis gewesen.

Unabhängig von der Bewertung steht fest, dass der Erste Weltkrieg die Verhältnisse in der Region tiefgreifend umwälzte. Er brachte das Ende dreier Imperien, deren Rivalität seit dem 18. Jahrhundert das Schicksal Südosteuropas entscheidend geprägt hatte – des Osmanischen Reichs, der

Habsburgermonarchie und des zaristischen Russlands. Besonders folgenreich war der Zusammenbruch der Donaumonarchie, die im Gegensatz zu den beiden anderen Imperien bis zuletzt große Territorien in der Region besessen hatte, die jetzt den Besitzer wechselten. Ebenso prägend wie neue Grenzen waren die gesellschaftlichen Erschütterungen – Millionen von Männern waren eingezogen worden, hatten als Soldaten andere Gegenden Europas kennengelernt, Traumatisches erlebt, eventuell Liebschaften begonnen. Frauen und Kinder waren zurückgeblieben, hatten sich an ein entbehrungsreiches Leben ohne Ehemänner und Väter gewöhnen müssen. Dies galt insbesondere dort, wo der Krieg intensiv und verlustreich gewesen war – wie in Serbien, das mit etwa einer Million Kriegstoten den anteilsmäßig höchsten Blutzoll aller kriegsbeteiligten Länder überhaupt zu beklagen hatte. Der Bezirksvorsteher des Dorfes Gruža in Zentralserbien meldete im Januar 1923 an seine Vorgesetzten, die Ehe habe im Bezirk stark an Bedeutung verloren. In den familiären Beziehungen stellte der Beamte Verwilderungserscheinungen fest und führte Beispiele an:

> Ein Familienvater verlässt seine Frau, vertreibt die Mutter seiner Kinder aus dem Haus, bringt ein junges Mädchen in den Haushalt und wird zum Ehebrecher. Ein junger Mann entführt ein Mädchen, lebt mit ihr zusammen, verjagt sie nach gewisser Zeit und sucht sich die nächste. Ein Bruder zwingt die Adoptivtochter seines Bruders zur Unzucht, ein Kind wird geboren. Eine Frau wird zur Witwe in der Zadruga, ihr Schwager zwingt sie zur Unzucht, sie gebiert ein Kind, und er verjagt sie und das

Kind aus dem Haus. Die Krone des Ganzen ist ein Fall, der bis in die Öffentlichkeit gedrungen ist – ein Vater lebt [in Inzucht] mit seiner Tochter zusammen.[16]

Der Beamte mochte überspitzt formuliert haben, aber manche Zahlen gaben ihm recht. Polizeistatistiken dokumentierten in Serbien einen Anstieg ›wilder Ehen‹ ohne Trauschein, in Belgrad und andernorts schnellte in den 1920er Jahren die Scheidungsrate nach oben, die freilich in abgelegenen Gegenden wie Makedonien oder Kosovo weiterhin minimal blieb. In der Hauptstadt bildete sich eine gesellschaftliche Avantgarde, die nach dem Zusammenbruch der alten Staatenwelt auch alle Konventionen hinter sich lassen wollte – während in den umliegenden Dörfern traumatisierte Familienpatriarchen versuchten, sich wieder in ihre alte Stellung zurückzuprügeln. Heftige Kontraste, so viel ist sicher, erschwerten in der Zwischenkriegszeit den gesellschaftlichen Dialog und trugen dazu bei, dass die demokratischen Ordnungen in Südosteuropa – wie auch anderswo in Europa – überwiegend schlecht funktionierten und schließlich zusammenbrachen.

Der Erste Weltkrieg und sein Ausgang

Im deutschsprachigen Raum zieht man aus dem negativen Stereotyp des Balkan nicht selten den Schluss, der Region und insbesondere Serbien die Schuld am Ausbruch des Ersten Weltkriegs zu geben. Tatsächlich war es das Attentat des

16 Klaus Buchenau, *Auf russischen Spuren,* S. 184.

bosnischen Serben Gavrilo Princip auf den österreichischen Thronfolger Franz Ferdinand am 28. Juni 1914, das den Stein ins Rollen brachte. Wien forderte daraufhin ultimativ, Serbien solle die Hintermänner des Attentats verfolgen und an der Untersuchung auch österreichische Ermittler teilnehmen lassen, was Belgrad als inakzeptable Attacke auf die eigene Souveränität empfand. Als Serbien das Ultimatum verstreichen ließ, erklärte ihm die Donaumonarchie am 28. Juli den Krieg, woraufhin Russland sich auf die Seite Serbiens stellte und Österreich-Ungarn den Krieg erklärte. Das Attentat setzte also die europäischen Bündnissysteme in Kraft und zog eine Kette weiterer Kriegserklärungen nach sich. Bis heute ist sich die Forschung nicht sicher, inwieweit die Beteuerungen der serbischen Führung, mit dem Attentat nichts zu tun zu haben, der Wahrheit entsprachen. Unwahrscheinlich ist jedenfalls, dass die Drahtzieher aus der Regierung von Nikola Pašić kamen, weil Serbien unmittelbar nach den Balkankriegen auf eine Konfrontation mit Österreich-Ungarn nicht gut vorbereitet war. Die Attentäter hatten aber Verbindungen zur Geheimorganisation Schwarze Hand, die vom Geheimdienstchef beim serbischen Generalstab Dragutin Dimitrijević-Apis geleitet wurde und als schwer kontrollierbarer ›Staat im Staate‹ galt. Unter Historikern dominiert schon lange die Ansicht, dass die eigentlichen Wurzeln des Ersten Weltkriegs in den ohnehin vorhandenen Spannungen zwischen den Großmächten und insbesondere im Großmachtstreben des Deutschen Reiches lagen – womit allerdings noch nicht gesagt ist, dass der Krieg auch ohne das Attentat ausgebrochen wäre.

Von der spezifischen Rolle Serbiens abgesehen ist festzuhalten, dass der Erste Weltkrieg nicht von der Region ausging, sondern in sie hineingetragen wurde, zumal Südosteuropa eher ein Nebenschauplatz blieb. Entscheidend war die Auseinandersetzung zwischen der Entente (Frankreich, England, Russland) und den Mittelmächten (Deutschland, Österreich-Ungarn); die wichtigsten Fronten verliefen durch Belgien bzw. Nordfrankreich und Osteuropa. In den mörderischen, von keiner Regierung vorhergesehenen Materialschlachten des Stellungskriegs hatten die westlichen Entente-Staaten vor allem seit dem Kriegseintritt der USA im April 1917 den Vorteil, dass sie sich durch Kredite und Kriegsmaterial aus Übersee revitalisieren konnten, während die Mittelmächte und Russland mit der Zeit immer stärker unter Versorgungsengpässen litten, was zu Erschöpfung, gesellschaftlichen Unruhen und letztlich auch zum Zusammenbruch beitrug. Allerdings war die Lage in den ersten Kriegsjahren unübersichtlich. Noch durch die Balkankriege ermattet, blieben Serbiens südosteuropäische Nachbarn zunächst Zuschauer; gleichzeitig waren sie durchaus interessiert, diesen Krieg für die weitere territoriale ›Arrondierung‹ zu nutzen. Am Ende konnte das nur Ländern gelingen, die sich auf die Seite der Entente gestellt hatten, da die Verbündeten der Mittelmächte Federn lassen mussten. Allerdings hatte Serbien (und Montenegro, das sich sofort mit Belgrad solidarisch erklärte) zunächst von seinem Bündnis mit der Entente kaum einen Nutzen – im Gegenteil musste es die österreichisch-ungarischen Attacken alleine abwehren.

Zur Aggression gegen Serbien kam ein drakonisches Regiment der Habsburger in Bosnien-Herzegowina, wo das ehemals auf Ausgleich bedachte Imperium seinen ganzen Zorn an der serbischen Zivilbevölkerung ausließ. Lang gehegte und gepflegte Institutionen wie die orthodoxe Kirche, die die Habsburger seit 1878 zum loyalen Herrschaftsinstrument aufzubauen versucht hatten, wurden jetzt zum Objekt der Rache – versinnbildlicht auf dem Vorplatz der serbisch-orthodoxen Kathedrale in Trebinje (Herzegowina), auf dem das habsburgische Militär dauerhaft sechs Galgen aufstellte. Daran hängte man vorzugsweise Angehörige der nationalbewussten serbischen Elite Bosnien-Herzegowinas auf, denen Verrat vorgeworfen wurde – darunter einen Priester dieses Bistums.

Bulgarien, Rumänien und Griechenland verlangten Gegenleistungen für ihren Kriegseintritt und warteten ab, welche Seite ihnen das bessere Angebot machte. Bulgarien blieb zunächst neutral, schloss sich aber im Oktober 1915 den Mittelmächten an – das Land wollte seine Verluste aus dem Zweiten Balkankrieg wettmachen und große Teile Makedoniens gewinnen, was ihm die Entente wegen ihrer Bindung an Serbien nicht zusagen konnte. Es beteiligte sich gemeinsam mit Deutschland und Österreich an der Offensive gegen Serbien, dessen Armee sich nun in einem entbehrungsreichen Marsch, der mindestens 70 000 Menschen das Leben kostete, über Nordalbanien auf die Insel Korfu zurückziehen musste. Zur Belohnung durfte Bulgarien den serbischen Teil Makedoniens (Vardar-Makedonien) besetzen, den es aber 1918 an die erstarkte Entente, darunter auch die neu aufgestellte serbische Armee, wieder verlor. Bulgarien ging damit als traumatisierter und revisionistisch gesinnter Verliererstaat aus dem Krieg hervor.

Rumänien wurde wegen seiner Erdölvorkommen besonders umworben: Die Mittelmächte versprachen ihm das russische Bessarabien, die Entente das habsburgische Siebenbürgen. Nach dem Tod des deutschlandfreundlichen Königs Carol I. am 10. Oktober 1914 wurden die Stimmen in der rumänischen Politik lauter, die auf ein Bündnis mit der Entente drängten, zumal Siebenbürgen in der rumänischen Öffentlichkeit deutlich stärkere Emotionen weckte als Bessarabien. Doch erst im August 1916, als der rumänischen Führung große Zweifel an einem Sieg der Mittelmächte kamen, trat Rumänien aufseiten der Entente in den Krieg ein; schon bald danach wurde es durch die Mittelmächte zum Großteil besetzt. Infolge der bolschewistischen Revolution stieg Russland aus dem Krieg aus und schloss im März 1918 den Separatfrieden von Brest-Litovsk; woraufhin sich auch Rumänien für einen Frieden mit den Mittelmächten entschied und mit dem Erwerb Bessarabiens belohnt wurde. Da es aber bei Kriegsende noch einmal die Seite wechselte, konnte es sich auf Zusagen der Entente von 1916 berufen und sicherte sich aus der Konkursmasse des Habsburgerreiches Siebenbürgen, die Bukowina und einen Teil des Banats – mit ›Großrumänien‹ war ein Siegerstaat der Region geboren.

In Griechenland favorisierte König Konstantin die Mittelmächte, Ministerpräsident Eleftherios Venizelos hingegen die Entente, sodass das Land lange in einer Blockade verharrte, bis sich schließlich Venizelos durchsetzte und Athen auf der Seite der Entente im Juli 1917 in den Krieg eintrat. Während das politische Schisma noch lange nachwirkte, hielten sich die territorialen Vorteile der Entscheidung in Grenzen: Griechenland besetzte zwar das südliche Albanien und marschierte nach der Kapitulation des Osmanischen Reiches 1919 in Kleinasien und Ostthrakien ein, um doch noch seine *megali idea* (›Große Idee‹) zu verwirklichen. Diese Gewinne waren jedoch nicht dauerhaft, weil sich die Siegermächte 1921 auf die Wiederherstellung Albaniens in seinen Vorkriegsgrenzen einigten und 1921/22 eine reorganisierte, von Mustafa Kemal (später Atatürk genannt) geleitete türkische Armee die griechischen Truppen wieder aus Kleinasien und Ostthrakien vertrieb. So musste Griechenland statt Siegesparaden Lager für über eine Million aus Kleinasien geflohener Griechen organisieren; der Weltkrieg hinterließ einen äußerst bitteren Nachgeschmack.

Der größte Kontrast in der Region ergab sich wohl zwischen Serbien und Ungarn. Serbien erlitt an Menschen und Material die größten Verluste, profitierte aber territorial am meisten – im Zuge der Entente-Offensive von 1918 (›Salonikifront‹) konnte die mit französischer Hilfe wiederhergestellte serbische Armee nicht nur an der Rückeroberung sämtlicher Vorkriegsbesitzungen Serbiens inklusive Kosovos und Vardar-Makedoniens mitwirken, sondern auch in bislang habsburgische Gebiete weitermarschieren. In der serbischen Regierung hatte sich schon im Herbst 1914 die Ansicht durchgesetzt, das Land sei schuldlos in einen Existenzkampf verwickelt und müsse – wie die Historikerin Marie-Janine Calic festgestellt hat – aus dem Krieg »gestärkt und territorial vergrößert hervorgehen [...], um sich der Einflussnahme der Großmächte dauerhaft zu entledigen.«[17] Konkret avisierte man einen Staat, der außer allen Serben auch alle Kroaten und Slowenen einschließen sollte, also die Verwirklichung der oben geschilderten jugoslawischen Idee. Entsprechend argumentierte Serbien den Entente-Staaten gegenüber, dass es sich bei Serben, Kroaten und Slowenen

17 Marie-Janine Calic, *Geschichte Jugoslawiens*, S. 77.

tatsächlich um ein einziges Volk mit drei Namen handele. Je mehr die Stabilität Österreich-Ungarns durch militärische Niederlagen und Hungerrevolten bröckelte, desto stärker unterstützten auch kroatische und slowenische Politiker und Intellektuelle in der Monarchie dieses Vorhaben, bei dem sie sich selbst als Vorreiter einer slawischen, konfessionsübergreifenden Ost-West-Synthese sahen.

Bei Kriegsende wurde den kroatischen und slowenischen politischen Eliten das Bündnis mit Serbien besonders wichtig, weil nun ein weiteres Entente-Land brisante Territorialansprüche anmeldete: Italien war dem Bündnis im April 1915 beigetreten. In einem Geheimvertrag hatte ihm die Entente versprochen, sich auf Kosten Habsburgs und der Osmanen ausdehnen zu können – um den Großteil Dalmatiens, Triest, Istrien, Teile Kleinasiens und den albanischen Hafen Vlora. Kroatische Nationalisten fürchteten 1918 vor allem den Verlust Dalmatiens. Es gelang ihnen aber gemeinsam mit Serbien, das sowohl über Prestige bei der Entente als auch über militärische Potenz verfügte, die italienischen Ansprüche abzublocken. Als im Mai 1919 das neue ›Königreich der Serben, Kroaten und Slowenen‹ auf der Pariser Friedenskonferenz anerkannt wurde, war de facto ein vollkommen neuer, innerlich äußerst heterogener Staat entstanden, der fast dreimal so groß war wie Serbien in den Grenzen von 1913. Im Jahr 1929 in Jugoslawien umbenannt, sollte es die Aufmerksamkeit internationaler Beobachter weitaus stärker beanspruchen als jeder andere Staat der Region.

Ungarn dagegen wurde tief in den Strudel der untergehenden Donaumonarchie gerissen. Als das Habsburgerreich 1914 in den Krieg zog, war es wirtschaftlich relativ gefestigt und bewies zu Beginn des Krieges auch durchaus Zusammenhalt, weshalb sich selbst seine erbittertsten Gegner kein baldiges Ende vorstellen konnten. Allerdings war Österreich-Ungarn noch weniger als Deutschland für eine derart lange Auseinandersetzung gerüstet – als Land mit schwächerer industrieller Basis und einem stets prekären politischen Gleichgewicht litt es besonders unter der Blockade durch die Entente. Während sich 1918 die Versorgung der Bevölkerung dramatisch verschlechterte (insbesondere in der Hauptstadt des Imperiums, in Wien), nahm die Kriegsmüdigkeit der Bevölkerung so schnell zu, wie ihr Glaube an die eigene Führung nachließ. Die nationalen Bewegungen der Donaumonarchie kalkulierten jetzt zunehmend mit der vollen Unabhängigkeit und wurden darin von den Entente-Mächten bestärkt. Mit Gewalt war nichts mehr aufzuhalten, weil sich die hungernde Armee in Auflösung befand. Insbesondere die französische Führung sah die Monarchie als bigotten Anachronismus, der sich noch dazu als Satellit Deutschlands diskreditiert hatte. Aus ihren Überresten sollten sich nach dem Willen des linksbürgerlichen Lagers um Premierminister Georges Clemenceau republikanisch organisierte Nationalstaaten entwickeln. Der letzte Habsburger Kaiser Karl I. kam hoffnungslos zu spät, als er im Oktober 1918 versuchte, den Druck aus dem Kessel zu nehmen, indem er ein ›Völkermanifest‹ verkündete, das die Monarchie in eine Föderation von Nationalstaaten umwandeln sollte. Das Manifest wurde in Cisleithanien angenommen, aber die von ihm angeregten Nationalräte erneuerten die Verbindung zum Herrscher in Wien nicht, sondern gingen mit Unterstützung der Entente in die volle nationale Souveränität.

Die ungarische Regierung verharrte bis zum Schluss in einer doppelten Passivität. Sie wehrte sich gegen jede Reform, die die gesamte Monarchie betroffen und effizienter gemacht hätte, und wollte stattdessen ihren Reichsteil in einen souveränen Staat mit lockeren Bindungen nach Wien verwandeln. Dabei zeigte sie nach wie vor keine Bereitschaft, den eigenen Ethnien entgegenzukommen, sodass die nicht-ungarischen Nationalbewegungen Transleithaniens kaum auf eine glückliche Zukunft hoffen durften. Als schließlich im Oktober 1918 mit der sogenannten Astern-Revolution eine demokratische Führung in Budapest ins Amt kam und sich zu Zugeständnissen an die Nationalitäten bereit zeigte, war es zu spät. Rumänen, Slowaken, Kroaten und Serben stellten sich mehrheitlich gegen einen Verbleib in Ungarn, und die Entente-Mächte zogen den Schluss, dass das Land dramatisch Federn lassen müsse. Das schildkrötenförmige Gebilde namens Transleithanien, welches die ungarische Elite seit dem Ausgleich von 1867 quasi als Nationalstaat verstanden hatte, wurde im Vertrag von Trianon um 67 Prozent verkleinert, die abgetrennten Gebiete (und mit ihnen drei Millionen ethnische Ungarn) gingen an die Tschechoslowakei, Rumänien, Jugoslawien und Österreich. Auf die Bühne der Zwischenkriegszeit trat eine scharf revisionistische Nation, die von ihren Nachbarn als Bedrohung empfunden wurde.

Während vom Habsburgerreich vor allem Erinnerung und Kultur, aber kein wirklicher politischer Haupterbe zurückblieb, verschwand vom Osmanischen Reich eher die Kultur als das Territorium. Aus dem Sultansreich wurde die 1923 gegründete türkische Republik, die den Großteil des osmanischen Gebiets von 1914 wiederherstellte und ein einschneidendes gesellschaftliches Modernisierungsexperiment begann, das weit über die Region hinaus Beachtung finden sollte. Wie dramatisch aber der türkische Weg zwischen 1913 und 1923 verlief, ist der westlichen Öffentlichkeit kaum jemals bewusst geworden. Im Ersten Weltkrieg stellte sich das Osmanische Reich auf die Seite der Mittelmächte – wenig überraschend angesichts des fortgesetzten russischen Griffs nach osmanischem Territorium, vor allem nach Istanbul, welches als Carigrad (›Kaiserstadt‹) einem russisch geführten orthodoxen Commonwealth einverleibt werden sollte. Die Jungtürken hegten starke Sympathien für Preußens autoritäre Modernität und ließen die osmanische Armee von deutschen Militärberatern ertüchtigen. Anders als in den Balkankriegen zeitigte das jetzt positive Resultate – zwar konnten die seit 1912 verlorengegangenen Gebiete auf dem Balkan nicht zurückerobert werden, aber die alliierten Offensiven auf Istanbul scheiterten am erfolgreichen osmanischen Widerstand.

Weitaus schwerer war es, Kleinasien zu schützen. Die Entente betrachtete Anatolien als reine Manövriermasse und versprach ihren Verbündeten in der Region reiche Beute – Griechenland einen Teil der Westküste, Italien die Südküste, den Armeniern den Osten, den Kurden den Südosten; den meist arabischsprachigen Nahen Osten teilten Franzosen und Briten direkt unter sich auf. Diese Haltung löste in der jungtürkischen Führung einen alten Argwohn aus, der sich über Jahrhunderte gefestigt hatte – dass andersgläubige Untertanen im Falle eines Angriffs von außen sich mit dem Angreifer solidarisieren und dem Reich in den Rücken fallen könnten. Im Mai 1915 befürchtete Istanbul, dass die Armenier Ostanatoliens Russland bei einem Einmarsch helfen würden – und ordnete die Umsiedlung der gesamten armenischen Bevölkerung aus den Regionen Erzurum, Van und Bitlis nach Syrien an. Diese Unternehmung kostete durch Massaker, aber auch Krankheiten und Verdursten hunderttausende Armenier das Leben und gilt vielen Historikern als einer der ersten modernen Genozide. Die türkische Seite sieht in den Ereignissen bis heute lediglich kriegsbedingte Exzesse und ist darüber frustriert, dass die internationale öffentliche Meinung die türkischen Existenzängste jener Zeit nicht zur Kenntnis nehmen wolle.

Die Republik Türkei wurde maßgeblich auf diesen Ängsten aufgebaut. Laut dem Friedensvertrag von Sèvres (1920) sollte das Osmanische Reich auf das innere Steppengebiet Anatoliens sowie die südliche Schwarzmeerküste zusammenschrumpfen und obendrein noch Reparationen zahlen – dagegen wirkte selbst der ›Diktatfrieden‹ mit Deutschland milde. Wie sehr sich die Entente mit ihrer (durchaus orientalistisch geprägten) Vorstellung vom wehr- und wertlosen Osmanischen Reich getäuscht hatte, zeigte allerdings der sich formierende türkische Widerstand. Anders als von den christlichen Balkan-Nationalisten immer behauptet, hatte das Reich seit dem frühen 19. Jahrhundert erhebliche Modernisierungsanstrengungen unternommen, die ihm jetzt beim Übergang zur Republik zugutekamen. Die Jungtürken hatten seit ihrem Putsch 1908 viele Niederlagen einstecken müssen, aber auch eine neue Generation von Offizieren erzogen, die militärisch kompetent waren und die jungtürkische Ideologie konsequent zu Ende dachten, nämlich einen türkischen Nationalstaat schaffen wollten. Seit 1919 organisierte einer dieser Offiziere, Mustafa Kemal (er wurde 1934 von der türkischen Nationalversammlung ehrenhalber mit dem Nachnamen Atatürk, ›Vater der Türken‹, ausgestattet), den nationalen Widerstand gegen die Entente.

Hatten die Jungtürken bis zu den Balkankriegen – wenn auch wenig überzeugend – bei Nichtmuslimen noch um Unterstützung für ein stark reformiertes Reich geworben, so setzte Kemal nur noch auf die türkische Nation und Anatolien als deren Zentrum. Als osmanischer Militärattaché hatte er in Sofia den Lebensstil der westlichen Oberschicht zu schätzen gelernt, gerade auch den freieren Umgang zwischen den Geschlechtern. Bei einem Kuraufenthalt im böhmischen Karlsbad schrieb er schon 1912 seine Überzeugung nieder, das Sultansreich müsse durch einen Nationalstaat abgelöst, Religion und Staat voneinander getrennt, die Unterschiede zwischen Mann und Frau aufgehoben werden. »Wir müssen uns der orientalischen Zivilisation entziehen und der westlichen zuwenden. [...] Ich halte es für das Beste, unsere Gesellschaft schlagartig, sofort und in kürzester Zeit, zu verändern!«[18] Als fähiger militärischer Organisator setzte sich Mustafa Kemal bald durch, auch bei vielen traditionellen Muslimen, die sich ihm anschlossen, um sich gegen die von allen Seiten heranrückenden christlichen Verbände wehren zu können.

Die neue Führung akzeptierte zwar bewusst die Territorialverluste im arabisch geprägten Nahen Osten, verteidigte aber ihre anatolischen Besitzungen ebenso wie den Zipfel europäischen Festlandes, der nach den Balkankriegen noch beim Reich verblieben war – Ostthrakien. Letzteres machte zwar nur 3 Prozent der Landesfläche der türkischen Repu-

18 Brigitte Moser-Weithmann / Michael Weithmann, *Die Türkei*, S. 73.

Abb. 5: Südosteuropa nach den Balkankriegen 1912–13.

blik aus, war aber strategisch und symbolisch sehr wichtig. Denn die Republik Türkei kontrollierte (wenn auch bis 1936 mit Einschränkungen) nach wie vor die Meerengen und konnte von sich behaupten, (auch) zu Europa zu gehören – was Atatürk und seine Gefolgsleute, gerade auch kulturell, unbedingt anstrebten. Die weitere Geschichte der Türkei sollte allerdings zeigen, dass Atatürks Vorstellungen einer homogenen und westlich-säkular orientierten Nation weitaus schwerer umzusetzen waren als die militärische Verteidigung Anatoliens.

Abb. 6: Südosteuropa nach dem Ende des Ersten Weltkriegs.

In vielen Ländern Südosteuropas begannen sich Intellektuelle nach 1989 für die Zwischenkriegszeit zu interessieren, die ihnen im Gegensatz zum gerade verblichenen ›totalitären Kommunismus‹ als bürgerlich, liberal, demokratisch und zivil erschien. Ähnlich wie bundesdeutsche Linksliberale in Bezug auf die Weimarer Republik dachten sie, man hätte diese Ordnung schützen und weiterentwickeln können, um zu einer harmonischen Zukunft zu kommen. Dieses Urteil ist per se nicht falsch, schließlich zerbrachen die Zwischenkriegsgesellschaften nicht an sich selbst, sondern wurden wie ihre Vorläufer von äußeren Kräften zu Fall gebracht – dem von Adolf Hitler und Benito Mussolini entfachten Krieg, der wiederum dem Kommunismus moskovitischer Prägung zum Aufstieg verhalf. Dennoch ist die Einschätzung zu optimistisch. Sicher, Ende 1918 schwiegen an den meisten Orten der Region die Waffen; in den 1920er Jahren konnte sich vielerorts die kriegszerstörte Wirtschaft erholen, und sie wuchs, nach dem heftigen Einbruch in der Weltwirtschaftskrise seit 1929, in der zweiten Hälfte der 1930er Jahre erneut. Ähnlich wie Berlin erlebten Hauptstädte wie Bukarest oder Belgrad ihre goldenen Zwanziger – geprägt von kultureller Experimentierfreude, avantgardistischer Architektur, Kinos, freizügiger Mode und vielem mehr.

Allerdings hatte die maßgeblich von Frankreich erdachte Ordnung der liberalen Nationalstaaten von vornherein ihre Schwächen – einerseits, weil sie scharf zwischen Sieger- und Verliererstaaten trennte und damit die Spannungen des Weltkrieges in den Frieden einschleuste, die leicht wieder Konflikte auslösen konnten. Andererseits waren die parlamentarischen Demokratien, als die die meisten Länder der Region starteten, nicht in der Lage, die Probleme ihrer Gesellschaften zu lösen. Ähnlich wie schon im 19. Jahrhundert und dann wieder im Postkommunismus funktionierten Staat und Politik oft nicht wie vorgesehen, sondern wurden von Klientelnetzwerken gesteuert, deren mächtigstes sich meistens um den jeweiligen Monarchen rankte. Außerdem taten sich die Gesellschaften, wie im überwiegenden Rest Europas auch, oft schwer mit der Demokratie. Ein Interessenausgleich über Parteien im Parlament setzt voraus, dass das Wahlvolk tatsächlich zu politischer Debatte und Teilhabe in der Lage ist, was bei Südosteuropas zum Teil analphabetischer, räumlich isolierter Landbevölkerung nicht ganz einfach war. Der Parlamentarismus benötigt zudem kompromissfähige politische Kräfte, um den notwendigen politischen Grundkonsens herzustellen und zu bewahren; doch die Kompromissbereitschaft war angesichts scharfer sozialer, kultureller und weltanschaulicher Gegensätze sowie persönlicher Ambitionen schwach ausgebildet. Auch waren große Teile der politischen Elite in der Zwischenkriegszeit nicht bereit, auf den autoritären Interventionsstaat wirklich zugunsten eines liberal-demokratischen Modells zu verzichten – im Gegenteil, die Möglichkeiten staatlicher Lenkung wurden insbesondere in der Zwischenkriegszeit erst entdeckt beziehungsweise weiter ausgebaut.

Die französische Idee bei Kriegsende war, die eigene Staatskonzeption im östlichen Europa durch einen Ring verbündeter Nationalstaaten zu verbreiten, die revisionistischen Verliererstaaten in Schach zu halten und gleichzeitig einen Puffer gegen das bolschewistische Sowjetrussland (ab 1922 die Sowjetunion) zu errichten. Dieses Vorhaben erwies sich als wenig tragfähig. Problematisch war schon die Nationalstaatsidee selbst, die auch massiv von US-Präsident Woodrow Wilson verfochten wurde. Während der Pariser Friedensverhandlungen pries Wilson immer wieder das Selbstbestimmungsrecht der Völker als Grundlage für ein zukünftiges Europa an, ohne aber zu sagen, wie man es in der ethnischen Gemengelage des (süd-)östlichen Europas umsetzen solle. Homogene Siedlungsgebiete waren, trotz der Entmischung in den Kriegen zwischen 1912 und 1918, längst noch nicht die Regel; viele Regionen wurden von mehreren Nationen beansprucht. Hinzu kam, dass die Entente-Mächte und insbesondere Frankreich nicht an einer unparteiischen Auslegung dieses Grundsatzes interessiert waren – schließlich sollten die Verbündeten aus Kriegstagen belohnt, die Kriegsgegner bestraft werden. Unter dem Strich durften die Siegerstaaten das Selbstbestimmungsrecht in Anspruch nehmen, die Verliererstaaten, die von den Verhandlungen ausgeschlossen waren, dagegen nicht.

Vor diesem Hintergrund half es wenig, dass die Großmächte seit 1878 durchaus dazugelernt hatten. Die Väter der Pariser Friedensordnung versuchten, Minderheitenrechte besser als zuvor zu verankern, indem sie nationalen Minderheiten kollektive Rechte zugestanden, wogegen man vorher lediglich individuelle Rechte auf religiöses Anderssein konzediert hatte. Mit dem Völkerbund in Genf entstand eine Beschwerdeinstanz, bei der zwischen 1921 und 1939 insgesamt 950 Minderheitenpetitionen eingingen. 550 Gruppen wurden als solche anerkannt. Sie stammten überwiegend aus dem postimperialen östlichen Europa, darunter 137 aus Polen, 47 aus Jugoslawien, 44 aus Griechenland und 37 aus der Tschechoslowakei (weitere 100 Petitionen betrafen Oberschlesien). Die südosteuropäischen Staaten sahen sich als Anwälte ihrer Titularnationen und versuchten wie schon nach 1878 den Minderheitenschutz so weit wie möglich zu umgehen; der Völkerbund mit seinen bescheidenen Sanktionsmöglichkeiten konnte dagegen wenig ausrichten. Die Nationalstaaten verdächtigten viele ihrer Minderheiten des Irredentismus, vor allem wenn wie im Falle der Deutschen, Ungarn oder Italiener wichtige ›Mutterländer‹ hinter ihnen standen. Sie waren aus Sicht der Regierungen im Zweifel ein Fall für die Polizei, während die eigentliche Sorge des Staates dem Wiederaufbau, der Entwicklung, nationalen Konsolidierung und außenpolitischen Absicherung galt.

Am intensivsten waren die Auseinandersetzungen um die Minderheiten in den Siegerstaaten – was nicht verwundert, hatten Letztere sich doch durch ihre Ausdehnung besonders viele davon einverleibt. Das Königreich der Serben, Kroaten und Slowenen verstand sich als Nationalstaat seiner im Staatsnamen erwähnten Gruppen – sie hatten als ›Stämme‹ zu gelten, die gemeinsam ein dreinamiges Staatsvolk bildeten. Diese Auffassung passte allerdings nicht zu den weit fortgeschrittenen Nationsbildungsprozessen im südslawischen Raum. Vor allem Kroaten rückten radikal davon ab, als ihnen mit demokratisch unsauberen Mitteln 1921 eine zentralistische, ganz auf Belgrad ausgerichtete Verfassung aufgezwungen wurde. An eine südslawische Titularnation glaubten bald nur noch eingefleischte Unitaristen, selbst unter den ›staatstragenden‹ Serben wollten viele ihre nationale Identität nicht zugunsten eines Experiments mit ungewissem Ausgang aufgeben. Es blieb also faktisch bei den Einzelnationen, die sich – vor allem im Falle der Kroaten – erst jetzt unter dem Eindruck serbischer Dominanz voll ausbildeten. Keine von ihnen verfügte über eine absolute Mehrheit, selbst die Serben stellten (gemeinsam mit den Montenegrinern) nur 39 Prozent der Gesamtbevölkerung, die Kroaten 23, die Slowenen acht, die von Serben wie Kroaten beanspruchten bosnischen Muslime 5 Prozent; hinzu kamen Makedonier (die offiziell als Serben galten), Deutsche, Albaner und Ungarn, die jeweils zwischen drei und 5 Prozent erreichten, regional aber konzentriert lebten. Darüber hinaus gab es eine größere Romaminderheit, die aber nur sehr unvollständig erfasst wurde. In Rumänien kam die Titularnation immerhin auf 72 Prozent der Gesamtbevölkerung, ihnen standen Ungarn mit 8 Prozent, Juden und Deutsche mit jeweils 4 Prozent, außerdem Ukrainer, Russen und andere gegenüber. Auch hier fielen die Roma durch die statistischen Raster, wurden entweder gar nicht dokumentiert oder schlossen sich etablierten Nationalitäten an. Die Minderheiten in Rumänien lebten insbesondere in den neu hinzugewonnenen Gebieten, was die Abspaltungsängste der nationalen Elite in Bukarest weiter stärkte.

Der politische Diskurs der serbischen und rumänischen Elite schwankte zwischen Siegestaumel und Verwirrung – die kühnsten nationalen Träume waren wahr geworden, aber war die Nation wirklich Herrin im Haus? In Jugoslawien stellten vor allem die Kroaten diesen Anspruch infrage. Der Anführer der Kroatischen Bauernpartei, die zur mit Abstand stärksten Interessenvertreterin der Kroaten wurde, Stjepan Radić, wetterte gegen die seiner Ansicht nach illegitime Verfassung und boykottierte immer wieder den politischen Prozess. In Rumänien konzentrierte sich der nationale Konflikt auf die ungarische Minderheit, die gegen ihren Willen in diesen Staat geraten war, aber auch auf die Juden, in denen die rumänische Intelligenzija eine unerwünschte Konkurrenz sah. Die Angst wirkte bis in vermeintlich harmlose Sphären wie den Sport hinein. So setzte sich die 1922 gegründete Fußballnationalmannschaft Großrumäniens vor allem aus Siebenbürger Minderheiten, aus Ungarn, Juden und Siebenbürger Sachsen zusammen. Sie hatten diesen Sport, der im rumänischen Altreich weitgehend unbekannt gewesen war, noch in der Habsburgermonarchie erlernt. Rumänische Nationalisten waren daraufhin empört, dass ›Fremde‹ bei Länderspielen die Nation repräsentieren sollten; einige regten sogar an, man solle lieber mit einer rumänisierten Mannschaft verlieren, als mit Spielern aus den Minderheiten zu reüssieren.

In Rumänien wie in Jugoslawien waren die staatstragenden Eliten verunsichert, ob es ihnen gelingen würde, ihre nun größeren und komplexeren Gesellschaften unter Kontrolle zu bringen. Diese Frage war durchaus berechtigt, denn beide Länder mussten nicht nur mit ökonomisch und kulturell teilweise starken Nichtserben und Nichtrumänen einen Umgang finden. Als schwierig stellte sich auch die Integration von Regionen heraus, die nach jahrhundertelanger habsburgischer Herrschaft ganz anders geprägt waren als die eigenen Vorkriegsnationalstaaten mit ihrem byzantinisch-osmanischen Hintergrund. Die physischen Grenzbefestigungen zwischen Serbien und Kroatien, zwischen dem rumänischen Altreich und Siebenbürgen waren schnell demontiert, aber zurück blieben gewachsene Unterschiede in den Rechtssystemen, der gesellschaftlichen Struktur, den politischen Kulturen und den Mentalitäten. Das galt auch dann, wenn auf beiden Seiten dieser ›Phantomgrenze‹ Angehörige derselben Nation lebten, wie etwa entlang der Donau und Save, die bis 1918 das Königreich Serbien von der habsburgischen, vornehmlich serbisch besiedelten Vojvodina getrennt hatten. In einem vermeintlich einheitlichen Nationalstaat fielen die Unterschiede nun besonders ins Auge. Wer etwa heiraten wollte, wurde nördlich der Donau ganz anders behandelt als südlich davon, sehr zur Verwirrung vieler Zeitgenossen.

> ›Sie wunderten sich‹, stellte ein serbischer Priester rückblickend über seine Gläubigen fest, ›dass man zum Beispiel in der Vojvodina während der Fastenzeit heiraten darf, aber in Serbien nicht. Oder dass in einer Region ohne weiteres Mischehen geschlossen werden durften, während sie in der nächsten absolut unmöglich waren. Dass die Priester in der einen Gegend Staatsbeamte sind, in der anderen direkt für ihre Arbeit bezahlt, in einer dritten mit Naturalien entlohnt werden und so weiter.‹[19]

Obwohl die rechtlichen Unterschiede in den 1920er Jahren langsam abgebaut wurden, blieb zwischen den ehemaligen Untertanen Habsburgs und den früheren Einwohnern des Königreichs Serbien eine gewisse Distanz. Letztere beanspruchten für sich, durch Heroismus und Opferbereitschaft schon viel länger auf der richtigen Seite der Geschichte gestanden zu haben. In manchen Fällen wurden daraus hand-

19 Dimitrije Stefanović, »Crkveni ustav«, in: *Glas Šumadije,* 6.12.1931.

feste Kontroversen – wie an einem serbischen Priesterseminar, an dem sich Ende der 1920er Jahre Dozenten aus dem ehemaligen Serbien mit ihren Kollegen ›von drüben‹ eine regelrechte Schlammschlacht lieferten. Dabei wurde kein kulturelles Stereotyp ausgelassen – der aus Serbien stammende, in Sankt Petersburg, Oxford und Athen ausgebildete Theologe Justin Popović bestand darauf, den Seminaristen die asketisch-mystischen Ideale des byzantinischen Mönchtums nahezubringen. Dem in Dalmatien, also Österreich gebürtigen Rektor Miloš Parenta warfen er und seine Anhänger vor, sich in westlich-anthropozentrischer Manier den Genüssen dieser Welt hinzugeben und die eigenen Enkel mit riesigen Schweineschnitzeln vollzustopfen – mitten in der Fastenzeit! Auf einer Sitzung des Professorenrats platzte es aus einem jüngeren Popović-Anhänger heraus – so könne Parenta »sich in Dalmatien benehmen, aber nicht hier«. Parenta wehrte sich mit dem Verweis, er sei bis 1918 von den Habsburgern für seinen serbischen Patriotismus unterdrückt worden – aber es half ihm nichts: Der gemütliche, lebensfrohe Rektor wurde vorzeitig in Pension geschickt, während der feurige Popović seine Karriere nach einer leichten Eintrübung fortsetzen durfte und später als Theologe Berühmtheit erlangte.

Die serbischen Eliten versuchten auch andere habsburgische Spuren zu tilgen. Generell galten die ehemals habsburgischen Untertanen als schlechtere Patrioten, bei Besuchen von Belgrader Würdenträgern in ehemals habsburgischen Gebieten wurde regelmäßig gefordert, dass die Bewohner (insbesondere die Nichtserben) dieses Manko durch besonders eifriges Fahnenschwenken ausglichen. Hinter dieser Aggressivität stand nicht nur das Leid des jüngsten Krieges, der Serbien so viel heftiger getroffen hatte als die anderen Landesteile, sondern auch die Angst, mit der eigenen, durch Kämpfe, Okkupation und Seuchen stark ausgedünnten Elite das große Land womöglich nicht beherrschen zu können. Tatsächlich gab es in den Ländern der Donaumonarchie traditionell breitere Bildungsschichten, die den Krieg relativ gut überstanden hatten und in der Lage gewesen wären, große Teile des Staatsapparats auch außerhalb ihrer angestammten Siedlungsgebiete zu übernehmen. Von Belgrad ständig vorgebrachte Zweifel an der patriotischen Gesinnung der ehemaligen österreichisch-ungarischen Untertanen verhinderten dies allerdings.

Rumänien kam mit seiner ›Phantomgrenze‹ vergleichsweise besser zurecht, weil die rumänischen Eliten im Weltkrieg geringere Verluste erlebt hatten; außerdem waren die hinzugewonnenen Territorien nicht ganz so umfangreich und mehrheitlich rumänisch besiedelt. Wie Belgrad war auch Bukarest zwar weit davon entfernt, der historischen Andersartigkeit Siebenbürgens und des Banats durch einen föderalen Staatsaufbau Rechnung zu tragen, denn auch hier setzten die Regierungen auf Zentralismus. Dennoch wurden Rumäniens Ex-Habsburger in mancherlei Hinsicht besser integriert – während Jugoslawien die Karlowitzer Metropolie, das jahrhundertalte Zentrum kirchlicher und bürgerlicher Selbstverwaltung der habsburgischen Serben, spurlos tilgte und ihre Bestandteile in ein zentralistisches, staatshöriges System eingliederte, konnten sich die siebenbürgischen Orthodoxen relativ selbstbewusst in Rumänien einbringen und zum Beispiel dafür sorgen, dass die Kirche insgesamt mehr Freiheiten gegenüber dem Staat erlangte, als sie im Altreich besessen hatte. Die unierten Rumänen

Siebenbürgens, dieses habsburgische Erbe par excellence, mussten sich zwar rechtfertigen, ob sie nicht in der Vergangenheit die Nation verraten hätten. Lokal aber pflegten sie harmonische Beziehungen mit den Orthodoxen. Der Ost-West-Synthese, von der im ganzen östlichen Europa oft voller Pathos gesprochen wurde, kam man dort etwas näher.

Sorgen bereiteten den Siegerstaaten auch ihre neu hinzugewonnenen (süd-)östlichen Peripherien. Damit wiederholte sich das Muster der nationalen Expansionen des 19. Jahrhunderts, bei denen jede Vergrößerung des eigenen Territoriums auf Kosten der Osmanen zwar Ruhm und Ehre, aber gleichzeitig auch neue Entwicklungsprobleme gebracht hatte. Geringe Durchherrschung, schwache Infrastruktur, durch den muslimischen Exodus geschwächte Städte, marodierende Banden nationalistischer bis krimineller Couleur und ein extremes Misstrauen der lokalen Bevölkerung gegenüber dem Staat waren oft genug das traurige Erbe der Auseinandersetzungen zwischen den jungen Nationalstaaten und dem zerfallenden Imperium. Aus der Sicht Belgrads waren Vardar-Makedonien und Kosovo seit 1912/13 ›befreit‹, im Weltkrieg kurzzeitig verlorengegangen und dann gerechtfertigt zurückerobert worden; aber für die Mehrheitsbevölkerung in diesen Gebieten gab es eigentlich keinen Staat, dessen Herrschaft sie per se als legitim erachtet hätten. Die slawischen Makedonier etwa fanden sowohl die bulgarischen Weltkriegsbesatzer als auch die serbische Friedensherrschaft arrogant, despotisch und unzuverlässig. Beide Staaten beanspruchten diese Bevölkerung für die eigene Nation, aber die von den Hauptstädten entsandten Beamten hinterließen oft verbrannte Erde. Kompetente Staatsdiener strebten nach Stellen im Zentrum, um ihre

›gehobenen‹ kulturellen Ansprüche zu befriedigen und ihre Kinder auf gute Schulen zu schicken. In die neuerworbenen Peripherien wollte dagegen kaum jemand gehen; selbst den entsendenden Ministerien war klar, dass sich in Makedonien vor allem diejenigen tummelten, die sich im Stellenwettbewerb der Kerngebiete nicht hatten durchsetzen können. Der junge russische Theologe Kiprian Kern, der vor der Oktoberrevolution aus seiner Heimat geflohen war, berichtete von der Verwunderung, die ihm im Belgrader Religionsministerium entgegenschlug, als er sich freiwillig zum Dienst im Priesterseminar in Bitola meldete – in dem die Dozenten Anfang der 1920er Jahre weder Arbeitslampen noch Tische in ihren Zimmern hatten und die Seminaristen ihren Tee nicht aus Tassen, sondern aus Konservendosen tranken! In der Regel kamen statt Idealisten wie Kern grobe Bürokraten, die trotz allen Geredes von nationaler Einheit die lokale Bevölkerung von oben herab behandelten, sich über ihr ›falsches‹ Serbisch mokierten und sie verdächtigten, Sympathien für den bulgarischen Erzfeind zu hegen – was wiederum als Vorwand diente, die Autochthonen bei Stellenvergaben zu übergehen.

Ähnlich war die Lage in Rumäniens bessarabischer Peripherie, obwohl das Zarenreich etwas besser geordnete Verhältnisse hinterlassen hatte. Aber auch dort hatte die lokale Bevölkerung nicht das Gefühl, wirklich zur rumänischen Nation zu gehören, sondern begann eine separate Identität zu entwickeln. Die bessarabische Intelligenzija war tief russifiziert; viele fanden keine Anstellung beim rumänischen Staat oder wurden in Prüfungen darauf hingewiesen, dass sie ihre rumänische Muttersprache unzureichend beherrschten. Die bessarabischen Bauern sprachen ohnehin ein ›slawisch kontaminiertes‹ Idiom, das sich von der latinisierten rumänischen Standardsprache deutlich unterschied. Den Bauernkindern versuchte man in der Schule ihre eigene Sprache auszutreiben und den slawischen ›Küchenwortschatz‹ durch französischstämmiges Vokabular zu verdrängen. Eine derartige Politik mochte akzeptabel sein, solange die Bevölkerung den Eindruck hatte, dass der Weg zu einem besseren Leben diese Opfer wert war – zur umfassenden Entwicklung der Wirtschaft aber fehlte Rumänien die Kraft. In vielerlei Hinsicht erinnerte die Bukarester Herrschaftspraxis im bessarabischen Landesteil, trotz dessen rumänischsprachiger Mehrheitsbevölkerung, an eine Besatzung durch eine fremde Macht.

Wenn schon die vom Nationalismus eigentlich erwünschten Bevölkerungsgruppen nicht integriert werden konnten, galt das umso mehr für die unerwünschten. Als Serbien 1913 Kosovo eroberte, sprach die Mehrheit der Bevölkerung albanisch und hing dem muslimischen Glauben an. Serbische Nationalisten behaupteten zwar bis in die Zwischenkriegszeit, es handle sich um albanischsprechende Serben, aber ein Inklusionsangebot stellte das keinesfalls dar. Denn so konnte Belgrad gegenüber dem Ausland verneinen, dass es überhaupt eine albanische Minderheit gebe. Wer dem Staat misstraute oder gar auf einer eigenen Identität bestand, wurde bekämpft. Die jugoslawische Armee und serbische Freischärler lieferten sich während der Zwischenkriegszeit einen blutigen Kleinkrieg mit albanischen Banden; weil diese sogenannten Kaçaken eng mit der Zivilbevölkerung verwachsen waren, wurde auch Letztere schwer in Mitleidenschaft gezogen. Um das demografische Bild zu verändern, forcierte Belgrad die albanische Auswanderung (vor allem in die Türkei), außerdem kamen mit einem großen Kolonisierungsprogramm mindestens 54 000 slawisch-orthodoxe Siedler nach Kosovo; fast jeder zehnte Einwohner Kosovos gehörte nun zu einer Kolonistenfamilie. Ähnlich wie in imperialen Zeiten setzte die Politik auf Wehrbauern – wo die Osmanen kaukasische Tscherkessen angesiedelt hatten, um jederzeit bewaffnete Muslime vor Ort zu wissen, warb die Belgrader Regierung in den 1920er Jahren serbische Kriegsveteranen und Freischärler an, aber auch Soldaten der im russischen Bürgerkrieg unterlegenen Wrangel-Armee. Obwohl aus diesem Plan nichts wurde, war die Symbiose zwischen Serben und Russen im Zwischenkriegsjugoslawien offensichtlich. Ein Teil der 30 000 russischen Emigranten im Land half den Serben, ›ihre‹ südöstlichen Peripherien zu beherrschen – und so leichter ohne ex-habsburgische, insbesondere kroatische oder slowenische Kader auszukommen, die als unerwünscht galten.

Die Verliererstaaten

Bei den Verliererstaaten stellt sich zunächst die Frage, welche Länder man überhaupt in diese Kategorie einordnen soll. Bei Ungarn und Bulgarien ist der Fall eindeutig, denn sie hatten auf der Seite der Mittelmächte gekämpft und verloren; entsprechend mussten sie in den Friedensverträgen von Trianon und Neuilly Territorien abgeben und Reparationsverpflichtungen akzeptieren. Außerdem waren sie vom französischen Bündnissystem im östlichen Europa, der sogenannten Kleinen Entente, ausgeschlossen. Letztere umfasste die Tschechoslowakei, Rumänien und Jugoslawien, die sich so gegen den Revisionismus der Nachbarn absichern wollten. Das Bündnis war daher exklusiv und eine Alternative zunächst nicht in Sicht, weil alle Verliererstaaten inklusive Deutschlands vor allem mit sich selbst beschäftigt und in ihrer Verteidigungspolitik eingeschränkt waren. Unter den Verlierern erzeugte das eine bedrückende Atmosphäre – schließlich konnte niemand ahnen, dass in den 1930er Jahren Bewegung in die Szenerie kommen sollte. Eine allgemeine, auf Lagerbildung verzichtende Friedensordnung wie die spätere EU-Integration überstieg ohnehin die Vorstellungskraft der Zeitgenossen. Schwierig einzuordnen ist Griechenland. Es hatte sich im Krieg, wenn auch spät, auf die ›richtige‹ Seite gestellt, aber davon nicht profitieren können. Vielmehr musste es seine Zugewinne auf Kosten Albaniens und des Osmanischen Reiches im Friedensvertrag von Lausanne von 1923 letztlich wieder abgeben. Dass die Alliierten ihre Zusage an Griechenland nicht hielten und sowohl Albanien wiedererrichteten als auch einen großen türkischen Nationalstaat zuließen, schürte in Griechenland nicht nur Verbitterung, sondern auch sehr konkrete Probleme.

Die drei genannten Länder hatten große Flüchtlingsströme zu verkraften – in Ungarn trafen Magyaren aus allen Himmelsrichtungen ein, nach Bulgarien strömten Makedonier, die sich in der Regel als Bulgaren fühlten, und nach Griechenland kamen kleinasiatische Flüchtlinge, die wegen ihres orthodoxen Glaubens als Griechen definiert wurden, zum Teil aber nur Türkisch sprachen. Die Flüchtlinge stellten alle drei Gesellschaften vor gewaltige Integrationsprobleme, steigerten aber auch deren nationale Homogenität. 1928 bestand die Bevölkerung Griechenlands laut amtlicher

Statistik zu 95 Prozent aus Griechen – sicher eine zu hoch angesetzte Zahl, da zum Beispiel Slawen und Albaner nicht oder nur teilweise gezählt wurden, die aber doch auch die Tatsache ausdrückte, dass das Land erstmals seit dem Mittelalter kein ethnischer Flickenteppich mehr war. Die Flüchtlinge aus Kleinasien machten ein Fünftel der Gesamtbevölkerung aus; sie wurden insbesondere in den nördlichen Gebieten angesiedelt, die erst seit 1913 zu Griechenland gekommen waren. Dort bildeten sie eine griechische ethnische Mehrheit gegenüber Slawen und Muslimen, die wiederum teils nach Bulgarien abwanderten, teils assimiliert und teils als ›muslimische Minderheit‹ (in Westthrakien) anerkannt wurden. Im stark verkleinerten Ungarn war die Nationalitätenproblematik aufgrund der Gebietsverluste ebenfalls praktisch ›gelöst‹. 1920 gaben 90 Prozent der dortigen Bevölkerung Ungarisch als Muttersprache an; in Bulgarien stellte die Titularnation nun 85 Prozent der Bevölkerung, hinzu kamen 15 Prozent Muslime teils bulgarischer, teils türkischer Muttersprache.

Über diese Zustände vermochte sich die öffentliche Meinung dennoch nicht recht zu freuen – stattdessen lag das Augenmerk auf den verlorenen Gebieten, auf den dort noch unter ›Fremdherrschaft‹ verbliebenen ›Konationalen‹ und vor allem darauf, wer für die Niederlage verantwortlich sei. Während die politischen Eliten Rumäniens und Serbiens die Zäsur von 1918 ohne Probleme überstanden und ihre Stellung zum Teil noch festigen konnten, suchte und fand man in den Verliererstaaten Schuldige. In Ungarn und Bulgarien schien zunächst ein weitreichender revolutionärer Elitewechsel bevorzustehen, wohingegen sich in Griechenland die Angehörigen des probritischen liberalen Premierministers Venizelos und die prodeutschen Royalisten gegenseitig die Schuld für die ›Kleinasiatische Katastrophe‹ in die Schuhe schoben. Um die Blockade zu lösen, schwang sich bald die griechische Armee als dritte politische Kraft auf.

Am radikalsten war die Reaktion in Ungarn, dessen hungernde Gesellschaft angesichts kollabierender staatlicher Institutionen dazu neigte, den seit Jahrhunderten tonangebenden Adel sowohl für die chronische soziale Ungleichheit als auch für die nationale Katastrophe im Weltkrieg verantwortlich zu machen. Ende Oktober 1918 erschossen meuternde Soldaten den ehemaligen Ministerpräsidenten István Tisza (im Amt von 1903 bis 1905 und von 1913 bis 1917) in seiner Budapester Villa. Ein halbes Jahr später verkündete der ungarisch-jüdische Kommunist Béla Kun, der Russland während der Revolution als Kriegsgefangener kennengelernt und dort mit Lenin Bekanntschaft geschlossen hatte, die Gründung einer Räterepublik nach bolschewistischem Vorbild. Kun wollte von der alten Ordnung keinen Stein auf dem anderen lassen und war in vielem noch radikaler als Lenin. Während Letzterer den russischen Bauern zunächst Privatland versprach, beabsichtigte Kun die ungarische Landbevölkerung direkt in sozialistische Kollektivwirtschaften zu zwingen, sämtliche Privatvermögen zu verstaatlichen usw. Obwohl die Revolutionäre auch Nichtkommunisten umwarben und die verlorenen Länder des Königreichs Ungarn zurückgewinnen wollten, brachten sie innerhalb kurzer Zeit breite Gesellschaftsschichten gegen sich auf und wurden nach 133 Tagen von rumänischen Truppen aus Budapest vertrieben.

Die anschließende Restauration unter Reichsverweser Miklós Horthy, der anstelle des abwesenden Königs das

Land regierte, entfernte Ungarn schon früh vom liberalen Europa der 1920er Jahre. Die Furcht vor dem Kommunismus, ein seit der Oktoberrevolution gemeineuropäisches Phänomen, hatte in Ungarn nach der kurzen Erfahrung einer Räterepublik besonders drastische Folgen; dem ›weißen Terror‹ fielen viele (echte und vermeintliche) Kommunisten zum Opfer. Da Horthy die Räterepublik wie auch den Kommunismus insgesamt jüdischen Aktivisten anlastete, erließ er 1920 einen Numerus clausus für jüdische Studenten – eines der ersten antisemitischen Gesetze dieser Epoche (das im Folgenden allerdings weitgehend ignoriert wurde). Revisionistisch war in Ungarn nicht nur die Außen-, sondern auch die Innenpolitik. Der Liberalismus galt in Horthys bis 1944 existierendem ›Ständestaat‹ als Wurzel allen Übels, die Herrschaft des ungarischen Adels und ›ungarischer Werte‹ als das beste Bollwerk dagegen. Die deutlich weniger entwickelten Nachbarstaaten auf dem Balkan hatten das allgemeine Männerwahlrecht schon seit der Mitte des 19. Jahrhunderts schrittweise eingeführt (und die kemalistische Türkei würde das allgemeine Wahlrecht 1934 auch auf die Frauen ausweiten), doch Horthy restaurierte 1922 das erst kurz zuvor abgeschaffte Zensuswahlrecht; auch verzichtete Ungarn mit Rücksicht auf den Adel als einziges Land der Region weitgehend auf eine Agrarreform.

Auch im Verliererstaat Bulgarien war die Atmosphäre so instabil wie gewaltgeladen – gleichwohl gebärdete sich seine Führung weniger antimodern als das mitteleuropäisch geprägte Ungarn. Der Unterschied lässt vermuten, dass sich auf relativ egalitären Sozialstrukturen nicht so leicht rückwärtsgewandte Ideologien aufbauen ließen wie auf einer Pyramide der Ungleichheit, deren alte, in ihren Gewissheiten erschütterte Oberschicht dezidiert zum Gegenschlag gegen die ›Vermassung‹ in der demokratischen Moderne ausholte. Horthys Ungarn hatte in diesem Sinne mehr mit den iberischen, ebenfalls von Adel und katholischem Klerus getragenen Diktaturen Francos oder António Salazars gemein als etwa mit Bulgarien. Im Sofioter Parlament setzten sich in einer von sozialen Unruhen geprägten Atmosphäre bei den ersten Nachkriegswahlen im Mai 1919 linke Parteien durch, vor allem der Bauernvolksbund, der 31 Prozent holte; aber auch die Kommunisten schnitten mit 18 Prozent stark ab. Die Wähler strebten also offensichtlich vor allem nach sozialer Gerechtigkeit. Nationalismus und Irredentismus spielten eher außerparlamentarisch eine Rolle.

In der südwestlich an der Grenze zu Jugoslawien und Griechenland gelegenen Stadt Petrič setzte sich allerdings gegen den Willen der vom Bauernvolksbund gestellten Regierung in Sofia die radikalnationalistische Innere Makedonische Revolutionäre Organisation (IMRO) fest. Sie schickte Kämpfer über die Grenzen, die sich einen jahrelangen Kleinkrieg mit den Sicherheitskräften der Nachbarstaaten lieferten. Die umgangssprachlich ›Makedonier‹ genannten Paramilitärs, von denen manche seit dem antiosmanischen Ilinden-Aufstand von 1903 nie ihre Waffen abgegeben hatten, wurden von einem Teil der land- und mittellosen Flüchtlingsmassen unterstützt, die der Verlust Makedoniens 1918/19 nach Bulgarien getrieben hatte. Die ›Makedonier‹ hielten auch die bulgarische Innenpolitik in Atem, weil sie jeden Ausgleichsversuch mit den Nachbarstaaten als Verrat sahen. Dabei hatten manche der feurigen Nationalisten in ihrer Jugend noch zwischen verschiedenen Ländern geschwankt – wie der wichtigste Warlord von Petrič, Ivan

Mihajlov (1896–1990), der zuerst ein bulgarisches Gymnasium in Thessaloniki, dann ein serbisches in Skopje besucht hatte und 1915 von der Belgrader Regierung zum Studium ins Ausland geschickt werden sollte. Spätestens zu dieser Zeit hatte ihn jedoch das Bulgarentum erfasst – er lehnte ab, trat in die bulgarische Armee ein und wurde 1924 zum Kopf der IMRO. In einem Interview kurz vor seinem Tod ließ er seinen verschlungenen Bildungsweg unerwähnt und betonte stattdessen, seine Familie sei schon seit dem 18. Jahrhundert fest von ihrem Bulgarentum überzeugt gewesen.

Der führende Bauernpolitiker Aleksandăr Stambolijski, bulgarischer Ministerpräsident von 1919 bis 1923, hatte derweil ganz andere Pläne. Seine Regierung versuchte mehr als jede andere in der Region, das Land von der bäuerlichen Bevölkerungsmehrheit her zu entwickeln. Die Bauernpartei wünschte sich eine Gesellschaft zufriedener Kleinlandwirte, in der alle genug, aber nicht zu viel Land besitzen und in modernisierten Dörfern mit guten Straßen, Schulen, Bibliotheken und sonstiger Infrastruktur leben sollten. Um das zu erreichen, mischte sich der Staat tief in die dörflichen Verhältnisse ein – er ließ massiv Land umverteilen und baute ein System von Kooperativen auf, die Kredite vergaben und den Bauern bei der technischen Modernisierung sowie bei der Vermarktung halfen; hinzu kamen ein obligatorischer Arbeitsdienst, eine progressive Einkommenssteuer, ein massives Schulbauprogramm sowie eine Sekundarschulpflicht.

Das nützte vielen, gefiel aber nicht allen. Die Agrarreform überforderte die Bürokratie, verlief stockend und bot reichlich Gelegenheit zur Korruption. Neugeschaffene Stellen vergab man vor allem an die eigenen Anhänger, und die Miliz des Bauernvolksbundes namens ›Orange Garde‹ (in der Zwischenkriegszeit hatten viele Parteien der Region eigene Milizen) trat immer mehr wie eine allgemeine Polizei auf. Städter waren von der Umverteilungspolitik von der Stadt auf das Land frustriert; Ärzte wollten nicht zum Dienst in abgelegene Dörfer abkommandiert werden; die Opposition fürchtete angesichts der Popularität Stambolijskis bei den Bauern und seiner Parlamentsmehrheit um ihre Zukunft. Die Monarchisten wiederum (alle Staaten der Region waren als Monarchien in die neue Ära gestartet) argwöhnten, Stambolijski wolle eine Republik ausrufen. Am meisten aber störte Stambolijskis Kurs die ›Makedonier‹ – sie konnten ihm nicht verzeihen, dass er die innere Entwicklung des Landes über territoriale Ziele stellte und den Ausgleich mit den Entente-Staaten sowie eine enge Zusammenarbeit mit allen Balkanländern anstrebte. Besonders brachte Stambolijski sie in Rage, als er im März 1923 eine jugoslawisch-bulgarische Konvention zum gemeinsamen Kampf gegen den Terrorismus, die gegen die Umtriebe der IMRO zielte, unterschrieb und dann auch tatsächlich umsetzte.

Drei Monate später putschte ein Bündnis aus ›Makedoniern‹, der urbanen Opposition und bulgarischen Offizieren die Bauernregierung aus dem Amt. Stambolijski wurde in seinem Heimatdorf Slavovica von IMRO-Kämpfern gefangen genommen, gefoltert und ermordet. Die Hand, mit der er die Konvention unterschrieben hatte, trennten seine Peiniger ab – ebenso wie seinen Kopf, den sie in einer Keksdose nach Sofia schickten. Danach stand das Land am Rand eines Bürgerkriegs. Die Putschistenregierung unter Aleksandăr Cankov beließ zwar viele Gesetze der Stambolijski-Ära in Kraft, wütete aber gegen die linken Parteien und insbesondere die Kommunisten, obwohl diese die Regierung der Bauernpartei nicht aktiv unterstützt hatten. Sie wehrten sich in einem missglückten Aufstand im September 1923, den die Armee brutal niederschlug. Die Kommunisten, die nun in den Untergrund gingen und dort zu ähnlichen Mitteln wie die traditionelle ländliche Guerilla griffen, konnten sich teilweise aus dem ›Makedonier‹-Milieu revitalisieren und verübten im April 1925 einen verheerenden Terroranschlag auf die Kathedrale der heiligen Nedelja in Sofia, bei dem weit über hundert Menschen ihr Leben und die Kirche ihr Dach verloren. Zar Boris, dem der Anschlag gegolten hatte, überlebte zwar dank seiner Abwesenheit, doch machten Gerüchte die Runde, die Leichen linker Aktivisten würden in Öfen des Polizeihauptquartiers Sofia verfeuert. Mit Tausenden von Todesopfern auf dem Gewissen wurde Bulgarien unter Cankov Mitte der 1920er Jahre zu einem Pariastaat. Ab 1926 beruhigte sich die Situation jedoch unter der Nachfolgeregierung, die versuchte, das ›Makedonier‹-Problem durch Kredite seitens des Völkerbundes und Landzuteilungen an Flüchtlinge zu lösen. Dass dies nicht gelang und sich stattdessen die IMRO erfolgreich in ein internationales revisionistisches Terrornetzwerk eingliederte, gehört zur traurigen Dramatik der Zwischenkriegszeit.

Für Griechenland war die ›Kleinasiatische Katastrophe‹ das zentrale Ereignis der Epoche. Die Niederlage der griechischen Truppen gegen die reorganisierte türkische Armee gipfelte Anfang 1923 in einem vertraglich abgesicherten Bevölkerungsaustausch zwischen beiden Ländern – betroffen waren etwa 1,3 Millionen Griechen aus Kleinasien und ca. 400 000 Muslime (meist Türken) aus Nordgriechenland, die jetzt in ihre vermeintlichen ›Heimatländer‹ geschickt wurden. Den verantwortlichen Politikern galt der Austausch als humanitärer Fortschritt im Vergleich zu den vorher üblichen Vertreibungen, weil militärische Gewalt durch bürokratisches Handeln ersetzt wurde. Statt Freischärlern, die eine Familie im Dorf töteten, damit der Rest das Weite suchte, kamen jetzt Beamte mit Transportlisten. Die menschliche Tragödie war dennoch enorm – während Muslime in Griechenland die Aussiedlung als relativ friedlich erlebten, gestaltete sich der griechische Exodus, der schon vor dem Abkommen eingesetzt hatte, als Massenflucht – historische Fotos zeigen etwa den hoffnungslos überfüllten Hafen von Izmir, während im Hintergrund kemalistische Truppen die Stadt in Schutt und Asche legten. Über die Landwege schwankten kilometerlange Kolonnen entkräfteter Familien, die tragbare Habe auf dem Ochsenkarren neben sich. Im Hafen von Thessaloniki luden Boote täglich Tausende von hungernden Flüchtlingen ab. Nicht alle überlebten die Strapazen, Leichen wurden mitunter einfach ins Meer geworfen. Angekommen in Thessaloniki, mussten manche Familien wochenlang im Freien campieren, bis die Behörden ihnen eine neue Bleibe zuwiesen – häufig handelte es sich dabei um die leerstehenden Häuser von Muslimen, die sich entweder bereits in die Türkei aufgemacht hatten oder nun ›gegangen wurden‹.

Die Tatsache, dass Nationen oft lediglich imaginäre Gemeinschaften sind, bekamen die Flüchtlinge wie auch die Aufnahmegesellschaften bald zu spüren. Die aus Griechenland in die Türkei einwandernden Muslime, die meisten von ihnen Bauern, konnten zwar problemlos in Ostthrakien und Anatolien wiederangesiedelt werden, aber der neue türkische Nationalstaat mitsamt seiner feindlichen Haltung gegenüber ihrer religiösen Tradition blieb ihnen lange fremd. Viele kleinasiatische Griechen machten in Griechenland die umgekehrte Erfahrung – fast die Hälfte von ihnen stammte aus multikulturellen Städten und kam mit der provinziellen Enge ihrer neuen Heimat nicht zurecht. Für Griechenland war der Zustrom an Flüchtlingen weitaus bedeutender als für die Türkei, in der sie demografisch kaum ins Gewicht fielen. In Thessaloniki stellten Flüchtlinge Anfang der 1930er Jahre fast die Hälfte der Bevölkerung, sie veränderten sowohl die politische Szene als auch die Kultur, etwa indem sie mit dem *Rembetiko* einen orientalisierten Musikstil nach Griechenland brachten. Anfangs machten sie sich für die Liberalen unter Venizelos und gegen die Royalisten stark, doch in den 1930er Jahren spalteten sich die Kleinasiaten politisch: Viele städtische Flüchtlinge protestierten gegen ihre elende soziale Situation, indem sie sich dem Kommunismus anschlossen. Die auf dem Lande, vor allem an der Grenze zu Bulgarien und Jugoslawien, als Block gegen die slawische Irredenta Nordgriechenlands Angesiedelten dagegen sympathisierten mit rechten bzw. ultrarechten Kräften. Die Flüchtlinge brachten also in den kleinen, klientelistisch strukturierten Staat eine gehörige Portion Ideologisierung, welche die weitere Geschichte Griechenlands bis in die 1970er Jahre hinein bestimmen sollte. Zweifellos profitierte Griechenland von den Flüchtlingen, die mit ihrer Arbeitskraft die Wirtschaft stärkten, zumal der Staat in Landgewinnung investieren musste, um sie anzusiedeln. In der Türkei, die durch den griechischen Exodus einen bedeutenden Teil ihres Unternehmertums verlor, war das Gegenteil der Fall.

Anders als Ungarn und Bulgarien war Griechenland territorial gesehen kein wirklicher Verlierer – es hatte den Krieg auf der Seite der Entente abgeschlossen und konnte dem bulgarischen Nachbarn Westthrakien abnehmen. Die Kleinasiatische Katastrophe, der von den Alliierten erzwungene Rückzug aus Südalbanien und Mussolinis kurzzeitige Besetzung Korfus (1923) schürten aber wie in den anderen Verliererstaaten ein Klima tiefer Frustration. Das war auch an klassischen Rückzugsorten zu spüren – auf dem Berg Athos etwa, der seit 1912 zu Griechenland gehörigen Mönchsrepublik, requirierte die geschlagene Armee Gebäude, Einrichtungsgegenstände und Vieh, um ein Sanatorium einzurichten. Auf dem ›soldatisierten‹ Athos wurden sogar Kinos eingerichtet.

Nach zehn Jahren Krieg lag die Wirtschaft Griechenlands Anfang der 1920er Jahre am Boden, die Staatsschulden erreichten erschreckende Höhen, die Inflation galoppierte. All das verlangte nach rollenden Köpfen. Die Venizelisten – die den kleinasiatischen Feldzug ursprünglich erdacht und begonnen hatten – gaben der amtierenden royalistischen Regierung die Schuld an dem Desaster. Venizelistische Offiziere trieben König Konstantin I. ins Exil und ließen nach einem Schauprozess sechs hochrangige Vertreter der Royalisten hinrichten, unter ihnen den Ministerpräsidenten Dimitrios Gounaris; 1924 wurde die Republik ausgerufen. Hohe Offiziere nutzten den Konflikt zwischen Royalisten und Venizelisten, um sich selbst als Retter anzubieten; weil aber die Armee genauso gespalten war wie die zivile Politik, wechselten sich bis 1926 Putsche und Gegenputsche ab. Die Eindeutigkeit der kleinasiatischen Niederlage hatte allerdings auch ihre positiven Seiten – an Revisionismus war nicht zu denken, stattdessen musste die politische Krise im Inland bewältigt werden. Trotz aller Instabilität nahm Griechenland die Herausforderung an, und die Regierungen kümmerten sich um die Entwicklung seiner Wirtschaft und Infrastruktur. Ausgerechnet Eleftherios Venizelos, der wie kein anderer die *megali idea* verkörpert hatte, verkündete 1930 zum hundertjährigen Jubiläum der griechischen Staatsgründung, dass »die Zeit der nationalen Kämpfe nun für immer vorbei sei«. Er suchte sogar den Ausgleich mit der Türkei – im Oktober 1930 unterzeichneten die beiden Länder ein Freundschaftsabkommen, und 1934 schlug Venizelos Atatürk für den Friedensnobelpreis vor. Der Neuanfang mochte in mancherlei Hinsicht halbherzig und widersprüchlich sein, die Investitionen Griechenlands Staatshaushalt belasten – aber die hoffnungsvollen Momente waren klar ersichtlich.

Türkei und Albanien

Die Lage der beiden mehrheitlich muslimischen Staaten der Region – der Türkei und Albaniens – ist mit dem Gegensatz von Gewinnern und Verlierern nicht zu fassen. Denn diese neuen Nationalstaaten hatten keine Vergangenheit, an dem man Gewinne oder Verluste hätte messen können. Albanien war erst 1912 gegründet worden und existierte bis in die 1920er Jahre hinein eher formal denn als reales Staatswesen; die Republik Türkei ging zwar aus dem kleinasiatischen Territorialbestand des Osmanischen Reiches hervor, stellte aber dennoch einen Neuanfang dar. Die Zwischenkriegszeit war daher in beiden Staaten dem grundlegenden

Aufbau gewidmet, der in vielerlei Hinsicht das nachvollzog, was in den christlichen Balkanstaaten im 19. Jahrhundert geschehen war. Das gilt vor allem für Albanien, das in osmanischer Zeit von lokalen Potentaten beherrscht worden war, sodass die Reformbemühungen Istanbuls vor Ort nur wenig gefruchtet hatten. In Albanien stellten sich dem Staat noch elementare Herausforderungen, denn er musste seine Autorität etablieren, die insbesondere in den gebirgigen, abgeschiedenen Regionen im Norden des Landes angezweifelt wurde. In der Türkei gab es vergleichbare Probleme bei der Durchsetzung staatlichen Regelwerks: Anatolien war zwar zumindest an seinen Küsten vom Osmanischen Reich schon stärker modernisiert und zentralstaatlichen Mechanismen unterworfen worden, doch im Hinterland hatte man ärmliche Kleinbauern weitgehend sich selbst und den lokalen Großgrundbesitzern überlassen.

Anfang des 20. Jahrhunderts taten sich die europäischen Großmächte noch schwer damit, sich muslimisch geprägte Nationalstaaten vorzustellen – genauso wie die Muslime selbst. Im Weltkrieg wären beide Länder daher fast unwiderruflich unter die Räder geraten; auf der Pariser Friedenskonferenz hatten weder Albaner noch Türken eine Lobby. Die kemalistischen Offiziere optierten in dieser Situation für den militärischen Kampf, womit ein armeedominiertes, latent isolationistisches Gemeinwesen immer wahrscheinlicher wurde. Auch auf das Territorium Albaniens hatten während des Ersten Weltkrieges verschiedene Staaten ihre Begehrlichkeiten geworfen. Letztlich sorgte die Uneinigkeit der Mächte dafür, dass Albanien in den Grenzen von 1913 wiedererrichtet wurde – allerdings unter ausdrücklicher Anerkennung italienischer Sonderinteressen. Damit war eine starke Außensteuerung vorgezeichnet, bei der neben Italien zunächst auch der jugoslawische Nachbar eine Rolle spielte.

Der Neuanfang ging also in der Türkei auf ein starkes, in Albanien auf ein schwaches Regime zurück. Dass aber neu angesetzt werden musste, war hier wie dort klar. Muslime waren seit dem 19. Jahrhundert nicht nur Opfer der christlichen Nationalstaatsprojekte geworden, sie drohten zudem den Zug der Nationalisierung und Modernisierung zu verpassen, ohne auf ein tragfähiges eigenes Konzept ausweichen zu können. In der Wilson'schen Nachkriegsordnung machte sich ein kleiner Teil der muslimischen Eliten daran, ihre verspäteten Nationsbildungsversuche zu beschleunigen. Dabei gingen sie insbesondere mit der Religion anders um als die orthodoxen Nationalbewegungen vor ihnen. Letztere hatten sich seit dem 19. Jahrhundert bemüht, aus der ökumenischen Orthodoxie der Imperien Nationalkirchen zu formen, die sich dann gemeinsam mit der säkularen Elite für die nationale Sache einsetzten, doch muslimische Nationalisten konnten ihrer eigenen religiösen Tradition nichts abgewinnen. Auf den Islam führten sie ihre Rückständigkeit zurück, eine Kompatibilität von Nationalismus und Islam konnten sie sich größtenteils nicht vorstellen. Sie sahen den Islam als imperiale Institution der Osmanen und stießen sich an seinem Universalismus, aus dem sich kein Beitrag zur nationalen Eigenständigkeit ableiten ließ.

Der islamisch-christliche Unterschied wurde bald auch politisch bedeutsam. Während die orthodoxen Balkanstaaten im 19. Jahrhundert ihre Mehrheitskirchen in den Rang von Staatsreligionen erhoben hatten (und Letztere im Wesentlichen auch in der Zwischenkriegszeit beibehielten), folgten die Türkei und Albanien diesem Modell nicht. Der türkische Kemalismus war generell religionsfeindlich, sodass es niemanden überraschte, als der Islam 1928 seinen Status als Staatsreligion verlor, woraufhin der Laizismus zum Verfassungsprinzip erhoben wurde. Gemäß der im selben Jahr erlassenen Verfassung Albaniens war das Land eine konstitutionelle demokratische Monarchie ebenfalls ohne Staatsreligion, was angesichts des christlichen Bevölkerungsanteils von etwa 30 Prozent als einzig gangbare Option erschien.

Auch von den sakralen Zügen ihrer Sprache wollten die muslimisch geprägten Nationalstaaten nichts mehr wissen – während die orthodoxen Slawen im Wesentlichen bis heute auf ihrer zusammen mit der Orthodoxie etablierten kyrillischen Schrift bestehen, trennten sich albanische und türkische Sprachschöpfer vom arabischen Schriftsystem. Für das Albanische wählte ein Kongress bereits 1908 das lateinische Alphabet, die Türkei stellte 1928 auf die Lateinschrift um (die sogenannte ›Buchstabenrevolution‹). Die Türken empfanden den Wandel als besonders radikal, weil keinerlei lateinische Schrifttradition vorhanden war. Bei den Albanern knüpften die Verfechter der lateinischen Option zwar an das Mittelalter an, aber dennoch war der Bruch hart: Mit der Islamisierung hatte sich im Schriftverkehr vor allem das arabisch geschriebene Osmanische durchgesetzt, das lateinische Alphabet wurde praktisch nur vom katholischen Klerus im Norden verwendet. Die Orthodoxen im Süden wiederum, mit 20 Prozent Anteil an der Gesamtbevölkerung doppelt so viele wie die Katholiken, hatten seit jeher das griechische Alphabet verwendet. Der Bruch mit der osmanischen Vergangenheit, so schwer er den alten muslimischen Eliten auch fallen mochte, sollte sowohl in der Türkei als auch in Albanien den Willen zur Modernität ausdrücken – allerdings konnte in beiden Ländern die überwiegende Mehrheit der Menschen ohnehin noch nicht lesen und schreiben.

Weitere Ähnlichkeiten zwischen der Politik des türkischen und albanischen Regimes kamen hinzu. Beide Länder wurden in der Zwischenkriegszeit von zentralen politischen Figuren dominiert, die Türkei von Atatürk und Albanien von Ahmet Zogu. Selbst gemessen an der allgemein stark personenbezogenen politischen Kultur der Region war diese Machtfülle ungewöhnlich. Beide Führer legten einen Schwerpunkt auf innere Konsolidierung und waren daher bereit, mit den Nachbarn Frieden zu schließen – Ahmet Zogu verzichtete früh auf albanische Ansprüche in Kosovo und sicherte sich damit die Unterstützung Belgrads; Ankara schloss 1930 einen Freundschaftsvertrag mit Griechenland, der für die nächsten 25 Jahre Ruhe zwischen beiden Ländern brachte. Sowohl Atatürk als auch Zogu versuchten ihr Charisma für die Modernisierung ihrer Länder (bzw. den grundlegenden Staatsaufbau) einzusetzen. Beide zeigten sich gerne in ihrem Land und bereisten es, vorzugsweise in Begleitung ihrer Frauen, welche in der Öffentlichkeit ein Bild der Modernität abgeben sollten – elegant europäisch gekleidet und selbstverständlich unverschleiert. Beide versuchten ihr Land mit einer modernen Bürokratie zu durchherrschen, gelangten allerdings dabei auch an Grenzen.

In abgelegenen Regionen stießen sie auf staatsferne Gesellschaften, in denen Stamm, männliche Ehre und Großfamilie alles bedeuteten, der Staat, das Individuum und insbesondere die Frauen dagegen nichts. Mit Religion hatte diese Staatsferne wenig zu tun – die Kurden im Südosten der Türkei waren zwar Muslime, aber die türkischen Bürokraten, die mit ihnen nicht weiterkamen, waren es auch. Die Mirditen im Norden Albaniens waren Katholiken, doch jenseits der Grenze, im jugoslawisch beherrschten Montenegro, hatten Orthodoxe ähnliche ›segmentäre‹ Gesellschaftsformen ausgebildet. Jede Form des modernen Zentralstaats musste dort angesichts einer weit zurückreichenden Tradition informeller Selbstverwaltung an ihre Grenzen stoßen, kurzfristig bestand die Alternative eigentlich nur zwischen Gewalt und indirekter Herrschaft. Das kemalistische Regime, das über weit größere Machtmittel verfügte als Ahmet Zogu, wechselte zwischen beiden Strategien – kurdische Aufstände unterdrückte die Armee blutig, allerdings kooptierte man Kurdenführer, d. h. sie konnten nach innen frei schalten und walten, solange sie die äußere Loyalität ihrer Region gegenüber Ankara wahrten. Zogus Regierung in Tirana fühlte sich lange nicht stark genug, um bei den Mirditen das staatliche Gewaltmonopol durchzusetzen oder Steuern einzuziehen, also blieb von vornherein nur die Kooptation. Stammesführer aus dem Norden wurden formell zu Armeeoffizieren ernannt, verhielten sich aber faktisch eher wie Schutzgelderpresser – Monat für Monat stiegen sie mit ihren schwerbewaffneten Gefolgsleuten aus den Bergen nach Tirana hinunter und holten ihr Gold im Kriegsministerium ab – technisch gesehen ein Sold, de facto aber der Preis, mit dem sich die Regierung von Aufständen im Norden freikaufte.

Die Parallelisierung beider Staaten darf gleichwohl nicht überstrapaziert werden. Abgesehen vom Größenunterschied war die kemalistische Türkei der direkte Erbe des Osmanischen Reiches und dessen personeller Ressourcen, sodass ihre Reformpolitik anspruchsvoller und radikaler sein konnte; Atatürk und seine Anhänger folgten einer geschlossenen Ideologie und unterzogen ihr Land einem Experiment, das in seiner Radikalität an das sowjetische erinnerte. Die Grundprinzipien des Kemalismus – Republikanismus, Populismus (Mobilisierung des gesamten Volkes), Laizismus, Reformismus, Nationalismus, Etatismus (die dirigierende Rolle des Staates in der Wirtschaft) – fanden sich nicht nur in der Verfassung, sondern wurden bereits Schulkindern eingepaukt und in teilweise drakonische Regeln übersetzt. Die richtige Haltung hatte man auch durch Kleidung nachzuweisen. Während Frauen und Mädchen in staatlichen Institutionen keine Kopftücher mehr tragen durften (von Schleiern ganz zu schweigen), mussten die Männer osmanische Kopfbedeckungen gegen den ›europäischen‹ Hut mit Krempe eintauschen – wer gegen das Hutgesetz verstieß und den osmanischen Fez weiter trug, musste zumindest in der Anfangszeit mit der Todesstrafe rechnen. Im Nachhinein, und gerade auch im Vergleich zur Sowjetunion, erscheint der Umbruch des Kemalismus allerdings als nicht sehr nachhaltig – wahrscheinlich, weil die türkische Republik ihre Revolution vor allem kulturell verstand und darauf verzichtete, die ländlichen Besitzstrukturen und damit auch die ländlichen Lebensverhältnisse umzuwälzen sowie keine forcierte Industrialisierung betrieb. In der Wirtschaftspolitik agierte die Regierung vergleichsweise konzeptionslos – der Kemalismus war weniger dogmatisch als der Bolschewismus und erzeugte ein kontrastreiches Nebeneinander von oft aufgeblähter Staatswirtschaft (in Infrastruktur und Schlüsselindustrien), Privatunternehmern,

Basaren, Großgrundbesitz und Kleinbauerntum. Soziale Biotope, in denen sich die Gegner der kemalistischen Kulturrevolution sammeln konnten, waren also weiter reichlich vorhanden.

Das kleine und von überlegenen Nachbarn umgebene Albanien konnte dagegen nicht den Anspruch erheben, ein eigenes Entwicklungsmodell zu kreieren. Stattdessen ging es um elementaren Aufbau, in jeder Hinsicht: In einem Land ohne Regierung, fast ohne Straßen, Gesetze und Gemeinschaftsgefühl machte sich Zogus Regime daran, diese fundamentalen Voraussetzungen eines Nationalstaats zu schaffen. Seine Mittel waren nicht immer zimperlich. Zogu ließ seine wichtigsten Gegner ermorden oder schickte sie aus dem Land, mit den traditionalistisch orientierten muslimischen Großgrundbesitzern aber suchte er den Kompromiss. 1928 sicherte er seine Macht, indem er sich selbst zum König der Albaner ausrufen ließ (eine Spitze gegen Jugoslawien, wo bekanntlich viele Albaner lebten); dank italienischer Kredite ließ er Straßen anlegen, um seine Untertanen erreichen und besteuern zu können. Nach dem Vorbild des faschistischen Italiens führte er einen Arbeitsdienst ein; jeder erwachsene Mann wurde zehn Tage jährlich beim Aufbau der Infrastruktur eingesetzt. Bei Reisen durch das Land sorgte jetzt eine Gendarmerie für elementare Sicherheit. Vor allem aber investierte Zogu in den Ausbau der Hauptstadt Tirana, die von italienischen Architekten neugestaltet wurde und so ihren osmanischen Charakter verlor; zwischen 1928 und 1938 verschlang dieses Projekt drei Viertel des Staatsbudgets.

Bei alledem blieb Albanien ein denkbar schwacher Staat: Ökonomisch kam er nicht auf die Beine, da die Nachbarländer weder helfen konnten noch wollten und auch der Völkerbund angesichts kaum vorhandener Sicherheiten es ablehnte, Kredite zu vermitteln; und politisch blieb er gespalten, da – wie Zogu selbst verbittert feststellte – ein großer Teil der Bevölkerung sich nach wie vor nicht an die Nation, sondern an einen der Stämme gebunden fühlte. Mehrere Attentatsversuche überstand Zogu zwar unbeschadet, sie zeigten aber den Hass seiner Gegner. Die Schwäche des albanischen Staates rief das faschistische Italien auf den Plan: Mussolini wollte Albanien als Brückenkopf für seine neoimperialistischen Pläne im östlichen Mittelmeerraum nutzen. Die resultierenden Handels- und Militärabkommen mit Rom halfen zwar Albanien, seine Position gegenüber den Balkannachbarn zu konsolidieren, beschränkten aber gleichzeitig – selbst nach Maßstäben der traditionell stark außengesteuerten Balkanstaaten – die staatliche Souveränität enorm. Im April 1939, also noch vor Ausbruch des Zweiten Weltkrieges, wurde Albanien italienisches Protektorat.

Zerrissene Gesellschaften

Die Sieger- und Verliererstaaten mochten unterschiedlich gestimmt sein – aber viele Probleme teilten sie. An erster Stelle stand die schwierige Lage der Bauern, die auch in der Zwischenkriegszeit noch klar die Mehrheit der Bevölkerung ausmachten. In Albanien und der Türkei lebten 1930 über 80 Prozent, in Rumänien, Jugoslawien und Bulgarien 70 bis 80 Prozent der Bevölkerung von der Landwirtschaft; nur in Griechenland – auch aufgrund des urban geprägten Flüchtlingszustroms – waren es weniger als zwei Drittel. Die auch schon vor dem Ersten Weltkrieg prekären Verhältnisse auf dem Land wurden durch die demografische Entwicklung noch schwieriger. Bessere Hygiene und Ernährung hatten zwar seit der zweiten Hälfte des 19. Jahrhunderts die Sterberaten verringert, die Geburtenraten dagegen waren in etwa gleichgeblieben – Familien mit vier und mehr Kindern waren bis zum Zweiten Weltkrieg die Norm. Folglich wuchs die Bevölkerung rasch an, insbesondere auf dem Lande, weshalb immer mehr Menschen von immer weniger Ackerfläche leben mussten, zumal Grund und Boden in einigen Ländern und Regionen extrem ungleich verteilt waren. Gleichzeitig waren die Bauern politisch selbstbewusster geworden – immerhin hatten sie das Gros der Soldaten während des Weltkrieges sowie der Balkankriege gestellt; nachdem sie ihre Pflicht für den Staat getan hatten, erwarteten sie jetzt eine Gegenleistung.

Die meisten Regierungen trugen diesem Problem in den Jahren nach dem Ersten Weltkrieg mit weitreichenden Agrarreformen Rechnung, indem sie in erster Linie den Großgrundbesitz an Bauernfamilien verteilten. In Rumänien wurden bis Ende der 1920er Jahre etwa sechs Millionen Hektar Land von der Bodenreform erfasst, in Jugoslawien zwei Millionen, in Griechenland 1,3 Millionen; in Ungarn, dessen Wille zur Reform geringer war, wurden 0,7 Millionen Hektar umverteilt, im schon vorher recht egalitären Bulgarien 0,2 Millionen Hektar. Das eingezogene Land überschrieben die Regierungen an ca. zwei Millionen Kleinbauern, Teilpächter, Landarbeiter, aber auch an Flüchtlinge und Kriegsveteranen. Die Versorgung von landarmen bzw. landlosen Dorfbewohnern mit Land sollte auch revolutionären Umtrieben vorbeugen – die Russische Revolution, bei der die landarmen Bauern selbständig eine Neuverteilung des Landes der Großgrundbesitzer durchführten, wirkte als Menetekel.

Diese Reformen hatten von Beginn an (auch) ein nationales Motiv – enteignet wurden oft ehemalige imperiale Eliten, die sich religiös und ethnisch von der Titularnation unterschieden, wie etwa der deutsche und ungarische Adel oder muslimische Großgrundbesitzer. Die Agrarreformen wurden auch eingesetzt, um Bauern der Titularnation gegenüber den Minderheiten zu bevorzugen – in Kosovo etwa hatten zwar nominell albanische Bauern Anspruch auf Landzuteilungen aus dem Großgrundbesitz, konnten ihn aber bei den Behörden schwer durchsetzen. Wer als ›illoyal‹ verfolgt wurde oder sich bewaffneten Banden in den Wäldern anschloss, konnte sein Land an eine Kolonistenfamilie aus Serbien verlieren. Diese ethnische Auslegung erfolgte in der Regel eher implizit als explizit, denn sie widersprach der von den Großmächten gewollten Nachkriegsordnung, die den Minderheitenschutz garantieren sollte. Aber aufgrund der Tradition informellen Handelns, verbunden mit handfesten politischen Interessen und nationalistischen Einstellungen der Beamten, unterschieden sich Wortlaut und Anwendung der Landgesetze stark voneinander. In Ungarn und Albanien blieben weiterreichende Reformen der Agrarstruktur ohnehin aus, was die Machtstrukturen in diesen beiden Ländern widerspiegelte.

Den Landreformen wohnte ein vielversprechender Ansatz inne – endlich wurde die Verbesserung der Lage der Bevölkerungsmehrheit in den Mittelpunkt gestellt. Insbesondere die Bauernparteien, die außer in Bulgarien auch in Rumänien und Kroatien großen Zulauf erlebten, versuchten durch niedrige Steuern, Genossenschaften, landwirtschaftliche Kredite und Bildungsaktivitäten aus den Bauernwirtschaften effiziente Betriebe zu machen, die über reine Subsistenzwirtschaft hinausgehen und durch den Verkauf von Überschüssen Geld verdienen sollten. Die Regierungen bemühten sich, ihrer Landwirtschaft den Weg auf den Weltmarkt zu eröffnen und waren darin recht erfolgreich – das deutliche Wirtschaftswachstum der 1920er Jahre hing nicht zuletzt damit zusammen, dass Südosteuropa wie andere periphere Regionen seine Rolle als Agrarexporteur ausbaute, trotz der vergleichsweisen Ineffizienz der vorherrschenden Kleinbetriebe.

Mit dem New Yorker Börsencrash von 1929 brach diese Entwicklung bald ab: Die Industriestaaten trudelten selbst in den Abgrund und importierten immer weniger, überall wurde zu protektionistischen Maßnahmen gegriffen; die Agrarpreise fielen noch stärker als jene für Industriegüter. So verarmten die Bauern Südosteuropas rapide. Neue Lebensgrundlagen waren nicht in Sicht – die Regierungen der 1920er Jahre hatten kaum versucht, ihre Länder systematisch zu industrialisieren. Rasch gewachsen waren eigentlich nur die Hauptstädte; teilweise hatte die Urbanisierung durch Vertreibung und Abwanderung ›unerwünschter‹ Nationen sogar Rückschritte gemacht. Verarmte Bauern zogen zwar in die Städte, konnten aber dort ebenfalls kein Auskommen finden. Anders als im 19. Jahrhundert war mittlerweile die Auswanderung schwierig geworden, weil in den Industriestaaten der Arbeitsmarkt zusammengebrochen war und sich die USA durch restriktive Einwanderungsquoten in der ersten Hälfte der 1920er Jahre weitgehend gegen Emigration aus dem (süd-)östlichen Europa abschotteten. In der Weltwirtschaftskrise fielen dann noch andere überseeische Auswanderungsziele weg.

Die Weltwirtschaftskrise hatte nicht nur wirtschaftliche, sondern auch politische und kulturelle Folgen – oft war sie der Tropfen, der das Fass der sozialen Unzufriedenheit und politischen Instabilität zum Überlaufen brachte. Im 19. Jahrhundert hatten die neuen Staaten Südosteuropas versprochen, die Nation zum Träger politischer Souveränität zu machen und ihren Bürgern eine angemessene Teilhabe an den Ressourcen zu ermöglichen, die gerechter sein sollte als unter der pyramidal aufgebauten ›Fremdherrschaft‹ der Imperien. Dass dieses Versprechen nicht eingehalten wurde, sondern sich eine ›europäisch‹ gebildete Elite über den Rest der Bevölkerung aufschwang, hatte die bäuerliche Mehrheit misstrauisch, aber im Wesentlichen friedlich hingenommen. Auch dass die Institutionen meist nicht wie geplant funktionierten, sondern den klientelistischen Geist ihrer Träger atmeten, hatte zwar Anlass zur Kritik gegeben, aber insgesamt die Stabilität nicht beeinträchtigt. Viele Frustrationen waren nach außen abgeleitet worden, insbesondere hatte man Hoffnungen in die nationale Befreiung der noch von Imperien beherrschten Brüder gesetzt (weniger gemeint waren die Schwestern). Nach 1918 war es damit schlagartig vorbei – die Sieger hatten ihre territorialen Träume verwirklicht, die Verlierer zerfleischten sich in Schulddiskussionen.

Da beide Seiten den Blick jetzt verstärkt nach innen richteten, nahmen sie heftige Verwerfungen wahr. Die Kluft zwischen Eliten und Nichteliten hatte sich vertieft und wurde auch stärker empfunden. Millionen einfacher Menschen, durch den Krieg ihrer Selbstgenügsamkeit entrissen und den Konjunkturen einer zunehmend globalisierten Welt preisgegeben, begannen nun Fragen zu stellen, zweifelten offener als zuvor an den Eliten und radikalisierten sich. Bald fanden sie Sprachrohre – neue Gegeneliten, die für sich in Anspruch nahmen, das Volk besser zu verstehen und seine Interessen zu vertreten. In der alten Führungsschicht waren die Liberalen – deren Balkanableger sich weniger durch ein Bekenntnis zur individuellen Freiheit als durch Nationalismus und Zentralismus auszeichneten – die insgesamt bedeutendste politische Kraft gewesen. Entsprechend fielen die Gegeneliten nun vor allem über den Liberalismus her, verkündeten das Ende blinder Nachahmung des bürgerlich-kapitalistischen Entwicklungsweges und forderten nichts weniger als einen kompletten Umbau der politischen Landschaft.

Die Radikalisierung wurde zweifellos begünstigt durch das traurige politische Schicksal der Bauernparteien. Anfang der 1920er Jahre hatte man sich von ihnen, vor allem in Rumänien, Kroatien und Bulgarien, noch eine Inklusion der bäuerlichen Bevölkerungsmehrheit in den politischen Prozess erhofft. Doch spätestens Anfang der 1930er Jahre erwies sich dieser Prozess als gescheitert – nach Aleksandăr Stambolijski in Bulgarien war auch der kroatische Bauernpolitiker Stjepan Radić politischer Gewalt zum Opfer gefallen. Der serbische Abgeordnete Puniša Račić aus Montenegro hatte Letzteren und weitere Mitstreiter 1928 im Belgrader Parlament erschossen, unmittelbar nachdem einer von ihnen Korruptionsvorwürfe gegen Račić vorgebracht hatte. Im selben Jahr erhielt die rumänische Nationale Bauernpartei unter Iuliu Maniu nach einem überwältigenden und mit sauberen Mitteln errungenen Wahlsieg die Chance, Rumänien zu einer von der bäuerlichen Mehrheit unterstützten Demokratie zu machen. Maniu trieb wichtige Reformprojekte voran, scheiterte aber ähnlich wie Stjepan Radić an seinem eigenen moralischen Rigorismus, der ein erfolgreiches Agieren in den Netzwerken der Macht erschwerte.

Noch heute bedauern Historiker den vergleichsweise lächerlichen Grund seines Rücktritts – Maniu hatte dem wegen einer anstößigen Liebschaft exilierten König Carol II. die Rückkehr nach Rumänien unter der Prämisse erlaubt, dass sich dieser von seiner Mätresse trennen solle. Als Carol die fragliche Dame dann doch nach Bukarest holte, reichte Maniu seinen Rücktritt ein, zum Erstaunen einer urbanen Elite, die mit rigoroser Sexualmoral als Maßstab der Politik nichts anzufangen wusste, sich aber über den erneuten Zugriff auf die Macht freute. Nach dem Ausscheiden der Bauernpolitiker trudelten Bulgarien, Jugoslawien und Rumänien in Richtung Autoritarismus; im politischen Diskurs wurden konkrete Hoffnungen auf Verbesserung von messianischen Ideen, Ängsten und Ressentiments verdrängt.

In diesem Klima rüsteten sich junge Radikale für einen ideologischen Kampf, vor allem zwischen Neu und Alt, aber auch untereinander – denn unter den Gegeneliten gab es sowohl säkular-linksorientierte als auch konservativ-religiöse Kräfte (und Mischformen von beidem). Weil die Kommunisten mit Verweis auf die sowjetische Bedrohung durch die Regierungen brutal unterdrückt wurden, konnten vor allem rechte Kräfte der Epoche ihren Stempel aufdrücken. Die neue, zunehmend militante Rechte kündigte an, jetzt werde zum ersten Mal seit der nationalen Befreiung nicht nur lamentiert, sondern wirklich ein eigener Weg gesucht – bislang sei der Staat lediglich äußerlich national gewesen und habe blind westliche Vorbilder kopiert, anstatt sich als Ausdruck eines genuinen ›Nationalgeistes‹ zu verstehen. Dabei waren die frischgebackenen Autochthonisten Teil einer gesamteuropäischen intellektuellen Bewegung, die auf dem ganzen Kontinent den ›guten alten‹ Konservatismus in Richtung einer radikalen, rückwärtsgewandten Utopie drängte. Südosteuropäische Rechtsintellektuelle gebärdeten sich als inspirierte Seher, die dazu berufen seien, den einzigartigen Charakter der Nation zu erkennen und dafür einen entsprechenden politischen Ausdruck zu finden. Dabei verschwiegen sie gerne, wie sehr auch sie sich von ausländischen Vorbildern, insbesondere den italienischen Faschisten und den deutschen Nationalsozialisten, aber auch der französischen Ultrarechten inspirieren ließen.

Nicht zuletzt diese schrillen Diskurse machten die Zwischenkriegszeit zu einer eigenen Epoche – eine ganze Generation von Gebildeten schien keine Lust mehr auf begriffliche Differenzierung zu haben und kannte nur noch Schwarz und Weiß. Der serbische Philosoph Vladimir Vujić etwa forderte, der alte Nationalismus des 19. Jahrhunderts gehöre »ins Museum«; der Literat Miloš Crnjanski sekundierte, man brauche heute die »wohltätigen und sentimentalen« Patrioten nicht mehr, sondern einen neuen, jakobinisch-kämpferischen Nationalismus, sonst zerfräße »uns ein Wurm aus Emigrantencliquen, fremden ›kultivierten‹ Idealen, ausländischem Kapital [...], auferstandener Austrophilie, anationalen Snobs und Separatisten«. Ähnlich traten Theologen auf, die nicht mehr zwischen Kirche und Gesellschaft unterschieden, aber forderten, Letztere müsse wie der Leib Christi organisiert sein; oder Korruptionskritiker, die nicht mehr nur konkrete Praktiken und ihre Folgen schilderten, sondern Korruption nun als Krebsgeschwür am Leib der Nation ansahen, dem man nur mit einer radikalen Operation – der Todesstrafe – beikomme; oder Mediziner, welche die Nation mit eugenischen Maßnahmen optimieren wollten. Die politischen Folgen dieser Entwicklung zeigten sich ab den 1930er Jahren.

Nur in den muslimisch geprägten Nationalstaaten Türkei und Albanien blieb der Rechtsintellektualismus schwach. In jenen Staaten fühlte man sich von den neuen christlichen Nationalismen nicht angesprochen, außerdem waren sie als Nachzügler mit elementareren Fragen beschäftigt – nicht jener nach dem richtigen oder falschen Weg in den Nationalstaat, sondern wie man Europa wirtschaftlich, sozial und kulturell am schnellsten einholen könne. Auch Bulgarien fällt etwas aus der Reihe – dort war der religiöse Eifer schwächer bzw. verteilte sich auf verschiedene religiöse Optionen. Pro-orthodoxen Intellektuellen standen solche gegenüber, die beispielsweise vorchristliche heidnische Vorstellungen, den Bogomilismus, okkultistische Vorstellungen oder schlichtweg den Atheismus als ›wahren‹ Glauben der Nation befürworteten. In Bulgarien wirkte offensichtlich die Erfahrung fort, dass auch die Orthodoxie oft ein Element von (Fremd-)Herrschaft gewesen war. Außerdem war trotz massiver Repression nach 1923 die einst starke Linke nicht völlig ausgeschaltet.

Ähnlich wie in der Weimarer Republik trug der neue Nationalismus dazu bei, mäßig funktionierende Demokratien ideologisch zu delegitimieren. Die Auslöser und Zeitpunkte, an denen die Demokratie formal abgeschafft wurde, waren von Land zu Land unterschiedlich, auffällig ist allerdings, dass kein Staat der Region dieser Entwicklung widerstehen konnte. Ungarn und die Türkei waren weder in den 1920er noch in den 1930er Jahren Demokratien; Albanien ging 1928, Jugoslawien 1929, Bulgarien 1935, Griechenland 1936 und Rumänien 1938 zur offenen Diktatur über. Mit Ausnahme Griechenlands, dessen Regimechef aus der Armee kam (General Ioannis Metaxas), nahmen in den übrigen Ländern die Könige selbst die Zügel in die Hand, daher spricht man von Königsdiktaturen.

Der faktische Unterschied zur parlamentarischen Periode war freilich geringer, als es der Begriff ›Diktatur‹ vermuten lässt: Die zu Diktatoren gewordenen Könige suspendierten zwar die Verfassungen, verboten die Parteien, beriefen und entließen Regierungen nach eigenem Gutdünken. Allerdings hatten die Herrscher auch schon vorher eine große Rolle in der Politik gespielt – die Verfassungen der 1920er Jahre, die wesentlich an die Vorkriegszeit anknüpften, hatten ihnen das Recht gegeben, Regierungen zu ernennen und aufzulösen. Weil die von ihnen berufenen Regierungen die Wahlen durchführten, verfügten sie bereits in der demokratischen Periode über reichlich Gelegenheiten, diese zu manipulieren. Außerdem war es üblich gewesen, dass sich ›Hofkamarillen‹ auf informellem Wege tief in operative Politik einmischten. Die Königsdiktaturen legalisierten diese Praktiken und vergrößerten den Spielraum der Monarchen gegenüber den etablierten politischen Kräften, die nun zwar nicht mehr institutionalisiert waren, aber über Führungspersönlichkeiten weiter im Spiel blieben. In den südosteuropäischen Diktaturen kam es jedoch nicht zur Gleichschaltung; es blieb ein gewisser Meinungspluralismus erhalten, auch in den Parlamenten.

Auch bei der Anwendung von Gewalt blieb der totale Umbruch aus. Sicher, die Königsdiktaturen ließen keinen Zweifel an ihrer Bereitschaft, sich notfalls gnadenlos durchzusetzen. Die jugoslawische Königsdiktatur startete mit einem Furor gegen ›Separatisten‹ und Linke, Intellektuelle beklagten sich im Ausland über Folter und willkürliche Morde in Gefängnissen sowie die drastische Zunahme politischer Bespitzelung. Sie konstatierten aber auch, dass das Land aus linker Sicht schon vorher ein gefährlicher Platz gewesen sei – eine Ausstellung am Berliner Kurfürstendamm sprach im Dezember 1929 von »10 Jahren weißem Terror in Jugoslavien« mit insgesamt 3964 Todesurteilen und politischen Morden sowie 40 000 politischen Verhaftungen. In einer Region, in der staatliche Gewalt seit dem 19. Jahrhundert nicht eingehegt worden war und Milizen auch in Friedenszeiten eine Rolle spielten, war der faktische Unterschied zwischen Demokratie und Diktatur weniger groß, als es diese Vokabeln vermuten lassen.

Die Königsdiktaturen knüpften an Vorstellungen eines neuen Nationalismus an, der jedes einzelne Mitglied der Nation bis ins Mark erfassen sollte. Mit seiner Hilfe wollten die Regime die unvollständig gebliebene nationale Einheit vollenden, die Siegerstaaten eher im Inneren, die Verliererstaaten auch nach außen. Aber die Diktaturen machten sich weder die gesamte Agenda der jungen Fanatiker zu eigen, noch schafften sie es, sie von rechts zu überholen. König Aleksandar Karađorđević versuchte, stark rechtslastige Kräfte in die jugoslawische Regierung einzubinden, wich aber zurück, als ihm sein frisch berufener Justizminister Dimitrije Ljotić 1931 vorschlug, die soeben erlassene neue Verfassung von den letzten Reminiszenzen einer bürgerlichen Klassengesellschaft zu säubern und auf ein Ständesystem überzugehen: »Ich konnte Ihren Vorschlag nicht annehmen, mir scheint, als ginge ich in den Nebel«, war die Antwort des Königs. In Rumänien gab der Aufstieg der radikalnationalistischen, faschistischen Eisernen Garde erst den Anstoß zur Schaffung der Diktatur – 1938 setzte König Carol die Verfassung außer Kraft, weil die Garde bei den Parlamentswahlen zur drittstärksten Kraft aufgestiegen war und der König fürchtete, das System könne außer Kontrolle geraten. Das neue, diktatorische Regime inhaftierte zunächst die führenden Legionäre und ließ sie später ermorden.

Sozioökonomisch arbeiteten die Königsdiktaturen weiter an den Aufgaben der Vergangenheit und versuchten, sie mit neuen Instrumenten zu lösen. Rückständigkeit, Armut und Korruption galten auch nach den Umstürzen als vordringliche Probleme; die neuen Regime verwiesen darauf, dass die politischen Parteien durch ihren chronischen Streit und ihren eigensüchtigen Klientelismus diese Schwierigkeiten nicht hätten überwinden können, und versprachen ein effektiveres Regieren.

Die Resultate waren durchwachsen. Unbestritten ist, dass in der zweiten Hälfte der 1930er Jahre die Wirtschaft wieder wuchs – vor allem dank stärkerer Förderung der heimischen Industrien in einer Ära des Protektionismus sowie der außenwirtschaftlichen Umorientierung Südosteuropas auf Deutschland, welches in der Weltwirtschaftskrise die Chance erkannte, an seine alte Großmachtrolle anzuknüpfen. Schon unter dem letzten demokratischen Reichskanzler Heinrich Brüning (1930–1932) hatte Deutschland seine Fühler nach Südosteuropa ausgestreckt und seinen Binnenmarkt für den Absatz von südosteuropäischen Agrarprodukten angeboten. Das nationalsozialistische Regime setzte diese Politik fort und bot den devisenschwachen Balkanländern über das sogenannte Clearing-Verfahren einen Tauschhandel an, bei dem die südosteuropäischen Staaten für ihre Agrarlieferungen mit deutschen Industriewaren ›bezahlt‹ wurden. Diese Maßnahmen waren vor allem in den Siegerstaaten der Region umstritten, weil sie den deutschen Einfluss in der Region erhöhten und das französische Bündnissystem unterliefen. Mit der Zeit wurde der Außenhandel einseitig abhängig von Deutschland, was von den Nationalsozialisten systematisch ausgebaut und politisch genutzt wurde. 1922 hatte Deutschland 23 Prozent der bulgarischen Exporte aufgenommen, 1938 waren es 59 Prozent; im selben Zeitraum wuchs der Anteil deutscher Waren an den Importen Bulgariens von 22 auf 52 Prozent. Die Entwicklung in den anderen Ländern der Region verlief ähnlich, mit Ausnahme Albaniens, das auch wirtschaftlich ganz auf Italien fixiert blieb. Südosteuropa als Rohstoffbasis in einem deutsch dominierten, möglichst autarken wirtschaftlichen Großraum – diese Rolle dachten die Nationalsozialisten der Region zu, nicht zuletzt im Hinblick auf ihre Kriegsplanungen.

Für Südosteuropa ging es wirtschaftlich zunächst wieder aufwärts, und die Staaten konnten langfristige Pläne schmieden, um ihre Gesellschaften aus der Peripherie herauszuführen. Eine starke Einmischung des Staates in die Wirtschaft, Dirigismus und teilweise eine von oben eingeleitete Industrialisierung gehörten zu den Mitteln der Wahl. Im Vergleich zu den Kommunisten nach 1945 gingen die Königsdiktaturen allerdings zaghaft vor – für entschiedenere Maßnahmen waren sie zu konservativ und zu sehr romantischen Vorstellungen vom Bauerntum verhaftet, das ihnen als wahrer Träger der Nation galt. Eine forcierte Industrialisierung auf Kosten des Dorfes kam daher nicht infrage, außerdem ließ der heranrückende Zweite Weltkrieg den Regimen nur wenig Zeit. Unter dem Strich kam die Wirtschaft der Region zwischen den Weltkriegen zwar etwas voran: Ende der 1930er Jahre lag sowohl der Wohlstand als auch der Anteil der Industrie an der Volkswirtschaft etwas über den Werten von 1913. Ein industrieller ›Take-off‹ war das allerdings nicht, im Gegenteil hatte sich die Schere zwischen West- und Südosteuropa weiter vergrößert.

Durchmischt war auch die Bilanz der Regierungsführung. Die königlichen Diktatoren gebärdeten sich nicht selten wie aufgeklärte Absolutisten, die ihre ungehorsamen Staatsdiener nun durch Strenge disziplinieren wollten. Eine wichtige Rolle spielte der Kampf gegen die Korruption. Die 1920er Jahre prägte ein ausgiebiger Korruptionsdiskurs; die mehr oder weniger freie Presse hatte sich vor allem in den Gewinnerstaaten an den alten Eliten abgearbeitet, die den Sieg auch als ihre persönliche Leistung darstellten und daher mitunter annahmen, sie und ihre Netzwerke dürften sich nun die Taschen vollstopfen. Das einströmende Auslandskapital und die hohe Staatsquote in der Wirtschaft boten dazu auch reichlich Gelegenheit. Die Königsdiktaturen machten sich diese Kritik zunutze und versprachen, in Zukunft härter gegen die Selbstbedienungsmentalität vorzugehen. Da aber die tatsächlichen Netzwerke der Macht im Wesentlichen intakt geblieben waren, konnten die Diktaturen eigentlich nur die kleine Korruption verfolgen, also die täglichen Versuche von Bauern, Grenzbeamten oder Polizisten, ihr Los durch informelle Transaktionen aufzubessern. Damit machte sich die Politik keineswegs beliebt. Die jugoslawische Regierung wirkte herzlos, wenn sie stolz verkündete, jetzt mit großer Härte gegen Tabakbauern vorzugehen, die ihre Ernte am staatlichen Monopol vorbei auf dem Schwarzmarkt absetzten. Sie wirkte ehrlos, wenn sie den Menschen suggerierte, Korruption sei vor allem ein Problem der kleinen und mittleren Beamten, während in der Regierung entschlossene Saubermänner säßen. Und sie wirkte hilflos, als sie 1935 dann doch versuchte, hohe Politiker und Manager zu verurteilen, die sich durch einen international agierenden Holzverarbeitungskonzern hatten bestechen lassen. Denn im Gerichtssaal ergab sich, dass auch der amtierende Justizminister von den Angeklagten einst Schmiergelder erhalten hatte.

Obschon sich die Königsdiktaturen in Symbolik und Organisationsformen an das nationalsozialistische Deutschland und vor allem an das faschistische Italien anlehnten, waren sie doch vom Faschismus weit entfernt. Überall in der Region tauchten antimoderne, nationalistische und militärisch organisierte Jugendorganisationen auf, faschistisch inspirierte Uniformen und Rituale verbreiteten sich, und teilweise versuchten die Diktatoren, Einheitsparteien zu schaffen. Auch intensivierte sich die politische Propaganda, für die zunehmend Lautsprecher, Plakate oder der sich langsam verbreitende Rundfunk genutzt wurden. Insgesamt jedoch, und das war durchaus ein Vorteil der kleinbäuerlichen Prägung, war Südosteuropa für den Faschismus kein günstiges Milieu – mit den partiellen Ausnahmen Rumänien und Ungarn. Die gesellschaftliche Mobilisierungsfähigkeit hatte durch den Weltkrieg und seine Folgekrisen durchaus zugenommen, blieb aber immer noch weit hinter deutschen oder italienischen Verhältnissen zurück. Das lag nicht zuletzt am Analphabetismus, der rückläufig war, aber die südosteuropäischen Gesellschaften weiterhin prägte. In Jugoslawien betrug die Analphabetenrate in den 1930er Jahren 45 Prozent und in Rumänien 42 Prozent, wobei in den einst habsburgischen Gebieten beider Staaten ein größerer Anteil der Bevölkerung lesen und schreiben konnte; nicht viel besser erging es Griechenland mit einer Analphabetenquote von 41 Prozent, wogegen sich in Bulgarien die schon im 19. Jahrhundert emsig betriebene Elementarbildung positiv auswirkte (31 Prozent Analphabeten). Vollkommen abgeschlagen rangierte Albanien mit einer Analphabetenquote von 80 Prozent. Die wenig gebildete Landbevölkerung ließ sich zwar durch Propaganda idealisieren, aber nicht zu einer einheitlichen, ideologisierten Masse formen.

Entsprechend machten die königlichen Herrscher nur gelegentlich symbolische Anleihen bei Hitler und Mussolini und gaben sich stattdessen eher als strenge Hausväter, die der Nation wie einer großen Familie vorstanden und sich dabei maßgeblich auf die (wenn auch weitgehend konstruierte) Tradition beriefen. Eine Agenda des tiefgreifenden Wandels verfolgten sie nicht. Auch die radikalen Bewegungen, die sich im Schoße dieser Ordnung entwickelten und teilweise mit ihr konkurrierten, unterschieden sich von den faschistischen Parteien Italiens oder Deutschlands. Mit Ausnahme der ungarischen Pfeilkreuzler und der rumänischen Eisernen Garde blieben sie klein, schwach und von der Mehrheit unverstanden. Die typischen Trägerschichten der ›großen‹ Faschismen – abstiegsgefährdete Kleinbürger – machten in Südosteuropa nur einen kleinen Bruchteil der Gesellschaften aus; jede wirkliche Massenbewegung hätte auf der Bauernschaft aufbauen müssen. Kopien der ausländischen Faschismen kamen daher nicht infrage, insbesondere nicht in den Siegerstaaten, deren etablierte Eliten sich vom revisionistischen Lager, das von Deutschland und Italien unterstützt wurde, bedroht fühlten und daher nur solche Nationalismen guthießen, die sich als probritisch oder profranzösisch ausgaben. Das alles bedeutet keineswegs, dass Südosteuropa gegen den Faschismus ›immun‹ gewesen wäre – dazu waren die königlichen Regime nicht erfolgreich genug und der internationale Bedeutungszuwachs Deutschlands und Italiens zu unübersehbar.

Konkret entstand eine regionale Faschismusvariante, die in vielem mit derjenigen Ostmitteleuropas übereinstimmte. An ihr fällt zunächst auf, dass sie nirgendwo die Kraft hatte, ohne äußeres Zutun an die Macht zu kommen – die Regierung(sbeteiligung) der Ustaša in Kroatien, der Eisernen Garde in Rumänien und der Pfeilkreuzler in Ungarn fällt in die Zeit des Zweiten Weltkrieges und hängt mit dem Einfluss der Achsenmächte zusammen. In Albanien war die Gesellschaft noch zu segmentär und vorpolitisch, um überhaupt eine faschistische Bewegung hervorbringen zu können.

Weiterhin springt die Rolle der Religion ins Auge: Während Mussolini und Hitler wenig mit dem traditionellen

Christentum anfangen konnten und stattdessen säkulare Führerkulte entwickelten sowie an vorchristliche Symbolsprachen anknüpften, spielte Religion bei den faschistischen Bewegungen Südosteuropas eine enorme Rolle. Im Zentrum stand die Re-Christianisierung der Gesellschaft, die gleichzeitig auch wahre nationale Einheit gewährleisten sollte. Bei dieser Missionierung sollten gebildete, meist junge Laien eine zentrale Rolle spielen, Gewalt war explizit zugelassen und wurde mit der Gefährdung der Nation (durch Kommunisten, Juden, Freimaurer und Minderheiten) gerechtfertigt. Gesellschaftliche Klassen galten als Sinnbild der Spaltung, welche nur den Feinden der christlichen Nation diene. Sie sollten daher durch eine ›natürliche‹, ›organische‹ Ständeordnung abgelöst werden, in der jede soziale Gruppe ihren gottgewollten Platz habe und gemeinsam mit den anderen Gruppen einen harmonischen ›Körper Christi‹ bilden werde. Religiös durchdrungen war nicht nur die Programmatik, sondern auch die Symbolik der faschistischen Bewegungen: Corneliu Zelea Codreanu, der Anführer der rumänischen Eisernen Garde, wurde von seinen Anhängern wie eine Himmelsgestalt (manchmal mit homoerotischem Subtext) verehrt; ebenso charismatisch gebärdete sich Dimitrije Ljotić von der serbischen Zbor-Bewegung, der im Gegensatz zu den meisten serbischen Politikern regelmäßig in die Kirche ging und dort durch sein großes Kreuz am Hals und seine tiefen Verbeugungen auffiel. Beide wurden durch einen Teil des Klerus unterstützt, der in ihnen die ersten Führer seit dem Mittelalter sah, die wieder zu den wahren Werten des Volkes zurückgekehrt seien.

Obwohl sich diese Bewegungen auf das von Byzanz ererbte Kirche-Staat-Modell beriefen, war ihr von Beobachtern oft – recht ungenau – als ›Klerikalfaschismus‹ bezeichnetes Muster keineswegs auf den orthodoxen Raum beschränkt. In Kroatien blühten in den 1930er Jahren rechte katholische Jugendorganisationen, die ebenfalls die politische Ordnung direkt aus der Religion ableiten wollten und durch systematische Kampagnen gegen das Fluchen, den vorehelichen Sex und ähnliche ›Sünden‹ auffielen; ein Teil dieser Jugendlichen bildete ab 1941 das Fußvolk des Ustaša-Regimes. All diese Bewegungen hatten gemeinsam, dass sie die in Unruhe gekommene Gesellschaft durch die Wiedererrichtung traditioneller Geschlechterrollen ›heilen‹ wollten. Dafür mobilisierten sie nicht nur Männer, sondern auch Frauen. In der Eisernen Garde leisteten Ehegattinnen, Verlobte und Schwestern von Mitgliedern zwar nur Zuarbeit, etwa indem sie traditionelle Kleidung herstellten, diese verkauften und den Erlös der Garde zur Verfügung stellten. Dennoch eröffnete ihnen die Tätigkeit in Handarbeits- und Wohltätigkeitszirkeln eine Form politischer Teilhabe, die sie im traditionellen Patriarchat nicht gekannt hatten.

Darüber hinaus entwickelte sich der Faschismus in den einzelnen Ländern und auch Subregionen unterschiedlich. In Ungarn und in Rumänien lässt sich durchaus von einem Massenphänomen sprechen, die Pfeilkreuzler und die Eiserne Garde hatten in den späten 1930er Jahren jeweils mehr als eine Viertelmillion Mitglieder, Zbor in Serbien dagegen nur rund 5000–6000. Bulgarien schaute als Verliererstaat ohnehin stärker auf Deutschland und Italien, zumal es seit der Cankov-Administration in den 1920er Jahren Regierungen mit faschistoiden Tendenzen erlebt hatte (darunter das Regime der ›Neunzehner‹ von 1934–35, welches einen Ständestaat anstrebte). Dort grub das rechtsgerichtete Regime faschistischen Organisationen im engeren Sinne das Wasser ab – die Bulgarische Volksverteidigung (*Bălgarska rodna zaštita*) kam selbst auf dem Zenit ihrer Entwicklung nicht über 30 000 Mitglieder hinaus. Auch in Griechenland wurden faschistische Elemente von oben eingeführt, ehe sich von unten eine entsprechende Bewegung bilden konnte, da die Diktatur von General Metaxas (1936–1940) sich von faschistischen Regimen Mitteleuropas inspirieren ließ. Ideologisch ging er weiter auf den Faschismus zu als die Königsdiktaturen, wie sich im Personenkult um Metaxas und der Einführung des faschistischen Grußes zeigte. Bombastisch verkündete Metaxas die Schaffung einer ›dritten hellenischen Zivilisation‹, um das Beste der beiden vorangegangenen – der antiken und der byzantinischen – zusammenzubringen. Die in Griechenland besonders dramatischen politischen Spaltungen wollte er durch ein Ständesystem und aktive Sozialpolitik überwinden. Überhaupt war sein Faschismus stark nach innen gerichtet – Metaxas kehrte weder zu den Expansionsplänen der frühen 1920er Jahre zurück, noch suchte er das Bündnis mit Italien und Deutschland. Bezeichnenderweise scheiterte er am Versuch, nach NS-Vorbild Massenorganisationen aufzubauen – die Bevölkerung war für diese Art von Durchherrschung weder zu begeistern noch zu mobilisieren. Griechenland war – wie es Holm Sundhaussen ausdrückte – strukturell nicht ›faschismusfähig‹.

Zu den rechten Strömungen der Zwischenkriegszeit gehört auch der Antisemitismus, der entsprechend dem bäuerlichen Profil Südosteuropas eher auf religiöse als auf biologistische Vorstellungen zurückgriff. Innerhalb der Region hatte er verschiedene Vorgeschichten, was auch die unterschiedliche Stärke der faschistischen Bewegungen miterklärt. Judenverfolgungen waren in den mittelalterlichen orthodoxen Staaten selten gewesen, und unter den Osmanen waren die sephardischen Juden in die Gesellschaft eingebunden, also keiner Verfolgung ausgesetzt. Die Juden des Osmanischen Reiches waren zudem – im Vergleich zu Weißrussland, der Ukraine und dem östlichen Polen (dem sogenannten Ansiedlungsrayon im Zarenreich) – weniger zahlreich und lebten nur in bestimmten Städten. Als ausgesprochen urbane Bevölkerungsgruppe kooperierten sie eng mit der muslimischen Elite, besaßen aber nur wenig Kontakt zur bäuerlichen Mehrheit, sodass sich auch kaum christlich-jüdische Antagonismen ausbilden konnten. Mit dem Rückzug des Imperiums verließen viele von ihnen die Region, doch für die übrigen verschlechterte sich die Situation, weil die christlichen Nationalstaaten wenig Sinn für Pluralität hatten und den Kirchen Vorstellungen von den Juden als ›Christusmördern‹ von jeher nicht fremd waren.

Allerdings fehlten am Balkan (anders als etwa in Rumänien) auch weiterhin die Voraussetzungen für jenen brennenden Antisemitismus, der entstand, wenn alte religiöse Stereotypen auf aktuelle soziale Konflikte trafen. Die Bauern kamen wenig mit der jüdischen Bevölkerung in Berührung, die nationalen Eliten betrachteten meist die Muslime als das ›problematische Gegenüber‹, was allen anderen Minderheiten, so auch den Juden, eher zugutekam. Eine solche Situation herrschte im Großen und Ganzen im östlichen Teil Jugoslawiens und in Bulgarien vor – die Faschismen konnten nur begrenzt auf vorhandene antijüdische Vorurteile bauen, sondern mussten diese erst anfachen. Die Zbor-Bewegung in Serbien war selbst traditionellen serbischen Nationalisten oft fremd; sie verstanden das – von westeuropäischen und russischen Quellen inspirierte – Gerede ihres Anführers Dimitrije Ljotić von der drohenden jüdischen Weltherrschaft nicht ohne Weiteres. Auch Griechenland teilte diese ›balkanische‹ Grundkonstellation. In Thessaloniki allerdings, dessen jüdische Bevölkerung bis Anfang der 1920er Jahre die Mehrheit stellte und damit die Souveränität und Einheit der Nation infrage zu stellen schien, versuchte der Staat durchaus, sie zurückzudrängen, zu assimilieren und ihre Bedeutung zu schmälern. Die Ansiedlung kleinasiatischer Flüchtlinge bot dazu eine willkommene Möglichkeit.

Etwas anders war die Lage in Ungarn, Kroatien und Rumänien. In einigen Regionen des historischen Ungarns sowie in der Moldau und Bessarabien hatten Juden zwischen den adligen Grundherrn und der Landbevölkerung gestanden und waren als Schankwirte, lokale Kaufleute, Zwischenpächter oder Geldverleiher in Konflikt mit verschuldeten Bauern geraten – ähnlich wie in der Ukraine. Im 19. Jahrhundert vergrößerte sich in Transleithanien ebenso wie im jungen rumänischen Nationalstaat der jüdische Bevölkerungsanteil durch Zuwanderung – in erster Linie ließen sich dort Juden nieder, die vor der judenfeindlichen Stimmung aus Galizien und den häufigen Pogromen im späten Zarenreich geflohen waren. Viele dieser Zuwanderer gingen in die Städte, wo sie insbesondere in Ungarn auf ein bereits assimiliertes Judentum trafen, und lernten die Sprache der christlichen Umgebung. Aufgrund ihrer Bildung und ihrer Netzwerke waren sie in den freien Berufen äußerst erfolgreich, sodass die Eliten der Titularnation sie als Konkurrenz wahrnahmen. Das galt insbesondere für Gymnasiasten und Studenten mit christlichem Hintergrund, die sich auf einem umkämpften Arbeitsmarkt etablieren mussten. Entsprechend fragten sich viele, ob ihre Probleme nicht daraus resultierten, dass ihr eigenes Volk nicht Herr im Haus sei – der moderne Antisemitismus in der Region war geboren. Der Erfolg und der heftige Antisemitismus der Eisernen Garde in Rumänien, der Pfeilkreuzler in Ungarn und – in geringerem Ausmaß – der Ustaša in Kroatien erklärt sich zum Teil aus diesen Faktoren. Als Folge führten Kroatien und Rumänien während des Zweiten Weltkriegs den Judenmord in ihrem Herrschaftsgebiet weitgehend in Eigenregie durch. Bemerkenswert ist in diesem Zusammenhang auch, wie schnell sich die kemalistische Türkei ihres osmanischen Erbes entledigte, sodass sich auch die dort traditionell freundliche Haltung gegenüber den Juden in ihr Gegenteil verkehrte – das Misstrauen gegen sämtliche Minderheiten richtete sich bald auch gegen die jüdische. Im Sommer 1934 kam es zu einem Pogrom gegen die jüdische Gemeinde Thrakiens.

Enttäuschte Hoffnungen

Ende 1944, als glühender serbischer Patriot im KZ Dachau einsitzend, resümierte Bischof Nikolaj Velimirović die Zwischenkriegszeit in seinem Land so: »Als Serbien geschaffen wurde, lebten große Menschen in kleinen Häusern. Als Jugoslawien Serbien ersetzte, lebten kleine Menschen in großen Palästen.« Wer heute durch die Straßen der südosteuropäischen Hauptstädte geht, sieht noch deutlich die Spuren jener Epoche – neoklassizistische Monumentalbauten, avantgardistische Architekturexperimente und eben auch die ›Paläste‹ einer Elite, die ebenso in den gutsituierten Vierteln west- oder mitteleuropäischer Metropolen stehen könnten. Sie legen Zeugnis ab von einer gesellschaftlichen Ausdifferenzierung zwischen oben und unten, vor der sich die neuen Nationalstaaten auf dem Balkan vor 1914 immer gefürchtet hatten, die sich aber nach dem Ersten Weltkrieg recht schnell durchsetzte, da alte Gewissheiten erschüttert waren und ausländisches Kapital stärker als zuvor einströmte.

Angesichts der Kriegszerstörungen materieller wie auch immaterieller Art, äußerer Bedrohungen und innerer Zerrissenheit stellt sich allerdings die Frage, wie man in der Zwischenkriegszeit an die Zukunft glauben und ein Vermögen in den Bau von Villen investieren konnte. Darauf gibt es mehrere Antworten. Einerseits legen Menschen gerade in Zeiten von Unsicherheit ihr Geld gerne in etwas Handfestem an, beispielsweise in ›Palästen‹ (was sich auch im 21. Jahrhundert wieder zeigt, nicht nur in Südosteuropa); sie glauben an die Zukunft, aber nur an eine durch greifbare Tatsachen, sprich Stein und Beton, abgesicherte. Andererseits hatte das Südosteuropa der 1920er und 1930er Jahre tatsächlich einige Gründe, optimistisch zu sein. Es gab positive Entwicklungen, die sich wahrscheinlich fortgesetzt hätten, wenn nicht Deutschland und Italien die Region ab 1940 erneut in einen Weltkrieg hineingezogen hätten – nicht unähnlich der Situation von 1914. Südosteuropa hat die Zwischenkriegszeit durchaus genutzt, um den Zusammenbruch der Imperien und die Kriegszerstörungen zu verarbeiten. Ende der 1930er Jahre war die Infrastruktur wiederhergestellt, die nationalen Gesellschaften hatten sich – mit Ausnahme Ungarns – mit den neuen Grenzen weitgehend abgefunden, und die 1918 so brutal zerschnittenen Handelsverbindungen waren wieder intakt; die politischen Systeme erlebten eine maßvolle Repluralisierung.

Die Staaten Südosteuropas waren – das gilt auch für die Verlierer – Mitglieder einer supranationalen Staatengemeinschaft geworden, des Völkerbundes. Dadurch hatten sie Zugang zu internationalen Krediten, mit denen sich die Regierungen zwar hoch verschuldeten, aber auch manch ehrgeiziges Projekt finanzieren und die sozialen Folgen des Krieges abmildern konnten. Der Geist des Völkerbundes war auch insofern spürbar, als sich Politiker in der Region für den Gedanken der grenzüberschreitenden Kooperation öffneten, über die Trennlinie von Sieger- und Verliererstaaten hinweg. Sichtbarer Ausdruck dieser Bestrebungen war der Balkanpakt von 1934, den die Unterzeichnerstaaten (Jugoslawien, Rumänien, Griechenland, Türkei) für Bulgarien offenhielten. So gesehen war die Zwischenkriegszeit eine Art Vorübung für die ebenfalls von suprastaatlichen Organisationen angeleitete Transformation nach dem Ende der Jugoslawienkriege.

Die allermeisten ›Paläste‹ der Zwischenkriegszeit bewohnen inzwischen allerdings ganz andere Familien als damals. Ihre Erbauer und deren Nachkommen wurden während des Zweiten Weltkrieges oder danach deklassiert, vertrieben, viele von ihnen getötet – der Optimismus, so viel wissen wir *ex post*, war nicht berechtigt. In den zwei Jahrzehnten zwischen den Weltkriegen konnte Südosteuropa weder der Peripherie entkommen noch seine gesellschaftlichen oder zwischenstaatlichen Probleme lösen. Der Völkerbund erwies sich als Rettungsboje ohne feste Verankerung –

Ende der 1930er Jahre ging er an inneren Konstruktionsfehlern und der Aggression der Achsenmächte zugrunde. Gemessen an den Gefahren der Epoche reichte die Zeit schlichtweg nicht, um die Region zu stabilisieren.

Am sichtbarsten wurde die Verwundbarkeit der Länder Südosteuropas ausgerechnet am Schicksal der ›starken Männer‹ der Region, der Diktatoren: 1934 ermordete ein Kommando aus IMRO- und Ustaša-Terroristen den jugoslawischen König Aleksandar Karađorđević in Marseille. Fünf Jahre später wurde der von ihm konstruierte Einheitsstaat in einen serbischen und einen kroatischen Einflussbereich föderalisiert. Da eine saubere ethnische Grenzziehung unmöglich war und sich jetzt fast eine Million Serben in der ›Banovina Kroatien‹ wiederfanden, trieb Jugoslawien – durch nationale Spaltungen hochgefährdet – auf den nächsten Weltkrieg zu. Der rumänische König Carol II. musste 1940 abdanken, nachdem Hitler und Stalin ihn zu Gebietsabtretungen an Ungarn und die Sowjetunion gezwungen hatten; weder Ahmed Zogu noch Ioannis Metaxas vermochten ihre Länder gegen den italienischen Appetit zu verteidigen. Bis in den Zweiten Weltkrieg hielten sich nur der bulgarische König Boris III. und der ungarische Reichsverweser Horthy, die sich weitgehend an die Wünsche NS-Deutschlands anpassten. Selbst der charismatische türkische Staatspräsident Mustafa Kemal Atatürk verstarb 1938 nicht als starker Mann, sondern als unberechenbarer Alkoholiker. Die von ihm ersonnene Ordnung war zwar die einzige in der Region, die den Zweiten Weltkrieg überstand, doch in den 1950er Jahren sollte auch sie ernsthaft infrage gestellt werden.

Südosteuropa 1914 bis 1941

Internationale Rahmenbedingungen

1918, Januar	US-Präsident Woodrow Wilson skizziert in seinem 14-Punkte-Programm eine auf demokratischen Nationalstaaten basierende Nachkriegsordnung
1920, Januar	Gründung des Völkerbundes
1925, Januar	Benito Mussolini baut Italien in faschistische Diktatur um
1929, Oktober	Ausbruch der Weltwirtschaftskrise (bis ca. 1933)
1933, Januar	Adolf Hitler wird deutscher Reichskanzler

Krieg, Friedensschlüsse und Staatsbildung

1914, Juni	Attentat auf den österreichischen Thronfolger Franz Ferdinand in Sarajevo
1914, Juli	Kriegserklärung der Habsburgermonarchie an Serbien
1915	Kriegseintritt Italiens aufseiten der Entente
1915, Mai	osmanisches Parlament beschließt Deportation der Armenier
1915, Oktober	Kriegseintritt Bulgariens aufseiten der Mittelmächte; Zusammenbruch Serbiens und Rückzug der serbischen Armee über albanisches Territorium nach Korfu
1916, August	Kriegseintritt Rumäniens aufseiten der Entente
1917, April	Kriegseintritt der USA
1917, Juli	Kriegseintritt Griechenlands aufseiten der Entente; Deklaration von Korfu kündigt Gründung eines vereinigten Königreichs der Serben, Kroaten und Slowenen unter der serbischen Karađorđević-Dynastie an
1918, März	Russland und Deutsches Reich schließen Separatfrieden von Brest-Litovsk
1918, Mai	Separatfrieden Rumäniens mit den Mittelmächten

1918, September	Offensive der Entente an der Salonikifront besiegelt die Niederlage Bulgariens und die Befreiung Serbiens
1918, Oktober	Kapitulation des Osmanischen Reiches; Salonikifront rückt auf serbisches Territorium vor; der habsburgische Kaiser Karl I. verkündet Umformung der Donaumonarchie in eine Föderation von Nationalstaaten (›Völkermanifest‹); demokratische Astern-Revolution in Ungarn
1918, November	erneuter Kriegseintritt Rumäniens aufseiten der Entente
1919, Mai	griechische Armee besetzt Izmir und stößt weiter nach Anatolien vor; Pariser Friedenskonferenz erkennt ›Königreich der Serben, Kroaten und Slowenen‹ an
1919, September	Vertrag von Saint-Germain regelt Aufteilung der österreichischen (cisleithanischen) Reichshälfte der Habsburgermonarchie
1920, Juni	Vertrag von Trianon regelt die Aufteilung der ungarischen (transleithanischen) Reichshälfte der Habsburgermonarchie
1920, August	Vertrag von Sèvres sieht Aufteilung großer Teile des Osmanischen Reiches unter den Ententestaaten sowie die Internationalisierung der Meerengen vor
1921, November	Siegermächte erkennen Albanien in den Grenzen von 1913 an, Vertrag von Rapallo zwischen Jugoslawien und Italien (Grenzfestlegung)
1922, September	›Kleinasiatische Katastrophe‹: türkische Gegenoffensive unter Mustafa Kemal drängt griechische Armee aus Anatolien an die Küste zurück und erobert Izmir
1923, Juli	Vertrag von Lausanne legitimiert Bevölkerungsaustausch zwischen Griechenland und der Türkei
1923, Oktober	Ausrufung der Republik Türkei

Außenpolitik

1920, August	tschechoslowakisch-jugoslawischer Bündnisvertrag legt Grundstein für auf Frankreich ausgerichtete Kleine Entente
1921, Juni	Kleine Entente wird vollendet durch den Beitritt Rumäniens
1923, März	bulgarisch-jugoslawische Konvention zum Kampf gegen den Terrorismus
1923, August	auf die Ermordung eines italienischen Generals an der griechisch-albanischen Grenze reagiert Rom mit der kurzzeitigen Besetzung der Insel Korfu
1926, November	Erster Tiranapakt leitet intensive Abhängigkeit Albaniens von Italien ein
1930, Oktober	Erste Balkankonferenz in Athen; Griechenland verzichtet auf Territorialansprüche gegen die Türkei
1934, Februar	Beistandsvertrag zwischen Jugoslawien, Rumänien, Griechenland und der Türkei (Balkanpakt)
1934, Mai	Handelsabkommen zwischen NS-Deutschland und Jugoslawien
1936, Juli	Türkei erhält im Vertrag von Montreux Souveränität über die Meerengen zurück

Innenpolitik

1918, Oktober	Ermordung des ungarischen Ministerpräsidenten István Tisza
1919, März	Proklamation der Ungarischen Föderativen Sozialistischen Räterepublik
1919, Mai	Sieg des Bauernvolksbundes bei bulgarischen Parlamentswahlen
1919, August	Zusammenbruch der ungarischen Räterepublik
1920, März	Ungarn wird durch Einsetzung Miklós Horthys zum Reichsverweser ›Monarchie ohne König‹

1921, Juni	serbische Eliten setzen im Königreich der Serben, Kroaten und Slowenen (Jugoslawien) zentralistische Verfassung durch
1923, Juni	Ermordung des bulgarischen Ministerpräsidenten Aleksandăr Stambolijski
1923, September	Niederschlagung eines kommunistischen Aufstandes in Bulgarien
1924, März	Abschaffung der Monarchie in Griechenland
1925, Januar	Albanien wird Republik
1925, April	kommunistischer Terroranschlag auf die Kirche der Hl. Nedelja in Sofia
1928, April	Trennung von Staat und Religion in der Türkei
1928, Juni	Ermordung des kroatischen Bauernführers Stjepan Radić im jugoslawischen Parlament
1928, September	der albanische Ministerpräsident Ahmet Zogu krönt sich zum König der Albaner
1928, November	Türkisches Parlament beschließt Einführung der Lateinschrift
1929, Januar	Einführung der Königsdiktatur in Jugoslawien
1934, Oktober	Ermordung des jugoslawischen Königs Aleksandar I.
1934, Dezember	universelles Frauenwahlrecht in der Türkei
1935, Januar	Beginn der Königsdiktatur in Bulgarien
1935, November	Wiedereinführung der Monarchie in Griechenland
1936, August	Beginn der Diktatur von Ioannis Metaxas in Griechenland
1938, Februar	Beginn der Königsdiktatur in Rumänien
1939, August	Verständigung zwischen Belgrader Regierung und kroatischer Opposition führt zur Einrichtung der Banschaft Kroatien (*sporazum*)

Brüchige Modernen: Zweiter Weltkrieg, Nachkriegszeit und Kalter Krieg

Von 9. bis 20. Oktober 1944 berieten in Moskau der britische Premierminister Winston Churchill und sein Außenminister Anthony Eden mit Stalin und dem sowjetischen Außenminister Vjačeslav Molotov über die Nachkriegsordnung in Ost- und Südosteuropa. Zu diesem Zeitpunkt waren sowjetische Truppen bereits in Rumänien sowie Bulgarien einmarschiert, woraufhin beide Länder die Front wechselten und Deutschland den Krieg erklärten. Bei einer der Unterredungen im Kreml überreichte Churchill seinem sowjetischen Gastgeber eine Papierserviette mit Prozentzahlen, um das Ausmaß des britischen bzw. sowjetischen Einflusses in den Ländern Ostmittel- und Südosteuropas nach dem sich abzeichnenden Sieg der Alliierten über Deutschland zu bestimmen. Die Zahlen für die Staaten Südosteuropas lauteten: Rumänien – 90 Prozent Einfluss für Russland, 10 Prozent für die übrigen Alliierten; Griechenland – 90 Prozent für Großbritannien, 10 Prozent für die UdSSR; für Jugoslawien und Ungarn schlug Churchill jeweils eine hälftige Aufteilung vor, während er der Sowjetunion in Bulgarien einen 75-prozentigen Einfluss zugestand. Stalin akzeptierte den Vorschlag.

Dieses sogenannte Prozentabkommen war weder eine internationale Vereinbarung noch für die Öffentlichkeit gedacht, denn offiziell bekannten sich die Alliierten zum Prinzip der Souveränität der vom Faschismus befreiten Länder, die selbst über ihre Regierungsform entscheiden sollten. So stand es zumindest in der Abschlusserklärung der alliierten

Konferenz von Jalta vom 11. Februar 1945. Mit Ausnahme Griechenlands, dessen Kommunisten die Sowjetunion im Bürgerkrieg (1944–1949) bewusst substanzielle Unterstützung versagte, wurde die Übereinkunft vom Oktober 1944 auch niemals dem Test des Ernstfalls unterzogen. Waren ihre Truppen in ein Land einmarschiert, war die Sowjetunion jedenfalls nicht gewillt, den westlichen Alliierten wirklichen Einfluss zuzugestehen, welchen Umfangs auch immer; die jugoslawischen Partisanen machten durch ihre Selbstbefreiung die Prozentverteilung für Jugoslawien ohnehin zur Makulatur. Doch die berühmt-berüchtigte Serviette illustriert, dass die Länder Südosteuropas auch nach dem Ende des Zweiten Weltkriegs weder ihre außenpolitische Orientierung noch ihre innere Ordnung frei festlegen konnten, da die Großmächte direkt in zentrale Politikbereiche eingriffen – und das waren sie durchaus gewohnt.

Die politischen Eliten Südosteuropas waren jedoch keinesfalls gewillt, sich dauerhaft und widerstandslos dem Diktat einer der beiden Supermächte zu fügen. Vielmehr suchten sie in den nächsten Jahrzehnten nach Möglichkeiten, sich von den beiden Weltmächten zu emanzipieren, im Namen der nationalen Interessen ihres Landes – nicht zuletzt, um in den Augen der Bevölkerung nicht nur als Büttel Moskaus bzw. Washingtons dazustehen. Dieser Prozess begann bereits 1948 mit dem Bruch zwischen Jugoslawien und der Sowjetunion. Der ausgeprägte Nationalismus in der Region verschwand 1945 nicht einfach, zumal er während des Weltkriegs in den besetzten Gebieten eine wichtige Triebkraft des Widerstandes gegen die deutschen (und italienischen, ungarischen sowie bulgarischen) Besatzer gewesen war. Südosteuropa wurde so nach 1945 einerseits zu einem zentralen Schauplatz des Kalten Krieges, auf dem sich NATO und Warschauer Pakt gegenüberstanden, andererseits mündete die Systemkonfrontation zwischen ›Ost‹ und ›West‹ keinesfalls in unverrückbaren Frontlinien – das kommunistisch regierte Jugoslawien sollte sogar ein Verteidigungsbündnis mit den beiden NATO-Staaten Griechenland und Türkei eingehen.

Die Relevanz der Nachkriegszeit für die Geschichte Südosteuropas liegt nicht zuletzt im Kontext des Kalten Krieges; am deutlichsten markiert das die Etablierung kommunistischer Regime in fünf Ländern der Region (Albanien, Bulgarien, Jugoslawien, Rumänien und auch Ungarn, das aber im Folgenden nur am Rande thematisiert wird). Obwohl sich zahlreiche und wichtige Kontinuitäten identifizieren lassen, ist unbestritten, dass 1945 eine Zäsur darstellte und die Region sich danach politisch, gesellschaftlich sowie ökonomisch grundlegend wandelte. Der Zweite Weltkrieg stellte aufgrund dieses Systemwechsels einen noch drastischeren Bruch dar als der Erste Weltkrieg, obwohl er zu deutlich weniger weitreichenden Grenzveränderungen geführt hat. Wie bedeutsam der Zweite Weltkrieg war – und ist –, zeigt sich in der hohen gesellschaftlichen Relevanz der Erinnerung an ihn. In den kommunistisch regierten Ländern war der Widerstand gegen Faschismus und Besatzungsherrschaft lange Zeit das bestimmende Motiv der staatlichen Geschichtspolitik. Die Erinnerung an den Krieg prägte die Gesellschaften der Region aber auch deshalb so stark, weil die Fronten quer durch die Länder verliefen. Die offizielle Anerkennung von Helden und Opfern einerseits, die Verurteilung von Tätern und Kollaborateuren andererseits perpetuierte Trennlinien aus der Kriegszeit und sorgte dafür, dass große Teile der Gesellschaft sich nicht im öffentlichen Geschichtsbild wiederfanden.

Der Zweite Weltkrieg ist somit der blutige Geburtsmoment jener politischen, aber auch gesellschaftlichen Strukturen, die die Region nach 1945 geprägt haben. Die beschleunigte Modernisierung Südosteuropas nach 1945 war eng mit dem Krieg verbunden – die Erfahrung der Besatzung, der Zerstörung, aber auch der Heroismus des Widerstands stellten wesentliche Antriebskräfte für das politische Bestreben dar, die Gesellschaft so umzugestalten, dass sich die Geschichte nicht wiederholen würde. Die Auflösung staatlicher Strukturen und Zerstörung alteingesessener Eliten, die Vernichtung und Entwurzelung ganzer Bevölkerungsgruppen, die massive Gewalterfahrung und die weitreichenden Zerstörungen durch den Krieg schufen Bedingungen, unter denen vor allem die kommunistischen Parteien glaubten, vor einer Tabula rasa zu stehen, die einen völligen Neubeginn notwendig – und möglich – machte. Die Kriegserfahrung hinterließ auch ausgesprochen manichäische Weltbilder, in denen der politische Gegner als Feind und existenzielle Bedrohung galt, gegen den notfalls Gewalt einzusetzen sei. Die Nachkriegsmoderne (ent-)stand somit auch in Südosteuropa im Schatten eines Zivilisationsbruchs. Nicht zuletzt mobilisierte der Staat im Zweiten Weltkrieg ein bisher ungekanntes Maß an Ressourcen (in den besetzten Ländern durch die Besatzungsregime im Zeichen des sogenannten ›totalen Krieges‹) – die Nachkriegsregime bauten darauf auf.

Im Folgenden soll die umfangreiche und vielgestaltige Transformation Südosteuropas nach dem Zweiten Weltkrieg erläutert werden, wobei es zuerst um die politischen

Entwicklungen, danach um die gesellschaftlichen gehen wird. Betont werden muss freilich, dass beide Sphären des Wandels eng zusammenhingen. Zuerst ist aber die Geschichte des Zweiten Weltkriegs in der Region zu behandeln, denn der Krieg stellte nicht nur für sich genommen einen dramatischen – und traumatischen – Einschnitt dar, sondern er prägte in vielerlei Hinsicht die Geschehnisse der nächsten Jahrzehnte. Im kollektiven Gedächtnis spielt er vielerorts bis heute eine zentrale Rolle.

Südosteuropa im Zweiten Weltkrieg

Südosteuropa war ein wichtiger Schauplatz des Zweiten Weltkriegs, wobei die einzelnen Länder sehr unterschiedliche Erfahrungen machten. Ähnlich wie 1914 wurde auch dieses Mal der Krieg von außen in die Region getragen, da Italien Griechenland angriff und Deutschland anschließend Griechenland und Jugoslawien attackierte. Erst infolge des Angriffskrieges Italiens und Deutschlands sahen sich die Regierungen Bulgariens und Rumäniens gezwungen, ihre Politik der Neutralität aufzugeben; sie schlossen sich mehr aus militärischen denn weltanschaulichen Motiven den Achsenmächten an. Für Deutschland spielten beide Länder zudem eine wichtige Rolle als Lieferanten von Nahrungsmitteln und Rohstoffen. Nur der Türkei gelang es – trotz intensiven Drucks sowohl der Achsenmächte als auch der Alliierten – bis zum 23. Februar 1945 neutral zu bleiben: An diesem Tag erklärte die türkische Regierung Deutschland und Japan den Krieg, ohne jedoch in Kampfhandlungen einzutreten. Dadurch sicherte sich die Türkei den Status als Siegermacht und damit die Möglichkeit, an der Gründung der Vereinten Nationen (UN) mitzuwirken.

Italiens und Deutschlands Angriffskrieg

Der Weltkrieg erreichte Südosteuropa mit dem völkerrechtswidrigen Angriff des faschistischen Italien auf das bislang neutrale Griechenland am 28. Oktober 1940, nachdem Italien im April 1939 Albanien besetzt und danach annektiert hatte. Die italienische Aggression erfolgte gegen den erklärten Willen der deutschen Reichsregierung und gehörte zu Mussolinis Plan, Adria und Ägäis zu einem Gebiet italienischer Dominanz (*mare nostro*) zu machen. Die italienische Führung unterschätzte aber die militärische Potenz Griechenlands massiv, dessen Armee unter der Regierung General Metaxas' weitgehend modernisiert worden war. Die griechischen Truppen konnten sogar auf albanisches Territorium vordringen. Das sich abzeichnende Scheitern Italiens sowie die Landung britischer Einheiten in Griechenland Anfang März 1941 veranlasste die deutsche Führung am 6. April zum militärischen Eingreifen (Operation Marita). In Bulgarien stationierte Wehrmachtseinheiten – Bulgarien war am 1. März 1941 dem Dreimächtepakt beigetreten – marschierten nun in Griechenland ein; am 23. April kapitulierte die griechische Armee, und das Staatsgebiet Griechenlands wurde unter den drei Besatzungsmächten Deutschland, Italien sowie Bulgarien aufgeteilt. Im Mai 1941 gelang es deutschen Truppen im Rahmen der ersten großen Luftlandeoperation in der Militärgeschichte zudem, die strategisch wichtige Insel Kreta einzunehmen.

Zeitgleich zur Attacke auf Griechenland griff Deutschland Jugoslawien an. Auch diese Invasion fußte auf keinem langfristigen Plan zur Eroberung, sondern war die Reaktion auf aktuelle politische Ereignisse und die militärische Großwetterlage. Hitler ging es vor allem darum, im ›Südosten‹ günstige Bedingungen für sein wichtigstes militärisches Vorhaben, den Angriff auf die Sowjetunion, zu schaffen. Jugoslawien war formell gesehen sogar Deutschlands Bündnispartner: Am 25. März 1941 hatte sich die jugoslawische Regierung – angesichts der ökonomischen Abhängigkeit des Landes von Deutschland, des starken Drucks seitens der Reichsregierung sowie der Kapitulation Frankreichs, der traditionellen Schutzmacht Jugoslawiens – dazu entschlossen, dem Dreimächtepakt beizutreten. In Belgrad provozierte das angesichts der weit verbreiteten Sympathien für die Alliierten aus dem Ersten Weltkrieg allerdings großen Protest, sodass serbische Offiziere am 27. März einen Staatsstreich gegen die Regierung des Prinzregenten Pavle durchführten. Obwohl die neue Regierung, in der einige Minister der alten verblieben, sich zum Pakt mit Deutschland bekannte, entschloss sich Hitler zum Angriff. Sowohl in Griechenland als auch in Jugoslawien hoffte die deutsche Reichsregierung, nach kurzen Feldzügen mithilfe von Vasallen die besetzten Länder ohne großen Aufwand kontrollieren zu können, um keine Kräfte von der bevorstehenden Mobilisierung gegen die Sowjetunion abzweigen zu müssen. Dies erwies sich als Fehleinschätzung: Beide Heere kapitulierten zwar in der Tat rasch, aber bald schon sollte sich sowohl im besetzten Jugoslawien als auch in Griechenland massiver Widerstand gegen die Besatzer bilden, der große deutsche Kontingente band und letztlich in der Befreiung mündete.

Nach dem Überfall Italiens und Deutschlands auf Griechenland und Jugoslawien traten auch Bulgarien und Rumänien aufseiten der Achsenmächte in den Krieg ein. Bulgarien beteiligte sich an der Okkupation Jugoslawiens und Griechenlands, Rumänien stellte (analog zu Ungarn) Truppen für Deutschlands Angriff auf die Sowjetunion (Juni 1941). Das Bündnis mit Nazi-Deutschland war in beiden Ländern nicht primär Sympathien für den Nationalsozialismus geschuldet, sondern man schickte sich in das vermeintlich Unvermeidliche. Bulgarien und Rumänien waren seit den 1930er Jahren von Deutschland ökonomisch hochgradig abhängig (siehe vorhergehendes Kapitel), und im April 1941 schien ein Sieg Deutschlands sehr wahrscheinlich. Die deutsche Regierung sagte darüber hinaus beiden Ländern Unterstützung für ihre territorialen Ansprüche zu: Bulgarien konnte seinen langgehegten Traum verwirklichen, Makedonien und Thrakien zu annektieren. Rumänien versprach sich von der Zusage, an der Seite Deutschlands in die Sowjetunion einzumarschieren, die Wiedergewinnung jener Landesteile, die es 1940 nach dem deutsch-sowjetischen Nichtangriffspakt (Ribbentrop-Molotow-Pakt) an die Sowjetunion hatte abtreten müssen (Nordbukowina und Bessarabien). Deutscher und italienischer Druck hatte darüber hinaus die rumänische Regierung im August bzw. September 1940 dazu genötigt, Gebiete an Ungarn (Nordsiebenbürgen) und Bulgarien (Süddobrudscha) abzutreten – auch diesbezüglich hoffte Rumänien auf eine Lösung zu seinen Gunsten nach einem Sieg an der Seite Deutschlands.

Innenpolitisch stärkte das Bündnis mit Deutschland in beiden Ländern die autoritären Herrschaftsstrukturen. In Rumänien regierte bis zu seinem Sturz im August 1944 General Ion Antonescu diktatorisch. In Bulgarien gab bis zu seinem Tode im August 1943 Zar Boris III. den Ton an; politische Parteien waren verboten. Allerdings gab es im bulgarischen Parlament auch oppositionelle Stimmen, und faschistische Bewegungen blieben relativ schwach. Ähnlich wie in anderen kriegführenden Ländern intensivierte sich in Bulgarien und Rumänien im Rahmen der Kriegswirtschaft die staatliche Kontrolle über Wirtschaft und Gesellschaft. Der Staat schränkte die Organisationsfreiheit stark ein, griff massiv in Lohn- und Preisgestaltung ein, nutzte Zwangsarbeit, regelte in neuen Verordnungen das alltägliche Leben und erhöhte die Steuer- und Abgabenlast. Auf diese Instrumente staatlicher Steuerung konnten die Kommunisten nach ihrer Machtübernahme zurückgreifen.

Der Holocaust in Südosteuropa

Besonders tragische Folgen hatte das Bündnis mit Deutschland in Bulgarien und Rumänien für die jüdische Bevölkerung, insbesondere in jenen Gebieten, die von den beiden Ländern besetzt wurden. Im Judenmord in Südosteuropa manifestierte sich auch die mörderische Potenz der lokalen antisemitischen Tradition, die sich mit der nationalsozialistischen Vernichtungspolitik verband. Der rumänische Diktator Antonescu erließ unmittelbar nach seinem Regierungsantritt (September 1940) ein Judenstatut, das den Nürnberger Rassengesetzen folgte, und in Bulgarien verabschiedete die Nationalversammlung auf deutschen Druck hin im Dezember 1940 das antijüdische ›Gesetz zum Schutze der Nation‹, das die Bürgerrechte der Juden ebenfalls massiv einschränkte. In Rumänien besaß der Antisemitismus allerdings eine deutlich größere gesellschaftliche Akzeptanz als in Bulgarien. Dies äußerte sich unter anderem in den Pogromen der rumänischen Faschisten (›Eiserne Garde‹) gegen Juden während des ›nationallegionären Staates‹, der nur von September 1940 bis Januar 1941 existierte. In Bulgarien kam es nicht zu Pogromen, allerdings wurden die meisten Juden aus Sofia, wo mehr als die Hälfte der jüdischen Bevölkerung Bulgariens lebte, aufs Land deportiert. Dort mussten viele Männer in berüchtigten Arbeitsbataillonen Zwangsarbeit verrichten.

In den durch Rumänien und Bulgarien besetzten Gebieten wurde die jüdische Bevölkerung Opfer eines Massenmords. Die rumänische Armee tötete bei ihrem Einmarsch in die Sowjetunion Zehntausende Juden. Alleine in Odessa wurden auf Befehl Antonescus in den ersten Monaten der rumänischen Besatzung ab Oktober 1941 über 20 000 Juden ermordet. Rumänische Truppen deportierten mehr als 130 000 Juden aus den ›befreiten‹ Regionen (Bessarabien, Nordbukowina) in das besetzte Transnistrien auf dem Gebiet der Ukraine, deren Großteil Hunger, Krankheit oder Gewalt zum Opfer fiel. Insgesamt kostete der rumänische Holocaust rund 250 000 bis 270 000 Juden das Leben, die vor allem aus den eroberten Gebieten, 90 000 aber auch aus den Kerngebieten Rumäniens stammten. Dass dennoch ein Großteil der jüdischen Bevölkerung Rumäniens in den Grenzen von Dezember 1940 den Holocaust überlebte, erklärt der Historiker Armin Heinen mit der weitverbreiteten Korruption innerhalb der rumänischen Armee und Bürokratie. Das von Antonescu propagierte Ideal eines von den Juden ›gereinigten‹ Rumänien wurde lange nur zögerlich umgesetzt, bis die rumänische Regierung angesichts der sich abzeichnenden Niederlage Deutschlands nach der Schlacht von Stalingrad (Februar 1943) den organisierten Massenmord beendete, um mögliche Waffenstillstandsbedingungen der Alliierten positiv zu beeinflussen. Rumänien war somit neben dem Unabhängigen Staat Kroatien (kroatische Abkürzung: NDH) jener Verbündete Hitlers in der Region, der sich primär aus eigenem Antrieb am organisierten Judenmord beteiligte.

In Bulgarien hingegen wurde die Rettung der bulgarischen Juden zu einem positiven Bezugspunkt in der kollektiven Erinnerung. Die Opposition aus einflussreichen Parlamentariern sowie der Führung der Bulgarischen Orthodoxen Kirche erreichte, dass die aufgrund von starkem deutschem Druck bereits vorbereitete Deportation der Juden in deutsche Vernichtungslager im Winter 1943 abgebrochen wurde. Der damalige stellvertretende Vorsitzende der bulgarischen Nationalversammlung, Dimităr Pešev, und der Patriarch der Bulgarischen Orthodoxen Kirche, Kiril, erhielten daher von der Holocaust-Gedenkstätte Yad Vashem den Titel der ›Gerechten unter den Völkern‹. Die circa 13 000 Juden aus den von Bulgarien besetzten jugoslawischen und griechischen Landesteilen wurden allerdings nach Treblinka deportiert und dort ermordet; an der Deportation beteiligten sich auch bulgarische Besatzungsbehörden.

In Serbien und Griechenland ermordeten die deutschen Besatzer, wie in anderen besetzten Gebieten, die jüdische Bevölkerung systematisch; für die zahlreichen Roma der Region sahen die Nationalsozialisten dasselbe Schicksal vor. Im August 1942, nach der Ermordung von rund 17 000 Juden in Serbien und dem Banat, erklärte der Leiter der deutschen Zivilverwaltung in Serbien, SS-Gruppenführer Harald Turner, dass in Serbien »die Juden- und Zigeunerfrage gelöst« sei. Die meisten jüdischen Männer Serbiens wurden bei sogenannten Sühneaktionen erschossen, die restlichen Männer sowie Frauen und Kinder ermordete man in Gaswagen. Auch Griechenlands Juden entgingen dem nationalsozialistischen Massenmord nicht: Zwischen März und August 1943 deportierten die Deutschen fast die gesamte jüdische Bevölkerung Salonikis (circa 40 000 Personen) nach Auschwitz-Birkenau, wo sie zumeist sofort bei der Ankunft getötet wurden; damit löschten die Deutschen eine der ältesten und größten jüdischen Gemeinden des Balkans aus. Als die deutschen Truppen nach der Kapitulation Italiens am 8. September 1943 die Kontrolle über bis dahin italienisch besetzte Gebiete Griechenlands – dies betraf den Großteil des Festlandes sowie der Inseln – übernahmen, begannen sie sofort, auch deren jüdische Bevölkerung systematisch zu ermorden. Die italienische Besatzungsmacht sowohl in Jugoslawien als auch Griechenland hatte sich bis dahin den deutschen Aufforderungen weitgehend verweigert, die Juden in ihrem Gebiet zu ermorden oder an Deutschland auszuliefern. Von den rund 70 000 Juden Griechenlands fielen 60 000 den Deutschen zum Opfer. Fast völlig ausgelöscht wurde das jüdische Leben auch in Kroatien: Das faschistische, extrem antisemitische Ustaša-Regime war für die Tötung von über 30 000 Juden im Unabhängigen Staat Kroatien verantwortlich; die meisten von ihnen wurden im Konzentrationslager Jasenovac ermordet, ebenso wie viele Serben, Roma sowie politische Gegner der Ustaša. Nur eine Minderheit der Juden in den besetzten bzw. vom Unabhängigen Staat Kroatien kontrollierten Gebieten konnte fliehen, etwa zu den Partisanen oder auf italienisch besetztes Gebiet.

Besatzungsterror, Widerstand und Kollaboration

Die Ermordung der Juden war Bestandteil einer insgesamt terroristischen Besatzungspolitik der Deutschen, welche die jugoslawische und griechische Erfahrung jener Polens bzw. der besetzten Gebiete der Sowjetunion vergleichbar machte. Im okkupierten Jugoslawien spielte die Abscheu der Nationalsozialisten gegen Slawen eine große Rolle; hinzu kam, dass ältere Wehrmachtsoffiziere – darunter auffallend viele Österreicher – nach der Niederlage des Ersten Weltkriegs einen unbändigen Hass auf alles Serbische entwickelt hatten. In Griechenland war die Brutalität des Besatzungsregimes weniger rassisch begründet, wiewohl sich die Begeisterung der Nationalsozialisten für die antiken Hellenen nicht auf die zeitgenössischen Griechen übertrug. Vor allem sah sich das unmenschliche Besatzungsregime durch unerwartet starken Widerstand gegen seinen totalen Herrschaftsanspruch herausgefordert. Die Wehrmachtsführung missachtete auch völlig die ihr durch das Kriegsrecht auferlegte Pflicht, als Besatzungsmacht die Zivilbevölkerung zu versorgen: Requirierungen seitens der deutschen und italienischen Besatzungstruppen sowie die Unterbrechung der für Griechenland lebensnotwendigen Importe von Getreide verursachten im Winter 1941/42 eine fürchterliche Hungersnot, der rund 300 000 Menschen zum Opfer fielen, Zehntausende davon im von der Wehrmacht kontrollierten Großraum Athen.

Angesichts von Besatzungsterror, verheerenden Lebensbedingungen, Verschleppung zur Zwangsarbeit nach Deutschland sowie im Streben nach erneuter Unabhängigkeit formierten sich sowohl im besetzten Jugoslawien als auch in Griechenland bald nach der Kapitulation bewaffnete Widerstandsgruppen. Auch aufgrund der zahlreichen Vergeltungsaktionen seitens der Besatzungstruppen erlebten sie großen Zulauf – sich dem Widerstand anzuschließen wurde für viele eine Überlebensstrategie. Berüchtigt war etwa der Befehl des Obersten Wehrmachtskommandos für Serbien, für jeden aus dem Hinterhalt getöteten deutschen Soldaten fünfzig bis hundert Zivilpersonen zu töten. Die deutschen Besatzungstruppen (Wehrmacht, SS und Einsatzgruppen der Sicherheitspolizei) radierten in sogenannten Sühneaktionen ganze Dörfer aus. Diese Aktionen unterminierten zudem nachhaltig die Kollaborationsregierungen in Serbien und Griechenland, die von weiten Teilen der Bevölkerung als bloße Marionetten der Deutschen angesehen wurden.

Nicht unmittelbar ein Besatzungsregime, aber dennoch integraler Bestandteil der menschenverachtenden nationalsozialistischen Neuordnung des besiegten Jugoslawien war der sogenannte Unabhängige Staat Kroatien (Nezavisna Država Hrvatska, NDH). Er wurde nach der Kapitulation Jugoslawiens von den Nationalsozialisten im April 1941 hastig aus der Taufe gehoben, in der Hoffnung, die Eigenständigkeitsbestrebungen der Kroaten für die eigenen Zwecke nutzen zu können. Der NDH umfasste neben dem Großteil Kroatiens und Slawoniens auch Bosnien-Herzegowina (ein Teil des dalmatinischen Küstenlandes und die meisten Inseln gingen an Italien). Da sich aber keine etablierte kroatische Partei zur Kollaboration bereitfand, setzte die deutsche Regierung die faschistische Ustaša-Partei unter ihrem Anführer (*Poglavnik*) Ante Pavelić als Vasallen ein. Die Ustaša verfügte mit wenigen tausend Mitgliedern zwar über keine

Massenbasis, machte dieses Manko aber durch ihre Ergebenheit gegenüber den Deutschen sowie ihren fanatischen Rassismus und Ultranationalismus wett.

Sofort begann die Ustaša, ihr Ziel eines ethnisch reinen Kroatien zu verwirklichen – in einem Staat, der große serbische und muslimische Bevölkerungsteile sowie andere Minderheiten beherbergte, während ethnische Kroaten nur etwas mehr als die Hälfte der Bevölkerung ausmachten. Die bosnischen Muslime wurden – in der Tradition der kroatischen Nationalbewegung – von der Ustaša als ›reine‹ Kroaten betrachtet; im Zentrum Zagrebs ließen sie sogar eine große Moschee errichten. Für den größten Teil der serbischen Bevölkerung sahen sie jedoch Vertreibung oder Ermordung vor; der Rest sollte zwangskatholisiert werden. Die Mehrheit der rund 100 000 im Konzentrationslager Jasenovac getöteten Menschen waren Serben; darüber hinaus verübten lokale Ustaša-Milizen zahlreiche Morde und Massaker an Serben sowie anderen Minderheiten. Insgesamt kostete das Ustaša-Regime mehr als 600 000 Menschen auf dem Gebiet des NDH das Leben. Der umfängliche Terror der Ustaša, der sich auch gegen politische Gegner unter der kroatischen Bevölkerung richtete, provozierte allerdings schon bald massiven bewaffneten Widerstand, dem sich Angehörige aller Volksgruppen anschlossen.

Die Geschichte des bewaffneten Widerstandes sowohl in Griechenland als auch in Jugoslawien weist eine Reihe von Parallelen auf. In beiden besetzten Gebieten gab es unterschiedliche Widerstandsgruppen, mit zwei wesentlichen Lagern: kommunistisch geführte Partisanen einerseits, konservativ-nationale Gruppen andererseits. Verbanden Erstere das Ziel der Befreiung mit jenem der politischen

Revolution, wollten Letztere zu Vorkriegsverhältnissen zurück. Vor allem im jugoslawischen Widerstand schieden sich die Geister an nationalitätenpolitischen Vorstellungen: Die von Josip Broz, besser bekannt als Tito, angeführten kommunistischen Partisanen bekannten sich zur Gleichberechtigung aller Nationalitäten und strebten einen föderalen Staat an; die von dem ehemaligen Oberst der königlichen jugoslawischen Armee Draža Mihajlović angeführten serbischen Tschetniks standen in der Tradition des großserbischen Nationalismus. Ihre Gewalt richtete sich auch gegen nicht-serbische Bevölkerungsteile. In beiden besetzten Ländern erlebten die kommunistisch geführten Partisanen gerade aufgrund ihres politischen Programms, aber auch dank ihrer größeren militärischen Konsequenz den stärkeren Zulauf.

Bemerkenswert ist, dass die unterschiedlichen Widerstandsgruppen auch gegeneinander kämpften, insbesondere ab 1943. Mit der Kapitulation Italiens und der sich abzeichnenden deutschen Niederlage wurde die Frage der politischen Ordnung nach der Befreiung immer akuter. In Griechenland prallten die kommunistisch dominierte Nationale Befreiungsfront (EAM) und ihr militärischer Arm Griechische Volksbefreiungsarmee (ELAS) sowie die antikommunistische Nationale Republikanische Griechische Liga (EDES) und die kleinere Nationale und Soziale Befreiung (EKKA) aufeinander, sodass noch während des Zweiten Weltkriegs der griechische Bürgerkrieg begann. Im besetzten Jugoslawien kämpften Titos Volksbefreiungsarmee und die Tschetniks nicht nur gegen deutsche und italienische Besatzungsgruppen sowie die Ustaša, sondern auch gegeneinander. Vor allem die antikommunistischen Gruppierungen arrangierten sich teilweise mit den Besatzern und den Kollaborationsregimen; beide sahen einander zeitweise als Partner im Kampf gegen die potenteren kommunistisch geführten Partisanen. Die Grenzen zwischen Widerstand und Kollaboration waren daher oft fließend. Viele lokale Gruppen agierten ohnehin auf eigene Faust, gefangen in Gewaltdynamiken von Rache und Vergeltung. Insbesondere in Kroatien und Bosnien waren die Fronten und Machtbereiche extrem flüchtig; ganze Landstriche wurden durch aufeinanderfolgende Massaker und Vertreibungen entvölkert.

Befreiung und Kriegsende

Sowohl in Jugoslawien als auch in Griechenland setzten sich die kommunistisch geführten Partisanen durch. Insbesondere nach der Kapitulation Italiens gelang es ihnen, immer größere Landesteile unter ihre Kontrolle zu bringen. Die jugoslawische Volksbefreiungsarmee soll Ende 1943 rund 300 000 Männer und Frauen gezählt haben, denen 250 000 deutsche Soldaten gegenüberstanden. Für Tito und seine Partisanen wurde der Kampf gegen die Wehrmacht, in dem sie mehrfach am Rande der Auslöschung standen, zum Mythos, auf den das kommunistische Jugoslawien aufbauen konnte und der in aufwendigen Kinoproduktionen – teils mit internationaler Starbesetzung – ausgemalt werden sollte. Von größter Bedeutung für die Nachkriegsentwicklung Jugoslawiens war die Tatsache, dass die Volksbefreiungsarmee noch während des Krieges in den von ihr kontrollierten Gebieten die Grundlagen der neuen Ordnung schuf. Die zweite Sitzung des Antifaschistischen Rates der Volksbefreiung Jugoslawiens (AVNOJ), die im November 1943 in der bosnischen Stadt Jajce stattfand, gilt als Geburtsstunde des neuen, ›zweiten‹ Jugoslawien: Die Delegierten beschlossen, die jugoslawische Exilregierung in London nicht anzuerkennen, dem geflüchteten König Petar II. die Rückkehr zu verweigern sowie Jugoslawien als Bundesstaat gleichberechtigter Völker und Republiken wiederaufzubauen.

Die jugoslawischen Kommunisten vermochten sogar die rudimentäre kommunistische Partei Albaniens zu einer schlagkräftigen Partisanenarmee namens Nationale Befreiungsbewegung (LNC) auszubauen, die nach jugoslawischem Vorbild im Mai 1944 den Antifaschistischen Rat der Nationalen Befreiung mit Enver Hoxha an der Spitze konstituierte. Dank der jugoslawischen Unterstützung sowie ihrer eigenen Rekrutierungserfolge konnte sich die LNC gegen die konservative, antikommunistische Widerstandsgruppe Balli Kombëtar durchsetzen, die wiederum fallweise mit der von den Deutschen im September 1943 eingesetzten Kollaborationsregierung des nun nominell wieder unabhängigen Albanien gemeinsame Sache machte. Als die Deutschen ihre Truppen im November 1944 aus Albanien abzogen, konnte die LNC die Kontrolle über das Land übernehmen. Die Situation in Griechenland war ähnlich: Als die Deutschen im Oktober 1944 abzogen, unterstand ein großer Teil des Landes der kommunistisch geführten Nationalen Befreiungsfront (EAM), die bereits an einer neuen Ordnung arbeitete – nicht von den Kommunisten kontrolliert wurde allerdings Athen, wo die mittlerweile zurückgekehrte griechische Exilregierung dank britischer Unterstützung dominierte.

Für das weitere Schicksal der Verbündeten Hitlers war letztlich die Niederlage der Wehrmacht gegen die sowjetische Armee in Stalingrad im Winter 1942/1943 ausschlaggebend. Sowohl in Rumänien als auch Bulgarien blieben späte Versuche der Regierungen, sich mit den westlichen Alliierten auf einen Waffenstillstand zu einigen, erfolglos, zumal sie nicht auf die territorialen Zugewinne von 1941 verzichten wollten. In Rumänien regte sich auch kaum Widerstand gegen die Antonescu-Diktatur. So genoss die Beteiligung am Angriffskrieg gegen die Sowjetunion weitgehende Zustimmung in der Bevölkerung, zumindest, solange ein Sieg in Aussicht stand; ansonsten sorgten der Repressionsapparat sowie ein gewisser Freiraum für die Protagonisten der alteingesessenen Parteien für weitgehende Ruhe. Erst als der Einmarsch sowjetischer Truppen unmittelbar bevorstand, setzte König Michael am 23. August 1944 die Regierung Antonescu ab und erklärte sich bereit, die alliierten Waffenstillstandsbedingungen zu akzeptieren. Die neue Regierung inkludierte nicht nur Vertreter der traditionellen Regierungsparteien, sondern auch einen der wenigen im Land verbliebenen Kommunisten (Lucrețiu Pătrășcanu), der das einflussreiche Justizministerium übernahm. Parallel dazu besetzte die sowjetische Armee das Land. Das Ende des Krieges war für Rumänien damit noch nicht gekommen; vielmehr fielen weitere rund 170 000 rumänische Soldaten, nun im Kampf gegen Deutschland.

In Bulgarien sorgte die Besetzung Makedoniens zunächst für einen Popularitätsschub der Regierung von Zar Boris III., zumal das Land lange Zeit von direkten Kampfhandlungen verschont blieb. Ab Dezember 1943 begannen die Alliierten jedoch vor allem Sofia zu bombardieren. Die von der bulgarischen Armee im besetzten Makedonien und Thrakien begangenen Kriegsverbrechen waren der Bevölkerung des Landes wohl kaum bekannt. Die bulgarische Landwirtschaft und auch die Industrie profitierten von der starken Nachfrage aus Deutschland; zudem gab es eine legale Opposition, die gesellschaftliche Unzufriedenheit artikulieren konnte. Die bulgarischen Kommunisten waren seit den im Untergrund verbrachten 1920er und 1930er Jahren arg dezimiert, weshalb der von ihnen organisierte bewaffnete Widerstand gegen das ›faschistische‹ Regime von Zar Boris lange Zeit wenig Resonanz erzielte. Im Sommer 1944 umfassten die bulgarischen Partisanen zwar rund 10 000 Kämpfer, stellten aber nicht jene breite Bewegung dar, von der die spätere kommunistische Geschichtsschreibung fabulierte. Die aus diversen Oppositionsgruppen im Juni 1942 formierte Vaterländische Front trat erst richtig in Erscheinung, nachdem am 8. September 1944 die sowjetische Armee die Grenze nach Bulgarien überschritten hatte. Nun besetzte sie zentrale Institutionen in Sofia, übernahm lokale Verwaltungsorgane und konnte so am 9. September die Regierungsgewalt erringen. Dank der Unterstützung durch die sowjetische Armee gelang es ihr rasch, ihre Position im Land zu etablieren. Zu den ersten Amtshandlungen der neuen Regierung von Ministerpräsident Kimon Georgiev gehörte noch am Tag der Machtübernahme die Kriegserklärung gegen Deutschland. Im Kampf für die Befreiung vom Nationalsozialismus fielen an der Seite der sowjetischen Armee mehr bulgarische Soldaten als zuvor an der Seite Deutschlands.

Am Ende des Krieges zog auch Südosteuropa eine schreckliche Bilanz: Mehr als zwei Millionen Menschen hatten ihr Leben verloren, rund die Hälfte davon in Jugoslawien. Hunderttausende waren versehrt oder zu Witwen und Witwern bzw. Waisen geworden. Im besetzten Jugoslawien – neben Polen und der Sowjetunion das am stärksten durch den Krieg verwüstete Land – wie auch in Griechenland war ein großer Teil der Infrastruktur zerstört oder beschädigt; die Landwirtschaft als wichtigster Wirtschaftszweig war ebenfalls schwer in Mitleidenschaft gezogen worden. In Bulgarien hatte die Hauptstadt Sofia erhebliche Bombenschäden erlitten, in Rumänien die Ölfelder von Ploieşti und andere wichtige Industriegebiete. Hunderttausende Menschen waren bei Kriegsende fern ihrer Heimat gestrandet – als überlebende KZ-Häftlinge, Zwangsarbeiter, Kriegsgefangene, Vertriebene oder Flüchtlinge, die nun repatriiert werden sollten.

Der Krieg hinterließ nicht nur ein bitteres materielles, sondern auch mentales Erbe: Wie sollte angesichts der Erfahrung unermesslicher Gewalt wieder Frieden geschaffen werden? Wie sollten Familien und Gemeinschaften in Jugoslawien, Albanien und Griechenland vergessen, dass die Kriegszeit nicht nur heroischen Widerstand, sondern auch einen grausamen Bürgerkrieg zwischen unterschiedlichen Volksgruppen und politischen Parteien gesehen hatte? Welche Verdrängungsanstrengung musste die rumänische Gesellschaft aufbringen, um ihre Verstrickung in den Holocaust vergessen zu machen? Der Weltkrieg schrieb nicht nur – in der offiziellen Geschichtspolitik oftmals holzschnittartig und mitunter stark verzerrt präsentierte – Geschichten von Helden, Opfern und Tätern, sondern sorgte für nachhaltige gesellschaftliche Verunsicherung und Spaltung. Für die Aufarbeitung dieser Traumata sowie die Aussöhnung einst verfeindeter Lager bot der Kalte Krieg mit seiner enormen politischen Polarisierung keinen Raum.

Diese Hypotheken wirken bis in die Gegenwart: In Kroatien etwa bilden die jeweils unterschiedlichen Erinnerungen an Partisanen und Ustaša sowie deren politische Indienstnahme heute noch eine wesentliche gesellschaftliche Kluft, die etwa in Wahlkämpfen hochkommt. Auch diese schwierigen kulturellen Hinterlassenschaften des Weltkriegs sind zu bedenken, wenn die Herausforderungen bemessen werden sollen, vor denen die Gesellschaften der Region 1945 standen.

Südosteuropa und der Zweite Weltkrieg

1939, April	Besetzung und später Annexion Albaniens durch Italien
1940, August	Zweiter Wiener Schiedsspruch zwingt Rumänien zu Gebietsabtretungen an Ungarn
1940, Oktober	Angriff Italiens auf Griechenland
1941, März	Beitritt Bulgariens und Jugoslawiens zum Dreimächtepakt; 27.3.: Sturz der jugoslawischen Regierung
1941, April	Angriff Deutschlands auf Jugoslawien und Griechenland, Besetzung der beiden Länder durch Deutschland, Italien und Bulgarien (in Jugoslawien auch Ungarn); Gründung des Unabhängigen Staates Kroatien (NDH)
1941, Mai	Luftlandeschlacht um Kreta, deutsche Besetzung der Insel
1941, Juni	Deutscher Angriff auf die Sowjetunion (mit Beteiligung Rumäniens)
1941, Juli	Beginn des bewaffneten Widerstandes im besetzten Jugoslawien
1941, September	Gründung der Nationalen Befreiungsfront EAM in Griechenland; ab Dezember 1941 bewaffneter Arm ELAS; parallel Gründung

	der anti-kommunistischen Widerstandsbewegung Nationale Republikanische Griechische Liga (EDES)
1941, Oktober	Massenmord an den Juden Odessas durch rumänische Truppen
1941, November	Gründung der Kommunistischen Partei Albaniens; bewaffneter Widerstand gegen die italienischen, ab 1943 deutschen Besatzer
1941/42, Winter	Hungersnot in Griechenland, vor allem in Athen, unter deutscher Besatzung
1942, November	Gründung des Antifaschistischen Rates der Nationalen Befreiung Jugoslawiens (AVNOJ)
1943, März–August	Deportation der Juden Salonikis sowie Makedoniens in deutsche Vernichtungslager
1943, Mai	deutsche Großoffensive gegen jugoslawische Partisanen (›Operation Schwarz‹)
1943, Juni	Partisanenbewegung in Griechenland gewinnt an Raum
1943, August	Tod des bulgarischen Zaren Boris III.
1943, August	Alliierte Bombardements der rumänischen Ölfelder
1943, September	Kapitulation Italiens; Deutschland übernimmt italienische Besatzungsgebiete in Jugoslawien, Griechenland und Albanien
1943, Oktober	Kämpfe zwischen EDES und ELAS (›erste‹ Runde des griechischen Bürgerkriegs, bis März 1944)
1943, November	2. AVNOJ-Konferenz in Jajce (Bosnien) beschließt föderale Struktur des zukünftigen Jugoslawien; Entzug der Anerkennung der jugoslawischen Exilregierung in London
1943, November	Beginn alliierter Bombardements Sofias (bis April 1944)
1944, August	Sowjetische Truppen marschieren in Rumänien ein; König Mihai entlässt Ministerpräsident General Antonescu (23.8.); neue Regierung Rădescu erklärt Deutschland den Krieg

1944, September	Sowjetische Truppen marschieren in Bulgarien ein; Machtübernahme der Vaterländischen Front in Bulgarien (9.9.); Kriegserklärung an Deutschland
1944, September	Abzug der Wehrmacht aus Griechenland
1944, Oktober	Befreiung Belgrads (endgültige Befreiung Jugoslawiens am 8.5.1945)
1944, November	Abzug der Wehrmacht aus Albanien
1944, Dezember	Landung britischer Truppen in Griechenland
1945, Februar	Kriegserklärung der Türkei an Deutschland
1945, 8. Mai	Bedingungslose Kapitulation der Wehrmacht

Die Epoche des Kalten Krieges

Das 1963 eröffnete Stahlwerk in Kremikovci, einem Vorort von Sofia, war mit Tausenden von Arbeitern eine der größten Fabriken in Südosteuropa. Doch sosehr die Kommunisten in Bulgarien und anderswo ihren unerschütterlichen Glauben an die Arbeiterklasse betonten, war ihnen jede größere Menschenansammlung unheimlich. Sie folgten dem Lenin'schen Diktum »Vertrauen ist gut, Kontrolle ist besser«. So existierte auch in einem Vorzeigeunternehmen wie dem Stahlwerk Kremikovci ein dichtes Netz von Agenten und Informanten der Staatssicherheit. Im April 1966 verfasste einer dieser Zuträger einen Bericht über seine jüngsten Beobachtungen unter türkischen Arbeitern der Fabrik:

> Im März nahmen wir den Bus zurück in unser Heimatdorf. Im Bus holte Sch. M. aus der Stadt Isperih im Bezirk Razgrad eine Zeitung hervor und gab sie den anderen Türken. Die Zeitung war auf Türkisch, aber ich habe den

> Namen der Zeitung nicht lesen können. Während der Busfahrt haben die folgenden Personen die Zeitung gelesen [es folgt eine Aufzählung von Namen]. Niemand sagte etwas über das in der Zeitung Geschriebene. Es gab viele Bilder, eines davon von einer nackten Frau, das haben sie sich vor allem angesehen. Sch. M. hatte die Zeitung von Staatsbürgern der Türkei erhalten, die das Land auf dem Weg nach Westdeutschland passierten. Sch. M. hält sich oft auf dem Bahnhof auf und trifft sich mit ihnen.[20]

Diese Episode ist für sich genommen wenig spektakulär, aber sie illustriert einige Besonderheiten des Staatssozialismus. Da ist einmal ein ›tiefer‹ Staat, der weit in die Gesellschaft hineinreicht und von der Idee besessen ist, die Staatsbürger zu kontrollieren, weshalb er die banalsten Übertretungen seiner Verhaltensvorschriften sorgsam notiert; schließlich spiegelt sich in der Geschichte die besondere Sorge des Staates bezüglich der Loyalität von ethnischen Minderheiten wider. Dass die Abbildung einer nackten Frau als erwähnenswert erscheint, illustriert die nicht nur in Bulgarien vorherrschende prüde Sexualmoral jener Zeit. Gleichzeitig zeigt diese Anekdote, dass der Staat nicht alles unter Kontrolle haben konnte, zumal selbst im Sozialismus die Grenzen nicht völlig dicht waren.

Diese Beobachtung eines Geheimpolizeiinformanten ist typisch für die Nachkriegsgeschichte der Region. Die Zeit nach 1945 war von großer Komplexität und Widersprüchlichkeit geprägt, die durch die ambivalenten Folgen des Zu-

20 Archiv der Staatssicherheit Sofia, Signatur I-L-342, Teil 3.

sammentreffens von internationalen Trends mit spezifischen regionalen Gegebenheiten erzeugt wurden. Die massive politisch motivierte Transformation der Gesellschaft hatte vielfach ungewollte und auch überraschende Folgen. Wie ein roter Faden zieht sich aber die große Bedeutung des Staates durch die Nachkriegsgeschichte. So ließen sich die Kriegsschäden nicht ohne weitreichende staatliche Interventionen in die Wirtschaft beseitigen. Jenseits dieser materiellen Zwänge erwuchsen aus der Aufgabe, den gesellschaftlichen Frieden nach den Verwerfungen des Krieges (und Bürgerkrieges) wiederherzustellen, weitreichende Steuerungsfunktionen der Politik. In den besonders vom Krieg gezeichneten Ländern Jugoslawien und Griechenland standen die Regierungen auch vor der Herausforderung, eine große Zahl von Waisen, Witwen und Invaliden zu versorgen.

Die wichtige Rolle des Staates erschöpfte sich aber nicht, als die unmittelbaren Kriegsfolgen überwunden waren; vielmehr waren sich die neuen politischen Eliten einig, dass die Ökonomien ihrer Länder einer grundlegenden Optimierung bedurften, nicht zuletzt, um im Rahmen des Kalten Krieges die Verteidigungskapazitäten auf eine solide Basis zu stellen. Die Gesellschaften Südosteuropas waren (wie andere in Europa) nach den Enttäuschungen der Zwischenkriegszeit weitgehend bereit für einen Neuanfang. Für die regierenden Kommunisten war die Überwindung der Rückständigkeit regelrechte Staatsräson, und auch die antikommunistischen Regime in Griechenland und der Türkei verschrieben sich der wirtschaftlichen Modernisierung. Zwar geschah das unter kapitalistischen Vorzeichen, aber die Politik sollte auch dort angesichts der privaten Kapitalarmut den Modernisierungsmotor spielen. Die in Südosteuropa ohnehin traditionell staatsnahen Eliten erhofften sich also vom Staat eine ökonomische Umgestaltung sowie die Kontrolle der Begleiterscheinungen des Wandels. Die beschleunigte, nachholende Entwicklung begünstigte zudem autokratische Regierungsformen, die gesellschaftliche Widerstände zerschlagen konnten. Gleichzeitig forderten aber neue gesellschaftliche Kräfte und Bewegungen die staatliche Steuerung heraus. Ein gutes Beispiel ist der Bildungsboom, infolgedessen eine junge, deutlich selbstbewusstere Generation heranwuchs, die mehr über die Welt wusste, als den Regierungen lieb war. Sie orientierte sich eher an den *Beatles* als an der nationalen Tradition oder dem Kommunistischen Manifest.

Auch nach 1945 prägte somit das Verhältnis zwischen Staat und Gesellschaft die spannungsreiche Entwicklung Südosteuropas: Inwieweit sollte es gesellschaftlichen Gruppen gelingen, sich von staatlicher Gängelei zu emanzipieren? Diese Frage war eng verbunden mit jener nach der politischen Partizipation: Konnten die Bürger tatsächlich ihre Regierung bestimmen und gegebenenfalls abwählen, oder sahen sie sich mit diktatorischen bzw. autoritären Machtstrukturen konfrontiert? Erst 1974 wurde Griechenland als erstes südosteuropäisches Land dauerhaft zur Demokratie; in der Türkei verhinderte lange Zeit das Militär durch wiederholte Putsche (1960, 1971, 1980) eine umfassende Demokratisierung. In den kommunistisch regierten Ländern ließ die politische Pluralisierung bis 1989/90 auf sich warten, zumal sie in einigen Ländern danach äußerst holprig verlief. Insofern ist ein großer Teil der Nachkriegsgeschichte Südosteuropas durch autoritäre Herrschaft geprägt – eine

Erfahrung, die sie mit der iberischen Halbinsel vergleichbar macht. Dafür war der Kontext des Kalten Krieges von größter Bedeutung, der daher zuerst geschildert werden soll. Es war auch wesentlich der Ost-West-Konflikt, der Südosteuropa mit anderen Regionen der Welt in enge Verbindung brachte.

Der Kalte Krieg

Der Kalte Krieg ist einer der Hauptgründe, warum sich in Südosteuropa erst Jahrzehnte nach 1945 demokratische, pluralistische Ordnungen etablieren konnten. In dieser spezifischen weltpolitischen Ordnung waren Außen- und Innenpolitik verbunden wie niemals zuvor. Aus der Zugehörigkeit – die selten selbst gewählt war – zu einem der beiden Weltblöcke erwuchsen spezifische Anforderungen an die inneren Verhältnisse eines Landes; die beiden Supermächte nahmen sich das Recht heraus, sich in die inneren Angelegenheiten ihrer Verbündeten schamlos einzumischen, um ihnen genehme Herrschaftsordnungen zu schaffen und zu erhalten. So sah die Sowjetunion ihre Sicherheitsinteressen am besten durch ein Machtmonopol der jeweils regierenden Kommunisten gewährleistet – die Beispiele Jugoslawien, Albanien und Rumänien sollten aber in den nächsten Jahrzehnten zeigen, dass Kommunisten an der Macht nicht notwendigerweise immer der Sowjetunion folgten. Die USA wiederum waren in strategisch sensiblen Gebieten des nordatlantischen Bündnisses – und Südosteuropa war angesichts seiner Grenzlage zum Warschauer Pakt ein solches – bereit, undemokratische Regime zu tolerieren, solange das Land in der NATO blieb. 1980 betonte die US-amerikanische Administration unter Präsident Carter in ihrer ersten Stellungnahme zum Putsch des türkischen Militärs die Notwendigkeit von Stabilität und nicht etwa von Demokratie. Die enorme Bedeutung, die während des Kalten Krieges sicherheitspolitischen Fragen zukam, stärkte zudem den Einfluss von Sicherheitsstrukturen wie dem Militär und den Geheimdiensten – Institutionen, die selten zu den Proponenten einer demokratischen Ordnung gehören. Wieder einmal gaben die Regierungen der Region für ihr Militär mehr Geld aus als etwa für Bildung.

Ein weiteres Merkmal des Kalten Krieges war die extreme ideologische Aufladung der Konfrontation zwischen beiden Blöcken, die jeweils behaupteten, eine überlegene Gesellschaftsordnung und die Zukunft der Menschheit zu repräsentieren. Dieser Anspruch bedurfte einer gewissen Unterfütterung in der Realität: Indikatoren des Lebensstandards wurden von den Regierungen eines Landes sehr ernst genommen und wenn nötig frisiert, um den Erfolg des eigenen Systems zu belegen. Die Blockkonfrontation erzeugte einen großen Konkurrenz- und Innovationsdruck, an dem der Staatssozialismus letztlich scheiterte. Ein Ausdruck der Systemkonkurrenz war etwa der Auf- und Ausbau der Wohlfahrtsstaaten sowie die staatliche Unterstützung des privaten Konsums in West und Ost, um der Bevölkerung des jeweils anderen Blockes das Bild eines überlegenen Lebensstandards vermitteln zu können. In Westeuropa galt ein generöser Sozialstaat zudem als Schutz gegen das Aufkommen der Kommunisten. In den sozialistischen Ökonomien zeigte sich aber spätestens in den 1980er Jahren, dass das Niveau der sozialen Leistungen deutlich über die Produktivität der Wirtschaft hinausging und daher nicht tragfähig war.

Die Bedingungen des Kalten Krieges wirkten sich wesentlich auf das Geschehen in Südosteuropa aus – aber Ereignisse in Südosteuropa beeinflussten auch die politischen Handlungen der Supermächte. Ja, die Genese der Blockkonfrontation selbst war eng mit südosteuropäischen Entwicklungen verbunden. So reagierten die USA im März 1947 auf den griechischen Bürgerkrieg sowie den sowjetischen Druck gegenüber der Türkei mit der sogenannten Truman-Doktrin, die den »freien Völkern« den Beistand der USA zum Schutz vor »Unterwerfung durch bewaffnete Minderheiten oder durch äußeren Druck« versprach. Um die Ausdehnung des sowjetischen Einflussgebietes zu stoppen, leisteten die USA massive Finanzhilfe an Griechenland und die Türkei, in Abkehr von ihrer bisherigen Politik, sich möglichst nicht in Konflikte in Europa hineinziehen zu lassen. Ideologisch basierte diese Strategie auf der Vorstellung einer Kluft zwischen dem Zivilisationsmodell der Freiheit, das die USA für sich in Anspruch nahmen, und dem vermeintlich totalitären sowjetischen Modell. Die Sowjetunion untermauerte ihre Politik mit einer ähnlich dichotomischen Aufteilung der Welt in Gut und Böse.

Die Bedeutung des Kalten Krieges für die Geschicke der Länder Südosteuropas sowie deren internationale Beziehungen manifestierte sich konkret in den Organisationen, welche die beiden Blöcke politisch und ökonomisch, aber auch kulturell vereinen sollten. Von besonderer Bedeutung war das Militär, denn mit ihm verbanden sich übergreifende Kommandostrukturen sowie die enge Kooperation von Armeen und Geheimdiensten. Der Westen schloss im April

1949 den Nordatlantikvertrag ab, kurz NATO, der eine dauerhafte Sicherheitsgarantie der USA für ihre europäischen Verbündeten darstellte. Neben der kollektiven Selbstverteidigung bestimmte der NATO-Vertrag die Wahrung der westlich-liberalen Gesellschaftsordnung als Ziel. Im Februar 1952 nahm die NATO Griechenland und die Türkei auf, ein Jahr später unterzeichneten die USA ein Militärabkommen mit den beiden Ländern. Infolgedessen wurde insbesondere Griechenland bis in die 1970er Jahre hochgradig abhängig von den USA.

Als östliches Pendant zur NATO entstand im Mai 1955 der Warschauer Pakt, der auf dem zwischen Albanien, Bulgarien, der DDR, Polen, Rumänien, der Sowjetunion, der Tschechoslowakei und Ungarn abgeschlossenen ›Vertrag über Freundschaft, Zusammenarbeit und gegenseitigen Beistand‹ beruhte. Zudem reagierte er unmittelbar auf die Remilitarisierung der Bundesrepublik und deren Aufnahme in die NATO (1955). Die Mitglieder des Warschauer Pakts verpflichteten einander zum gegenseitigen Beistand im Falle eines Angriffs einer dritten Macht sowie zur Nichtintervention in die jeweiligen inneren Angelegenheiten. Wie bereits 1956 und dann wieder 1968 deutlich wurde, konnte diese Bestimmung weder die sowjetische Niederschlagung der Revolution in Ungarn noch den Einmarsch der Warschauer Pakttruppen in die ČSSR verhindern. War (und ist) der Oberkommandierende der NATO-Truppen immer ein US-General, so stellte die Sowjetunion stets den Oberkommandierenden der Vereinigten Streitkräfte des 1991 aufgelösten Warschauer Paktes.

Die Blockkonfrontation zwang somit einerseits einzelne Länder zur Parteinahme, andererseits schuf sie auch Sicherheit, die gewisse außenpolitische Spielräume eröffnete. Jugoslawien ging diesbezüglich besonders weit, nachdem es Ende der 1940er Jahre mit der Sowjetunion gebrochen hatte: Mitte der 1950er Jahre war es an der Gründung der Bewegung der Blockfreien maßgeblich beteiligt, in der sich jene Länder weltweit zu organisieren versuchten, die sich weder dem ›Westen‹ noch dem ›Osten‹ anschließen wollten (siehe unten).

Parallel zur militärischen Konsolidierung der beiden Blöcke bemühte man sich um koordinierte wirtschaftliche Kooperation, die auch die Staaten Südosteuropas integrierte. Auf westlicher Seite erwuchs aus dem im April 1948 vom US-Kongress verabschiedeten Marshall-Plan (offiziell *European Recovery Program*, ERP) die Organisation für wirtschaftliche Zusammenarbeit und Entwicklung (OEEC) mit Sitz in Paris. Die OEEC sollte die Marshallplanhilfe koordinieren und die wirtschaftliche Integration (West-)Europas vorantreiben. 1961 ging aus ihr die Organisation für ökonomische Zusammenarbeit und Entwicklung (OECD) hervor, die heute noch existiert. Griechenland und die Türkei waren Gründungsmitglieder und erhielten von Anfang an Wirtschaftshilfen aus dem ERP. Nach seinem Bruch mit der Sowjetunion kam ab 1950 auch Jugoslawien in den Genuss der ERP-Hilfe. Die 1957 gegründete Europäische Wirtschaftsgemeinschaft (EWG) bildete den Rahmen für eine noch stärkere ökonomische Integration der beiden NATO-Mitglieder in Südosteuropa: 1961 schloss die EWG ein Assoziierungsabkommen mit Griechenland, zwei Jahre später eines mit der Türkei ab. Griechenland wurde schließlich zum 1. Januar 1981 Vollmitglied der Europäischen Gemeinschaft (EG). Die Türkei stellte 1987 einen Antrag auf EG-Mitgliedschaft, die Verhandlungen darüber wurden allerdings erst 2005 aufgenommen und bislang nicht abgeschlossen. Für die Konsolidierung der demokratischen Strukturen sowie die wirtschaftliche Entwicklung Griechenlands erwies sich die Mitgliedschaft in der EG jedenfalls als sehr hilfreich.

Setzten die Vorreiter der übernationalen wirtschaftlichen Integration in Westeuropa auf den Markt, so ging der Ostblock den gegenteiligen Weg, was von Anfang an eine vertiefte ökonomische Integration erschwerte. Die sozialistischen Ökonomien funktionierten als nationale Planwirtschaften mit ausgesprochener Tendenz zur Selbstversorgung; Außenhandel war für sie mehr notwendige Ausnahme denn anzustrebende Grundorientierung. Zudem basierte er nicht auf dem freien Austausch von Gütern, sondern ebenfalls auf staatlicher Planung. Zur besseren Zusammenarbeit und als Antwort auf den Marshall-Plan schufen die sozialistischen Länder im Januar 1949 den Rat für gegenseitige Wirtschaftshilfe (RGW). Bulgarien und Rumänien gehörten zu seinen Gründungsmitgliedern. Albanien trat 1949 bei, zog sich aber 1961 wieder zurück. Jugoslawien erhielt 1964 den Status eines assoziierten Landes. Der RGW strebte eine ›integrierte sozialistische Weltwirtschaft‹ an, in der sich die einzelnen Länder auf bestimmte Produkte konzentrieren sollten, um den gemeinsamen Markt damit zu versorgen. Doch schon in den 1950er Jahren weigerten sich die Führungen Bulgariens und Rumäniens, den vom RGW für sie vorgesehenen Plan umzusetzen, vor allem Lebensmittel und Rohstoffe für den gemeinsamen Markt zu produzieren. Beide Regierungen sahen ihre Länder nicht als bloße Produzenten von Sonnenblumenöl und Tomatenkonserven, sondern wollten Stahl und Maschinen herstellen, was ihnen durch eine ehrgeizige Industrialisierungspolitik schließlich gelang.

Sowjetische Vorschläge zu einer übergreifenden internationalen Planung scheiterten ebenfalls sowohl am Widerstand der Partnerländer, die auf ihre Planungsautonomie nicht verzichten wollten, als auch an der Komplexität des Unterfangens. Immerhin schrieben die Wirtschaftspläne sogar Produktionsziffern für einzelne Betriebe vor, was schon innerhalb der einzelnen Staaten in einem unübersichtlichen Zahlenwirrwarr resultierte. Jedenfalls kommt die neuere Forschung zum Ergebnis, dass die Sowjetunion von den Wirtschaftsbeziehungen im Rahmen des RGW weniger profitierte als die kleineren Länder: Die Aufrechterhaltung eines Imperiums hatte seinen Preis, etwa in Form der Lieferung von Erdöl und anderer notwendiger Rohstoffe an die verbündeten Länder deutlich unter dem Weltmarktpreis, während der sowjetische Markt ein dankbarer Abnehmer für am Weltmarkt nicht konkurrenzfähige Industrieprodukte aus den sozialistischen Ländern war.

So bedeutsam sie waren, die Institutionen des Kalten Krieges bildeten nicht den einzigen relevanten internationalen Rahmen für die Länder Südosteuropas. Wichtig waren auch die Vereinten Nationen, denen alle Länder der Region beitraten (Griechenland, Jugoslawien und die Türkei waren Gründungsmitglieder; Albanien, Bulgarien und Rumänien wurden im Dezember 1955 in die UNO aufgenommen). Dank der UNO konnten Diplomaten auch der südosteuropäischen Länder auf der Weltbühne die Interessen ihres Landes artikulieren und Verbündete gewinnen. Insbesondere Jugoslawien, das nach dem Bruch mit der Sowjetunion 1948 (siehe unten) um internationale Unterstützung warb, war dabei sehr erfolgreich. Jugoslawische Diplomaten setzten sich innerhalb der UNO auch maßgeblich für die Schaffung eines internationalen Schutzmechanismus für nationale Minderheiten ein. Die bulgarische Außenpolitik wiederum engagierte sich innerhalb der UNO stark für die Länder der Dritten Welt, etwa im Rahmen der UN-Dekade für Frauen (1975–1985), und Rumänien war bei historischen Aktivitäten in der UNESCO (United Nations Educational, Scientific and Cultural Organization) sehr aktiv. Die UNO und ihre Unterorganisationen ermöglichten mithin Kontakte und Kooperationen über die Blockgrenzen hinweg.

Zum Kalten Krieg gehörten auch die Entspannungsbemühungen, denn die meisten Regierungen in West- und Osteuropa hatten ein genuines Interesse an der Aufrechterhaltung des Friedens – angesichts der möglichen atomaren Auslöschung und der wachen Erinnerung an die Schrecken des Weltkriegs. Einen weitreichenden Schritt zur Kooperation in ganz Europa tat man auf der Konferenz für Sicherheit und Zusammenarbeit (KSZE), die 1972 erstmals stattfand und an der alle Länder Südosteuropas mit Ausnahme Albaniens teilnahmen. Die in Helsinki am 1. August 1975 unterzeichnete Schlussakte der KSZE stellt einen Wendepunkt in den Beziehungen zwischen Ost und West dar, dessen Tragweite erst 1989 deutlich wurde. Zum einen stärkte sie wesentlich das Sicherheitsgefühl der Sowjetunion, da sie die Unverletzlichkeit der bestehenden Grenze sowie die territoriale Integrität der Signatarstaaten als grundlegende Prinzipien festschrieb. Zum anderen wurde betont, dass jeder Teilnehmerstaat das Recht habe, sein »politisches, soziales, wirtschaftliches und kulturelles System frei zu wählen«. Somit wurde aus der Perspektive der kommunistischen Regierungen die nach 1945 entstandene politisch-territoriale Ordnung in Europa völkerrechtlich ratifiziert.

Gleichzeitig schrieb die Schlussakte die Achtung der »Menschenrechte und Grundfreiheiten, einschließlich der Gedanken-, Gewissens-, Religions- oder Überzeugungsfreiheit« vor. Die Unterzeichner verpflichteten sich zudem zur Intensivierung der Zusammenarbeit in Wirtschaft, Wissenschaft, Kultur und Bildung sowie zum Abbau von Hindernissen bei Auslandsreisen und beim Informationsaustausch. Diese Öffnung manifestierte sich etwa darin, dass staatssozialistische Länder den Empfang westlicher Radiosender nicht mehr durch Störsignale zu verhindern suchten. Gerade sie trug wesentlich zur Erosion der kommunistischen Herrschaft bei, auch wenn sich in den südosteuropäischen Ländern keine bekannten Menschen- und Bürgerrechtsbewegungen wie die Charta 77 in der Tschechoslowakei oder die Helsinki-Gruppen in der Sowjetunion bildeten. Die Selbstverpflichtung zur Wahrung bürgerlicher Freiheiten und zur Zusammenarbeit mit dem Westen, welche die kommunistischen Regierungen im Jahr 1975 eingingen, erhöhte die Widersprüche zwischen Ideologie und Realität in ihrem Herrschaftsbereich. Dissidenten konnten den Staat nun unter Rechtfertigungsdruck setzen, indem sie die Einhaltung dessen einforderten, was die Regierung unterzeichnet hatte. Bis zum Ende der kommunistischen Diktaturen war es aber noch immer ein weiter Weg – zuvor muss geklärt werden, warum Kommunisten in Südosteuropa überhaupt an die Macht kamen (oder eben nicht).

Die Etablierung der Nachkriegsordnung

Im Rahmen der zuvor geschilderten internationalen Entwicklungen suchten die historischen Akteure in Südosteuropa nach Wegen, um ihre Interessen und Ziele zu verfolgen. Welche Herrschaftssysteme resultierten nun aus den Folgen des Weltkriegs, den lokalen historischen Traditionen und konkreten Voraussetzungen in der Region? Letztlich war ausschlaggebend, wer in den einzelnen Ländern über die meisten Ressourcen zur gewaltsamen Durchsetzung seiner Ansprüche verfügte. In Rumänien und Bulgarien standen seit August bzw. September 1944 sowjetische Truppen, die die lokalen Kommunisten tatkräftig unterstützten. In Jugoslawien feierten die kommunistisch geführten Partisanen einen Triumph im ›Volksbefreiungskrieg‹, während der wichtige Beitrag sowjetischer, aber auch bulgarischer Truppen zur Befreiung dem offiziellen Vergessen anheimfiel. In Griechenland hingegen landeten im Herbst 1944 zahlreiche britische Soldaten, die eine Machtübernahme der Kommunisten, aber nicht den Ausbruch eines Bürgerkriegs verhindern konnten (der dann bis 1949 andauerte). In der Türkei standen zwar weder fremde Truppen, noch kam es zu einem abrupten Systemwechsel, allerdings zeichnete sich aufgrund der unannehmbaren sowjetischen Forderungen die Wendung hin zu den Westalliierten ab, was innenpolitische Folgen zeitigen sollte. Doch ganz so geradlinig, wie es im Rückblick erscheint, etablierte sich die Nachkriegsordnung nicht, denn einerseits befand sich die internationale Lage in den ersten Nachkriegsjahren bis zur Verfestigung der Blockkonfrontation noch im Fluss; andererseits hatten die lokalen Akteure, selbst wenn sie mit den Großmächten kooperierten, nicht immer dieselben Ziele wie diese und umgekehrt.

Jugoslawien und Albanien

Am wenigsten Zweifel über die neue Ordnung ließen die jugoslawischen und in ihrem Gefolge die albanischen Kommunisten aufkommen. Beide befanden sich in der komfortablen Situation, ihr Land weitgehend durch eigene Anstrengung befreit zu haben, außerdem hatten sie bereits während des Befreiungskampfes die Strukturen des neuen Staates vorbereitet sowie mögliche Oppositionelle ausgeschaltet. Die jugoslawischen Kommunisten verfügten zum Zeitpunkt der Befreiung über eine große Armee, über nationale sowie lokale Verwaltungsstrukturen und einen ausgebauten Geheimdienst, den sie sofort zur Liquidierung noch verbliebener Gegner einsetzten. In den ersten Wochen nach der Befreiung wurden rund 70 000 Menschen von Standgerichten in Jugoslawien hingerichtet. Nur in Griechenland trat die neue Ordnung ähnlich blutig in Kraft wie in Jugoslawien, wenn auch unter umgekehrten politischen Vorzeichen.

Die alliierten Vereinbarungen sahen eigentlich vor, dass nach der Befreiung Mehrparteienregierungen aller antifaschistischen Kräfte gebildet werden sollten. Die jugoslawischen Kommunisten kamen dem lediglich nominell und für kurze Zeit nach, um ihrer Regierung die Anerkennung aller alliierten Mächte zu sichern. Im März 1945 formierten sie eine Koalitionsregierung mit Tito als Ministerpräsidenten und dem ehemaligen Vorsitzenden der Exilregierung, Ivan Šubašić, als Außenminister. Elf der 21 Minister waren keine Kommunisten. Das Parlament – noch unter dem Namen

Antifaschistischer Rat der Volksbefreiung Jugoslawiens (AVNOJ) – wurde im August 1945 um 118 bürgerliche Abgeordnete aus dem Vorkriegsparlament erweitert. Den Verwaltungsapparat des Staates und die Sicherheitskräfte kontrollierten allerdings die Kommunisten. Im Vorfeld der für November 1945 angesetzten Parlamentswahlen erzeugten sie ein derartiges Klima der Einschüchterung, dass die bürgerlichen Minister aus der Regierung austraten. Die Wahl, die weder frei noch fair ablief, brachte einen klaren Sieg der kommunistisch dominierten Volksfront mit 90,48 Prozent der Stimmen. Am 29. November proklamierte die verfassunggebende Versammlung die Föderative Volksrepublik Jugoslawien und erklärte König Petar, der sich noch im Exil befand, für abgesetzt. Bereits im Januar 1946 verkündete das Parlament die neue Verfassung, die Jugoslawien als »Bundes-Volksstaat republikanischer Form, als eine Gemeinschaft gleichberechtigter Völker, welche auf Grund des Selbstbestimmungsrechtes, einschließlich des Rechtes auf Loslösung, ihrem Willen Ausdruck gegeben haben, in einem Föderativstaat gemeinsam zu leben«, bestimmte. Für eine organisierte Opposition war kein Platz mehr: Bis Ende 1947 wurden die noch existierenden alternativen Parteien zerschlagen.

Ganz ähnlich verlief die Konsolidierung der kommunistischen Macht in Albanien, das international als Anhängsel Jugoslawiens wahrgenommen wurde. Auch dort hielten sich die Kommunisten, angeführt von Enver Hoxha (1908–1985), wenig damit auf, eine Mehrparteiendemokratie vorzutäuschen, sondern schalteten gewaltsam jede Opposition aus. Bei unfreien Wahlen im Dezember 1945 gewann die kommunistisch geführte Demokratische Volksfront 93 Prozent der Stimmen. Das neugewählte Parlament rief die Republik aus und gab dem Land eine durch die jugoslawische inspirierte Verfassung.

Rumänien und Bulgarien

Aufgrund der anders gearteten Ausgangsbedingungen erfolgte die kommunistische Machtübernahme in Rumänien und Bulgarien erst allmählich. Erstens handelte es sich – trotz ihres Frontwechsels des Jahres 1944 – um Verliererstaaten, für die alliierte Kontrollkommissionen eingerichtet wurden, um den Handlungsspielraum der nationalen Regierungen zu begrenzen. In beiden Ländern hatten die Vertreter der westlichen Alliierten allerdings einen sehr schweren Stand: Ihre Bewegungsfreiheit wurde von den Sicherheitsorganen des Landes eingeschränkt, sie wurden ausspioniert und tätlich angegriffen, und oftmals ignorierten die sowjetischen Vertreter einfach die Einsprüche ihrer westlichen Kollegen (ähnlich wie es unter umgekehrten Vorzeichen in den alliierten Kommissionen für Italien und Japan der Fall war). Aber dennoch legte die Sowjetunion den Kommunisten beider Länder eine gewisse Zurückhaltung auf, solange keine abschließenden Friedensverträge unterzeichnet waren, denn dafür brauchte es auch die Zustimmung der Westalliierten.

Zweitens verfügten die kommunistischen Parteien in Rumänien und Bulgarien über deutlich weniger Rückhalt in der Bevölkerung als jene Jugoslawiens. Mangels deutscher Besatzungsherrschaft hatten sie keine Gelegenheit gehabt, eine nationale Widerstandsbewegung anzuführen und dadurch politischen Kredit zu erlangen. In einer besonders schwierigen Ausgangslage befand sich die Kommunistische Partei Rumäniens, die über keine nennenswerte Vorkriegstradition verfügte. Sie zählte im August 1944 nur 844 Mitglieder und war mit einer traditionell russland- bzw. sowjetunionfeindlichen Bevölkerung konfrontiert. Als die Sowjetunion die schon 1940 einmal besetzten, mehrheitlich rumänisch bewohnten Gebiete der Nordbukowina und Bessarabien wieder in Beschlag nahm, machte sie sich nicht gerade Freunde in Rumänien.

Sowohl in Rumänien als auch Bulgarien ergriffen die Kommunisten die Macht nach der sogenannten Salamitaktik, die auch in Ungarn – daher der Name – zur Anwendung kam. Anfänglich tolerierte man Mehrparteienkoalitionen unter Führung von nicht-kommunistischen Ministerpräsidenten, drängte aber die Opposition scheibchenweise zurück. In Bulgarien wurde Kimon Georgiev von der elitären *Zveno*-Partei Regierungschef, die vor dem Krieg faschistoide Ideen vertreten hatte; in Rumänien bekleidete Petru Groza von der Front der Pflüger bis 1952 dieses Amt. Kommunisten stellten aber die für Sicherheitsapparat und Justiz zuständigen Minister. Ohne die Aufnahme nichtkommunistischer Minister wurden die Regierungen durch die Westmächte nicht anerkannt. Niemand konnte aber daran zweifeln, dass die Kommunisten die dominanten Fraktionen innerhalb der jeweils regierenden Koalition darstellten und ihre Macht dazu nutzten, konservative Parteien gänzlich aufzulösen sowie ihre Koalitionspartner zur Fusion mit ihnen zu drängen.

Bei der Wahl der Mittel waren sie keineswegs zimperlich. So behinderten sie das Erscheinen von oppositionellen Presseorganen, schüchterten Oppositionspolitiker ein und manipulierten Wahlen. Trotzdem hatte die Opposition noch Zulauf, wie die Wahlergebnisse des Jahres 1946 zeigten. In Bulgarien konnte sie in keineswegs freien Wahlen 28 Prozent der Stimmen und 99 Mandate gewinnen (die kommunistisch geführte Vaterländische Front kam auf 366 Sitze in der Volksversammlung); in Rumänien erhielt der von den Kommunisten dominierte Block der Demokratischen Parteien wahrscheinlich nicht einmal die Hälfte der Stimmen. Laut dem verzögert bekanntgegebenen offiziellen und manipulierten Wahlergebnis hatte der Block die Wahlen mit einem Stimmenanteil von 70 Prozent und 347 von 417 Mandaten allerdings klar gewonnen. Die Volksabstimmung, in der Bulgarien im September 1946 die Monarchie abschaffte, genügte ebenfalls nicht demokratischen Maßstäben – eine faire Abstimmung wäre aber wohl zum selben Ergebnis gekommen.

Mit dem Abschluss von Friedensverträgen zwischen den alliierten Mächten und Bulgarien bzw. Rumänien im Februar 1947 legten die Kommunisten in beiden Ländern ihre letzte Zurückhaltung ab. Die verbliebene Opposition wurde unter massiven Druck gesetzt, ihre Anführer vom Staat verfolgt. Besonders bezeichnend (und tragisch) war das Schicksal der Bauernparteien, die sowohl in Bulgarien als auch Rumänien nicht nur über eine stolze Vorkriegstradition verfügten, sondern angesichts des nach wie vor agrarischen Charakters der Gesellschaft auch nach 1945 sehr beliebt waren. Ihre Anführer überlebten die kommunistische Repression nicht: Nikola Petkov, der Parteichef des bulgarischen Bauernvolksbundes, wurde im Juni 1947 am selben Tag, an dem der US-Senat den Friedensvertrag mit Bulgarien ratifizierte, im Parlament verhaftet und in einem Schauprozess auf Anordnung des Parteichefs der Kommunistischen Partei, Georgi Dimitrov, zum Tode verurteilt. Seine Hinrichtung im September erfolgte wenige Tage nach der Aufnahme diplomatischer Beziehungen zwischen Bulgarien und den Vereinigten Staaten. Iuliu Maniu, Vorsitzender der Nationalen Bauernpartei in Rumänien und in der Zwischenkriegszeit kurzzeitig Ministerpräsident, erging es nicht viel besser: Ihn ließ die Regierung im November 1947 wegen »Verrats und Spionage für die USA« zu einer lebenslangen Freiheitsstrafe verurteilen. Ausgezehrt von Folter und unmenschlichen Haftbedingungen verstarb er 1953 im berüchtigten Gefängnis in Sighet, in dem viele politische Häftlinge ihr Leben ließen. Die Verabschiedung neuer Verfassungen, die sich an der sowjetischen von 1936 orientierten, im Dezember 1947 in Bulgarien bzw. April 1948 in Rumänien besiegelte die Umwandlung der politischen Verhältnisse in eine Volksrepublik nach sowjetischem Vorbild.

War diese Entwicklung nun Ergebnis eines sowjetischen Masterplans, der von Anfang an die Etablierung kommunistischer Regime vorsah? Die ältere Forschung sah das so, doch die jüngere kommt zu einem differenzierteren Meinungsbild. Dass die lokalen Kommunisten in Jugoslawien (und als Erweiterung in Albanien) zügig Fakten schufen, stieß zum Beispiel auf Ablehnung seitens der sowjetischen Regierung, die das als unnötige Provokation der westlichen Alliierten empfand. Stalin forderte etwa die jugoslawische Regierung im April 1945 auf, ihre Truppen aus dem von den Partisanen befreiten Triest abzuziehen – eine erste in einer Reihe ernsthafter Verstimmungen, die 1948 zum Bruch zwischen Jugoslawien und der Sowjetunion führen sollten. Letztere hoffte bei Kriegsende vor allem, ihre äußere Sicherheit langfristig zu garantieren und zu verhindern, dass ihre Nachbarländer erneut zum Aufmarschgebiet für feindliche Invasionen werden konnten. Stalin scheint 1945 daher noch an einer möglichst langen Aufrechterhaltung der Anti-Hitler-Koalition interessiert gewesen zu sein. Die Kooperation mit den Westmächten schien ihm auch angesichts der enormen Kriegsschäden in der Sowjetunion angezeigt; zudem verfügte die Sowjetunion bis August 1949 über keine Atomwaffen.

Andererseits verstand die sowjetische Regierung rasch, dass sie nur in kommunistisch geführten Regierungen verlässliche Bündnispartner hatte – und selbst dies sollte sich 1948 als Irrtum erweisen. Die Entfremdung zwischen den USA und der Sowjetunion veränderte das Bedrohungsszenario für den ohnehin notorisch misstrauischen Stalin. Nicht mehr Deutschland, sondern die USA und ihre Verbündeten galten ihm nun als größte Bedrohung für die Sowjetunion. Der hartnäckige bewaffnete Widerstand innerhalb der neuen Westgebiete der Sowjetunion, vor allem der westlichen Ukraine, verstärkte ebenfalls die Einkreisungs- und Umsturzängste des sowjetischen Regimes. Daher versuchte es, die Regierungen in seiner Einflusssphäre noch enger an sich zu binden, damit sie jene politischen Akteure ausschalteten, die amerikanische Interessen vertreten könnten. Entsprechend diffamierten die lokalen Kommunisten ihre Gegner als Agenten des Imperialismus bzw. amerikanische Spione und ließen sie in Schauprozessen aburteilen. Es wurde klar, dass die sowjetische Führung den Sturz kommunistischer Regierungen in den von ihr dominierten Ländern nicht dulden würde. Damit jene ihre Macht festigten, sollten sie auch die Gesellschaft und Wirtschaft nach sowjetischem Vorbild ganz unter ihre Kontrolle bringen.

Rief im Jahr 1945 Stalin seine Genossen im östlichen und südöstlichen Europa noch zur Zurückhaltung auf, so konnten ihm 1948 Nationalisierung und Kollektivierung nicht rasch genug vollzogen werden.

Der Bürgerkrieg in Griechenland
Der Nexus zwischen außenpolitischer Lagerzugehörigkeit und innerer politischer Ordnung zeigte sich ebenso in Griechenland und der Türkei. In Griechenland wurde die Nachkriegsordnung wie in Jugoslawien mit erheblicher Gewalt etabliert, nur waren es die Kommunisten, die den Kürzeren zogen. Die Tatsache, dass die neue Ordnung in Griechenland im wahrsten Sinne ausgefochten werden musste, verdeutlichte, wie weitreichend die traditionellen politischen und gesellschaftlichen Strukturen durch die deutsche Besatzungsherrschaft aufgelöst worden waren: Die Kriegserfahrung ließ Gewalt als notwendiges Mittel des Überlebens angesichts einer existenziellen Bedrohung erscheinen. Darüber hinaus hinterließen Besatzung und Widerstand eine noch stärker polarisierte Gesellschaft, als es Griechenland ohnehin schon vor 1941 gewesen war.

Zum Zeitpunkt des deutschen Abzugs aus Griechenland im Oktober 1944 unterstand der Großteil des Landes den kommunistisch geführten Partisanenverbänden der ELAS, in Athen allerdings standen britische Truppen als alliierte Kontrollmacht. Wie erwähnt beanspruchten die Briten Griechenland als ihr Einflussgebiet, was Stalin akzeptiert hatte. Die tatkräftige Hilfe Jugoslawiens für die griechischen Kommunisten erregte daher seinen Unwillen. Die Briten wiederum unterstützten finanziell und militärisch die aus dem Exil zurückgekehrte griechische Regierung.

Nahmen in Jugoslawien die Kommunisten pro forma, um den Westalliierten zu gefallen, einige Exponenten der Exilregierung in ihre Regierung auf, so verlief es in Griechenland genau umgekehrt. Der Antagonismus zwischen den Kommunisten und den in der Regierung dominanten konservativen Kräften eskalierte bereits im Dezember 1944, nachdem die von der kommunistisch geführten Nationalen Befreiungsfront EAM gestellten Minister die Regierung aus Protest gegen ehemalige Kollaborateure in der neuen Nationalgarde verlassen hatten. Bei den daraufhin stattfindenden Demonstrationen in Athen schoss die Polizei in die Menge, rund dreißig Personen wurden getötet. In der Folge kamen auch britische Militäreinheiten zum Einsatz, die Athen und das Umland der Stadt für die Regierung sicherten und dabei Luftwaffe sowie schwere Waffen einsetzten. Die sogenannten Dezemberereignisse bildeten die erste Runde des griechischen Bürgerkriegs.

Der Kalte Krieg und die Etablierung kommunistischer Regime im Norden des Landes verstärkten das Misstrauen zwischen den politischen Kräften: Für beide Kontrahenten ging es ums Ganze. Insofern war es wenig verwunderlich, dass das im Februar 1945 zwischen Regierung und EAM ausgehandelte Abkommen von Varkiza den Konflikt nicht beilegen konnte. Es fehlte am nötigen Grundvertrauen in die jeweils andere Seite. Keiner der zentralen Punkte des Abkommens wurde umgesetzt. So hob die Regierung nicht wie vereinbart den Ausnahmezustand im ganzen Land auf und anstelle der zugesagten Amnestie verhaftete man zahlreiche Anhänger der EAM; Ende 1945 befanden sich rund 80 000 von ihnen in Polizeigewahrsam. Ebenso wenig wurden Kollaborateure der Kriegszeit aus dem Staatsdienst entlassen – während die Kommunisten von der Polizei verfolgt wurden, konnten rechtsextreme Gruppierungen mit Duldung der Regierung Vertreter der Linken angreifen. Auf den ›weißen Terror‹ reagierte die EAM, die ihrerseits entgegen der Übereinkunft von Varkiza weder ihre Waffen abgegeben noch sich aufgelöst hatte, mit bewaffnetem Widerstand. Die Gewalt mündete am 31. März 1946, am Tag der von der EAM boykottierten Parlamentswahlen, im offenen Bürgerkrieg.

Die EAM und ihr militärischer Arm Demokratische Armee Griechenlands (als Nachfolgerin der ELAS) konnten bis in das Jahr 1947 eine starke Position vor allem in Nord- und Zentralgriechenland halten, aber es gelang ihnen nicht, größere Städte unter ihre Kontrolle zu bringen. Die griechische Regierung wurde umfangreich von Großbritannien und ab 1947 den USA alimentiert, während die erhoffte sowjetische Parteinahme zugunsten der EAM ausblieb. Jugoslawien bot zwar Hilfe und einen Rückzugsraum für die griechischen Kommunisten an, doch da Letztere sich 1948 im Konflikt zwischen Tito und Stalin auf die Seite der Sowjets schlugen, trocknete die jugoslawische Hilfe rasch aus. Zudem wollte die jugoslawische Regierung ihre Beziehungen zum Westen reparieren, wofür eine weitere Unterstützung der griechischen Kommunisten kontraproduktiv gewesen wäre. Im Juli 1949 schloss die jugoslawische Regierung die Grenzen zu Griechenland. In der Zwischenzeit konnte die griechische Armee dank US-amerikanischer Militärhilfe ihre Schlagkraft deutlich erhöhen. Im August 1949 endete die letzte Schlacht des Bürgerkriegs an den Bergen Gramos und Vitsi mit der endgültigen Niederlage der Kommunisten. Der Bürgerkrieg kostete mehr als 160 000 Menschen das

Leben; rund 30 000 Kinder waren schon während des Bürgerkriegs aus von den Kommunisten kontrollierten Gebieten in die Ostblockländer gebracht worden, nach dem Abschluss der Kampfhandlungen folgten weitere 35 000 Flüchtlinge, viele davon Slawischsprachige aus dem griechischen Teil Makedoniens.

Der Bürgerkrieg vertiefte die politische Spaltung Griechenlands, die bis heute spürbar ist. Das war auch dem ausgeprägten Revanchismus der Rechten geschuldet, die nach ihrem Sieg nicht auf Versöhnung, sondern auf die Verfolgung der Linken setzte. Nach dem Abschluss des Bürgerkriegs beschloss 1952 das griechische Parlament eine neue Verfassung, die den Triumph der antikommunistischen Kräfte besiegelte. Ihr Wortlaut illustriert den Unterschied zwischen den politischen Systemen auf dem Balkan. Artikel 1 besagte, »die herrschende Religion in Griechenland ist die der orientalisch-orthodoxen Kirche Christi«. Artikel 21 bestimmte die Staatsform Griechenlands als »königliche Demokratie«, in der »alle Gewalten von der Nation ausgehen«. Zum Vergleich sei die bulgarische Verfassung von 1947 zitiert: Ihr erster Artikel erklärte Bulgarien zur »Volksrepublik mit repräsentativer Regierung. Diese Republik wurde im Ergebnis des heroischen Kampfes des bulgarischen Volkes gegen die monarcho-faschistische Diktatur und des siegreichen Volksaufstandes vom 9. September 1944 gebildet und gefestigt.« Die Macht »geht vom Volke aus und gehört dem Volke.«

Der gewaltsame Staat

Doch so demokratisch die Verfassungen der staatssozialistischen Länder im Wortlaut waren, sie konnten nicht darüber hinwegtäuschen, dass die Etablierung der neuen Ordnung zahlreiche Menschen das Leben gekostet hatte. Zu einem Bürgerkrieg kam es in Bulgarien und Rumänien vor allem aufgrund des militärischen Übergewichts der Kommunisten und der im Land stationierten sowjetischen Armee zwar nicht, und in Jugoslawien und Albanien war dieser bereits während des Zweiten Weltkrieges ausgefochten worden. In Rumänien hielten sich allerdings bis in die späten 1950er Jahre bewaffnete antikommunistische Widerstandsgruppen. Nach Angaben des Geheimdienstes *Securitate* soll es Anfang der 1950er Jahre 39 Partisaneneinheiten gegeben haben, die insgesamt mehr als 10 000 Kämpfer gegen die kommunistische Regierung umfassten. Aufgrund mangelnder Koordination stellten diese Widerstandsgruppen zwar keine ernsthafte Herausforderung für die Staatsmacht dar, ihre Aktionen verstärkten allerdings das Gefühl des kommunistischen Regimes, vor allem in den ländlichen Regionen mit einer feindlich gesinnten Bevölkerung konfrontiert zu sein, was seine Gewaltbereitschaft erhöhte.

Im Zuge der Konsolidierung ihrer Macht rechneten die neuen Regime mit den Vertretern der Vorgängerregierungen vor und während des Krieges ebenso ab wie mit ihren vermeintlichen oder tatsächlichen Gegnern. Prominente Opfer waren etwa der rumänische Diktator aus der Kriegszeit, General Antonescu, und sein Stellvertreter als Ministerpräsident, Mihai Antonescu (nicht verwandt oder verschwägert), sowie der Anführer der nationalistisch-serbischen Tschetnik-Verbände und Kriegsminister der jugoslawischen Exilregierung, Draža Mihajlović, die allesamt im Jahr 1946 in Kriegsverbrecherprozessen zum Tode verurteilt und hingerichtet wurden. In Bulgarien wurden noch unter der – kommunistisch dominierten – Koalitionsregierung von Dezember 1944 bis April 1945 offiziellen Angaben zufolge mehr als 9000 Personen von ›Volksgerichten‹ verurteilt, darunter 2720 zum Tode. Unter den Hingerichteten befand sich ein guter Teil der alten politischen Elite (67 Abgeordnete der aufgelösten Nationalversammlung, 22 ehemalige Minister, drei ehemalige Ministerpräsidenten und die drei Mitglieder des königlichen Regentschaftsrats, die für den noch minderjährigen König Simeon die Geschäfte geführt hatten). Jugoslawische Militärgerichte verurteilten in den Jahren 1944 und 1945 zwischen 4500 und 5000 Personen zum Tode. Die deutsche Minderheit in Jugoslawien wurde vom neuen Regime kollektiv der Kollaboration mit den Nationalsozialisten beschuldigt (in der Tat hatten viele, aber eben nicht alle Volksdeutschen die Besatzer unterstützt); mehr als 100 000 Volksdeutsche wurden in Lagern interniert, die erst 1948 aufgelöst wurden. Über 40 000 Deutsche, aber auch viele Italiener fielen in Jugoslawien den Repressalien am und nach dem Kriegsende zum Opfer. Der größte Teil der Überlebenden dieser Verfolgung floh nach Deutschland und Österreich bzw. Italien oder wurde vertrieben.

Um mit den politischen Gegnern abzurechnen sowie die überall vermuteten ›Volksverräter‹ und ›Agenten der imperialistischen Diversion‹ zu bekämpfen – und in Griechenland zur Unterdrückung der Linken und ihrer Unterstützer –, bildeten sich in allen Ländern der Region frühzeitige große und mächtige Sicherheitsapparate heraus. Der jugoslawische Geheimdienst UDBA soll Anfang der 1950er Jahre rund 13 000 Agenten beschäftigt haben, die rumänische Securitate 11 000. Die albanische Sicherheitspolizei (*Sigurimi*) und die bulgarische (*Dăržavna signurnost*) sowie unter antikommunistischen Vorzeichen die griechischen und türkischen Geheimdienste standen dem kaum nach.

Die neue Ordnung war gewaltsam geboren, nicht demokratisch legitimiert, und fiel in eine Zeit zugespitzter Blockkonfrontation sowie bilateraler Spannungen in der Region; all dies trug zu einem ausgesprochen starken Bedrohungsgefühl der politischen Eliten bei. Überall sahen sie Feinde, zumal die aufgeblähten Sicherheitsorgane im eigenen institutionellen Interesse allerorten solche ausmachten. Regierungen setzten im Zweifel eher auf politische Repression, als sich durch die Bürger in Wahlen infrage stellen zu lassen. Die von den Kommunisten angestrebte Revolution von oben ging an den Horizonten und Interessen des Großteils ihrer Bevölkerung vorbei und war ohne Zwangsmittel nicht zu implementieren – erneut zeigte sich, wie schon im 19. Jahrhundert, dass ein den gesellschaftlichen Realitäten entgegenstehendes politisches Umgestaltungsprojekt undemokratische Praktiken nach sich zieht. Im Denken der Kommunisten waren Widerstände gegen ihre Utopie ohnehin nicht legitim, schließlich sahen sie sich als die Vollstrecker historischer Gesetze. Zur Bereitschaft, Gewalt gegen politische Gegner anzuwenden, war der Weg nicht mehr weit, zumal sich die Kommunisten in einem Endkampf gegen den Faschismus wähnten.

Politischer Wandel in der Türkei

Der Zusammenhang zwischen Außen- und Innenpolitik, zwischen Bedrohungsgefühl und Repression zeigte sich auch in der Türkei, obwohl dort der Zweite Weltkrieg keine unmittelbare Zäsur darstellte. Die neue Westorientierung des Landes liberalisierte anfänglich das politische System und war insofern gegenläufig zur Entwicklung in den anderen Ländern der Region – bis 1960 der ›tiefe Staat‹, also jener Machtapparat, der sich der Regierungskontrolle weitgehend entzog, in Form des Militärs zum ersten Mal zurückschlug. 1945 war die Türkei faktisch noch ein Einparteienstaat, kontrolliert von der Republikanischen Volkspartei (CHP) unter ihrem Parteichef İsmet İnönü, der seit dem Tod Atatürks 1938 als Staatspräsident amtierte. Doch nach 1945 wirkten starke innere und äußere Kräfte auf eine Pluralisierung des politischen Lebens hin. Präsident İnönü sah zum Beispiel in der Demokratisierung eine wichtige Voraussetzung für die Westanbindung, von der er sich nicht nur Schutz vor sowjetischen Ansprüchen, sondern auch dringend benötigte Investitionen für die angestrebte wirtschaftliche Modernisierung erhoffte. Die Entsendung türkischer Truppen in den Koreakrieg aufseiten der USA stellte eine der ersten wesentlichen Konsequenzen der neuen außenpolitischen Orientierung des Landes dar. Im Januar 1946 konnte sich mit der Demokratischen Partei (DP) eine echte Oppositionspartei gründen. Deren Parteichef Celal Bayar, der 1938 kurzzeitig Premierminister gewesen war, bekannte sich zwar zu den Grundprinzipien des Kemalismus – was die Verfassung außerdem vorschrieb –, pochte aber zugleich auf Demokratie und Volkssouveränität. Seine DP attackierte die »Tyrannei des Staates« und meinte damit die autokratisch agierende Bürokratie. Damit gewann sie die Sympathien jener, die sich von den weitreichenden Reformen Atatürks marginalisiert fühlten, wie Privatunternehmer und die islamisch orientierte ländliche Bevölkerung.

Die Parlamentswahlen von 1946 konnte die CHP nochmals gewinnen, dank ihrer Kontrolle über den Staatsapparat. Dennoch unternahm die Regierung weitere Schritte der Liberalisierung, unterdrückte aber gleichzeitig die Linke, die sie als fünfte Kolonne Moskaus darstellte. Selbst im sensiblen Bereich der Religionspolitik machte die streng laizistische CHP Zugeständnisse; so wurde Religionsunterricht in Schulen wieder zugelassen. Die Effekte der Pluralisierung zeigten sich bei den Parlamentswahlen im Mai 1950, aus der zur Überraschung der Beobachter die oppositionelle DP als klare Siegerin hervorging. Sie gewann 53,4 Prozent der Stimmen, die aufgrund des Mehrheitswahlrechts eine große Parlamentsmehrheit von 408 Sitzen gegenüber 39 Sitzen für die CHP (mit 38,4 Prozent der Stimmen) ergaben. Damit schien der Weg geebnet für eine nachhaltige Öffnung des politischen Systems und der Wirtschaft. Doch das folgende Jahrzehnt einer DP-Regierung unter Premier Adnan Menderes sollte nicht den erhofften demokratischen Aufbruch bringen – vielmehr nahm die neue Regierung im Laufe der nächsten Jahre die autoritären Angewohnheiten ihrer Vorgänger an, bis sie vom Militär 1960 gestürzt wurde. Nichtsdestotrotz war somit in der Türkei um 1950 die politische Struktur der Nachkriegsordnung etabliert: ein prekärer Pluralismus, in dem unterschiedliche Parteien bei Wahlen um die Regierungsmacht konkurrierten, der aber wiederholt durch Militärinterventionen sowie autoritäre Neigungen von Regierungschefs gefährdet wurde – ein Grundmuster, das letztlich bis heute besteht.

Politische Entwicklungen ab den späten 1940er Jahren

In den sozialistischen Systemen der Region blieben die institutionellen Grundstrukturen des Staatsapparats mit Ausnahme Jugoslawiens stabil, außerdem bewiesen die kommunistischen Führungen eine große personelle Kontinuität. Zu Wechseln an der Spitze kam es nur – mit einer Ausnahme, nämlich Bulgarien im Jahr 1956 –, wenn der jeweilige Parteichef starb: Enver Hoxha herrschte in Albanien bis 1984, Tito in Jugoslawien bis 1980 und Gheorghe Gheorgiu-Dej in Rumänien bis 1965, sein Nachfolger Nicolae Ceauşescu dann für den Rest der Epoche bis 1989. Die Verfestigung der Machtstrukturen nach den heftigen politischen Konflikten in den unmittelbaren Nachkriegsjahren bedeutete aber keinesfalls politische Stagnation für die folgenden Jahrzehnte. In der Türkei und Griechenland konnten ohnehin Parteien mit unterschiedlichen Zielvorstellungen um die Macht konkurrieren, so eingeschränkt dieser Wettbewerb oft war. Aber auch in den staatssozialistischen Ländern kam es zu bedeutsamen Veränderungen in der Herrschaftspraxis.

Die kommunistischen Regierungen mussten sich regelmäßig den sich ändernden Gegebenheiten anpassen: Der massive gesellschaftliche Wandel (siehe ab Seite 344) verlangte nach neuen politischen Rezepten, um das komplexer werdende Gesamtsystem zusammenzuhalten. Gerade in Zeiten der größten außenpolitischen Isolation sah sich beispielsweise Albanien gezwungen, ökonomische Kontakte mit Westdeutschland aufzunehmen, um das für die angestrebte Industrialisierung notwendige Knowhow einzukaufen. Die jugoslawischen Kommunisten mussten In den 1960er erkennen, dass angesichts zunehmender illegaler Ausreisen zur Arbeitsaufnahme im Ausland das rigorose Abwanderungsverbot nicht aufrechtzuerhalten war, und schwenkten auf einen Kurs der Migrationsförderung um, in der Hoffnung, so Arbeitslose zur Arbeitsaufnahme im Ausland zu bewegen. Oder als letztes Beispiel: Die bulgarische kommunistische Führung hatte in den 1970er Jahren nolens volens anzuerkennen, dass die heimische Jugend lieber westliche Rockmusik als patriotische Volkslieder hörte, und begann daher, eine heimische Rockszene wenigstens zu akzeptieren und teils sogar zu fördern. Vielfach waren es gerade solche Widersprüche zwischen Ideologie und sozialer Realität, die politischen Wandel motivierten, denn die kommunistischen Regimes durften diese Kluft nicht zu groß werden lassen, wollten sie größeren Widerstand vermeiden. Schließlich veränderten sich auch die äußeren Rahmenbedingungen, was sich angesichts des oben konstatierten engen Zusammenhangs zwischen Außen- und Innenpolitik im Kalten Krieg direkt auf die Politikgestaltung im Lande selbst auswirkte. Man denke etwa an den Kurswechsel der Sowjetunion nach dem Tode Stalins, der ihren Bruderstaaten einiges an Flexibilität abverlangte, da sich diese nun auch entstalinisieren mussten (nur Albanien verweigerte sich, zu einem hohen Preis).

Folglich kollidierten politische Kräfte, die Wandel und Reformen befürworteten, regelmäßig mit strukturkonservativen Kräften, die Besitzstände bestimmter Interessengruppen oder die ideologische Reinheit bewahren wollten. Mangels demokratischer Aushandlungsmechanismen wurden diese Konflikte häufig hinter verschlossenen Türen oder unter dem Einsatz von Zwang ausgetragen. Die Militärputsche in der Türkei (1960, 1971, 1980) ebenso wie in Griechenland 1967, aber auch die weitreichenden politischen Säuberungen in Jugoslawien Anfang der 1970er Jahre waren Manifestationen dieses Grunddilemmas. Das plötzliche Verschwinden – sei es durch Ermordung oder Abschiebung in die politische Wüste – prominenter Parteikader war in den wenig transparenten sozialistischen Ländern (Albanien, Bulgarien und Rumänien) ein untrügliches Indiz für Konflikte hinter den Kulissen. In Jugoslawien dagegen wurde der Konflikt zwischen Reformern und Konservativen relativ offen ausgetragen und Anfang der 1970er Jahre zuungunsten Letzterer entschieden, worin ein Grund für den späteren Staatszerfall zu suchen ist. Denn langfristig – und das galt für alle Länder der Region – verloren Regierungen durch das Beharren auf politische Strukturen, die immer weniger zu den gesellschaftlichen Bedingungen und den Bedürfnissen der Menschen passten, sowohl Legitimität als auch Handlungsfähigkeit.

Zwischen Repression und Reform

Angesichts der mangelnden demokratischen Legitimität der Nachkriegsregime, aber auch aufgrund der durch den Kalten Krieg eingeschränkten Handlungsmöglichkeiten zeichnete sich die Politik in der Region nach 1945 für lange Zeit durch ein ausgesprochen hohes Maß politischer Unterdrückung aus. Nicht nur die Etablierung der Nachkriegsordnung war eine äußerst blutige Angelegenheit; auch danach folgten, vor allem in Zusammenhang mit politischen Umbrüchen, wiederholt Repressalien gegen politische Gegner oder auch ganze Segmente der Gesellschaft. Die Menschenrechte, zu deren Einhaltung sich alle Länder der Region durch ihren

Beitritt zur UNO verpflichtet hatten, wurden vielfach verletzt; die in den Verfassungen garantierten bürgerlichen Freiheiten waren oftmals nur Makulatur. Erst 1974 sollte sich das erste Land der Region nachhaltig demokratisieren, Griechenland, und es brauchte nochmals fünfzehn Jahre, bis weitere Länder folgten. Und das Erbe des ›tiefen Staates‹ war mit der Demokratisierung der einzelnen Länder noch lange nicht überwunden.

In den kommunistisch regierten Ländern bedeutete der Bruch zwischen der Sowjetunion und Jugoslawien (siehe unten) einen ersten mit massiver Repression verbundenen Wendepunkt: In Albanien, Bulgarien und Rumänien wurden daraufhin (vermeintliche) Anhänger Titos verfolgt, einige prominente Kommunisten (Trajčo Kostov in Bulgarien, Koçi Xoxe in Albanien) in Schauprozessen zum Tode verurteilt und hingerichtet. Aus dem Grenzgebiet zu Jugoslawien ließ die rumänische Regierung 1951 rund 40 000 Menschen, darunter viele Angehörige ethnischer Minderheiten, in die unwirtliche Steppe des Bărăgan im Osten des Landes deportieren. In Jugoslawien wiederum inhaftierten die Sicherheitsbehörden über 55 000 Personen, denen sie vorwarfen, im Konflikt auf der Seite Stalins zu stehen. 16 000 von ihnen wurden zu Haftstrafen verurteilt, viele davon zur Zwangsarbeit auf der berüchtigten Gefängnisinsel Goli otok (›Nackte Insel‹). In Jugoslawien sollte dies nicht die letzte Repressionswelle bleiben: Im Zuge der Unterdrückung nationalistischer Manifestationen in Kroatien durch die jugoslawische Bundesregierung Anfang der 1970er Jahre sowie in Kosovo Ende der 1960er und erneut in den 1980er Jahren inhaftierten die Sicherheitskräfte jeweils Tausende Bürger aus politischen Gründen. Eine detaillierte Analyse ergab, dass in Jugoslawien zwischen 1944 und 1985 rund 1,3 Millionen Menschen Opfer politisch motivierter Unterdrückung wurden (die meisten unmittelbar nach dem Krieg, viele aber später).

In Albanien, Rumänien und Bulgarien gab es nach den ›Säuberungen‹ im Gefolge des Konflikts mit Jugoslawien 1948 und während des Stalinismus keine breit angelegte Verfolgung mehr, zumal dort Kritik am Regime frühzeitiger unterbunden wurde als in Jugoslawien und daher selten eine breitere Öffentlichkeit erreichte. Wenn sich aber Widerstand gegen die Regierungspolitik öffentlich artikulierte, wie beispielsweise bei dem Bergarbeiterstreik im Jiu-Tal in Rumänien im Jahr 1977 oder unter den bulgarischen Türken gegen die Zwangsassimilation in der zweiten Hälfte der 1980er Jahre, zögerte der Staat nicht, Gewalt anzuwenden. Einzelne Regimekritiker wurden gezielt verfolgt. Der bulgarische Geheimdienst ermordete 1978 – mit einem mit Gift präparierten Regenschirm – den wohl bekanntesten Dissidenten des Landes, den Schriftsteller Georgi Markov, in dessen Londoner Exil; und der jugoslawische Geheimdienst tötete Dutzende antikommunistische, radikalnationalistische Diasporaaktivisten, viele davon in Deutschland. Auch innerhalb der kommunistischen Parteien ging man nicht zimperlich mit Kontrahenten um, die im besten Falle auf unbedeutende Posten abgeschoben, im schlimmsten, wie jenem des langjährigen albanischen Ministerpräsidenten Mehmet Shehu 1981, in den Selbstmord gedrängt wurden.

Auch in den beiden NATO-Ländern Griechenland und Türkei war das Ausmaß der politischen Repression enorm, nur unter antikommunistischen Vorzeichen: Insbesondere in den 1950er und 1960er Jahren akzeptierten die USA als dominante Schutzmacht bereitwillig undemokratische Praktiken, solange die beiden Länder standhafte Verbündete in der Konfrontation mit der Sowjetunion blieben. In Griechenland sah sich die Linke nach dem Bürgerkrieg ständiger Schikane ausgesetzt, besonders nach dem Militärputsch von 1967, der auf eine Phase der innenpolitischen Liberalisierung folgte und eine sieben Jahre dauernde Militärdiktatur nach sich zog. Das reaktionäre Regime der Obristen ließ rund 6000 Oppositionelle in Internierungslagern festhalten und viele von ihnen foltern. Der berühmte Komponist Mikis Theodorakis war nur einer von vielen Gegnern der Diktatur, der ins Exil gezwungen wurde. Mit einer ähnlichen Verfolgungswelle überzog das türkische Militär das Land nach seinem Putsch von 1980, wobei neben Anhängern der Linken auch Aktivisten der kurdischen Minderheit systematisch verfolgt wurden.

Trotz des hohen Ausmaßes an staatlicher Gewalt wäre es irreführend, die politische Geschichte der Region nach 1945, zumal jene der kommunistisch regierten Länder, nur aus dieser Perspektive zu betrachten. Phasen der Unterdrückung wechselten sich mit solchen der Liberalisierung ab; die meisten Menschen kamen mit dem Repressionsapparat des Staates trotz allem nicht in Berührung. Die Regierungen bauten nicht nur auf Furcht, sondern warben auch um Zustimmung, etwa indem sie den Lebensstandard verbesserten und populäre Ideologien wie den Nationalismus in Dienst nahmen. Auch die kommunistischen Regime – mit Ausnahme des albanischen – eröffneten ihren Bürgern nach dem Ende des Stalinismus Mitte der 1950er Jahre Freiräume und Partizipationsmöglichkeiten, die ein relativ ruhiges, für viele Menschen erträgliches und scheinbar normales Leben ermöglichten. Nicht umsonst erinnern sich heute viele Menschen in Südosteuropa ausgesprochen nostalgisch an das Leben im Staatssozialismus, da sie die sozialen Verwerfungen der 1990er Jahre mit der Stabilität vor 1989 vergleichen. Viele ›einfache‹ Kommunisten glaubten außerdem ernsthaft an die Möglichkeit, eine bessere Welt zu schaffen, und engagierten sich in unterschiedlicher Weise dafür. Mithin gab es auch während der Diktatur vielfältige Formen des staatsbürgerlichen Engagements in einer Vielfalt von Klubs für kulturelle, philanthropische und andere Freizeitaktivitäten, in denen man nicht ständig mit der staatlichen Ideologie konfrontiert war, seinem Leben Sinn verleihen und die Lebensverhältnisse verbessern konnte.

Es ist in diesem Zusammenhang bezeichnend, dass jene drei Länder, die am stärksten in den Weltmarkt integriert und generell offener für das Ausland waren, die größte innenpolitische Dynamik aufwiesen: Griechenland, Jugoslawien und die Türkei. In ihnen trat die Konkurrenz zwischen konservativen und reformorientierten bzw. autoritären und demokratischen Kräften offen zutage. Zudem verlief dort die sozioökonomische Transformation weniger geradlinig als in Albanien, Bulgarien und Rumänien, die mit größerer Konsequenz (sprich: Zwang) Modernisierungsblockaden auflösten, etwa durch die Kollektivierung der Landwirtschaft, und die Wirtschaft stärker steuerten. In den zuvor genannten Ländern hingegen kam dem Markt mehr Bedeutung zu, weshalb sozioökonomische Entwicklungen mehr oder weniger ungeplant verliefen. In Griechenland, Jugoslawien und der Türkei existierten außerdem stärker ausdifferenzierte Interessengruppen, die an der politischen Entscheidungsfindung und ökonomischen Verteilung teilhaben wollten, und ihre Bevölkerung war dank der Offenheit gegenüber dem Westen besser über die dortigen Lebensbedingungen informiert. Im Falle Jugoslawiens sollte das zu einer für das sozialistische Lager einmaligen Entwicklung führen, die eine gesonderte Schilderung verdient.

Der jugoslawische Sonderweg

Der Weg des sozialistischen Jugoslawien steht paradigmatisch für die Unvorhersehbarkeit der politischen Geschichte in Südosteuropa nach 1945, die Veränderungen sowohl in den äußeren Rahmenbedingungen als auch den gesellschaftlichen Strukturen geschuldet war. Holm Sundhaussen sprach gar von dem »Experiment Jugoslawien«, das zwar letztlich gründlich schiefging, lange Zeit aber wie eine taugliche Alternative aussah. Der blutige Zerfall Jugoslawiens war dabei nicht unumgänglich, sondern ergab sich aus den Handlungen verantwortungsloser politischer Eliten, welche die Folgen ihres Tuns nicht abschätzen wollten oder konnten. Dass es überhaupt so weit kommen konnte, lag allerdings auch an den institutionellen Strukturen des Landes und seinen politischen Besonderheiten. Im Grunde machten genau jene Faktoren Jugoslawien zu einem im Vergleich mit anderen realsozialistischen Ländern attraktiven Modell, sorgten aber auch dafür, dass das Land entlang seiner Binnengrenzen zerbrach. Äußere Faktoren spielten dabei ebenfalls eine bedeutsame Rolle: Der Sonderweg Jugoslawiens war eng mit dem Kalten Krieg verbunden und wurde mit dessen Ende obsolet.

Der unmittelbare Anlass dafür, dass Jugoslawien unter der Führung Titos einen eigenen Sozialismus jenseits der sowjetischen Schablonen finden musste, war kein selbstgewählter, sondern folgte aus dem von Stalin herbeigeführten Bruch zwischen der Sowjetunion (und ihren Verbündeten) und Jugoslawien im Jahr 1948. Zuvor hatten sich die Meinungsverschiedenheiten über konkrete politische Fragen gehäuft, wobei die jugoslawischen Kommunisten im Gegensatz zu anderen kommunistischen Parteien selbstbewusst genug waren, der Sowjetunion die Stirn zu bieten: Immerhin hatten sie ihr Land weitgehend selbst befreit, und es waren keine sowjetischen Truppen in Jugoslawien stationiert. Die Jugoslawen nahmen das offizielle Prinzip der Gleichberechtigung aller kommunistischen Parteien ernst und waren nicht gewillt, ihre Politik primär an den Interessen der UdSSR auszurichten; sie hatten die großen Opfer zur Befreiung und Wiederherstellung ihres Landes nicht erbracht, um sich nun den Wünschen einer Großmacht (und sei es einer befreundeten) unterzuordnen. Außerdem gab es handfeste wirtschaftliche Interessenskonflikte, etwa in Bezug auf gemischt sowjetisch-jugoslawische Unternehmen.

Auf besonderen sowjetischen Unmut stießen die außenpolitischen Ambitionen Jugoslawiens, insbesondere Titos Idee einer Balkanföderation, die Jugoslawien und Bulgarien (und dann vielleicht noch weitere Länder) umfassen sollte. Stalin befürchtete die Entstehung eines unabhängigen kommunistischen Machtzentrums in Südosteuropa. In der jugoslawischen Unterstützung der griechischen Kommunisten im Bürgerkrieg erkannte die Sowjetunion wiederum ein Risiko für ihre Beziehungen zum Westen in einer Zeit, als sie die Anti-Hitler-Koalition noch aufrechterhalten wollte. Die Jugoslawen verübelten wiederum den Sowjets, in der Triest-Frage nicht nachdrücklich unterstützt worden zu sein. Im Juni 1948 jedenfalls wurden die jugoslawischen Kommunisten auf Betreiben der Sowjets aus dem 1947 gegründeten Kommunistischen Informationsbüro (Kominform) ausgeschlossen, was unmittelbar mit dem Abbruch der bilateralen Beziehungen zwischen der Sowjetunion (sowie ihrer Verbündeten) und Jugoslawien einherging. Für einige Zeit mussten die Jugoslawen sogar mit einer sowjetischen Invasion rechnen.

Tito und seine Getreuen waren anfänglich überrascht – hatten sie sich doch bisher als kommunistische Musterschüler und treue Stalinisten verstanden. Sie hofften zunächst, den Bruch wieder zu kitten; das Streben nach einer Normalisierung der Beziehungen zur Sowjetunion wurde fortan eine Maxime der jugoslawischen Außenpolitik, allerdings unter der Bedingung, dass es sich um eine Beziehung auf Augenhöhe handeln müsse (was die sowjetische Führung bis in die Amtszeit von Michail Gorbatschow nie wirklich akzeptierte). Der jugoslawischen Regierung wurde jedoch bald deutlich, dass, solange Stalin noch regierte (also bis 1953), der Konflikt nicht beizulegen war, weshalb sie einen eigenständigen Weg gehen musste. Dafür nahm sie einerseits pragmatische politische Anpassungen vor, etwa um gute Beziehungen zum Westen zu etablieren, sowohl als Schutz gegen eine etwaige sowjetische Invasion als auch um die nun völlig ausgetrocknete sowjetische Wirtschaftshilfe für das noch kriegsverwüstete Land zu ersetzen.

Andererseits beschäftigte sie sich eingehend mit ideologischen Fragen des Sozialismus und dem richtigen Weg dorthin – die jugoslawischen Kommunisten blieben Kommunisten mit dem Ziel, eine kommunistische Gesellschaft zu schaffen. Der Bruch mit der Sowjetunion führte sie aber zu dem Schluss, dass deren Weg ein Irrweg sei. Jugoslawische Ideologen erarbeiteten nun eine umfangreiche Kritik an den Merkmalen der Sowjetunion, die sie als Zerrbild des Sozialismus beschrieben, weil ihr Staat erneut die Werktätigen versklave, statt deren Interessen zu dienen. In der Intensität dieser Auseinandersetzung mit dem Sowjetsystem zeigte sich eine allgemeine Spezifik der kommunistischen Herrschaft: Ideologie spielte eine hervorragende Rolle für die Begründung politischen Handelns. In Jugoslawien sollte in den nächsten Jahren die Idee der ›Selbstverwaltung‹ zur dominanten Begründung politischer Weichenstellungen werden. Die jugoslawischen Kommunisten kontrastierten dabei dieses Prinzip mit dem autokratischen Bürokratismus der Regime sowjetischen Typs.

In der Innenpolitik drückte sich diese Abkehr von der sowjetischen Orthodoxie in der immer stärkeren Dezentralisierung des Landes und der politischen Entscheidungsfindung aus. Bereits im Befreiungskampf hatten die jugoslawischen Partisanen eine föderale Grundordnung mit sechs Teilrepubliken beschlossen; darin folgten sie der sowjetischen Idee, ethnische Gruppenrechte an bestimmte Territorien zu binden. Im Gegensatz zur Sowjetunion erhielten die sechs Teilrepubliken (Bosnien-Herzegowina, Kroatien, Makedonien, Montenegro, Serbien, Slowenien) und später die beiden Autonomen Provinzen innerhalb Serbiens (Kosovo und Vojvodina) aber nach und nach tatsächlich weitreichende Rechte, auch zur Abspaltung (dieses Recht war den sechs Republiken vorbehalten). Die Verfassung von 1963 brachte einen starken Dezentralisierungsschub, woraufhin der Staat von ›Föderative Volksrepublik Jugoslawien‹ in ›Sozialistische Föderative Republik Jugoslawien‹ umbenannt wurde. Verfassungsnovellen Anfang der 1970er Jahre und die neue Verfassung von 1974 – eine der weltweit längsten und kompliziertesten – übertrugen weitreichende Kompetenzen vom Bund auf die Republiken und Autonomen Provinzen. Fortan entsprach Jugoslawien eher einer Konföderation denn einer Föderation; die Republiken und Provinzen besaßen auf Bundesebene faktisch ein Vetorecht. Die Dezentralisierung machte vor der Kommunistischen Partei Jugoslawiens nicht halt (ein weiterer Unterschied zur Sowjetunion), die 1952 in ›Bund der Kommunisten Jugoslawiens‹ umbenannt wurde. Dieser Bund bestand aus den Parteiverbänden der einzelnen Republiken und Provinzen, die ihre Kongresse jeweils vor dem Bundeskongress abhielten. Ideell zusammengehalten wurde die Föderation von der Idee der ›Brüderlichkeit und Einheit‹: Die einzelnen Nationalitäten des Landes sollten unter Wahrung ihrer kulturellen Eigenständigkeit und bei weitgehender Autonomie in einer freiwilligen Union solidarisch füreinander einstehen.

Ein Kernelement der Dezentralisierung war die Arbeiterselbstverwaltung, die 1950 zuerst nur für größere Industriebetriebe, später für alle Branchen eingeführt wurde. In den Augen ihres wesentlichen Vordenkers, des Slowenen Edvard Kardelj (einer der engsten Vertrauten Titos), sollte die Selbstverwaltung die von Marx und Friedrich Engels avisierte Idee des Absterbens des Staates im Sozialismus verwirklichen. Tatsächlich kamen in Jugoslawien den Selbstverwaltungsorganen wichtige Mitspracherechte zu, sofern das Primat der Partei nicht angetastet wurde. Dominiert wurden sie allerdings nicht von ›einfachen‹ Arbeitern, sondern von der technischen Intelligenz, und damit in letzter

Konsequenz von den lokalen Parteikadern sowie Managern. Im Laufe der 1970er Jahre dehnte sich die Selbstverwaltung ungemein aus, bis eine unüberschaubare Zahl von Organen sich selbst verwaltete und mit anderen in Vertragsbeziehungen eintreten sollte: 1980 gab es mehr als 90 000 sogenannte ›Basisorganisationen der assoziierten Arbeit‹.

Ähnlich wie die komplizierten Föderationsbeziehungen führte die Selbstverwaltung zu intransparenten und wenig effizienten Entscheidungsstrukturen, ohne echte demokratische Mitbestimmung. Im Gegenteil verstärkte sich in den 1970er und frühen 1980er Jahren, als die Dezentralisierung Jugoslawiens voranschritt, auch die politische Repression, die sich gegen unterschiedliche Gegner des jugoslawischen Systems richtete, wobei die nationalistische Opposition angesichts der Bedeutung der Nationalitätenfrage besonders genau beobachtet wurde. In Kroatien wurden ab 1971 Anhänger der Bewegung des sogenannten Kroatischen Frühlings verfolgt, dessen Forderungen nach einer weitgehenden Autonomie Kroatiens (inklusive eigenständiger UNO-Mitgliedschaft) die Grundlagen Jugoslawiens herausgefordert hatten. Im Kosovo ließ die Regierung Ende der 1960er Jahre und erneut in den 1980er Jahren die Demonstrationen von vor allem jungen Kosovoalbanern, die für die Aufwertung der Provinz zu einer Republik oder gar den Anschluss an Albanien auf die Straße gingen, durch Miliz und Militär niederschlagen. Aber auch Kritiker von links, in Belgrad etwa linke Intellektuelle und die Anführer der Studentenproteste von 1968, gerieten ins Visier der Staatsmacht.

Es gehört zu den Paradoxien Jugoslawiens, dass es einerseits das liberalste kommunistisch regierte Land war und andererseits proportional mehr Menschen unmittelbar politisch verfolgt wurden als etwa in Bulgarien und Rumänien. Dieser scheinbare Widerspruch wurzelte gerade in der relativen Offenheit des Landes gegenüber dem Westen sowie seiner großen Diversität im Inneren. Dadurch konnten sich in Jugoslawien unterschiedliche Interessengruppen stärker formieren und artikulieren, und die Gesellschaft kam in engeren Kontakt mit neuen, kritischen Ideen aus dem Westen, weshalb sie sich stärker politisierte als andere. Die Studentenproteste in Belgrad und Zagreb 1968 waren zum Beispiel Teil der internationalen 68er-Bewegung, sodass sich auch in Jugoslawien der Protest gegen den Vietnamkrieg der USA mit der Kritik an versteinerten inneren Verhältnissen verband. Die Identitäten, Werte und Erwartungen unterschiedlicher Bevölkerungsgruppen gerieten in Jugoslawien immer wieder in Konflikt mit den ideologischen Grundlagen der Parteipolitik. Innerhalb des Bundes der Kommunisten dominierten konservative Kader, nachdem Anfang der 1970er Jahre liberale Parteiführungen in einigen Teilrepubliken abgesetzt worden waren. Erstere waren nicht bereit, das Machtmonopol der Kommunisten aufzugeben, und sahen oft die Welt noch in den Schablonen des Volksbefreiungskrieges, die aber immer weniger zur aktuellen sozialen Realität passten. Angesichts dieser Kluft setzte auch in Jugoslawien das kommunistische Regime wiederholt Zwang und Repression ein, um seine Machtgrundlagen zu erhalten. Einige derer, die in den 1970er und 1980er Jahren politisch verfolgt wurden, wie Franjo Tuđman, Alija Izetbegović und Vojislav Šešelj, sollten später zu Vorkämpfern des Nationalismus und der Unabhängigkeit werden: Ihr politisches Kapital lag auch in ihrer nachweisbaren Opposition gegen die kommunistische Herrschaft, inklusive der verbüßten politischen Haftstrafen.

Es ist bezeichnend, dass die drei genannten Dissidenten aus einer dezidiert nationalistischen Perspektive argumentierten: Denn trotz der weitgehenden Föderalisierung des Landes und der – Umfragen zufolge selbst noch in den späten 1980er Jahren – leidlich guten Beziehungen zwischen den Ethnien blieb die Nationalitätenpolitik *das* politische Minenfeld in Jugoslawien. Dementsprechend viel Aufmerksamkeit widmeten ihr Partei, Regierung und Sicherheitsdienste. Wohl kaum eine andere Regierung in Europa gab sich derartige Mühe beim Austarieren von regionalen und ethnonationalen Interessenlagen und legte so viel Wert auf eine gleichberechtigte Darstellung der unterschiedlichen Nationalitäten ihres Landes; dennoch zerfiel der Staat aufgrund der Überzeugungskraft nationalistischer Propaganda.

Die Dezentralisierung war nämlich auch Ausdruck (sowie verstärkender Faktor) der Tatsache, dass die ursprünglich von den jugoslawischen Kommunisten propagierte Idee einer übergeordneten ›jugoslawischen‹ nationalen Identität gescheitert war – in den 1960er Jahren wurde sie offiziell verworfen und galt fortan als Zeichen des politisch unliebsamen Unitarismus der Zwischenkriegszeit. Bemerkenswert ist, dass das Projekt einer mehrbändigen *Geschichte Jugoslawiens* nicht über das 18. Jahrhundert hinauskam, da sich die Historikerzunft des Landes nicht auf eine gemeinsame Interpretation des 19. und 20. Jahrhunderts einigen konnte. Hingegen erschienen in den einzelnen Teilrepubliken mehrbändige Geschichten des jeweiligen Titularvolkes. Bildungs-, Kultur- und Medienpolitik waren entlang der Republik- und Provinzgrenzen organisiert, sodass die Bürger Jugoslawiens – die auch die Staatsbürgerschaft ihrer jeweiligen Republik besaßen – zunehmend in national fragmentierten Teilöffentlichkeiten lebten. Insbesondere in gemischten Gebieten wie Bosnien achtete die Partei auf einen ethnischen Proporz, etwa bei der Besetzung von Arbeitsplätzen. Es war also alles andere als verpönt, sich als Kroate, Serbe, Mazedonier etc. zu verstehen – ganz im Gegenteil, manche Beobachter bezeichneten die ›Jugoslawen‹ (bei den Volkszählungen deklarierten sich immer ein paar Prozent der Bevölkerung als solche, vor allem Personen in und aus Mischehen) sogar als Minderheit ohne Rechte, denn für sie gab es keine Proporzregelungen.

Dass die jugoslawische Regierung ethnische Unterscheidungen akzeptierte, zeigte sich auch darin, dass sie neue Nationen regelrecht erschuf: Die Mazedonier wurden als eigenständige Nation erst im sozialistischen Jugoslawien anerkannt, ebenso wie die bosnischen Muslime. Bei der Schaffung der mazedonischen Nation in der zweiten Hälfte der 1940er Jahre bedienten sich die jugoslawischen Kommunisten aus dem Standardwerkzeugkasten der Nationsbildung: Die Mazedonier erhielten ihren eigenen Staat (in Form einer Teilrepublik innerhalb Jugoslawiens), eigene nationale Symbole (Flagge, Hymne), eine Sprache (wobei die jugoslawisch-mazedonischen Sprachpolitiker das Standardmazedonische so unterschiedlich wie nur möglich vom nahe verwandten Bulgarischen gestalteten) und ihre eigene Nationalgeschichte (geschrieben im 1948 gegründeten Institut für Nationalgeschichte). 1967 kam noch eine von den Kommunisten geförderte selbstständige Mazedonische Orthodoxe Kirche hinzu. Bei den bosnischen Muslimen wiederum, die weder über eine eigene Sprache noch eine Republik verfügten (Bosnien-Herzegowina teilten sie sich mit Kroaten und Serben), waren die jugoslawischen Kommunisten sogar bereit, eine religiöse Tradition als bestimmendes Merkmal nationaler Identität anzuerkennen.

Bis Mitte der 1980er Jahre schien die Nationalitätenpolitik der jugoslawischen Kommunisten erfolgreich genug, um die Stabilität des Landes zu garantieren. Hilfreich war auch der wirtschaftliche Aufschwung, den das Land bis in die späten 1970er Jahre erlebte und der das Leben für die meisten seiner Bewohner verbesserte. Schließlich förderte die kreative Außenpolitik des Landes lange Zeit wesentlich den Zusammenhalt. Es gab wohl weltweit kein Staatsoberhaupt, das mehr reiste als Tito, der seit 1974 als Präsident auf Lebenszeit amtierte. Tito kann als einziger international herausragender Politiker Südosteuropas der Nachkriegszeit bezeichnet werden. Er verkehrte auf Augenhöhe mit den Mächtigsten der Welt. Dies war nicht nur seinem besonderen Charisma (und auch Charme) geschuldet, sondern vor allem der strategischen Bedeutung Jugoslawiens, denn die jugoslawische Führung vermochte aus der Not, sich umorientieren zu müssen, eine Tugend zu machen. Schon bald nach dem Bruch mit Stalin verbesserte Jugoslawien seine Beziehungen zum Westen, von dessen Finanzhilfe es zunehmend abhängig wurde. Im Februar 1953 unterzeichnete Jugoslawien mit den beiden NATO-Mitgliedern Griechenland und Türkei ein Freundschafts- und Kooperationsabkommen, dem 1954 eine Verteidigungsallianz folgte. In den 1960er Jahren schloss die Regierung Abkommen zur Rekrutierung jugoslawischer Arbeiter mit einer Reihe von westeuropäischen Regierungen ab. Die Bindung an den Westen kam wiederum innerhalb des Landes der Entstalinisierung und Liberalisierung zugute.

Aber Tito wollte die Abhängigkeit von der Sowjetunion nicht mit jener von den USA tauschen, nicht zuletzt, weil er als überzeugter Kommunist immer auch Kritiker der kapitalistischen Welt blieb. Vielmehr erkannte Jugoslawiens Führung in der Konfrontation zwischen den Supermächten die Chance, einen Zwischenraum zwischen den Blöcken zu schaffen – denn den USA und der Sowjetunion war ein keinem Lager angehörendes Jugoslawien allemal lieber als ein Jugoslawien im jeweils gegnerischen. Mit dieser Position war Jugoslawien nicht alleine, auch einige der kürzlich entkolonialisierten Länder wollten sich keinem der beiden Blöcke anschließen. Aus diesem Bestreben entwickelte sich die Bewegung der Blockfreien, zu deren wesentlichen Initiatoren Tito gehörte und die 1961 in Belgrad formell aus der Taufe gehoben wurde. Parallel dazu betrieb Tito nach Stalins Tod auch die Aussöhnung mit der Sowjetunion, die in der Wiederaufnahme der diplomatischen Beziehungen resultierte, regelmäßig aber schwere Krisen durchlief, etwa als die Sowjets die ungarische Revolution 1956 gewaltsam niederschlugen oder 1968 in die Tschechoslowakei einmarschierten. Das außenpolitische Renommee Jugoslawiens gründete sich auch auf Titos Bemühungen, sein Land als Vermittler und Kraft des Friedens zu positionieren. Die Nominierung Titos für den Friedensnobelpreis 1973, die Durchführung des KSZE-Nachfolgetreffens 1977 in Belgrad sowie die Vergabe der Olympischen Winterspiele des Jahres 1984 an Sarajevo illustrieren die hohe internationale Wertschätzung für Jugoslawien. Diese erfolgreiche Außenpolitik stärkte Jugoslawiens Sicherheit, erschloss der jugoslawischen Wirtschaft neue Märkte in Ost und West sowie der sogenannten Dritten Welt und erfüllte viele Bürger des Landes mit Stolz. Mit dem Ende der Blockkonfrontation verlor sie aber ihre Ausgangsbedingung.

Griechenland und die Türkei

Ebenso wie im Falle Jugoslawiens waren auch die politischen Geschicke der beiden ›westlichen‹ Länder der Region, Griechenland und die Türkei, maßgeblich durch den engen Zusammenhang von Außen- und Innenpolitik geprägt. Gleichzeitig verdeutlichen die beiden Westalliierten in der Region, dass die Zugehörigkeit zum selben Verteidigungsbündnis nicht nur sehr unterschiedliche politische Entwicklungen zuließ, sondern der massiven gegenseitigen Abneigung keineswegs vorbeugte. Vor dem Krieg in (Ex-)Jugoslawien hatte die griechisch-türkische Konfliktkonstellation in Südosteuropa das größte Potenzial zur militärischen Eskalation. Die außenpolitische Konfrontation, die nationalistische Grundorientierung des ›tiefen‹ Staates sowie der mitunter hysterische Züge annehmende Antikommunismus, der von den USA als Schutzmacht geteilt, wenn nicht gefördert wurde, behinderten in beiden Ländern die Demokratisierung.

Die 1950er und 1960er Jahre waren in Griechenland und der Türkei Jahrzehnte enttäuschter politischer Hoffnungen. Phasen der Liberalisierung wechselten sich mit Rückfällen in autoritäre Muster ab. Antikommunismus sowie der in der türkischen Bürokratie sowie dem Militär stark verankerte Kemalismus dämpften den politischen Wettbewerb und lieferten wiederholt dem Staat die Begründung, gegen

Opponenten (wie Kommunisten bzw. in der Türkei auch Islamisten) gewaltsam vorzugehen. In beiden Ländern taten sich die Regierungen auch äußerst schwer, sich an den umfassenden gesellschaftlichen Wandel anzupassen, sodass ihre ideologischen Grundlagen zunehmend den Wünschen der Gesellschaft widersprachen.

In Griechenland dauerte ein liberales Intermezzo Anfang der 1950er Jahre nur zwei Jahre, bis 1952 der stramm rechte Politiker Alexandros Papagos nach dem klaren Wahlsieg seiner konservativen Hellenischen Sammlungspartei jegliche Versöhnungsbemühungen mit der Linken abbrach und diese wieder staatlich verfolgen ließ. Sein Nachfolger, Konstantinos Karamanlis, der ab 1955 als Regierungschef amtierte, leitete eine erneue Phase der Liberalisierung ein, während der sich das linke Lager politisch konsolidieren konnte. Nur dank einer Besonderheit des Wahlrechts konnte Karamanlis zweimal eine absolute Mehrheit im Parlament erzielen, obwohl seine Partei Nationale Radikale Union sowohl bei den Wahlen von 1956 als auch 1958 weniger Stimmen als die Opposition gewann. Ab den späten 1950er Jahren ließ Karamanlis die erstarkte Linke allerdings wieder verfolgen – polizeilich und durch vom Staat geduldete irreguläre Gruppen. Noch immer gab es Tausende politische Gefangene. Die dadurch erneut verschärfte Spaltung der griechischen Gesellschaft schmälerte die größte Errungenschaft seiner Amtszeit: die Unterzeichnung eines Assoziierungsabkommens mit der Europäischen Wirtschaftsgemeinschaft 1961. Nach massiven Wahlmanipulationen im Jahr 1961 sowie der Verstrickung des Staates in die Ermordung eines prominenten linken Abgeordneten im Jahr 1963 erhöhte sich der Druck auf Karamanlis, sodass er sich ins

Exil nach Paris zurückzog. Mit dem Wahlsieg der liberalen Zentrumsunion unter Georgios Papandreou im November 1963 konnte das nächste (und erneut kurze) liberale Intermezzo beginnen.

Die innenpolitische Entwicklung der Türkei folgte einem vergleichbaren Muster. Die 1950 an die Macht gekommene Regierung unter Adnan Menderes von der Demokratischen Partei begann mit demokratischen Reformen, griff aber im Laufe der nächsten Jahre angesichts wachsender ökonomischer Schwierigkeiten sowie der Obstruktion durch den kemalistischen Staatsapparat immer häufiger zu autoritären Mitteln. Sie setzte dabei auf die Unterstützung durch die bisher marginalisierte ländliche Bevölkerung, deren Zustimmung sie sich durch eine Abschwächung des offiziellen Laizismus ebenso wie durch ihre Wirtschaftspolitik zu erhalten trachtete. Die autoritären Tendenzen der Regierung provozierten Ende der 1950er Jahre jedoch zunehmenden Protest, vor allem in den Städten, in denen Studenten, Intellektuelle und Journalisten für Demokratie und Bürgerrechte – und die traditionelle Vormacht der urbanen Eliten – agitierten (die Konfliktlinie zwischen säkularen und religiösen Kräften prägt die Türkei bis heute). Als die Auseinandersetzungen auf der Straße immer blutiger wurden, reagierten 1960 Teile des Militärs, indem sie die Regierung Menderes absetzten und im Namen eines Komitees für Nationale Einheit die Macht ergriffen. In der Militärregierung setzten sich allerdings gemäßigte Kräfte durch, die 1961 eine liberale Verfassung durch ein Referendum beschließen und ein neues Mehrparteienparlament wählen ließen. Schwer in Verruf brachte sie allerdings die Hinrichtung von Menderes sowie seiner ehemaligen Minister des

Äußeren, Rüştü Zorlu, und der Finanzen, Hasan Polatkan, im September 1961.

1961 bzw. 1963 standen somit sowohl die Türkei als auch Griechenland an der Schwelle eines erneuten politischen Aufbruches. Die Interventionen des Militärs und des ›Schattenstaates‹ ebenso wie Wahlmanipulationen hatten die Herausbildung unterschiedlicher politischer Lager, inklusive linker Kräfte, nicht verhindert. Die jetzt stärker ausdifferenzierten Gesellschaften beider Länder drängten auf eine Pluralisierung auch des politischen Systems. Gleichzeitig entstanden neue Verwerfungen, da etwa das wachsende städtische Subproletariat nach politischer Partizipation und sozialer Emanzipation strebte. Auf dem Dorf wurden traditionelle Formen der sozialen und damit auch politischen Kontrolle zunehmend hinterfragt. Die dominanten Eliten im Staats- und Militärapparat gaben sich jedoch nicht ohne Weiteres geschlagen, weshalb die Demokratisierung Anfang der 1960er Jahre noch nicht nachhaltig gelang. Vielmehr führte sie angesichts fundamentaler Unterschiede in den Werten, einer mangelnden Tradition des Kompromisses und fehlender institutioneller Kontrollmechanismen zu hochgradiger Polarisierung. Ausgeprägte Instabilität, gepaart mit politisch motivierter Gewalt, welche die beinahe paranoide Furcht der Eliten vor einer kommunistischen Unterwanderung weiter bestärkte, kennzeichneten in jenen Jahren die Innenpolitik beider Länder.

In der Türkei veranlasste die zunehmende politische Gewalt sowie eine große Streikbewegung das Militär im März 1971 dazu, die Regierung des seit 1965 amtierenden Ministerpräsidenten Süleyman Demirel zum Rücktritt zu zwingen, ohne aber selbst die Macht zu übernehmen. Demirel stand an der Spitze der Gerechtigkeitspartei, einer Nachfolgerin der 1960 gestürzten Demokratischen Partei; wenigstens blieb ihm das Schicksal von Adnan Menderes erspart (1975 konnte er sogar erneut Ministerpräsident werden und 1993 schließlich Staatspräsident). Die bürgerlichen Freiheiten wurden jedoch nach der Militärintervention radikal beschnitten; in vielen Landesteilen verhängte die Regierung das Kriegsrecht. Mehr als 5000 Personen wurden aus politischen Gründen inhaftiert, vor allem linke und liberale Aktivisten. Das Militär ließ auch die seiner Ansicht nach zu liberale Verfassung novellieren. Im Gegensatz zum Putsch von 1960 stieß die Intervention von 1971 allerdings außerhalb der Armee meist auf Unverständnis. Bis 1973 gelang es daher den politischen Parteien, sich von der Dominanz des Militärs wieder zu befreien. Die Wahlen gewann in diesem Jahr die Republikanische Volkspartei (CHP), die sich in Richtung Sozialdemokratie entwickelte und damit eine neue Facette in die türkische Parteienlandschaft brachte. Ihr Parteichef Bülent Ecevit wurde Premierminister – damit begann eine leidenschaftliche Konkurrenz zwischen ihm, dem säkularen Intellektuellen, und dem konservativ-volksnahen Süleyman Demirel, die die türkische Politik in den nächsten Jahren prägen sollte. Angesichts knapper Wahlergebnisse sowie ideologisch inkohärenter Koalitionen erwiesen sich die türkischen Regierungen der 1970er Jahre als wenig stabil.

Auch in Griechenland übernahm das Militär 1967 nach einer Phase häufig wechselnder Regierungen die Macht und etablierte für sieben Jahre eine brutale Diktatur. Papandreou war schon 1965 zurückgetreten, unter anderem aus Protest gegen das Eingreifen des jungen Königs Konstantin

II. in die Tagespolitik, der damit seine verfassungsgemäßen Kompetenzen überschritt. Die unnachgiebige Opposition gegen Papandreou seitens der Konservativen lag insbesondere in seiner Aussöhnungspolitik gegenüber der Linken begründet; so verordnete Papandreou die Freilassung verbliebener politischer Häftlinge und erlaubte Bürgerkriegsflüchtlingen die Rückkehr aus den sozialistischen Ländern. Seine Reformen in der Bildungspolitik – wie die Einführung der Volkssprache (*Dimotiki*) anstelle des anachronistischen, mit antiken und byzantinischen Elementen überfrachteten Idioms der *Katharevousa* – stießen auf ebenso erbitterten Widerstand der alten Eliten. Nach Papandreous Rücktritt im Juli 1965 bildeten sich mehrere kurzlebige Kabinette, die allesamt über keine eigene Mehrheit im Parlament verfügten. Zu den 1967 anberaumten Neuwahlen kam es dann nicht mehr, da am 21. April des Jahres eine Gruppe von Offizieren um Georgios Papadopoulos putschte – mit der fadenscheinigen Begründung, eine Machtübernahme der Kommunisten bei den bevorstehenden Wahlen verhindern zu müssen.

Die neue Militärregierung führte die Pressezensur ein, erließ ein Versammlungs- und Parteienverbot, löste die Gewerkschaften auf, ›säuberte‹ Armee und Staatsapparat und ließ Tausende Oppositionelle in Gefängnissen und Lagern verschwinden. Nach einem gescheiterten Gegenputsch im Dezember 1967 verließ Konstantin II. das Land und läutete damit das endgültige Ende der Monarchie in Griechenland ein (1973 erklärten die Obristen das Land zur Republik, das einzige nachhaltige Erbe ihrer Herrschaft). Die im November 1968 in Kraft getretene neue Verfassung begründete ein extrem autoritäres Staatswesen, dessen ideologische Basis in primitivem Antikommunismus und reaktionärem, religiös verbrämtem Nationalismus bestand. Populär wurde das Regime dadurch nicht, seine Macht blieb auf Waffengewalt begründet. International geriet es zunehmend in Isolation, auch aufgrund der Aktivitäten von politischen Flüchtlingen aus Griechenland in Westeuropa. 1973 nahm die Zahl von Demonstrationen gegen das Regime merklich zu, das auf den Protest mit verstärkter Gewalt reagierte: Bei der Erstürmung des von Studenten besetzten Polytechnikums in Athen im November 1973 kamen mehr als zwanzig Studenten ums Leben, ein bis heute erinnertes traumatisches Ereignis.

In der Regierung des Militärs übernahmen daraufhin noch radikalere Kräfte um den Leiter der berüchtigten Militärpolizei, General Dimitrios Ioannidis, die Macht, die die Repressionen weiter verschärften. Ioannidis schlug auch einen aggressiven Kurs in der Zypernpolitik ein, bis letztlich am 20. Juli 1974 türkisches Militär auf der Insel landete. Das völlige Scheitern der von der Athener Militärjunta angeordneten Mobilmachung gegen die Türkei führte der Bevölkerung drastisch die Unfähigkeit des Regimes selbst in seiner ureigenen Domäne, dem Militär, vor Augen. Angesichts weitverbreiteter Unzufriedenheit in der Bevölkerung, zunehmender außenpolitischer Isolation und der nun auch bewiesenen fehlenden Gefolgschaft in der Armee gaben die Obristen ihren Widerstand gegen die demokratische Opposition auf – bereits am 24. Juli konnte der aus seinem Exil zurückgekehrte Ex-Premier Karamanlis sein altes Amt erneut übernehmen und eine rasche Demokratisierung einläuten.

Die dramatischen Ereignisse auf Zypern im Jahr 1974 führten somit zum Sturz der weithin verachteten Diktatur in Griechenland, wodurch die akute Gefahr eines Krieges zwischen Griechenland und der Türkei fürs Erste gebannt war. Schon in den Jahren zuvor hatten die Spannungen auf Zypern unmittelbare Auswirkungen auf die Politik Griechenlands und der Türkei – in beiden Ländern ließ das Schicksal der griechischen bzw. türkischen Inselbevölkerung die Emotionen der Gesellschaft und der politischen Eliten hochkochen. Mit Verweis auf Zypern und die damit verbundenen Spannungen zwischen den beiden Staaten konnten die Armeeführungen beider Länder jederzeit ihre politische Rolle und ihre Finanzierungswünsche rechtfertigen.

Die Zypernfrage war in den frühen 1950er Jahren virulent geworden, als die Insel noch eine britische Kronkolonie war. Damals gewann unter der griechischen Bevölkerungsmehrheit der Insel (circa drei Viertel der Gesamtbevölkerung) die Idee des Anschlusses an Griechenland (*Enosis*) rasant an Zulauf. Die Bewegung für die Vereinigung führte Erzbischof Makarios III. an, seit 1950 Oberhaupt der orthodoxen Kirche auf Zypern. Er präsentierte die Bestrebungen der Inselgriechen als Teil des antikolonialen Kampfes, wodurch er die Zypernfrage erfolgreich internationalisierte. Mitte der 1950er Jahre bildete sich auf Zypern schließlich eine bewaffnete Untergrundorganisation namens Nationale Organisation Zypriotischer Kämpfer (EOKA), deren Terrorakte die britische Regierung zusätzlich unter Zugzwang setzten. Es kam zu bürgerkriegsähnlichen Zuständen, nachdem die EOKA ihre militärische Kampagne verschärft und sich 1958 auch auf türkischer Seite eine bewaffnete Untergrundorganisation (Türkische Widerstandsorganisation) gebildet hatte. In der Folge wirkten die Öffentlichkeiten in Griechenland und der Türkei zunehmend auf ihre Regierungen ein, sich für die griechische bzw. türkische Bevölkerung Zyperns zu engagieren. Die massiven Ausschreitungen gegen die griechische Gemeinschaft Istanbuls im September 1955 und in den folgenden Jahren, aufgrund derer fast alle Griechen Istanbul verließen, verdeutlichten die transnationale Mobilisierungskraft des Zypernkonflikts. In Verhandlungen kamen Großbritannien, Griechenland und die Türkei schließlich 1959 überein, die Insel als unabhängige Republik aus dem britischen Kolonialreich zu entlassen. Alle drei Länder verpflichteten sich vertraglich, als Garantiemächte die Unabhängigkeit und Verfassungsordnung der Republik Zypern zu schützen. Das Abkommen zwischen den drei Signatarmächten untersagte »jede Aktivität im Zusammenhang mit der Förderung zur Errichtung einer Union von Zypern mit einem anderen Staat oder zur Teilung der Insel«. Auch Erzbischof Makarios distanzierte sich öffentlich von einer Vereinigung mit Griechenland.

Im August 1960 erlangte somit die Republik Zypern ihre Unabhängigkeit, mit Makarios als Staatsoberhaupt und dem Türken Fazil Küçük als dessen Stellvertreter. Die Verfassung schrieb einen strikten ethnischen Proporz bei der Verteilung von Ämtern vor, wobei die türkische Bevölkerung gemessen an ihrem Bevölkerungsanteil bevorzugt wurde. Den beiden Volksgruppen kam bei wichtigen politischen Fragen jeweils ein Vetorecht zu. Diese Verfassungsordnung – die in manchem jene für Bosnien-Herzegowina nach dem Daytoner Friedensabkommen 1995 vorwegnahm – erwies sich bald als nicht tragfähig, da es am notwendigen Minimalkonsens zwischen den beiden Volksgruppen fehlte und sie Dauerblockaden ermöglichte. Das Vorhaben von Makarios, die Verfassung zu verändern, führte 1963 zu heftigen gewaltsamen Zusammenstößen zwischen den beiden Volksgruppen; die türkischen Minister traten aus der Regierung aus. 1964 wurden UN-Blauhelme auf Zypern stationiert, die aber 1967 eine erneute Eskalation der Gewalt nicht verhindern konnten.

Mit der Machtübernahme der Obristen in Griechenland 1967 verschärfte sich die Situation, da die griechische Militärdiktatur – in Verletzung des Abkommens von 1959 – jene Kräfte auf der Insel massiv unterstützte, die für die Vereinigung mit Griechenland eintraten. Gleichzeitig arbeitete das Athener Militärregime gegen Präsident Makarios, der eine unabhängige, an den Blockfreien und zunehmend auch den sozialistischen Ländern orientierte Außenpolitik betrieb. Als die mit Staatsbürgern Griechenlands durchsetzte Nationalgarde am 15. Juli 1974 Makarios tatsächlich stürzte und einen militanten Anhänger der *Enosis* zum Präsidenten ausrief, entschied sich die Türkei mit Bezug auf den Garantievertrag von 1959 zur militärischen Intervention. Bis zum Ende ihrer Militäroperation Mitte August brachten die türkischen Streitkräfte rund 40 Prozent des Inselterritoriums unter ihre Kontrolle; die Waffenstillstandslinie wurde zur bis heute existierenden Demarkationslinie zwischen dem tatsächlich von der Regierung Zyperns kontrollierten Staatsgebiet und dem türkisch kontrollierten Teil der Insel, der sich neun Jahre später (1983) als ›Türkische Republik Nord-Zypern‹ für unabhängig erklärte, aber bis heute nur von der Türkei anerkannt wurde.

Die Türkei nach 1974

Führte das Scheitern der griechischen Militärdiktatur in der Zypernfrage zu ihrem Sturz, so konnte auch die amtierende türkische Regierung unter Bülent Ecevit von der Republikanischen Volkspartei (CHP) keinen Gewinn aus ihrem Erfolg schlagen, trotz großer patriotischer Begeisterung: Anfang 1975 übernahm die neu gebildete Koalition der konservativen Nationalistischen Front unter Ecevits Erzrivalen, Süleyman Demirel, die Regierungsverantwortung. Zwar erwies sich diese Regierung als kurzlebig, sie belegt jedoch die Konsolidierung der politischen Rechten auf der Basis einer gemeinsamen ideologischen Grundlage aus ausgeprägtem Nationalismus, Antikommunismus und Islamismus im Sinne der ›türkisch-islamischen‹ Synthese. Bei den nachfolgenden Wahlen konnte die Rechte – in unterschiedlicher Parteizusammensetzung – stabil mehr als die Hälfte der Stimmen gewinnen, wobei sie insbesondere ländliche Wähler sowie Landflüchtlinge in den großen Städten überzeugte. Die politische Hegemonie des Kemalismus erodierte also zugunsten von Parteien, die für eine stärkere politische Rolle des Islam eintraten. Dagegen mobilisierten die kemalistischen Kreise, die an der Wahlurne Niederlagen erlitten, nun den Staatsapparat.

Verschärft wurde die politische Polarisierung durch zunehmende wirtschaftliche Probleme, die die Türkei an den Rand der Zahlungsunfähigkeit brachten. Auch außenpolitisch befand sie sich nach der Zypernintervention, die die USA mit einem Waffenembargo quittiert hatten, in Schwierigkeiten. Die Instabilität, als Ausdruck der ungelösten Strukturprobleme des Landes, äußerte sich in immer extremerer politischer Gewalt: Der ›tiefe Staat‹ ging gewaltsam gegen seine Gegner, aber insbesondere die an Breite gewinnende Arbeiterbewegung vor, rechts- und linksextreme Gruppen verübten Terrorattentate, denen unter anderem prominente Politiker zum Opfer fielen, und Aktivisten der unterdrückten kurdischen Minderheit begannen mit Gewalt für ihre Rechte zu kämpfen. Die Großstädte wurden zu regelrechten Kampfzonen, während die politische Klasse durch gegenseitige Blockaden die Situation verschlimmerte. Das politische Chaos sowie die offen antilaizistischen Aktivitäten der 1972 gegründeten Nationalen Heilspartei nahm das Militär am 12. September 1980 zum Anlass für einen erneuten Putsch (wieder traf es eine von Süleyman Demirel geführte Regierung).

Anders als 1960 und 1971 strebte das Militär dieses Mal kaum mehr die Verteidigung des Kemalismus an. Vielmehr sollte das politische Leben der Türkei auf der Basis der ›türkisch-islamischen‹ Synthese völlig neu geordnet werden. Die existierenden Parteien, Gewerkschaften und Vereine wurden verboten; Hunderttausende Regimegegner (insbesondere Anhänger der Linken sowie kurdische Aktivisten) wurden verhaftet, oftmals gefoltert und vor Gericht gestellt. Die in einer Volksabstimmung im November 1982 angenommene neue Verfassung schrieb die Vorstellungen des Militärregimes über einen nationalistischen Staat mit eingeschränkten Bürgerrechten fest. Ihre Präambel bestimmte den »absoluten Vorrang des nationalen Willens«, und Artikel 13 erlaubte die Einschränkung der Grundrechte und -freiheiten »zum Schutz der unteilbaren Einheit von Staatsgebiet und Staatsvolk, der nationalen Souveränität, der Republik, der nationalen Sicherheit, der öffentlichen Ordnung, der Sicherheit der Allgemeinheit, des öffentlichen Interesses, des Sittengesetzes und der öffentlichen Gesundheit [...]«. Mit der Erweiterung der Kompetenzen des Nationalen Sicherheitsrates sicherte sich das Militär auf Dauer weitgehende politische Mitspracherechte. Diese Verfassung blieb – mit zahlreichen Novellierungen – bis 2017 gültig; sie bildete eine wesentliche Hürde für die Entwicklung eines demokratischen, pluralistischen Rechtsstaates in der Türkei (wobei die neue Verfassung von 2017, die ein präsidententielles System ohne *checks and balances* eingeführt hat, keinen Fortschritt darstellt). Ein weiteres, bis heute wirkendes Erbe der Militärregierung ist die verschärfte Unterdrückung der kurdischen Minderheit, unter anderem durch das Verbot der kurdischen Sprache; im Laufe der 1980er Jahre eskalierte der Kurdenkonflikt zum Bürgerkrieg in den kurdischen Siedlungsgebieten Anatoliens.

Nationalismus und Kommunismus

Eine ausgesprochen nationalistische Regierungspolitik – sowohl nach innen als auch außen – war keine Eigenart der beiden NATO-Länder in Südosteuropa, sondern wurde auch zum Kennzeichen von Albanien, Bulgarien und Rumänien. Trotz der internationalistischen Tradition des Sozialismus kam die ausgeprägt nationale Rhetorik der kommunistischen Regime nicht überraschend: Zum einen passte sie gut als ideologischer Überbau zu einem auf ökonomischer Autarkie und einem starken Staat basierenden Wirtschafts- und Gesellschaftsmodell; zum anderen erschloss sie neue Quellen der Zustimmung seitens der Bevölkerung. Nationalismus erlaubte es etwa patriotisch orientierten Intellektuellen und Kulturschaffenden, die mit kommunistischer Ideologie wenig anfangen konnten, sich mit dem Regime anzufreunden. Die kommunistischen Parteien betonten zwar den ›proletarischen Internationalismus‹, mindestens genauso vehement stellten sie sich aber in die Tradition des nationalen Freiheitskampfes sowie der glorreichen Geschichte ihres jeweiligen Landes. Am deutlichsten wurde dies im Personenkult in Rumänien und Albanien: Nicolae Ceauşescu ließ sich von Schmeichlern in eine Ahnenreihe stellen, die vom antiken dakischen Fürsten Burebista über wichtige Herrscher des Mittelalters wie Stefan den Tapferen reichte. Die albanische Propaganda verehrte Enver Hoxha als regelrechte Reinkarnation des mittelalterlichen Nationalhelden Skanderbeg.

Der offizielle Nationalismus der kommunistischen Regime beeinflusste sowohl ihre Außen- als auch ihre Innenpolitik. In Albanien trieb das Regime die Idee von der nationalen Unabhängigkeit an die Spitze: Kein anderes kommunistisch regiertes Land in Europa isolierte sich so stark von der Außenwelt; aus Albanien auszureisen war ebenso schwer möglich wie in das Land zu gelangen. Nachdem sich Albanien 1948 von seiner Hegemonialmacht Jugoslawien losgesagt hatte, brach Enver Hoxha, der zeitlebens dem Stalinismus treu blieb und nichts von Entspannungspolitik hielt, 1961 auch mit der Sowjetunion, verstört von Chruschtschows Tauwetterpolitik. Das daraufhin abgeschlossene Bündnis mit der Volksrepublik China, die unter anderem Wirtschaftshilfe für Albanien leistete, zerbrach 1977, nachdem sich die VR China den Vereinigten Staaten angenähert und somit in den Augen Hoxhas des Revisionismus schuldig gemacht hatte. Die albanische Propaganda zementierte die Vorstellung, die Unabhängigkeit des Landes müsse gegen übelwollende Nachbarn und Großmächte um jeden Preis verteidigt werden – mit der Partei der Arbeit und Enver Hoxha an der Spitze. Die offizielle Abschaffung aller Religionsgemeinschaften und die Proklamation Albaniens zum ersten ›atheistischen‹ Land im Jahr 1967 (1976 wurden dann alle religiösen Handlungen verboten) folgten ebenfalls der nationalistischen Logik: Schließlich konnte die konfessionelle Zugehörigkeit die albanische Nation spalten, deren Einheit der kommunistischen Propaganda über alles ging. Die Parteinahme für die ›unterdrückten‹ Albaner Jugoslawiens führte immer wieder zu schweren Konflikten mit der jugoslawischen Regierung.

Nicht ganz so extrem, aber in der Tendenz vergleichbar war die nationalistische Umorientierung der rumänischen Parteiführung, die bereits Ende der 1950er Jahre unter Gheorghe Gheorghiu-Dej einsetzte und von Nicolae Ceauşescu weitergetrieben wurde, der 1965 nach dem Tod seines Vorgängers die Parteiführung übernahm. Symbolischen Ausdruck fand der Nationalkommunismus in Rumänien in einer umfänglichen Kulturproduktion, welche die ewige Einheit, das hohe Alter und den großen Ruhm der rumänischen Nation in Schrifttum, Bild und Film betonte. In den 1970er Jahren wurde unter Parteiintellektuellen die Idee populär, dass viele zivilisatorische Errungenschaften – wie Demokratie und Aufklärung – von den Rumänen zuerst entwickelt worden seien. Die nationalistische Rhetorik forderte die Bevölkerung dazu auf, sich ganz den Interessen des Kollektivs zu unterwerfen. Daraus folgten auch konkrete Maßnahmen, die massiv in das Leben der Menschen eingriffen. Das 1966 erlassene totale Abtreibungsverbot etwa entsprang der fixen Idee Ceaușescus, die Rumänen müssten zu einem Zwanzigmillionenvolk anwachsen. Die Autonomie des ungarischen Siedlungsgebietes in Siebenbürgen wurde unter Ceaușescu eingeschränkt und schließlich ganz aufgehoben. Auch die in den späten 1980er Jahren forcierte Politik der sogenannten ›Systematisierung‹, die auf die Zerstörung gewachsener Dorfstrukturen und deren Ersetzung durch Agrostädte mit normierten Wohnblocks zielte, war Ausdruck des nationalistischen Homogenisierungswahns von Ceaușescu.

Im Ausland besonders wahrgenommen wurde Rumäniens außenpolitische Emanzipation von der Sowjetunion seit den späten 1950er Jahren. Die rumänische Parteiführung pochte auf die Gleichberechtigung aller kommunistischen Parteien sowie die Souveränität ihres Landes. Kulturpolitisch betonte sie die lateinisch-römischen Wurzeln der Rumänen, obwohl Schulbücher in den späten 1940er Jahren noch die Nähe zu den Slawen und insbesondere den Russen herausgestrichen hatten. Die Distanzierung von der Sowjetunion wurde am deutlichsten, als sich Rumänien 1968 weigerte, an der Intervention des Warschauer Paktes in der Tschechoslowakei teilzunehmen (nicht aus Sympathie mit den Prager Reformern, sondern als gelebtes Bekenntnis zum Prinzip der Nichteinmischung in die inneren Angelegenheiten anderer). 1971 trat Rumänien als einziges Warschauer-Pakt-Land dem GATT-Freihandelsabkommen (*General Agreement on Tariffs and Trade*) und 1972 dem Internationalen Währungsfonds bei. Der Westen unterstützte Ceaușescu nach dem ehernen Prinzip ›der Gegner meines Feindes ist mein Freund‹, in der Hoffnung, Rumänien so weit wie möglich aus dem sowjetischen Orbit herauszulösen, obwohl Ceauşescus Herrschaft mit Ausnahme einer kurzzeitigen Liberalisierung Ende der 1960er und Anfang der 1970er Jahre diktatorisch blieb und im Laufe der Zeit paranoide Züge annahm. Ceauşescu wurde von Queen Elizabeth im Buckingham Palace empfangen, und 1969 reiste US-Präsident Richard Nixon nach Rumänien – der erste offizielle Besuch eines US-amerikanischen Präsidenten in einem staatssozialistischen Land. Die USA unterzeichneten mit Rumänien sogar eine Meistbegünstigungsklausel im Außenhandel.

Unabhängigkeit von äußeren Mächten motivierte die Politik Ceauşescus. Aus diesem Grund lehnte er es Anfang der 1980er Jahre ab, Auflagen des Weltwährungsfonds (IWF) zu akzeptieren, als Rumänien aufgrund seiner hohen Auslandsverschuldung der Staatsbankrott drohte. Vielmehr beschloss Ceauşescu, die Auslandsschulden vorzeitig zurückzuzahlen. Dafür ordnete er eine massive Sparpolitik im Lande an, ließ die Importe zurückfahren sowie möglichst viel exportieren, um die für die Schuldenrückzahlung notwendigen Devisen zu erwirtschaften (eine Politik, die durchaus an den Maßnahmenkatalog des IWF erinnert, wenn überschuldeten Ländern eine ›Strukturanpassung‹ auferlegt wird). Ende der 1980er Jahre waren die Schulden getilgt, aber zum Preis deutlich gesunkener Lebensstandards und einer vernachlässigten Infrastruktur. Die materiellen Entbehrungen der 1980er Jahre in einem Klima der politischen Repression waren ein wesentlicher Grund für den Volksaufstand, der 1989 Ceauşescu nicht nur seine Macht, sondern auch sein Leben kostete. Selbst die offizielle rumänische Statistik – während des Staatssozialismus nicht gerade eine Quelle verlässlicher Informationen – registrierte den deutlichen Rückgang im Lebensstandard: So nahm von 1980 bis 1989 die durchschnittliche Kalorienzufuhr pro Bewohner von 3259 Kilokalorien pro Tag (1980) auf 2490 (1988) ab. Der jährliche Fleischkonsum sank von 62 Kilogramm pro Kopf auf 50 Kilogramm, die durchschnittlichen Renten gingen merklich zurück, im Winter froren die Menschen in kaum geheizten Wohnungen.

Im Vergleich zu seinen Nachbarn durchlief Bulgarien bis in die 1980er Jahre eine ereignisarme politische Entwicklung. Gesicht der Stabilität war der vergleichsweise volkstümliche Todor Živkov. Živkov kam 1954 im Zuge der Entstalinisierung an die Spitze der Bulgarischen Kommunistischen Partei und erfreute sich der Unterstützung des sowjetischen Parteichefs Nikita Chruschtschow. Er kritisierte den ›Personenkult‹ seines Vorgängers Vălko Červenkov, beseitigte dessen Verbündete aus dem Zentrum der Macht, schraubte das Niveau der Repression zurück, beließ aber die Machtstrukturen im Großen und Ganzen unverändert. Außenpolitisch blieb Bulgarien ein treuer Verbündeter der Sowjetunion – Todor Živkov schlug Anfang der 1970er Jahre nur halb im Scherz vor, Bulgarien zur sechzehnten Sowjetrepublik zu machen. Angesichts einer Grenze zu zwei NATO-Ländern sowie zu Jugoslawien lag die enge Bindung an die UdSSR sicherheitspolitisch auch nahe, zumal sich daraus handfeste ökonomische Vorteile ergaben: Bulgarien bezog aus der Sowjetunion billiges Rohöl, das es teilweise zu Weltmarktpreisen weiterverkaufte, und andere Rohstoffe für seine ressourcenhungrige Schwerindustrie. Da seit den späten 1950er Jahren auch in Bulgarien der Lebensstandard stark anstieg, genoss das kommunistische Regime durchaus eine gewisse Akzeptanz – zumindest musste es keine großflächigen Zwangsmittel einsetzen.

Dabei forcierte auch die bulgarische Führung den patriotischen Diskurs: Seit den 1960er Jahren verstärkten sich die Bezugnahmen auf die stolze Geschichte des bulgarischen Volkes, die immer weiter zurückreichte. Auch dort wurden mittelalterliche Herrscher als positive Bezugspunkte entdeckt, obwohl sie in marxistischer Lesart eigentlich für eine feudale Gesellschaftsordnung standen. Unter der esoterisch interessierten Kulturministerin Ljudmila Živkova, der Tochter Todor Živkovs, versuchte Bulgarien in den 1970er Jahren, der ganzen Welt die Schätze seiner Kultur und den besonderen Beitrag der Bulgaren zur globalen Zivilisation näherzubringen. Höhepunkt der nationalpolitischen Kulturarbeit waren die umfangreichen Aktivitäten anlässlich des 1981 gefeierten Jubiläums ›Eintausend Jahre bulgarische Staatlichkeit‹. Diese umfassten zahlreiche Veranstaltungen im Ausland (auch im Westen sowie in den Blockfreien Staaten wie Indien und auf dem afrikanischen Kontinent), was die Bedeutung der Kulturpolitik im Streben nach internationaler Anerkennung ebenso verdeutlicht wie die Intensität von Kontakten über den sogenannten Eisernen Vorhang hinweg.

Mehr als nur symbolische Auswirkungen hatte die Wendung hin zum offenen Nationalismus für die muslimischen Minderheiten in Bulgarien. Die bulgarische Verfassung von 1971 kannte bereits den Begriff ›Minderheit‹ nicht mehr. Die kommunistische Partei propagierte fortan die ›einheitliche sozialistische Nation‹ – eine Idee, die in der Zwangsassimilierung zuerst der bulgarischsprachigen Muslime (Pomaken) Mitte der 1970er Jahre und zehn Jahre später der großen türkischen Minderheit mündete. Ihr lag die Vorstellung zugrunde, dass es sich bei beiden Gruppen ›eigentlich‹ um Bulgaren handele, deren bulgarische Identität nun wiederhergestellt werden müsse. Türkisch-arabische Namen wurden Mitte der 1980er Jahre ebenso wie das Praktizieren des Islam und der Gebrauch des Türkischen verboten. Diese Maßnahmen beschädigten nicht nur das internationale Ansehen Bulgariens dramatisch, sondern weckten den Widerstand der türkischen Minderheit, die rund 10 Prozent der Gesamtbevölkerung ausmachte. Im Mai 1989 musste sich die Parteiführung eingestehen, dass der sogenannte ›Wiedergeburtsprozess‹ gescheitert war, da es die meisten bulgarischen Türken ablehnten, sich als ethnische Bulgaren zu identifizieren. Als Alternative erlaubte die Regierung nun die Ausreise in die Türkei – bis August 1989, als die Türkei die Grenzen schloss, flohen rund 350 000 Türken aus Bulgarien. Diese Ereignisse beschleunigten den Erosionsprozess der kommunistischen Herrschaft in Bulgarien, da nicht nur die Landwirtschaft, in der viele Türken tätig waren, arg in Mitleidenschaft gezogen wurde, sondern sich auch bulgarische Intellektuelle mit den unterdrückten Türken solidarisierten.

Mit der nationalistischen Wende der kommunistischen Politik in Bulgarien, aber auch Rumänien und ab Mitte der 1980er Jahre in Serbien sollte sich zudem das Verhältnis zwischen Staat und orthodoxer Kirche ändern. Die Orthodoxie hatte sich ja traditionell als patriotische Institution und als Instrument der nationalen Politik positioniert, was ihr nun zum Vorteil gereichte. Die Regierungspolitik wurde zwar nicht dezidiert kirchenfreundlich, aber zumindest erfreute sich nun das architektonische Erbe der Kirche wieder größerer staatlicher Aufmerksamkeit. Die Rolle der Kirche als Bewahrerin des kulturellen Erbes während der ›dunklen Jahrhunderte‹ der osmanischen Herrschaft wurde nun wieder stärker betont, und als Heilige verehrte mittelalterliche Herrscher erhielten größere Präsenz im offiziellen Geschichtsbild, was die historische Legitimität der orthodoxen Kirchen im öffentlichen Diskurs bestätigte. Viele orthodoxe Kleriker in Bulgarien und Rumänien kooperierten mit den Staatssicherheitsdiensten.

Das Ende der kommunistischen Herrschaft

Trotz aller Unterschiede im Charakter der kommunistischen Regime brachen sie innerhalb eines Zeitraums von weniger als zwei Jahren in ganz Südosteuropa zusammen: von November 1989 in Bulgarien bis zum März 1991 in Albanien. Es gab Ursachen für diese Zeitgleichheit, zum Beispiel die internationalen Umstände: Mit Michail Gorbatschow trat im März 1985 ein Reformer an die Spitze der Kommunistischen Partei der Sowjetunion, der eine Politik der *Perestroika* (›Umbau‹) und *Glasnost* (›Offenheit‹) vorantrieb. Diese unterminierte die Fundamente der kommunistischen Herrschaft und beendete die sogenannte Breschnew-Doktrin, nach der die Sowjetunion notfalls mit militärischen Mitteln den ›Sozialismus‹ in den Bruderstaaten verteidigen würde. Damit fiel der ultimative Rettungsschirm der kommunistischen Diktaturen weg; vielmehr wirkten die reformunwilligen Verbündeten der Sowjetunion auf ihre eigene Bevölkerung immer anachronistischer.

Angesichts ihrer Unfähigkeit, die wachsenden ökonomischen Probleme der 1980er Jahre zu meistern, sowie aufgrund weitverbreiteter Korruption und einer Vielzahl von Problemen im Alltag der Bürger, die diese aber nicht ansprechen durften, verloren die kommunistischen Regime den letzten Rest an Legitimität. Vertrauliche repräsentative Umfragen unter Industriearbeitern in Bulgarien ergaben in den späten 1980er Jahren, dass die Bevölkerung jegliches Vertrauen in die Problemlösungskompetenz der Regierung verloren hatte. Zu ähnlichen Ergebnissen kamen Untersuchungen in Jugoslawien. Selbst das Versprechen der Demokratisierung verfing nicht mehr, weckte aber neue Erwartungshaltungen. Insbesondere die gut ausgebildete junge Generation sah sich durch die verkrusteten politischen und gesellschaftlichen Strukturen um ihre Aufstiegschancen gebracht, zumal sie viel mehr über die Lebensverhältnisse im Westen wusste als ihre (Groß-)Elterngeneration. Zeitgenössische soziologische Untersuchungen zeigen, dass die massive soziale Mobilität der 1950er und 1960er Jahre, der viele Bauern und einfache Arbeiter einen sozialen Aufstieg verdankten, in den 1970er Jahren zu Ende ging, vielmehr stagnierten oder verschlechterten sich die Lebensstandards in den 1980er Jahren. Verstärkt wurden die Legitimationsprobleme durch die Erosion der charismatischen Begründung von Herrschaft: Tito starb 1980, Enver Hoxha 1985, und Ceaușescus Personenkult wurde so übertrieben, dass er kontraproduktive Wirkungen zeitigte. Die kommunistischen Parteien wurden letztlich auch Opfer ihres eigenen Allmachtanspruchs, den sie in den Verfassungen hatten festschreiben lassen: Als ›alleinführende Kraft‹ mussten sie für alle Defizite geradestehen; Letztere auf die ›imperialistische Diversion‹ zu schieben, erschien selbst vielen überzeugten Kommunisten nicht mehr glaubwürdig.

Das konkrete Ende der kommunistischen Herrschaft illustrierte die Qualität des jeweiligen Regimes: In Rumänien stürzte Ceauşescu infolge eines Massenaufstands, der Mitte Dezember 1989 in der Provinzstadt Timişoara im Nordwesten des Landes ausbrach und bald Bukarest erreichte. Auslöser der Umwälzung war der Plan der Staatsmacht, den ungarischen evangelischen Pfarrer László Tőkés zu versetzen, der seine Gemeinde in Timişoara zum Widerstand gegen das Regime aufgefordert hatte. Mahnwachen, die zum Schutz des Pfarrers vor einer Deportation abgehalten wurden, weiteten sich bald zu einem Aufruhr aus, der auch die Industriearbeiter Timişoaras erfasste. Als Armee, Polizei und Securitate mit Waffengewalt gegen die Aufständischen vorgingen und es etliche Tote gab, gingen die Menschen auch in Bukarest in großer Zahl auf die Straße. Allem Anschein nach war dieser Teil der rumänischen Revolution spontan und ›authentisch‹ – basierend auf dem weitverbreiteten Unmut über die zunehmende Selbstherrlichkeit des Diktators, seine Zerstörungswut und den fallenden Lebensstandard. Selbst in Partei und Armee gab es erhebliche Widerstände gegen Ceauşescu. Die Securitate allerdings bekämpfte die Protestierenden, weshalb mehr als tausend Menschen in der Revolution starben. Ceauşescu und seine Gattin Elena überlebten den Umsturz ebenfalls nicht: Nach einem improvisierten Schauprozess vor einem Militärgericht wurden beide am 25. Dezember 1989 sofort nach der Urteilsverkündung erschossen. Die Macht übernahmen allerdings nicht die Revolutionäre, sondern Protagonisten des alten Regimes (siehe unten), weshalb der Umsturz in Rumänien Elemente einer echten Revolution mit jenen einer Palastrevolte verband.

Der unblutig und relativ glatt erfolgte Machtwechsel in Bulgarien glich erst recht einem Coup von innen heraus: Am 9. November 1989 zwang das Zentralkomitee der Kommunistischen Partei Todor Živkov zur Abdankung. Angesichts wachsender öffentlicher Proteste gegen die kommunistische Regierung ließ die neue Führung unter dem ehemaligen Außenminister Petăr Mladenov bald die Bildung von Oppositionsparteien zu, mit denen sie in Verhandlungen eintrat. Dem Sturz Živkovs vorangegangen waren unter anderem Proteste von Umweltschützern in der Donaustadt Ruse und in Sofia sowie von bulgarischen Intellektuellen gegen die Verfolgung der türkischen Minderheit. In Albanien wiederum zwang eine angesichts miserabler Lebensumstände verzweifelte Bevölkerung ein widerspenstiges Regime zur Aufgabe der Macht: Im Juli 1990 drangen 5000 Bürger, die das Land verlassen wollten, in westliche Botschaften in Tirana ein, im Dezember 1990 gingen Tausende Studenten für politische Reformen auf die Straße, und im Februar 1991 fanden weitere Massendemonstrationen gegen die kommunistische Herrschaft statt – daraufhin entschied sich der Nachfolger Enver Hoxhas, Ramiz Alia, die politische Pluralisierung nicht weiter aufzuhalten.

In Jugoslawien war die politische Pluralisierung ein vergleichsweise unspektakulärer Prozess – der aber vom Staatszerfall und seinen blutigen Folgen überlagert wurde (siehe nächstes Kapitel). Die 1980er Jahre hindurch mehrten sich im Lande und auch innerhalb des Bundes der Kommunisten Forderungen nach grundlegenden politischen Reformen. In der zweiten Hälfte der 1980er Jahre konnten Kritiker bereits straflos die Grundlagen der kommunistischen Herrschaft infrage stellen. Das Gefühl, dass es nicht wie bisher weitergehen konnte, wurde durch die tiefe Wirtschaftskrise des Jahrzehnts verschärft: Die Arbeitslosigkeit stieg kontinuierlich an, die Inflation ebenso, und die Staatsschulden uferten Jahr für Jahr weiter aus. Nach dem ›goldenen‹ Jahrzehnt der 1970er Jahre mussten nun die Bürger des Landes Kürzungen der Reallöhne hinnehmen; manche Produkte wurden sogar knapp. Der jugoslawische Konsumtraum war ausgeträumt. Gleichzeitig zeigte sich immer deutlicher, dass die Verfassungsordnung von 1974 einer kohärenten Reformpolitik im Wege stand: Die Kompetenzen des Bundes waren so schwach, dass die Reformpläne der Ministerpräsidentin Milka Planinc (1982–1986) sowie ihrer Nachfolger Branko Mikulić (1986–1988) und Ante Marković (1989–1991) nicht nur am Widerstand der Dogmatiker im Bund der Kommunisten, sondern auch an dem der Republikführungen scheiterten. Regionalpolitiker schimpften auf ›Belgrad‹, blockierten aber durch ihren Egoismus die Bundesorgane.

In den politischen Debatten in Jugoslawien kristallisierten sich zwei entgegengesetzte Reformansätze heraus (siehe auch das nächste Kapitel): Rezentralisierung, die die serbische Führung unter Slobodan Milošević (seit 1986 Parteichef in Serbien) bevorzugte, oder weitere Dezentralisierung, wie vor allem von der slowenischen Republikführung vorgeschlagen. Die innerhalb der Partei bzw. zwischen den Republikregierungen offen ausgetragenen Konflikte taten wenig, um das Ansehen des Regimes in den Augen der Bevölkerung zu erhöhen. In den späten 1980er Jahren entstanden immer mehr oppositionelle Initiativen, unter denen die von der Jugendzeitschrift *Mladina* in Slowenien getragene Kampagne gegen die Jugoslawische Volksarmee die wohl bekannteste war. Die Kommunisten vor allem Sloweniens und Serbiens – die wesentlichen Antagonisten jener Zeit – versuchten nicht mehr, diese Oppositionsbewegungen zu unterdrücken; vielmehr wollten sie sich mit ihnen verbünden, um von deren Popularität zu profitieren. Slobodan Milošević ließ etwa 1988 und 1989 ›antibürokratische‹ Demonstrationen gegen die konservativen Parteiführungen der Autonomen Provinz Vojvodina sowie in der Republik Montenegro inszenieren. In der Folge kamen dort Politiker ans Ruder, die seinen Kurs unterstützten. Im Januar 1990 schließlich sprach sich der Bund der Kommunisten Jugoslawiens für die Einführung einer Mehrparteiendemokratie aus, allerdings sollten noch auf demselben Parteitag die Rivalitäten zwischen der slowenischen und serbischen Partei zum Zerfall der jugoslawischen Gesamtpartei führen. Rasch gründeten sich nun oppositionelle Parteien, die Kommunisten benannten sich in Sozialisten bzw. Sozialdemokraten um. Im Laufe des Jahres 1990 fanden die ersten freien Parlamentswahlen in den Teilrepubliken statt. Mit der politischen Pluralisierung kam aber auch die Frage der weiteren Zukunft des Gesamtstaates aufs Tapet – und daran scheiterten die politischen Eliten (siehe das folgende Kapitel). Gerade jenes Land, das am Ende des Staatssozialismus mit der Europäischen Gemeinschaft über eine Assoziierung verhandelte und über eine lebhafte Zivilgesellschaft verfügte, sollte in Krieg und Chaos versinken.

Gesellschaftliche Transformationen

Das Ende der kommunistischen Herrschaft – und eineinhalb Jahrzehnte davor schon der griechischen Militärdiktatur – erinnerte an ein multiples Organversagen. Eine Ursache lag in der enorm gewachsenen Kluft zwischen den Herrschenden und den gesellschaftlichen Bedürfnissen sowie Erwartungen. Denn viel stärker noch als die Politik hatte sich seit Ende der 1940er Jahre die Gesellschaft verändert. Diesen Wandlungsprozess hatte der Staat durchaus politisch gewollt und initiiert – die Kommunisten schrieben sich nichts weniger als die Schaffung einer neuen Welt und eines neuen Menschen auf die Fahnen –, aber die zunehmende Komplexität und Modernität der Gesellschaften stand in immer größerem Kontrast zu den versteinerten Machtstrukturen, die kaum Aushandlungs- und Ausgleichsmechanismen vorsahen und auf überkommenen Ideologien beruhten. Mit der Ausdifferenzierung der Gesellschaft, der zunehmenden Vielfalt an Lebensstilen und Werten sowie dem Aufkommen neuer kultureller Vorlieben erweiterte sich die Bandbreite der gesellschaftlichen Interessen, die aber von den Einparteien- bzw. persönlichen Diktaturen nicht abgebildet werden konnten. Außerdem entstanden neue materielle Bedürfnisse, die die Ökonomien nicht befriedigten. Insofern war der Zusammenbruch der autoritären Ordnungen zwar keineswegs zwangsläufig – dafür brauchte es schon noch bewusste politische Akte –, aber eben auch nicht überraschend.

Für eine umfassende sowie differenzierte Bewertung der Nachkriegsepoche ist die enorme Dimension des sozioökonomischen Wandels jedenfalls zentral. Schließlich stellt die rapide Modernisierung, die die Gesellschaften der Region unter den Vorzeichen des Kalten Krieges – wenn auch in unterschiedlichem Ausmaß – durchlaufen haben, ein zentrales Erbe dieser Epoche dar. Die noch lebenden Zeitgenossen messen ihr gegenwärtiges Leben, das häufig von sozialen Schwierigkeiten und prekären Arbeitsverhältnissen geprägt ist, nicht zuletzt an ihren Erinnerungen an die 1960er und 1970er Jahre, als es nur einen Weg zu geben schien – hin zu einem besseren Leben. Südosteuropa erlebte in den Nachkriegsjahrzehnten einen dramatischen Wandel, der Stadt und Dorf gleichermaßen veränderte. Die Horizonte der Menschen erweiterten sich, sie begannen, neue Waren zu konsumieren, und ihre Karrierewege wurden vielfältiger. Der US-amerikanische Sozialanthropologe Joel Halpern beschrieb Mitte der 1960er Jahre in seinem Buch *A Serbian Village* diese Veränderungen im zentralserbischen Dorf Orašac, in dem er bereits zehn Jahre zuvor geforscht hatte:

> Alltagsgespräche bringen ganz neue Probleme ans Tageslicht. Der Dorfbeamte diskutiert mit großem Ernst, wie er den Empfang seines Fernsehgeräts verbessern könne, außerdem sei es bei all den guten Spätabendprogrammen schwer, morgens um sieben auf der Arbeit zu sein. Der Schuldirektor putzt seinen 1952er Opel, den er vor kurzem anstelle seines Motorrads gekauft hat, und gibt an, dass er bald nach Belgrad müsse, um neue Rücklichter zu kaufen. Wir sprechen über die beste Route in die Hauptstadt: Ist es besser, die zehn Kilometer Schlaglöcher bis zur Kragujevac-Belgrad-Autobahn in Kauf zu nehmen oder die neue längere, asphaltierte Straße zu nehmen?

Ein anderer Mann borgt sich ein Streichholz aus – sie sind ihm ausgegangen, als er während des Stromausfalls letzte Nacht nach seiner Taschenlampe suchte. Er sagt, kaum noch ein Dorfbewohner habe eine Kerosinlampe zu Hause. Eine Frau geht in den Dorfladen, um eine Flasche mit Sonnenblumenöl aufzufüllen. Es sei besser verträglich als Schmalz, so ihre Schwester, die mit jemandem in der Stadt verheiratet ist. Im Laden fragt sie nach ›diesem Hahn‹ und zeigt auf die blau-rot-silberne Alufolienverpackung mit der Hühnertrockensuppe, die in letzter Zeit unter den Hausfrauen des Dorfes so populär wurde. Ein Mann kommt rasch von seinem Feld, um zu hören, ob auch die Wetterprognose im Radio für heute im Laufe des Tages Regen vorhersagt.[21]

Der sozialistische Weg in die Industriegesellschaft

Die kommunistischen Regierungen sahen in der umfassenden gesellschaftlichen und ökonomischen Modernisierung ihre eigentliche Mission; sie warfen den ›kapitalistischen‹ bzw. ›faschistischen‹ Vorgängerregimes vor, ihre Länder nicht dauerhaft aus der Rückständigkeit befreit zu haben. Den Fortschritt, für den die industrialisierten Länder des Westens ein Jahrhundert gebraucht hatten, wollten sie innerhalb weniger Jahre erreichen. Dabei schwebte den südosteuropäischen Kommunisten das sowjetische Vorbild vor – sowohl bezüglich der Ziele als auch der Mittel der Umgestaltung von Gesellschaft und Wirtschaft. Immerhin hatte es die Sowjetunion in den 1930er Jahren ver-

21 Joel Halpern, *A Serbian Village*, S. 304.

mocht, in kurzer Zeit ein bäuerliches Land in eine Industriegesellschaft zu verwandeln, die letztlich sogar den Angriff Deutschlands abwehren konnte. Das sowjetische Modell einer staatlichen Planwirtschaft entwickelte dabei Anziehungskraft weit über die Kreise der kommunistischen Parteien hinweg. Auch klassische Konservative und Sozialdemokraten setzten nach dem Krieg angesichts der Erfahrung der Weltwirtschaftskrise nach 1929 auf staatliche Eingriffe in die Ökonomie. Den Kommunisten ging es aber nicht nur um wirtschaftliche Transformation – sie wollten auf der Basis der zu schaffenden Industrie eine ganz neue Gesellschaft gründen, bestehend aus sogenannten ›Neuen Menschen‹, die sich durch Opfermut und Heroismus, Kollektivgeist und Egalität sowie den Willen zur Selbstvervollkommnung auszeichnen würden. Diese Utopie stand allerdings in krassem Widerspruch zur gesellschaftlichen Realität in Südosteuropa, die nach wie vor durch bäuerliche Strukturen geprägt war. Gerade angesichts dieser Kluft brauchte es das beherzte Eingreifen der kommunistischen Parteien, die sich als Avantgarde des Fortschritts begriffen und auf der richtigen Seite der Geschichte glaubten.

Bezeichnenderweise stammten die Anführer der kommunistischen Parteien aus sozialen Milieus, die zwischen der traditionellen ländlichen Gesellschaft – dem weitaus größten Teil der Bevölkerung – und den kleinen, aber etablierten städtischen Schichten lagen. Die späteren Parteiführer erfuhren am eigenen Leibe die Folgen der in der Zwischenkriegszeit auf halbem Wege steckengebliebenen Modernisierung, als sie ausgesprochen prekäre Existenzen am Rande der städtischen Gesellschaft führten. Sie waren Männer, die zwar der ärmlichen ländlichen Lebensweise bereits entrückt waren – und oftmals mit Verachtung auf die Bauern herabblickten –, sich aber keines stabilen Auskommens in der Stadt erfreuten. Enver Hoxha (geb. 1908) bildete insofern eine Ausnahme, als er aus einer wohlhabenden Händlerfamilie stammte, die ihm ein – nicht abgeschlossenes – Studium in Frankreich und Belgien finanzieren konnte. Nach seiner Rückkehr nach Albanien (1936) arbeitete er als Lehrer, hatte aber ständig mit finanziellen Schwierigkeiten zu kämpfen. Gheorghe Gheorghiu-Dej (geb. 1901) war Sohn einer armen rumänischen Arbeiterfamilie; er begann mit elf Jahren zu arbeiten und schlug sich mangels Ausbildung mit Gelegenheitsjobs durch, bevor er Elektriker in einer Fabrik wurde. Sein Nachfolger, Nicolae Ceauşescu (geb. 1918), brach ebenfalls mit elf Jahren seine Schulausbildung ab, lief von zu Hause weg und begann in Bukarest eine Schusterlehre; sein Vater war ein armer Bauer und Alkoholiker. Todor Živkov, seit 1954 Parteichef in Bulgarien, entstammte einer armen Kleinbauernfamilie, die er verließ, um in Sofia eine Druckerlehre zu absolvieren. Josip Broz, besser bekannt als Tito, wurde 1892 in eine ärmliche Familie von Kleinbauern im Hinterland von Zagreb geboren und genoss nur wenige Jahre Schulunterricht, bevor er den Beruf des Mechanikers erlernte. Gemeinsam war der ersten (und zweiten) Generation kommunistischer Parteiführer in Südosteuropa zudem, dass sie politische Unterdrückung in der Zwischenkriegszeit erlebt hatten. Einige von ihnen – wie die Bulgaren Georgi Dimitrov und Vălko Červenkov sowie Tito – lernten das sowjetische Modell aus eigener Anschauung während mehrjähriger Exilaufenthalte in Moskau kennen.

Quantitativ mag es vor ihrer Machtübernahme also nicht viele Kommunisten in Südosteuropa gegeben haben, gleichwohl lässt sich deren Zulauf soziologisch erklären. Perspektivlosigkeit in einer Zeit eines grundlegenden, aber scheinbar richtungslosen Wandels und großer sozialer Verwerfungen, mangelnde Partizipationsmöglichkeiten sowie politische Unterdrückungserfahrungen in der Zwischenkriegszeit und das Vorbild der erfolgreichen Bolschewiki in Russland machten die revolutionäre Option attraktiv für marginalisierte Intellektuelle, ausgebeutete Arbeiter und verarmte Subproletarier; 1945 bot ihnen die Chance, sie umzusetzen. Was dann tatsächlich entstand, unterschied sich aber deutlich von der frühen Sowjetunion, die sich mit noch größerer Radikalität gegen das Bestehende gestellt hatte, als es jetzt die Kommunisten in Südosteuropa taten. Das Ausmaß sowjetischer Gewaltexzesse gegen die eigene Gesellschaft wurde in Südosteuropa nicht erreicht, trotz aller Brutalität der ersten Nachkriegsjahre. Die Vernichtung ganzer sozialer Gruppen (wie etwa die Aushungerung der ukrainischen Landbevölkerung 1932/33 und die Auslöschung der als ›Kulaken‹ bezeichneten freien Bauern) blieb der Region erspart.

Nationalisierung, Planwirtschaft, Kollektivierung

Nach dem Zweiten Weltkrieg fanden sich die Kommunisten in Albanien, Bulgarien, Jugoslawien und Rumänien plötzlich in einer führenden politischen Position wieder. Ihre Visionen kontrastierten deutlich mit den gesellschaftlichen Realitäten, denn die kommunistische Utopie traf auf eine noch weitgehend bäuerliche, von traditionellen Sozialformen sowie religiösen Werten geprägte Bevölkerung. Ähnlich wie die Bolschewiki nach ihrer Machtergreifung im Oktober 1917 in Russland setzten auch die südosteuropäischen kommunistischen Regime ganz auf den Staat und die Mobilisierung der Massen, um die Gesellschaft umzuwandeln. Dem Staat kam die zentrale Aufgabe zu, das für die Industrialisierung notwendige Kapital zu besorgen und entsprechend zu investieren. Aus diesem Grund verstaatlichten die kommunistischen Regierungen rasch Banken und Industriebetriebe, in weiterer Folge auch Handels- und Dienstleistungsunternehmen, also faktisch die gesamte Ökonomie. In Rumänien machte der Anteil der staatlichen Betriebe 1950 deutlich über 90 Prozent der gesamten industriellen Produktion aus; Jugoslawien erreichte bereits 1948 eine Quote von 100 Prozent Staatsbesitz in Industrie und Bergbau. Mit der partiellen Ausnahme Jugoslawiens brachte die Verstaatlichung jedoch nicht die versprochene Kontrolle der Arbeiter über ›ihre‹ Betriebe, sondern Partei und Regierung steuerten die Fabriken, bis hinein ins Mikromanagement.

Mit der Verstaatlichung war ein weiteres wichtiges Ziel kommunistischer Entwicklungspolitik verbunden: die Etablierung einer Planwirtschaft. Auch darin folgten die südosteuropäischen Kommunisten dem sowjetischen Beispiel: Sie hielten den freien Markt für chaotisch und ausbeuterisch; die wirtschaftliche und gesellschaftliche Entwicklung sollte vielmehr einem rationalen Konzept folgen. Der Wirtschaftsplan war die in Zahlen gefasste ideologische Vision der Partei – und stellte eher eine Illusion denn einen echten Plan dar. Die Divergenz zwischen Planvorgaben und ihrer Erfüllung blieb erheblich und zwang Betriebsdirektoren sowie Wirtschaftsplaner zu statistischen Turnübungen, um ihr Scheitern nicht eingestehen zu müssen. Als erstes Land gab sich Jugoslawien 1947 einen Wirtschaftsplan (für zwei Jahre), dem 1949 der erste Fünfjahresplan folgte. Bis spätestens 1951 operierten alle staatssozialistischen Länder Südosteuropas auf der Basis fünfjähriger Wirtschaftspläne. Diese Pläne schrieben Produktionsvorgaben für einzelne Betriebe vor – entsprechend groß und unlösbar waren die Koordinierungsaufgaben für die staatlichen Behörden.

Mit der Verstaatlichung sowie den Wirtschaftsplänen waren somit um 1950 bereits zwei zentrale Grundlagen des staatssozialistischen Wirtschaftens geschaffen. Allerdings befand sich der größte ökonomische Sektor noch immer außerhalb des durch den Staat direkt kontrollierten Bereichs, nämlich die Landwirtschaft. Unmittelbar nach dem Krieg durchgeführte Landreformen hatten sogar die kleinbäuerlichen Strukturen weiter gestärkt, da der verbliebene Großgrundbesitz umverteilt worden war, um die alte landbesitzende Elite – sofern sie noch existierte – zu marginalisieren. Erst jetzt kam es in Ungarn und Albanien zu umfassenden Landreformen. Auch in der Landwirtschaft orientierten sich die südosteuropäischen kommunistischen Regime am sowjetischen Vorbild und strebten eine umfassende Kollektivierung an. Einzelne Höfe sollten in große Genossenschaften (nach dem Muster der sowjetischen Kolchosen) zusammengeführt werden, die von Partei und Staat kontrolliert werden konnten. Die Kommunisten lehnten das bäuerliche Privateigentum ideologisch ab und sahen darin einen möglichen Ausgangspunkt für politische Opposition; schließlich waren nach dem Krieg die wiederauflebenden Bauernparteien, die sich auf die privaten Landwirte stützten, ihre stärksten Konkurrenten an der Wahlurne. Zudem hielten die kommunistischen Parteiführer eine kollektivierte Landwirtschaft für effizienter und produktiver: Sie sollte Arbeitskräfte für die expandierende Industrie freisetzen sowie die neuen Industriearbeiter mit billigen Nahrungsmitteln versorgen.

Anfänglich hofften die kommunistischen Regierungen, das Ziel der Kollektivierung durch den freiwilligen Beitritt von Bauern in Genossenschaften zu erreichen, denn in der Tat war deren Lage schwierig. Steuerdruck auf private Landwirte, massive Propaganda und das Versprechen staatlicher Unterstützung für die Genossenschaften sollten der Freiwilligkeit nachhelfen. Mit dieser Strategie reagierten die Regime auf die Tatsache, dass die Idee der Kollektivierung unter der Mehrheit der Bauern äußerst unpopulär war. Gerade am Anfang ihrer Herrschaft wollten die Kommunisten aber nicht gleich die größte Bevölkerungsgruppe gegen sich aufbringen. Zudem hatten sie vom sowjetischen Vorbild gelernt, dass dort die in den frühen 1930er Jahren überstürzt durchgeführte Zwangskollektivierung zu einer massiven Hungersnot geführt hatte, der Millionen von Menschen zum Opfer gefallen waren. Angesichts des bescheidenen Erfolgs der Kampagnen zum freiwilligen Genossenschaftsbeitritt begannen die Regime allerdings bald, Zwangsmaßnahmen zu ergreifen. Auf eine rigorosere Kollektivierung drängte zudem die sowjetische Führung Ende der 1940er Jahre, die darin nicht nur einen Ausweis der Linientreue, sondern auch eine wichtige Konsolidierung der politischen Umgestaltung sah. Es dauerte dennoch rund ein Jahrzehnt, bis Anfang der 1960er Jahre in Albanien, Bulgarien und Rumänien die vollständige Kollektivierung der Landwirtschaft vollzogen war – in Albanien und Rumänien mit Ausnahme der Gebirgsregionen.

Die Bauern waren davon alles andere als begeistert und leisteten vielfach Widerstand. In Rumänien wurden allein in den Jahren 1951 und 1952 offiziellen Angaben zufolge rund 35 000 widerspenstige Landwirte inhaftiert; in Bulgarien nannten viele Angehörige der türkischen Minderheit, die Anfang der 1950er Jahre in die Türkei auswandern konnten, Kollektivierung als Grund ihrer Emigration. In Jugoslawien brach im Mai 1950 in Nordostbosnien ein regelrechter Bauernaufstand gegen die Kollektivierung aus, der wesentlich zum radikalen Kurswechsel der jugoslawischen Regierung beitrug. Letztere stoppte 1952 die Kollektivierung und erlaubte den Bauern, die Genossenschaften wieder zu verlassen. Fortan dominierten in der jugoslawischen Agrarwirtschaft – ähnlich wie in der Volksrepublik Polen – wieder private Landwirte, die allerdings nicht mehr als zehn Hektar Land bewirtschaften durften, was die agrarische Entwicklung stark hemmte. Den umgekehrten Weg ging Bulgarien, dessen Regierung nach der erfolgten Kollektivierung auf die Bildung riesiger landwirtschaftlicher Betriebe setzte: Anfang der 1970er Jahre existierten in Bulgarien 170 sogenannte ›agrarindustrielle Komplexe‹, die im Durchschnitt 27 400 Hektar Fläche und 6500 Beschäftigte umfassten – auch global ein Spitzenwert der landwirtschaftlichen Konzentration.

In den Genossenschaften waren die Landwirte fortan faktisch Lohnarbeiter, die nicht mehr selbst über die Bewirtschaftung ihres Bodens entscheiden konnten und lange Zeit schlecht bezahlt wurden. Entsprechend gering war ihre Arbeitsmotivation. Frustriert zogen viele junge Dorfbewohner in die Stadt, um eine Stelle in Industrie oder Verwaltung anzunehmen. Das entsprach grundsätzlich den Zielen der kommunistischen Parteien, die auf Urbanisierung setzten, allerdings angesichts der Dynamik des Prozesses mit unerwünschten Folgen zu kämpfen hatten. Wohnungsmangel und Arbeitslosigkeit nahm in den Städten zu, während auf dem Land oft Arbeitskräftemangel herrschte. In Jugoslawien wanderten von 1948 bis 1961 mehr als 2,8 Millionen Menschen von Dörfern in Städte ab, also beinahe ein Sechstel der Gesamtbevölkerung. Die 1963/64 durch die jugoslawische Regierung eröffnete Möglichkeit der Auswanderung nach Westeuropa sollte den Druck auf den städtischen Arbeits- und Wohnungsmarkt lindern, denn viele der Gastarbeiter kamen vom Dorf. In Bulgarien zogen alleine zwischen 1953 und 1956 rund 410 000 Dorfbewohner in die Stadt, sodass die Regierung Zuzugsbeschränkungen für die Hauptstadt Sofia sowie weitere größere Städte erließ; diese wurden allerdings regelmäßig unterlaufen, weshalb der Exodus ungebremst voranschritt. Dem begegnete die Regierung unter anderem mit der Praxis, im Sommer Studenten zur Erntehilfe aufs Land zu schicken, die Sozialleistungen für die Genossenschaftsbauern auszuweiten und ihnen kleine private Hofflächen zuzugestehen. Zudem wurden die Dörfer mit Kultureinrichtungen und kleinen Industriebetrieben versorgt. In Albanien implementierte der Staat Anfang der 1960er Jahre besonders rigorose Beschränkungen für den Umzug vom Dorf in die Stadt, der nun einer behördlichen Genehmigung bedurfte. Im Ergebnis blieb der Anteil der ländlichen Bevölkerung in Albanien relativ hoch.

Ein in den staatssozialistischen Ländern weitverbreitetes Phänomen waren Erwerbstätige, die einerseits in einer Fabrik arbeiteten, andererseits zur Selbstversorgung noch etwas Landwirtschaft betrieben: Diese ›Bauern-Arbeiter‹ entsprachen keinesfalls dem kommunistischen Modernitätsideal, erfreuten sich aber leidlich akzeptabler Lebensumstände, da sie Einkommen aus unterschiedlichen Quellen zusammenführen konnten. Auch entlasteten sie die städtischen Wohnungsbauprogramme, weshalb die Partei keinen Druck auf sie ausübte, in die Städte zu ziehen, obwohl sie häufig während der Erntezeit nicht zur Arbeit in der Fabrik erschienen. In Jugoslawien lebte Anfang der 1960er Jahre etwa die Hälfte aller Arbeiter im Dorf, von denen viele noch etwas Land bewirtschafteten.

An diesem Beispiel lässt sich zeigen, dass die staatliche Politik zwar massive soziale Veränderungen herbeiführte, deren Resultate aber oft nicht den von der Partei angestrebten Zielen entsprachen. Die Regierung hatte dann die Möglichkeit, entweder viel politisches Kapital zu investieren (oder Zwang anzuwenden), um die Ergebnisse an ihre Vision anzupassen – oder sich mit den sozialen Realitäten zu arrangieren, wenn diese letztlich das System stabilisierten. Manchmal musste das Regime eine Praxis akzeptieren, die eigentlich ihren ideologischen Vorstellungen widersprach, wie das Beispiel des erwähnten Zugeständnisses der bulgarischen Regierung an die Genossenschaftsbauern illustriert, kleine Flächen (offiziell bis maximal einen halben Hektar) in Eigenregie bearbeiten und deren Ertrag vermarkten zu dürfen. Diese Konzession sollte die Landwirte mit der Kollektivierung aussöhnen und sie vom Umzug in die Stadt abhalten. Wie sich zeigte, widmeten die Landwirte diesen sogenannten persönlichen ›Hilfswirtschaften‹ deutlich mehr Aufmerksamkeit als ihren Pflichten für die Genossenschaft, zumal sie großzügig von genossenschaftlichen Produktionsmitteln (Saatgut, Dünger, Maschinen, ihrer eigenen Arbeitszeit) für ihre kleinen Flächen Gebrauch machten. Die Regierung Bulgariens wusste natürlich vom Missbrauch des ›gesellschaftlichen Eigentums‹, duldete ihn aber, da die ›Hilfswirtschaften‹ zu einem wichtigen Bestandteil der Versorgung der Bevölkerung wurden: 1970 umfassten sie 7 Prozent der landwirtschaftlichen Nutzfläche, produzierten aber zum Beispiel 40 Prozent aller bulgarischen Eier. Kommunistische Regime konnten also durchaus politischen Pragmatismus an den Tag legen, wenn das die wirtschaftliche Misere linderte und solange die Fundamente ihrer Macht unberührt blieben.

Die sozialistische Industrie und ihre Abgründe

Das langfristige Hauptaugenmerk der Parteiführungen in ihrer Wirtschaftspolitik galt der Schwerindustrie und dem Ausbau der Infrastruktur. Schon in den 1940er Jahren wurden insbesondere junge Menschen – viele freiwillig, manche mit Zwang – für Arbeitsbrigaden mobilisiert, die auf den sozialistischen Großbaustellen zum Einsatz kamen: Sie erbauten, oftmals mit primitivsten Mitteln, Staudämme, Eisenbahnlinien, Straßen, Fabriken, ja sogar neue Städte. In den Wirtschaftsplänen setzten dann die Regierungen klare Prioritäten: Die meisten Mittel flossen in die Schwerindustrie, deutlich weniger in die Konsumgüterindustrie. Entsprechend unterschieden sich die Wachstumsraten der beiden Branchen: Offiziellen Angaben zufolge wuchs in Bulgarien der Ausstoß der Kapitalgüterindustrie (Sektor A) von 1938 bis 1988 um das 303-fache, jener der Leichtindustrie (Sektor B) hingegen ›nur‹ um das 48-fache. Stahlwerke wie jene in Elbasan in Albanien, Kremikovci in Bulgarien, Zenica in Jugoslawien und Galaţi in Rumänien, die zwischen den 1950er und 1970er Jahren errichtet wurden, repräsentierten das Ideal der sozialistischen Moderne. Die Kommunisten wollten, wie es die amerikanische Sozialanthropologin Katherine Verdery ausdrückt, die Gans, die das goldene Ei legt, und nicht nur das Ei.

Letztlich zielte diese Wirtschaftspolitik auf Autarkie, was in der Logik der Planwirtschaft lag. Zudem zeigte sich in den Stahlwerken der Gigantismus sozialistischer Wirtschaftsplanung: Fabriken produzierten oftmals mehr, als die heimische Ökonomie benötigte, aber in zu schlechter Qualität, um damit auf dem Weltmarkt Geld zu verdienen. Das bulgarische Stahlwerk Kremikovci etwa stieß viel mehr Stahl aus, als bulgarische Verbraucher nachfragten, aber dieser war wegen der veralteten Produktionstechnologie so minderwertig, dass er am Weltmarkt nur zum Preis für Schrott verkauft werden konnte. Der Staat musste den finanziellen Verlust tragen. Selbst in Jugoslawien, wo nach dem wirtschaftspolitischen Schwenk der 1950er Jahre Industriebetriebe erfolgreich auch in den Westen exportierten (nirgendwo auf der Welt gab es beispielsweise einen so stark exportorientierten Schiffbau), diente der Staat als eine Art von Ausfallversicherung für verlustbringende Betriebe, da diese zwar durchaus hochwertige Dinge produzierten, aber mit deutlich geringerer Produktivität als ihre westlichen Konkurrenten.

Insgesamt schreckten kommunistische Regierungen davor zurück, Betriebe bankrott gehen zu lassen, selbst wenn deren Bilanzen tiefrot waren. Das hatte nicht nur mit der hohen ideologischen Bedeutung der Schwerindustrie und dem Einfluss der über sie herrschenden Branchenministerien zu tun, sondern auch den vielfältigen sozialen Leistungen der Betriebe: Ein Unternehmen im Staatssozialismus hatte nicht nur die Aufgabe, ein bestimmtes Gut zu produzieren, sondern spielte eine zentrale Rolle im System der sozialen Wohlfahrt. Unternehmen finanzierten Kindergärten und Urlaubsheime, sie organisierten Sportvereine und Freizeitaktivitäten, sie stellten Wohnraum und kommunale Dienstleistungen zur Verfügung, manche versorgten ihre Arbeiter sogar mit Lebensmitteln aus eigenen landwirtschaftlichen Betrieben und mit billigen Heizstoffen. Ob man in einem großen und mächtigen Unternehmen, das vom Staat privilegiert mit Investitionen versorgt wurde und daher ein breites Netz von Dienstleistungen anbieten konnte, oder in einer kleinen Dorffabrik arbeitete, machte für das Individuum einen großen Unterschied, auch bei den Löhnen.

Große Unternehmen waren somit überaus bedeutsam für die Vergesellschaftung im Staatssozialismus, oftmals aber in einer Art und Weise, die den eigentlichen Zielen der kommunistischen Parteien zuwiderlief; sie verdeutlichen mithin die Grenzen der staatlichen Steuerungsmacht. Industrieunternehmen hatten beispielsweise regelmäßig Schwierigkeiten, ausreichend Arbeitskräfte zu rekrutieren, da Arbeiter auf der Suche nach besseren Jobs immer wieder den Betrieb verließen. Eine jährliche Arbeitskräftefluktuation von 15 bis 20 Prozent war in großen Industriebetrieben keine Seltenheit. Insbesondere in Bulgarien und Rumänien erwuchs daraus den Beschäftigten Handlungsmacht. Da seit den 1960er Jahren Vollbeschäftigung herrschte – bei gleichzeitig sehr ineffizienten und daher arbeitsintensiven Produktionsmethoden –, konnten sie von ihren Betriebsleitungen Zugeständnisse mit der Drohung einfordern, andernfalls den Betrieb zu wechseln. Die Direktoren waren auf ihre Arbeitskräfte angewiesen, um die vorgegebenen Wirtschaftspläne zu erfüllen. In Jugoslawien gab es zwar

Arbeitslosigkeit, allerdings stärkte die dortige Praxis der Arbeiterselbstverwaltung – trotz all ihrer Beschränkungen – die Stellung der Beschäftigten im Betrieb beträchtlich, zumal diese ab den 1960ern auch mit den Füßen abstimmen, also ins Ausland abwandern konnten. Auch ohne unabhängige Gewerkschaften waren also Arbeiter und Angestellte ihren Betriebsdirektoren und damit dem Staat nicht hilflos ausgeliefert. Innerbetrieblich äußerte sich ihre Macht in einer vielfach laxen Arbeitsdisziplin – Klagen über zu spät kommende und zu früh gehende, am Arbeitsplatz trinkende oder schlafende, unentschuldigt fernbleibende oder schlicht unfähige Arbeiter durchziehen die Berichte von Betriebsdirektoren. Ihnen zu kündigen war allerdings alles andere als leicht, zumal sie die Protektion der Partei- und Gewerkschaftsorganisationen im Betrieb genossen.

Den kommunistischen Regierungen und ihren Wirtschaftsexperten blieben die Defizite ihrer ökonomischen Ordnung keineswegs verborgen. Neben regelmäßigen (und erfolglosen) Kampagnen zur Steigerung der Effizienz und moralischen Aufrufen zur Mehrarbeit starteten die Regierungen wiederholt Reformen, so Mitte der 1960er Jahre fast zeitgleich in Jugoslawien, Bulgarien und Rumänien. Sie sollten den Betrieben mehr Unabhängigkeit verschaffen sowie deren Leitungen und Beschäftigte für den wirtschaftlichen Erfolg des Unternehmens interessieren. Am weitesten gingen die jugoslawischen Kommunisten, die eine Art sozialistischer Marktwirtschaft etablierten, in der sich der Staat aus dem Mikromanagement der Ökonomie weitgehend zurückzog. So entstand mehr Freiraum für Privatbetriebe, vor allem im Dienstleistungswesen. Allerdings verzichtete der Bund der Kommunisten Jugoslawiens nicht auf seinen Kontrollanspruch über die Unternehmen und die Gesamtwirtschaft. Letztlich scheiterten Wirtschaftsreformen in den staatssozialistischen Ländern an ihrer mangelnden Konsequenz: Kommunistische Regierungen lehnten bis 1989 eine Privatisierung und Abkehr vom Wirtschaftsplan ab, denn darin sahen sie eine Gefahr für ihr Machtmonopol. Auch in Jugoslawien waren die kleinen Privatbetriebe mit einer ablehnenden Haltung lokaler Parteikader konfrontiert. Außerdem hegten die Kommunisten eine genuine ideologische Abneigung gegen den Kapitalismus. Groß angekündigte Reformen wie der ›Neue Ökonomische Mechanismus‹ in Rumänien (1979) und die gleichnamige Reform in Bulgarien blieben zuerst auf halbem Weg stecken, bevor sie zurückgenommen wurden. Eine strukturelle Verbesserung der ökonomischen Lage blieb daher illusorisch, eher wurde durch das ständige Hin und Her der Regierungen zusätzliche Unsicherheit geschaffen.

Trotz dieser strukturellen Schwierigkeiten verzeichneten die südosteuropäischen Länder von den 1950er bis in die 1970er Jahre Wachstumsraten, die zu den höchsten weltweit gehörten. Jugoslawien erzielte zwischen 1952 und 1970 im Durchschnitt ein jährliches Wachstum von rund 6 Prozent, und die Industrie expandierte sogar um mehr als 10 Prozent pro Jahr. Dieses Wachstum – von einem geringen Niveau ausgehend – verdankte sich hauptsächlich den hohen Investitionen des Staates in die Industrie, der Verlagerung von Arbeitskräften vom Dorf in die Stadt, wo die Produktivität größer war, sowie der Mobilisierung von Arbeitskräftereserven, vor allem der Frauen. Allerdings gelang es den staatssozialistischen Ländern nicht, von einem extensiven auf ein intensives Wachstumsmodell umzustellen: Die Wirtschaft profitierte von der Vermehrung der ihr zugeführten Ressourcen und nicht von deren effizienterer Nutzung. Spätestens der erste und zweite Ölpreisschock (1973 und 1979) offenbarte die inhärenten Schwächen des sozialistischen Wirtschaftsmodells. Die kommunistischen Regierungen waren aber zu radikalen Reformen nicht bereit (oder nicht fähig) und begannen stattdessen, sich im Westen zu verschulden – in einer Zeit hoher Zinsen. Rumänien etwa nahm allein in den Jahren 1979 bis 1981 derart massive Kredite im Ausland auf, dass sein Schuldenstand rasch auf 10,4 Milliarden US-Dollar anwuchs und es kurz vor der Zahlungsunfähigkeit stand. Jugoslawien sah mit einem Auslandsschuldenstand von rund 20 Milliarden US-Dollar Anfang der 1980er Jahre ebenfalls dem Staatsbankrott entgegen.

Die staatssozialistischen Länder erlebten also zweifelsohne eine ökonomische Modernisierung – parallel zur gesellschaftlichen –, allerdings erwiesen sich deren Fundamente als wenig tragfähig. Der ungarische Wirtschaftshistoriker Iván Bérend sprach vom Staatssozialismus als »Umweg von der Peripherie in die Peripherie«. Die Planökonomien beruhten auf überkommenen Technologien mit verschwenderischem Ressourcenumgang. Bulgarien und Rumänien verbrauchten Ende der 1980er Jahre pro Kopf wesentlich mehr Energie als manche westeuropäischen Länder, obwohl ihre Wirtschaftsleistung deutlich geringer war. Die Folgen für die Umwelt waren fatal. Die Planwirtschaft wies wenig Innovationspotenzial auf; Betriebe hatten kaum Anreize, ihre Produktion effizienter zu gestalten – Gewinne mussten sie zum großen Teil abführen, die Qualität ihrer Produkte war mangels Konkurrenz relativ unerheblich und sie konnten ohnehin auf staatliche Subventionen bauen. Am Weltmarkt konkurrenzfähige Firmen wie der jugoslawische Waschmaschinenhersteller Gorenje oder die schon erwähnten jugoslawischen Werften waren rare Ausnahmen; leichter taten sich Firmen aus den sozialistischen Ländern in der sogenannten Dritten Welt, vor allem in verbündeten Ländern wie Libyen und Algerien.

Konsequenterweise endete der ökonomische Aufholprozess der staatssozialistischen Länder Ende der 1970er Jahre, als Westeuropas Vorsprung wieder größer zu werden begann (Tabelle 2). Während der Westen eine dritte, von Informationstechnologie getragene industrielle Revolution erlebte, blieben die staatssozialistischen Länder in der zweiten stecken. So wiesen Bulgarien und Rumänien 1989 einen deutlich höheren Anteil der Industrie an Beschäftigung und Wirtschaftsleistung auf als klassische Industrieländer – zu diesem Zeitpunkt war das aber kein Indikator für Modernität mehr, sondern für mangelnde Produktivität.

	1950	**1960**	**1970**	**1980**	**1989**
Albanien	20,01	19,13	18,34	16,76	14,79
Bulgarien	32,99	38,39	43,69	43,17	37,11
Rumänien	23,61	24,31	26,11	29,54	23,52
Jugoslawien	30,99	32,13	34,37	43,31	36,97
Griechenland	*38,26*	*41,47*	*56,85*	*64,08*	*60,36*

Tabelle 2: Niveau der Pro-Kopf-Wirtschaftsleistung im Vergleich zu Westeuropa (= 100 Prozent).

Ökonomischer Wandel unter kapitalistischen Vorzeichen

Südosteuropa bietet die Möglichkeit, innerhalb einer überschaubaren Region die Unterschiede von staatssozialistischer und kapitalistischer Entwicklungspolitik anhand von Ländern mit ähnlichen – allerdings nicht identischen – Ausgangsbedingungen zu vergleichen. Welcher Weg erwies sich als der erfolgreichere? Waren politische Unterdrückung und staatliche Kontrolle über die ökonomischen Ressourcen unumgänglich, um Modernisierungsblockaden zu durchbrechen? Blickt man nur auf die Zahlen zum Wirtschaftswachstum, so relativiert sich jedenfalls die Aufbauleistung des Staatssozialismus. In den 1950er Jahren wies die Türkei höhere durchschnittliche Wachstumsraten als Bulgarien und Jugoslawien auf; in den 1960er Jahren wuchs die Wirtschaft Griechenlands schneller als jene dieser sozialistischen Länder, und in den 1970ern lag das jährliche Wachstum in Griechenland, der Türkei und Jugoslawien praktisch gleichauf (zwischen 5 und 6 Prozent im jährlichen Durchschnitt), in Bulgarien hingegen deutlich darunter. Während in den 1980er Jahren die sozialistischen Ökonomien stagnierten und schließlich sogar zu schrumpfen begannen, stieg die Wirtschaftsleistung der Türkei noch immer mit mehr als 4 Prozent pro Jahr. Ende der 1980er Jahre hatte sich jedenfalls der Wohlstandsabstand zwischen Griechenland und den staatssozialistischen Ländern im Vergleich zu 1950 deutlich vergrößert. Bulgarien und Jugoslawien kamen auf nicht einmal zwei Drittel der griechischen Wirtschaftskraft pro Kopf der Bevölkerung – 1950 waren es noch mehr als 80 Prozent gewesen.

Das Entwicklungsmodell sowohl Griechenlands als auch

der Türkei basierte auf Marktwirtschaft mit Privateigentum, allerdings nahmen auch deren Regierungen großen Einfluss auf das wirtschaftliche Geschehen. Die politischen Eliten beider Länder strebten nach Modernisierung der ökonomischen Grundlagen des Landes, nicht zuletzt angesichts der verschärften internationalen Konkurrenz im Zeitalter des Kalten Krieges und der daraus resultierenden militärischen Notwendigkeiten. Die türkischen Regierungen der 1950er und 1960er Jahre gaben die umfassende Industrialisierung als wichtiges Ziel aus, ohne aber ein ähnlich ehrgeiziges Projekt zur Umgestaltung der sozialen Beziehungen zu verfolgen. Damit setzten die Regierungen Griechenlands und der Türkei nach dem Zweiten Weltkrieg die ökonomischen Modernisierungsanstrengungen der Zwischenkriegszeit fort. Ein Merkmal dieser Bemühungen war die wichtige Rolle des Staates: Im Rahmen des Kemalismus wurde in den 1930er Jahren die staatszentrierte Entwicklung (Etatismus) regelrecht zum Verfassungsprinzip. In Griechenland zeigte sich die Bedeutung des Staates vor allem in seiner Kontrolle über die zwei wichtigsten Banken des Landes, womit die Regierung durch Kreditvergabe auch die Privatwirtschaft steuern konnte. In beiden Ländern gab es zudem viele Unternehmen in Staatsbesitz – in der Türkei kamen 1950 mehr als 40 Prozent der industriellen Produktion aus Staatsunternehmen. Ende der 1950er Jahre stammten in der Türkei mehr als 60 Prozent der Investitionen in die Industrie direkt oder indirekt aus öffentlicher Hand – der Übergang zwischen Markt- und Staatswirtschaft war also fließend.

Wirtschaftspolitisches Ziel der Türkei war die sogenannte Importsubstitution: Der Staat schützte heimische Produzenten vor Konkurrenz aus dem Ausland durch hohe Zölle und unterstützte sie durch Subventionen sowie Staatsaufträge. Eine überbewertete Währung machte Exporte schwierig. Diese Politik hatte schon unter Atatürk begonnen und wurde von der Regierung Menderes (1950 bis 1960) sowie – in nochmals intensivierter Form – nach dem Militärputsch von 1960 fortgeführt. In den 1960er Jahren koordinierte die Staatliche Planungsorganisation die Industriepolitik und Kreditvergabe; die Spätfolgen dieser Nähe von Staat und Unternehmen sind in der Türkei noch heute zu beobachten. Bis zum Ölpreisschock 1973 schien die Strategie der Importsubstitution aufzugehen: Wirtschaft und industrielle Produktion wuchsen rasch, getragen von einem expandierenden Binnenmarkt sowie steigenden Realeinkommen (unter anderem dank der wachsenden Verhandlungsmacht der Gewerkschaften). Das rasche Wirtschaftswachstum schon in den 1950er Jahren verdankte sich zudem der staatlichen Förderung der bisher vernachlässigten Landwirtschaft, initiiert von der Regierung der Demokratischen Partei, die unter anderem ländliche Interessen vertrat. Sie verteilte Land aus dem Staatsbesitz an landlose Dorffamilien und verwendete Mittel des Marshallplans für die Anschaffung landwirtschaftlicher Maschinen. Die Zahl der Traktoren stieg in der Türkei von weniger als 10 000 im Jahr 1946 auf 42 000 Ende der 1950er Jahre.

In Griechenland setzte die Regierung ebenfalls auf die Förderung der Industrie, allerdings mit einem deutlich stärkeren Gewicht auf privatwirtschaftliche Aktivitäten. Griechenland profitierte dabei stark von US-amerikanischer Wirtschaftshilfe, die sich bis 1966 auf 3,75 Milliarden US-Dollar summierte. Ab den 1950er Jahren wuchs die Industrie dynamisch, insbesondere das Bauwesen und der

Schiffbau – die Bauunternehmen profitierten von der starken Landflucht sowie dem Ausbau der Infrastruktur, die Schiffsbauer von der internationalen Bedeutung griechischer Reedereien. Griechenland begann Industriewaren zu exportieren, wiewohl die Importe weiterhin deutlich überwogen. Ähnlich wie in der Türkei erlebte auch in Griechenland die Landwirtschaft einen deutlichen Produktivitätszuwachs, verlor aber insgesamt stark an ökonomischer Bedeutung: Ihr Anteil an der Gesamtbeschäftigung fiel von 1961 bis 1976 von 54 Prozent auf 25 Prozent; ihr Beitrag zur Wirtschaftsleistung sank auf 14 Prozent. Im Unterschied zu den sozialistischen Ländern wurde in Griechenland die Industrie dennoch nicht zum größten Sektor der Ökonomie, sondern der Dienstleistungsbereich, ähnlich wie in anderen westlichen Ländern.

Das Wachstum der griechischen Wirtschaft ebenso wie der Realeinkommen erwies sich als robust und gehörte zu den höchsten aller OECD-Länder. Selbst die Militärdiktatur von 1967 bis 1974 unterbrach diesen Trend nicht, und die Rezession im Jahr 1974 nach dem Ölpreisschock war nur von kurzer Dauer. Eine deutliche Schwächung der ökonomischen Dynamik erlebte Griechenland erst in den 1980er Jahren, trotz des 1981 erfolgten Beitritts zur Europäischen Gemeinschaft. Die 1980er Jahre markieren auch deshalb eine Wende, weil 1981 zum ersten Mal die sozialistische PASOK an die Regierung kam. Ihre Wirtschaftspolitik war deutlich staatszentrierter als jene ihrer Vorgänger, weshalb der aufgrund des weitverbreiteten politischen Klientelismus ohnehin schon aufgeblähte Staatssektor nochmals deutlich zulegte. Ende der 1980er Jahre wurde der Staat in Griechenland zum größten Arbeitgeber und verteilte mehr als die Hälfte der gesamten Wirtschaftsleistung um. Marxistische Ökonomen in Griechenland sprachen von einem »monopolistischen Staatskapitalismus«, dessen Überleben von einer stetig steigenden Verschuldung abhing, deren langfristige Folgen Griechenland und Europa in der griechischen Schuldenkrise nach 2008 erlebten.

Trotz aller Unterschiede wiesen die Ökonomien Griechenlands und der Türkei einige Gemeinsamkeiten auf, in denen auch die Ursachen dafür zu suchen sind, warum sich der Nachkriegsboom in beiden Ländern als nachhaltiger erwies als bei ihren staatssozialistischen Nachbarn. Markant war die Dominanz kleiner Betriebe, die zwar über wenig Technik, dafür aber große Flexibilität verfügten. In Griechenland beschäftigten 1973 mehr als 90 Prozent aller registrierten Betriebe weniger als zehn Personen. In der Türkei gab es 1970 laut amtlicher Statistik 175 299 Industrie- und Manufakturbetriebe, wovon 97 Prozent weniger als zehn Beschäftigte aufwiesen. Vielfach handelte es sich dabei um Familienunternehmen. Typisch war weiterhin der hohe Anteil an Selbständigen: Griechenland war in den 1980er Jahren mit rund 50 Prozent diesbezüglich mit Abstand führend in der OECD. Diese Klein- und Kleinstbetriebe erwiesen sich wiederholt als krisensicher – allerdings bedingten sie auch die im europäischen Vergleich überdurchschnittliche Ausbreitung der Schattenwirtschaft sowie den Produktivitätsrückstand beider Länder.

Eine weitere Gemeinsamkeit der Ökonomien Griechenlands und der Türkei stellte ihre Abhängigkeit von externen Finanzquellen dar, da beide einen kontinuierlichen Importüberschuss finanzieren mussten. Kapital floss aus dem Ausland in unterschiedlicher Form, beginnend mit der Unterstützung aus dem Marshallplan sowie den US-amerikanischen Wirtschaftskrediten (auf Griechenland entfielen beinahe 5 Prozent aller über den Marshallplan verteilten Hilfsgelder, und die Türkei erhielt in den 1950er Jahren amerikanische Kredite im Umfang von mehr als einer Milliarde US-Dollar für die Entwicklung ihrer Wirtschaft). Darüber hinaus konnten ausländische Unternehmen investieren: In Griechenland machte ausländisches Kapital Mitte der 1960er Jahre rund ein Drittel aller Investitionen aus. Devisen aus dem Ausland brachten außerdem die Rücküberweisungen der zahlreichen Arbeitsmigranten, die aus Griechenland und der Türkei in westeuropäische Länder gegangen waren. Die seit Mitte der 1950er Jahre in Massen ausgewanderten Griechen überwiesen jährlich eine Milliarde US-Dollar und mehr in die Heimat, türkische Gastarbeiter in den 1970er und 1980er Jahren jährlich sogar bis zu 2,5 Milliarden US-Dollar. Griechenland entwickelte sich darüber hinaus zu einem Touristenziel ersten Ranges: Wurden 1952 noch genau 83 189 ankommende Touristen gezählt, so besuchten 1978 zum ersten Mal mehr als fünf Millionen ausländische Staatsbürger das Land. Ab diesem Zeitpunkt trug der Tourismus jährlich mehr als eine Milliarde US-Dollar zur griechischen Wirtschaft bei. Und ab 1981 kam Griechenland in den Genuss der Mittel aus den Struktur- und Kohäsionsfonds der Europäischen Gemeinschaft.

Die stärkere Integration in die internationale Wirtschaft sowie die grundsätzlich marktwirtschaftliche Wirtschaftsweise ermöglichten Griechenland und der Türkei eine längere Wachstumsphase als in den staatssozialistischen Ländern. Selbst nach Jahren einer gravierenden Wirtschaftskrise übersteigt heute das Bruttosozialprodukt pro Kopf

Griechenlands noch immer deutlich jenes in Rumänien und Bulgarien, während wiederum die Türkei diese beiden Länder ökonomisch eingeholt hat. Aber selbst Griechenland liegt noch weit unter dem Niveau der wohlhabendsten Länder Europas. Mehr als ein halbes Jahrhundert des versuchten Aufholens nach dem Zweiten Weltkrieg hat die Lebensverhältnisse in Südosteuropa gegenüber der Vergangenheit zwar deutlich verbessert, konnte aber die Wohlstandslücke zu Westeuropa nicht schließen, wie es die politischen Eliten unterschiedlicher Couleur gehofft hatten.

Schließlich sind die großen regionalen Unterschiede innerhalb der einzelnen Länder zu betonen, etwa zwischen den Hauptstädten mit ihren Annehmlichkeiten und den peripheren ländlichen Regionen. Am extremsten waren die regionalen Disparitäten in Jugoslawien und der Türkei. In Slowenien, dem wohlhabendsten Teil Jugoslawiens, lag 1988 das Bruttonationalprodukt pro Kopf rund acht Mal so hoch wie in Kosovo, dem Armenhaus Jugoslawiens. Interessanterweise hatte sich der Abstand zwischen den beiden Landesteilen seit den frühen 1950er Jahren sogar verdoppelt, trotz (oder aufgrund?) der finanziellen Transfers vom entwickelten Norden in den armen Süden Jugoslawiens sowie des Aufbaus einer extraktiven Industrie im Kosovo. In der Türkei sind heute noch die Unterschiede zwischen den wirtschaftlichen Zentren und dem unterentwickelten Osten Anatoliens gravierend – Erstere verfügen etwa über den dreifachen Wohlstand (pro Kopf) von Letzteren.

Auch in den anderen Ländern gab es markante regionale Kontraste bezüglich der Lebenschancen. In Rumänien etwa lag die durchschnittliche Lebenserwartung der dörflichen

Bevölkerung in den 1970er und 1980er Jahren um mindestens ein Jahr unter jener der städtischen; in Griechenland wurden 1991 die Menschen in der Präfektur mit der höchsten Lebenserwartung (Lakonia) im Durchschnitt mehr als sechs Jahre älter als jene im Bezirk mit der geringsten (Xanthi, wo eine muslimische Minderheit lebt). Bisweilen schien es, als ob die staatliche Modernisierungspolitik regionale Unterschiede eher vergrößerte als verkleinerte, weil die lokalen Ausgangsbedingungen so verschieden waren und daher identische politische Maßnahmen unterschiedliche Wirkungen erzeugten, zumal die hauptstädtischen Eliten lange Zeit den ländlichen Raum vernachlässigten.

Neue Lebensformen

Mit dem tiefgehenden wirtschaftlichen Wandel gingen gestiegene Mobilität sowie die Entstehung neuer Lebensstile einher. Diese gesellschaftlichen und kulturellen Veränderungsprozesse hatten schon im 19. Jahrhundert begonnen, beschleunigten und verbreiteten sich aber nach 1945. Ein grundsätzliches Merkmal dieses Wandels war die Ausdifferenzierung von Lebensweisen, auch in den vermeintlich homogenen staatssozialistischen Gesellschaften. Sie umfasste zum einen eine Tendenz zur Individualisierung; zum anderen die Gleichzeitigkeit des Ungleichzeitigen: Während sich Jugendliche in großstädtischen Milieus in ihren Werten, Wünschen und Geschmäckern in den 1970er Jahren kaum von ihren Altersgenossen in Westeuropa unterschieden, existierten in manchen ländlichen Regionen oder unter marginalisierten Minderheiten noch ausgesprochen traditionelle Verhältnisse.

Als ein Beispiel kann die Familienorganisation angesehen werden. In Jugoslawien lebten 1981 pro Haushalt im Durchschnitt 3,69 Personen: Das Modell der Ein- bis Zweikinderfamilie hatte sich also wie in den meisten Gegenden Europas durchgesetzt. Doch im Kosovo, der ärmsten Provinz des Landes, wiesen Haushalte im Durchschnitt noch sieben Mitglieder auf. Ein anderer Indikator ist die Frauenbeschäftigung: Machten in Slowenien Anfang der 1970er Jahre Frauen mehr als 40 Prozent aller Beschäftigten aus, waren es im patriarchalisch geprägten Kosovo weniger als 20 Prozent. Strukturell spiegelten diese Unterschiede verschiedene Niveaus der Säkularisierung, der Verstädterung, der Bildung und des Zugangs zu modernen Kommunikationsmitteln wider. Diese vier Bereiche waren zum einen funktional mit den oben geschilderten ökonomischen Transformationen verbunden, zum anderen bildeten sie ein Scharnier zwischen der Politik und dem Wandel der Lebensstile.

Forcierte Säkularisierung im Staatssozialismus
Wie stark der kulturelle Wandel in den kommunistisch regierten Ländern einerseits politisch gewollt war, andererseits sich aber der ideologischen Steuerung auch entzog, zeigt die Rolle von Religion im alltäglichen Leben. Ende der 1940er Jahre waren die meisten Menschen in der Region religiös, teilweise tiefgläubig, wenn auch oftmals in einer volkstümlichen Weise, die sich deutlich von den ›hochreligiösen‹ Vorstellungen und Praktiken unterschied. Die Kommunisten waren bekanntlich der Religion als solcher abhold; sie hielten diese für einen Ausdruck von Ignoranz und Aberglauben, die überwunden werden mussten. In den Kirchen sahen sie einen Hort schädlicher alternativer

Sinngebungen. Einmal an der Macht, unternahmen somit auch die südosteuropäischen Kommunisten Anstrengungen, die Kirchen ihrer Kontrolle zu unterwerfen, den Einfluss der Religion auf das öffentliche Leben einzuschränken und den Bürgern eine ›wissenschaftliche‹ Weltsicht zu vermitteln. Anders als die Bolschewiki der 1920er Jahre verzichteten sie allerdings meist darauf, religiöse Menschen per se zu verfolgen oder gar zu liquidieren – die Attacken waren weniger pauschal, sondern nadelstichartig. Nach dem Ende des Stalinismus entwickelten die Regime eine gewisse Kompromissbereitschaft und erlaubten etwa den Bürgern – nicht aber Parteimitgliedern! – den Kirchgang, verdeutlichten ihnen aber gleichzeitig, wie falsch ein solches Verhalten sei.

Mit Ausnahme Albaniens, das sich 1967 zum ›atheistischen‹ Land erklärte, beabsichtigten die Regimes keine Zerschlagung, sondern die Marginalisierung der Religion und die totale Kontrolle über deren Institutionen. Die neuen Verfassungen nach 1945 schrieben eine strikte Trennung von Staat und Kirche vor, was zum Beispiel das Familienrecht revolutionierte – bislang eine Domäne der Religionsgemeinschaften. Administrative Kirchenschließungen, demonstrative Entweihungen und Zweckentfremdungen von Gotteshäusern kamen vor, waren aber weniger häufig als in der frühen Sowjetunion. Nicht selten wurden allerdings in den späten 1940er und frühen 1950er Jahren kritische Kleriker eingeschüchtert, bisweilen mit oder ohne Gerichtsverfahren sogar getötet. In den Jahrzehnten danach setzten die Regierungen auf spezifische Maßnahmen, um den Einfluss der Kirchen zu schwächen und die Säkularisierung voranzutreiben. Sozialistische Stadtplanungen sahen grundsätzlich keine Sakralgebäude vor, was die Befriedigung religiöser Bedürfnisse insbesondere in den Neubauvierteln erschwerte. An großen religiösen Feiertagen wie Ostern machte etwa in Bulgarien die sichtbare Präsenz der Staatssicherheit im Umfeld der Kirchen die Teilnahme am Gottesdienst zu einem heiklen Akt. Die Regierungen propagierten auch nicht-religiöse Alternativen für Taufe, Hochzeit und Begräbnis (in Bulgarien erarbeiteten Ethnographen in den 1960er und 1970er Jahren feierliche Szenarien, um den zuvor staubtrockenen ›zivilen Ritualen‹ eine emotionale Seite zu geben).

In Bezug auf die institutionellen Beziehungen zwischen Staat und Kirche taten sich große Unterschiede zwischen den einzelnen Religionsgemeinschaften auf, da Letztere keineswegs die gleiche Beharrlichkeit an den Tag legten. Südosteuropas orthodoxe Kirchen behielten ihre Struktur mit einem eigenen Patriarchen an der Spitze, wenn auch diese Position teils mit politisch genehmen Personen neu besetzt wurde. Die Oberhäupter der Rumänischen, Serbischen und Bulgarischen Orthodoxen Kirche hatten, ähnlich wie der ökumenische Patriarch in osmanischen Zeiten, das Verhalten der übrigen Bischöfe in der jeweiligen Nationalkirche zu überwachen; daher verstrickten sie sich tief in das Machtsystem. Die traditionellen Spannungen zwischen dem hohen Mönchsklerus (den Bischöfen) und den einfachen Priestern nutzten die Staatsführungen aus, indem sie Letztere zur Mitgliedschaft in regimetreuen Priestervereinigungen drängten, womit die Kirchenleitungen häufig Zugriff auf die religiöse Basis verloren. Ohne wesentliche Unterstützung von außen waren die orthodoxen Kirchen den neuen Regimen schonungslos ausgeliefert und passten sich schnell an, was ihrer eigenen Tradition der Staatsnähe entsprach.

Die 1945 noch überwiegend religiös gebundenen orthodoxen Bevölkerungen Südosteuropas konnten sich daher kaum auf ihre Kirchen stützen, wenn sie dem kommunistischen Projekt ihren Eigensinn entgegenstellen wollten – im Gegenteil erleichterte diese Konstellation dem Staat das Durchregieren. In Serbien und Bulgarien, deren Orthodoxie schon in osmanischer Zeit nachhaltig geschwächt worden war, hinterließ die kommunistische Religionspolitik besonders tiefe Spuren – selbst in den Dörfern wandten sich viele Menschen von der Kirche ab, wobei die Priester dieser Entwicklung oft tatenlos zusahen oder sogar den Beruf wechselten. In Rumänien war die Kontinuität der Orthodoxie seit dem Mittelalter stärker ausgeprägt, dort blieb das religiöse Leben deutlich vitaler. Noch heute bezeichnen sich in Rumänien – und auch in Griechenland – deutlich mehr Menschen als gottgläubig als in Bulgarien, Serbien und Mazedonien.

Auch in muslimischen Regionen spielte die institutionalisierte Religion (die islamische Gemeinschaft, die Ulema und die Imame) nur eine geringe Rolle bei der Verteidigung islamischer Vorstellungen und Lebensweisen gegen das kommunistische Projekt. Die Institutionen erwiesen sich als relativ schwach und konnten (bzw. wollten) nur wenig Autonomie gegenüber dem Staat erringen. Da allerdings Südosteuropas muslimische Minderheiten auch im Sozialismus oft marginalisiert waren und weniger von der Urbanisierung erfasst wurden, hielten sich unter ihnen religiös-konservative Milieus stärker, insbesondere in relativ isolierten Gebieten. Nach den oft brutalen, mit der Frauenemanzipation begründeten ›Entschleierungskampagnen‹ der ersten Nachkriegsjahre sahen die regierenden Kommunisten diese bäuerlichen Muslime kaum noch als ideologische Herausforderung an. Bei Assimilationsaufforderungen an Muslime in Bulgarien in den 1970er und 1980er Jahren betonte die offizielle Propaganda zwar auch die ›Rückständigkeit‹ des Islam – weshalb etwa gegen Beschneidungen vorgegangen wurde –, aber letztlich war diese Politik nationalistisch motiviert. Das Gegenteil passierte in Jugoslawien, wo seit den 1960er Jahren das muslimische Erbe zur Grundlage einer offiziell neu anerkannten Nationalität (*narod*) wurde, nämlich der bosnischen Muslime. Insgesamt säkularisierten sich die Muslime Südosteuropas aber erheblich, gerade im Vergleich zu jenen der Türkei. Dort wurden nach 1950 die laizistischen Grundsätze des kemalistischen Staates immer wieder infrage gestellt, und der Staat ließ von der antireligiösen Propaganda ab.

Etwas anders erging es den traditionell katholischen Regionen, da der Vatikan bis in die späten 1950er Jahre alles daransetzte, Kompromisse zwischen dem örtlichen Klerus und den kommunistischen Machthabern zu verhindern. Im Zweifel, so das Signal aus Rom, sollten die Bischöfe, Priester und Ordensleute Widerstand gegen die Atheismuspolitik leisten, zum Beispiel gegen die Schließung katholischer Schulen und Verlage sowie gegen das Verbot des schulischen Religionsunterrichts. Die Kleriker sollten bereit sein, für ihren Glauben auch ins Gefängnis zu gehen und sich praktisch als Märtyrer aufzuopfern. Papst Pius XII. vermochte diese Forderung nur zu stellen, weil seine Kirche über einen ehe- und kinderlosen, hierarchisch disziplinierten Klerus verfügte – der orthodoxe Gemeindeklerus und die muslimischen Imame waren dagegen meist verheiratet, weshalb der Staat auf sie leichter Druck ausüben konnte. Die Unbeugsamkeit des Zagreber Erzbischofs Alojzije Stepinac, die ihm eine langjährige Freiheitsstrafe einbrachte, war symptomatisch und galt, insbesondere unter katholischen Kroaten, lange als vorbildhaft. Dass die kommunistischen Regime daher die katholische Kirche mit besonderem Argwohn betrachteten, belegt etwa die massive Verfolgung des katholischen Klerus in Bulgarien, trotz der geringen Zahl von Katholiken im Lande: 1952 wurden der katholische Bischof Evgenji Bosilkov sowie Dutzende andere Vertreter der katholischen Kirche Bulgariens wegen Spionage für den Vatikan und Subversion verurteilt, Bosilkov und drei Mitangeklagte zum Tode. In Rumänien löste die Regierung 1948 die mit dem Vatikan verbundene Unierte Kirche auf, und Albanien verfügte 1951 die organisatorisch-rechtliche Trennung seiner katholischen Kirche vom Vatikan.

Die größte katholische Bevölkerung lebte in Jugoslawien. Als sich der dortige Sozialismus in den 1960er Jahren liberalisierte und auch der Vatikan mehr Bereitschaft zum Dialog zeigte, wurde deutlich, dass sich die katholischen Milieus des Landes (insbesondere unter der kroatischen Bevölkerung) eine erhebliche Vitalität bewahrt hatten. ›Mitten im Sozialismus‹ (und bis in die Städte hinein) blieben Bevölkerungsgruppen mit teilweise offen unsozialistischer, nämlich religiöser Weltsicht präsent. Gleichwohl muss betont werden, dass nirgendwo im kommunistisch beherrschten Südosteuropa eine Situation wie in Polen bestand, dessen bemerkenswert lebendige, vom nationalen Gedanken getragene katholische Kirche seit Mitte der 1950er Jahre den kommunistischen Herrschaftsanspruch über Jahrzehnte hinweg in die Schranken weisen und sich als ›schützendes Dach‹ über der Zivilgesellschaft etablieren konnte.

Unter dem Strich erbrachte die forcierte Säkularisierung im Staatssozialismus gemischte Resultate. Einerseits beschleunigte und verbreitete sich die Entfremdung von der traditionellen Religion, die bereits im 19. Jahrhundert eingesetzt hatte; religiöses Wissen und Praktiken wurden massiv zurückgedrängt. Andererseits gelang es den Kommunisten nicht, die Mehrheit der Menschen zu wirklich überzeugten Atheisten zu erziehen. Stattdessen knüpften sozialistische Ersatzrituale oder auch die Führer- und Geschichtskulte teilweise an die traditionelle Religion an und erleichterten – einmal mehr – eine Amalgamierung alter und neuer Vorstellungen. Die Folgen wurden nach 1989 sichtbar, als der Zusammenbruch des Kommunismus ein ideologisches Vakuum hinterließ. Bald bekannten sich wieder Gruppen zu ihren traditionellen Religionen; die meisten Menschen fanden allerdings nicht mehr zu den religiösen Alltagsroutinen aus der Zeit vor 1945 zurück. Die religiöse Praxis blieb allgemein wenig verbindlich, mit großen regionalen und sozialen Unterschieden.

Urbanisierung, Bildung und Kommunikation

In den späten 1940er Jahren waren die südosteuropäischen Gesellschaften noch überwiegend ländlich geprägt: Der Anteil der dörflichen Bevölkerung an der Gesamtbevölkerung lag im Jahr 1950 zwischen 80 Prozent (in Albanien) und 63 Prozent in Griechenland. Ähnlich verhielt es sich beim Anteil der Landwirtschaft (inklusive Fischerei und Forstwirtschaft) in der Erwerbsstatistik: In Albanien erarbeiteten 85 Prozent der Bevölkerung ihren Unterhalt mit Ackerbau und Viehzucht, in Bulgarien 80 Prozent, in Rumänien 74 Prozent und in Jugoslawien rund 70 Prozent. Nur Griechenland wies bereits einen deutlich niedrigeren Anteil auf (48 Prozent). Das Leben auf dem Land war sehr beschwerlich: Die Dörfer waren kaum an moderne Infrastruktur angeschlossen, es fehlte an Geld, die Hofflächen waren im Durchschnitt sehr klein, die Bearbeitungsweisen veraltet. In den nächsten Jahrzehnten sollte sich das grundlegend ändern: Am Ende des Betrachtungszeitraums (1990) lebte in Bulgarien, Rumänien, Griechenland und der Türkei die Mehrheit der jeweiligen Bevölkerung in Städten, in Jugoslawien war das Verhältnis zwischen Dorf und Land praktisch ausgeglichen und nur in Albanien waren die meisten Menschen auf dem Land geblieben, obwohl sich auch dessen Urbanisierungsgrad deutlich erhöht hatte. Innerhalb weniger Jahrzehnte waren also Millionen ehemaliger Bauern in die rasch wachsenden Städte gezogen. Besonders stieg die Bevölkerung der Hauptstädte, die sich mit Ausnahme Tiranas zu Millionenstädten entwickelten.

In den staatssozialistischen Ländern entsprach die Verstädterung den ideologischen Zielen der Partei, die den Prozess daher zumindest anfänglich vorantrieb und zu gestalten versuchte – während er in Griechenland und der Türkei weitgehend spontan vonstatten ging. Neue ›sozialistische‹ Städte wie Dimitrovgrad in Bulgarien oder Nova Gorica in Jugoslawien und systematisch geplante große Neubauviertel wie Novi Zagreb und Novi Beograd waren sowohl Ausdruck der politischen Vision einer rational organisierten Gesellschaft als auch des Bestrebens, den neuen Stadtbewohnern angenehme Lebensumstände zu bieten. Letzteres gelang freilich nicht immer – Wohnraumknappheit war ein oftmals beklagtes Problem und insbesondere in Jugoslawien entstanden illegale Viertel am Rande der großen Städte. Aber im Großen und Ganzen konnten die staatssozialistischen Stadtplaner trotz der enormen Geschwindigkeit der Landflucht die aus der Dritten Welt oder der Industrialisierung Westeuropas im 19. Jahrhundert bekannte Slumbildung vermeiden.

Die Urbanisierung in Südosteuropa in den Jahrzehnten nach dem Zweiten Weltkrieg spiegelte sich im starken Wandel der Beschäftigtenstruktur wider: Überall fiel der Anteil jener, die mit Land- und Forstwirtschaft ihren Unterhalt verdienten, deutlich unter 50 Prozent, mit den noch zu erklärenden Ausnahmen Albaniens und der Türkei, die erst in jüngster Vergangenheit nachzogen. Die Mehrheit der Berufstätigen war Ende der 1980er Jahre im sekundären oder tertiären Sektor beschäftigt. Bulgarien und Rumänien, wo zum Zeitpunkt der Machtergreifung der Kommunisten nur rund 10 Prozent der Erwerbstätigen in Industrie und Bergbau gearbeitet hatten, hatten mit einem Anteil des sekundären Sektors an der Gesamtbeschäftigung von 45 Prozent im Jahr 1989 die westlichen Länder überholt (in Westdeutschland waren 1990 rund 39 Prozent aller Beschäftigten in Industrie und Bergbau beschäftigt, in den USA nur mehr 25 Prozent). Im europäischen Vergleich blieben die Anteile der landwirtschaftlichen Erwerbsbevölkerung mit rund 20 Prozent aller Beschäftigten und mehr jedoch relativ hoch (in den Ländern Westeuropas betrug er deutlich unter 10 Prozent, in Deutschland weniger als 4 Prozent). Aus jeweils unterschiedlichen Gründen traf das insbesondere auf Albanien und die Türkei zu, deren Bürger auch 1989 noch zur Hälfte in der Land- und Forstwirtschaft (inklusive der Fischerei) tätig waren.

Hinter diesen Zahlen standen komplexe soziale Veränderungsprozesse, die kaum ein Segment der Gesellschaft unberührt ließen. Wesentliche übergeordnete Faktoren waren die gestiegene soziale und geografische Mobilität, die einherging mit dem Ausbau von Industrie, Verwaltung und Dienstleistungen. Letzterer nämlich eröffnete Millionen von (ehemaligen) Bauern neue berufliche Perspektiven und Aufstiegsmöglichkeiten. Eine funktionale Voraussetzung für den wirtschaftlichen Wandel war die massive Expansion des Bildungswesens sowie der überlokalen Kommunikation, die die Werthaltungen und kulturellen Muster der Bevölkerungen stark veränderte. In Albanien, dem am schwächsten entwickeltem Land, war die Bildungsexplosion besonders offensichtlich: Die Zahl der Lehrenden in Grundschulen stieg von 1950 bis 1968 von rund 4800 auf fast 17 000, die der Grundschüler von 170 000 auf 440 000. Gab es 1950 nur 13 Hochschuldozenten und 300 Studierende im ganzen Land, so waren es 1968 bereits 614 bzw. 15 000. Mittlere und höhere Bildung wurde von einem Privileg der Eliten zu einem Gut, das auch Kindern aus ›einfachen‹ Familien offenstand. In den kommunistisch regierten Ländern wurden Sprösslinge aus alten Elitenfamilien sogar bis in die 1950er Jahre beim Universitätszugang stark diskriminiert und jene aus Arbeiter- und Bauernfamilien bevorzugt – Bildungspolitik war ein Mittel des Klassenkampfes.

Besonders großen Wert auf die ›Volkserziehung‹ legten die kommunistischen Regierungen, auch im Sinne frühzeitiger und umfassender ideologischer Indoktrination (worin ihnen aber die nationalistisch orientierten Bildungsinstitutionen der Türkei und Griechenlands im Grad kaum nachstanden). In den 1940er Jahren führten sie breite Alphabetisierungskampagnen durch, da viele Erwachsene – vor allem Frauen – bislang weder lesen noch schreiben konnten. Inhaltlich sollte der Schulunterricht im Staatssozialismus – neben kommunistischer Ideologie – berufsqualifizierende und technische Kenntnisse vermitteln, die für eine moderne Industriegesellschaft als notwendig angesehen wurden. Ein wesentlicher Effekt des schulischen Ausbaus war der gravierende Wandel individueller Erwartungen: Die junge Generation erhoffte sich eine andere berufliche Zukunft als ihre Eltern. Eine Umfrage unter über 4000 Schulkindern in Dörfern in ganz Jugoslawien im Schuljahr 1963/64 ergab, dass ihnen der Beruf des Landwirts am wenigsten erstrebenswert erschien. 40 Prozent der Knaben wollten Facharbeiter werden, 23 Prozent Angestellte oder Techniker; 16 Prozent wollten studieren. Bei den Mädchen war der Beruf der Lehrerin bzw. ›Kulturarbeiterin‹ am populärsten. Unter anderen politischen Vorzeichen expandierte auch in Griechenland das Bildungswesen auf allen Ebenen beträchtlich. Hinterher hinkte nur die Türkei, die zwar ebenfalls Fortschritte im Schulwesen machte, aber noch in den 1980er Jahren weit entfernt vom Bildungsniveau eines entwickelten Landes war. Offiziellen Schätzungen zufolge galten 1987 mehr als ein Viertel der Erwachsenen in der Türkei als Analphabeten.

Eng verbunden mit dem verbesserten Zugang zu Bildung war die rasante Fortentwicklung der Kommunikationsinfrastrukturen, sodass sowohl die Intensität als auch die Reichweite von Informationen stark zunahm. Radio und später Fernsehen erreichten nach und nach auch abgelegene

Gegenden und brachten die weite Welt ins Wohnzimmer. 1950 gab es in den Ländern Südosteuropas zwischen 14 (Türkei und Rumänien) und 35 (Albanien – laut offizieller Statistik) Radioapparate pro tausend Einwohner – in Österreich waren es allerdings schon damals 191. Dreißig Jahre später lagen die Werte zwischen 143 (Rumänien) und 350 (Bulgarien), nur die Türkei blieb deutlich zurück (95). Ähnlich verlief die Entwicklung der Telefonie: 1950 waren Fernsprecher ein rares und primär öffentliches Gut; pro hundert Einwohner gab es weniger als einen Telefonapparat. 1980 besaßen bereits viele Haushalte ein Telefon: In Jugoslawien kamen zehn Telefonanschlüsse auf hundert Einwohner, in Griechenland sogar dreißig; auch in dieser Hinsicht war die Türkei mit 4,7 Schlusslicht. Ab 1960 zog der Fernseher in das südosteuropäische Familienleben ein. Mitte der 1980er Jahre lag die Zahl der TV-Geräte pro tausend Einwohner zwischen 159 (Rumänien) und 189 (Bulgarien) – westliche Standards wurden auch diesbezüglich jedoch nicht erreicht (1987 zählte zum Beispiel Österreich 480 Fernseher pro tausend Einwohner). Anfang der 1980er Jahre verbrachte der durchschnittliche Bulgare rund fünfzig Minuten täglich vor der Glotze.

Nicht nur Informationen bewegten sich weiter und rascher, sondern auch Menschen: Verzeichnete etwa der Eisenbahnverkehr in Rumänien rund 5,4 Milliarden Passagierkilometer im Jahr 1947, so waren es 1982 bereits über 25,6 Milliarden – ein Anstieg um fast 500 Prozent. Griechenlands Luftverkehr zählte im Jahr 1938 gerade einmal 12 000 abreisende Fluggäste, 1971 waren es 2,9 Millionen und 1983 über 8,5 Millionen, vor allem aufgrund des rasant wachsenden Tourismus. Die Verbreitung von PKWs trug ebenfalls zur gestiegenen Mobilität bei: So wuchs die Zahl der Autos in Jugoslawien von rund 13 000 um 1955 auf über drei Millionen Ende der 1980er Jahre. Die Intensivierung von Kommunikation und Verkehr erweiterte den Horizont der Bevölkerung beträchtlich und vergrößerte ihren Handlungsspielraum. Hinzu kamen ähnliche negative Folgen wie im Westen: Die eigentlich noch untermotorisierten Länder Bulgarien und Griechenland verzeichneten in den frühen 1970er Jahren jährlich mehr als tausend Verkehrstote (mit steigender Tendenz). Die Moderne hatte ihre eigenen Schattenseiten.

Emanzipation der Frauen

Zu den wichtigsten Aspekten des gesellschaftlichen und kulturellen Wandels in Südosteuropa gehörte die Veränderung der Situation der Frauen, die eng mit dem oben geschilderten Wandel in Ökonomie und Bildung zusammenhing. Galten die südosteuropäischen Gesellschaften noch in den späten 1940er Jahren als ausgesprochen patriarchalisch, so verbesserte sich die Lage der Frauen in den Jahrzehnten danach merklich. In den staatssozialistischen Ländern stellte die Emanzipation der Frauen ein zentrales Versprechen der Regierung dar. Die Verfassungen dieser Länder betonten allesamt die rechtliche Gleichheit von Mann und Frau in allen Lebensbereichen (und kamen damit denen der meisten westlichen Staaten zuvor). Diverse Gesetze sowie sozialpolitische Maßnahmen, wie die umfassende öffentliche Kinderbetreuung, dienten der Umsetzung dieses Ziels. In Griechenland hingegen war Gleichberechtigung in der Verfassung nicht als Prinzip festgehalten, und Frauen wurden im Familienrecht erst 1983 den Männern gleichgestellt. Zumindest aber erhielten auch die griechischen Frauen das aktive und passive Wahlrecht (1952). Frühzeitige rechtliche Gleichstellung führte freilich nicht automatisch zur Emanzipation der Frauen: Die türkische Verfassung von 1924, das Zivilrecht von 1926 und die Reform des Wahlrechts 1934 beseitigten zwar rechtliche Diskriminierungen von Frauen früher als anderswo in Südosteuropa, die soziale Realität hinkte aber deutlich hinterher. Kein Land in der Region ist heute noch so patriarchalisch geprägt wie die Türkei. Als Staatsziel wurde die Gleichberechtigung von Mann und Frau erst 2004 in die türkische Verfassung aufgenommen.

Ein wesentlicher Aspekt der Veränderung der Geschlechterrollen war die Integration der Frauen in das Berufsleben. In Jugoslawien stieg der Anteil der Frauen an allen außerhalb der Landwirtschaft beschäftigten Personen von 24 Prozent (1952) auf 40 Prozent (1989), in Rumänien betrug der Wert für 1989 ebenfalls 40 Prozent und in Bulgarien beinahe 50 Prozent. In Bulgarien gingen Ende der 1970er Jahren bereits 80 Prozent der Frauen im erwerbsfähigen Alter (16–55 Jahre) einer bezahlten Erwerbsarbeit nach; ein Wert, mit dem wenige westliche Länder mithalten konnten. Diese enorme Zunahme der Erwerbsquote ging einher mit einer Verschiebung weiblicher Lebensperspektiven. Im Jahr 1969 gaben bei einer soziologischen Umfrage in Bulgarien nur 15 Prozent der befragten verheirateten Frauen an, sie würden zu arbeiten aufhören, wenn ihr Ehemann die Familie alleine versorgen könnte. Ende der 1970er Jahre äußerten in einer anderen großen Umfrage in Bulgarien 90 Prozent der Frauen die Meinung, eine Frau sollte in jedem Falle einen Job haben. Das Modell des männlichen Alleinverdieners hatte ausgedient.

In Griechenland stieg die Frauenbeschäftigungsquote ebenfalls, wenn auch weniger rasch als in den staatssozialistischen Ländern. 1991 waren erst ein Drittel aller griechischen Beschäftigten Frauen. Der wesentliche Unterschied bestand in den gezielten staatlichen Maßnahmen zur Förderung der Frauenbeschäftigung in den sozialistischen Ländern, wie dem Ausbau der Kinderbetreuungseinrichtungen. In Bulgarien gingen 70 bis 80 Prozent der Kinder im Vorschulalter in den 1980er Jahren in einen Kindergarten, die meisten mit Ganztagsbetreuung. Auch die staatliche Propaganda lobte die Erwerbstätigkeit von Frauen und ihre Rückkehr ins Berufsleben nach einer Geburt.

In der Türkei machte die Emanzipation hingegen vergleichsweise geringe Fortschritte: Die Mehrheit der Frauen arbeitete weiterhin unbezahlt in der Landwirtschaft, typischerweise auf dem Hof ihres Mannes. 1990 verdienten nur 19 Prozent der erwerbstätigen Frauen in der Türkei ein eigenes Gehalt (bei den Männern waren es auch nur 45 Prozent), 1965 hatte dieser Wert noch bei 6 Prozent gelegen. Ein wesentlicher Grund für die niedrige Erwerbstätigkeit in der Türkei war, dass deren vor allem ländliche Gesellschaftsordnung bis in die späten 1970er Jahre fortbestand. Das anatolische Dorf blieb in seinem Innenleben lange Zeit von den durch Atatürk angestoßenen Modernisierungsprozessen weitgehend unberührt. Nach dem Tod Atatürks war zudem keine Regierung mehr so recht an der umfassenden Umgestaltung der Gesellschaft und der Förderung der Frauengleichberechtigung interessiert; im Gegenteil gewannen im Zuge der Pluralisierung nach 1945 konservativ-islamische Strömungen immer mehr an Einfluss. Die Verankerung eines großen Teils der ländlichen Bevölkerung in islamischer Religiosität und traditionellen Werten war der Emanzipation wenig förderlich. Während im Staatssozialismus Ende der 1980er Jahre Frauen im Durchschnitt besser gebildet waren als Männer, war es in der Türkei noch immer umgekehrt.

Allerdings hinkte auch in den sozialistischen Ländern die Realität hinter den politischen Ansprüchen hinterher. Insbesondere in der häuslichen Sphäre blieben die Geschlechterrollen ungleich: Frauen litten unter der sogenannten ›doppelten Bürde‹, da sie – wie zeitgenössische Studien belegten – deutlich stärker durch die Hausarbeit belastet waren als Männer. Frauen waren zwar in allen staatlichen Organen präsent, doch je mehr Einfluss ein Organ hatte, desto weniger Frauen waren in ihm vertreten. Frauen taten sich auch schwerer als Männer, Karriere zu machen, obwohl sie gleich gut, wenn nicht besser qualifiziert waren. Insgesamt war der erreichte Wandel dennoch erstaunlich, vor allem, wenn man die Ausgangsposition bedenkt. Der Staatssozialismus kam der gesellschaftlichen Position der Frauen ohne Zweifel zugute; und in Griechenland war es die sozialistische Partei (PASOK), die nach ihrem Regierungsantritt 1981 entschiedene Schritte in Richtung mehr Gleichberechtigung einleitete und Frauen zumindest rechtlich endlich den Männern gleichstellte.

Demografischer Wandel

Ein weiterer wichtiger Aspekt der gesellschaftlichen Veränderungen war der massive demografische Wandel, der auch auf die Politik zurückwirkte. So ging – trotz eingeschränkten Zugangs zu modernen Verhütungsmitteln – die Geburtenrate stark zurück, unter anderem weil Frauen immer seltener bereit waren, ihre berufliche Laufbahn der Kinderbetreuung zu opfern. Auch war das Aufziehen von Kindern teurer geworden, da sich die Dauer der Schulausbildung deutlich erhöht hatte. Dank der stark fallenden Kindersterblichkeit brauchte es weniger Geburten, um die von den Eltern gewünschte Zahl von Kindern zu haben. Starben etwa in Rumänien nach dem Zweiten Weltkrieg noch beinahe 20 Prozent der Neugeborenen, bevor sie ein Jahr alt wurden, so sank die Säuglingssterblichkeit bis 1980 auf unter 3 Prozent. Mit Ausnahme der Türkei sowie der albanischen, türkischen und Roma-Bevölkerungen auf dem Balkan war in Südosteuropa der vor dem Zweiten Weltkrieg einsetzende Prozess des demografischen Übergangs in den 1960er Jahren weitgehend abgeschlossen. Die Zahl der Lebendgeburten fiel nun unter das für die Aufrechterhaltung der Einwohnerzahl notwendige Niveau, Bulgariens Bevölkerung begann Ende der 1980er Jahre sogar zu schrumpfen. In Albanien und noch stärker in der Türkei verzögerte sich dieser Prozess der demografischen Transition um zwei bis drei Jahrzehnte und ist heute noch im Gange. In beiden Ländern kamen Anfang der 1960er Jahre noch über vierzig Lebendgeburten jährlich auf eintausend Einwohner, ein für Europa äußerst hoher Wert.

In Bulgarien und in Rumänien wurde die demografische Entwicklung zum Politikum, da die Regierungen beider Länder aus ökonomischen und nationalitätenpolitischen Erwägungen ein starkes Bevölkerungswachstum wünschten. Sie erließen daher in den 1960er Jahren eine Reihe von Maßnahmen zur ›Stimulierung‹ der Geburtenrate. Berüchtigt wurde das praktisch totale Abtreibungsverbot in Rumänien, das seit 1966 die strafrechtliche Verfolgung von

Frauen vorsah, die abtreiben ließen, sowie von jenen, die den Schwangerschaftsabbruch vornahmen. Die *Securitate* kontrollierte, ob schwangere Frauen ihr Kind auch auf die Welt brachten. In Bulgarien begründete die Regierung ihre bevölkerungspolitischen Maßnahmen unter anderem mit der Tatsache, dass die türkische Minderheit des Landes, die beinahe 10 Prozent der Gesamtbevölkerung ausmachte, eine deutlich höhere Geburtenrate aufwies als die bulgarische Mehrheitsbevölkerung. Allerdings setzte die Regierung vor allem auf sozialpolitische Anreize, um bulgarische Frauen zur Geburt eines zweiten und dritten Kindes zu bewegen. Die kommunistischen Regime wollten also auch die Demografie steuern – ein letztlich weitgehend fruchtloses Unterfangen, das aber negative Konsequenzen für die Frauen hatte. Zum einen wurde ihnen die Kontrolle über ihren Körper entzogen, zum anderen wurden sie wieder stärker auf ihre vermeintlich ›natürliche‹ Mutterrolle reduziert (wobei sie weiterhin von Staat und Partei aufgefordert wurden, einer Beschäftigung nachzugehen).

Wesentlichen Einfluss auf den demografischen Wandel samt seinen kulturellen Folgen hatte die intensive Migration, die Südosteuropa nach 1945 erlebte. Bereits erwähnt wurde die massenhafte Landflucht – Südosteuropa urbanisierte sich rasant, in vielerlei Hinsicht vergleichbar mit dem westlichen Europa des 19. Jahrhunderts. Die kulturellen Folgen waren vielfältig und durchaus ambivalent. Der Zuzug von so vielen Menschen aus dem Dorf führte an den Rändern der rasch anwachsenden Städte zur Vermischung ländlicher und städtischer Lebensstile. Eine serbische Ethnologin sprach von »Rurbanisierung«. Die neuen Stadtviertel dienten daher nicht nur der Wohnraumbeschaffung, sondern sie sollten die neuen Stadtbewohner auch in eine urbane Kultur hineinsozialisieren. Pläne, mit der Architektur auch stärker kollektive Lebensweisen zu fördern, führten allerdings selten zu den gewünschten Ergebnissen: In Bulgarien machte etwa die Regierung die Erfahrung, dass Gemeinschaftsräume in Wohnanlagen vernachlässigt wurden, woraus sie den Schluss zog, die Bürger besser ihre Wohnungen kaufen zu lassen, weil sie sich um ihren Privatbesitz besser kümmerten als um Mietshäuser. In den 1980er Jahren waren 90 Prozent des Wohnraums im sozialistischen Bulgarien in Privateigentum übergegangen.

Weitgehend auf ihre eigene Initiative angewiesen blieben die Zuzügler in den großen Städten in Griechenland und der Türkei. Ein typisches Phänomen waren ganze Viertel aus illegal errichteten Häusern. In der Türkei bürgerte sich dafür der Begriff *Gecekondu* (›über Nacht gebaut‹) ein. Ein Gesetz aus dem Jahr 1966 ermöglichte die nachträgliche Legalisierung solcher Bauten. Typisch für die Gecekondus war, dass in ihnen Zuwanderer aus jeweils derselben Region zusammenlebten, was die Aufrechterhaltung tradierter Verbindungen ermöglichte. Der Staat ließ zwar manchmal ungesetzlich errichtete Häuser abtragen, doch üblicherweise sorgten die Stadtväter für die Legalisierung der Viertel und ihren Anschluss an die kommunale Infrastruktur. Immerhin stellten in rasch wachsenden Großstädten wie Istanbul, Ankara und Izmir die Bewohner der Gecekondus ein wichtiges Wählerreservoir dar. Auch in Athen entstanden große, gegen die städteplanerischen Vorschriften erbaute Siedlungen. In Jugoslawien wuchsen an den Peripherien der Großstädte, insbesondere Belgrads, vergleichbare Ansiedlungen.

Drei der Länder der Region erlebten nicht nur intensive Binnenmobilität, sondern auch starke internationale Arbeitsmigration: Griechenland, die Türkei und Jugoslawien entsandten nach dem Zweiten Weltkrieg – wie andere Mittelmeerländer – zahlreiche ›Gastarbeiter‹ in die boomenden westeuropäischen Wirtschaften. Jugoslawien war dabei das einzige sozialistische Land, das seinen Bürgern in großem Ausmaß die Arbeitsaufnahme im westlichen Ausland gestattete. Aus Griechenland wanderten zwischen 1955 und 1973 mehr als 1,1 Millionen Menschen auf der Suche nach Arbeit bzw. als mitreisende Familienangehörige aus; jugoslawische Experten schätzen, dass Anfang der 1970er Jahre mehr als eine Million jugoslawischer Staatsbürger im Ausland arbeiteten. Die türkische Arbeitsvermittlung entsandte bis Ende 1973, als die wichtigsten Anwerbeländer aufgrund des Erdölschocks einen Anwerbestopp erließen, beinahe 800 000 Arbeitskräfte nach Westeuropa, hinzu kamen viele, die auf eigene Faust das Land verließen. Die überwiegende Mehrheit der Migranten und Migrantinnen ging in die Bundesrepublik Deutschland. Hauptgrund für die starke Abwanderung, die sowohl die Sende- als auch die Zielländer als temporäre geplant hatten, war das Fehlen von Arbeitsplätzen in den Sendeländern und die im Vergleich zu Westeuropa geringen Löhne. Viele ›Gastarbeiter‹ kehrten in der Tat in ihre Heimat zurück (bisweilen emigrierten sie auch erneut), ein großer Teil aber blieb permanent im Ausland.

Konsum und Wohlfahrtsstaat

Die Migranten zogen in die Stadt oder in ein anderes Land, um ihren Lebensstandard zu verbessern. Aus zeitgenössischen Berichten wissen wir, dass der (vermeintliche) Wohlstand der Gastarbeiter, manifest in ihrem deutschen Auto, mit dem sie zum Urlaub heimfuhren, andere Personen dazu motivierte, ebenfalls ins Ausland zu gehen, um sich dieselben Dinge leisten zu können. Mit diesem Ziel waren Arbeitsmigranten keinesfalls alleine: Das Streben nach Konsum und Wohlfahrt wurde nach und nach zu einem gesellschaftlichen Leitprinzip – selbst in den staatssozialistischen Ländern. Deren Politik veränderte sich damit insofern markant, als das ursprünglich asketisch-revolutionäre Ideal von der offiziellen Akzeptanz der Konsumgesellschaft verdrängt wurde.

Nach den Erschütterungen, die der Ostblock in den 1950er Jahren erlebt hatte (Arbeiteraufstand in der DDR 1953, Arbeiterproteste in der Tschechoslowakei 1953 und 1956 sowie in Polen 1956, Revolution in Ungarn 1956) und die maßgeblich den miserablen Lebensbedingungen zuzuschreiben waren, suchten die kommunistischen Regierungen nun ihr Heil in steigenden Lebensstandards. Dafür änderten sie auch ihre Wirtschaftspolitik, indem sie der Konsumgüterindustrie etwas mehr Bedeutung zugestanden und den Wohlfahrtsstaat ausbauten. Das neue ideologische Versprechen lautete, dass die Menschen die Früchte des Sozialismus bereits in der Jetztzeit genießen sollten, wobei den Regierungen die Versorgung der Industriearbeiterschaft ein besonderes Anliegen war. In Parteitagsreden machten die Parteiführer regelmäßig konkrete Versprechungen, wie stark sich die Versorgung mit Konsumgütern in der nächsten Planperiode verbessern sollte – auch, um den Westen einzuholen. Damit weckten sie Erwartungshaltungen, die sie weder dämpfen noch befriedigen konnten: Die Konsumbedürfnisse der Bevölkerung stiegen schneller, als die Planökonomien ihnen entsprechen konnten, was letztlich erst recht die Legitimität der kommunistischen Herrschaft unterminierte. Für zwei bis drei Jahrzehnte erfreuten sich aber die meisten Menschen steigender Lebensstandards: Sie sahen, dass es ihnen besser ging als ihren (Groß-)Eltern, und hatten die Hoffnung, dass ihre Kinder noch besser leben würden. Umso größer war die Desillusion, als dann in den 1980er Jahren sowohl der Vergleich mit der Vergangenheit als auch der Blick in die Zukunft negativ ausfielen. Nur Albanien blieb von dieser Entwicklung weitgehend ausgenommen, da sich dessen Regime mit der Idee einer Konsumgesellschaft nie anfreunden konnte.

Auch Griechenland und die Türkei entwickelten sich zu Konsumgesellschaften, zumal die ökonomische Entwicklung ohnehin stärker auf Binnenkonsum beruhte und das Kreditwesen wuchs. Dafür bedurfte es in diesen beiden Ländern keiner ideologischen Umorientierung. In Griechenland stellte der Privatkonsum die mit Abstand größte Position in der volkswirtschaftlichen Gesamtrechnung dar. In den staatssozialistischen Ländern stieg der Privatkonsum ebenfalls an, noch stärker wuchs aber der gesellschaftliche Konsum, das heißt die staatlichen Wohlfahrtsleistungen. So wurde das Alters- und Invaliditätsrentensystem nach und nach auf die gesamte Bevölkerung ausgedehnt – in Jugoslawien mit der Ausnahme Sloweniens allerdings nicht auf die privaten Landwirte. Renten und andere Sozialtransfers wie Kinderbeihilfen stiegen substanziell. Zu diesen Transfers vom Staat an seine Bürgerinnen und Bürger traten vielfältige betriebliche Leistungen, deren Ausmaß mit der ökonomischen Potenz (und politischen Bedeutung) des Unternehmens stark differierte; auch im Staatssozialismus gab es markante soziale Ungleichheiten, wenn auch geringere als in westlichen Ländern.

Ein guter Indikator für den wachsenden Wohlstand war die medizinische Versorgung, die mit Ausnahme der Türkei und Albaniens europäisches Durchschnittsniveau erreichte. In Griechenland und Bulgarien teilten sich Anfang der 1980er Jahre rund 400 Einwohner einen Arzt, in Jugoslawien 673 – in der BRD waren es 442 –, in der Türkei hingegen 1632. Überall erhöhte sich der Anteil der Geburten, die in medizinischen Einrichtungen stattfanden, massiv, was die Mütter- und Säuglingssterblichkeit wesentlich senkte.

Mit dem gestiegenen Wohlstand änderte sich das Konsumverhalten, da die Haushalte mehr Mittel zur Verfügung hatten. Gab ein durchschnittlicher bulgarischer Haushalt 1955 mehr als 44 Prozent seiner Ausgaben für Nahrungsmittel aus, so waren es 1980 rund 32 Prozent (in der krisenhaften Entwicklung der 1980er Jahre stieg der Anteil wieder). Dafür konnten die Haushalte in den 1970er Jahren mehr als doppelt so viel sparen wie in den 1950ern. Den fallenden relativen Ausgaben für Nahrungsmittel stand eine deutliche Erhöhung der konsumierten Kalorien gegenüber, da der Verzehr von Fleisch, Zucker und Eiern stark anstieg. Der durchschnittliche Rumäne gönnte sich 1980 mehr als sechzig Kilogramm Fleisch pro Jahr – 1950 waren es weniger als siebzehn Kilogramm gewesen. Bulgarien und Jugoslawien gehörten Anfang der 1980er Jahre bereits zu jenen Ländern, deren Bevölkerung zu viel aß – typische Wohlstandserkrankungen wie Herzkreislaufbeschwerden waren die Folge, auch aufgrund von Bewegungsarmut und ausgiebigem Alkohol- sowie Tabakkonsum. Zu den neuen Annehmlichkeiten des Alltags gehörten elektrische Waschmaschinen sowie Kühlschränke, die sich in Bulgarien, Griechenland, Jugoslawien und Rumänien in praktisch jedem Haushalt fanden. In Griechenland, Jugoslawien und der Türkei waren die zahlreichen Arbeitsmigranten im Westen, von denen viele in ihre Heimat zurückkehrten – nicht zuletzt, da sie in Ländern wie der Bundesrepublik damals nicht sehr herzlich aufgenommen wurden –, wichtige Träger der neuen Konsumkultur, insbesondere in den bisher davon wenig berührten dörflichen Gegenden.

Die Länder Südosteuropas (mit Ausnahme Albaniens) wandelten sich zu Konsumgesellschaften und folgten damit dem Trend der entwickelten Welt nach 1945. Die Bürgerinnen und Bürger der staatssozialistischen Länder begannen, den Sozialismus am Vorhandensein von Konsummöglichkeiten zu messen. Besitz wurde zu einem mächtigen Faktor individueller Lebensentwürfe. Als in den staatssozialistischen Ländern in den späten 1980er Jahren viele Waren wieder knapp wurden und die Reallöhne sanken, gerieten daher die kommunistischen Regime in zunehmende Bedrängnis, aus der sie sich nicht mehr befreien konnten. Die von der staatssozialistischen Ordnung selbst geschaffenen gesellschaftlichen Widersprüche erforderten letztlich ein anderes politisches System. Insofern lagen die Wurzeln des oben geschilderten politischen Wandels insbesondere in den gesellschaftlichen und kulturellen Veränderungen während des Kalten Krieges. Ende der 1980er Jahre hatten sich die Selbstreproduktionskräfte der sozialistischen Länder erschöpft, der nächste Systemwechsel kündigte sich an.

Südosteuropa 1945 bis 1989

Internationale Rahmenbedingungen

1945, Februar	Konferenz von Jalta (Zusammentreffen von Stalin, Churchill, Roosevelt)
1945, Juni	Gründung der UNO in San Francisco (Jugoslawien, Griechenland, Türkei sind Gründungsmitglieder)
1947, Februar	Friedensverträge für Bulgarien und Rumänien
1947, März	Verkündigung der ›Truman-Doktrin‹: Schutz der USA für ›freie‹ Länder vor kommunistischer Machtergreifung
1947, September	Gründung des Kommunistischen Informationsbüros (Kominform)
1948, April	Verabschiedung des Marshallplans
1948, Juni	Ausschluss Jugoslawiens aus Kominform, Bruch zwischen Sowjetunion und ihren Verbündeten mit Jugoslawien
1949, Januar	Gründung des Rates für Gegenseitige Wirtschaftshilfe (RGW)
1949, April	Gründung des Nordatlantikpaktes (NATO)
1953, März	Tod Stalins
1956, Februar	Geheimrede Chruschtschows, Beginn von Entstalinisierung und Tauwetter
1956, November	Niederschlagung der Revolution in Ungarn durch sowjetische Truppen
1968, August	Einmarsch der Truppen des Warschauer Paktes in der Tschechoslowakei zur Niederschlagung des Prager Frühlings (unter Beteiligung Bulgariens, nicht aber Rumäniens)
1973	Ölpreisschock
1975, August	Unterzeichnung der Schlussakte der Konferenz für Sicherheit und Zusammenarbeit (KSZE)
1981, Januar	Ronald Reagan wird US-Präsident
1985, März	Michail Gorbatschow wird Generalsekretär der KPdSU
1991, Dezember	Auflösung der Sowjetunion

Innenpolitische Entwicklungen ab 1944

1944, Oktober	Enver Hoxha wird Premierminister Albaniens (bis 1954, Parteichef bis 1985)
1944, Dezember	Schlacht um Athen zwischen ELAS und EDES, Abkommen von Varkiza unter britischer Vermittlung (Februar 1945)
1945, März	Bildung einer Koalitionsregierung in Jugoslawien unter Führung der Kommunistischen Partei, mit Josip Broz Tito als Ministerpräsidenten (bis 1953, danach bis 1980 Staatspräsident)
1945, März	Petru Groza (Partei Front der Pflüger) wird Ministerpräsident Rumäniens (bis Juni 1952); Regierung von Kommunisten dominiert
1945, November	Parlamentswahlen in Jugoslawien (kommunistisch dominierte Volksfront gewinnt 90,48 Prozent der Stimmen)
1946, Januar	neue jugoslawische Verfassung etabliert die Föderative Volksrepublik Jugoslawien
1946, Januar	Gründung der Demokratischen Partei (DP) als erster Oppositionspartei in der Republik Türkei
1946, Januar	Ausrufung der Volksrepublik Albanien, Abschaffung der Monarchie
1946–1949	griechischer Bürgerkrieg, Niederlage der Kommunisten
1946, September	Abschaffung der Monarchie in Bulgarien (Referendum)
1946, Oktober	Parlamentswahlen in Bulgarien (kommunistisch dominierte Vaterländische Front gewinnt 72 Prozent der Stimmen)
1946, November	Parlamentswahlen in Rumänien (kommunistisch dominierte Nationale Demokratische Front gewinnt angeblich 70 Prozent der Stimmen; massive Wahlfälschungen)
1946, November	Parteichef Georgi Dimitrov wird erster

	kommunistischer Ministerpräsident Bulgariens (bis zu seinem Tode im Juli 1949)
1947, Juni	Verhaftung und Hinrichtung (September) des bulgarischen Oppositionsführers Nikola Petkov (Nationale Agrarunion)
1947, November	Verhaftung des rumänischen Oppositionsführers Iuliu Maniu (Nationale Bauernpartei), der 1953 in Haft stirbt
1947, Dezember	neue bulgarische Verfassung etabliert die Volksrepublik Bulgarien
1947–1951	Verstaatlichung der Wirtschaft und Einführung von Fünfjahresplänen in Albanien, Bulgarien, Jugoslawien und Rumänien
1948, Juni	Parteisäuberungen und Schauprozesse in allen sozialistischen Ländern nach Bruch zwischen Sowjetunion und Jugoslawien
1949, Juli	Vălko Červenkov wird Parteichef in Bulgarien (ab 1950 Ministerpräsident, bis 1956)
1950, Mai	Parlamentswahl in der Türkei mit Sieg der oppositionellen Demokratischen Partei (53,4 Prozent der Stimmen), Adnan Menderes wird Ministerpräsident
1950, Mai	Bauernaufstand in Nordostbosnien, Abkehr von Kollektivierungspolitik in Jugoslawien (bis 1952)
1950, Juni	Gesetz zur Verankerung der Arbeiterselbstverwaltung in Jugoslawien
1951	Rumänien: Deportationen aus Grenzgebiet zu Jugoslawien in die Bărăgan-Steppe
1952, Juni	Gheorghe Gheorghiu-Dej wird rumänischer Ministerpräsident (bis 1965)
1952, Januar	neue, konservative griechische Verfassung
1953, Januar	neue jugoslawische Verfassung
1954, März	Todor Živkov wird Parteichef in Bulgarien (ab 1962 Ministerpräsident, 1971 bis 1989 Staatsratsvorsitzender)

1956, November	Proteste in Rumänien (v. a. der ungarischen Minderheit) gegen die Niederschlagung der Revolution in Ungarn
1958, Juni	Abschluss der Kollektivierung in Bulgarien (Beginn 1948, rund 99 Prozent des Landes kollektiviert)
1960, Mai	Militärputsch in der Türkei, Hinrichtung des gestürzten Ministerpräsidenten Adnan Menderes (DP)
1961, Juli	neue, liberale türkische Verfassung
1962, April	Abschluss der Kollektivierung in Rumänien (94 Prozent der gesamten landwirtschlichen Nutzfläche)
1963, April	neue jugoslawische Verfassung, die dritte seit 1945 (Dezentralisierung, Umbenennung des Landes in Sozialistische Föderative Republik Jugoslawien)
1965, März	Nicolae Ceauşescu wird Parteichef und Ministerpräsident Rumäniens, ab 1974 Staatspräsident (bis Dezember 1989)
1966, Juli	Sturz von Aleksandar Ranković, Vizepräsident und ehemaliger Innenminister Jugoslawiens
1966, Oktober	Abtreibungsverbot in Rumänien (Dekret 770)
1967, Februar	Albanien erklärt sich zum ›atheistischen Land‹
1967, April	Militärputsch in Griechenland, Etablierung des Obristen-Regimes (bis 1974)
1968, Juni	Studentenproteste in Belgrad und anderen Städten Jugoslawiens
1968	Anerkennung der bosnischen Muslime als Nation in Jugoslawien
1971, März	Militärputsch in der Türkei gegen die Regierung von Süleyman Demirel
1971, Mai	neue bulgarische Verfassung
1971, Dezember	Absetzung der Parteiführung der SR Kroatien, Ende des ›Kroatischen Frühlings‹ (seit 1967)
1972, November	Absetzung der liberalen Führung der SR Serbien durch Tito; ebenso in Slowenien und Makedonien

1973, Oktober	Parlamentswahlen in der Türkei, Sieg der Republikanischen Volkspartei (CHP), Bülent Ecevit wird Premierminister
1973/74	erzwungener Namenswechsel der bulgarischen Muslime (Pomaken)
1974, Februar	neue jugoslawische Verfassung (vierte seit 1945) mit weitgehender Dezentralisierung
1974, Juli	Zusammenbruch der Militärdiktatur in Griechenland, Konstantin Karamanlis (aus dem Exil zurückgekehrt) wird Ministerpräsident und gründet Partei Neue Demokratie
1974, Dezember	endgültige Abschaffung der Monarchie in Griechenland (nach Referendum)
1975, Juni	neue, demokratische Verfassung Griechenlands
1977, August	Bergarbeiterstreik im Jiu-Tal (Rumänien)
1978, September	Ermordung des bulgarischen Exil-Dissidenten Georgi Markov in London durch den bulgarischen Geheimdienst
1978, November	Gründung der Kurdischen Arbeiterpartei, PKK
1980, Mai	Tod Titos
1980, September	Militärputsch in der Türkei gegen die Regierung von Süleyman Demirel, Einführung des Kriegsrechts, weitreichende Säuberungen durch das Militärregime, Verbot der Parteien und Gewerkschaften
1981, März–April	Studentenunruhen im Kosovo
1981, Oktober	Wahlen in Griechenland mit Sieg der Panhellenischen Sozialistischen Bewegung (PASOK), Andreas Papandreou wird Premierminister (bis 1989)
1982, November	Annahme einer autoritären, nationalistischen Verfassung in der Türkei
1983, Dezember	Turgut Özal (›Mutterlandpartei‹) wird türkischer Ministerpräsident (bis Oktober 1989, danach bis 1993 Staatspräsident)
1984, Sommer	Beginn der Zwangsassimilierung der türkischen

	Minderheit in Bulgarien (sogenannter ›Wiedergeburtsprozess‹, bis 1989)
1984, August	Beginn des gewaltsamen Aufstandes der PKK in der Türkei (bis 1999)
1985, April	Tod Enver Hoxhas (Nachfolger: Ramiz Alia, bis 1992)
1986, Mai	Wahl Slobodan Miloševićs zum Vorsitzenden des Bundes der Kommunisten Serbiens
1987, April	Rede Slobodan Miloševićs vor serbischen Demonstranten in Prishtina: »Niemand darf euch schlagen«
1987, September	Verfassungsreferendum in der Türkei erlaubt Rückkehr von Politikern, die 1980 von Militär aus der Politik verbannt wurden
1987, September	Slobodan Milošević wird Präsident der SR Serbiens
1987, November	Arbeiteraufstand in Braşov, Rumänien
1989, März	Aufhebung der Autonomie von Kosovo und Vojvodina, Verhängung des Ausnahmezustandes in Kosovo
1989, März	Ante Marković wird (letzter) Ministerpräsident der SFR Jugoslawien (bis Dezember 1991)
1989, Mai	Massenauswanderung von Türken aus Bulgarien (bis August)
1989, Juni	Gründung der Kroatischen Demokratischen Gemeinschaft, HDZ, unter Franjo Tuđman
1989, November	Sturz Todor Živkovs (Nachfolger: Petăr Mladenov)
1989, Dezember	jugoslawischer Ministerpräsident Ante Marković verordnet dem Land eine liberale Schocktherapie
1989, Dezember	Sturz und Hinrichtung Nicolae Ceauşescus (Nachfolger: Ion Iliescu)
1989, Dezember	Gründung der Union der Demokratischen Kräfte in Bulgarien

Außenpolitik

1947, Februar	Freundschafts- und Beistandspakt zwischen Jugoslawien und Bulgarien
1948, Juni	Bruch der Sowjetunion und ihrer Verbündeten mit Jugoslawien
1952, Februar	Beitritt Griechenlands und der Türkei zur NATO
1953, Februar	Unterzeichnung eines Freundschafts- und Kooperationsabkommens zwischen Jugoslawien, Griechenland und der Türkei, erweitert 1954 um Verteidigungsallianz (›Balkanpakt‹)
1954, Oktober	Memorandum von London: Triest wird italienisch (Bestätigung im Vertrag von Osimo zwischen Jugoslawien und Italien, 1975)
1955	Beitritt Albaniens, Bulgariens und Rumäniens zur UNO
1958	Abzug der sowjetischen Truppen aus Rumänien, Beginn der außenpolitischen Eigenständigkeit Rumäniens
1960, März	Anwerbeabkommen der BRD mit Griechenland
1961	Abschluss eines Assoziierungsabkommens Griechenlands mit der Europäischen Wirtschaftsgemeinschaft (EWG), suspendiert 1967 bis 1974
1961	Erste Gipfelkonferenz der Bewegung der blockfreien Staaten in Belgrad; Tito bis 1964 Vorsitzender der Bewegung
1961, Oktober	Anwerbeabkommen der BRD mit der Türkei
1961	faktischer Austritt Albaniens aus RGW und Warschauer Pakt, Anlehnung an die Volksrepublik China (bis 1978)
1963	Abschluss eines Assoziierungsabkommens Griechenlands mit der Europäischen Wirtschaftsgemeinschaft (EWG)
1964	Jugoslawien wird assoziiertes Mitglied des RGW

1967	Aufnahme diplomatischer Beziehungen zwischen Rumänien und der BR Deutschland
1969, August	Staatsbesuch des US-Präsidenten Nixon in Rumänien
1971	Rumänien tritt GATT bei (1972 auch dem Weltwährungsfonds)
1974, Juli	Militärintervention der Türkei in Zypern nach Sturz der Regierung Makarios, Besetzung Nordzyperns durch Türkei, Ausrufung der international nicht anerkannten Türkischen Republik Nord-Zypern 1983
1979, März	KSZE-Nachfolgetreffen in Belgrad
1981	Beitritt Griechenlands zur Europäischen Gemeinschaft (EG)
1984	Ausrichtung der Olympischen Winterspiele in Sarajevo, Jugoslawien
1987	Antrag der Türkei auf Mitgliedschaft in der Europäischen Gemeinschaft (EG)

Kein Ende der Geschichte. Die Transformation seit 1989

Der jüngste Fortschrittsbericht der EU über Albanien konstatiert unter anderem:

> Albanien hat *einen gewissen Vorbereitungsstand* bei der Korruptionsbekämpfung erreicht. *Trotz einiger Fortschritte*, verstärkter Bemühungen und politischen Engagements bei der Korruptionsbekämpfung gibt diese nach wie vor Anlass zu ernster Sorge. Insgesamt ist die Korruption in vielen Bereichen des öffentlichen und wirtschaftlichen Lebens weit verbreitet. Die auf die Bekämpfung von Korruption und organisierter Kriminalität spezialisierte Institution (SPAK) hat in mehreren hochrangigen Fällen Strafverfahren und Finanzermittlungen durchgeführt. Es wurden einige rechtskräftige Verurteilungen hochrangiger Staatsbeamter ausgesprochen. Die Überprüfung der Mitglieder des Justizapparats zeigt weiterhin Erfolge bei der Bekämpfung der Korruption im Justizwesen. Im Justizministerium wurde eine neue Generaldirektion für Korruptionsbekämpfung eingerichtet, um die Koordinierung auf zentraler Ebene zu verbessern; ihre Effizienz muss sich noch erweisen. Die Erhöhung der Zahl der rechtskräftigen Verurteilungen hochrangiger Beamter bleibt eine wichtige Priorität, um die Kultur der Straflosigkeit weiter zu bekämpfen. In den korruptionsanfälligsten Sektoren sind gezielte Risikobewertungen und gezielte Maßnahmen erforderlich. Da die Empfehlungen aus dem Jahr 2021

nur teilweise umgesetzt wurden, behalten sie ihre Gültigkeit.[22]

Wie dieser Auszug aus dem Fortschrittsbericht zeigt, tritt der Westen in Südosteuropa heute nicht mehr nur als abstraktes Modell oder als Konglomerat von Großmächten in Erscheinung, sondern in Gestalt sehr konkreter überstaatlicher Organisationen wie der Europäischen Union und der NATO. Anders als in der Zwischenkriegszeit sind die Länder Südosteuropas und ihre Gesellschaften nicht mehr aufgefordert, sich unverbindlich an der einen oder anderen Werteordnung zu orientieren, sondern es geht um die Aufnahme in ein dichtes Geflecht von suprastaatlichen Institutionen, die (zumindest bislang noch) als alternativlos gelten. Diese Institutionen stellen präzise Forderungen und überprüfen deren Erfüllung. Daher sind normative Universalansprüche heute, zumindest auf politischer Ebene, in der Region dominanter als jemals zuvor. Vor diesem Hintergrund braucht man sich nicht zu wundern, wenn allenthalben ›Defizite‹ Südosteuropas festgestellt werden – sie ergeben sich aus eben diesem normativen Blick.

Die Ausgangsvoraussetzungen der meisten Länder in der Region für die angestrebte sogenannte ›Rückkehr nach Europa‹ nach dem Ende der kommunistischen Herrschaft waren nicht die besten. In die westlichen Organisationen aufgenommen wurden seit Anfang der 1990er Jahre bevorzugt Gesellschaften, die rasch mit dem Staatssozialismus brachen, um zielgerichtet einen demokratischen Rechts-

22 https://neighbourhood-enlargement.ec.europa.eu/albania-report-2022_en, S. 22; Hervorhebung der Autoren.

staat und eine kapitalistische Marktwirtschaft zu errichten – wie die zeitweiligen ›Wunderkinder‹ der Transformation Polen und Estland. In Südosteuropa dagegen verlief die Ablösung der kommunistischen Machthaber schleppend, weil der Realsozialismus in dieser Region – mehr als in Mitteleuropa – elementare Aufbauleistungen vollbracht und entsprechende Loyalitäten geschaffen hatte, die auch 1989 nicht sofort völlig verschwanden. Zivilgesellschaftliche Kräfte waren dort aus historischen Gründen weitaus schwächer und schlechter organisiert als in Mitteleuropa. Derweil wuchs der ökonomische Rückstand zu West-, aber auch Mitteleuropa.

Ein zentrales Ereignis hat in den 1990er Jahren nicht nur negative Balkanstereotypen reaktiviert, sondern auch die Konsolidierung des politischen und wirtschaftlichen Wandels verzögert, in den am meisten betroffenen Regionen bis heute – der kriegerische Zerfall Jugoslawiens. Am Beginn der Wende gingen noch viele Beobachter davon aus, dass Jugoslawien für eine Transformation hin zu westlichen Mustern besser gerüstet sei als seine Nachbarstaaten: Der jugoslawische Sozialismus war offener und marktwirtschaftlicher als die Systeme des Ostblocks oder gar Albaniens. Zumindest in den nordwestlichen Landesteilen (Slowenien, Teile Kroatiens, Vojvodina) war das Entwicklungsniveau außerdem relativ hoch, sodass die Aufholjagd bei Wirtschaft, Infrastruktur und Konsum in Richtung westlicher Standards kürzer zu werden versprach. Nicht zuletzt besaß Jugoslawien einen deutlichen Informationsvorsprung über das westeuropäische Gesellschafts- und Politikmodell – dank der Reisefreiheit seit den 1960er Jahren hatten sich nicht nur jugoslawische Führungskräfte, sondern auch große Teile der Bevölkerung kürzer oder länger in westeuropäischen Staaten (vor allem in Deutschland und Österreich, aber auch in Italien, Frankreich, Schweiz und Schweden) aufgehalten und die Realität dieser Gesellschaften kennengelernt. Millionen von westeuropäischen Touristen besuchten ihrerseits Jugoslawien. Auch war kein anderes sozialistisches Land bereits in den 1980er Jahren so eng mit westlichen Organisationen wie OECD, EG und Weltwährungsfonds verbunden.

Die vergleichsweise rasche und wenig kontroverse Pluralisierung des politischen Lebens in Jugoslawien in den Jahren 1989 und 1990 schien diesen Prognosen recht zu geben. Doch dann kam der Krieg, und von den ehemals jugoslawischen Republiken konnte nur Slowenien den Vorsprung gegenüber den anderen staatssozialistischen Ländern wirklich nutzen. Die übrigen Gebiete wurden durch die Kriege der 1990er Jahre in ihrer ökonomischen und politischen Entwicklung herb zurückgeworfen und begannen ihre Transformationen mit etwa zehnjähriger Verspätung gegenüber Mitteleuropa. Erlebte man in den 1980er Jahren noch ein klares wirtschaftliches West-Ost-Gefälle, wenn man von Serbien nach Bulgarien fuhr, so ist es heute umgekehrt.

Rechnet man noch die aktuellen schweren Krisen der schon länger in westliche Strukturen eingebundenen Staaten Griechenland und Türkei hinzu (in Griechenland vor allem ökonomischer, in der Türkei politischer Natur), erscheint der oft sorgenvolle Blick westlicher Entscheidungsträger auf Südosteuropa verständlich. Dabei wird allerdings die westliche Mitverantwortung für die Probleme ebenso gerne vergessen wie die durchaus vorhandenen Erfolge. Was den Maßstab selbst betrifft: Es ist zwar praktisch unmöglich, die Geschichte der Region seit 1989 nicht-normativ zu erzählen, weil sich die europäische Integration bald als epochales Paradigma herausstellte. Allerdings fordern immer mehr Kräfte weltweit und auch in der Region das westlich-liberale Politik- und Gesellschaftsmodell heraus; daher ist nicht auszuschließen, dass eines Tages auch Südosteuropäer einige nicht-liberale Züge ihrer Gesellschaften (wie etwa Vorstellungen von patriarchaler Männlichkeit oder das Selbstbild als Bollwerk der europäischen Christenheit gegen den Islam) selbstbewusst als Erbe Europas deklarieren und dafür – weit über die Boulevardpresse hinaus – Respekt einfordern werden.

Der Zerfall Jugoslawiens

Durch seine relative Liberalität hatte Jugoslawien vielen Bürgern lange das Gefühl vermittelt, in einer prinzipiell guten Ordnung zu leben. Es erschien wenig sinnvoll, gegen kommunistische Dogmen anzurennen, wo diese doch im Gewand der Arbeiterselbstverwaltung immer schwerer fassbar waren. Auch die offizielle Kulturpolitik bot wenig Anlass zur Empörung, weil sie kaum Verbote aussprach. Repressiv wurde der Staat vor allem, wenn aus seiner Sicht die Forderungen der Nationen übertrieben ausfielen, sowie bei offenen Zweifeln am Partisanenmythos oder bei Majestätsbeleidigungen (d. h. offener Kritik an Tito). Dissidenten konnten sich kaum profilieren, indem sie liberale Überzeugungen gegen totalitäre ins Feld führten – viel brenzliger und damit ›glorreicher‹ konnte es sein, die der jugoslawischen Regierung angeblich gelungene Lösung der nationalen Frage zu kritisieren. 1989 standen sich in Jugoslawien daher nicht so sehr Kommunisten und Demokraten gegenüber. An der Macht befanden sich etablierte Kommunisten, von denen viele aufgrund der starken Föderalisierung selbst nationale Sympathien hatten; ihnen standen neue Kräfte mit offen nationalistischer Agenda gegenüber. Vor allem in Serbien führte die Konkurrenz zwischen diesen Gruppierungen zum Versuch, sich bei den nationalen Forderungen gegenseitig zu überbieten.

Als Slobodan Milošević im Mai 1986 zum Vorsitzenden des Bundes der Kommunisten Serbiens gewählt wurde, deutete sich in dieser Teilrepublik bereits eine politische Neigung an, alle möglichen Probleme mit den bösen Absichten von Nichtserben zu erklären. Milošević, bis dahin ein pragmatischer Apparatschik, brauchte den Nationalismus nicht neu zu entdecken, er lag bereits eindeutig in der Luft. Schon 1982 hatte sich eine Gruppe serbisch-orthodoxer Kleriker im kirchlichen Zentralorgan *Pravoslavlje* beschwert: »Ohne alle Übertreibung kann man sagen, dass das serbische Volk in Kosovo einen langsamen, gut geplanten Genozid erleidet.« Dieser Satz bezog sich vor allem auf die Tatsache, dass der serbische Bevölkerungsanteil in der Provinz zwischen 1961 und 1981 von 24 auf 13 Prozent gefallen, der albanische dagegen von 67 auf 78 Prozent gestiegen war. Für diese Entwicklung waren freilich die deutlich niedrigeren Geburtenraten von Serben gegenüber Albanern ebenso wie eine starke serbische Abwanderung verantwortlich – beide Themen beschäftigten serbische Experten und Medien beinahe obsessiv in den späten achtziger Jahren. Bis heute ist man sich nicht einig, ob die Serben Kosovo eher aus wirtschaftlichen Gründen verließen (Kosovo war die ärmste Provinz des Landes) oder weil sie sich bedroht fühlten. In jedem Fall war die Verkürzung dieser Gemengelage auf den Begriff ›Genozid‹ gänzlich unangemessen und umso bedenklicher, als sie aus dem Munde von Priestern stammte, also von einer traditionellen Autorität. Weiteren Schwung in die nationale Mobilisierung brachte ebenfalls eine angesehene, alteingesessene Institution, nämlich die Serbische Akademie der Wissenschaften und Künste. Letztere arbeitete 1986 ein Memorandum aus, das in einem ersten Teil relativ sachlich Jugoslawiens Probleme analysierte, um dann hemmungslos in nationales Selbstmitleid und Schuldzuweisungen an andere Nationen zu verfallen.

Es rächte sich offenbar nun, dass man im sozialistischen Jugoslawien nie offen über die Opfer des Zweiten Weltkriegs diskutiert hatte. Was das Dissidentenmilieu in Serbien gegen das Establishment in Stellung brachte, war eine Sammlung all der serbischen Opfergeschichten, über die man bislang geschwiegen hatte. Sie enthielten oft einen wahren Kern, waren aber nie durch den Reinigungsprozess einer sachkundigen öffentlichen Diskussion gegangen. Entsprechend waren sie meist sehr übertrieben und ließen das Leid der anderen außen vor. Ab 1991 sollte sich diese Form der Selbstviktimisierung als vorzügliche Waffe erweisen, denn mit ihr ließ sich eigene Aggression als Selbstverteidigung deuten.

Slobodan Milošević sprang auf den nationalistischen Zug im April 1987 auf, als er in Prishtina einer aufgebrachten Menge von Kosovo-Serben versprach, dass »niemand sie schlagen« dürfe – das bezog sich direkt auf die Polizei der autonomen Provinz, indirekt aber auch auf die albanische Bevölkerungsmehrheit, der in der serbischen Öffentlichkeit vorgeworfen wurde, durch alltägliche Angriffe die Serben vertreiben zu wollen. Fortan wurde die Rede von der albanischen ›Konterrevolution‹ im Kosovo mehr und mehr zum Standardvokabular der serbischen Politik, ebenso die Kritik am Föderalismus der Tito-Ära, der in Wahrheit – so die serbischen Nationalisten – schon immer auf die Schwächung der Serben abgezielt habe. Diese Inhalte wurden nicht nur über die Medien, sondern auch auf massiv von der serbischen Republikführung unterstützten Demonstrationen unters ›Volk‹ gebracht, das sich nun noch stärker ethnonational sortierte. Milošević und seine Anhänger nannten die von ihnen vollzogene Wende ›antibürokratische Revolution‹, womit sie (wahrscheinlich unbewusst) an das traditionelle Unbehagen gegenüber staatlichen Institutionen anknüpften, das in der Bevölkerung seit osmanischen Zeiten präsent war. Das greifbarste Element dieser ›Revolution‹ war der Nationalismus, der als neue Volksnähe der Elite verkauft und in mehr oder weniger von oben gesteuerten Demonstrationen zelebriert wurde – eine Wende im Sinne von politischem Pluralismus und Marktwirtschaft war damit nicht gemeint.

Im Gegenteil bot die nationale Mobilisierung Milošević eine Gelegenheit, immer mehr Macht an sich zu ziehen. Im Dezember 1987 stürzte er seinen ehemaligen Freund und politischen Förderer, den Vorsitzenden des Präsidiums der Republik Serbien Ivan Stambolić, der für eine gemäßigtere Politik in der nationalen Frage eintrat. Zwischen Herbst 1988 und Frühjahr 1989 brachte das Milošević-Lager durch gezielte Kampagnen die Führungen Montenegros und der Autonomen Provinzen Kosovo und Vojvodina zu Fall. Deren Personal wurde ausgetauscht und durch Parteigänger

Miloševićs ersetzt, die Kompetenzen der autonomen Provinzen beschränkte man im Sinne der von Milošević angestrebten Re-Zentralisierung Serbiens und dann ganz Jugoslawiens erheblich. Dadurch verschoben sich die Machtverhältnisse im jugoslawischen Staatspräsidium, in dem jede Republik und die beiden autonomen Provinzen je eine Stimme hatten, stark zugunsten Serbiens. In den übrigen Republiken, insbesondere aber in Slowenien und Kroatien, weckte das Ängste vor einer Rückkehr serbischer Dominanz. Auf dem 14. Parteikongress im Januar 1990, wie im vorhergehenden Kapitel schon erwähnt, löste sich der Bund der Kommunisten Jugoslawiens faktisch auf, weil sich die Delegationen der Republiken nicht einigen konnten, ob Partei und Staat weiter dezentralisiert (die Position vor allem Sloweniens) oder rezentralisiert (die Position des Milošević-Lagers) werden sollten. Nach mehreren Abstimmungsniederlagen verließ die slowenische Delegation unter höhnischem Beifall der serbischen Delegierten die Versammlung, die Sitzung wurde auf Antrag Kroatiens unterbrochen. Zu einer Fortsetzung sollte es nicht mehr kommen.

Serbien erwartete von den übrigen Republikführungen Solidarität; als diese ausblieb, warfen Vertreter Serbiens vor allem Slowenen und Kroaten »Verrat« vor. Nun kehrten auch die traumatischen Erinnerungen an den kroatischen Ustaša-Staat in die serbische Öffentlichkeit zurück, meist in Verbindung mit dem Verweis auf deutlich überhöhte serbische Opferzahlen und der Aufforderung, die Kroaten sollten ihre historische Schuld anerkennen und dafür sorgen, dass sich derartige Verbrechen nicht wiederholen. Slowenien hatte schon seit 1986 für liberale Reformen und weitere Föderalisierung plädiert, doch die Führung Kroatiens verharrte zunächst in jener dogmatischen Starre, die seit dem Ende des Kroatischen Frühlings 1971 herrschte. Erst als im Laufe des Jahres 1989 deutlich wurde, dass die von Milošević betriebene ›antibürokratische Revolution‹ auch die Serben Kroatiens politisierte, entstand eine Gegenbewegung, die im Juni 1989 in der Gründung einer neuen Partei, der Kroatischen Demokratischen Gemeinschaft (HDZ), mündete. Sie verstand sich als nationale Sammlungsbewegung, befürwortete die nationale Eigenständigkeit der Kroaten und stand Kommunisten wie Nichtkommunisten offen. Angeführt wurde sie von dem ehemaligen kommunistischen General und einstigen Direktor des Instituts für die Geschichte der Arbeiterbewegung Kroatiens in Zagreb, Franjo Tuđman, der in den späten 1960er Jahren zum nationalistischen Dissidenten geworden war. Dem aus unverarbeiteten Gewalterfahrungen erwachsenen, traumatischen Nationalismus Serbiens setzte Tuđman eine Geschichtserzählung entgegen, welche die Verbrechen des Ustaša-Regimes verharmloste und den faschistischen Unabhängigen Staat Kroatien gar als Vorläufer eines modernen unabhängigen Kroatien pries – keine gute Voraussetzung dafür, bei den etwa 600 000 Serben Kroatiens Loyalität zu erzeugen.

Wie überall im östlichen Europa konnten auch in Jugoslawien seit Ende 1989 die Kommunisten nicht mehr auf ihrem Machtmonopol bestehen. Die Organisation einer freien Wahl auf Bundesebene scheiterte aber, weil das slowenisch-serbische Patt das Bundesparlament blockierte und es sich daher nicht auf ein Wahlgesetz einigen konnte. Die ersten Mehrparteienwahlen fanden 1990 daher nur auf Republikebene statt, was die Legitimität der gesamtstaatlichen Organe weiter schwächte, denn nur die neuen Republikführungen konnten behaupten, über ein echtes demokratisches Mandat zu verfügen. Bei diesen Wahlen siegten vor allem national bewegte Parteien: Den Anfang machte Slowenien, wo im April 1990 antikommunistische Parteien die meisten Stimmen auf sich vereinigen konnten, aber der ehemalige kommunistische Parteichef der Republik, Milan Kučan, Präsident wurde. In Kroatien gewann, wenn auch mit knappem Stimmenvorsprung, die HDZ unter Franjo Tuđman, in Makedonien die Innere Revolutionäre Makedonische Organisation – Demokratische Partei der Makedonischen Nationalen Einheit (VMRO-DPMNE). In Bosnien-Herzegowina stimmte jede der drei Volksgruppen für ›ihre‹ nationale Sammlungspartei – die Muslime für die Partei der Demokratischen Aktion (SDA) unter dem islamischen Intellektuellen Alija Izetbegović, die Serben für die Serbische Demokratische Partei (SDS) unter dem Psychiater und nationalistischen Dichter Radovan Karadžić, die Kroaten für den lokalen Ableger der HDZ. In Serbien und Montenegro war die politische Kontinuität am größten, hier siegten nationalistisch gewendete Kommunisten, deren Anführer Milošević sich gegenüber der noch radikaleren nationalistischen Opposition als gemäßigte Kraft und Garant von Stabilität präsentieren konnte.

Ende 1990 war der politisch-institutionelle Zerfall Jugoslawiens bereits weit vorangeschritten. Soziologische Umfragen aus dieser Zeit belegen jedoch, dass Jugoslawien für eine Mehrheit der Bürger des Landes immer noch zentraler Bezugspunkt war und dass sie überwiegend auch weiterhin in einem jugoslawischen Gesamtstaat leben wollten. Einem beträchtlichen Teil der Gesellschaft erschien Jugoslawien sogar unverzichtbar – wie den Migranten innerhalb des Landes, die in einer anderen als ihrer ursprünglichen Heimatrepublik wohnten, oder Menschen, die in Mischehen lebten oder aus ihnen hervorgegangen waren. Allerdings gingen die Vorstellungen, wie dieses Jugoslawien ausgestaltet sein sollte, auch in der Bevölkerung weit auseinander.

Die nationalen Eliten nutzten jedenfalls die Möglichkeit, alle Probleme Vertretern anderer Republiken und Nationen anlasten zu können – ein bequemer Ausweg für Politiker, die sonst ihren Wählern bittere Pillen hätten zumuten müssen. Jugoslawiens Weg zur wirtschaftlichen Gesundung wäre in jedem Falle ein steiniger gewesen. Dies deutete sich im Reformprogramm des letzten jugoslawischen Ministerpräsidenten Ante Marković an, der im Dezember 1989 mit einer Schocktherapie begann, die ähnlich wie jene in Russland oder Polen durch den Harvard-Ökonomen Jeffrey Sachs inspiriert war. Markovićs Reformen konnten innerhalb weniger Monate den jugoslawischen Dinar stabilisieren, beträchtliche Devisenreserven aufbauen, den Außenhandel beleben und Investoren anziehen – aber der soziale Preis war hoch. Weil der Staat marode Unternehmen im Stich ließ, brach die Industrieproduktion ein, Betriebe mussten Insolvenz anmelden und massenhaft Personal entlassen. Die nun ›national‹ regierten Republiken wollten sich in ihrer Finanzpolitik ohnehin nichts mehr vom Zentrum vorschreiben lassen. Die Führung Serbiens unterlief die Reformbemühungen sogar offen, schmähte Marković als ›Verräter des Sozialismus‹ und ließ zu dessen Empörung und ungeachtet der Gesetzeslage zusätzliches Geld in Serbien drucken, um Löhne und Gehälter zahlen zu können.

Für die durch Wahlen legitimierten Republikregierungen spielten die Interessen des Gesamtstaates praktisch keine Rolle mehr. Serbien erließ im September 1990 eine Verfassung, die nur noch Rechte der Republik gegenüber dem Bund, aber keine Pflichten mehr kannte; drei Monate später gab sich auch Kroatien eine neue Verfassung, die dieses Muster kopierte und außerdem die Serben der Republik (14 Prozent ihrer Gesamtbevölkerung) vom zweiten Staatsvolk zu einer nationalen Minderheit herabstufte. Die Serben in der Region Krajina (bis 1881 die habsburgische Militärgrenze) hatten schon im Wahlsieg Tuđmans den Beginn von Entrechtung, Verfolgung und Genozid gesehen, sich der Zusammenarbeit mit der Regierung in Zagreb verweigert und in der sogenannten ›Baumstamm-Revolution‹ Straßenblockaden in ihren Siedlungsgebieten errichtet. Als Antwort auf die neue Verfassung proklamierten sie das ›Serbische Autonome Gebiet Krajina‹.

Während die Regierungen Kroatiens und Sloweniens Jugoslawien in eine Konföderation souveräner Staaten nach dem Muster der Europäischen Gemeinschaft umwandeln wollten, verweigerten sich Serbien und Montenegro dieser Lösung. Dabei zerfiel das ›östliche Lager‹ wiederum in zwei Pole. Der jugoslawische Verteidigungsminister, General Veljko Kadijević, ein dogmatischer Kommunist, forderte die Ausrufung des Ausnahmezustandes und die Intervention der Armee, um das Land zusammenzuhalten. Dieser Vorschlag fiel allerdings auf einer Sitzung des Staatspräsidiums im März 1991 durch, trotz der bereits erwähnten serbischen Dominanz. Milošević und sein Verbündeter Borisav Jović, der Vorsitzende des Staatspräsidiums, bevorzugten einen anderen Plan: Kroatien solle die Trennung von Jugoslawien erlaubt werden, aber ohne seine serbisch besiedelten Gebiete, deren Einwohner selbst entscheiden sollten, zu welchem Staat sie gehören wollten. Das konnte nach Lage der Sympathien nur Serbien sein. Während die Armee noch für eine – wenn auch gestrige – Variante des Gesamtstaats stand, wollte Serbiens politische Führung das zweite Jugoslawien durch ein im Wesentlichen serbisches Gebilde ersetzen. Parallel dazu entwickelten Milošević und Tuđman im Frühjahr 1991 Teilungspläne für Bosnien-Herzegowina, aus denen schon im folgenden Jahr blutige Politik werden sollte. Auch an die bosnischen Serben sandte Belgrad das Signal aus, sich im Zweifelsfall nur auf Serbien zu verlassen, anstatt den Dialog mit Bosniaken und Kroaten in der Teilrepublik zu suchen.

Krieg in Slowenien und Kroatien

Lange Zeit waren Beobachter uneins, ob die Kriege in Kroatien und Bosnien-Herzegowina eher auf spontane Gewalt zurückgingen oder von langer Hand geplant wurden. Die Arbeit des Internationalen Kriegsverbrechertribunals in Den Haag (ICTY) hat insgesamt die zweite These erhärtet. Zentral war der Kreis um Milošević; aber auch die Serbische Akademie der Wissenschaften und Künste sowie die Armeeführung spielten eine wichtige Rolle. Die serbischen Eliten in den aufständischen Gebieten Kroatiens und Bosnien-Herzegowinas waren zumindest streckenweise eher Ausführende, etwa im Falle der Bewaffnung der bosnischen Serben, die in Belgrad erdacht wurde. Die Beteiligung Belgrads an den Kriegen in den Nachbarrepubliken ergab sich logisch aus dem nationalistischen Diskurs der Serben, die Jugoslawien zu einem Großserbien umformen wollten und dabei bereit waren, ›präventive Gewalt‹ gegenüber den vermeintlich erneut zu Monstern gewordenen Kroaten und Bosniaken anzuwenden. Dass die Regierung Serbiens die eigene Einmischung trotz der offensichtlichen Rolle der jugoslawischen Volksarmee und Belgrader Spezialeinheiten herunterspielte und vielmehr von der Selbstverteidigung des lokalen Serbentums in Kroatien und Bosnien sprach, war nicht mehr als eine Rechtfertigungsstrategie gegenüber dem In- und noch mehr dem Ausland.

Die Jugoslawienkriege begannen, als Slowenien und Kroatien am 25. Juni 1991 ihre Unabhängigkeit erklärten. Einen Tag später verlegte die Jugoslawische Volksarmee Einheiten nach Slowenien zur ›Sicherung der Grenze‹. Dieses Vorgehen schien der Konzeption Kadijevićs zu folgen, nach der die Streitkräfte den Gesamtstaat erhalten sollten. Allerdings besaß die Armee zu diesem Zeitpunkt keinen legitimen Oberbefehlshaber mehr, weil sich das Bundespräsidium faktisch aufgelöst hatte. Sie agierte entsprechend orientierungslos und hielt sich letztlich an die Vorgaben der serbischen Republikführung, die Jugoslawien zugunsten eines Großserbiens aufzugeben bereit war. Zu Kampfhandlungen kam es vor allem an Grenzübergängen, welche die slowenischen Behörden unter ihre Kontrolle nahmen. Nach nur zehn Tagen zog sich die Jugoslawische Volksarmee aus Slowenien nach Kroatien zurück, um sich dort auf die Seite der Serben zu stellen.

Seit August 1991 herrschte in Kroatien offener Krieg, wobei – ähnlich wie die Armeen in den Balkankriegen 1912/13 – die jugoslawische Armee (oder was davon nach der Desertion der Nichtserben übrig geblieben war) eng mit Freischärlern vor Ort kooperierte. Dabei ging es nicht nur darum, (pro-)kroatische Polizisten, Politiker oder Beamte zu eliminieren. Gemeinsam vertrieben Armee und Milizen, die aus Freiwilligen, Abenteurern, Hooligans und Kriminellen bestanden, zwischen August und Dezember 1991 etwa 80 000 Kroaten aus der Krajina und aus Ostslawonien. Der Anteil der Nichtserben in der im Dezember 1991 gegründeten Serbischen Republik Krajina sank so von etwa 45 Prozent (35 Prozent Kroaten und ca. 10 Prozent andere) auf lediglich 9 Prozent, hinzu kam die Zerstörung praktisch sämtlicher katholischer Kirchen. Bei der Einnahme der Stadt Vukovar arbeitete die Jugoslawische Volksarmee unter anderem mit den sogenannten ›Tigern‹ des Bankräubers und Auftragsmörders Željko Ražnatović alias Arkan zusammen – die Armee machte die Stadt durch eine dreimonatige Belagerung und Dauerbeschuss mit Artillerie mürbe. Nach ihrem Fall verübten Arkans Leute, im Wesentlichen ehemalige Belgrader Fußballfans, die ersten Massaker an Zivilisten; unter anderem ermordeten sie die Patienten eines besetzten Krankenhauses.

Das Ausland schaute aus mehreren Gründen ratlos zu. Nach dem Ende des Kalten Krieges hatte Jugoslawien für den Westen viel von seiner Bedeutung eingebüßt – wozu brauchte man noch ein blockfreies Land, wenn es keine Blöcke mehr gab? Auf der anderen Seite wollten die USA, Frankreich und Großbritannien Jugoslawien bewahren, weil sie fürchteten, dass ein Zerfall nicht friedlich verlaufen würde. Auch könnte er einen Präzedenzfall für die ebenfalls instabil gewordene Sowjetunion abgeben (vor allem den USA lag viel daran, die Sowjetunion zu erhalten). Niemand aber hatte eine ausgearbeitete Interventionsstrategie in der Hand, denn sie war während des Kalten Krieges in Europa nicht gebraucht worden. Die USA sahen Jugoslawien als

Problem der Europäer, diese wiederum waren unerfahren in der Krisenbewältigung und zudem uneinig. Während Briten und Franzosen eher zu ihrem alten Verbündeten Serbien tendierten, entdeckte die deutsche Öffentlichkeit (und mit ihr die Politik) ihre Zuneigung zu Mitteleuropa, das im Jugoslawienkonflikt durch Slowenien und Kroatien repräsentiert wurde. So problematisch die kroatische Politik unter Tuđman auch sein mochte, Serbien unter Milošević wirkte doch weitaus martialischer. Das katholische Kroatien fand man dagegen europäischer und daher unterstützenswert, außerdem galt es als Opfer einer Aggression. Letztlich setzte sich die Bonner Linie durch – im Dezember 1991 erkannte die Bundesrepublik die Unabhängigkeit Sloweniens und Kroatiens im Alleingang an. Die übrigen EG-Staaten folgten bald, weil man im Vorfeld des wichtigen Maastricht-Gipfels Missstimmung vermeiden wollte (die Anerkennung Mazedoniens, das sich im Dezember 1991 ebenfalls für unabhängig erklärte, verzögerte sich wegen griechischen Widerstands bis 1993).

Seither ist viel darüber diskutiert worden, ob das deutsche Drängen auf eine diplomatische Anerkennung Sloweniens und Kroatiens den Konflikt verschärft habe oder nicht. Zweifellos setzte sich die Bundesregierung damit über ursprüngliche Absprachen der europäischen Regierungen hinweg. Im August 1991 hatte die EG die sogenannte Badinter-Kommission eingesetzt, die sich mit der Anerkennung neuer Staaten in Osteuropa befasste. Sie vertrat den Standpunkt, ein Staatszerfall habe entlang von vorgegebenen administrativen Einheiten zu erfolgen, bestätigte damit also die Republikgrenzen in Jugoslawien und stellte sich gegen die serbische Überzeugung, diese Grenzen seien ohne Bedeutung gewesen und könnten neu gezogen werden. Allerdings nannte die Kommission auch Kriterien für die Anerkennung neuer Staaten, darunter insbesondere einen funktionierenden Minderheitenschutz. Dieser war in Kroatien Ende 1991 nicht gegeben, was die deutsche Bundesregierung aber ignorierte (vor allem weil sie nur auf die rechtlichen Aspekte, aber nicht auf die kroatische Wirklichkeit schaute).

Auf der anderen Seite ist offensichtlich, dass zumindest der Krieg in Kroatien nicht durch die diplomatische Anerkennung angefacht wurde – dort war die meiste Gewalt schon geschehen, bevor Bundeskanzler Helmut Kohl und Außenminister Hans-Dietrich Genscher ihren umstrittenen Schritt taten. Außerdem hatte auch die Badinter-Kommission keine Patentlösung anzubieten. Die Vorstellung, Jugoslawien durch einen kontrollierten, rechtlich abgesicherten Prozess friedlich aufzulösen, war zu diesem Zeitpunkt nicht zu verwirklichen. Was die serbische Seite für sich beanspruchte, war letztlich mitnichten Minderheitenschutz – die Serben in der Krajina wollten keine Minderheit sein, auch keine rechtlich abgesicherte. Die wieder zu Einfluss gekommene Serbische Orthodoxe Kirche, die sich als ›Mutter der Nation‹ immer wieder zu politischen Grundsatzfragen äußerte, sah das ebenfalls so. Der serbische Patriarch Pavle, innerhalb des kirchlichen Meinungsspektrums eine eher gemäßigte Stimme, schrieb im Oktober 1990 an den EG-Vermittler Lord Carrington:

> Die Gebiete, auf denen das serbische Volk seit Jahrhunderten lebte und in denen es im April 1941 eine ethnische Mehrheit darstellte, […] dürfen nicht innerhalb der Struktur eines wie auch immer gearteten unabhängigen

Kroatien zurückbleiben. Sie müssen sich vielmehr unter einem vereinten Dach zusammen mit dem heutigen Serbien sowie allen serbischen Krajinas wiederfinden.[23]

Aber auch die von Deutschland, Österreich und anderen verfochtene Idee, den Konflikt durch die Anerkennung zu internationalisieren und so unter Kontrolle zu bringen, war schlecht durchdacht. Wenn Internationalisierung bedeutet, dass eine bedrohte und unterlegene Seite Schutz von Dritten erhält, ist das ein prinzipiell sinnvoller Gedankengang. Ist aber eine solche Bereitschaft zum (notfalls auch militärischen) Schutz gar nicht gegeben, so werden Unterlegene durch falsche Versprechungen aus der Defensive gelockt und umso mehr gefährdet.

Der Bosnienkrieg

Eben darin lag die Tragik der Muslime in Bosnien-Herzegowina. Nach den Wahlen Ende 1990 hatten die schon erwähnten nationalen Parteien (die bosnisch-muslimische SDA, die serbische SDS und die kroatische HDZ) zunächst eine Koalitionsregierung gebildet, die aber von Beginn an am Misstrauen zwischen den Akteuren krankte. Während sich die zentralen Republikinstitutionen in Sarajevo auflösten, verteilte die SDS aus Beständen von Armee und Territorialverteidigung Waffen an die serbische Bevölkerung. In der Propaganda spielten nicht nur die blutigen Erinnerungen an den Zweiten Weltkrieg eine Rolle – man redete der serbischen Bevölkerung auch ein, Alija Izetbegović

23 *Pravoslavlje*, 1. 11. 1991, S. 1.

wolle die Republik in einen islamischen Gottesstaat umwandeln. Die orthodoxen Serben seien aufgrund ihrer geopolitischen Lage besonders gefährdet, weil sowohl Muslime als auch Katholiken sie beseitigen wollten. Insbesondere Izetbegovićs ›Islamische Deklaration‹ aus dem Jahr 1970 wurde zum Thema. Der religiöse Intellektuelle und Dissident hatte darin Grundzüge einer modernen islamischen Ordnung skizziert, die ähnlich wie die osmanische zwar Raum für Nichtmuslime ließ und dazu noch Liberalität und Toleranz betonte, aber nicht zwischen Religion und Politik trennte, d. h. den säkularen Staat ablehnte und die gesamte politische Ordnung aus dem Islam ableitete. Izetbegović hatte zwar in der Deklaration Bosnien-Herzegowina mit keinem Wort erwähnt und betont, dass seine Ideen nur auf mehrheitlich islamisch bevölkerte Staaten anzuwenden seien. Doch die Einschätzungen des Dokuments und seiner politischen Bedeutung gehen bis heute weit auseinander.

Trotz des religiösen Misstrauens standen sich die kroatische und die bosniakische Seite anfänglich recht nahe – sie einte vor allem die Angst davor, in einem verkleinerten Jugoslawien wieder unter serbische Hegemonie zu fallen. Nach den Unabhängigkeitserklärungen Sloweniens und Kroatiens wollten sich auch in Bosnien-Herzegowina die Nichtserben von Jugoslawien lösen. Rechnerisch ging das auf – die bosnischen Muslime stellten 43,5 Prozent, die Kroaten 17,4 Prozent der Bevölkerung, und gemeinsam stimmten sie bei einem Referendum am 1. März 1992 für die Unabhängigkeit ihrer Republik. Die Serben Bosnien-Herzegowinas, mit 31,2 Prozent die zweitstärkste Bevölkerungsgruppe, boykottierten das Referendum bzw. wurden von der SDS an der Teilnahme gehindert. Am 6. April erkannte die EG Bosnien-Herzegowina als souveränen Staat an, woraufhin die bosnischen Serben ihre Unabhängigkeit von Bosnien-Herzegowina erklärten; die verbliebenen jugoslawischen Teilrepubliken, Serbien und Montenegro, firmierten fortan als Bundesrepublik Jugoslawien. In Bosnien-Herzegowina steigerten sich lokale Scharmützel nun zum serbischen Angriffskrieg. Die bosnischen Serben überrannten, unterstützt von der Jugoslawischen Volksarmee, weite Teile Nord- und Ostbosniens sowie die östliche Herzegowina. Als Erben der jugoslawischen militärischen Infrastruktur waren sie weit überlegen und kontrollierten im Juli 1992 mehr als zwei Drittel des bosnischen Territoriums. Bei der Schaffung eines homogen serbischen Raumes stand ihnen am stärksten die muslimische Bevölkerung im Weg, welche daher am meisten unter dem Krieg zu leiden hatte.

Wie schon zuvor in der Krajina wurden die Territorien von den serbischen Truppen systematisch ›ethnisch gesäubert‹, was allerdings im Falle des Bosnienkrieges noch viel größere Ausmaße annahm. Nirgendwo in Südosteuropa waren die ethnischen Grenzen unklarer als in Bosnien-Herzegowina, denn es gab keine homogenen Gemeinden; insbesondere die Städte waren weitgehend multiethnisch und stark von Mischehen geprägt. Entsprechend konnte die Idee eines eigenen Territoriums für die Serben nur mit äußerster Gewalt umgesetzt werden. Laut Marie-Janine Calic wurden bereits in den ersten drei Monaten des Krieges mehr als zwei Millionen Menschen vertrieben, also die Hälfte der Gesamtbevölkerung Bosnien-Herzegowinas. Die Strategie war die bewährte aus Kroatien – Ortschaften wurden erst durch die Armee beschossen, und nachdem die meist nur leicht bewaffneten Verteidiger aufgegeben hatten, durchkämmten Freischärler und Spezialeinheiten den Ort, trennten die Männer von den Frauen, töteten die lokale nichtserbische (meist muslimische) Elite und führten einen Teil der Bevölkerung in Lager ab. Einen Teil der Frauen hielten sie für systematische Vergewaltigungen fest, womit die Soldateska ihren Sadismus auslebte und das Selbstbewusstsein der Muslime als Gruppe brechen wollte. Die Massaker und zur Schau gestellten Akte der Grausamkeit bewegten die nichtserbische Bevölkerung zu panischen Massenfluchten, sodass verlassene Ortschaften ohne größere Schwierigkeit von den serbischen Truppen eingenommen werden konnten. Parallel dazu verliehen die Soldaten der ethnischen Säuberung einen ›nachhaltigen‹ Charakter, indem sie auch das Kulturerbe und insbesondere die Moscheen zerstörten.

Dieses Muster der ›ethnischen Säuberung‹, mit großer Entschiedenheit von der serbischen Seite vorgeführt, wurde bald allgemein gebräuchlich – jede beteiligte Nation trachtete jetzt danach, sich Sicherheit zu verschaffen, indem sie die jeweils ›Anderen‹ aus ihrer Mitte eliminierte. Außerdem bemühten sich die bosniakische und die kroatische Seite mit wachsendem Erfolg darum, selbst schlagkräftige Truppen aufzubauen und eigene ethnische Territorien zu schaffen. Auf diese Weise waren die bosnischen Serben nicht nur Täter, sondern wurden auch zu Opfern von Kriegsverbrechen. Die Zahlen sprechen dennoch eine deutliche Sprache. Das Research and Documentation Center in Sarajevo zählte in einer von der norwegischen Regierung finanzierten Untersuchung 97 207 Tote und Vermisste des Krieges in Bosnien-Herzegowina (von 1992 bis 1995): Eine Dunkelziffer eingerechnet, geht die Organisation von etwa 100 000 Toten in Bosnien-Herzegowina aus, darunter 66 Prozent Bosniaken, 26 Prozent Serben und 8 Prozent Kroaten. Während auf serbischer und kroatischer Seite überwiegend Soldaten und Freischärler ums Leben kamen, lag bei den muslimischen Opfern der Anteil der Zivilisten bei über 50 Prozent. Ungleich war auch der Umgang mit dem sakralen Erbe – während die serbische Seite katholische Kirchen und insbesondere Moscheen mit großer Systematik zerstörte (und auch die Nationalbibliothek in Sarajevo mit ihrem einmaligen Bestand orientalischer Texte bewusst in Brand schoss), überlebte in Bosnien-Herzegowina (nicht aber in Kroatien) ein Großteil des materiellen orthodoxen Erbes die 1990er Jahre.

Die Internationale Gemeinschaft tat zunächst wenig, um das von ihr anerkannte Bosnien-Herzegowina und seine bedrohte Zivilbevölkerung zu schützen. Die USA hielten sich zurück, auch weil unter den Entscheidern die Ansicht populär war, es handle sich auf dem Balkan um ›uralten Hass‹, gegen den man folglich nichts ausrichten könne. Außerdem setzte die US-Regierung von George Bush auf die Europäer, die sich aber in Zeiten des Kalten Krieges daran gewöhnt hatten, ›heiße Kriege‹ an die USA zu delegieren und selbst ein Hohelied auf die Diplomatie zu singen. So beschränkte sich das internationale Engagement auf Gespräche über Friedenspläne und humanitäre Hilfe.

Die Vereinten Nationen verhängten ein generelles Waffenembargo für die Staaten des ehemaligen Jugoslawien, was der ohnehin besser ausgerüsteten Seite – der serbischen – durchaus nützte. Im Juni 1992 beschloss der UN-Sicherheitsrat, zum Schutz der Zivilbevölkerung Blauhelmsoldaten (UNPROFOR) zu entsenden, die allerdings nur leicht bewaffnet und ohne Kampfauftrag waren. Durch ihre schiere Anwesenheit, so das Konzept, sollten sie die kämpfenden Parteien dazu bringen, sich an die Beschlüsse der internationalen Organisationen zu halten. Im Rückblick erscheint dies als aussichts- und verantwortungsloser Plan, denn ein derartiges Mandat setzte bereits einen Waffenstillstand voraus, den Blauhelmsoldaten hätten überwachen können. Stattdessen wurden die Blauhelme zwischen die Fronten eines heißen Krieges entsandt, und noch dazu eines ethnischen Krieges, der sich gegen die Zivilbevölkerung der jeweils anderen Gruppe richtete und daher mit besonderer Verbissenheit geführt wurde.

Wie sehr diese Problematik verkannt wurde, zeigt der Umgang mit den muslimischen Enklaven Ostbosniens – Tuzla, Srebrenica, Žepa und Goražde. Diese von serbischen Kräften eingekreisten, mit Flüchtlingen überfüllten Gebiete wurden 1993 von der UNO zu Schutzzonen erklärt, ebenso wie die von Serben belagerte Hauptstadt Sarajevo und Bihać, eine muslimische Enklave in Westbosnien. Die Blauhelme erhielten im Mai 1993 den Auftrag, diese sogenannten *Safe Areas* zu überwachen. Damit suggerierten die Vereinten Nationen der Zivilbevölkerung, sie sei in diesen Enklaven sicher – aber von Sicherheit konnte keine Rede sein, denn aus serbischer Sicht waren die Schutzzonen ein Übel, das man noch beseitigen musste. 7500 schlecht ausgerüsteten Blauhelmen standen auf serbischer Seite 60 000 Soldaten und etwa 35 000 Freischärler gegenüber. Die Bevölkerung in den Enklaven wähnte sich aufgrund der Präsenz der internationalen Truppen in trügerischer Sicherheit.

Im Falle eines serbischen Angriffs blieben den Blauhelmen eigentlich nur zwei Möglichkeiten – sich ihren begrenzten Möglichkeiten entsprechend zu verhalten und die

Zivilbevölkerung den Angreifern auszuliefern oder aber ›moralisch aufrecht‹ die Waffen gegen die Serben zu richten, auf Luftunterstützung durch die NATO zu hoffen und schlimmstenfalls gemeinsam mit den Schutzbefohlenen in der Schlacht unterzugehen. In einer postheroischen Welt schied letztere Variante aus; auch Luftunterstützung kam nur zögerlich, zumal serbische Truppen UN-Soldaten als Geiseln nahmen und drohten, sie im Falle von Bombardements zu töten. So scheiterte das Schutzzonenkonzept erbärmlich. Im Juli 1995 eroberten serbische Einheiten die UN-Schutzzone Srebrenica, in der sich zu diesem Zeitpunkt etwa 40 000 Muslime aufhielten. Dabei wurden 7000–8000 Männer und Jugendliche ermordet, was das Internationale Kriegsverbrechertribunal in Den Haag später als Genozid einstufte. Der Rest begab sich auf eine lebensgefährliche Flucht bzw. wurde auf muslimisches Gebiet deportiert. Überrannt wurde auch die Schutzzone Žepa, aus der die muslimische Bevölkerung ebenfalls fliehen musste.

Schon seit 1992 hatten Bilder von Granateneinschlägen in Sarajevo mit Dutzenden Toten, von ausgemergelten Lagerinsassen und Flüchtlingstrecks jene bestärkt, die eine rigorosere Einmischung in den Konflikt forderten. Nach dem Fall von Srebrenica setzten sich diese Stimmen schließlich durch und beendeten die internationale Debatte. Unter US-Präsident Clinton verabschiedeten sich die USA nach und nach von ihrer Zuschauerrolle und begannen, am existierenden Waffenembargo vorbei Bosniaken und Kroaten zu bewaffnen und in eine Koalition zu drängen. Das war nicht so einfach – seit Anfang 1993 tobte in der Herzegowina ein ›Krieg im Kriege‹ zwischen jenen beiden Gruppen. Die kroatische Seite versuchte in Zusammenarbeit mit Zagreb, ihre selbsternannte Republik Herceg-Bosna an Kroatien anzuschließen. Auch dabei griffen beide Seiten zum Mittel der ethnischen Säuberung, traurige Berühmtheit erlangte die Auslöschung des Dorfes Ahmići im Lašva-Tal, dessen muslimischer Bevölkerungsteil den kroatischen Plänen im Wege stand und zu etwa einem Viertel massakriert wurde. Die USA beendeten diesen Krieg im März 1994 durch massiven Druck auf die Führung der Bosniaken und der herzegowinischen Kroaten, aber auch auf den kroatischen Präsidenten Tuđman. Als Ergebnis entstand eine bosniakisch-kroatische Föderation innerhalb Bosniens. Die NATO flog seit 1994 sporadische Luftangriffe gegen serbische Stellungen. Nach dem Fall Srebrenicas und einer weiteren blutigen Mörserattacke in Sarajevo Ende August 1995 ging die NATO, legitimiert durch einen Beschluss des Sicherheitsrates der Vereinten Nationen, zu massiven Bombardements der serbischen Stellungen und militärischen Infrastruktur über; zudem gewannen die mittlerweile von den USA aufgerüsteten bosniakisch-kroatischen Streitkräfte an Boden.

Zuvor hatte bereits der kroatische Präsident Tuđman die Rückeroberung Westslawoniens und der Krajina (Operationen ›Blijesak‹ und ›Oluja‹) befohlen. Nachdem die Führung der Krajina-Serben einen internationalen Plan zur friedlichen Reintegration nach Kroatien abgelehnt hatte, führte die ebenfalls mit westlicher Hilfe erstarkte Armee Kroatiens diese Operationen mit Absicht so durch, dass die Serben massenhaft aus ihren angestammten Siedlungsgebieten flohen – zurückgebliebene Zivilisten wurden nicht selten ermordet, Dörfer in Schutt und Asche gelegt, serbische Denkmäler und Kultureinrichtungen zerstört. Allein aus der Krajina machten sich 150 000 bis 200 000 Menschen überhastet auf den Weg in den serbisch beherrschten Teil Bosniens und nach Serbien, von der Republik Serbische Krajina blieb nichts als eine verwüstete, menschenleere Landschaft.

Zur verheerenden Niederlage der Serben hatte ohne Zweifel beigetragen, dass die Gesellschaft in Serbien durch die internationale Isolation und insbesondere die schweren Wirtschaftssanktionen mürbe geworden war und sich zunehmend fragte, ob sich die Entbehrungen für ein Großserbien lohnten. Milošević zeigte sich als einer der Ersten realistisch und verweigerte den Krajina-Serben 1995 die Unterstützung. Ähnliches galt für die bosnischen Serben, welche Belgrad schon im August 1994 mit Sanktionen belegt hatte, um sie zur Annahme eines internationalen Friedensplans zu zwingen. Ein Jahr später mussten sie angesichts der Bombardements und der massiven Bodengewinne von Kroaten und Bosniaken einem Waffenstillstand zustimmen, neigten aber gleichwohl zum Weiterkämpfen. Im August 1995, wenige Wochen nach dem Massaker von Srebrenica, forderte Radovan Karadžić für das serbische knappe Drittel der Bevölkerung immer noch 64 Prozent des bosnischen Territoriums. Damit verfolgte er in den Augen fast aller Nichtserben vollkommen illegitime Ziele, die vor dem Hintergrund gewandelter militärischer Kräfteverhältnisse außerdem realitätsfremd geworden waren. Nachdem die Internationale Gemeinschaft entschlossener sowie Bosniaken und Kroaten stärker geworden waren, kam den bosnischen Serben die Rückendeckung aus Belgrad abhanden. Stattdessen ließ sich Milošević von der Serbischen Orthodoxen Kirche ermächtigen, im Namen der Serben in Bosnien einen Frieden auszuhandeln.

Die Gelegenheit dazu bot eine Konferenz, welche die USA im November 1995 auf der Luftwaffenbasis in Dayton/Ohio abhielten. Anders als sonst in der Welt der Diplomatie fehlte jeglicher Glanz – stattdessen wurden Slobodan Milošević, Franjo Tuđman und Alija Izetbegović mitsamt Mitarbeitern unter Ausschluss der Öffentlichkeit auf einem Kasernengelände praktisch weggesperrt, sodass westliche Diplomaten die Möglichkeit hatten, die Protagonisten unter Druck zu setzen und sie durch Dauerverhandlungen bis ins Morgengrauen zu Kompromissen zu zwingen. Dieser Rahmen zeugt eindringlich davon, dass die postjugoslawischen Staatswesen, trotz aller Reden über Souveränität und Würde der eigenen Nation, Titos Weltläufigkeit gegen eine graue Marginalität eingetauscht hatten.

Der Friedensvertrag von Dayton beendete den Bosnienkrieg – aber eine funktionierende Nachkriegsordnung schuf er nicht. Dabei hatte der Verhandlungsführer, der US-Sondergesandte Richard Holbrooke, durchaus auch an diesen Aspekt gedacht. Das Friedensabkommen enthielt im Anhang eine Verfassung, die bis heute in Bosnien-Herzegowina gültig ist und allgemein als Ursache für die Dysfunktionalität des Staates gilt. Die Diplomaten wollten vor allem die Waffen zum Schweigen bringen und waren deshalb zu vielen Zugeständnissen an die Kriegsparteien bereit. Da Letztere aber den Krieg überhaupt nur begonnen hatten, weil sie sich nicht auf die Staatlichkeit Bosnien-Herzegowinas einigen konnten, erhielt der ethnische Zwist nun letztlich Verfassungsrang. Zunächst einmal wurde der Frontverlauf von Oktober 1995 in den Vertrag eingeschrieben – was die Serben bis zu diesem Zeitpunkt erobert hatten bzw. hatten halten können, wurde ihnen im Wesentlichen gelassen, wenn auch in Form einer vagen Einheit, die der Dayton-Vertrag als ›Entität‹ bezeichnet – kein eigener Staat und kein Bundesland, sondern etwas Drittes, Undefiniertes. Dieser serbischen Entität, fortan Republika Srpska genannt, steht nun eine bosniakisch-kroatische gegenüber, die als Föderation Bosnien-Herzegowina bezeichnet wird. Ein symbolisches Zugeständnis an die Bosniaken und Kroaten verkörpern die im Friedensvertrag festgeschriebenen territorialen Anteile: Die Republika Srpska umfasst 49 Prozent des Territoriums Bosnien-Herzegowinas, die kroatisch-bosniakische 51 Prozent.

Die Verfassung garantierte – völkerrechtlich ein Novum – allen Flüchtlingen das Recht auf Rückkehr, nahm aber ansonsten maximale Rücksicht auf die Animositäten unter den ehemaligen kriegführenden Parteien. So durften die Serben den zentralistischen Aufbau ihrer Entität behalten, die Föderation hingegen wurde in ethnische Kantone gegliedert, eröffnete also Möglichkeiten für die Abgrenzung der Kroaten von den (zahlenmäßig deutlich überlegenen) Bosniaken. Den Zweifeln der Serben und Kroaten an der bosnischen Staatlichkeit kam die Verfassung entgegen, indem sie die Zentralregierung in Sarajevo nur mit Außenpolitik, Staatsbürgerschaftsfragen und Geldpolitik betraute, den Entitäten dagegen vorerst eigene Währungen (bis 1998), Armeen (bis 2006) bzw. Polizeikräfte beließ. Auch die Kantone verfügen jeweils über eigene legislative und exekutive Strukturen. Über diesem komplizierten System, dessen Lebenstauglichkeit ebenso fragwürdig war wie diejenige Jugoslawiens nach der Verfassung von 1974, installierte die Internationale Gemeinschaft – auch das ist durchaus eine Parallele zum Tito-Staat – eine Autorität mit beinahe diktatorischen Kompetenzen, um notfalls Blockaden aufbrechen zu können: den Hohen Repräsentanten, der sich auf eine Friedenstruppe unter Führung der NATO stützte. Die Hohen Repräsentanten haben seither immer wieder von ihren Vollmachten Gebrauch gemacht (indem sie beispielweise Politiker absetzten), konnten aber nicht verhindern, dass die Politik im ethnischen Proporzdenken steckengeblieben ist.

Mehr als die anderen Jugoslawienkriege wirft der Bosnienkrieg die Frage nach seiner Einordnung auf. Die von dem Journalisten Robert Kaplan vorgebrachte und in der westlichen Öffentlichkeit anfangs breit rezipierte These, hier handele es sich um ewigen ethnischen Hass, der vom jugoslawischen Kommunismus nur vorübergehend verdeckt worden sei, überzeugt nicht – denn viele Bosnier wurden von den Ereignissen vollkommen überrascht: Sie konnten sich nicht vorstellen, dass aus Nachbarn so schnell Feinde werden könnten. Sie selbst hatten nicht in einer Tradition des Hasses gelebt und nahmen dessen Ausbreitung als Bruch wahr, von außen verstärkt durch Armeen, Freischärler und vor allem die Medien. Nur so konnte aus einem latenten Misstrauen eine ›Notwendigkeit‹ entstehen, sich selbst eindeutig zu verorten, sich auf eine der nationalen Seiten zu stellen und sich gegen den vermeintlich (oder eben auch tatsächlich) aggressiven Nachbarn zu verteidigen. Dann allerdings mochte diese ›Verteidigung‹ auch weit entfernt vom Wohnsitz der eigenen Familie stattfinden. Unter dem Strich war Hass, wenn man von der Bevölkerungsmehrheit spricht, nicht die Ursache, sondern die Folge des Konflikts.

Eine andere Erklärung geht auf den US-Politologen Samuel Huntington zurück. Er sieht den Konflikt als ›Zusammenprall der Kulturen‹, in diesem Fall der westlichen (vertreten durch die Kroaten), der orthodoxen (vertreten durch die Serben) und der islamischen (vertreten durch die Bosniaken). Auch an dieser Deutung stößt sich die Fachwelt, denn sie beruht auf der Annahme, Kulturen seien feste, homogene, vor allem durch Religion bestimmte Größen, die sich aufgrund ihrer Unterschiede zwangsläufig im Konflikt miteinander befinden müssten. Tatsächlich spricht vieles gegen diese Sicht – so gibt es auf dem Balkan Gebiete, in denen ebendiese ›Kulturen‹ ohne besondere Konflikte zusammenleben, etwa in Albanien. Nicht unterschiedliche Religionen erzeugten die bosnischen Probleme, sondern eher die Tatsache, dass nationale Zugehörigkeiten auf Religion zurückgeführt wurden. Doch selbst unter diesen Voraussetzungen bedurfte es erheblicher Propaganda, um die Gesellschaft wirklich entlang ethno-religiöser Linien zu spalten und die Vorstellung zu etablieren, die einzelnen Nationen Bosniens seien Teile verfeindeter Kulturkreise, die in Bosnien aufeinanderträfen und sich gegen den andersgläubigen Nachbarn verteidigen müssten.

Letztere Vorstellung brachten ein Teil der Geistlichkeit sowie radikale in- und ausländische Politiker ein, die Solidarität mit den bedrohten ›Glaubensbrüdern‹ in Bosnien forderten. Der russische General und Oppositionspolitiker Viktor Filatov etwa besuchte im Herbst 1992 die bosnischen Serben und betonte, er habe »keine Zweifel, dass das auch ein religiöser Krieg ist. Hier stoßen verschiedene Religionen und auch Ethiken zusammen. Und auf diesem Feld triumphiert unsere orthodoxe Ethik ganz eindeutig [...].« Der serbisch-orthodoxe Bischof Vasilije (Kačavenda) von Zvornik-Tuzla empfing die russische Delegation und unterstrich dabei: »Der Westen ist faul. Der Westen sieht alles durch das Prisma des Profits, des Dollars, und das ist nicht unser Ziel. Wir sehen und bewerten alles im Lichte Gottes. [...] Wir kämpfen hier nicht nur für die Freiheit des serbischen Volkes, sondern aller orthodoxen Völker.«[24]

Gerade für die Führung der bosnischen Serben war es attraktiv, das Kulturkampfargument zu bemühen, weil sie auf diese Weise ihre Isolierung in der Welt überspielen konnte. Nicht zufällig konnten serbische Nationalisten immer nur auf russische *Oppositionelle* zählen, wohingegen sich die Kremlführung unter Boris Jelzin sehr zurückhielt. Auch die Unterstützung aus Griechenland blieb eher unterschwellig. Die kroatischen Nationalisten wiederum mussten erkennen, dass sie von Westeuropas Katholiken keine Solidarität erwarten konnten. Aus der Sicht des deutschen oder niederländischen Katholizismus zum Beispiel erschien das kroatische Selbstbild als ›Vorposten des Abendlandes‹ militant und deplatziert. Im Gegensatz dazu erhielten die Bosniaken starke Unterstützung aus der islamischen Welt, konnten sich aber darüber nicht recht freuen – denn einerseits brachten arabische und afghanische Kämpfer ein bislang in Bosnien unbekanntes, rigoroses Islamverständnis mit, andererseits spielte jede islamische Unterstützung direkt den serbischen (aber auch kroatischen) Gegnern in die Hände, die sich ja gerade rechtfertigten, in Bosnien Europa vor dem islamischen Fundamentalismus zu retten.

Plausibler als die Vorstellung vom Kulturkampf ist die These, dass die Nationalisierung einen weiteren Schub erlebte, der in einer gewaltsamen Eskalation mündete. Die

24 Dragoš Kalajić, *Rusija ustaje,* Belgrad 2005, S. 242 f.

Kriege des langen 19. Jahrhunderts hatten weite Teile Südosteuropas bereits ethnisch entmischt, im Schatten der Weltkriege und selbst des Kommunismus waren ähnliche Vorhaben vorangetrieben worden. 1989 wirkten unbestimmte Zugehörigkeiten eher wie Ausnahmen, die vom nationalen Paradigma noch nicht erfasst worden waren. Den Nationalisten waren Inseln der Ambiguität wie Bosnien-Herzegowina längst ein Dorn im Auge. In manchen Gedichten Radovan Karadžićs ist die Wut auf die multiethnische und kosmopolitische Bevölkerung von Städten wie Sarajevo mit den Händen zu greifen. Schon 1971 beschwor er, der aus Montenegro zugezogene Provinzler, in einem Gedicht den »Wolfstraum« (*Vuksan*, Reminiszenz an Karadžićs Vater Vuk) bzw. das »Wolfsgeschenk« (*Vukdan*), die große Abrechnung mit der Stadt: »Die Wölfe zerreißen deine Träume / und ernähren sich davon / Vuksan, Vukdan, schön ist dein Name / Komm herunter in die Städte, damit wir die Dreckschweine schlagen / Vuksan, Feiertag, schön ist dein Name / die Welt erwartet dich demütig / du müder Reiter / Vuksan, Toter / schön ist dein Name.«

Erst mit dem Zerfall Tito-Jugoslawiens wurde das latente Ressentiment gefährlich, denn die Nationalisten hatten sich in der Langzeitperspektive als vitalste historische Kraft der Region erwiesen. Wie keine andere Strömung hatte es der Nationalismus seit dem 19. Jahrhundert geschafft, das Unbehagen an der Moderne mit zeitgemäßen Losungen zu verquicken, dadurch breite gesellschaftliche Unterstützung zu generieren und Eliten wie Nichteliten, Städter und Landbevölkerung zu verklammern. Auch profitierte der Nationalismus sehr von der Möglichkeit, für alle Probleme Sündenböcke aus einer jeweils anderen Ethnie zu benennen. Für die

Nationalismusthese spricht auch, dass die Religion letztlich nicht aus einer dienenden Rolle herauskam – im Krieg ging es nicht um Religion per se, sondern um nationalisierte Religion. Sie wurde für Propagandazwecke instrumentalisiert und eklektizistisch ausgedeutet – teilweise auch durch den Klerus selbst, der sich oft schon im 19. Jahrhundert dem nationalen Paradigma angepasst hatte. Die nationale Verflachung und Dienstbarmachung der Religion passte zu einer Bevölkerung, die bereits stark von der Säkularisierung erfasst war, wenig über die eigene Religion wusste und diese Engführung der Tradition daher oftmals nicht erkannte.

Gleichzeitig trug der Bosnienkrieg auch Züge eines ›neuen Krieges‹ im Sinne von Herfried Münkler, eines Krieges also, in dem nicht die Interessen von Staaten ausschlaggebend sind, sondern jene von Gewaltunternehmern. Freischärler aller Seiten finanzierten sich durch Raub, Plünderung und Menschenhandel, der Krieg war ein lukratives Geschäft. Und auch in den beteiligten Regierungen selbst gab es Kriegsgewinnler, die an Raub, Plünderung, Schmuggel usw. mitverdienten. Zum Geschäftsmodell Željko Ražnatović Arkans etwa gehörte – nach der Eroberung und ›ethnischen Säuberung‹ eines Dorfes –, Wertgegenstände, Haushaltsgeräte usw. abtransportieren zu lassen und zu verkaufen. Der bosniakische Warlord Fikret Abdić, der schon als kommunistischer Funktionär in einen spektakulären Korruptionsskandal verstrickt gewesen war, lebte vom Waffen- und Treibstoffhandel mit Serben und Kroaten, wählte seine Geschäftspartner also nicht gerade nach Nationalität aus. Dennoch wäre es falsch, den Bosnienkrieg in erster Linie als organisierte Kriminalität zu verstehen – aber sie ergänzte die nationalistische Motivation. In Form krimineller Netzwerke und endemischer Korruption wirkt dieses Muster bis heute in den meisten postjugoslawischen Staaten fort.

Die blutige Lösung der Kosovofrage

Mit dem Frieden in Kroatien und Bosnien-Herzegowina wurde der kriegerische Zerfall Jugoslawiens unterbrochen, aber nicht beendet. Denn die internationalen Unterhändler hatten Milošević zur Mitwirkung am Friedensvertrag von Dayton nur bewegen können, indem sie jenes Problem, mit dem der Staatszerfall eigentlich begonnen hatte – die Kosovofrage –, komplett ausklammerten. Dabei waren die Verhältnisse dort Mitte der 1990er Jahre zutiefst festgefahren und bedrohlich. Die Entmachtung des Kosovo-Parlaments im März 1989 hatte in der ganzen Provinz Unruhen ausgelöst, bei Straßenschlachten zwischen der Polizei und jugendlichen albanischen Demonstranten waren Dutzende umgekommen. Die albanischen Abgeordneten fügten sich keineswegs der Milošević-Linie, sondern erklärten Kosovo zur siebten Republik innerhalb Jugoslawiens. Belgrad ergriff daraufhin radikale Maßnahmen – das Provinzparlament wurde aufgelöst, der Notstand verhängt, ein Paket ethnisch diskriminierender Maßnahmen unter dem euphemistischen Namen »Programm zur Verwirklichung des Friedens, der Freiheit, der Gleichberechtigung, Demokratie und Prosperität der Sozialistischen Autonomen Provinz Kosovo« verabschiedet. Schrittweise wurden – je nach Schätzung – zwischen 80 000 und 115 000 Personen aus dem öffentlichen Dienst entlassen, weil sie sich weigerten, ihre Loyalität gegenüber Serbien zu erklären.

Die albanische Elite reagierte darauf mit der Etablierung eines Schattenstaates – die albanischen Abgeordneten, die sich nun nur noch außerhalb des geschlossenen Parlamentsgebäudes treffen konnten, erließen im September 1990 eine neue Verfassung für die Provinz. Im September 1991 setzten sie ein Referendum an, bei dem 91 Prozent der Stimmen zugunsten der Unabhängigkeit Kosovos abgegeben wurden. Beides wurde von Serbien selbstverständlich ignoriert, und bis auf Albanien erkannte kein anderer Staat die Ergebnisse des Referendums an. Im Mai 1992 hielten die Kosovaren eigene Präsidentschafts- und Parlamentswahlen ab, aus denen der Schriftsteller Ibrahim Rugova und seine Demokratische Liga des Kosovo (LDK) als Sieger hervorgingen. Der charismatische Rugova predigte gewaltlosen Widerstand. Während im benachbarten Bosnien das Blut in Strömen floss, erklärte er den Kosovaren, sie könnten ihre Ziele auch ohne großes Gemetzel erreichen. Er empfahl, den serbischen bzw. jugoslawischen Staat und dessen Vertreter schlichtweg zu ignorieren.

Dazu musste die Bevölkerung auch von den Leistungen des Staates unabhängig werden – und ebendies wurde durch den kosovoalbanischen ›Parallelstaat‹ erreicht. Dieses informelle Gebilde speiste sich aus einer dreiprozentigen Steuer, die unter den Kosovoalbanern in der Diaspora erhoben wurde. Die Diaspora bestand im Wesentlichen aus jungen Männern und wuchs in den 1990er Jahren drastisch an: 1993 gab es allein in Westeuropa etwa 368 000 Kosovaren, die vor Perspektivlosigkeit in ihrer Heimat und dem jugoslawischen Militärdienst geflohen waren. Aus ihren Beiträgen wurde ein albanisches Gesundheits- und Bildungswesen im Kosovo finanziert, wodurch auch ein Teil der entlassenen öffentlichen Angestellten wieder zu einem Verdienst kam. Ausländische Besucher fühlten sich oft an die südafrikanische Apartheid erinnert, insbesondere beim Anblick getrennter Schulen für serbische und albanische Kinder. Dabei konnte die serbische Seite die gesamte Infrastruktur des offiziellen Staates nutzen, die Kinder der albanischen Mehrheit wurden dagegen oft in Privathäusern unterrichtet; ihre Abschlusszeugnisse genossen keine offizielle Anerkennung.

Rugovas pazifistischer Ansatz mag verwundern angesichts der Gewalt in anderen Teilen des ehemaligen Jugoslawiens und der ausgeprägten albanischen Aufstandstradition. Wichtig waren einerseits die Rahmenbedingungen: Die serbische militärische Übermacht in Kosovo war ganz eindeutig, sodass die kosovarische Elite davon ausgehen musste, dass eine harte Linie von den Albanern einen ähnlich hohen Blutzoll fordern würde wie von den Bosniaken. Außerdem dominierte international die Ansicht, Kosovo müsse ein Teil Serbiens bleiben, weil es in Jugoslawien keinen Republikstatus genossen hatte. Rugova war überzeugt, dass der Kosovokonflikt (wie zuvor schon die Konflikte um Slowenien, Kroatien und Bosnien-Herzegowina) nur durch Internationalisierung zu lösen sei; aber dazu war zunächst erhebliche Überzeugungsarbeit zu leisten. Nicht zuletzt ging es darum, die albanische Seite dem Paradigma der Gewaltfreiheit zu verpflichten, welches die westeuropäische liberale Öffentlichkeit dominierte. Eine Rolle spielte auch der persönliche Werdegang Rugovas. 1944 geboren, gehörte er der ersten Generation der kosovarischen Intelligenz an, die der jugoslawische Sozialismus durch seine Bildungsexpansion geprägt hatte. Anders als die Landbevölkerung oder die Jugend des späten Sozialismus, welche von den

Segnungen des jugoslawischen Fortschritts weniger profitierten, sahen die Bildungsaufsteiger aus Rugovas Generation den jugoslawischen Gesamtstaat eher positiv und waren über den Kosovo hinaus vernetzt. Auch das mäßigte Rugovas politische Haltung. Dass die Parallelgesellschaft überhaupt funktionieren konnte, hängt schließlich auch damit zusammen, dass die Kosovoalbaner niemals vollständig in das staatliche System integriert worden waren und daher eher als etwa die Serben in der Lage waren, auch ohne die bzw. jenseits der offiziellen Institutionen des Staates zu überleben, indem sie sich auf ihre (groß-)familiären und andere informelle Netzwerke sowie die Diaspora stützten.

Mit dem Dayton-Friedensvertrag erwies sich allerdings Rugovas Politik als gescheitert: Das Thema Kosovo war ausgeklammert worden, Milošević galt international nun als Garant des Friedens. Vor allem die kosovarische Jugend, die in der aufgeheizten Stimmung seit 1981 sozialisiert worden war, drängte jetzt ungeduldig auf Veränderungen. 1994 gründete sich im Untergrund die sogenannte Befreiungsarmee des Kosovo (Ushtria Çlirimtare e Kosovës, UÇK), die für den bewaffneten Unabhängigkeitskampf eintrat. Sie konnte einerseits auf die traditionelle (aber bescheidene) Bewaffnung ländlicher Haushalte in Kosovo zurückgreifen, andererseits auf die Erfahrung von Albanern, die zwischen 1991 und 1995 auf kroatischer bzw. bosniakischer Seite gegen die Serben gekämpft hatten. Seit 1996 verübte die UÇK Anschläge auf serbische Polizisten, Zivilisten und albanische ›Kollaborateure‹, blieb aber zunächst ein Randphänomen.

Dies änderte sich 1997, als die öffentliche Ordnung im benachbarten Albanien zusammenbrach (siehe unten) und massenhaft Waffen aus dortigen Militärdepots auf Schmuggelpfaden nach Kosovo gelangten. Im Herbst 1997 zeigten sich erstmals UÇK-Kämpfer öffentlich auf der Beerdigung eines kosovoalbanischen Lehrers. Die immer selbstbewusster auftretende Gruppe griff nun häufiger serbische Ziele an, begann insbesondere in der zentral gelegenen Drenica-Region nächtliche Straßensperren zu errichten, sprach von ›befreiten Gebieten‹ und forderte den Zusammenschluss Kosovos und Albaniens. Einen entscheidenden Wachstumsschub erhielt die UÇK, als Belgrad Anfang 1998 beschloss, die ›Terroristen‹ durch eine großangelegte Offensive auszuschalten. Im März 1998 griff die jugoslawische Armee im Verein mit serbischen Polizeikräften den Familiensitz des UÇK-Anführers Adem Jashari im Dorf Prekaz an und tötete in einem zweitägigen Gefecht nicht nur Jashari, sondern auch dessen gesamte Familie – fünfzig Personen, darunter Frauen und Kinder. Die Guerilla fand in Jashari ihren ersten ›Märtyrer‹, auch die städtische Bevölkerung begann sich allmählich mit der UÇK zu identifizieren.

Was im Falle der Bosniaken nur als Spekulation geäußert wird – dass eigene Opfer bewusst einkalkuliert wurden, um den Westen zum Eingreifen zu bewegen –, lässt sich im Falle der UÇK durchaus belegen. Seit der Tötung des Jashari-Clans ging es ihr ganz wesentlich darum, internationale Aufmerksamkeit zu erregen. Die UÇK provozierte bzw. nahm in Kauf, dass die serbische Reaktion Opfer unter der Zivilbevölkerung fordern würde. Bei der serbischen Offensive, die sich bis in den Herbst 1998 zog, wurden etwa 2000 Menschen getötet, 5000 verwundet und 40 000 Häuser zerstört; zeitweise befanden sich etwa 400 000 Menschen auf der Flucht. Die serbischen Sicherheitskräfte konnten eine Zeit lang die Kontrolle wiedergewinnen, viele UÇK-

Kämpfer setzten sich nach Albanien ab. Politisch wirkten die Kosovoalbaner im Herbst 1998 desorientiert – Rugova war marginalisiert, aber auch die UÇK hatte an Ansehen verloren, weil ihre Kämpfer die Bevölkerung nicht geschützt hatten.

Auch die Kosovoserben litten erheblich: Denn nicht nur die serbische Polizei und Armee, sondern auch die serbische Zivilbevölkerung war Ziel der UÇK-Angriffe. Im Sommer 1998 startete die UÇK eine eigene Offensive, um Serben aus dem zentralen Kosovo zu vertreiben. Das serbische Kolonisierungsprojekt, das Milošević in der ersten Hälfte der 1990er Jahre angestoßen hatte (durch die Ansiedelung von serbischen Flüchtlingen aus Bosnien und Kroatien), war damit praktisch gescheitert. Serbische Nationalisten mussten einsehen, dass Milošević bei der Wiedergewinnung der Provinz versagt hatte. Sie begannen – gemeinsam mit der liberalen Opposition – nun auf ein demokratisches Serbien zu hoffen, auch mit dem Hintergedanken, dass so nationale Ziele leichter erreicht werden könnten, weil ein demokratisches Serbien sowohl für die Kosovoalbaner als auch den Westen annehmbar wäre.

Dieser Ansatz stellte sich als illusorisch heraus – zu verhärtet war das serbisch-albanische Verhältnis bereits. Die serbische Offensive von 1998 empfanden die westlichen Hauptstädte wie ein Déjà-vu, d. h. als Neuauflage großangelegter ›ethnischer Säuberungen‹ nach dem Muster des Bosnienkriegs. Es deutete sich ein Konsens an, dass der Westen in Bosnien zu zögerlich gehandelt habe und man dieses Mal entschiedener vorgehen müsse, um, wie man seitdem häufig hören kann, ›das Schlimmste zu verhindern‹. In diesem Sinne beschloss der NATO-Rat im Oktober

1998 einen Lufteinsatz zur Verhinderung einer humanitären Katastrophe; der Deutsche Bundestag sagte nach heftiger Debatte eine Beteiligung Deutschlands zu. Da sich Russland und China im UN-Sicherheitsrat gegen den Einsatz sperrten und darauf beharrten, dass die Kosovo-Frage eine interne Angelegenheit eines souveränen Staates sei, war die Intervention jedoch vom Völkerrecht nicht gedeckt.

Der Beschluss vom Oktober 1998 baute zunächst eine Drohkulisse auf, mit der man Milošević zur Verkündung eines Waffenstillstandes zwingen wollte. Tatsächlich wurde eine Feuerpause vereinbart, die beide Seiten dazu benutzten, ihre eigene Position zu stärken – die UÇK rüstete auf und dehnte die von ihr kontrollierten Gebiete aus, Belgrad schickte noch mehr Truppen in die Provinz und an deren Grenzen. Zwischen beiden Seiten stand eine OSZE-Mission, deren Chef William Walker im Januar 1999 meldete, im Dorf Račak (alban. Reçak) südlich von Prishtina habe es ein serbisches Massaker an 45 albanischen Zivilisten gegeben. In diesem Moment warf die westliche Politik das Ruder vollends herum und schaltete auf Konfrontation mit Serbien. Holocaustvergleiche sorgten für eine Stimmung, in der an Differenzierung nicht mehr zu denken war – daran konnte auch die Tatsache nichts ändern, dass internationale Gerichtsmediziner erhebliche Zweifel äußerten, ob es sich bei den Leichen von Račak tatsächlich um Zivilisten oder nicht vielmehr um nachträglich zivil eingekleidete Kombattanten handelte.

Letzte Station auf dem Weg in den Kosovokrieg war eine internationale Friedenskonferenz auf Schloss Rambouillet bei Paris, bei der beide Seiten auf ein Ende der Feindseligkeiten und Serbien auf die Wiederherstellung einer substanziellen Autonomie für Kosovo verpflichtet werden sollten. Wie ernst der Westen und insbesondere die USA es mit diesem Abkommen meinten, bleibt eine offene Frage. Denn die Vereinbarung von Rambouillet sah nicht nur vor, dass eine NATO-geführte Friedenstruppe in Kosovo einrücken sollte; in Anhang B wurde auch festgelegt, dass die NATO sich in der gesamten Bundesrepublik Jugoslawien einschließlich des Luftraums frei bewegen dürfe. Das hätte eine erhebliche Einschränkung der Souveränität bedeutet und erinnerte in gewisser Weise an das österreichische Ultimatum an Serbien vom Juli 1914. Wenig überraschend lehnte die jugoslawische Delegation das Abkommen ab. Die graue Eminenz der US-Außenpolitik Henry Kissinger wertete die Konferenz von Rambouillet vor allem als »Entschuldigung dafür, mit der Bombardierung beginnen zu können«. (*The Daily Telegraph*. 28.6.1999. S. 34.)

Serbien wurde nun durch die NATO drei Monate lang bombardiert (vom 24. März bis zum 10. Juni 1999), was anders als der NATO-Einsatz in Bosnien nicht durch den UN-Sicherheitsrat legitimiert war und bis heute umstritten ist. Die insgesamt 10 500 Luftschläge der ›humanitären Intervention‹ wurden vor allem von der US-Regierung unter Bill Clinton sowie von Großbritannien unter Tony Blair durchgeführt, aber auch weitere westliche Staaten inklusive Deutschlands beteiligten sich. Dass die Zahl der Todesopfer in diesem Krieg mit etwa 14 000 Personen (darunter über 10 000 Albaner und 2000 bis 3000 Nichtalbaner, vor allem Serben) deutlich niedriger ausfiel als im Bosnienkrieg, wird von Interventionsbefürwortern als Erfolg gedeutet, weil sie davon ausgehen, dass es ohne den NATO-Einsatz weitaus schlimmer gekommen wäre. Anders als in Bosnien oder

Kroatien blieben die meisten Vertreibungen während dieses Krieges temporär – mehr als 800 000 Kosovoalbaner, die während des NATO-Luftkriegs vor ethnischen Säuberungen oder aus Angst vor serbischen Racheakten nach Albanien und Makedonien geflohen waren, kehrten unmittelbar nach Beendigung des Krieges wieder in ihre Heimat zurück. Das konnten sie nur deshalb, weil Serbien durch die anhaltenden Bombardements zur Annahme der UN-Resolution 1244 genötigt wurde, die Kosovo zwar noch als Bestandteil Serbiens behandelte, aber zukünftige Statusverhandlungen versprach. Vor allem aber sah die Resolution den Rückzug sämtlicher militärischer und paramilitärischer Akteure sowie die Herstellung einer substanziellen Autonomie unter einer UN-Übergangsverwaltung vor.

Der NATO-Einsatz gegen Jugoslawien hatte von Beginn an viele Kritiker. Sie monierten nicht nur die fehlende völkerrechtliche Legitimation, sondern auch die Art der Kriegführung. Luftkriege sind durchaus typisch für moderne westliche Demokratien, die sich einerseits als Weltautoritäten fühlen und sich deshalb in Konflikte in anderen Regionen einmischen, aber ihren Gesellschaften keine eigenen Opfer zumuten wollen und deshalb auf maximal ›effiziente‹ Kriegstechnologie setzen. Wie legitim kann ein Krieg sein, in dem die eine (westliche) Seite praktisch kein Risiko eingeht, weil sie unangreifbar aus der Luft agiert und daher Todesopfer nur auf der Gegnerseite anfallen? Und wie will man Menschenrechtsverletzungen am Boden verhindern, wenn man nur aus der Luft angreift? Trotz modernster Militärtechnik ist es nicht immer möglich, aus großer Entfernung das Ziel richtig zu bestimmen, zwischen gefährlichen Protagonisten und zufällig Anwesenden zu unterscheiden.

Die NATO etablierte für die unbeabsichtigten Opfer ihres Luftkriegs den Begriff ›Kollateralschaden‹, worunter etwa versehentliche Bombardierungen von Flüchtlingstrecks oder Personenzügen fielen; es gab Hunderte derartiger zufälliger Opfer (die Schätzungen der zivilen Opfer divergieren zwischen rund 500 und 1500 Toten). Trotz aller medial inszenierter Präzision wirkte die Kriegführung der NATO grob, verfehlte über weite Strecken das eigentliche Ziel und war letztlich nur erfolgreich, weil sie Serbiens Führung, aber auch seine Gesellschaft schlichtweg zermürbte und das Land ruinierte.

Schwerpunkt der Bombardements war anfänglich die militärische Infrastruktur Serbiens samt der entsprechenden Kommandozentralen. Da aber die serbische Führung wochenlang nicht einlenkte und wichtiges Kriegsgerät geschickt versteckte, gingen der NATO mit der Zeit die militärischen Ziele aus. Mehr und mehr beschoss sie nun die allgemeine Infrastruktur, die für die Zivilbevölkerung mindestens ebenso relevant war wie für die jugoslawische Armee. Auf diese Weise verlor die nordserbische Stadt Novi Sad, wenngleich auf dem Landweg 600 Kilometer von Kosovos Hauptstadt Prishtina entfernt, sämtliche Brückenverbindungen über die Donau, ihre Rundfunkanstalt und ihre Raffinerie; *en passant* wurden die regionale Wasserversorgung zerstört sowie ein Krankenhaus, Schulen und Kindergärten getroffen. In Belgrad kamen Journalisten bei einem Bombenangriff auf das Staatsfernsehen um, und die Botschaft der Volksrepublik China wurde irrtümlich getroffen. Da es nicht gelang, die russische Führung einzubinden, weckte der Kosovokrieg zudem in Moskau tiefes Misstrauen und alte Ressentiments. Im Nachgang begann der Kreml, sich selbst das Recht zur militärischen Einmischung in postsowjetischen Nachbarstaaten herauszunehmen – und rechtfertigte das regelmäßig, wie im Falle der Interventionen in Georgien (2008) und der Ukraine (seit 2014), mit dem Verhalten des Westens in der Kosovofrage.

Gegen das brutale Vorgehen der serbischen Truppen in Kosovo selbst war die NATO zunächst vollkommen machtlos – ethnische Säuberungen, Massaker, Vertreibungen, Zerstörungen von Moscheen nahmen nach dem Beginn des Bombardements zu, weshalb die meisten albanischen Flüchtlinge in der Zeit des NATO-Bombardements ihre Heimat verließen. Als nach dem Rückzug Serbiens im Juni 1999 auch NATO-Bodentruppen ins Land kamen, behandelten sie die UÇK de facto wie einen Partner, machten sich nur zögerlich an die von der UN-Resolution 1244 vorgesehene Entwaffnung und überließen den kosovarischen Kämpfern weite Teile der Provinz – mit dem Effekt, dass etwa tausend Serben Opfer albanischer Racheakte wurden und Serben sowie andere Minderheiten massenhaft die Flucht ergriffen, viele davon für immer. Die urbane Elite der Kosovoalbaner wurde jetzt von eher schlichten, gewaltbereiten Guerilleros an den Rand gedrängt. Für die weitere Staatsbildung in Kosovo sollte sich dieses Übergewicht der UÇK als schwere Hypothek erweisen.

Rumänien und Bulgarien auf dem Weg in die EU

Westliche Medien haben die Jugoslawienkriege oft als *Balkan Wars* oder *Balkankonflikt* bezeichnet und damit Assoziationen mit dem ›Pulverfass Balkan‹ des frühen 20. Jahrhunderts geweckt. Der kriegerische Zerfall eines Landes überdeckte im Kopf der Medienkonsumenten eine ganze, grundsätzlich für prekär gehaltene Region, sodass auch die Nachbarländer einen Imageverlust erlitten. Dabei blieb es dort weitgehend friedlich. Aufgrund der höheren nationalen Homogenität war in Rumänien, Bulgarien und auch Albanien die Gefahr geringer, dass das Ende des Kommunismus als Aufforderung begriffen würde, jetzt den Bau des Nationalstaats zu vollenden. Die Beschuldigung des ethnisch Anderen spielte zwar auch dort eine Rolle, aber eine wesentlich geringere als im ehemaligen Jugoslawien.

Doch auch diese Länder erlebten die Zäsur von 1989 als schmerzhaft. Der Sozialismus hatte in Südosteuropa tiefere Spuren hinterlassen als in Mitteleuropa – in Ersterem hatte er Bildungssysteme, Industrien und Städte teilweise erst erschaffen, wogegen die DDR, die Tschechoslowakei und mit Abstrichen auch Ungarn 1945 bereits relativ entwickelt gewesen waren. Nahm in der ČSSR während des Sozialismus der Anteil der ländlichen Bevölkerung um 23,8 Prozentpunkte, in Ungarn um 32,4 und in Polen um 39,6 ab, so waren es in Rumänien 48,9, in Jugoslawien 50,3 und in Bulgarien 58,6 Prozentpunkte. Damit war der Anteil von Menschen, welche dem Sozialismus den elementaren sozialen Aufstieg vom Bauern zum Stadtmenschen ›verdankten‹, in Südosteuropa deutlich höher als in Mitteleuropa. Auch waren gesellschaftspolitische Alternativen nicht so präsent gewesen wie in Mitteleuropa – einerseits weil der Westen geografisch weiter entfernt war, andererseits wegen der traditionell schwächeren zivilgesellschaftlichen Strukturen.

Der Zusammenbruch der kommunistischen Regime traf daher Gesellschaften in Südosteuropa unvorbereiteter –

nichtkommunistische Eliten, die den Wandel hätten gestalten können, standen nur sehr begrenzt zur Verfügung, Programme für den Übergang existierten überhaupt nicht. Die prominente Rolle ehemaliger kommunistischer Kader insbesondere in den 1990er Jahren überrascht daher wenig. In Rumänien und Bulgarien siegten bei den ersten freien Wahlen, anders als in Polen, der Tschechoslowakei oder in Ungarn, keine Dissidenten, sondern kommunistisch sozialisierte Funktionäre. Sie waren zwar für Veränderungen offen, dachten aber nicht an eine konsequente Westintegration. Es dauerte länger als in Mitteleuropa, bis Politik und Gesellschaft zu starken Transformationsschüben in Richtung des westlichen Gesellschafts- und Wirtschaftsmodells bereit und in der Lage waren – in Bulgarien begann diese Phase mit der Regierung von Ivan Kostov (1997–2001), in Rumänien gar erst mit der Regierung von Adrian Năstase (2000–2004). Aus Sicht der EU-Kommission war der Beitritt Rumäniens und Bulgariens daher weitaus problematischer als im Falle der ostmitteleuropäischen Staaten, weil der Abstand zwischen Ist und Soll besonders groß war. Potenzielle Neumitglieder werden ja seit 1993 an den sogenannten Kopenhagener Kriterien gemessen:

> Als Voraussetzung für die Mitgliedschaft muss der Beitrittskandidat eine institutionelle Stabilität als Garantie für demokratische und rechtsstaatliche Ordnung, für die Wahrung der Menschenrechte sowie die Achtung und den Schutz von Minderheiten verwirklicht haben; sie erfordert ferner eine funktionsfähige Marktwirtschaft sowie die Fähigkeit, dem Wettbewerbsdruck und den Marktkräften innerhalb der Union standzuhalten. Die

Mitgliedschaft setzt außerdem voraus, dass die einzelnen Beitrittskandidaten die aus einer Mitgliedschaft erwachsenden Verpflichtungen übernehmen und sich auch die Ziele der politischen Union sowie der Wirtschafts- und Währungsunion zu eigen machen können […].[25]

Minderheitenschutz, stabile demokratische Institutionen, Rechtsstaatlichkeit, eine wettbewerbsfähige Wirtschaft – all das sind politische Ziele, die die Region seit dem 19. Jahrhundert kannte. Allerdings waren entsprechende Fortschritte schon vor 1945 nur mühsam errungen worden. Die EU-Beitrittsverfahren dauerten in Südosteuropa nicht nur länger als im Falle Mitteleuropas, sondern waren auch von strengeren Ermahnungen und Kontrollen geprägt, ohne die es nach Auffassung vieler Beobachter die notwendigen Veränderungen nicht geben würde. Zwar sprach die EU den Ländern der Region niemals grundsätzlich die Beitrittsmöglichkeit ab; im ›Versprechen von Thessaloniki‹ 2003 betonte sie, dass auch für die Länder des ›Westbalkans‹ die Zukunft in der EU liege; dieses Versprechen wurde Ende 2022 auf dem EU-Westbalkan-Gipfel in Tirana erneuert.

Die Umsetzung dieser Pläne bereitete allerdings Probleme, und das nicht erst seit der allgemeinen Erweiterungsmüdigkeit, die mit der Finanzkrise von 2008 um sich griff. Als 1997 die Verhandlungen zur fünften Erweiterungsrunde der Union begannen, weigerte sich die EU-Kommission, auch mit Rumänien und Bulgarien in Gespräche zu treten,

25 Europäischer Rat in Kopenhagen, 21.–22. 6. 1993, Schlussfolgerungen des Vorsitzes, S. 13.

weil Letztere als zu unreif galten. Dennoch vermied man allzu radikale Konsequenzen und einigte sich, Rumänien und Bulgarien durch besondere Förderung auf ein Beitrittsverfahren vorzubereiten und beide Länder als positives Gegengewicht zum jugoslawischen Drama aufzubauen.

Die Verhandlungen begannen im Jahr 2000 und verliefen schleppend, sodass Rumänien und Bulgarien erst 2007, drei Jahre nach der Aufnahme der Visegrád-Staaten und Sloweniens, Mitglieder der Europäischen Union wurden. Auch nach der Aufnahme blieb ein ›Kooperations- und Überprüfungsmechanismus‹ in Kraft, um sicherzustellen, dass Defizite im Bereich des Justizwesens, der Kriminalitäts- und Korruptionsbekämpfung ausgemerzt würden. Er galt für Bulgarien bis 2019, für Rumänien bis 2022. Böse Zungen sprachen daher auch von einer ›Mitgliedschaft zweiter Klasse‹, die sich in der Tatsache ausdrückt, dass beide Länder auch 16 Jahre nach ihrem Beitritt noch nicht zum Schengenraum gehören. Aus beiden Fällen schloss die EU, dass es nicht ausreicht, nur auf die formale Einhaltung von Kriterien zu schauen, sondern sie sich grundlegender am Auf- und Umbau von Institutionen beteiligen muss, um eine Region wie Südosteuropa wirklich zu integrieren. Diese Einsicht wurde später auch auf den ›Westbalkan‹ und die griechische Finanzkrise angewendet; neben positiven Aspekten birgt sie die Gefahr, dass die EU als ein weiteres ›Imperium‹ wahrgenommen wird, das die eigene Gesellschaft dominiert.

Die rumänischen Startschwierigkeiten hingen damit zusammen, dass die kommunistische Herrschaft bis zum Sturz Nicolae Ceauşescus am 22. Dezember 1989 in unverminderter Härte angedauert hatte. Bis heute liegt vieles über den Regimewechsel im Dunklen, unbeantwortet ist vor allem die Frage, ob es sich um eine ›echte‹ Revolution oder eher um einen innerparteilichen gewaltsamen Putsch gegen Ceauşescu handelte (siehe vorheriges Kapitel). Die rumänische Öffentlichkeit war jedenfalls vollkommen überrascht, als am 22. Dezember 1989 der als Gegner Ceauşescus bekannte Ex-Funktionär Ion Iliescu im staatlichen Fernsehen verkündete, eine Front zur Nationalen Rettung (FSN) habe die Macht übernommen. Von einem eindeutigen Westkurs konnte zunächst keine Rede sein. In ihrem Zehn-Punkte-Programm kündigte die Front zwar freie Wahlen, Gewaltenteilung, Minderheitenrechte, den Stopp von Lebensmittelexporten sowie vage auch eine Wirtschaftsreform an. Iliescu kritisierte bei seinem Fernsehauftritt aber auch, der Diktator habe die »Ideale des Kommunismus« geschändet; Rumänien dürfe das westliche Demokratiemodell nicht kopieren, sondern müsse eine »originale, eigene Demokratie« finden.

In den folgenden Tagen nahm in Rumänien die Gewalt auf den Straßen nicht ab. Verschwörungstheorien über einen Einfall ausländischer Terroristen kursierten, und der Jagd auf die vermeintlichen Angreifer fielen Hunderte von Zivilisten zum Opfer. Häufig werden diese undurchsichtigen Vorgänge heute als Inszenierung gesehen, mit der die Front ihre eigene Machtergreifung legitimiert habe. In diesen Zusammenhang werden auch die überhasteten Todesurteile gegen Nicolae und Elena Ceauşescu eingeordnet, die der Front als Angeklagte in einem regulären Prozess eventuell hätten gefährlich werden können, weil sie zweifellos viel Kompromittierendes über viele Wendekommunisten wussten.

Auch nach dem Ende der Ceauşescus blieb Rumänien zunächst ein autoritär regiertes Land. Die neue Führung nahm die unpopulärsten Entscheidungen des alten Regimes zurück, öffnete die Grenzen, entließ politische Gefangene, stoppte Lebensmittelexporte, hob das Abtreibungsverbot und die verhassten Energiedekrete auf, die für unerträgliche Kälte in den Wohnungen gesorgt hatten. Nach einigem Zögern erlaubte sie auch die Gründung von Parteien und setzte für den Mai 1990 Wahlen an. Vor allem Parteien mit vorkommunistischer Tradition wie die Nationale Bauernpartei (PNŢ-CD) und die Nationalliberale Partei (PNL) hofften, an ihre Bedeutung in der Zwischenkriegszeit anknüpfen zu können – eine Illusion, wie sich bald herausstellte. Denn nach Jahrzehnten des Kommunismus gab es in Rumänien keine traditionalistische, auf ihren Kleinbesitz bedachte Bauernschaft mehr, welche einst die Klientel der Bauernpartei gewesen war; und das Bürgertum, das bis 1938 die Nationalliberalen gewählt hatte, existierte höchstens noch vereinzelt.

Außerdem dachte Iliescu nicht daran, neuen Kräften eine wirkliche Chance einzuräumen. Die Front führte über das von ihr kontrollierte Staatsfernsehen einen aggressiven Wahlkampf gegen die neuen Parteien und appellierte dabei an jenen Publikumsgeschmack, den das Ceauşescu-Regime geprägt hatte – inklusive proletarischer Gleichheitsvorstellungen und rumänischem Nationalismus. Mit dem persönlich integren, im Gegensatz zu Ceauşescu als guter Patriarch wahrgenommenen Iliescu an der Spitze verfing diese Linie vor allem in der Arbeiterschaft. Die Bergarbeiter des Jiu-Tals ›halfen‹ sowohl vor als auch nach den Wahlen mehrmals, die Oppositionellen in der Hauptstadt gewaltsam einzuschüchtern, nachdem man sie mit Erzählungen über die vermeintliche Gefährlichkeit der Opposition, ihr Bündnis mit den Minderheiten (vor allem mit den Ungarn) und mit dem Ausland aufgewiegelt hatte. Bei den Präsidentschaftswahlen setzte sich Iliescu mit 85 Prozent der Stimmen durch, bei den Parlamentswahlen erhielt die Front 66,3 Prozent.

In den 1990er Jahren ließen sich allerdings autoritäre und illiberale Tendenzen nicht mehr zu einem politischen Modell verdichten – dazu fehlte einerseits eine geeignete Schutzmacht, andererseits die ökonomische Grundlage. Der wichtigste Initiator sozialistischer Revolutionen von oben, KPdSU-Generalsekretär Michail Gorbatschow, scheiterte mit seinen Vorstellungen im eigenen Land, eine Orientierung an der Sowjetunion kam spätestens seit deren Zerfall im Dezember 1991 nicht mehr infrage. Die anfänglich von Iliescu favorisierte Russlandbindung widersprach außerdem der historisch stark in der rumänischen Gesellschaft verankerten, auch von Ceauşescu bedienten Antipathie gegen dieses Land. Nicht zuletzt hatte Russland seinen ehemaligen Satellitenstaaten bis Ende der 1990er Jahre wirtschaftlich kaum etwas zu bieten. Die Westorientierung erschien daher alternativlos; der Westen gewann in dieser Konstellation ein mächtiges Druckmittel auch auf jene, die von liberaler Demokratie und Marktwirtschaft eigentlich nicht überzeugt waren. Dank seinem Einfluss wurden auch in der ›Ära Iliescu‹ regelmäßig leidlich freie Wahlen abgehalten, und freie Medien sowie die Oppositionsparteien konnten sich allmählich konsolidieren.

Die Opposition profitierte insbesondere von den wirtschaftlichen Problemen, da der ökonomische Einbruch in Südosteuropa im Zuge der Transformation während der 1990er Jahre deutlich gravierender ausfiel als in den mitteleuropäischen Reformstaaten. So wurde die Front der Nationalen Rettung bei den Lokalwahlen im Februar 1992 abgestraft, spaltete sich auf, benannte sich in Demokratische Front der Nationalen Rettung (FDSN) und schließlich in Partei der Sozialen Demokratie Rumäniens (PDSR) um. Jenseits der Westintegration gab es keine realistischen Szenarien, die Entwicklung und Sicherheit versprachen. Die rumänische Regierung trieb daher ein Assoziierungsabkommen mit der EU voran, das 1993 abgeschlossen wurde; 1995 stellte Rumänien einen formellen Aufnahmeantrag. Da die EU von ihren zukünftigen Mitgliedern auch gute Beziehungen zu deren Nachbarstaaten erwartete, unterzeichnete Rumänien einen Freundschafts- und Kooperationsvertrag mit Ungarn (September 1995) – ein bemerkenswerter Schritt angesichts der Tatsache, dass die Front innenpolitisch eine eher nationalistische Linie verfolgte und die ungarische Minderheit mit Misstrauen betrachtete. Wenig kontrovers war dagegen Rumäniens Annäherung an die NATO, welche 1994 durch die Teilnahme am »Partnership for Peace«-Programm eingeläutet wurde – diesen Schritt unterstützten sowohl die liberalen als auch die nationalistischen Kräfte.

Praktisch überall im ehemals kommunistischen Machtbereich brachte der Postkommunismus Oligarchen hervor, die das neue Wirtschaftsleben dominierten, stark von Beziehungen zur Politik profitierten und von Beginn an die Idee eines fairen Wettbewerbs ad absurdum führten. Dabei zeichneten sich durchaus länderspezifische Ausformungen ab – im ehemaligen Jugoslawien machte der Warlord-Typus von sich reden, in Rumänien eher der ehemalige kommunistische Funktionär oder Geheimdienstmann, der seine Verbindungen in die Politik zur persönlichen Bereicherung nutzte. Iliescu war vom Sinn des Privateigentums zunächst nicht überzeugt, seine Regierung verabschiedete aber seit 1990 unter dem Druck internationaler Geldgeber mehrere Privatisierungsgesetze. Ab Sommer 1995 wurde die sogenannte Voucher-Privatisierung angewendet – damit sollten 30 Prozent des Staatsvermögens an die Bevölkerung verteilt werden, und zwar in Form von Gutscheinen, mit denen jeder volljährige Staatsbürger Anteile an zu privatisierenden Unternehmen im Wert von umgerechnet 340 Euro erwerben durfte. Doch wie auch anderswo in der Region litt die rumänische Privatisierung unter schwachen Institutionen, die weniger durch Regelwerke als durch informelle Klientelbeziehungen gesteuert wurden. Im Ergebnis konnten diejenigen, die aus sozialistischer Zeit einflussreiche Netzwerke ›geerbt‹ hatten, diese auch unter kapitalistischen Vorzeichen gewinnbringend nutzen. Um an das Kapital der Kleinanleger zu kommen, fälschten Manager defizitärer Staatsbetriebe in großem Stil Bilanzen, sodass die Bürger sich oft für Aktien faktisch unrentabler Betriebe entschieden.

Der Staatseigentumsfonds FPS entwickelte sich – einem Beobachter zufolge – zu einem »Hort der Korruption und der Wirtschaftskriminalität«, der Aktien weit unter Wert an die Direktoren der jeweiligen Unternehmen oder an die Klientel von Politikern verkaufte. Auch ausländische Investoren konnten zum Zuge kommen, sofern sie Bestechungsgelder zahlten. Rumänische Banken, die Kredite vor allem an frühere kommunistische Funktionäre, Geheimdienstleute, Richter, Staatsanwälte und hochrangige Polizisten vergaben, stützten diese Mechanismen. Nur wenige Wirtschaftslenker nutzten die Privatisierung, um die billig erworbenen Unternehmen durch Investitionen zu sanieren. Weitaus beliebter war es, die Unternehmen zu zerschlagen und Filetstücke weiterzuverkaufen – die ideologisch flexiblen ›roten Manager‹ lernten Teile des neoliberalen Wirtschaftsethos rasend schnell. Auch an der Langsamkeit der Privatisierung, die erst Ende der 1990er Jahre wirklich überwunden war, ließ sich verdienen – die Führung des bis 2001 staatlichen Stahlgiganten Sidex in Galaţi etwa beauftragte externe Firmen mit dem Rohstoffeinkauf und dem Vertrieb der Sidex-Produktion; diese Firmen berechneten dem Kombinat für ihre Dienste weit überhöhte Preise. Während die Sidex-Manager die Verluste auf den Staatshaushalt abwälzten, teilten sie sich die Gewinne mit den Zwischenhändlern.

Durch diese Entwicklung enttäuschte Rumänien – wie viele andere postsozialistische Länder – die Erwartungen liberaler Vordenker der wirtschaftlichen Umgestaltung, die davon ausgegangen waren, dass die Ökonomie unter geänderten formalen Rahmenbedingungen (insbesondere die Liberalisierung von Preisen sowie die Schaffung von Privateigentum) zügig gesunden würde. Doch die Oligarchen lebten den Bürgern, den kleinen Geschäftsleuten wie auch den ausländischen Investoren vor, dass sich *fair play* nicht immer lohnt und Wirtschaft mehr eine schmutzige als eine meritokratische Angelegenheit sein kann. Noch verheerender wirkte sich diese Entwicklung allerdings auf das Ansehen der Politik aus, die schon in den 1990er Jahren unter generellen Korruptionsverdacht geriet – in einem auf Partizipation und Vertrauen der Bürger angewiesenen jungen demokratischen System ein fatales Signal. Von Beginn war das Problem auch ein Stolperstein auf dem Westkurs. Denn es zeigte sich, dass Rumänien durch die kriminellen Verflechtungen von Politik und Wirtschaft nicht immer in der Lage war, internationalen Verpflichtungen nachzukommen. So wurde das von Rumänien formal mitgetragene Ölembargo gegen Rumpfjugoslawien massiv unterlaufen, teilweise unter Beteiligung staatlicher Akteure.

Die Enttäuschung der Bevölkerung bekamen die Postkommunisten bei den Präsidentschafts- und Parlamentswahlen des Jahres 1996 zu spüren. Die Demokratische Konvention Rumäniens (CDR), ein Wahlbündnis, an dem unter anderem die Bauernpartei, die Nationalliberalen und die Ungarische Partei UDMR beteiligt waren, feierte ihren Sieg als zweite Befreiung, nachdem die erste von 1989 den Bürgern vorenthalten worden sei. Doch bald zeigte sich, dass die Iliescu-Jahre zwar ausgereicht hatten, eine wirkliche Opposition entstehen zu lassen – aber an der Macht wirkten die Koalitionäre zerstritten, chaotisch, teilweise auch dem eigenen Land entfremdet. Präsident Emil Constantinescu, als ehemaliger Geologieprofessor Sinnbild für die Rückkehr des bürgerlichen Rumäniens in die politische Elite, erklärte schon bald nach seinem Amtsantritt: »Wir haben die Wahlen, aber nicht die Macht gewonnen«. Nach eineinhalb Jahren fühlte er sich von der Politik in seinem Land »komplett angewidert« und gab im Jahr 2000 bekannt, er verzichte auf eine zweite Amtszeit und wolle »nie wieder« in die Politik zurückkehren.

Hinter dem theatralischen Abgang verbarg sich die Tatsache, dass die CDR-Regierung die problematischen Verflechtungen zwischen der Politik, den nur oberflächlich reformierten Geheimdiensten und der Wirtschaft nicht entwirren konnte und daher auch die Korruption nicht in den

Griff bekam. Der versprochene ›Westruck‹ inklusive der dafür notwendigen Reformen kam nur schwer in Gang – dazu fehlten den neuen politischen Kräften oft das Durchsetzungsvermögen gegenüber dem Staatsapparat, die Fähigkeit zu politischen Kompromissen und Managementkompetenzen. Auch nationale Romantik störte beim erfolgreichen Regieren. In einer Epoche, in der in Westeuropa die Bodenkonzentration drastisch stieg und die mitteleuropäischen Transformationsstaaten sozialistische Kollektivwirtschaften in privatwirtschaftliche Großbetriebe überführten, gab Rumänien nach 1945 kollektiviertes Land an die Vorkriegsbesitzer bzw. deren Nachkommen zurück, was Kleinstbesitz und Subsistenzlandwirtschaft wiederbelebte. Dadurch wurden zwar Härten des Transformationsprozesses abgefedert, weil arbeitslose Städter in den ländlichen Raum zurückkehren konnten, doch gleichzeitig lebten unproduktive landwirtschaftliche Strukturen wieder auf. Auch wenn sich die CDR-Regierungen viel eindeutiger als Iliescu zur europäischen Integration bekannten, beeindruckten sie das Elektorat nicht sonderlich. Im Gegenteil, andauerndes soziales Elend und unsichere Perspektiven förderten die Unzufriedenheit, die sich in weiteren Bergarbeiterunruhen und im Aufstieg der extrem nationalistischen Großrumänien-Partei des antisemitischen Publizisten Corneliu Vadim Tudor äußerte. Auf der Habenseite der Regierung standen hingegen die erfolgreiche Inflationsbekämpfung, aber auch die Außenpolitik: Rumänien bewies (ebenso wie Bulgarien) 1999 seine ›NATO-Tauglichkeit‹, als es dem Bündnis für den Kosovokrieg seinen Luftraum zur Verfügung stellte. Im selben Jahr reformierte Rumänien den öffentlichen Dienst mit dem Ziel, politische Einflussnahme auf die Verwaltung zu verringern – was sich allerdings als Langzeitaufgabe herausstellen sollte.

Ein wirklicher Transformationssprung gelang Rumänien paradoxerweise erst, als bei den Wahlen des Jahres 2000 die Postkommunisten an die Macht zurückkehrten. Ion Iliescu konnte die Präsidentschaftswahlen für sich entscheiden, nachdem ihm Corneliu Vadim Tudor in der ersten Wahlrunde gefährlich nahegekommen war. Bei der zweiten stellten sich dann weite Teile der urban-liberalen Wählerschaft hinter Iliescu, um den Radikalnationalisten Tudor zu verhindern. Ein weiteres Mal war in Rumänien die Ethnisierung sozialer Probleme verhindert worden – anders als im ehemaligen Jugoslawien und zum Glück für das Land. Auch bei den Parlamentswahlen wurde Iliescus PDSR stärkste Kraft, sodass mit Adrian Năstase ein Vertrauter des Präsidenten die Regierung bildete. Die Postkommunisten hatten sich inzwischen in Richtung Sozialdemokratie orientiert, verfolgten nun ein eindeutig proeuropäisches Programm und setzten daher die Agenda der Constantinescu-Ära generell fort. Nicht alle taten das aus tiefster Überzeugung – nach Ansicht des Journalisten Keno Verseck hatten sie vor allem »begriffen, dass Sonderwege ihnen nur schadeten. Viele von ihnen hatten inzwischen den Westen gesehen, den Geschmack des Kapitalismus gekostet und waren gierig geworden.«

So erhielt Rumänien eine neue Regierung, die aufgrund ihrer bis in den Kommunismus zurückgehenden Managementerfahrung das Land weitaus professioneller und geräuschloser führte als die CDR-Administrationen, sich dabei in großen Schritten der EU-Mitgliedschaft annäherte – und gleichzeitig die grundlegende Umgestaltung des Landes versäumte. Das Kabinett Năstase (2000–2004) initiierte ein Gesetz über den öffentlichen Gebrauch von Minderheitensprachen und trieb die Privatisierung voran – Maßnahmen, die sich positiv auf die EU-Fortschrittsberichte auswirkten. Der Privatisierungsschub eröffnete allerdings auch enorme Möglichkeiten zur Bereicherung, weshalb sich in der Ära Năstase die Korruptionsvorwürfe schließlich gegen den Ministerpräsidenten selbst richteten. Als sich Năstase 2004 zum Präsidenten wählen lassen wollte, unterlag er überraschend dem ehemaligen Schiffskapitän und Bukarester Bürgermeister Traian Băsescu, der im Wahlkampf unter anderem angekündigt hatte: »Als Staatspräsident werde ich nicht zögern, jeden korrupten Minister eigenhändig zu erwürgen.«

Im Amt machte Băsescu dieses ›Versprechen‹ nicht wortwörtlich wahr, im übertragenen Sinne aber schon – er bestand darauf, mit Monica Macovei eine exponierte Vertreterin der Zivilgesellschaft zur Justizministerin zu ernennen. 2005 gründete sie die Nationale Anti-Korruptionsdirektion, eine unabhängige Behörde, die auch gegen Regierungsmitglieder ermittelte. Neben einem stabilen Wirtschaftswachstum, das sich seit dem Jahr 2000 in vielen Ländern der Region eingestellt hatte, trug dieser Schritt dazu bei, dass Rumänien 2007 endlich – wenn auch mit den erwähnten Auflagen – Mitglied der Europäischen Union werden konnte. Viel früher als in den auf nationale Sinngebung fixierten Staaten des ehemaligen Jugoslawien war also das Thema der ›guten Regierungsführung‹ in das Zentrum der politischen Debatte gerückt. Adrian Năstase verlor wegen der Korruptionsvorwürfe nicht nur die Wahlen – 2012 und 2014 stand er mehrfach wegen Korruption und Erpressung vor Gericht und wurde zu mehrjährigen Haftstrafen verurteilt, denen der Ex-Premier auf viele Weisen zu entgehen versuchte – einschließlich eines gescheiterten Selbstmordversuchs.

In Bulgarien verlief die Wende von 1989 weniger gewalttätig, aber insgesamt doch ähnlich wie in Rumänien. Generalsekretär Todor Živkov wurde von seinem eigenen Außenminister Petăr Mladenov einen Tag nach dem Fall der Berliner Mauer in Absprache mit der sowjetischen Führung gestürzt. Aus den ersten freien Wahlen im Juni 1990 gingen die ehemaligen Kommunisten, die sich jetzt Bulgarische Sozialistische Partei (BSP) nannten, mit 211 Parlamentssitzen als stärkste Kraft hervor. Das Oppositionsbündnis Union der Demokratischen Kräfte (SDS) holte 144 Sitze, die vor allem türkische Bewegung für Rechte und Freiheiten (DPS) 23, die traditionsreiche Bauernpartei nur 16 Sitze. Vor allem für die SDS war das eine schwere Schlappe. Das disparate Bündnis, in dem von linksliberal bis rechtsextrem alles vertreten war, was unter das Rubrum ›antikommunistisch‹ passte, reagierte mit Verbitterung und Obstruktion. Regierungschef wurde ein weiterer hoher Ex-Kommunist – Živkovs letzter Minister für Auswärtige Wirtschaftsbeziehungen, Andrej Lukanov, der erfolglos versuchte, die Opposition in die Regierung einzubinden. Die Hauptstadt Sofia erlebte heftige Studentendemonstrationen, bei denen die ehemalige kommunistische Parteizentrale in Flammen aufging.

Während Post- und Antikommunisten einander bekämpften, verschlechterte sich die ökonomische Lage im Land dramatisch. Im Sommer 1990 wurde Bulgarien gegenüber seinen internationalen Gläubigern komplett zahlungsunfähig, und die Versorgung der Bevölkerung mit elementaren Gütern des täglichen Bedarfs brach zusammen. Im

Dezember 1990 musste Lukanov, dem Verbindungen zur organisierten Kriminalität in der Sowjetunion sowie zweifelhafte Kreditvergaben an sein ex-kommunistisches Netzwerk vorgeworfen wurden, sein Amt an den parteilosen Juristen Dimităr Popov abgeben. Popov gelang es, die Opposition in ein überparteiliches Kabinett einzubinden. Die neue Regierung stabilisierte die Versorgungslage durch Freigabe zahlreicher Preise und schaffte es auch, die Inflation zu senken. Dennoch ging der Kampf der beiden Lager weiter, zum Schaden des Landes. Radikale Oppositionelle versuchten mit Straßenkrawallen und Hungerstreiks zu verhindern, dass sich BSP und SDS in der Großen Nationalversammlung auf eine neue Verfassung einigten.

Trotz ihrer Unreife kam die Opposition in Bulgarien schneller auf die Beine als in Rumänien – unter anderem eine Folge des ›milderen‹ bulgarischen Sozialismus. Schon im August 1990 glückte es ihr, einen der wenigen bekannten ehemaligen Dissidenten in ihren Reihen, den Philosophen Želju Želev, von der verfassunggebenden Nationalversammlung zum Staatspräsidenten wählen zu lassen. Als im Oktober 1991 erstmals nach den Regeln der neuen, demokratischen Verfassung gewählt wurde, wurde die SDS mit 34 Prozent der Stimmen stärkste Fraktion. Der Anwalt Filip Dimitrov bildete eine Minderheitsregierung, die sich mit Schwung an die Zerstörung dessen machte, was sie als kommunistisch verabscheute. Das ging nicht ohne Begleitschäden ab. Sie leitete Lustrationsverfahren gegen Größen der kommunistischen Zeit ein und erklärte, die Wahl des bulgarischen Patriarchen Maksim im Jahr 1971 sei wegen des Einflusses der Kommunistischen Partei unkanonisch gewesen. Das stimmte zwar, provozierte aber die innere Spaltung der Bulgarischen Orthodoxen Kirche, die 1996 sogar einen antikommunistischen Gegenpatriarchen installierte.

Im Vergleich etwa zu Russland, Serbien oder auch Rumänien, wo man eher verdeckt nach den kommunistischen Verstrickungen der orthodoxen Kirche fragte, mochte die Entfernung politisch diskreditierter Kirchenmänner auf den ersten Blick moralisch respektabel und wie eine Medizin gegen die Servilität der orthodoxen Hierarchie wirken. Aber im Kontext einer zerrissenen und von informellen Netzwerken durchzogenen Gesellschaft wirkte dieses Vorgehen nicht reinigend, sondern produzierte noch mehr Schmutz – statt zivilgesellschaftlicher Haltung entstanden neue Formen der Abhängigkeit. Der Kampf um die Bulgarische Orthodoxe Kirche wurde auch deswegen so erbittert geführt, weil der bulgarische Staat millionenschwere Kirchenimmobilien nach politischen Sympathien mal an den einen, mal an den anderen Kirchenteil zurückgab. So wurde Patriarch Maksim zum Klienten der BSP, der Gegenpatriarch Pimen machte sich dagegen von SDS-Politikern und dubiosen Freunden aus der Geschäftswelt abhängig, die es oft genug schafften, Einnahmen aus Kirchengütern in ihre Taschen zu leiten (eine Praxis, die schließlich auch manche Metropoliten übernahmen, mit entsprechenden Folgen für ihr gesellschaftliches Ansehen). Der demokratische Staat mischte sich ebenso stark in kirchliche Belange ein wie zuvor der kommunistische – das gilt auch für die ›Lösung‹ des Schismas im Jahr 2002, die durch eine massive (und vom Europäischen Gerichtshof für Menschenrechte kritisierte) staatliche Intervention zugunsten von Patriarch Maksim herbeigeführt wurde. Es versteht sich von selbst, dass die gespaltene und politisierte bulgarische Orthodoxie kaum etwas zur Befriedung der postsozialistischen Konflikte beitragen konnte. Positiv wirkte sich allenfalls der Umstand aus, dass das Schisma auch den anderswo so verhängnisvollen religiösen Nationalismus blockierte.

Wie die rumänischen Antikommunisten artikulierte auch die Dimitrov-Regierung in Bulgarien eine Vorliebe für das traditionelle Bauerntum – das es jedoch nicht mehr gab. Sie restituierte das Land der Kollektivwirtschaften an die ehemaligen Besitzer und deren Nachkommen, insgesamt also überwiegend an ältere Leute ohne die für die Modernisierung der Landwirtschaft notwendige Energie, ohne Kapital und zumeist ohne landwirtschaftliches Wissen. Während die staatlichen Höfe schutz- und planlos in den Abgrund trudelten, blieb der neue private Sektor unproduktiv; die Produktion kollabierte. Anders als die Postkommunisten genoss die SDS aber in den europäischen Augen mehr Glaubwürdigkeit; die Dimitrov-Regierung führte Bulgarien in den Europarat und schloss 1993 ein Assoziierungsabkommen mit der EU. Doch die Agrarpolitik brachte die Regierung schließlich zu Fall – ihr Koalitionspartner, die türkische DPS, versagte Dimitrov im Oktober 1992 die Unterstützung, weil ihre ländliche Wählerschaft enorm unter dem Verfall der Kollektivbetriebe litt und massenhaft auswanderte.

Auf ein Technokratenkabinett unter Ljuben Berov, dessen wirtschaftspolitische Bemühungen unter den UN-Sanktionen gegen Jugoslawien litten, folgte wieder eine BSP-Regierung – bei den Wahlen im Dezember 1992 konnten sich die Postkommunisten mit absoluter Mehrheit durchsetzen, weil sich in der Öffentlichkeit der Eindruck verbreitet hatte, die antikommunistischen Regierungen seien weder der Verelendung der Bevölkerung noch der organisierten Kriminalität gewachsen. Ähnlich wie die rumänischen hatten sich auch die bulgarischen Postkommunisten allmählich der europäischen Agenda zugewandt; allerdings nahmen sie in Bulgarien stärker die russophilen Traditionen des Landes auf. Premier Žan Videnov trat also mit dem Versprechen an, die Beziehungen zu Russland zu verbessern, was angesichts der bislang starken wirtschaftlichen Verflechtungen durchaus sinnvoll erschien.

Seine Regierung enttäuschte allerdings auf ganzer Linie – man lastete ihr eine weitere Kriminalisierung von Wirtschaft und Gesellschaft an, als deren sichtbarstes Zeichen die Ermordung des Ex-Premiers Andrej Lukanov im Oktober 1996 gilt. Ein weiterer Skandal war der verbotene Export von Getreide, das Bulgarien zur eigenen Versorgung benötigt hätte und an dem regierungsnahe Geschäftsleute mitverdienten. Der prorussische Kurs war (wie schon im späten 19. Jahrhundert) schnell diskreditiert durch die allzu offensichtliche Einmischung Moskaus in Bulgariens Außenpolitik, aber auch durch die engen Beziehungen zwischen der bulgarischen und der russischen organisierten Kriminalität. In beiden Ländern traten Mafiosi in den 1990er Jahren extrem ungeniert auf und trugen Auseinandersetzungen mit Rivalen blutig auf den Straßen aus. Ganz offensichtlich scheiterten die Sozialisten daran, es sowohl den ›roten Großmütterchen‹, also ihrer verarmten Wählerschaft, als auch ehrgeizigen und gierigen ex-kommunistischen Eliten recht zu machen.

Anfang 1997 kollabierte schließlich die bulgarische Ökonomie, da sich der Staat seine bisherige Praxis, unprofitable Unternehmen im Staatsbesitz mit Subventionen und Krediten zu unterstützen, die diese nie zurückzahlen mussten, nicht mehr leisten konnte. Der von den Videnov-Regierungen hinterlassene Reformstau führte in eine Hyperinflation (im Februar 1997 betrug die monatliche Inflationsrate mehr als 200 Prozent), zu Versorgungsengpässen und zum Zusammenbruch des Bankenwesens; Bulgarien war dadurch vom internationalen Finanzmarkt abgeschnitten. Nach Massenprotesten musste die Regierung abtreten; bei den Neuwahlen im April 1997 siegte wieder ein aus dem Antikommunismus hervorgegangenes Parteienbündnis unter maßgeblicher Beteiligung des SDS, wohingegen die Postkommunisten von 52 auf 22 Prozent der Stimmen abstürzten.

Die neue Regierung unter Premier Ivan Kostov (1997–2001) war die erste, die eine volle Legislaturperiode durchhielt. Ihr gelang die Stabilisierung von Währung und Wirtschaft, wobei die Einrichtung eines internationalen Währungsrates, der über die Fiskalpolitik des Landes wachte, sowie die Bindung der Währung (Lewa) an die Deutsche Mark faktisch die Aufgabe der wirtschaftspolitischen Souveränität bedeutete. Hatten die BSP-Regierungen bei der Privatisierung auf die Bremse getreten und gleichzeitig eine ›wilde‹ Übertragung von Staatseigentum an alte Eliten und organisierte Kriminalität zugelassen, so wurde jetzt das Tempo der Privatisierung forciert und die Regeln besser durchgesetzt.

Zur Belohnung der Reformen begannen die Beitrittsverhandlungen mit der EU im Februar 2000. Noch im Jahr zuvor hatte Premier Kostov gedroht, von der Beitrittsperspektive abzurücken, weil sich die Menschen nicht für Dinge motivieren ließen, die erst in fünfzehn oder zwanzig Jahren eintreten würden – daher müsse sich die EU beeilen. Viele Forderungen der EU hatten schmerzhafte Folgen, und aus bulgarischer Sicht stellte sich mitunter die Frage, ob der Transformationsstress die Mühe lohne. Während Mitteleuropa die wirtschaftlichen Einbußen des Systemwechsels bis Mitte der 1990er Jahre weitgehend ausgebügelt hatte, erhob sich Bulgarien erst langsam aus dem ökonomischen Trümmerhaufen – so hatte Ungarn im Zeitraum zwischen 1989 und 1996 dreißig Mal höhere Auslandsinvestitionen erhalten als das an Fläche und Bevölkerung vergleichbare Balkanland. Die Bulgaren wollten vor allem Armut und Chaos entkommen, doch die EU stellte Forderungen, die aus der Sicht des Alltagsmenschen nicht unbedingt mit diesem Ziel zu tun hatten oder ihm sogar zu widersprechen schienen. So schloss die Regierung Kostov 300 fleischverarbeitende Unternehmen und 230 Molkereien, weil sie nicht den EU-Standards entsprachen – Entlassungen und Preissteigerungen waren die Folge. Problematisch war auch der Wegfall von Importzöllen auf 470 Agrarprodukte aus der EU, was zunächst die einheimischen Produzenten in Bedrängnis brachte, aber der EU einen neuen Absatzmarkt erschloss.

Der EU-Kurs bedeutete, dass ähnlich wie schon 1878 oder 1918 internationale Akteure auf eine Verbesserung der Minderheitenrechte drangen. Was in Rumänien beispielsweise der ungarischen Minderheit nützte, half in Bulgarien der türkischen. Trotz aller nationalistischen Parolen, mit denen rechte Stimmenfänger in beiden Ländern gesellschaftliche Frustrationen zu kanalisieren und auf altbekannte Sündenböcke umzuleiten versuchten, waren und sind Minderheitenparteien immer wieder an Regierungskoalitionen beteiligt. Dem stramm antitürkischen Kurs der späten Kommunisten stellte die Kostov-Regierung Programme zur Förderung der Minderheitensprachen entgegen, sodass es seit dem Jahr 2000 auch türkischsprachige Sendungen im Staatsfernsehen gibt. 2001 wurde die EU-Integration Unterrichtsstoff an Sekundarschulen, indem spezielles Wissen über das moderne Europa, seine Geografie, Geschichte, Wirtschaft und Philosophie vermittelt wurde. Zum EU-Kurs gehörte schließlich auch die Öffnung von kommunistischen Archiven, weshalb die Lustration ein Dauerthema geblieben ist. Obwohl Bulgarien und Rumänien auf dem Weg in die EU weitgehend miteinander konkurrierten und (wie später auch die ›Westbalkan‹-Staaten) praktisch nie als Interessengemeinschaft gegenüber Brüssel auftraten, wirkte sich die Integration dennoch positiv auf manche nachbarschaftlichen Aspekte aus – 2013 wurde nach schier endlosen Verhandlungen endlich eine zweite Donaubrücke zwischen Calafat und Vidin eröffnet, sodass der breite Fluss, der auf 608 Kilometern die Grenze zwischen beiden Ländern bildet, etwas von seinem trennenden Charakter verloren hat.

In Rumänien wie auch in Bulgarien fällt auf, dass zwei Probleme seit der politischen Wende immer wiederkehren: eine als schwach empfundene wirtschaftliche Entwicklung mit den entsprechenden Konsequenzen für Lebensstandard und -chancen einerseits sowie der Komplex Kriminalität und Korruption andererseits. Das Wirtschaftsproblem verweist auf die alte Schwierigkeit, der Peripherie zu entkommen – selbst wenn sich wirtschaftlich etwas verbessert, bedeutet das nicht, dass sich auch der Abstand zum Zentrum des Kontinents verringert. Bei Korruption und Kriminalität bestand jedoch die Hoffnung, sie leichter überwinden zu können. Allerdings ist dieses Thema auch nach dem Beitritt zur EU virulent geblieben und bewegt sowohl die Brüsseler Bürokraten als auch die Wähler in den betreffenden Ländern. So hingen die Wahlerfolge des langjährigen bulgarischen Ministerpräsidenten Bojko Borisov eng mit seinem Image als bulliger, zupackender ›Saubermann‹ aus dem Volk zusammen, der mit ›denen da oben‹ aufräumt. Allerdings musste er 2021 nach wochenlangen Massenprotesten unter Korruptions- und Amtsmissbrauchsvorwürfen dann selbst zurücktreten. Seither gelingt es in Bulgarien nicht, trotz fünf Parlamentswahlen binnen zwei Jahren, eine stabile Regierung zu bilden.

In Rumänien führte die Dominanz des Antikorruptionsdiskurses 2014 in ein faszinierendes politisches Schauspiel – zunächst gewann der Siebenbürger Sachse Klaus Johannis, langjähriger erfolgreicher Bürgermeister von Sibiu (Hermannstadt), die Präsidentschaftswahlen gegen den als korrupt geltenden Victor Ponta, der seit 2012 Ministerpräsident gewesen war. Die Wähler trauten Johannis als ›Deutschem‹ offenbar zu, die Korruption effektiv zu bekämpfen – das Paradigma der guten Regierungsführung schien den Ethnonationalismus endgültig aus dem Zentrum des politischen Diskurses verdrängt zu haben. Doch es kam noch schlimmer für Ponta. Nach dem Brand in einer Bukarester Diskothek mit 64 Toten machten wütende Demonstranten seine Regierung für das Unglück verantwortlich, weil der mangelnde Brandschutz des Etablissements auf Korruption zurückgehe. Infolgedessen musste Ponta als Ministerpräsident seinen Hut nehmen, obwohl der Diskothekenbrand nur indirekt mit seiner Regierung in Verbindung gebracht werden konnte.

Bislang ist in der gesamten Region noch offen, ob der weitverbreitete und international unterstützte Antikorruptionsdiskurs wirklich sauberes Regierungshandeln ermöglicht oder eher eine Atmosphäre gegenseitiger Verdächtigungen und Diffamierungen schafft, aus der immer neue Populismen hervorgehen und die auch ›normales‹ wirtschaftliches Agieren kriminalisiert. Das mangelnde Institutionenvertrauen, diese Konstante der südosteuropäischen Geschichte, ist durch das Reden über Korruption bislang eher noch angeheizt worden. Auch hat die EU selbst durch eigene Skandale diesbezüglich an Autorität verloren.

Eine neue Region wird erfunden – der ›Westbalkan‹

Als sich 1998 abzeichnete, dass die EU außer Rumänien, Bulgarien und Slowenien zunächst keine weiteren Länder der Region aufnehmen würde, schuf sie den Begriff ›Westbalkan‹. Damit waren die aus dem ehemaligen Jugoslawien hervorgegangenen Staaten (mit Ausnahme Sloweniens) sowie Albanien gemeint, mit deren schneller Integration niemand rechnete, die aber dennoch eine Beitrittsperspektive erhalten sollten. Historisch ist der Begriff Westbalkan bedeutungslos, hat aber im Denken westlicher Diplomaten inzwischen eine zentrale Stellung: Er umfasst ›tagesaktuell‹ jene Länder Südosteuropas (ohne die Türkei), die noch nicht in der EU sind. Sobald ein Land aufgenommen ist, wird es etwa im deutschen Auswärtigen Amt wie jedes andere EU-Mitglied behandelt; das Ministerium hat keinen eigenen Beauftragten für südosteuropäische EU-Mitglieder, für den Westbalkan aber schon. Im März 2022 wurde unter dem Eindruck des Ukrainekriegs sogar das Amt eines Sondergesandten der Bundesregierung für die Länder des westlichen Balkans geschaffen.

Für die Westbalkanländer entwickelte die EU-Außenpolitik eigene Instrumente. Dem eigentlichen Beitrittsprozess sind sogenannte Stabilisierungs- und Assoziierungsabkommen (SAA) vorgeschaltet, um die Länder politisch und wirtschaftlich zu festigen, die Voraussetzung für Beitrittsgespräche zu schaffen und beitrittswillige Länder darauf vorzubereiten, den umfänglichen Rechtsbestand der EU (*acquis communautaire*) zu übernehmen. Mit allen Ländern des Westbalkans gibt es diese Abkommen, wobei das erste 2004 mit Mazedonien und das letzte 2016 mit Kosovo in Kraft trat. Inhalte der SAA sind politischer Dialog, Freihandel, freier Kapital-, Arbeits- und Dienstleistungsverkehr, die Übernahme des EU-Rechts, Justiz und Innenpolitik (bis zu dessen Auflösung im Jahr 2017 insbesondere die Zusammenarbeit mit dem Haager Kriegsverbrechertribunal) und schließlich auch die regionale Kooperation. Unter dem Etikett Westbalkan waren, vor allem bis Kroatien diese Gruppe mit seinem EU-Beitritt 2013 verließ, sehr unterschiedliche Länder subsumiert, die historisch größtenteils zum Balkan, teils aber auch zu Mitteleuropa gehören. Ihr verbindendes Merkmal aus der Sicht Brüssels ist, dass ihre Integration in die EU zwar prinzipiell erwünscht wird, aber auch als problematisch gilt.

Die Gründe für diese Skepsis liegen auf der Hand: Die Nachfolgestaaten des ehemaligen Jugoslawien sahen sich anders als Rumänien und Bulgarien nicht nur mit den Mühen der Systemtransformation konfrontiert, sondern mussten gleichzeitig ihre Staatlichkeit neu aufbauen und hatten mit den Folgen der Kriege zu kämpfen. Mit Ausnahme Sloweniens liefen marktwirtschaftliche Reformen verspätet an und trafen auf noch größere Widerstände als in Rumänien und Bulgarien – ethnokratische Netzwerke aus den Kriegstagen stellten sich quer, außerdem glaubte in den 2000er Jahren kaum noch jemand an den Nutzen neoliberaler Schocktherapien. Albanien stolperte aus ganz anderen Gründen schlecht vorbereitet in die Transformation – das Land galt selbst für südosteuropäische Maßstäbe als sehr rückständig, hinzu kam das Erbe einer besonders isolationistischen und repressiven kommunistischen Herrschaft. Ein funktionierendes Straßennetz war dort in den 1990er Jahren ebenso Mangelware wie demokratische Traditionen; und trotz der nationalistischen Doktrin Enver Hoxhas war das Land nicht wirklich zusammengewachsen. Stattdessen brach in den 1990er Jahren der Nord-Süd-Gegensatz wieder auf, und der familienbasierte Klientelismus erschwerte den Aufbau funktionierender Institutionen enorm.

Immerhin blieb Albanien ein (Bürger-)Krieg erspart – das Land fand in Ramiz Alia, der nach dem Tod Enver Hoxhas 1985 die Partei- und Staatsführung übernahm, seinen ›Gorbatschow‹, der das bis dahin völlig isolierte Land vorsichtig nach Westen öffnete. Allerdings entglitt Alia bald die Kontrolle: Er bekam die Versorgungslage nicht in den Griff, und vor allem junge Menschen, deren Anteil an der Bevölkerung in Albanien viel höher war als in anderen südosteuropäischen Staaten, hatten ab 1990 den Eindruck, ihr Land könne den Umbruch des sozialistischen Lagers verpassen. Ihre Proteste (siehe vorhergehendes Kapitel) brachten Alia Ende 1990 schließlich dazu, die Gründung unabhängiger politischer Organisationen zuzulassen. In der Folge bildete sich eine bipolare Parteienlandschaft heraus. Anders als in Bulgarien oder Rumänien spielten Vorbilder aus der Zwischenkriegszeit keine Rolle, weil das Königreich Albanien noch keine Parteien im engeren Sinne gekannt hatte. Stattdessen bildeten sich zwei mächtige Blöcke – einerseits die Demokratische Partei (DP) unter ihrer charismatisch-autoritären Führungsfigur Sali Berisha, andererseits die Sozialistische Partei (PS) unter dem unauffälligeren, aber geschickten Fatos Nano. Dahinter stand der alte Gegensatz zwischen dem bergigen, kaum entwickelten und clangeprägten Norden, der unter Enver Hoxha rebelliert hatte und nun Kader wie auch Fußvolk der Demokratischen Partei hervorbrachte, und dem seit osmanischen Zeiten stärker durchherrschten, fruchtbareren und entwickelteren Süden, in dem sowohl Hoxhas Kommunisten als auch Nanos Postkommunisten verwurzelt waren. Die Polarität wurde auch durch unterschiedliche Dialekte (Toskisch im Süden, Gegisch im Norden) und teilweise religiöse Differenzen (neben Muslimen leben im Süden Orthodoxe, im Norden Katholiken) untermauert.

Bei Albaniens ersten freien Wahlen im Februar 1991 setzten sich wie auch in Rumänien und Bulgarien die Postsozialisten durch, aber schnell zeigte sich, dass an geordnetes demokratisches Regieren nicht zu denken war. Die unterlegene Opposition interpretierte das Ergebnis als Fortsetzung des Kommunismus, Studenten stürzten das Hoxha-Denkmal am zentralen Skanderbeg-Platz in der Hauptstadt Tirana, und 20 000 Menschen, meist junge Männer, flohen in der Hoffnung auf ein besseres Leben mit rostigen Schiffen über die Adria nach Süditalien. Die erste von Nano geführte Regierung trat schon im Juli 1991 während eines Generalstreiks zurück. Unter der folgenden Übergangsregierung geriet Albanien in eine Abwärtsspirale der Rechtlosigkeit. Straßenunruhen und Aufstände waren an der Tagesordnung, marodierende Banden, aber auch Dorfbewohner griffen Staatseigentum an, demontierten öffentliche Gebäude, Eisenbahnschienen, Stromkabel usw. Oppositionsführer Berisha gab derweil in schrill antikommunistischer Rhetorik der PS die Schuld an allen Missständen im Lande. Bei den Neuwahlen im März 1992 setzte sich die DP durch, Sali Berisha wurde Staatspräsident und blieb es bis 1998.

Lange Zeit galt Berisha als ›Darling‹ der USA – die Administration von George Bush Senior sah in ihm einen Helden, der den Stalinismus endgültig aus Europa vertrieben hatte und sein Land in eine helle prowestliche Zukunft führen würde. Weil Berisha nach außen weltgewandt auftrat und den Amerikanern versprach, mäßigend auf die benachbarten Kosovoalbaner in deren Konflikt mit Serbien einzuwirken, glaubte man, in ihm auch einen Garanten der regionalen Stabilität gefunden zu haben. Infolgedessen unterstützten die USA und andere westliche Länder Albanien massiv, mischten sich aber kaum in die albanische Innenpolitik ein (was durchaus an das Verhältnis Albaniens zu seinen ausländischen Schutzmächten in der Zwischenkriegszeit erinnert). Berisha konnte ein autoritäres System aufbauen, welches widerspenstige Oppositionelle als Kommunisten brandmarkte und die eigenen Anhänger mit Staatsämtern versorgte. Die Westorientierung galt in Berishas Albanien fast nur außenpolitisch, wohingegen Pressefreiheit, eine unabhängige Justiz oder faire Wahlen lediglich auf dem Papier bestanden. Aus der albanischen Gesellschaft kamen nur wenige Gegenstimmen, die meisten

Menschen waren damit beschäftigt, ihr ärmliches Leben irgendwie in Übereinstimmung mit den Versprechungen der westlichen Warenwelt zu bringen.

Zu mehr Wohlstand gelangten die meisten nur durch Auswanderung oder kriminelle Aktivitäten, die sich in Albanien nicht zuletzt auf weitverzweigte patriarchale Familienstrukturen stützen konnten. Zentrale Schmuggelrouten der Region verliefen durch Albanien, das von verschiedenen Seiten des jugoslawischen Konfliktes profitierte – das Milošević-Regime belieferte man mit Öl, den Bosniaken bot man Waffen, den Kosovoalbanern militärische Trainingsmöglichkeiten an. Ob diese verdeckten Aktivitäten ein Beleg für die Schwäche des Staates oder gar dessen direkte Beteiligung an der organisierten Kriminalität waren, kann nicht restlos geklärt werden. Fest steht, dass sich das Land in den Berisha-Jahren zwar stabilisierte und international für seine fiskalische Disziplin gelobt wurde, aber weder eine produktive Wirtschaft noch funktionierende Institutionen entwickelte. Sozialer Druck wurde gemindert, indem man der Bevölkerung – neben der Möglichkeit der Emigration, wovon Hunderttausende Albaner Gebrauch machten – zweifelhafte Verdienstmöglichkeiten im Land eröffnete.

Dazu gehörten neben der organisierten Kriminalität auch dubiose Finanzpyramiden. Das Bankensystem war in Albanien während der 1990er Jahre noch deutlich rudimentärer als in anderen postsozialistischen Ländern, sodass aus Wechselstuben Quasi-Banken wurden, die keinerlei Regulierung unterlagen und Anleger mit hohen Zinsversprechen umwarben. Da die Zinsen nicht aus produktiven Investments, sondern aus neuen Einlagen bezahlt wurden, musste das System zusammenbrechen, sobald sich keine neuen Anleger mehr fanden. Bis 1996 profitierten diese Pyramiden gleichwohl von einem ständigen Geldstrom albanischer Kleinanleger, Arbeitsmigranten und organisierter Krimineller. Als aber nach dem Daytoner Friedensabkommen die meisten Wirtschaftssanktionen gegen Rumpfjugoslawien endeten und der Ölschmuggel zum Erliegen kam, floss auch weniger kriminelles Geld. Die Finanzunternehmer versuchten also, mit immer höheren Zinsen neue Anlegerkreise zu erschließen. Angesichts von Ausschüttungen zwischen 20 und 50 Prozent monatlich begannen albanische Familien tatsächlich, in der Hoffnung auf schnellen Reichtum ihr Vieh, ihre Immobilien oder sonstige Lebensgrundlagen zu verkaufen.

Der Berisha-Regierung waren die Gefahren klar, aber sie schielte auf den Wahltermin im Frühjahr 1997 und wollte bis dahin nichts unternehmen, was die eigene Wiederwahl gefährden würde. Die Pyramiden hielten so lange nicht durch – die erste brach im Januar 1997 zusammen, andere folgten bald. Die albanische Gesellschaft mit ihrer zahlreichen und frustrierten Jugend reagierte sehr physisch – junge Männer, vor allem in Südalbanien, wo die DP-Regierung schwach vernetzt war, griffen Polizeistationen und andere Einrichtungen des Staates an, plünderten sie und steckten sie in Brand. Getrieben von Wut und Staatsmisstrauen sowie teilweise gelenkt von Kriminellen, zerstörten die Aufständischen gerade jene Institutionen, die wenigstens potenziell in der Lage gewesen wären, eine allgemeine und verlässliche Ordnung herzustellen. Ein von Kriminellen ausgelöster Aufstand schuf so noch mehr Kriminalität. Der Aufruhr war über Albanien hinaus von Bedeutung, weil den Rebellen Waffendepots in die Hände fielen, deren Inhalt sie dann plünderten bzw. verkauften, oft an Kosovaren, die damit die UÇK-Untergrundarmee versorgten.

Berisha war nicht in der Lage, den Aufstand, den er als ›kommunistisch‹ diffamierte, militärisch niederzuringen. Daher stimmte er schließlich der Einsetzung einer Übergangsregierung und Neuwahlen zu, die unter der Obhut internationaler Polizeitruppen sowie einer großen OSZE-Mission stattfanden. Die Wahl lief zwar weder geordnet noch fair ab, aber sie gab wohl den Wählerwillen – ein Ende der Berisha-Regierung – korrekt wieder. Die Sozialistische Partei gewann und läutete eine Ära ein, die bis zum Comeback Berishas im Jahre 2005 dauerte. Nach dem Aufstand, der circa 1600 Menschenleben gekostet, sämtliche Gefängnisse des Landes und die Hälfte der Polizeistationen zerstört hatte, musste der Staat von Grund neu aufgebaut werden. Mit ausländischer Hilfe gelang das nach und nach, und auch die Wirtschaftslage verbesserte sich allmählich. Unter der dominierenden Gestalt des Premierministers Fatos Nano bemühten sich die Sozialisten, weniger autoritär zu erscheinen als Berisha; gleichzeitig erwiesen sie sich – ähnlich wie die Postkommunisten in Rumänien – als Meister der geräuschlosen informellen Einflussnahme und der Korruption. Dabei blieb die Innenpolitik weiter von Konfrontationen geprägt. Als 1998 der DP-Mitbegründer Azem Hajdari auf offener Straße erschossen wurde und Sali Berisha verkündete, Nano habe den früheren Studentenführer auf dem Gewissen, brachen erneut bewaffnete Straßenkämpfe aus. Fatos Nano floh kurzzeitig aus dem Land und verlor später deswegen sein Amt, bestimmte im Hintergrund aber weiter die Politik und konnte 2002 an die Spitze der Regierung zurückkehren. Die Polarisierung des Landes war mittlerweile verfestigt, bei Wahlen erkannte die unterlegene Partei die Ergebnisse in der Regel nicht an.

Außenpolitisch profilierte sich Albanien als treuer Bündnisgenosse Washingtons im Antiterrorkampf, was schließlich den Ausschlag gab für die schnelle NATO-Aufnahme im Jahr 2009. Auch sonst änderte sich unter den Sozialisten recht wenig am außenpolitischen Kurs; so blieb auch die sozialistische Regierung zunächst auf Abstand zu den radikaleren Kosovaren. Seit 1998 allerdings wurde die Unterstützung Albaniens für die UÇK immer offensichtlicher, mit Billigung durch den US-amerikanischen Geheimdienst.

Das binäre politische System besteht heute noch in Albanien, DP und PS wechseln sich meist (wenn auch mithilfe von Koalitionspartnern) nach längeren Abständen an der Macht ab, wenn die Wähler der Regierungspartei wieder überdrüssig wurden. Hinsichtlich der Durchführung der Wahlen werden die Mängellisten der OSZE tendenziell kürzer. Sali Berisha kehrte 2005 an die Macht zurück und zeigte sich erneut als Feind unabhängiger Institutionen, vor allem als die Generalstaatsanwältin Ina Rama die korrupten Verwicklungen seiner Kinder untersuchen wollte. Erst als der Sozialist und Künstler Edi Rama, der als Bürgermeister Tiranas eine ordentliche Bilanz vorzuweisen hatte, 2013 zum Ministerpräsidenten gewählt wurde, schöpften Beobachter Hoffnung, dass in Albanien eine neue, transparentere und weniger konfrontative politische Kultur einziehen könnte. Das Misstrauen gegenüber den Politikern des Landes bleibt allerdings groß. Das gilt sowohl für die Bevölkerung Albaniens als auch für die EU, die Albanien erst im Juni 2014, nach drei gescheiterten Anläufen, als EU-Beitrittskandidaten anerkannte und seither betont, dass bis zu einer Mitgliedschaft noch viele Schritte zu gehen seien – aber wenigstens wurden die Beitrittsverhandlungen mittlerweile aufgenommen.

Die Transformationsprobleme in Albanien erscheinen unter dem Strich deutlich elementarer als in Rumänien und Bulgarien – dennoch hatte dieses vergleichsweise am wenigsten entwickelte Land Südosteuropas auch einige psychologische Vorteile. Da das wirtschaftliche Ausgangsniveau äußerst niedrig lag, waren auch die Wachstumsraten höher und die technische Revolution in vielen Bereichen noch schneller spürbar als anderswo. In den 1990er Jahren schossen nicht nur Cafés und Kioske aus dem Boden; erstmals in der Geschichte Albaniens verbreiteten sich auch Privatautos, wenn auch vorwiegend gebrauchte. Straßenampeln führte Albanien erst nach dem Ende des Kommunismus ein (wobei sie in den ersten Jahren eher dekorativen Zwecken dienten, da sich die albanischen Autofahrer von ihnen beim Auskosten ihrer neuen mobilen Freiheit nicht beirren ließen). Trotz allen Chaos stieß Albanien in das Zeitalter der Massenmotorisierung vor. Die Autobahn zwischen dem albanischen Hafen Durrës und der kosovarischen Hauptstadt Prishtina, deren erste Abschnitte 2009 freigegeben wurden, verursachte wegen Korruption und undurchsichtiger Vergabepraktiken zwar einen Skandal – gleichzeitig aber verschaffte sie In- und Ausländern ein vollkommen neues Raumgefühl, weil sich die Fahrtzeit von einer beschwerlichen Tagesreise auf nur noch zwei bis drei Stunden reduzierte. Darüber freuen sich nicht nur Nationalisten, für die die Autobahn ein großer Schritt in Richtung nationaler Einheit ist – sondern auch Transportunternehmer und Reisende, die nun merken, dass die Distanzen zwischen den Großstädten auf dem Balkan eigentlich gar nicht so groß sind.

Im ehemaligen Jugoslawien fiel die ökonomische Bilanz der Transformation, gerade wenn man den Lebensstandard normaler Familien betrachtet, viel bescheidener aus. Die meisten Staaten haben das Wohlstandsniveau der frühen 1980er Jahre bislang nicht mehr erreicht. Stattdessen lässt sich vielerorts besichtigen, wie die einst vergleichsweise freundliche und moderne Architektur aus sozialistischer Zeit bröckelt, die Infrastruktur stagniert oder gar verfällt. Blieb das Nahverkehrssystem Belgrads schon in sozialistischen Zeiten hinter den Erwartungen zurück, so wirkt es mittlerweile, ausgestattet mit oft klapprigen Bussen und einem rudimentären Schienennetz, hoffnungslos veraltet – auf die lange versprochene U-Bahn warten die Bewohner der Metropole noch immer. Neue ›Glanzpunkte‹ des postjugoslawischen Raums sind die Villen der Neureichen, die oft – wie in anderen südosteuropäischen Ländern auch – illegal errichtet wurden; daneben springen protzige Sakralgebäude sowie nationalistisch inspirierte Prunkbauten und Denkmäler ins Auge. Die alltägliche Infrastruktur (Straßen, Wohnblocks, Kindergärten, Schulen, teilweise auch Universitäten) litt hingegen lange Zeit (bis zum Zufluss umfangreicher EU-Mittel für das Verkehrswesen) unter Vernachlässigung – ein deutliches Zeichen dafür, dass der Postsozialismus dem Allgemeinwohl nicht sehr zuträglich ist. Für die 476 Bahnkilometer von Belgrad nach Bar – eines der Prestigeobjekte des seinerzeitigen jugoslawischen Staates – braucht man selbst fahrplanmäßig mehr als elf Stunden, die man immerhin in schöner Landschaft verbringt.

So verwundert es wenig, dass die mittlere und die ältere

Generation meist mit nostalgischen Gefühlen auf das ehemalige Jugoslawien zurückblicken, das als Zeit der Stabilität, des Wohlstandes und des jugoslawischen Prestiges in der Welt in Erinnerung geblieben ist. Diese Emotionen stehen häufig im Kontrast zu den nationalistischen Doktrinen, die in den 1990er Jahren wirkmächtig wurden und heute noch in der politischen Arena bedeutsam sind. Vor allem in Serbien, teils auch in Kroatien neigen die nationalistischen Parteien zur Verteufelung Jugoslawiens, dessen Regierung als verdeckte Herrschaft der jeweils anderen Nation verunglimpft wird, weshalb sie das Ende dieses Staates als ›Befreiung‹ beschreiben. Allerdings hat diese Erzählung viel von ihrer Glaubwürdigkeit eingebüßt, weil die Realität der neuen Nationalstaaten oft ernüchternd aussieht und diese Staaten weder prosperieren noch über internationale Bedeutung verfügen, sofern sie nicht ohnehin einen eher zweifelhaften Ruf genießen. Nach den Zerfallskriegen erhielten daher jene politischen Kräfte eine Chance, die weniger auf nationale als auf soziale und wirtschaftliche Fragen konzentriert waren. Diese Strömungen erstarkten vor allem in den Staaten, deren Status und territoriale Integrität seit dem Ende der Kriege nicht mehr infrage gestellt wurde: Slowenien, Kroatien und teilweise auch Montenegro.

Slowenien konnte seinen EU-Beitritt vorbereiten, noch während in der Nachbarschaft Krieg geführt wurde – den Aufnahmeantrag stellte das Land 1998, der Beitritt erfolgte zeitgleich mit den Visegrád-Staaten 2004; 2007 führte Slowenien als erstes postsozialistisches Land den Euro ein. Bis zum Ausbruch der Finanzkrise 2008 galt Slowenien als ein Musterschüler der Integration – trotz mancher Grabenkämpfe, die auch dort zwischen Nationalkonservativen und Postkommunisten geführt wurden, erwies sich Slowenien als Land mit recht stabilen Institutionen. Aufgrund seiner relativ hohen wirtschaftlichen Effizienz schon in der sozialistischen Zeit konnte es eine ›weiche‹ Transformation wählen, also anders als Bulgarien oder Rumänien auf die modische neoliberale Schocktherapie verzichten und sein Wirtschaftssystem allmählich umstellen. Die slowenische Regierung sah von überhasteten Privatisierungen ab, die anderswo allzu oft die Taschen der neuen Elite füllten und Industrieruinen zurückließen. In Slowenien überlebten viele Betriebe und Arbeitsplätze diese kritischen Jahre, unter staatlicher Vermittlung entstand eine Sozialpartnerschaft zwischen Arbeitgebern und Arbeitnehmern – ein im postsozialistischen Raum rares Unterfangen, bei dem man sich auf die jugoslawische Erfahrung der Arbeiterselbstverwaltung stützen konnte. Der schon in jugoslawischen Zeiten gut entwickelte Export nach Westeuropa konnte gesteigert werden, und nach den Kriegen erneuerte Slowenien seine wirtschaftlichen Netzwerke im ex-jugoslawischen Raum, der wie schon im Sozialismus als verlängerte Werkbank, aber auch als Absatzmarkt für die slowenische Wirtschaft wieder an Bedeutung gewann.

Die Finanzkrise traf Slowenien seit 2008 allerdings hart, weil auch die slowenischen Banken auf vielen faulen Krediten saßen – wie sich zeigen sollte, war ein Teil des wirtschaftlichen Erfolges seit den 1990er Jahren auf den Sand nicht nachhaltiger Verschuldung gebaut. Die Krise brachte auch andere Schwächen des politischen Systems an den Tag – nun, da es keine Wohltaten mehr zu verteilen gab, regte sich selbst in Slowenien vermehrt Widerstand gegen als selbstherrlich wahrgenommene Politiker. 2013 verlor der konservative Premier Janez Janša sein Amt und wurde zu einer Gefängnisstrafe wegen Korruption verurteilt (was ein Comeback im Amt von 2020 bis 2022 nicht verhinderte).

Das benachbarte Kroatien war durch den Krieg weitaus härter zurückgeworfen worden. Unter der Präsidentschaft Franjo Tuđmans (1990–1999) galten Eigenstaatlichkeit und nationale Einheit als zentrale Werte, denen alles andere untergeordnet wurde. Ökonomisch entwickelte sich das Land angesichts der Unsicherheit und Kriegszerstörungen dramatisch zurück, Privatisierung und Kriegswirtschaft kamen vor allem dem Netzwerk des Präsidenten und seiner Partei zugute. Der Weg zu einer Zivilgesellschaft, die in der kroatischen Geschichte durchaus Vorbilder hatte, war steinig, denn jede Kritik am Präsidenten und dessen Günstlingen galt in den 1990er Jahren als unpatriotisch. Als Tuđman Ende 1999 starb, meldete sich allerdings bald ein vitales anderes Kroatien zu Wort. Bei Wahlen im darauffolgenden Jahr verlor die HDZ sowohl die Parlamentsmehrheit als auch das Präsidentenamt.

Unter dem liberalen Präsidenten Stjepan ›Stipe‹ Mesić und dem sozialdemokratischen Premier Ivica Račan erfuhr der kroatische ›Europäismus‹ eine Wende – hatte Tuđman Kroatien als europäisches Land im Sinne eines Bollwerks gen Osten (gegen Kommunismus und nichtkatholische Nachbarvölker) verstanden, wurde nun die Angleichung an die gesellschaftlichen Realitäten der führenden EU-Länder angestrebt. Erst jetzt erhielten EU-Prinzipien wie Gewaltenteilung, Minderheitenschutz oder Aussöhnung mit den Nachbarn eine Chance. Als die HDZ 2003 wieder an die Macht zurückkehrte, konnte selbst sie sich der Zeitenwende nicht mehr verweigern: Unter Ministerpräsident Ivo Sanader behielt Kroatien den EU-Kurs bei, obwohl dieser auf geringe Begeisterung in der Bevölkerung stieß: 2010 sprach sich nur ein Viertel der Befragten für einen Beitritt aus. Dass sich das nicht in Protesten und einer Abkehr von der EU-Integration niederschlug, war vor allem politischer Apathie geschuldet.

Die EU hatte sich nämlich in Kroatien unbeliebt gemacht, als sie 2005 die Aufnahme von Beitrittsverhandlungen von der Kooperation der kroatischen Behörden mit dem Haager Kriegsverbrechertribunal abhängig machte. In der kroatischen Öffentlichkeit galten aber praktisch alle, die in den 1990er Jahren in kroatischen Verbänden gedient hatten, als heroische Vaterlandsverteidiger – und nun sollte sich der ›heldenhafte‹ General Ante Gotovina in Den Haag für Verbrechen gegen die Menschlichkeit während der Operation *Oluja* (1995) verantworten. Wie andere Südosteuropäer sahen die Kroaten in der EU primär einen Stabilitätsanker, der ihrem Land Wohlstand versprach (was sich im Falle Kroatiens, wie auch zum Beispiel Bulgariens, bislang nur teilweise bewahrheitet). Die EU aber verlangte Maßnahmen, die mit diesen materiellen Wünschen in keinem Zusammenhang standen, sondern auf eine ganz andere Ebene des Wertesystems zielten – vor allem auf die Frage, was man im Namen der Nation und des Patriotismus tun darf und was nicht. Ohne die Forderungen aus Den Haag und Brüssel wären sicher noch einige Jahre vergangen, bis eine jüngere Generation die Älteren mit deren Kriegsverbrechen konfrontiert hätte. Durch die Brüsseler Forderungen wurde dieser Prozess an der Oberfläche zwar beschleunigt; gleichzeitig aber verlor Kroatiens mentaler Wandel seine Authentizität, weil die Zusammenarbeit mit dem Tribunal von der Elite aus teils opportunistischen Motiven durchgesetzt wurde, wohingegen sie große Teile der Gesellschaft ablehnten.

Die kroatischen Schwierigkeiten nehmen sich im Vergleich zu denen Serbiens allerdings harmlos aus – letztlich ist Serbien das einzige Land der Region, das seit 1989 darüber diskutiert, ob es überhaupt zum ›Westen‹ gehören will oder eher das Bündnis mit Russland suchen solle – selbst nach Russlands Invasion in der Ukraine 2022 vermeidet die politische Führung eine klare Positionierung angesichts einer weitgehend russophilen (medialen) Öffentlichkeit. Da man Serbien in den westlichen Hauptstädten die Hauptschuld an den Kriegen im ehemaligen Jugoslawien gab, fühlte sich das Land abgelehnt. Der dreimonatige NATO-Luftkrieg 1999 sorgte zudem dafür, dass weite Teile der Bevölkerung den Westen ganz konkret als Bedrohung des eigenen Lebens wahrnahmen. Auch das Nachspiel des Kosovokrieges bestätigte diese Empfindung – die schon vorher deutlichen Sympathien insbesondere Washingtons für die Kosovoalbaner führten nach 1999 dazu, dass sich internationale Verwalter im Kosovo mit ehemaligen UÇK-Kommandeuren faktisch die Macht teilten. Schritt für Schritt gab man dem Drängen der Kosovaren auf Unabhängigkeit nach, was in Serbien als Verletzung der UN-Resolution 1244 vom Juni 1999 verstanden wurde, welche ja die territoriale Integrität Jugoslawiens (Serbiens) zu wahren versprach.

Nach den verlorenen Kriegen in Kroatien, Bosnien-Herzegowina und Kosovo fühlten sich weite Teile der Bevölkerung aber auch von der eigenen Führung verraten. Der Lebensstandard der Bevölkerung war während der 1990er Jahre auf ein dramatisch niedriges Niveau gefallen, ein enormer *brain drain* setzte dem Land zu. Seit 1997 betrachtete der Westen Milošević als größtes Hindernis bei der Lösung des Kosovokonfliktes, musste aber einsehen, dass das Belgrader Regime in diesem Punkt kaum von außen beeinflusst werden konnte. Da sich Milošević durch eine Mischung aus Propaganda und Wahlbetrug an der Macht hielt, beschworen US-Denkfabriken die Macht der Zivilgesellschaft: Das National Endowment for Democracy und andere amerikanische und europäische Organisationen begannen, Strömungen mit einer prowestlichen Agenda in Serbien direkt zu fördern; sie halfen ihnen, sich zu Bewegungen und Organisationen zu formieren, schulten sie in gewaltfreiem Widerstand und medienwirksamen Aktionen. Die wichtigste unter ihnen war die Studentenbewegung *Otpor* (›Widerstand‹), die seit ihrer Gründung 1998 eine immer wichtigere Rolle bei den Protesten gegen Milošević spielte. *Otpor* unterschied sich ganz offensichtlich von der herkömmlichen Opposition, die sich mit ihren Rivalitäten, Eitelkeiten, Machtinteressen und nationalistischen Ausfällen schwerlich als Alternative zu Milošević qualifizierte. Erst durch das frische Auftreten von *Otpor* gelang es, die Politikverdrossenheit der Bevölkerung zu durchbrechen und Slobodan Milošević am 5. Oktober 2000 durch einen Volksaufstand zum Rücktritt zu zwingen.

Die Revolution vom Fünften Oktober (*Petooktobarska revolucija*) ging als erste ›Farbrevolution‹ in die Geschichte ein, weitere sollten in Georgien, Ukraine, dem Libanon und in Kirgisien (im weiteren Sinne auch im Arabischen Frühling) folgen. In die Freude, dass nun offenbar ein Mittel gegen undemokratische Regime gefunden war, mischte sich aber auch Ernüchterung: Denn die serbische ›Revolution‹ brachte eine bedenkliche Professionalisierung der Zivilgesellschaft mit sich, die seither zunehmend mit dem NGO-Sektor und dessen oft vom Ausland bezahlten Mitarbeitern gleichgesetzt wird, wogegen man die restliche Gesellschaft einmal mehr zur passiven Empfängerin fortschrittlicher Lehren degradiert. Außerdem lernten die Autokraten dieser Welt schnell hinzu und trafen Maßnahmen, um dem Schicksal Miloševićs zu entgehen – in diesen Kontext gehört etwa die Einschränkung der Medienfreiheit, die gegenwärtig in vielen Ländern der Region und darüber hinaus zu beobachten ist.

Nach Miloševićs Sturz zeigte sich bald, dass die massiven Probleme Serbiens mit dem Regimewechsel nur teilweise beseitigt waren. Das Oppositionsbündnis DOS zerbrach bald an unüberwindlichen Spannungen zwischen Liberalen und Nationalisten. Während das nationalistische Lager Serbiens wiedergewonnene demokratische Glaubwürdigkeit nutzen wollte, um Kosovo zu halten, fürchteten sich Vertreter des liberalen Lagers, vor allem NGOs wie das Helsinki-Komitee, vor jedem Kompromiss mit der ›dunklen Vergangenheit‹, weshalb sie auf einem ›anderen Serbien‹ und einem EU-Kurs ohne Wenn und Aber bestanden. Beide Lager bezogen sich auf eine selektive Wahrnehmung des Westens – die einen mit ständigen Unterstellungen über dessen ›Serbophobie‹, die anderen verehrten ihn als säkular, kosmopolitisch und sexuell tolerant. Ähnlich polarisiert war und ist die Sicht auf das traditionell verbündete Russland, das seit den späten 1990er Jahren wieder verstärkt mit geopolitischen Ansprüchen auftritt. Die liberale Seite machte den russischen Einfluss für diverse Fehlentwicklungen im eigenen Land mitverantwortlich, die Nationalisten hingegen idealisierten Russland, ohne es zu kennen. Sie bestanden darauf, selbst im Falle eines EU-Kurses eine Sonderbeziehung zu Moskau aufrechtzuerhalten, um serbische Identität und Interessen besser schützen zu können.

Zunächst sah es so aus, als ob sich beide Lager die Macht teilen könnten – der nationalkonservative Vojislav Koštunica wurde Präsident, der liberale Zoran Đinđić Ministerpräsident Serbiens. Als Đinđić begann, mit dem Haager Tribunal zusammenzuarbeiten (2001 ließ er Milošević an das ICTY ausliefern), kam es zum schweren Konflikt, der nicht einmal beigelegt werden konnte, nachdem 2003 ein Scharfschütze den Ministerpräsidenten ermordet hatte. Đinđić hatte das Geflecht aus organisierten Kriminellen und Kriegsverbrechern zu sehr provoziert, das unter Milošević gewachsen war und weiterhin seine Interessen verteidigte. Von nun an erlahmte der Reformeifer der serbischen Regierung sichtlich. Erst als Serbien die meistgesuchten mutmaßlichen Kriegsverbrecher Radovan Karadžić (2008) sowie Ratko Mladić (2011) an das ICTY ausgeliefert und seine Bereitschaft zu pragmatischen Kompromissen in der Kosovofrage signalisiert hatte, erhielt es 2012 den EU-Kandidatenstatus. Gegenwärtig erscheinen beide Strömungen auf merkwürdige Weise amalgamiert – der seit 2014 (zunächst als Ministerpräsident, seit 2017 als Präsident) amtierende Aleksandar Vučić gehörte in den 1990er Jahren zur Führungsriege der ultranationalistischen Serbischen Radikalen Partei und war als Informationsminister für die Gängelung der Opposition sowie die Regierungspropaganda zuständig. Seit seiner ›Läuterung‹ geriert er sich als Modernisierer, der Serbien eine protestantische Arbeitsethik einpauken will und international als Garant serbischer Verlässlichkeit auftritt, nach innen allerdings die Medienfreiheit und die Mechanismen der *checks and balances* beschränkt und damit das Land in ein semiautoritäres Regime (dem Vorbild des befreundeten Ungarn folgend) verwandelte.

Deutlich ruhiger ist die jüngste Geschichte Montenegros verlaufen. Zu Beginn der Jugoslawienkriege stand die kleine Teilrepublik noch eindeutig auf der Seite Serbiens, montenegrinische Einheiten waren maßgeblich am Beschuss der kroatischen Adriastadt Dubrovnik beteiligt. Allerdings kamen in der montenegrinischen Öffentlichkeit schon bald Zweifel auf, ob der Krieg den eigenen Interessen förderlich wäre. Mehr und mehr erschien der Krieg der montenegrinischen Öffentlichkeit als serbisches Anliegen. Ministerpräsident Milo Đukanović, der von 1991 bis zu seiner Abwahl im April 2023 mit Unterbrechungen politische Spitzenpositionen bekleidete und lange Zeit dienstältester Staats- bzw. Regierungschef Südosteuropas überhaupt war, positionierte das Land geschickt: In der zweiten Hälfte der 1990er Jahre näherte sich der einstige Verbündete Miloševićs an den Westen an, der die kleine Teilrepublik von nun an umwarb. Gleichzeitig beteiligten sich Đukanović und seine Gefolgsleute intensiv am Schmuggel, der durch die westlichen Sanktionen stark angewachsen war, wobei bis heute umstritten ist, ob die Einnahmen aus dem Zigarettenschmuggel eher in den Taschen der Đukanović-Familie oder in der Staatskasse landeten. Ungeachtet dessen begrüßte der Westen die außenpolitische Haltung Đukanovićs und interessierte sich (wie in Albanien) wenig für die Verhältnisse im Inneren. Auch die NATO-Bomber verschonten das Land weitgehend, sodass Montenegro insgesamt glimpflich durch die 1990er Jahre kam.

Mit seiner Distanzierung von Serbien machte das Land

also gute Erfahrungen, vor allem die sich als Montenegriner verstehenden Slawen und die Minderheiten des Landes (Albaner, Kroaten und Bosniaken) trugen Đukanovićs Kurs. Bei einem Referendum im Jahr 2006 fand sich schließlich eine knappe Mehrheit für die montenegrinische Unabhängigkeit, womit Đukanović nicht nur das Ende Rumpfjugoslawiens (seit 2003 ›Serbien und Montenegro‹ genannt) besiegelte, sondern auch seine eigene Position absicherte. Obwohl sich viele slawische, orthodoxe Bewohner Montenegros als ethnische Serben sehen und daher die Unabhängigkeit ablehnten, konnte eine Eskalation entlang der nationalen Identifikation vermieden werden. Die Abnabelung von Serbien wurde von einem tiefen symbolischen Bruch begleitet: Während Serbien die Nutzung des kyrillischen Alphabets fördert, rückte Montenegro in der Đukanović-Ära von seiner jahrhundertealten kyrillischen Tradition ab und favorisierte nun, trotz eines Gleichbehandlungsgebots in der Verfassung, tendenziell die Lateinschrift. In den letzten Jahren gewannen jedoch politische Kräfte, die eine stärkere politische wie kulturelle Orientierung an Serbien favorisieren, wieder an Gewicht – ein weiterer Hinweis darauf, dass Fragen der Zugehörigkeit zum imaginierten ›Westen‹ oder ›Osten‹ in den gespaltenen Gesellschaften des Balkans noch nicht endgültig entschieden sind.

Wirtschaftlich hatte es Montenegro vergleichsweise leicht – das sozialistische Jugoslawien hinterließ seine marodesten Industrien eher Serbien oder Bosnien, in Montenegro gab es hingegen eine passable touristische Infrastruktur. Nach dem Ende des Krieges nahm der Tourismus an der Adriaküste und zunehmend auch im Landesinneren einen rasanten Aufschwung, hinzu kamen Immobiliengeschäfte und Finanzdienstleistungen, zum Beispiel für wohlhabende Russen, die der Wirtschaft Impulse gaben. Seit 2010 ist das Land EU-Beitrittskandidat, im Juni 2017 trat es trotz scharfer Proteste Russlands der NATO bei. An der langen und klientelistischen Herrschaft des Đukanović-Netzwerks störten sich im Westen nur wenige – trotz gegenteiliger Behauptungen werden Stabilität und Bündnistreue offenbar immer noch höher geschätzt als transparente und demokratische Regierungsführung. Anders im Land selbst, wo 2020 ein Oppositionsbündnis mit Kritik an Korruption, Autoritarismus und antiserbischer Kirchenpolitik die Parlamentswahlen und 2023 schließlich auch die Präsidentschaftswahlen gewinnen konnte.

Die am stärksten problembeladenen Nachfolgestaaten des ehemaligen Jugoslawien sind heute Mazedonien, Bosnien-Herzegowina und Kosovo, die nicht selten mit *failed states* verglichen werden. Dabei hatte zumindest Mazedonien (seit 2019 offiziell Nordmazedonien) bei seiner Unabhängigkeit Ende 1991 größere Konflikte vermeiden können – Unkenrufen zum Trotz, die das ethnisch heterogene Land erneut als Pulverfass bezeichneten. Milošević verfolgte andere Ziele und ließ das Land, in dem nur eine kleine serbische Minderheit lebt, gehen. Die Nachbarn Griechenland und Bulgarien hielten sich ebenfalls zurück, die befürchtete Neuauflage des Zweiten Balkankriegs von 1913 blieb also aus. Mittelfristig aber türmten sich vor dem kleinen und wirtschaftsschwachen Land mehr Probleme auf, als es zu lösen imstande war. Griechenland weigerte sich, den Namen und die Symbole des neuen Staates anzuerkennen, da nur Griechen als die einzig legitimen Erben der antiken Makedonen darauf ein Recht hätten. Außerdem verdächtigte Griechenland den neuen Nachbarn (ein abgewirtschaftetes Land mit lediglich zwei Millionen Einwohnern!), Ansprüche auf das zu Griechenland gehörige Ägäis-Makedonien zu erheben, in dem eine nicht anerkannte mazedonische Minderheit lebt. Athen blockierte zunächst die Anerkennung Mazedoniens durch die EG; nur unter der Kompromissbezeichnung Former Yugoslav Republic of Macedonia (FYROM) konnte das Land Mitglied der Vereinten Nationen werden. 1994–95 verhängte Griechenland eine Handelsblockade gegen seinen nördlichen Nachbarn. Derart herausgefordert, antwortete die mazedonische Seite mit einer mythischen Geschichtserzählung, die Alexander den Großen für ihre Kultur beanspruchte. Der Namensstreit konnte erst 2018 mit dem sogenannten Prespaabkommen zwishen den beiden Ländern beigelegt werden.

Auch um den inneren Zusammenhalt Mazedoniens war es nicht zum Besten bestellt. Die große albanische Minderheit, die bei der Volkszählung im Jahr 2002 ein Viertel der Gesamtbevölkerung ausmachte, war schlecht in den Staat integriert und fühlte sich von diesem (zu Recht) vernachlässigt. Die mazedonische Titularnation machte nur 64 Prozent aus, dennoch verstand sich Mazedonien als Nationalstaat der ethnischen Mazedonier. Jahrelang setzten sich albanische Parteien erfolglos für eine Änderung der Verfassung zu ihren Gunsten ein, für eine Aufwertung des Albanischen, die Eröffnung einer albanischen Universität sowie das Recht, albanische nationale Symbole auf Amtsgebäuden zu zeigen. Als durch den Kosovokrieg Flüchtlinge und UÇK-Kämpfer sowie militärische Ausrüstung nach Mazedonien gelangten, radikalisierte sich ein Teil der dortigen Albaner und griff zu den Waffen. Zwischen März und

Juni 2001 lieferten sich albanische Milizen und die mazedonischen Sicherheitskräfte heftige Kämpfe, bei denen über hundert Menschen getötet und 170 000 zeitweise in die Flucht geschlagen wurden.

Nun erwies sich allerdings auch die Lernfähigkeit des Westens – EU und USA nötigten Mazedonier und Albaner zu Verhandlungen in der idyllischen Stadt Ohrid, bei denen die großen Parteien des Landes schließlich im August 2001 ein sogenanntes ›Rahmenabkommen‹ unterzeichneten, das den Staat stärker dezentralisierte, Minderheitensprachen ab einem Bevölkerungsanteil von 20 Prozent als lokale Amtssprachen zuließ und eine Erhöhung der Zahl der Albaner im Staatsdienst vorsah. Damit konnte ein weiterer Krieg verhindert, aber kein harmonischer Frieden geschaffen werden. Denn das Misstrauen zwischen den Ethnien, das in den Konflikt geführt hatte, spielte weiter eine große Rolle. Auch die mazedonische Volkszählung von 2011 scheiterte schließlich daran – weil sich mazedonische und albanische Parteien nicht auf den Zählmechanismus einigen konnten, musste der Zensus nach zwei Wochen abgebrochen werden. Als es 2021 schließlich doch gelang, eine Volkszählung durchzuführen, dokumentierte sie sowohl einen dramatischen allgemeinen Bevölkerungsschwund als auch die relative Zunahme nationaler Minderheiten, einschließlich der albanischen.

Trotz dieser Spannungen war man in den westlichen Hauptstädten froh, dass sich die slawo-mazedonischen Politiker gegenüber ihrer albanischen Minderheit insgesamt doch weitaus kompromissbereiter zeigten, als das im benachbarten Serbien der Fall war. Die EU drückte ihre Anerkennung aus, indem sie Mazedonien im Jahr 2005 den Kandidatenstatus verlieh. Dann geschah lange nichts, da Griechenland die Aufnahme von Beitrittsverhandlungen wegen der ungelösten Namensfrage bis 2018 blockierte. Derweil schlitterte das Land, geprägt von Armut, außenpolitischem Stillstand und dem Konflikt mit der albanischen Minderheit, in eine autoritär-nationalistische Phase, die mit dem Namen des Ministerpräsidenten Nikola Gruevski (2006–2015) verbunden ist. Sie hat das Bauprojekt Skopje 2014 hervorgebracht, mit dem das Zentrum der Hauptstadt mit klassizistischen Fassaden sowie diversen Heldendenkmälern verunziert wurde. Gruevski stürzte schließlich über einen Abhörskandal und floh nach Ungarn, wo ihm sein politischer Freund Viktor Orbán Aufnahme gewährte. Gruevskis Nachfolger, der Sozialdemokrat Zoran Zaev, erfüllte die Wünsche der EU und brachte sein Parlament dazu, dem für Griechenland akzeptablen Namen ›Republik Nordmazedonien‹ zuzustimmen. Die EU belohnte ihn dafür keineswegs – weder Nordmazedonien noch Albanien wurden Beitrittsgespräche angeboten, weil zuerst ein erweiterungsmüdes Frankreich und dann eine nationalistische Blockade Bulgariens im Wege standen. Wenig überraschend stürzte die Regierung Zaev über dieses Dilemma; erst unter dem Eindruck der russischen Invasion in der Ukraine gab sich die EU einen Ruck, so dass im Juli 2022 Beitrittsverhandlungen mit beiden Ländern begannen. Der Weg zur EU-Mitgliedschaft bleibt aber steinig, zumal einflussreiche Kräfte in Bulgarien die mazedonische Nation und Sprache für ausgedachte Phänomene halten, welche das bulgarische Erbe kannibalisieren (siehe den Beginn unseres Buches).

Wenn von Fehlentwicklungen im heutigen Südosteuropa die Rede ist, wird regelmäßig nach der Verantwortung des Westens gefragt. Mit Ausnahme der Republik Moldau, in der die EU geopolitisch in unmittelbarer Konkurrenz zu Russland steht, hat der Westen seit den 1990er Jahren tatsächlich weitgehend die politischen Rahmenbedingungen der Region bestimmt und muss sich daher an den Ergebnissen seiner Interventionen messen lassen. Am stärksten gilt das in Bosnien-Herzegowina und Kosovo, die nach den jugoslawischen Auflösungskriegen Semi-Protektorate der Vereinten Nationen und der EU wurden. In beiden Ländern versuchte man mit kostspieligen Missionen nicht nur neue interethnische Gewalt zu verhindern, sondern auch den Aufbau einer funktionierenden rechtsstaatlichen Ordnung anzuleiten. Die Ergebnisse sind bislang, nach Auffassung der meisten Beobachter, eher ernüchternd. In Bosnien-Herzegowina etablierte der Friedensvertrag von Dayton ein kompliziertes politisches System, das weitgehend auf ethnischem Proporz basiert und damit die Logik der Kriegsjahre fortschreibt. Den aufgeblähten und ineffizienten Staatsapparat der Republika Srpska sowie die Föderation Bosnien und Herzegowina mit ihren zehn Kantonen (plus den Distrikt Brčko mit seiner eigenen Verwaltung) verstärken nach wie vor westliche Kontrollstrukturen, die eigentlich längst hätten abberufen werden sollen. Neben dem Hohen Repräsentanten gibt es seit 2011 einen Special Representative der EU für Bosnien-Herzegowina, weiterhin vertreten sind die OSZE und friedenssichernde Truppen der EU (EUFOR), die 2004 die Aufgaben der NATO-Schutztruppe SFOR übernahmen.

Diese Strukturen gewährleisten grundsätzliche Sicherheit und verhindern, dass der erkaltete Konflikt wieder aufkocht. Was sie nicht abstellen können, ist das ethnokratische Hickhack um praktisch jede gesamtstaatlich relevante politische Entscheidung. Zur Vorbereitung eines EU-Beitrittsverfahrens erschien Bosnien-Herzegowina lange Zeit vollkommen außerstande. Erst 2016 kam Bewegung in die Sache, als das Land seinen EU-Aufnahmeantrag stellte und – nach langen Rangeleien und gegen den Widerstand kroatischer Politiker – einen inneren Koordinationsmechanismus festlegte, um möglichst viele Ebenen des verworrenen Regierungssystems an Verhandlungen mit der EU zu beteiligen. Es folgten weitere Jahre des Stillstandes. Erst die immer sichtbarere Tendenz der serbischen Entität, sich mit russischer Hilfe ganz aus dem Staatsverband zu verabschieden, und vor allem der Weckruf des russischen Angriffs auf die Ukraine brachten den Europäischen Rat Ende 2022 dazu, Bosnien-Herzegowina den Kandidatenstatus zuzuerkennen.

Das massive externe Engagement hat in Bosnien-Herzegowina einen besonderen Gesellschaftstypus erzeugt. Während die kriegszerstörte Infrastruktur mit internationaler Hilfe wiederaufgebaut wurde, kam der wirtschaftliche Aufbau nicht hinterher, Investoren hielten sich angesichts des politischen Schwebezustands und der undurchsichtigen Verwaltungsstrukturen mit vielfältigen Möglichkeiten der Korruption zurück. Jobs bieten im Wesentlichen der große Staatssektor und die internationalen Organisationen, vom Hohen Repräsentanten bis hinab zu lokal operierenden, aber international finanzierten NGOs. Diese Apparate und die in ihnen beschäftigten Menschen haben teilweise kein Interesse an Veränderungen, da beispielsweise der Abzug der ›Internationalen‹ ihre eigene Existenz gefährden würde.

Dass immer noch so viele Schwierigkeiten ins Auge springen, liegt auch an der Perspektive der Internationalen Gemeinschaft. Der Westen hat sich nach 1995 das Ziel gesetzt, Bosnien-Herzegowina als multiethnischen Staat zu rekonstruieren, Kriegsverbrechen zu bestrafen und allen Flüchtlingen eine Rückkehr an die alten Heimatorte zu ermöglichen. Das sind zweifellos hehre Ziele – aber teilweise gehen sie an den Bedürfnissen der Nachkriegsgesellschaft vorbei bzw. lenken diese in eine unproduktive Richtung. Viele Flüchtlinge werden nicht mehr an ihre alten Heimatorte zurückkehren, weil sie den Feinden von gestern nicht begegnen wollen, weil sie dort keine Arbeit finden oder aus anderen Gründen. Durch die (durchaus deutsch geprägte) Forderung nach Vergangenheitsbewältigung wird die gesellschaftliche Debatte immer wieder auf die Kriegszeit gelenkt, was bislang nicht zu Versöhnung führt, sondern ethnische Barrieren in der Gegenwart verfestigt. Eine Phase des Verdrängens, ähnlich wie im Deutschland der 1950er Jahre, hätte dem Land vielleicht ein besseres Vorankommen ermöglicht.

Kosovo bildet in vielerlei Hinsicht das Schlusslicht des Balkans. Obwohl es (wie Bosnien-Herzegowina) EU-Farben und Sternchen in seine Staatsflagge übernommen hat, sind seine Bürger die einzigen Südosteuropäer, die auch 2023 für Einreisen in die EU noch ein Visum benötigten. Als letztes Land der Region stellte Kosovo im Dezember 2022 sein EU-Beitrittsgesuch. Noch weit stärker als Nordmazedonien wird Kosovo als Staat von anderen Ländern infrage gestellt. Die serbische Verfassung von 2006 bezeichnet Kosovo als »konstitutiven Bestandteil« Serbiens, und mindestens 40 Prozent der UNO-Mitgliedstaaten haben die 2008 verkündete Unabhängigkeit Kosovos bislang nicht akzeptiert, darunter zwei Großmächte (Russland, China) und fünf EU-Mitglieder. Zahlreiche Verhandlungsrunden zur Normalisierung der Beziehungen zwischen Kosovo und Serbien haben bislang keinen Durchbruch bewirkt. Da die EU nur Staaten aufnimmt, die von all ihren Mitgliedern anerkannt werden und außerdem die Streitigkeiten mit ihren Nachbarn gelöst haben, hat Kosovo auf seinem Weg in die EU also nach wie vor sehr grundsätzliche Barrieren vor sich.

Kosovo wird gelegentlich als das ehrgeizigste Staatsbildungsprojekt der EU bezeichnet. Angesichts der fragwürdigen völkerrechtlichen Legitimität des NATO-Einsatzes von 1999 stand der Westen besonders in der Pflicht, sich als Schutzmacht für dieses Staatswesen einzusetzen. Neben einer militärischen Präsenz (KFOR) baute man auch eine zivile Interimsverwaltung (UNMIK) auf, welche die basale Infrastruktur wiederherstellen und eine Selbstverwaltung des Kosovo vorbereiten sollte. Ähnlich wie in Bosnien wollte man auch die Rückkehr aller Flüchtlinge ermöglichen, was vor allem bei Serben und Roma schwierig war, die unmittelbar nach dem Ende des Kosovokrieges mehrheitlich geflohen waren bzw. vertrieben wurden. Rechtmäßig und transparent sollte der neue Staat sein, auch um das Argument zu entkräften, durch den NATO-Einsatz habe die ethnische Gewalt lediglich die Richtung gewechselt. Bald zeigte sich allerdings, dass die internationalen Verwalter vollkommen überfordert waren.

Die Entwaffnung der UÇK blieb unvollständig, die Warlord-Netzwerke intakt. Die Kosovoalbaner mochten unter der faktischen Herrschaft der UÇK leiden – gleichzeitig waren sie aber durch eine historisch mindestens bis zu den Balkankriegen von 1912/13 zurückreichende Staatsferne daran gewöhnt, sich mehr an den informellen Netzwerken der Guerilla zu orientieren als an den internationalen Verwaltern. Neue staatliche Strukturen, und noch dazu von Ausländern geleitete, taten sich mit der kosovoalbanischen Gesellschaft äußerst schwer. Unter den Augen der internationalen Soldaten konnte die UÇK im Spätsommer 1999 fast ungestört Minderheiten und missliebige Albaner terrorisieren; auch der Schutz serbischer Kirchen und Klöster misslang teilweise. Pogromartige albanische Ausschreitungen von 2004 schlugen nicht nur große Teile der verbliebenen Minderheiten in die Flucht, sondern zerstörten auch 22 serbisch-orthodoxe Sakralbauten.

Die Internationale Gemeinschaft reagierte eher beschwichtigend. Um der Ungeduld der Albaner den Wind aus den Segeln zu nehmen, machte sich der UN-Vermittler Marti Ahtisaari 2007 an die Lösung der Statusfrage – er entwarf Kosovo als multiethnischen, demokratischen und dezentralisierten Rechtsstaat, der auch nach seiner Unabhängigkeit weiter international beaufsichtigt werden sollte. Während die kosovarische Seite dem Plan zustimmte und Ahtisaaris Plan im Juni 2008 durch eine entsprechende Verfassung umsetzte, lehnte ihn Serbien strikt ab. Die im Kosovo verbliebenen Serben und andere Minderheiten, die sich seit 1999 zunehmend im Norden konzentriert hatten, boykottierten den neuen Staat, errichteten eine Grenze quer durch die Stadt Kosovska Mitrovica und gründeten ein eigenes Parlament, welches die Zugehörigkeit Kosovos zu Serbien unterstrich. Es erhebt den Anspruch, das legitime Parlament des ganzen Landes zu sein.

Aus der Unabhängigkeitserklärung Kosovos 2008 ergab sich die Verpflichtung des Westens, das reale Funktionieren der kosovarischen Staatlichkeit zu überwachen und im Geiste des Ahtisaari-Plans zu formen. Die UNMIK gab ihre Aufgaben größtenteils an EULEX ab, eine neugegründete Rechtsstaatlichkeitsmission der EU, die personell und finanziell weitaus besser ausgestattet ist und einzelne Gerichtsverfahren unter eigener Regie durchführt. Doch wie es scheint, kann auch EULEX die ungeschriebenen Regeln der kosovarischen Nachkriegsgesellschaft nicht wesentlich verändern – die Politik in Kosovo ist weiterhin von Korruption und klientelistischen Netzwerken geprägt, die Justiz von informellen Einflussnahmen; und auch die Reputation von EULEX selbst hat unter Korruptionsskandalen gelitten.

Ähnlich wie in Montenegro waren es letztlich nicht westliche Institutionen, die die innere Transformation voranbrachten, sondern die kosovoalbanische Zivilgesellschaft, die sich in den 2010er Jahren schrittweise von den korrupten UÇK-Granden abwandte und die neue Partei Vetëvendosje! (›Selbstbestimmung!‹) stark machte. Ihr Vorsitzender Albin Kurti, seit 2019 Ministerpräsident, will Kosovo aus der doppelten Umklammerung durch alte UÇK-Netzwerke und internationale Organisationen befreien, um mit autochthonen Kräften einen sozialen Rechtsstaat aufzubauen. Interessanterweise wirft er der alten Garde vor, sie habe durch ›Deals‹ mit der Internationalen Gemeinschaft und mit Serbien ihren Besitzstand wahren wollen und damit Kosovo geschädigt. So unbedeutend das Land auf der Weltkarte auch wirken mag – Albin Kurtis Positionen sind für die EU eine Herausforderung, eben weil er die Union an deren eigenen Ansprüchen misst.

Strauchelnde Vorbilder: Griechenland und die Türkei

Da der Sturz des Kommunismus globale Auswirkungen hatte und sich zudem in der unmittelbaren Nachbarschaft abspielte, war er auch für die beiden kapitalistischen Länder der Region folgenreich. Griechenland verlor seine strategische Bedeutung als Vorposten des Westens; die Türkei hingegen wurde nach wie vor als wichtiges Modell säkularer Staatlichkeit in der islamischen Welt betrachtet und blieb wegen der Dauerkrisen und -kriege im Mittleren Osten ein zentraler Bündnispartner der NATO. Aus der Sicht Ankaras taten sich mit dem Zerfall der Sowjetunion außerdem neue Perspektiven auf – der türkische Staatspräsident Turgut Özal (im Amt 1989–1993) propagierte die Idee, die Türkei solle jetzt geopolitisch selbstbewusster handeln und die Turkvölker Zentralasiens enger an sich binden.

Der türkische Kemalismus hatte mit dem Marxismus-Leninismus einen strikten Säkularismus und den Glauben an die autoritäre Modernisierung von oben gemein. Nach dem Zweiten Weltkrieg weichte der Kemalismus zwar auf, ließ ein Mehrparteiensystem zu und behandelte den Islam milder – allerdings zeigte das wiederholte Einschreiten des türkischen Militärs, dass dieser Entwicklung auch Grenzen gesetzt waren (siehe das vorhergehende Kapitel). Nach dem Zusammenbruch der kommunistischen Herrschaft in der Sowjetunion und ihren Satellitenstaaten erschien der Gedanke, dass eine erleuchtete Elite dem Rest der Gesellschaft den Weg weisen müsse, gleichwohl zunehmend obsolet.

Wenige Jahre, nachdem in den Balkanländern die Anmaßung wie auch die materiellen Privilegien der kommunistischen Nomenklatura ins Wanken geraten waren, musste sich die türkische Ministerpräsidentin Tansu Çiller (im Amt 1993–1996) und mit ihr ein Großteil der kemalistischen Elite des Landes massive Vorwürfe wegen Arroganz und Korruption gefallen lassen. Bei den Parlamentswahlen Ende 1995 wurde die islamistisch orientierte Wohlfahrtspartei (Refah Partisi) stärkste Kraft, ihr Anführer Necmettin Erbakan Ministerpräsident. Türkische Generäle zwangen Erbakan freilich schon nach kurzer Zeit zum Rücktritt; die kemalistische Richterschaft verbot seine Partei und schickte Erbakans Mitstreiter Recep Tayyip Erdoğan, den Oberbürgermeister von Istanbul, wegen einer problematischen Redepassage ins Gefängnis.

Doch im Nachhinein stellte sich dies als letztes Aufbäumen der alten, prowestlich-säkularen Elite heraus, die gewohnt war, den Staat für ihre Zwecke nutzen zu können. Die Islamisten entwickelten sich unter neuen Parteinamen weiter und gewannen schließlich als Partei für Gerechtigkeit und Aufschwung (AKP) die Parlamentswahlen von 2002. Die AKP unter Ministerpräsident Erdoğan entschied auch die Parlamentswahlen von 2007 und 2011 ganz eindeutig für sich. Hintergrund dieser Siege war eine tiefe Transformation der türkischen Gesellschaft – ein anhaltender Wirtschaftsaufschwung sowie massive staatliche Investitionen in die Infrastruktur und das Sozialwesen ließen in der bislang ärmlichen anatolischen Provinz eine breite islamisch-konservative Mittelschicht entstehen. Das Wirtschaftswachstum hing nicht zuletzt damit zusammen, dass türkische Unternehmen erfolgreich im postsozialistischen Raum tätig wurden – von Südosteuropa bis weit nach Russland und Mittelasien hinein.

Mit derartiger Legitimität ausgestattet und wohl durch

den weltweiten Bedeutungszuwachs der Religion beflügelt, brach Erdoğan dem kemalistischen System das Rückgrat. So konnte beispielsweise 2007 eine Serie von Prozessen gegen vermeintliche Erdoğan-Gegner und Umstürzler im Militär eröffnet werden: Bis dahin war es undenkbar gewesen, dass Justizbehörden hohe Militärs vor Gericht stellten. Säkularistische Ge- und Verbote fielen, darunter auch das Kopftuchverbot an Universitäten und Schulen; islamische Vorschriften, etwa gegen den Alkoholausschank, drangen mit Regierungsunterstützung immer weiter in den Alltag der Türken vor. Gleichzeitig lockerte die Regierung die harte Politik gegenüber den Kurden, deren Sprache bei offiziellen Anlässen und in Bildungseinrichtungen erlaubt wurde, und brachte sogar eine zaghafte Annäherung an die Armenier in Gang (obwohl die Anerkennung des osmanischen Genozids an den Armeniern die offizielle Türkei noch immer erzürnt, wie 2016 die Bundesrepublik erfahren musste).

In mehreren Schüben erlebte die Türkei somit ihren eigenen Systemumbruch. In den vergangenen Jahren erinnert dabei das neue System in manchen Aspekten an das alte kemalistische, wenn auch mit anderer ideologischer Begründung. Seitdem Erdoğan seine Macht konsolidiert hat, schränkt er demokratische Freiheiten massiv ein, geht rigoros gegen vermeintliche Gegner im Staatsapparat vor, fährt einen erneuten Konfrontationskurs gegen Kurden und attackiert die Europäische Union sowie insbesondere die deutsche Politik mit aggressiven Reden. Auf den gescheiterten Militärputsch vom Juli 2016 reagierte die Regierung Erdoğans mit einer weitreichenden Verhaftungs- und Säuberungswelle, die sich nicht nur gegen die Träger der Verschwörung und ihre Unterstützer, sondern gegen jegliche politisch missliebige Person richtet. 2018 krönte die Regierung diese Tendenzen, als sie auf demokratisch zweifelhaftem Weg ein Präsidialsystem einführte, das ganz auf Erdoğan zugeschnitten ist und die Gewaltenteilung extrem aufweicht. So wurden demokratische Errungenschaften des ersten Jahrzehnts des 21. Jahrhunderts innerhalb weniger Jahre abgeräumt.

Damit liegt auch die europäische Perspektive der Türkei in weiter Ferne, über die prinzipiell seit dem Assoziierungsabkommen mit der Europäischen Wirtschaftsgemeinschaft 1963 diskutiert wird. 1999 erhielt die Türkei den Kandidatenstatus, und einige Jahre danach wurden die ersten Verhandlungskapitel eröffnet. Nachdem sich auf türkischer Seite einige Verbitterung über die vermeintliche Bevorzugung christlich geprägter Beitrittsländer aufgebaut hatte, hörte der EU-Beitritt auf, überhaupt ein ernsthafter Bezugspunkt türkischer Politik zu sein. Während viele Gebildete das Land aus politischen Gründen verlassen, ›genießt‹ die Regierung ihren durch die Entkoppelung von Europa gewonnenen geopolitischen Freiraum, den sie etwa zu einer eigenen militärischen Intervention im syrischen Bürgerkrieg oder für eine vermittelnde Position im Ukrainekrieg genutzt hat. Da auch der blutige Konflikt mit der kurdischen Minderheit im Südosten des Landes, angeheizt durch den Zusammenbruch des Iraks und Syriens, sich bis in die Gegenwart fortsetzt, ist die Türkei (neben der von Russland angegriffenen Ukraine) der einzige EU-Beitrittskandidat, dem es an elementarer innerer Befriedung mangelt.

Wenn die Türkei sich im EU-Vorzimmer lauter aufregt als andere Beitrittskandidaten, dann hängt das nicht nur mit ihrer besonders langen Wartezeit zusammen, sondern auch mit ihrer Größe und ihren Möglichkeiten. Ein EU-Land Türkei wäre ohne Zweifel ein politisches Schwergewicht, das selbstbewusst auf seine Traditionen und zahlreiche Bevölkerung verweisen würde. Wie das (allerdings krisenbedingten Schwankungen unterworfene) Wirtschaftswunder des ›anatolischen Tigers‹ gezeigt hat, ist die Türkei ökonomisch wesentlich besser aufgestellt als andere südosteuropäische Länder. An erster Stelle wäre das Potenzial einer aufstiegswilligen, vergleichsweise jungen und dynamischen Bevölkerung zu erwähnen. Hinzu kommen ein großer Binnenmarkt und eine international bereits gut vernetzte Wirtschaft. So ist die Türkei in Zentralasien und dem Kaukasus ein wichtiger Investor, und die zahlreichen türkischen Migranten in Westeuropa übermitteln Geld und Wissen in die Heimat. Auch in Südosteuropa ist die Türkei wegen ihrer Wirtschaftsbeziehungen, der kulturell-historischen Verbindungen und ihres transnationalen religiösen Netzwerks eine Regionalmacht, die ihren Einfluss seit den 1990er Jahren deutlich ausgebaut hat. Unter dem Strich ist die europäische Option für die Türkei somit nicht alternativlos, vielmehr stellt das Land selbst einen möglichen Orientierungspunkt zumindest für Teile Südosteuropas dar. Das wird sich auch in Zukunft auf das Verhalten der Türkei auswirken.

Wohl nirgendwo in der Region wurden aber mit Europa verbundene Hoffnungen so herb enttäuscht wie in Griechenland. Noch Anfang 2010 stellte der Politikwissenschaftler Akis Kalaitzidis fest, das Land sei gemessen an den Realitäten Südosteuropas ein »ökonomischer und politischer Gigant«. Sein Buch hatte offensichtlich zu lange beim Verlag gelegen, denn eben zu dieser Zeit schlitterte das

Land in eine tiefe Krise, verursacht durch übermäßige Staatsschulden und eine international nicht wettbewerbsfähige Wirtschaft. Bis dahin freilich hatte das EU-Mitglied Griechenland vielen Gesellschaften der Region als Vorreiter gegolten, der den Beitritt zur Europäischen Gemeinschaft ein Vierteljahrhundert zuvor für eine aufholende Wirtschaftsentwicklung und die Konsolidierung der Demokratie genutzt hatte. Die griechische Infrastruktur war mit EG-Geldern auf ein vergleichsweise hohes Niveau gebracht worden, griechische Arbeitnehmer verdienten ein Vielfaches ihrer Kollegen in den ehemaligen sozialistischen Ländern; seit 1989 investierten griechische Unternehmen stark in die nördlichen Nachbarstaaten. Sichtbarster Ausdruck dieser Sonderrolle war, dass Griechenland in den 1990er Jahren zum einzigen Einwanderungsland der Region (in erster Linie für Albaner) aufstieg, während die Nachbarstaaten eine enorme Auswanderung zu verzeichnen hatten. Durch die Finanzkrise verlor Griechenland diesen Sonderstatus abrupt und wird ihn wohl auch nicht wiedererlangen – auch wenn sich die Wirtschaft 2018 erneut gefangen hat und nach einer Pandemiedelle wieder wächst.

Im Nachhinein sind sich die meisten Beobachter einig, dass die griechische Krise vorauszusehen war, Warnzeichen aber von der griechischen Regierung verschleiert und von den europäischen Institutionen verdrängt wurden. Manche Probleme reichen bis in die Zeit des griechischen Beitritts zur EG zurück, als die Gemeinschaft nur gelegentlich neue Mitglieder aufgenommen und daher noch nicht über standardisierte Prüfverfahren zur Beitrittstauglichkeit der Bewerber verfügt hatte. Erst in den 1990er Jahren, als plötzlich eine große Gruppe wirtschaftlich und politisch kaum vorbereiteter Länder in die EU drängte, musste man klare Beitrittskriterien entwickeln, die seither zudem ständig verschärft und erweitert wurden. Von Griechenland wurden kaum Reformen für den Beitritt gefordert, zumal es als NATO-Mitglied während des Kalten Krieges enorme strategische Bedeutung für den Westen hatte. Führende EG-Politiker sahen in einem Anflug von Philhellenismus in Griechenland die Urheimat von Humanismus und Demokratie, die nach Jahren der Diktatur wieder nach Europa zurückkehrte.

Als ökonomisch rückständiges Land hatte Griechenland Anspruch auf umfangreiche Strukturbeihilfen, die seinen Wohlstandsunterschied zu Westeuropa mindern sollten. Alle griechischen Regierungen seit 1981 nutzten diese Mittel aber, um den ohnehin schon großen Staatssektor weiter aufzublähen und damit ihre Wählerklientel an sich zu binden. Im griechischen Zweiparteiensystem war es vor allem die Panhellenische Sozialistische Bewegung (PASOK) von Andreas Papandreou, die in den 1980er Jahren diese Methode perfektionierte. Während in Westeuropa die sozialdemokratische Umverteilungspolitik zum Stillstand kam, da Regierungen auf Effizienz und Sparsamkeit setzten, war in Griechenland das Gegenteil der Fall. Stellen in der Verwaltung und den Unternehmen im Staatsbesitz (wie Rundfunk, Post, Energieversorgung und Eisenbahn) besetzte man nicht nach Kompetenz, sondern nach Zugehörigkeit zum Netzwerk der gerade regierenden Partei. Angesichts lockerer Kündigungsregeln hatte die nachfolgende Regierung jedoch die Möglichkeit, diese Leute zu entlassen und durch eigene zu ersetzen. Ganz und gar schädlich war diese Politik nicht – der PASOK gelang es so, die seit dem Bürgerkrieg marginalisierten Linken zu reintegrieren. Der Preis war allerdings eine dysfunktionale Staatlichkeit: ein überbordender und gleichzeitig inkompetenter Verwaltungsapparat, der sich weder an formale Regeln hielt noch diese in der Gesellschaft durchsetzte. Der vielbeklagte Zustand der griechischen Steuereintreibung ist ein Teil dieses Problems. Zwar verbesserten die EG-Strukturhilfen trotz weitverbreiteter Korruption die physische Infrastruktur des Landes deutlich, doch wurde für den Aufbau einer konkurrenz- und zukunftsorientierten Wirtschaft wenig getan; der nach wie vor relativ große landwirtschaftliche Sektor blieb in der Produktivität ebenfalls deutlich unter westeuropäischen Niveaus.

In den neoliberal geprägten 1990er Jahren versuchten die konservative Konkurrenzpartei Neue Demokratie (ND) sowie jüngere PASOK-Politiker, den Massenklientelismus einzudämmen, allerdings wurden sie für derartige Versuche regelmäßig bei Wahlen abgestraft. EU-Bürokraten stöhnten hinter vorgehaltener Hand über die vielen falschen Abrechnungen von Projektgeldern, aber weder an der Brüsseler Spitze noch in den westlichen Hauptstädten fanden sich Politiker, die das Problem ansprechen wollten – wieder einmal war die geopolitische Gesamtarchitektur wichtiger als die Verhältnisse vor Ort. Diese Konstellation führte schließlich in die Katastrophe, als Griechenland trotz warnender Stimmen 2001 in die Eurozone aufgenommen wurde.

Der Euro als Gemeinschaftswährung war für Griechenland äußerst verlockend, weil seine Einführung suggerierte, man befinde sich auf dem gleichen Standard wie die wohlhabenden EU-Platzhirsche. Außerdem konnte sich Griechenland nun trotz einer bereits bedrohlich hohen Staatsverschuldung zu den gleichen günstigen Konditionen verschulden wie etwa Deutschland, was der im Lande beliebten Politik des Schuldenmachens sehr förderlich war. Die EU knüpfte den Beitritt zur Eurozone zwar an die sogenannten Maastrichter Kriterien (unter anderem durfte das jährliche Haushaltsdefizit nicht mehr als 3 Prozent des Bruttoinlandsprodukts und die Gesamtquote der Staatsschuld gemessen am BIP nicht mehr als 60 Prozent betragen). Da aber die damals führenden EU-Politiker den Euro als zentrales politisches Projekt zur Vertiefung der Union betrachteten und auch einige andere Mitgliedsländer die Dreiprozenthürde rissen, gab es eine gewisse Bereitschaft, die formalen Bedingungen nicht genau zu nehmen. Im Falle Griechenlands gehörte freilich besondere Naivität dazu, das Märchen von der wundersamen Sanierung der Staatsfinanzen zu glauben. 1990 hatte das griechische Haushaltsdefizit noch bei 15 Prozent gelegen, seit 1998 behauptete die griechische Regierung jedoch, unter der magischen Dreiprozentmarke zu liegen. Ein Teil dieser Reduktion war tatsächlich auf mehr Effizienz zurückzuführen, die Ministerpräsident Kostas Simitis (im Amt von 1996 bis 2004) dem Staat verordnet hatte. Am Ende waren es aber Buchhaltungstricks, die das Land in die Eurozone führten. Dass dabei auch die Investmentbank Goldman Sachs mit einem verschleierten Kredit nachhalf, verweist ein weiteres Mal auf die zwiespältige Rolle des Westens.

Die ersten Jahre Griechenlands in der Eurozone waren im wahrsten Sinne des Wortes golden. Der griechische Staat wie auch die Privathaushalte verschuldeten sich weiter, doch Großbauten im Vorfeld der Olympischen Spiele 2004 wie die Erweiterung der Athener Metro oder die Trikoupis-

Brücke über den Golf von Korinth schienen das Land in ein neues Zeitalter zu katapultieren. Der Offenbarungseid kam, als die PASOK nach ihrem Wahlsieg im Herbst 2009 nicht in der Lage war, ihr Versprechen einzuhalten und mehr Geld in den Sozialbereich zu investieren. Die Begründung lieferte ein Blick in die Staatskasse – die Regierung musste zugeben, dass das aktuelle Haushaltsdefizit bei rund 12–13 Prozent und damit weit jenseits der Maastrichter Kriterien lag. Die Finanzmärkte, seit 2008 ohnehin in Panik, reagierten mit heftigen Risikoaufschlägen für griechische Staatsanleihen, sodass sich Griechenland nicht mehr am Kapitalmarkt refinanzieren konnte. Von 2010 bis 2018 war das Land auf Rettungspakete der Europäischen Zentralbank, der EU und des Internationalen Währungsfonds angewiesen, deren Gelder vor allem zur Bedienung fälliger Staatsschulden und zur Stabilisierung der griechischen Banken verwendet wurden. Der griechischen Regierung wurde von der EU (insbesondere auf Drängen Deutschlands) eine massive Austeritätspolitik auferlegt, die zu einem parallelen Absturz des Lebensstandards der griechischen Bevölkerung und des Ansehens Brüssels sowie Berlins in Griechenland führte.

Aus heutiger Sicht erscheinen die massiven staatlichen Eingriffe zur Rettung der griechischen Wirtschaft nicht als Spezifikum der Region. Zu erwähnen wäre nicht nur die ständige Sorge um das Finanzsystem des benachbarten Italien, sondern auch der allgemeine Interventionismus, der sich im Zuge der Dreifachkrise (Klima, Corona, Krieg) ausgebreitet hat. Die wichtigsten internationalen Instrumente gegen die griechische Krise sind inzwischen Allgemeingut des politischen Repertoires in Europa und darüber hinaus geworden – die politische Stützung und Steuerung der

Wirtschaft, die supranationale Vergemeinschaftung von Schulden, die finanzpolitische Findigkeit der Notenbanken. Nachdem die Intervention in Griechenland zu klassischer haushaltspolitischer Solidität führen sollte (und in dieser Hinsicht wohl auch einiges erreicht hat), gewöhnten sich die EU-Staaten wie auch die EU selbst im Zuge der Krise an eine Notstandspolitik, die zur Krisenbekämpfung sämtliche bewährten Grundsätze über den Haufen wirft. So stellt sich die griechische Finanzkrise als frühes Experimentierfeld für einen transnationalen Politikwechsel dar, der heute allgegenwärtig ist.

Ambivalente Resultate des sozialen und kulturellen Wandels

Gegenwärtig sieht es so aus, als bliebe auf mittlere Sicht eine merkliche ökonomische Distanz zwischen Südosteuropa und dem Rest des Kontinents bestehen. Die Transformation nach dem Ende des Sozialismus war dort weitaus schmerzvoller und langwieriger als im Baltikum oder den Visegrád-Staaten. Industrieproduktion und Wohlstand brachen heftig ein, die Arbeitslosigkeit schnellte nach oben und verharrt teilweise bis heute auf hohem Niveau, immerhin abgefedert durch eine große Schattenwirtschaft, in der aber weder Steuern noch Sozialversicherungsabgaben gezahlt werden. Dies gilt für Rumänien und Bulgarien, noch mehr aber für den sogenannten ›Westbalkan‹. Die durchschnittlichen Löhne sind überall in der Region, mit Ausnahme Sloweniens, sehr bescheiden, trotz signifikanter Reallohnzuwächse in den letzten Jahren.

	1991	2000	2015	2021	2021 zu 1991 (in Prozentpunkten)
Albanien	10	18	29	33	+23
Bulgarien	31	28	46	55	+24
Bosnien-Herzegowina		20	27	35	
Kosovo			26	27	
Kroatien	48	48	58	72	+24
Mazedonien	30	28	37	37	+7
Montenegro		29	39	47	
Rumänien	28	26	54	70	+42
Serbien		26	34	45	
Slowenien	60	79	83	91	+31
Türkei	26	39	53	71	+45
Ungarn	48	54	69	76	+28
Estland	*39*	*44*	*74*	*88*	*+49*
Polen	*32*	*47*	*69*	*79*	*+47*
Slowakei	*41*	*49*	*77*	*71*	*+30*
Österreich	*135*	*131*	*125*	*123*	*−12*

Tabelle: Bruttoinlandsprodukt pro Kopf im Vergleich zum Durchschnitt der EU (EU = 100 Prozent; kaufkraftbereinigt)
Quelle: Wiener Institut für Wirtschaftsvergleiche (1991–2015); Trading economics (2021).

Es wäre aber verfehlt, die Geschichte der Länder Südosteuropas seit 1990 als reinen Misserfolg zu schildern. Alle Staaten der Region fanden (allerdings in sehr unterschiedlichem Maße) Anschluss an internationale Organisationen.

Der EU-Kurs brachte intensive Modernisierungsanstrengungen in Wirtschaft und Verwaltung wie auch manche Erfolge. So verbessern sich viele Länder in den bekannten Korruptionsindizes von Transparency International und Weltbank, während sich die Bilanz wichtiger westlicher (und mitteleuropäischer) Länder verschlechtert hat. Die Staatsgewalt, die seit Gründung der Balkanstaaten oft unreguliert und brachial agierte, ist meist durch intensives internationales Monitoring eingehegt, was vielen Bürgern, allen voran den Minderheiten, zugutekommt; gleichzeitig hat sich die Kapazität des Staates, Probleme zu lösen, vor allem im Zuge der EU-Integration verbessert. Auch diesbezüglich schrumpft der Abstand zu westlichen Ländern. Dank dem EU-Integrationsprozess haben mehr politische Führungen der Region als früher eine gemeinsame Perspektive, wodurch zwischenstaatliche und ethnische Konflikte abnehmen bzw. stärker verregelt ausgetragen werden. Auch die ökonomische Bilanz ist nach der tiefen Transformationskrise der 1990er Jahre sowie dem Rückschlag 2008 nicht allgemein schlecht. Blickt man auf die Entwicklung des Pro-Kopf-Bruttoinlandsprodukts zwischen 1991 und 2021 im Vergleich zum Durchschnitt der EU, so schlägt sich Rumänien mit einem Zuwachs von 42 Prozentpunkten recht gut. Das Land profitiert von seiner Nähe zu Mitteleuropa und einer relativ konsequenten Reformpolitik. Noch etwas besser schneidet die Türkei mit einem Plus von 45 Prozentpunkten ab, wogegen Nordmazedonien mit mageren 7 Prozent das Schlusslicht markiert. Was die Statistik nicht mehr hergibt, ist die Gegenüberstellung eines ›erfolglosen‹ Südosteuropa und eines ›erfolgreichen‹ Ostmitteleuropa.

Sofern in einer zutiefst unsicheren Gegenwart überhaupt Prognosen gewagt werden können, sind sie daher nicht nur düster. Ostmitteleuropa hatte zwar strukturelle Vorteile, die es bislang in einen erfolgreichen Aufholprozess ummünzen konnte, darunter relativ stabile Institutionen, gute Infrastruktur und geografische Nähe zu den westlichen Märkten. All das ermöglichte eine Etablierung als verlängerte Werkbank Europas, mit entsprechenden wirtschaftlichen Resultaten. Doch mittlerweile haben sich die Rahmenbedingungen stark verschoben. In den 1990ern war Südosteuropa die Kriegsregion, heute tobt der Krieg an den Grenzen Ostmitteleuropas. Auch bei den demokratischen Institutionen (siehe Ungarn und Polen) ist nicht mehr automatisch klar, dass sich ostmitteleuropäische EU-Länder besser entwickeln als etwa die Westbalkanstaaten. Was die geopolitische Spannung in Südosteuropa betrifft – d. h. der mit dem Westen konkurrierende russische und chinesische Einfluss –, lässt sich nicht von einem negativen Alleinstellungsmerkmal der Region sprechen, wie der geplante Einstieg chinesischer Investoren am Hamburger Hafen zeigt. Noch weniger lässt sich sagen, dass nur eine solide Westbindung der einzige Weg zu wirtschaftlichen Erfolgen ist (Serbien mit seiner Schaukelpolitik profitiert durchaus von Energielieferungen und qualifizierten IT-Spezialisten aus Russland, und die Türkei positioniert sich erfolgreich als Scharnier zwischen Europa und Asien). Dass Demokratie eine Voraussetzung für wirtschaftlichen Wohlstand wäre, hat sich ohnehin als Wunschdenken herausgestellt.

So unübersichtlich die Zukunft ist, so schwer lassen sich Pauschalurteile über den Zustand der heutigen Gesellschaften Südosteuropas fällen, denn die Kontraste innerhalb der einzelnen südosteuropäischen Gesellschaften sind enorm. Da ist einmal die Kluft zwischen der Hauptstadt und dem Rest des jeweiligen Landes. In und um die Hauptstädte herum entwickelt sich die Wirtschaft oftmals dynamisch und haben sich Mittelstandsmilieus ausgebildet, die in ihrem Lebensstandard und ihren kulturellen Präferenzen denen in anderen europäischen Metropolen gleichen. Die Dörfer bleiben zum Teil hoffnungslos zurück oder entvölkern sich regelrecht, wenn nicht – wie in Kosovo oder Teilen Rumäniens – die Migrantentransfers ein halbwegs erträgliches Leben auf dem Land ermöglichen. Gibt es großes touristisches Potenzial wie an der Adria, oder liegt eine Region nahe an Mitteleuropa wie Siebenbürgen, lässt sich auch jenseits der Hauptstadt eine starke Zunahme des Wohlstandes erkennen.

Ein weiteres über die Region verbreitetes Problem der sozialen Ungleichheit ist die Armut der Roma, der insgesamt gesehen größten Minderheit, über deren genaue Zahl aber niemand Bescheid weiß, da sich bei Volkszählungen viele Roma als Angehörige anderer, nicht-stigmatisierter Nationalitäten ausgeben. Einige Experten schätzen den Anteil der Roma in Bulgarien, Nordmazedonien und Rumänien auf fast 10 Prozent der Gesamtbevölkerung, andere deutlich niedriger. Einig sind sich alle Experten aber über die miserable Lebenslage der meisten Roma, die deutlich geringere Lebenschancen – bis hin zu einer signifikant niedrigeren Lebenserwartung – als die Mehrheitsbevölkerung aufweisen. Im Vergleich zu den realsozialistischen Dekaden, in denen ein allgegenwärtiger und autoritärer Interventionsstaat die Roma in Schulen und im Arbeitsleben zu integrieren versuchte, hat die postsozialistische Wirtschaftskrise die Ausgrenzung eher verschärft – denn zu den ersten, die in den 1990er Jahren ihren Arbeitsplatz verloren, gehörten die Roma. Eines der zentralen Probleme ist das geringe Bildungsniveau als Ergebnis jahrzehntelanger staatlicher Diskriminierung sowie der Institutionenaversion vieler Romafamilien. Um 2010 besaßen in Bulgarien 22 Prozent und in Rumänien 31 Prozent der erwachsenen Roma keinen Schulabschluss, unter der Mehrheitsbevölkerung waren es jeweils weniger als 2 Prozent. In den letzten Jahren machen sich, dank größerer Anstrengungen seitens der Regierungen und der diesbezüglichen Unterstützung durch die EU (die 2005 eine Dekade der Romainklusion einläutete), Verbesserungen bemerkbar – die aber in Krisenzeiten schnell wieder zunichte gemacht werden können, wie die Coronazeit gezeigt hat, als Roma mit dem Stigma der ›Infektionsverbreiter‹ belegt, ihre Siedlungen teilweise abgeriegelt und die Bewohner mit ihren Problemen allein gelassen wurden. Angesichts weitreichender Ressentiments gegen Roma sowie fest verankerter, modernisierungsresistenter Clanstrukturen unter ihnen braucht Fortschritt dort sehr viel Zeit.

Die Distanz der Roma zum Staat, die eine staatlich gelenkte Förderung so schwierig macht, offenbart ihr mangelndes Institutionenvertrauen. Das Misstrauen mag in besonders gesteigerter Form auftreten, doch ein alleiniges Problem der Roma ist es nicht. Stattdessen findet sich diese Skepsis in der südosteuropäischen Geschichte mindestens seit der späten osmanischen Herrschaft. Vielfache politische und gesellschaftliche Umwälzungen haben seitdem die Gesellschaften der Region nicht zur Ruhe kommen lassen und die Etablierung allseits akzeptierter Regeln erschwert (was nicht alle als Nachteil sehen). Auch dies manifestierte sich in der Coronapandemie wie unter einem Brennglas, denn es war ganz offensichtlich, dass die Bevölkerung dem Krisenmanagement ihrer jeweiligen Regierung nicht vertraute.

Insgesamt lässt sich konstatieren, dass die Gesellschaften der Region trotz Wirtschaftswachstum und relativer politischer Stabilität noch immer mit massiven Schwierigkeiten konfrontiert sind; neben niedrigen Löhnen veranlassten die große soziale Ungleichheit und die verbreitete Wahrnehmung, es angesichts klientelistischer Systeme zu nichts bringen zu können, viele Menschen dazu, ihre Heimat zu verlassen. Ganz Südosteuropa erlebte nach dem Ende des Staatssozialismus eine starke Welle der Arbeitsmigration ins Ausland, die bis heute andauert. Mit den durch die Jugoslawienkriege ausgelösten Fluchtbewegungen hat sie die Einwohnerschaft reduziert und zur Formierung großer Diasporagruppen im Ausland geführt. In den ersten fünfzehn Jahren nach dem Ende des Realsozialismus emigrierten circa vier Millionen Menschen bzw. über 7 Prozent der Gesamtbevölkerung Südosteuropas. Albanien verlor so ein Viertel seiner Bevölkerung. Der EU-Beitritt und vor allem die – teils erst verzögert eingeführte – Personenfreizügigkeit führten in Rumänien, Bulgarien und Kroatien zu einem erneuten Emigrationsschub. Kroatien beispielsweise, ein Land mit heute weniger als vier Millionen Einwohnern, wurde in den Jahren vor der Coronapandemie jährlich von 40 000 bis 50 000 Menschen verlassen, und 2020 lebte fast ein Fünftel der Staatsbürger Rumäniens im EU-Ausland. Hauptzielland für sie, wie auch für Emigranten aus anderen Ländern Südosteuropas, ist Deutschland, dessen Arbeitsmarkt von dieser Zuwanderung stark profitiert.

Neben der markanten Auswanderung setzte sich nach 1989 vielerorts auch die starke Binnenmigration fort, vor allem aus den Dörfern in die großen Städte, weil sich der Staat aus der Gestaltung des ländlichen Raums weitgehend zurückzog und viele Dörfer sich selbst überlassen blieben, während die Hauptstädte einen Boom erlebten. Das extremste Beispiel ist die albanische Hauptstadt Tirana, die zwischen 1991 und 2015 ihre Bevölkerungszahl verfünffachte (dort als eine Form der nachholenden Landflucht, denn diese war im Kommunismus in Albanien rigoros unterbunden worden).

Die Auswanderung hat ambivalente Folgen für die Gesellschaften der Region. Zwar unterstützen die Migranten ihre daheimgebliebenen Familien durch Geldsendungen (sogenannte Rimessen), die die Armut vor Ort beträchtlich verringern. In einigen Ländern der Region machen diese Transfers der Migranten mehr als 10 Prozent der gesamten Wirtschaftsleistung aus. Manche Rückkehrer haben (zum Beispiel in Albanien, Kosovo, Rumänien) ihre Ersparnisse produktiv investiert und erfolgreiche Unternehmen gegründet. Die Migrantentransfers schaffen aber auch neue Abhängigkeiten, zudem stellen sich Gewöhnungseffekte ein: Daheimgebliebene Angehörige hören auf, nach Arbeit zu suchen, da sie ohnehin aus dem Ausland regelmäßig Geld erhalten; Regierungen verzichten auf eigene sozialpolitische Anstrengungen, weil sie sich auf Auswanderung und Rücküberweisungen der Migranten verlassen können. Außerdem erhöhen sich durch die Gelder aus der Arbeitsmigration die Immobilienpreise und Landeswährungen geraten unter Aufwertungsdruck (was wiederum den Exporten schadet). Das Modell ist zudem sehr krisenanfällig, wie das plötzliche Ausbleiben von Rimessen und die plötzliche Rückkehr von Migranten während der Coronapandemie gezeigt hat.

Die Emigration hat, kombiniert mit den in der Region vorherrschenden niedrigen Geburtenraten, massive Folgen für die demografische Entwicklung Südosteuropas. Einzelne Länder verlieren rasch ihre Bevölkerung, wobei aufgrund der Auswanderung besonders junge Menschen fehlen, was wiederum dazu beiträgt, dass jährlich mehr Menschen sterben, als auf die Welt kommen. Bulgarien zählte Ende der 1980er Jahre beinahe neun Millionen Menschen, heute sind es noch sechseinhalb, und nach Prognosen der UNO werden 2050 nur mehr fünf Millionen übrig sein. In Albanien mussten die Statistiker bei der Volkszählung 2021 feststellen, dass die Gesamtbevölkerung des Landes bloß 2,8 Millionen Menschen betrug – eine halbe Million weniger als 1990. Für die sozialen Sicherungssysteme sind diese Werte bedrohlich, zumal das Niveau der Altersrenten ohnehin bescheiden ist und die Gesundheitssysteme einen personellen Aderlass gen Westeuropa erleben – was bislang aber die Regierungen der Region noch nicht bewogen hat, wie manche westliche Gesellschaften auf Zuwanderung zu setzen. Einer derartigen Problemlösung stehen sowohl die vergleichsweise prekäre wirtschaftliche Lage als auch die immer noch dominante Zielvorstellung vom ethnisch homogenen Nationalstaat im Wege. Immigration findet daher bislang vor allem in Form der Rückkehr von ausgewanderten Staatsbürgern statt (eine Tendenz, die in den letzten Jahren angesichts stark gestiegener Löhne zunimmt). Hier und da, oftmals unter dem Radar der Öffentlichkeit, ist aber bereits Einwanderung von außerhalb Europas zu verzeichnen, denn zu groß sind die durch Emigration und Alterung geschlagenen Lücken im Arbeitsmarkt (Griechenland verwandelte sich bereits in den 1990er Jahren zur Einwanderungsgesellschaft).

Migration aus der Region stellt eine Kontinuität seit dem 19. Jahrhundert dar und verweist auf die fortbestehenden Wohlstandsunterschiede sowie gescheiterte Entwicklungsutopien in der Region. Gleichzeitig hat sich der Charakter der Migration verändert, denn angesichts moderner Kommunikationsmittel und deutlich geringerer Kosten des Reisens halten viele Migranten heute engen Kontakt mit ihrer alten Heimat (und umgekehrt). Wer die Region verlässt, ist dennoch nicht ganz weg – allabendlich kann er bzw. sie bequem per Internet mit Familie und Bekannten am alten Heimatort kommunizieren. Die Flugverbindungen aus Südosteuropa sind ein gutes Abbild der Migrationsnetzwerke. Südosteuropäische Kulturen haben auf diese Weise zutiefst translokale Züge angenommen, weshalb sie sich mehr denn je einer eindeutigen Zuordnung und Essenzialisierung verweigern. Darin unterscheiden sie sich nicht von den Gesellschaften des Westens oder vieler anderer Gegenden dieser Welt, die ebenfalls von Migration und globaler Vernetzung stark beeinflusst werden. Gleichwohl ist unwahrscheinlich, dass sich regionale und lokale Profile demnächst durch globale Vernetzung ganz auflösen werden, denn dafür müssten sich neben den Kommunikationsmöglichkeiten auch die Lebenschancen vor Ort entscheidend verbessern. Und selbst dann lässt sich keine Konvergenz erwarten, zu unterschiedlich sind die historischen Erbschaften und zu krisenanfällig ist die moderne Welt, in der das Bedürfnis nach geschützten kulturellen Identitäten mindestens ebenso groß ist wie jenes nach Vernetzung und Universalisierung.

Bei allem Wandel ist sich Südosteuropa daher in dem Sinne treu geblieben, dass die Region nach wie vor vielfältig und voller Gegensätze ist. Allerdings sind die Kontraste heute zum Teil andere als früher. Von einem ethnischen Flickenteppich lässt sich oft nicht mehr sprechen, da die Nationalstaaten schrittweise und oft brutal die Völker trennten, ein hoffentlich letztes Mal beim Zerfall Jugoslawiens. Stattdessen fallen andere Gegensätze ins Auge. In den Hauptstädten sind glitzernde Warenwelten, umfangreiche Bauprojekte und gutbesuchte Cafés entstanden. Riesige Shoppingmalls befriedigen die Konsumwünsche. Sie stehen oft unvermittelt neben verwitterten sozialistischen Wohnblocks, an die sich wiederum bewachte Einfamilienhaussiedlungen (*gated communities*) im Speckgürtel anschließen. Die in den 1990er Jahre illegal entstandenen Neu- und Umbauten, als die Menschen angesichts dysfunktionaler staatlicher Institutionen und dank der Privatisierung des Wohnraums ihr Schicksal selbst in die Hand nahmen, tun das ihre zur Vielgestaltigkeit des urbanen Raumes, der mitunter chaotisch wirkt. Die relative Konsolidierung der letzten zwei Jahrzehnte hat einige dieser Exzesse eindämmen können. In den 1990er Jahren konnte man vor lauter spontan entstandenen Kiosken kaum noch Tiranas Stadtflüsschen Lana sehen; mittlerweile ist der Blick wieder frei, denn die Stadt hat das Ufer räumen lassen. Die ehemaligen Kioskbesitzer sind in etwas solidere Arbeitsfelder gewechselt oder haben das Land verlassen.

Fährt man jedoch aus den Hauptstädten weiter hinaus, trifft man relativ bald auf Dörfer, die ausgestorben erscheinen. Der Staat hat sich zurückgezogen, Schulen, Kultureinrichtungen, auch viele Geschäfte sind geschlossen und lediglich alte Menschen leben noch in den bröckelnden Häusern. Der Untergang vieler Industriebetriebe hat allerorts sichtbare Spuren hinterlassen – aber insbesondere im ländlichen Raum, während urbane Zentren dank gut ausgebildeter Arbeitskräfte und massiver Auslandsinvestitionen sowie der Hilfen der EU teils eine Reindustrialisierung erlebten. Transformationsverlierer stehen neben Transformationsgewinnern.

In den wirtschaftlich vitaleren Regionen wird heute viel gebaut, wobei westliche Besucher mitunter Unkonventionelles bestaunen können. Albanische Geschäftsleute errichten Häuser, die wie eine Minivariante von Glastürmen aus Manhattan aussehen; an denkmalgeschützte Gebäude im rumänischen Timişoara, renoviert mit EU-Geldern, werden eigentlich verbotene Klimaanlagen montiert; Hotelbesitzer im bulgarischen Ruse statten historische Bauten mit chromblitzenden modernistischen Möbeln aus; in der serbischen Hauptstadt wird mit Geld aus der arabischen Welt ein großes Hochhausviertel an der Save errichtet (*Belgrade Waterfront / Beograd na vodi*), das der Stadt ein völlig neues Antlitz verleiht bzw. dieses, wie Kritiker einwerfen, entstellt. Sogar die Mönche auf dem Berg Athos müssen sich von Besuchern vorwerfen lassen, nach Renovierungen zu sehr der Bequemlichkeit und dem Luxus zuzuneigen, etwa weil sie nun Fahrstühle oder Kaffeemaschinen benutzen.

Natürlich gibt es zu all dem Gegenbeispiele, dennoch ist der Widerspruch zwischen den Erwartungen westlicher Besucher und dem Vorgefundenen offensichtlich. Hinter diesem kulturellen Missverständnis steckt wohl, dass die südosteuropäischen Mittelschichten eher nach Komfort und Modernität streben, wogegen die Besucher aus Deutschland oder Frankreich, sofern sie nicht bewusst nach ›Balkan-Mischmasch‹ suchen, in erster Linie detailgetreue Rekonstruktion und stilistische Stringenz erwarten. Der Kontrast zwischen einem westlichen bürgerlichen Publikum, das seit den 1970er Jahren tendenziell vom Fortschrittsglauben zur Technikskepsis übergegangen ist, und der in Südosteuropa verbreiteten (und verständlichen) Aufsteigermentalität ist mit Händen zu greifen. Eindeutig sind die Fronten deswegen aber keineswegs: Sicher mag ein Bukarester Geschäftsmann mehr Wert als sein Berliner Kollege darauf legen, mit einem Mercedes zur Arbeit zu fahren und nicht mit dem Fahrrad; dennoch hat Rumänien wie viele andere Länder der Region begonnen, in den Großstädten Fahrradwege anzulegen, als Zeichen der eigenen ›Europäizität‹.

Das Tempo des kulturellen Wandels ist also ebenso hoch wie jenes des gesellschaftlichen. Wie überall auf der Welt wird dabei die Alltags- und Medienkultur seit Jahren durch das Internet stark transformiert (es gibt nur wenige Haushalte ohne Internetanschluss), und ähnlich wie überall auf der Welt hat das Internet sowohl nivellierende als auch verstärkende Effekte. Es kann für progressive Zwecke genauso verwendet werden wie für konservative. So vernetzen sich Liberale, Konservative, Linke oder Religiöse in jeweils eigenen virtuellen Räumen, die häufig transnational sind. Ausgleichend wirkt dagegen das Phänomen der Hybridisierung – etwa wenn orthodoxe oder muslimische Geistliche die sozialen Netzwerke für sich entdecken, Kontakte zu völlig unterschiedlichen Gruppierungen knüpfen und die traditionsbewusste religiöse Lebensweise mit schnellen *Likes* und *Posts* kombinieren. In solchen Situationen werden die Karten buchstäblich neu gemischt, weil Kulturen aufeinandertreffen, die ohne Internet kaum Notiz voneinander genommen hätten.

Südosteuropa wirkt angesichts dieser Dynamiken, die sich in der materiellen ebenso wie in der immateriellen Kultur zeigen, recht unfertig, zumal so manches Bauprojekt nie realisiert wird, der Rohbau dann aber ewig herumsteht. Wieder einmal befindet sich diese Region, die so viele Transformationen erlebt (und erlitten) hat, im Umbruch, mit einer unklaren Zukunft. Bei Abschluss dieses Manuskripts ist der Optimismus, der vor einigen Jahren durchaus angebracht war und die Schlussfolgerungen der ersten Auflage unseres Buches prägte, einer großen Unsicherheit gewichen. Mit der Invasion Russlands in der Ukraine ist Krieg wieder nahe an die Region gerückt, Inflation und Energieunsicherheit drücken aufs Gemüt, ebenso die auch in der Region immer manifesteren Folgen des Klimawandels. Die durch den Krieg notwendig gewordenen geopolitischen Positionierungen der Regierungen verstärken gesellschaftliche Konfliktlinien. Das gilt vor allem für Bosnien-Herzegowina, dessen innere Zerwürfnisse sich durch die geopolitische Spaltung Europas insgesamt verschärft haben.

Das europäische Projekt, von dem sich in der Region viele nicht nur wirtschaftlichen Wohlstand und gute Regierungsführung erhoffen, sondern auch eine dauerhafte Befriedung – warum sollte man in einem gemeinsamen politischen Raum noch über Staatsgrenzen streiten? –, erweckt trotz der jüngsten Initiativen nur mehr wenig Enthusiasmus. Niemand glaubt, dass die laufenden Beitrittsverhandlungen mit Montenegro, Serbien, Albanien und Nordma-

Abb. 7: Südosteuropa heute.

zedonien in absehbarer Zukunft in einen Beitritt münden werden, ganz zu schweigen von einem baldigen Beitritt Bosniens, Kosovos, Moldaus oder gar der Türkei. Gescheitert ist auch der Versuch der EU, eine Wiedervereinigung Zyperns herbeizuführen. Für die EU scheint heute vor allem zu zählen, dass Südosteuropa die Fliehenden aus dem Nahen Osten und über das östliche Mittelmeer an seinen Grenzen zuverlässig abweist. Über diese Priorität europäischer Politik hinweg werden sogar massive Menschenrechtsverletzungen ignoriert. Südosteuropa und Europa insgesamt haben Besseres verdient.

Südosteuropa seit 1990

Zerfall Jugoslawiens und Jugoslawienkrieg

1990, Januar	14. und letzter Parteikongress des Bundes der Kommunisten Jugoslawiens
1990, April	Parlamentswahlen in Slowenien, Sozialdemokraten stimmenstärkste Partei
1990, April–Mai	Parlamentswahlen in Kroatien, Sieg der HDZ
1990, Juli	Auflösung von Parlament und Regierung der Autonomen Provinz Kosovo; Bildung einer Exilregierung (1992)
1990, November	Parlamentswahlen in Mazedonien, Sieg der VMRO-DPMNE
1990, November/Dezember	Parlamentswahlen in Bosnien-Herzegowina, Sieg der nationalistischen Parteien
1990, Dezember	Parlamentswahlen in Serbien, Sieg der Postkommunisten unter Slobodan Milošević
1990, Dezember	Parlamentswahlen in Montenegro, Sieg der Kommunisten
1991, Mai	gewaltsame Eskalation in Kroatien, Krieg bis 1995
1991, Juni	Slowenien und Kroatien erklären ihre Unabhängigkeit

1991, Juni/Juli	Krieg in Slowenien
1991, Dezember	Ausrufung der Republik Serbische Krajina (auf dem Territorium Kroatiens)
1992, Januar	Anerkennung der Unabhängigkeit Sloweniens und Kroatiens durch die EG; Serbien und Montenegro bilden die Bundesrepublik Jugoslawien (2003 in Staatenbund Serbien und Montenegro umgeformt); Ausrufung der Serbischen Republik in Bosnien-Herzegowina
1992, Februar	UN-Sicherheitsrat beschließt Blauhelmtruppe für Kroatien und Bosnien-Herzegowina (UNPROFOR)
1992, Februar/März	Unabhängigkeitsreferendum in BiH, Unabhängigkeitserklärung (5.3.)
1992, März	Kriegsausbruch in Bosnien (bis 1995)
1992, Mai	EG beschließt Handelsembargo gegen BR Jugoslawien
1993, Mai	UN-Sicherheitsrat etabliert den Internationalen Strafgerichtshof für das ehemalige Jugoslawien (ICTY)
1995, Mai–August	kroatische Rückeroberung Westslawoniens und der Krajina
1995, Juli	serbische Truppen verüben Genozid in Srebrenica
1995, August/September	NATO-Bombardements gegen serbische Stellungen in Bosnien
1995, November	Abschluss des Friedensvertrags von Dayton für Bosnien-Herzegowina, neue Verfassung
1998, Februar	Gewalteskalation im Kosovo, Krieg bis Juni 1999
1999, März–Juni	NATO-Luftschläge gegen Serbien und Montenegro nach dem Scheitern der Friedensverhandlungen von Rambouillet
1999, Juni	UN-Sicherheitsratsresolution 1244 beendet Kosovokrieg, Entsendung der KFOR-Schutztruppe
2000, Oktober	Massenproteste nach Wahlbetrug stürzen Slobodan Milošević; er wird 2001 an den ICTY ausgeliefert

2001, Januar	bewaffneter Aufstand albanischer Rebellen in Mazedonien, Waffenstillstand 5.7.2001
2001, August	Abkommen von Ohrid beendet Gewalt in Mazedonien, neue Verfassung mit Dezentralisierung und Aufwertung des Albanischen
2004, März	pogromartige Ausschreitungen gegen Serben im Kosovo
2006, Juni	Montenegro erklärt sich unabhängig
2008, Februar	Kosovo erklärt sich unabhängig

Innenpolitische Entwicklungen

1989, Dezember	Ion Iliescu wird Präsident Rumäniens (bis 1996, erneut 2000–2004)
1990, Februar/März	Parlamentswahlen in der Moldauischen SSSR, Sieg der Kommunisten
1990, April	Neuwahlen in Griechenland, Sieg der Neuen Demokratie
1990, Mai	Parlamentswahlen in Rumänien, Sieg der Front der Nationalen Rettung
1990, Juni	Parlamentswahlen in Bulgarien, Sieg der Sozialistischen Partei (ehemalige BKP)
1990, November	Bulgarische Nationalversammlung wählt Ex-Dissident Želju Želev zum Staatspräsidenten (bis 1997)
1991, Februar	Milo Đukanović wird Ministerpräsident Montenegros; bis 2023 mehrfach Regierungschef bzw. Staatspräsident
1991, April	Parlamentswahlen in Albanien, Sieg der Kommunisten
1991, August	die Republik Moldau erklärt ihre Unabhängigkeit von der Sowjetunion
1992, März–Juli	Krieg in der Republik Moldau um die separatistische Provinz Transnistrien; Waffenstillstand 21.7.1992, Entsendung russischer Friedenstruppen, Transnistrien wird zum De-Facto-Staat

1992, April	Sali Berisha von der Demokratischen Partei gewinnt Präsidentenwahl in Albanien (bleibt im Amt bis 1997; 2005–2013 Ministerpräsident)
1993, März	Parlamentswahlen in Griechenland, Sieg der PASOK, Andreas Papandreou wird erneut Premier (bis 1996)
1993, Mai	Premier Süleyman Demirel wird zum Präsidenten der Türkei gewählt (bis 2000)
1993, Juni	Tansu Çiller wird als erste Frau Premier der Türkei (bis 1996)
1994, Dezember	Autonomiegesetz für die Region Gagausien in der Republik Moldau
1996/1997, Winter	Massenproteste gegen die Regierung in Bulgarien, Kollaps der Ökonomie, Hyperinflation
1997, Januar–März	Massenproteste in Albanien nach Kollaps der Finanzpyramiden; Zusammenbruch staatlicher Strukturen, internationale Militär- und Polizeiintervention
1997, Februar	sog. Militärmemorandum in der Türkei führt zum Rücktritt des islamistischen Premiers Necmettin Erkaban und Ende seiner Regierung
1997, April	Neuwahlen in Bulgarien, Sieg der ODS unter Ivan Kostov, der Premier wird (bis 2001)
1997, Juni	Neuwahlen in Albanien, Sieg der Sozialisten unter Fatos Nano
1999, Februar	Festnahme des Anführers der Kurdischen Arbeiterpartei, Abdullah Öcalan; er erklärt 2013 den bewaffneten Kampf für beendet
1999, September	Tod des Präsidenten Kroatiens, Franjo Tuđmans
2000, Januar	Niederlage der HDZ bei Parlamentswahlen in Kroatien, ehemalige Opposition bildet Regierung unter dem Sozialdemokraten Ivica Račan
2000, Februar	Wahl von Stjepan Mesić zum Präsidenten Kroatiens (bis 2010)
2000, Dezember	Parlamentswahlen in Serbien, Sieg der Opposition unter Zoran Đinđić, der Ministerpräsident wird

2001, Juni	Parlamentswahlen in Bulgarien, Sieg der Nationalen Bewegung Simeon II., Ex-König Simeon Sakskoburggotski wird Premier (bis 2005)
2002, November	Die Partei für Gerechtigkeit und Entwicklung (AKP) gewinnt die türkische Parlamentswahl, Recep Tayyip Erdoğan wird Premier (bis 2014, seither Staatsprädient)
2003, März	Ermordung des serbischen Ministerpräsidenten, Zoran Đinđić
2004, April	Wiedervereinigungsreferendum in Zypern scheitert
2009, Juli	Bojko Borisov wird zum ersten Mal Premier in Bulgarien (bis 2013, erneut 2014–2021)
2012, November	der ehemalige Premier Kroatiens, Ivo Sanader (HDZ), wird wegen Korruption zu Haftstrafe verurteilt (Urteil 2015 vom Höchstgericht aufgehoben)
2014, März	Sieg der Serbischen Fortschrittspartei bei Parlamentswahl; Aleksandar Vučić wird Ministerpräsident Serbiens (bis 2017, seitherStaatspräsident)
2014, November	Klaus Johannis, Mitglied der deutschen Minderheit, wird zum Präsidenten Rumäniens gewählt (2019 Wiederwahl)
2015, April	Regierung der Republika Srpska (Entität in Bosnien-Herzegowina) kündigt Unabhängigkeitsreferendum an
2015, Mai	Parlamentswahlen in Griechenland mit Sieg der Linkspartei Syriza unter Alexis Tsipras (Premier bis 2019), nach Massenprotesten gegen Austeritätspolitik und EU-Auflagen
2016, Januar	Nikola Gruevski (VMRO-DPMNE), Premier Mazedoniens, tritt nach Massenprotesten zurück; nach Neuwahlen (Mai) übernimmt der Sozialdemokrat Zoran Zaev das Amt
2016, Juli	Gescheiterter Militärputsch in der Türkei; danach Massenverhaftungen

2017, April	Novelle der türkischen Verfassung in Referendum angenommen, Etablierung eines präsidentiellen Systems
2018, März	Beginn von Massenprotesten in Bosnien-Herzegowina
2019, Juni	Verfassungskrise in der Republik Moldau
2020, November	die proeuropäische Kandidatin Maia Sandu wird zur Präsidentin Moldaus gewählt
2020–2021	monatelange Massenproteste führen zum Rücktritt des bulgarischen Premiers Borisov; die nachfolgenden vier Parlamentswahlen (2021–2022) erbringen keine stabile neue Regierung
2021–2022	wiederholte Massenproteste gegen die slowenische Regierung unter Janez Janša, die neue Partei Freiheitsbewegung gewinnt Parlamentswahl (April 2022)

Europäische und internationale Ebene

1993	EU fixiert Beitrittskriterien (sog. Kopenhager Kriterien)
1999, März	Ungarn tritt der NATO bei
1999, Juni	Beschluss des Stabilitätspaktes für Südosteuropa (seit 2008 Regionaler Kooperationsrat für Südosteuropa)
2001	Griechenland führt den Euro ein
2003, Juni	EU-Gipfel in Saloniki, Beitrittsperspektive für die Westbalkanländer
2004, März	Bulgarien, Rumänien und Slowenien treten der NATO bei
2004	Olympische Sommerspiele in Athen
2004	Mazedonien beantragt EU-Mitgliedschaft, Beginn der Verhandlungen 2022
2004, Mai	Slowenien, Ungarn und Zypern treten der EU bei
2005	Beginn der EU-Beitrittsverhandlungen mit der Türkei (von EU 2018 ausgesetzt)

2007, Januar	EU-Beitritt Bulgariens und Rumäniens
2008	Montenegro beantragt EU-Mitgliedschaft, Beginn der Verhandlungen 2012
2008	Beginn der Rechtsstaatsmission der EU im Kosovo (EULEX)
2009	Serbien beantragt EU-Mitgliedschaft, Beginn der Verhandlungen 2014
2009	Albanien beantragt EU-Mitgliedschaft, Beginn der Verhandlungen 2022
2009, April	Albanien und Kroatien treten der NATO bei
2009	Beginn der griechischen Finanz- und Schuldenkrise; mehrere Rettungspakete, Etablierung der sogenannten Troika aus EU, EZB, IWF
2013, Juli	Kroatien tritt der EU bei
2014	Lancierung des Berliner Prozesses zur Unterstützung der EU-Annäherung des Westbalkans
2016	EU-Beitrittsantrag Bosnien-Herzegowinas, bekommt im Dezember 2022 Kandidatenstatus
2017, Juli	NATO-Beitritt Rumäniens
2018, Juni	Prespa-Abkommen zwischen Mazedonien und Griechenland; Mazedonien nennt sich in Nordmazedonien um, Griechenland beendet EU-Blockade
2019, Oktober	Bulgarien legt Veto gegen Beitrittsverhandlungen mit Nordmazedonien ein (bis 2022)
2020, März	NATO-Beitritt Nordmazedoniens
2022, März	EU-Beitrittsantrag der Republik Moldau
2023, Januar	Beitritt Kroatiens zur Schengenzone und zum Euro; Österreich blockiert Schengenbeitritt Rumäniens und Bulgariens
2023, Februar	Normalisierungsabkommen zwischen Serbien und Kosovo

Literaturhinweise

Forschungsgeschichte

Beer, Mathias / Seewann, Gerhard (Hrsg.): Südostforschung im Schatten des Dritten Reiches. Institutionen – Inhalte – Personen. München 2004.

Brunnbauer, Ulf (Hrsg.): (Re)Writing History. Historiography in Southeastern Europe after Socialism. Münster 2004.

Kaser, Karl: Südosteuropäische Geschichte und Geschichtswissenschaft. Wien u. a. ²2002.

Mishkova, Diana: Beyond Balkanism. The Scholarly Politics of Region Making. London 2018.

Geschichte Südosteuropas allgemein

Austin, Robert: Making and Remaking the Balkans. Nations and States since 1878. Toronto 2019.

Bernath, Mathias / Schroeder, Felix von (Hrsg.): Biografisches Lexikon zur Geschichte Südosteuropas. 4 Bde. München 1974–1981.

Brunnbauer, Ulf / Helmedach, Andreas / Troebst, Stefan (Hrsg.): Schnittstellen. Gesellschaft, Nation, Konflikt und Erinnerung in Südosteuropa. Festschrift für Holm Sundhaussen zum 65. Geburtstag. München 2007.

Calic, Marie-Janine: Südosteuropa. Weltgeschichte einer Region. München 2016.

– Geschichte des Balkans. Von den Anfängen bis zur Gegenwart. München 2023.

Clewing, Konrad / Schmitt, Oliver Jens (Hrsg.): Geschichte Südosteuropas. Vom frühen Mittelalter bis zur Gegenwart. Regensburg 2011.

Clewing, Konrad / Schmitt, Oliver Jens (Hrsg.): Südosteuropa. Von vormoderner Vielfalt und nationalstaatlicher Vereinheitlichung. Festschrift für Edgar Hösch. München 2005.

Hatschikjan, Magarditsch / Troebst, Stefan (Hrsg.): Südosteuropa. Ein Handbuch. München 1999.

Hösch, Edgar: Geschichte des Balkans. Von der Frühzeit bis zur Gegenwart. München ²2007.

Jelavich, Barbara: History of the Balkans. 2. Bde. Cambridge 1983.

Lampe, John: Balkans into Southeastern Europe. A Century of War and Transition. Basingstoke 2006.

– / Brunnbauer, Ulf (Hrsg.): The Routledge Handbook of Balkan and Southeast European History. New York 2021.

Mazower, Mark: Der Balkan. Berlin ³2007.

Rieber, Alfred J.: Storms over the Balkans During the Second World War. Oxford 2022.

Schmitt, Oliver Jens (Hrsg.): Handbuch zur Geschichte Südosteuropas, Band 2. Herrschaft und Politik in Südosteuropa von 1300 bis 1800. Berlin / München 2021.

Stavrianos, Leften S.: The Balkans since 1453. London ²2001.

Sugar, Peter F.: Southeastern Europe Under Ottoman Rule 1354–1804. Washington ³1996.

Sundhaussen, Holm / Clewing, Konrad (Hrsg.): Lexikon zur Geschichte Südosteuropas. Wien u. a. ²2016.

Todorova, Maria: Die Erfindung des Balkans. Europas bequemes Vorurteil. Darmstadt 1999.

Wachtel, Andrew: The Balkans in World History. Oxford 2008.

Weithmann, Michael: Balkan-Chronik. Regensburg ³2000.

Wirtschafts- und Gesellschaftsgeschichte

Inotai, András: The European Union and Southeastern Europe. Troubled Waters Ahead? Frankfurt am Main 2007.

Kaser, Karl: Familie und Verwandtschaft auf dem Balkan: Analyse einer untergehenden Kultur. Wien/Köln/Weimar 1995.

Kaser, Karl / Gruber, Siegfried / Pichler, Robert (Hrsg.): Historische Anthropologie im südöstlichen Europa. Eine Einführung. Wien u. a. 2003.

Kopsidis, Michael / Ivanov, Martin: Industrialization and De-industrialization in Southeast Europe, 1870–2010. In: Kevin Hjortshøj O'Rourke / Jeffrey Gale Williamson (Hrsg.): The

Spread of Modern Industry to the Periphery since 1871. Oxford 2017, 91–114.
Lampe, John: The Bulgarian economy in the twentieth century. London 1986.
Lampe, John / Jackson, Marvin: Balkan Economic History, 1550–1950. From Imperial Borderlands to Developing Nations. Bloomington 1982.
Palairet, Michael: The Balkan Economies, c. 1800–1914: Evolution Without Development. Cambridge 1997.
Stoianovich, Traian: Balkan Worlds. The First and Last Europe. Armonk 1994.

Byzanz

Beck, Hans-Georg: Das byzantinische Jahrtausend. München 1978.
Browning, Robert: Byzantium and Bulgaria. A Comparative Study Across the Early Medieval Frontier. London 1975.
Cameron, Averil: The Byzantines. Oxford 2006.
Ducellier, Alain: Byzanz. Das Reich und die Stadt. Köln 1990.
Herrin, Judith: Byzanz. Die erstaunliche Geschichte eines mittelalterlichen Imperiums. Stuttgart 2013.
Laiou, Angeliki E. / Mpuras, Charalampos (Hrsg.): The Economic history of Byzantium. From the Seventh Through Fifteenth Century. 3 Bde. Washington, DC, 2002.
Lilie, Ralph-Johannes: Byzanz. Das zweite Rom. Berlin 2003.
– Einführung in die byzantinische Geschichte. Stuttgart 2007.
Ostrogorski, Georgije: Byzantinische Geschichte: 324–1453. München 1996.
Prinzing, Günther (Hrsg.): Fest und Alltag in Byzanz. München 1990.
Stephenson, Paul: Byzantium's Balkan Frontier. A Political Study of the Northern Balkans, 900–1204. Cambridge 2000.

Osmanisches Reich

Barkey, Karen: Empire of Difference. The Ottomans in Comparative Perspective. Cambridge 2008.

Faroqhi, Suraiya: Geschichte des Osmanischen Reiches. München 2000.

– Kultur und Alltag im Osmanischen Reich: Vom Mittelalter bis zum Anfang des 20. Jahrhunderts. München 1995.

Finkel, Carolin: Osman's Dream: The History of the Ottoman Empire. New York 2005.

Howard, Douglas: A History of the Ottoman Empire. Cambridge 2016.

Imber, Colin: The Ottoman Empire, 1300–1650: The Structure of Power. London ²2007.

İnalcık, Halil: The Ottoman Empire. The Classical Age 1300–1600. London 1973.

– / Quataert, Donald (Hrsg.): An Economic and Social History of the Ottoman Empire. Bd. 1: 1300–1914. Cambridge 1994.

Kreiser, Klaus: Der osmanische Staat 1300–1922. München 2001.

Matuz, Josef: Das Osmanische Reich: Grundlinien seiner Geschichte. Darmstadt ³1996.

McCarthy, Justin: The Ottoman Turks. Harlow 1997.

Quataert, Donald: The Ottoman Empire. 1700–1922. Cambridge 2000.

Reinkowski, Maurus: Die Dinge der Ordnung. Eine vergleichende Untersuchung über die osmanische Reformpolitik im 19. Jahrhundert. München 2005.

Shaw, Stanford: History of the Ottoman Empire and Modern Turkey. Bd. 1. Cambridge 1976.

Habsburgerreich

Bérenger, Jean: Geschichte des Habsburgerreiches. Wien 1995.

Canis, Konrad: Die bedrängte Großmacht. Österreich-Ungarn und das europäische Mächtesystem 1866/67–1914. Paderborn 2016.

Good, David F.: Der wirtschaftliche Aufstieg des Habsburgerreiches 1750–1914. Wien u. a. 1986.

Görlich, Ernst Josef: Grundzüge der Geschichte der Habsburgermonarchie und Österreichs. Darmstadt 1970.

Ingrao, Charles W.: The Habsburg Monarchy. 1618–1815. Cambridge / New York 1994.

Judson, Pieter: The Habsburg Empire: A New History. Cambridge, MA, 2016.

Moritsch, Andreas (Hrsg.): Der Austroslawismus. Ein verfrühtes Konzept zur politischen Neugestaltung Mitteleuropas. Wien u. a. 1996.

Okey, Robin: The Habsburg Monarchy, c. 1765–1918. From Enlightenment to Eclipse. Basingstoke u. a. 2001.

Stourzh, Gerald: Die Gleichberechtigung der Nationalitäten in der Verfassung und Verwaltung Österreichs 1848–1918. Wien 1985.

Vocelka, Michaela / Vocelka, Karl: Franz Joseph I. Kaiser von Österreich und König von Ungarn. München 2015.

Wandruszka, Adam u. a. (Hrsg.): Die Habsburgermonarchie 1848–1918. 11 Bde. Wien 1973–2014.

Jugoslawien

Banac, Ivo: The National Question in Yugoslavia. Ithaca 1984.

Bieber, Florian / Galijaš, Armina / Archer, Rory (Hrsg.): Debating the End of Yugoslavia. London 2014.

Bokovoy, Melissa u. a. (Hrsg.): State Society Relations in Yugoslavia 1945–1992. New York 1997.

Buchenau, Klaus: Orthodoxie und Katholizismus in Jugoslawien 1945–1991: Ein serbisch-kroatischer Vergleich. Berlin 2004.

Calic, Marie-Janine: Geschichte Jugoslawiens im 20. Jahrhundert. München 2010.

Dedijer, Vladimir u. a.: History of Yugoslavia. New York u. a. 1975.

Grothusen, Klaus-Detlef (Hrsg.): Jugoslawien. Göttingen 1975 (Südosteuropa-Handbuch I).

Jović, Dejan: Yugoslavia. A State that Withered Away. West Lafayette, Ind., 2009.

Lampe, John: Yugoslavia as History: Twice There Was a Country. Cambridge 1997.

Melčić, Dunja (Hrsg.): Der Jugoslawien-Krieg. Handbuch zu Vorgeschichte, Verlauf und Konsequenzen. Wiesbaden 2002.
Pirjevec, Jože: Tito. Eine Biografie. München 2016.
Ramet, Sabrina P.: Die drei Jugoslawien. Staatsbildungen und ihre Legitimation. München 2008.
Sundhaussen, Holm: Experiment Jugoslawien. Von der Staatsgründung bis zum Staatszerfall. Mannheim 1993.
– Jugoslawien und seine Nachfolgestaaten 1943–2011. Eine ungewöhnliche Geschichte des Gewöhnlichen. Wien u. a. 2012.

Albanien

Bartl, Peter: Albanien. Vom Mittelalter bis zur Gegenwart. Regensburg / München 1995.
Elsie, Robert: Historical Dictionary of Albania. Lanham, MD, 2004.
Grothusen, Klaus-Detlef (Hrsg.): Albanien. Göttingen 1993 (Südosteuropa-Handbuch VII).
Jordan, Peter u. a. (Hrsg.): Albanien. Geografie, historische Anthropologie, Geschichte und Kultur. Wien 2003.
Schmitt, Oliver Jens: Das venezianische Albanien (1392–1479). München 2001.
– / Frantz, Eva Anne (Hrsg.): Albanische Geschichte. Stand und Perspektiven der Forschung. München 2009.
Schwandner-Sievers, Stephanie / Fischer, Bernd J. (Hrsg.): Albanian Identities. Myth and History. London 2002.
Vickers, Miranda: The Albanians. A Modern History. London / New York 1995.
Young, Antonia: Albania. Oxford u. a. 1997.

Bosnien-Herzegowina

Burg, Steven L. / Soup, Paul S.: The War in Bosnia-Herzegovina: Ethnic Conflict and International Intervention. New York 2000.
Calic, Marie-Jeanine: Der Krieg in Bosnien-Herzegowina. Ursachen,

Konfliktstrukturen, internationale Lösungsversuche. Frankfurt a. M. 1995.
– Krieg und Frieden in Bosnien-Herzegowina. Frankfurt a. M. 1999.
Čuvalo, Ante: Historical Dictionary of Bosnia-Herzegovina. Lanham, MD, 2007.
Džaja, Srećko M.: Bosnien-Herzegowina in der österreichisch-ungarischen Epoche 1878–1918. München 1994.
– Konfessionalität und Nationalität Bosniens und der Herzegowina. Voremanzipatorische Phase 1463–1804. München 1984.
Grandits, Hannes: Herrschaft und Loyalität in der spätosmanischen Gesellschaft. Wien / Graz / Köln 2008.
Hoare, Marko Attila: The History of Bosnia. From the Middle Ages to the Present Day. London 2007.
Keßelring, Agilolf (Hrsg.): Bosnien-Herzegowina. Wegweiser zur Geschichte. Paderborn u. a. 2007.
Koller, Markus: Bosnien an der Schwelle zur Neuzeit. Eine Kulturgeschichte der Gewalt (1747–1798). München 2004.
Lovrenovic, Ivan: Bosnien und Herzegowina. Eine Kulturgeschichte. Wien/Bozen 1999.
Malcolm, Noel: Bosnia – A Short History. New York 2002.
Sundhaussen, Holm: Sarajevo. Die Geschichte einer Stadt. Wien/ Köln 2014.

Bulgarien

Baeva, Iskra / Kalinova, Evgenia: Bulgarien von Ost nach West – Zeitgeschichte ab 1939. Wien 2009.
Brunnbauer, Ulf: Die sozialistische Lebensweise. Politik, Ideologie und Alltag in Bulgarien, 1944–1989. Wien 2007.
Crampton, Richard J.: A Concise History of Bulgaria. Cambridge 1997.
– Bulgaria. Oxford 2007.
Grothusen, Klaus-Detlef (Hrsg.): Bulgarien. Göttingen 1990 (Südosteuropa-Handbuch VI).

Härtel, Hans-Joachim / Schönfeld, Roland: Bulgarien. Vom Mittelalter bis zur Gegenwart. Regensburg 1998.
Ziemann, Daniel: Vom Wandervolk zur Großmacht. Die Entstehung Bulgariens im frühen Mittelalter (7.–9. Jh.). Köln u. a. 2007.

Griechenland

Clogg, Richard: Geschichte Griechenlands im 19. und 20. Jahrhundert. Ein Abriss. Köln 1997.
Dakin, Douglas: The Unification of Greece, 1770–1923. New York 1972.
Dragounis, Mark / Veremis, Thanos M. (Hrsg.): Greece. Oxford 1998.
Fleischer, Hagen: Im Kreuzschatten der Mächte. Griechenland 1941–1944: Okkupation – Resistance – Kollaboration. Frankfurt a. M. / Bern / New York 1978.
Grothusen, Klaus-Detlef (Hrsg.): Griechenland. Göttingen 1980 (Südosteuropa-Handbuch III).
Koliopoulos, John S. / Veremis, Thanos M.: Greece. The Modern Sequel. From 1831 to the Present. London 2002.
Mazower, Mark: The Greek Revolution: 1821 and the Making of Modern Europe. London 2021.
Weithmann, Michael W.: Griechenland. Vom Frühmittelalter bis zur Gegenwart. Regensburg 1994.
Zelepos, Ioannis: Kleine Geschichte Griechenlands. Von der Staatsgründung bis heute. München 2014.

Kosovo

Chiari, Bernhard / Keßelring, Agilolf (Hrsg.): Kosovo. Wegweiser zur Geschichte. Paderborn u. a. 2006, erweitert 2008.
Clewing, Konrad / Reuter, Jens (Hrsg.): Der Kosovo-Konflikt. Ursachen, Verlauf und Perspektiven. Klagenfurt 2000.
Elsie, Robert: Historical Dictionary of Kosovo. Lanham, MD / London 2004.

Malcolm, Noel: Kosovo – A Short History. London u. a. 2002.
Petritsch, Wolfgang / Kaser, Karl / Pichler, Robert: Kosovo/Kosova. Klagenfurt 1999.
Schmitt, Oliver Jens: Kosovo: Kurze Geschichte einer zentralbalkanischen Landschaft. Wien 2008.
Ströhle, Isabel: Aus den Ruinen der alten erschaffen wir die neue Welt! Herrschaftspraxis und Loyalitäten in Kosovo (1944–1974). München 2016.

Kroatien

Bartlett, William: Croatia Between Europe and the Balkans. London / New York 2003.
Budak, Neven u. a. (Hrsg.): Kroatien. Geschichte, Kultur, Politik, Wirtschaft, Recht. Wien 1995.
Goldstein, Ivo / Goldstein, Slavko: The Holocaust in Croatia. Pittsburgh 2016.
– Croatia. A History. London 1997.
Grandits, Hannes: Familie und sozialer Wandel im ländlichen Kroatien. Wien 2002.
Gross, Mirjana: Die Anfänge des modernen Kroatien. Gesellschaft, Politik und Kultur in Zivil-Kroatien und -Slawonien in den ersten 30 Jahren nach 1848. Wien u. a. 1993.
Stallaerts, Robert: Historical Dictionary of the Republic of Croatia. Lanham, MD, 2003.
Steindorff, Ludwig: Kroatien: Vom Mittelalter bis zur Gegenwart. Regensburg 2001.

Moldova (Moldawien)

Bochmann, Klaus (Hrsg.): Die Republik Moldau. Ein Handbuch. Leipzig 2012.
Brezianu, Andrei / Španu, Vlad: Historical Dictionary of Moldova. Lanham, MD, 2007.

King, Charles: The Moldovans: Romania, Russia, and the Politics of Culture. Stanford, CA, 2000.
Meurs, Wim van: The Bessarabian Question in Communist Historiography. Nationalist and Communist Politics and History-Writing. Boulder, CO, 1994.
Neukirch, Claus: Die Republik Moldau. Nations- und Staatsbildung in Osteuropa. Münster 1996.

Montenegro

Andrijašević, Tivko M. / Rastoder, Šerbo: The History of Montenegro. From Ancient Times to 2003. Podgorica 2006.
Bieber, Florian (Hrsg.): Montenegro in Transition. Baden-Baden 2003.
Boeckh, Katrin: Serbien, Montenegro – Geschichte und Gegenwart. Regensburg 2009.
Heer, Casper: Territorialentwicklung und Grenzfragen von Montenegro in der Zeit seiner Staatswerdung (1830–1887). Bern u. a. 1981.
Roberts, Elisabeth: Realm of the Black Mountains. A History of Montenegro. Cornell 2007.

Nordmazedonien

Boskovska, Nada: Das jugoslawische Makedonien 1918–1941. Eine Randregion zwischen Repression und Integration. Wien u. a. 2009.
Lukan, Walter (Hrsg.): Makedonien. Wien 1998.
Poulton, Hugh: Who are the Macedonians? London 1995.
Rossos, Andrew: Macedonia and the Macedonians. A History. Stanford, CA, 2008.
Shea, John: Macedonia and Greece. The Struggle to Define a New Balkan Nation. Jefferson 1997.
Troebst, Stefan: Das makedonische Jahrhundert. Von den Anfängen der nationalrevolutionären Bewegung zum Abkommen von Ohrid. 1893–2001. München 2007.

Rumänien

Grothusen, Klaus-Detlef (Hrsg.): Rumänien. Göttingen 1977 (Südosteuropa-Handbuch II).

Hausleitner, Mariana: Die Rumänisierung der Bukowina. Die Durchsetzung des nationalstaatlichen Anspruchs Großrumäniens 1918–1944. München 2001.

Hitchins, Keith: Rumania 1866–1947. Oxford 1994.

– The Romanians 1774–1866. Oxford 1996.

Kahl, Thede u. a. (Hrsg.): Rumänien. Wien 2006.

Scharr, Kurt / Gräf, Rudolf: Rumänien. Geschichte und Geografie. Wien 2008.

Treptow, Kurt (Hrsg.): A History of Romania. Iaşi 1996.

Verseck, Keno: Rumänien. München 2007.

Völkl, Ekkehard: Rumänien. Vom 19. Jahrhundert bis in die Gegenwart. Regensburg 1995.

Serbien

Bieber, Florian: Nationalismus in Serbien vom Tode Titos bis zum Ende der Ära Milošević. Wien 2005.

Buchenau, Klaus: Auf russischen Spuren. Orthodoxe Antiwestler in Serbien, 1850–1945. Wiesbaden 2011.

Calic, Marie-Janine: Sozialgeschichte Serbiens 1815–1941. Der aufhaltsame Fortschritt während der Industrialisierung. München 1994.

Đokić, Dejan: A Concise History of Serbia. Cambridge 2023.

Halpern, Joe: A Serbian Village. Social and Cultural Change in a Yugoslav Community. New York 1967.

Judah, Tim: The Serbs. History, Myth and the Destruction of Yugoslavia. New Haven / London 1997.

Mišković, Nataša: Basare und Boulevards: Belgrad im 19. Jahrhundert. Wien / Graz / Köln 2008.

Mitrović, Andrej: Serbia's Great War. 1914–1918. West Lafayette, IN, 2007.

Pavlowitch, Stevan K.: Serbia – The History of an Idea. New York 2002.
Ramet, Sabrina P. (Hrsg.): Serbia Since 1989. Politics and Society Under Milošević and After. Seattle, WA, u. a. 2007.
Sundhaussen, Holm: Geschichte Serbiens. 19.–21. Jh. Wien 2007.

Slowenien

Gow, James: Slovenia and the Slovenes. London 2001.
Hösler, Joachim: Slowenien: Von den Anfängen bis zur Gegenwart. Regensburg 2006.
– Von Krain zu Slowenien: Die Anfänge der nationalen Differenzierungsprozesse in Krain und der Untersteiermark von der Aufklärung bis zur Revolution 1768 bis 1848. München 2006.
Luthar, Oto u. a.: The Land Between. A History of Slovenia. Frankfurt a. M. [2]2013.
Moritsch, Andreas / Krahwinkler, Harald (Hrsg.): Alpen-Adria. Zur Geschichte einer Region. Klagenfurt / Ljubljana 2001.
Štih, Peter / Simoniti, Vasko / Vodopivec, Peter: Slowenische Geschichte: Gesellschaft – Politik – Kultur. Graz 2008.

Türkei

Adanir, Fikret: Geschichte der Republik Türkei. Mannheim 1995.
Grothusen, Klaus-Detlef (Hrsg.): Türkei. Göttingen 1985 (Südosteuropa-Handbuch IV).
Kasaba, Reşat (Hrsg.): The Cambridge History of Turkey, Bd. 4: Turkey in the Modern World. Cambridge 2008.
Kreiser, Klaus / Neumann, Christoph K.: Kleine Geschichte der Türkei. Stuttgart 2003.
Moser-Weithmann, Brigitte / Weithmann, Michael W.: Die Türkei. Nation zwischen Europa und dem Nahen Osten. Regensburg 2002.
Shaw, Stanford: History of the Ottoman Empire and Modern Turkey. Bd. 2. Cambridge 1977.

Steinbach, Udo: Die Türkei im 20. Jahrhundert. Schwieriger Partner Europas. Bergisch Gladbach 1996.
Zürcher, Erik J.: Turkey. A Modern History. London / New York 1997.

Ungarn

Engel, Pal: The Realms of St. Stephen. A History of Medieval Hungary, 895–1526. London / New York 2001.
Fischer, Holger / Gündisch, Konrad: Eine kleine Geschichte Ungarns. Frankfurt a. M. 1999.
Grothusen, Klaus-Detlef (Hrsg.): Ungarn. Göttingen 1986 (Südosteuropa-Handbuch V).
Hauszmann, Janos: Ungarn. Vom Mittelalter bis zur Gegenwart. Regensburg / München 2004.
Király, Béla: Basic History of Modern Hungary. 1867–1999. Malabar, FL, 2001.
Klimó, Árpád von: Europäische Zeitgeschichte. Ungarn seit 1945. Göttingen 2006.
Molnár, Miklós: A Concise History of Hungary 1867–1999. Cambridge 2001.

Zypern

Choisi, Jeanette: Wurzeln und Strukturen des Zypern-Konflikts 1978–1990. Ideologischer Nationalismus und Machtbehauptung im Kalkül konkurrierender Eliten. Stuttgart 1993.
Grothusen, Klaus-Detlef (Hrsg.): Zypern. Göttingen 1998 (Südosteuropa-Handbuch VIII).
Panteli, Stavros: Historical Dictionary of Cyprus. London 1995.
Tzermias, Pavlos: Geschichte der Republik Zypern. Mit Berücksichtigung der historischen Entwicklung der Insel während der Jahrtausende. Tübingen [2]2004.

Orts- und Personenregister